U0946076

元明漢語文獻目録

[日]竹越孝
[日]遠藤光曉 主編

中西書局

目　録

詞彙語法・戲曲、說唱文學…………千野真一、宮下尚子 編 196

附録：華夷譯語文獻目録

前 言

竹越孝 遠藤光曉

2013年9月1日在浙江大學漢語史研究中心舉行了“元明漢語工作坊”國際學術會議。此會議是繼承2010年5月在韓國鮮文大學校舉辦的“清代民國時期漢語國際學術研討會”而上溯一個時代的，其目的在於縱覽元明漢語的研究資料與研究概況[1]。2010年在籌備“清代民國漢語”會議時，我們編纂了《清代民國時期漢語研究文獻目録（稿）》這一綜合性文獻目録提供給與會者，會議結束一年後，遠藤光曉、竹越孝主編的《清代民國漢語文獻目録》（首爾：學古房，2011 年）正式出版了。我們此次也計劃編寫《元明漢語文獻目録（稿）》，花費半年的時間，編成了共178頁的稿本，收録於該工作坊的論文集。其內容與編者如下：元代音韻（遠藤光曉）、八思巴字（吉池孝一）、明代音韻（更科慎一）、詞彙語法・歷史文獻（竹越孝）、詞彙語法・戲曲小説（千野真一）、西洋資料（千葉謙悟）、方言資料（三木夏華）。“元明漢語工作坊”會議結束後，今村圭、荒木典子、宮下尚子、奥村佳代子等踴躍地參加這一編纂工程，增加了《元朝秘史》、詞彙語法・總論與日本江戶時代元明漢語資料等部分，並經過一年的補充修訂，此目録總算基本完工而即將付梓，以饗更多的研究者。

衆所周知，元明漢語在漢語史上佔據重要地位，音韻方面出現了《中原音韻》這一革新性韻書，詞彙語法方面有元雜劇、四大奇書等反映口語的各種文獻，此外還有八思巴字資料、元代白話碑、《元朝秘史》等由於蒙古語與漢語相接觸而產生的對音對譯資料，同時西洋資料與方言資料亦在其萌芽階段，可以說元明漢語是“近代漢語”中的核心時期之一。元明漢語的研究資料與研究成果浩如煙海，雖然我們認真努力地進行編纂，但仍然可能會有種種問題，遺漏或錯誤之處在所難免，我們懇切希望方家不吝賜教。

有些文學作品被視爲宋代的語料，如《清平山堂話本》、《京本通俗小説》等話本小説，或如《董西厢》等説唱文學，一般認爲其成立於宋代或金代。但這些作品與《三言二拍》、《西厢記》等元明漢語資料有密切關聯，因此我們也把它們作爲收録的對象。

---

[1] 該工作坊中發表的部分研究概況文章已正式刊行如下：吉池孝一（2013）《關於八思巴字文獻目錄的編寫》，載於《KOTONOHA》第133號（http://www.for.aichi-pu.ac.jp/museum/pdf11/yoshiike133.pdf）；遠藤光曉（2014）《元代音研究概況》、三木夏華（2014）《元代明代方言資料概觀》，同載於《中文學術前沿》第7輯。

至於佔據元明漢語研究的重要一部分的朝鮮司譯院資料，已有遠藤光曉、伊藤英人、鄭丞惠、竹越孝、更科慎一、朴真完、曲曉雲編的《譯學書文獻目録》（首爾：博文社，2009 年），因此未收録。附録收載了《華夷譯語關係文獻目録》（原載於福盛貴弘、遠藤光曉編《華夷譯語論文集》197—228 頁，東京：大東文化大學，2007 年；這次經過增補），體例與正文有所不同。

浙江大學汪維輝教授把本書推薦給中西書局張榮總編輯，由朱彦編輯擔任實際工作得以正式出版，在此一並致謝。

凡　例

1. 此目録是以元、明兩代漢語爲對象的綜合性研究文獻目録。

2. 本目録以古典爲對象，並涵蓋各個時期和東亞各個國家和地區，因此書漢字一律使用繁體字。

3. 每一章節首先列舉了＜原始資料參考書目＞和＜研究文獻參考書目＞，收録該章節編者查找原始資料和研究文獻時使用的書目與網頁。所有章節共同使用的參考書目列舉於下一頁。

4. 每一章節的“總論”收録與該領域全體有關的研究文獻，其他部分收録各個文獻的原始資料與研究文獻。

5. “原始資料”部分分爲現存文本、影印本、排印本、翻譯、辭典、索引、文本研究等類。現存文本部分按版本排列，並寫明該文本的所藏單位以及其圖書號碼，【　】内爲補充信息。但詞彙語法（戲曲、說唱文學）與詞彙語法（小說）這兩部分版本種類頗豐，因此省略了有關現存文本的記載。

6. “研究”部分收録該文獻的語言研究論著，按發表年份順序排列，其記述方式如下：

[單行本]：著編者名（刊行年）《書名》（叢書名），出版地：出版社。

[雜誌收録論文]：著者名（刊行年）論文名，《雜誌名》卷(號)：頁。

[單行本收録論文]：著者名（刊行年）論文名，編者名《書名》（叢書名）頁，出版地：出版社。

[學位論文]：著者名（提出年）《論文名》，大學與學位種類。

<原始資料參考書目>

中國國家圖書館中國國家數字圖書館（http://www.nlc.gov.cn/）

京都大學人文科學研究所全國漢籍データベース（http://www.kita.zinbun.kyoto-u.ac.jp/）

NACSIS Webcat（http://webcat.nii.ac.jp/）

<研究文獻參考書目>

渡邊浩司(1991)近代漢語研究のために,《中國學志》訟：1—74。

Янкивер, С. Б., Солнцева, Н. В., Семенас, А. Л., Толкачев, П. Ф. (1993) *Библиография по китайскому языкознанию*, 2, Москва: Наука.

王周明（2002）漢語歷史語法研究文獻稿,《中國語學の新潮流と人文諸科學》(平成十三年度科學研究費 基盤研究（C)(1）研究成果報告書）32—72。

張玉萍（2009)《近代漢語研究索引 1987—2007》,成都：巴蜀書社。

國立情報學研究所 CiNii（http://ci.nii.ac.jp/cinii/servlet/CiNiiTop）

中國知網 CNKI（http://www.cnki.net/index.htm）

DBpia（http://www.dbpia.co.kr/）

韓國教育學術情報院 RISS（http://www.riss.kr/index.do）

臺灣期刊論文索引系統（http://readopac.ncl.edu.tw/nclJournal/）

臺灣博碩士論文資訊網（http://etds.ncl.edu.tw/theabs/site/sh/）

臺灣博碩士論文知識加值系統（http://ndltd.ncl.edu.tw/cgi-bin/gs32/gsweb.cgi/ccd=GxvSlo/webmge?mode=basic）

元代音韻

遠藤光曉 編

＜原始資料參考書目＞

阿部隆一（1981）日本國見在宋元版本志經部，《斯道文庫論集》1—152；（1993）《阿部隆一遺稿集》1：243—396，東京：汲古書院。

阿部隆一（1983）《增訂中國訪書志》，東京：汲古書院。

陳聖怡（2003）1957 年～2002 年日本學界的漢語近代音研究論著目録，《東北大學中國語學文學論集》8：87—108。

＜研究文獻參考書目＞

賴惟勤（1987）《中國語音韻研究文獻目録》，東京：汲古書院。

袁賓、徐時儀、史佩信、陳年高編（2001）20 世紀近代漢語研究重要論著編年目録，《二十世紀的近代漢語研究（下）》971—1180，太原：書海出版社。

楊徵祥（2006）《元代標準韻書音韻系統研究》，成功大學博士論文。

1. 總論

滿田新造（1918）中原音と南京音，《藝文》9（7）：632—642；（1964）《中國音韻史論考》167—177，東京：武藏野書院。

滿田新造（1919）詞韻即晚唐音は近世音也，《藝文》10（2）：184—195；（1964）《中國音韻史論考》207—218，東京：武藏野書院。

滿田新造（1919）近世支那音の發生，《藝文》10（12）：1103—1117；（1964）《中國音韻史論考》245—259，東京：武藏野書院。

張世祿（1929）《中國聲韻學概要》，上海：商務印書館。

白滌洲（1931）北音入聲演變考，《女師大學術季刊》2（2）：1—42。

唐虞（1932）“兒”[ɚ]音的演變，《歷史語言研究所集刊》2（4）：457—467；（2009）《中研院歷史語言研究所集刊論文類編》（語言文字編・音韻卷）1：355—365，北京：中華書局。

王力（1935）《中國音韻學》，上海：商務印書館；（1956）《漢語音韻學》，北京：商務印書館；（1986）《王力文集》4，濟南：山東教育出版社。

羅莘田【羅常培】（1936）舊劇中的幾個音韻問題，《東方雜誌》33（1）：393—410；（1950）京劇中的幾個音韻問題《光明日報》1950/10/21；（1963）《羅常培語言學論文選集》157—176，北京：中華書局；（2008）《羅常培文集》7：300—329，濟南：山東教育出版社。

張世禄（1938）《中國音韻學史》，長沙：商務印書館；（1968）臺北：臺灣商務印書館；（1984）上海：上海書店。

趙蔭棠（1941）《等韻源流》，國立北京大學文學院國文系講義；（1957）上海：商務印書館；（1985）臺北：文史哲出版社。

永島榮一郎（1941）近世支那語特に北方語系統に於ける音韻史研究資料に就いて，《言語研究》7・8：147—161；9：17—79。

服部四郎（1944）元朝秘史蒙古語の o 及び ö に終る音節を表はす漢字の支那語音の簡略ローマ字轉寫，橋本博士還曆記念會《國語學論集》67—95，東京：岩波書店；（1987）《服部四郎論文集 2 アルタイ諸言語の研究 II》202—227，東京：三省堂。

服部四郎（1946）《元朝秘史の蒙古語を表はす漢字の研究》，東京：文求堂。

羅常培（1948）《中國音韻學導論》，北京：國立北京大學出版部；（1956）《漢語音韻學導論》，北京：中華書局；（1965）香港：太平書局；（1982）北京：中華書局。

藤堂明保（1950）《中古漢語から中世漢語（初期官話）え 蒙古字韻を中心として》，日本中國學會發表資料，油印本 27 頁。

飯田利行（1955）《日本に殘存せる中國近世音の研究》，東京：飯田博士著書刊行會。

方孝岳（1960）略論漢語歷史上共同語語音和方音的關係——附談對戴震的音韻學的評價，《中山大學學報（社會科學）》1960（3）：36—47。

Todo, A. (1964) Development of Mandarin from 13C. to 19C. *Acta Asiatica* 6: 31-40.

應裕康（1965）論五音集韻與宋元韻圖韻書之關係，《臺灣政治大學學報》2：165—200。

藤堂明保（1966）北方話音系的演變，《中國語學》162：1—11。

鄭再發（1966）漢語語音史的分期問題，《歷史語言研究所集刊》36：635—648；（2009）《中研院歷史語言研究所集刊論文類編》（語言文字編・音韻卷）2：1675—1688，北京：中華書局。

Маналжав, Л. (1966) Уйгуро-монгольская писименость и фонетическая система китайского языка 13-14 вв., *Бнмау шинжилэх ухааны академийн мэдээ* 1966(3): 48-52.

董同龢（1968）《漢語音韻學》，臺北：廣文書局；（1974）臺北：臺灣學生書局；（1977）臺北：文史哲出版社；（2001）北京：中華書局。

于維杰（1968）宋元等韻圖源流考索，《成功大學學報》3：137—150。

香坂順一、藤堂明保（1969）中世漢語，《中國語學新辭典》195—205，東京：光生館。

林幼莉（1970）宋元等韻圖的形式，《南洋大學中國語文學報》3：38—43。
于維杰（1972—73）宋元等韻圖序例研究，《成功大學學報》7，8。
日下恒夫（1973）中國近世北方音韻史の一問題—北京方言聲類體系の成立，東京都立大學《人文學報》91：67—84。
薛鳳生（1978）論入聲字之演化規律，《屈萬里先生七秩榮慶論文集》407—433，臺北：聯經出版公司。
邵榮芬（1979）近古漢語語音，《經史正音切韻指南》，《漢語語音史講話》46—56，140—143，天津：天津人民出版社。
李新魁（1979）論近代漢語照系聲母的音值，《學術研究》1979（6）：38—45。
李新魁（1980）論近代漢語共同語的標準音，《語文研究》1980（1）：44—52。
薛鳳生（1980）論支思韻的形成與演進，《書目季刊》14（2）：53—75。
Яхонтов, С. (1981) История языкознания в Китае (XI-XIXвв.), *История лингвистических учений*, 224-247, Ленинград: 《Наука》Ленинградское отделение【音韻史】.
陳新雄（1981）《等韻述要》，臺北：藝文印書館。
王力（1985）《漢語語音史》，北京：中國社會科學出版社；（1987）《王力文集》10，濟南：山東教育出版社。
李思敬（1985）《音韻》，北京：商務印書館；慶谷壽信、佐藤進編譯（1987）《音韻のはなし》，東京：光生館。
唐作藩（1985—87）普通話語音史話（1—13），《文字改革》1985（4）：29—31；（5）：39—40；（6）：40—41，29；《語文建設》1986（1，2）：119—121；（3）：54—56；（6）：49—53，61；1987（1）：49—52；（2）：56—59；（3）：49—53；（4）：54—55；（5）：51—53；（6）：52—57；（2000）《普通話語音史話》（百種語文小叢書），北京：語文出版社。
林尹著，林炯陽注釋（1986）《中國聲韻學通論》，臺北：黎明文化事業公司。
李新魁（1986）《漢語音韻學》，北京：北京出版社。
陳振寰（1986）《音韻學》，長沙：湖南人民出版社。
汪壽明（1986）《歷代漢語音韻學文選》，上海：上海古籍出版社。
楊耐思（1986）近代漢語“京、經”等韻類分合考，《音韻學研究》2：220—233。
安奇燮（1986）漢語入聲消滅論議에關한提言（1），《中國人文科學》5：53—82。
李思敬（1986，1994）《漢語“兒”[ɚ]音史》，北京：商務印書館。
周斌武（1987）《漢語音韻學史略》，合肥：安徽教育出版社。
濮之珍（1987）《中國語言學史》，上海：上海古籍出版社。
楊耐思（1988）元代漢語的濁聲母，《中國語言學報》3：96—106；（2012）《近代漢語音論》（增補本）117—129，北京：商務印書館。
唐作藩、楊耐思（1989）四十年來的漢語音韻學，《語文建設》1989（5）：2—10。
沈建民（1989）三種宋元等韻圖的比較，《比較文學論集》428—443，昆明：雲南民族出版社。
蔣紹愚（1989）《古漢語詞彙綱要》，北京：北京大學出版社。

蔣紹愚（1990）近代漢語研究概述，《古漢語研究》1990（2）：1—11；（1994）《蔣紹愚自選集》150—169，鄭州：河南教育出版社；송인성譯（1999）《中國語文論譯叢刊》3：184—205。

林端（1990）14世紀前後漢語中的 i 音變，《新疆大學學報（哲學社會科學版）》1990（3）：89—93。

張玉來（1991）近代漢語官話入聲的消亡過程及相關的語音性質，《山東師大學報（社會科學版）》1991（1）：64—69。

張啟焕（1991）略論汴洛語音的歷史地位，《古漢語研究》1991（1）：24—29。

張九林（1991）漢語兩大方音音系申說，《古漢語研究》1991（3）：63—68。

竺家寧（1991）近代音史上的舌尖韻母，《聲韻論叢》3：205—223；（1994）《近代音論集》223—239，臺北：臺灣學生書局。

曹述敬主編（1991）《音韻學辭典》，長沙：湖南出版社。

唐作藩（1991）《音韻學教程》，北京：北京大學出版社。

錢曾怡、劉聿鑫（1991）《中國語言學要籍解題》，濟南：齊魯書社。

張玉來（1991）元明以來韻書中的入聲問題，《中國語文》1991（5）：380—382。

竺家寧（1991）《聲韻學》，臺北：五南圖書出版公司。

陳振寰（1991）聲韻學史上的重大事件——中國聲韻學國際研討會（香港 1990 年）述評，《古漢語研究》1991（1）：11—14，23。

李新魁（1991）近代漢語全濁聲母的演變，《中國語言學報》4：109—124。

沈祥源、楊子儀（1991）《實用漢語音韻學》，太原：山西教育出版社。

許嘉璐（1991）《音韻學辭典》序，《古漢語研究》1991（1）：4—5。

俞敏（1991）共成偉業——《音韻學辭典》序，《古漢語研究》1991（1）：3，10。

蔣紹愚（1992）近代漢語研究綜述，《中國語言學年鑒》10—16，北京：語文出版社。

江藍生（1992）1991 年近代漢語研究回顧，《語文建設》1992（5）：24—26。

楊耐思（1992）近九年來近代漢語語音論著簡目，胡竹安、楊耐思、蔣紹愚編《近代漢語研究》343—350，北京：商務印書館；（2012）《近代漢語音論》（增補本）280—287，北京：商務印書館。

林端（1992）元代大都口語的調位系統，《新疆大學學報（哲學社會科學版）》1992（3）：79—86。

汪壽明、潘文國（1992）《漢語音韻學引論》，上海：華東師範大學出版社。

耿振生（1993）論近代書面音系研究方法，《古漢語研究》1993（4）：21，44—52。

李新魁、麥耘（1993）《韻學古籍述要》，西安：陝西人民出版社。

黄典誠（1993）《漢語語音史》，合肥：安徽教育出版社。

向熹（1993）《簡明漢語史》，北京：高等教育出版社。

張斌、許威漢（1993）《中國古代語言學資料匯纂・音韻學分册》，福州：福建人民出版社。

蔣冀騁（1993）《近代漢語音韻研究》，長沙：湖南師範大學出版社。

楊耐思（1993）近代漢語語音研究中的三個問題，劉堅、侯精一《中國語文研究四十年》

251—256，北京：北京語言學院出版社。
楊劍橋（1994）近代漢語的唇音合口問題，《語言研究》1994 增刊：242—247。
曹煒（1994）南北朝至明代的音韻學史料概論，《吳中學刊》1994（2）：77—82。
麦耘（1994）關於章組聲母翹舌化的動因問題，《古漢語研究》1994（1）：21—25，32。
申小龍（1995）論中國語文傳統之北音學，《學術交流》1995（4）：110—113。
黃金文（1995）《現代漢語 ɿʅr 的語音結構及來源》，中正大學碩士論文。
蔣紹愚（1996）《近代漢語研究概况》，北京：北京大學出版社。
李立成（1995）《元代音韻研究》，杭州大學博士論文。
王傳德、尚慶栓（1996）《漢語史》，濟南：濟南出版社。
楊耐思（1996）元代漢語的標準音，《薪火編》96—107，太原：山西高校聯合出版社；（2012）《近代漢語音論》（增補本）306—317，北京：商務印書館。
李啟文（1996）近代漢語共同語入聲字的演變，《中國語文》1996（1）：50—58。
許紹早（1996）鋭意進取，致力挖掘——甯繼福的學術成就，《社會科學戰綫》1996（2）：248—255。
張玉來（1996）近代漢語官話入聲消亡的條件問題，《古漢語研究》1996（3）：25—26，49。
曾運乾（1996）《音韻學講義》，北京：中華書局。
楊劍橋（1996）《漢語現代音韻學》，上海：復旦大學出版社。
이병관（1996）現代中國音韻學研究概况，《中國語文學論集》8：221—236。
楊耐思（1997）《近代漢語音論》，北京：商務印書館。
鄭張尚芳（1998）漢語史上展脣後央高元音ɯ、ɨ的分佈，《語言研究》1998 增刊：37—41。
李葆嘉（1998）《當代中國音韻學》，廣州：廣東教育出版社。
楊徵祥（1998）論元代的脣音聲母，漢語音韻學第五屆國際學術研討會。
張玉來（1998）論近代漢語官話韻書音系的複雜性，《山東師大學報（社會科學版）》1998（1）：91—95。
蔣紹愚（1998）近十年間近代漢語研究的回顧與前瞻，《古漢語研究》1998（4）：37—44；（2000）《漢語詞彙語法史論文集》329—345，北京：商務印書館。
陳年高（1999）近代漢語音韻研究方法述評，《淮陰師範學院學報（哲學社會科學版）》1999（3）：129—132。
馬重奇（1999）1994—1997 年漢語音韻學研究綜述，《福建論壇（文史哲版）》1999（5）：42—48。
黎新第（1999）“廣‘入似二聲論’”獻疑——與魯國堯、李無未兩位先生商榷，《古漢語研究》1999（4）：68—73。
朱永鍇、譚成珠（1999）《近代漢語語音史》，汕頭：汕頭大學出版社。
薛鳳生（1999）《漢語音韻學十講》，北京：華語教學出版社。
劉靜（1999）《漢語音韻學綱要》，西安：陝西師範大學出版社。
丁忱（1999）《漢語聲韻學教程》，武漢：武漢大學出版社。
葉寶奎（2000）關於漢語近代音的幾個問題，《古漢語研究》2000（3）：14—18。

張惠英（2011）《中原音韻》的聲、韻、調，元曲的押韻，《音韻史話》113—133，北京：社會科學文獻出版社。

張渭毅（2011）論知組、莊組、章組聲母在近代漢語早中期的演變類型，張渭毅主編《漢聲（下）》309—346，北京：中國文史出版社。

殷國光、龍國富、趙彤（2011）《漢語史綱要》，北京：中國人民大學出版社。

劉曉南（2011）《音韻學讀本》，上海：上海交通大學出版社。

宗福邦、駱瑞鶴（2012）元代音與曲韻部，《中華大典·語言文字典·音韻分典》4：2763—2971，武漢：湖北教育出版社、湖北人民出版社。

耿軍（2013）《元代漢語音系研究——以〈中原音韻〉音系爲中心》，北京：中國出版傳媒股份有限公司。

萬獻初（2013）近古百種韻書-m韻尾消變的歷時進程，《勵耘學刊（語言卷）》2013（2）：70—97。

葉熒光（2013）近代漢語合口細音的演化，葉寶奎、李無未編《黄典誠教授百年誕辰紀念文集》173—185，厦門：厦門大學出版社。

黎新第（2013）近代漢語共同語究竟有無並行讀音系統，葉寶奎、李無未編《黄典誠教授百年誕辰紀念文集》233—237，厦門：厦門大學出版社。

2. 本土資料

2.1 《中原音韻》

◎原始資料

·現存文本

元刊本：內藤湖南舊藏，武田科學振興財團杏雨書屋現藏【內本】【參看杏雨書屋編（1985）《新修恭仁山莊善本書影》寫真 44—45，解説 25—26】。

明正統【1441】本：中國社會科學院文學研究所藏【訥菴本】。

明弘治【1488—1505】、正德【1506—1521】間所刊【據趙萬里鑒定】常熟瞿氏鐵琴銅劍樓舊藏本：中國國家圖書館現藏【鐵本】。

明萬曆四十七【1619】年《嘯餘譜》本【嘯本】。

明《南九宮十三調曲譜》本，程允昌孚吉氏訂：上海圖書館藏；私人藏。

葉以震度曲須知重訂《中原音韻》九思堂藏本【葉本】。

明代抄本【存“正語作詞起例”一半】：四川師範學院圖書館藏。

清《四庫全書》本。

清《古今圖書集成》本：理學彙編文學典第二百四十九、二百五十卷詞曲部彙考七、八節本。

明嘉靖三十六【1557】年《彙選歷代明賢詞府全集》本：上海圖書館；中國國家圖書館藏民國某人抄本。

明萬曆二十七【1599】年謝天瑞校刊本【謝本】：國立公文書館（紅葉山文庫本・內閣文庫・集 111—9）。

《古今圖書集成》本：理學彙編字學典第一百三十三卷聲韻部彙考三。

清乾隆朱琰《韻譜》卷六《曲韻》。

清抄本《韻略易通》附“起例”本：上海圖書館。

清光緒胡微元據《嘯餘譜》刻本。

民國十七【1928】年掃葉山房《作詞須知》本。

・影印本

（1922）王文璧《中州音韻》，《曲韻五種》所收清張漢校本【鐵本】。

（1970）《清代稿本百種彙刊》16：286—310，臺北：文海出版社【朱琰《韻譜》本】。

（1972）臺北：藝文印書館；（1978）北京：中華書局【訥菴本】。

（1983）《中原音韻》，《四庫全書》本，臺北：臺灣商務印書館。

周德清原著，許世瑛校訂，劉德智注音（1986）《音注中原音韻》，臺北：廣文書局。

李殿魁校訂（1978）《校訂補正中原音韻及正語作詞起例》，臺北：學海出版社。

（2012）中華再造善本・明代編・集部，北京：國家圖書館出版社【鐵本】。

・排印本

（1959，1982）《中原音韻》，《中國古典戲曲論著集成》1：167—285，北京：中國戲劇出版社。

劉長年（2013）《元曲格律新編》457—484，北京：學苑出版社。

・校本

石山福治（1925）《考定中原音韻》，東京：東洋文庫。

冒廣生（1942）中原音韻校記，《東方文化》1（4）：60—64，又收入（1992）《冒鶴亭詞曲論文集》880—903，上海：上海古籍出版社。

服部四郎、藤堂明保（1958）《中原音韻の研究・校本編》，東京：江南書院【Review: Simon, W. (1964) *Revue Bibliographique de Sinologie 1958* 4: 266；服部四郎（1976）誤植物語，*EDITOR* 21；（1992）《一言語學者の随想》389—393，東京：汲古書院】。

（1962）許世瑛校訂、劉德智注音《音注中原音韻》，臺北：廣文書局。

李殿魁（1976）《校訂補正中原音韻及正語作詞起例》，臺北：學海出版社。

李敏辭校編（1996）《傳世藏書》，經庫語言文字 2：1—28，海口：海南國際新聞出版中心。

俞爲民、孫蓉蓉（2006）《歷代曲話彙編——新編中國古典戲曲論著集成・唐宋元編》226—312，合肥：黄山書社。

田松青編校（2011）《中原音韻 詞林正韻 佩文詩韻》163—190，上海：上海古籍出版社。

張玉來、耿軍（2013）《中原音韻校本》，北京：中華書局。

◎研究

岡本保孝（1857以前）中原音韻，《詩癡符》卷17，第2條，日本國立國會圖書館數字化資料 http://dl.ndl.go.jp/info：ndljp/pid/2574596 的64、65面。

Edkins, J. (1864[2]) *A grammar of the Chinese colloquial language commonly called the Mandarin dialect*, 40-41, Shanghai: Presbyterian Mission Press.

Watters, T. (1889) *Essays on the Chinese language*, 76-77, Shanghai: Presbyterian Mission Press.

金井保三（1913）中原音韻につきて，《東洋學報》3（3）：405—428。

滿田新造（1918）中原音韻分韻の概說，《藝文》9（12）：1070—1090；（1964）《中國音韻史論考》178—198，東京：武藏野書院。

石山福治（1923）《支那現代音源流考》，東京：支那研究社。

石山福治（1925）《考定中原音韻》，東京：東洋文庫。

任訥（1926）《元人論曲》，上海：梁溪圖書館。

任訥（1930）《作詞十法疏證》，《散曲叢刊》，上海：中華書局；（2013）《任中敏文集・散曲叢刊（下）》961—1028，南京：鳳凰出版社。

鴛淵一（1930）《中原音韻》中の八思巴字にて寫されたる漢字音に就いて，《小川博士還暦記念史學地理學論叢》601—641，東京：弘文堂書房。

趙蔭棠（1931）中州音韻流源考，《晨報・學園》13（1月7日）。

白滌洲（1931）中原音韻與中州音韻之比較觀，《晨報・學園》18。

趙蔭棠（1931）關於中原音韻與中州音韻，《晨報・學園》20。

趙璟（1931）中原音韻的作者，《晨報・學園》137。

羅常培（1932）中原音韻聲類考，《中研院歷史語言研究所集刊》2（4）：423—440；（1963）《羅常培語言學論文選集》65—79，北京：中華書局；（2004）《羅常培語言學論文集》85—104，北京：商務印書館；（2008）《羅常培文集》7：260—280，濟南：山東教育出版社；（2009）《中研院歷史語言研究所集刊論文類編》（語言文字編・音韻卷）1：327—344，北京：中華書局。

趙蔭棠（1932）中原音韻研究，《國學季刊》3（3）：421—522；（1936）《中原音韻研究》，上海：商務印書館；（1956）上海：商務印書館，書評：錢玄同（1932）評趙蔭棠的《中原音韻研究》，《國語週刊》52：1；《錢玄同文字音韻學論集》165—167，上海：上海古籍出版社【書評：小川環樹（1937）趙蔭棠氏の中原音韻研究を讀みて，《支那學》9（1）：149—168；小川環樹（1977）《中國語學研究》325—338，東京：創文社】。

趙蔭棠（1932）元明清韻書考證之八，《中法大學月刊》1（4）：25—34。

趙蔭棠（1932）中原音韻的ㄐㄑㄒ，《中法大學月刊》1（5）：37—40。

趙蔭棠（1932）中原音韻研究小序，《國語週刊》40：2。

陸志韋（1946）釋中原音韻，《燕京學報》31：35—70；（2003）《陸志韋集》281—314，

北京：中國社會科學出版社。
楊耐思（1957）周德清的中原音韻，《中國語文》1957（11）：33—37；（2012）《近代漢語音論》（增補本）1—2，北京：商務印書館。
藤堂明保（1957）中原音韻，《中國語音韻論》92—97，東京：江南書院；（1980）106—113，東京：光生館。
趙景深（1959）周德清的小令定格，《讀曲小記》137—140，上海：中華書局。
李新魁（1962）《中原音韻》的性質及其代表的音系，《江漢學報》1962（8）：39—43；（1993）《李新魁自選集》99—133，鄭州：河南教育出版社；（1994）《李新魁語言學論集》98—130，北京：中華書局。
Stimson, H. (1962) Phonology of the Chung-yüan Yin-yün，《清華學報》3（1）：114—159。
趙遐秋、曾慶瑞（1962）《中原音韻》音系的基礎和“入派三聲”的性質，《中國語文》1962（7）：312—324。
李新魁（1963）關於《中原音韻》音系的基礎和“入派三聲”的性質——與趙遐秋、曾慶瑞同志商榷，《中國語文》1963（4）：275—281；（1993）《李新魁自選集》134—149，鄭州：河南教育出版社；（1994）《李新魁語言學論集》131—145，北京：中華書局。
楊耐思（1964）《中原音韻》，《文字改革》1964（7）：22—25。
忌浮（1964）《中原音韻》二十五聲母集說，《中國語文》1964（5）：337—359；（2010）《甯忌浮文集》214—250，長春：吉林人民出版社。
Stimson, H. (1966) *The Jongyuan In Yunn*, New Haven: Far Eastern Publications, Yale University.【Reviews: Švarný, O. (1969) *Archiv Orientální* 37: 300; Review: (1969) *Revue Bibliographique de Sinologie 1962* 8:242; Bodman, N. C. (1971) *Asia Major* 17(1): 123-124.】
胡嘉陽（1967）《中原音韻與國語音系之音值與聲調之逐字比較研究》，臺灣大學碩士論文。
藤原輝三（1969）中原音韻，《中國語學新辭典》220—221，東京：光生館。
田川一巳（1971）周德清の《中原音韻》について，《大東文化大學紀要》文學編 9：131—140。
Тань, Аошуан (1971) Словарь “Чжунъюань иньюнь” и общекитайский национальный язык, *Общество и государство в Китае* 7: 166-169.
望月真澄（1972）中原音韻における“莊”などの合口音について，《漢文學會會報》31：16—25。
望月真澄（1972）中原音韻の音韻論，《山梨縣立女子短期大學紀要》5：25—32。
森川久次郎（1973）中原音韻の研究—序說—，《アジア・アフリカ文化研究所研究年報》1972：76—94。
Hsueh, F. (1975) *Phonology of Old Mandarin*, The Hague: Mouton；漢譯本：薛鳳生，魯國堯、侍建國譯（1990）《中原音韻音位系統》，北京：北京語言學院出版社；（2003）譯者辯言，《魯國堯語言學論文集》479—480，南京：江蘇教育出版社【Reviews: Ting, P. (1980) *Journal of American Oriental Society*, 100(1): 94; Stimson, H. M. (1977) *Language* 53(4): 940-944】.

平山久雄（1977）中古音重紐の音聲的表現と聲調との關係，東京大學《東洋文化研究所紀要》73：1—42；（1991）中古唇音重紐在《中原音韻》齊微韻裡的反映，《中原音韻新論》28—34，北京：北京大學出版社；（2005）《平山久雄語言學論文集》51—58，北京：商務印書館。

藤堂明保（1978）《學研漢和大字典》，東京：學習研究社【逐字附有中原音韻音】。

服部四郎（1978）日本祖語について・10，《言語》1978（12）：107—115【論及中原音韻】。

長田夏樹（1978）《蒙古韻略》と《中原音韻》—《四聲通解》の俗音と今俗音—，《神户外大論叢》29（3）27—43；（2000）《長田夏樹論述集（上）》112—135，京都：ナカニシヤ出版。

平山久雄（1978）《中原音韻》入派三聲の音韻史的背景，《東洋文化》58：77—99；王吉堯譯（1988）《中原音韻》入派三聲的音韻史背景，《音韻學研究通訊》12：36—47。

佐佐木猛（1978）中原音韻序譯注，《均社論叢》6：35—56。

佐佐木猛（1978）《中原音韻》韻譜～《中原音韻》の新研究・其二～，《均社論叢》7：40—51。

佐佐木猛（1979）《中原音韻》“正語作詞起例”譯注，《均社論叢》8：60—95。

陳新雄（1979）《中原音韻概要》，臺北：學海出版社；（2001）《新編中原音韻概要》，臺北：學海出版社。

冀伏（1979）周德清生卒年與《中原音韻》初刻時間及版本，《吉林大學學報（社會科學版）》1979（2）：98—99，封 3；（2010）《甯忌浮文集》211—213，長春：吉林人民出版社。

周駿富（1979）《中原音韻》重印序，《臺灣圖書館館刊》12（2）：18—20。

中原健二（1979）《中原音韻作詞十法》譯注（1），《均社論叢》9：75—104。

無記名（1980）中原音韻，《中國出版年鑒》366，北京：商務印書館。

劉俊一（1980）關於《中原音韻》的“入派三聲”，《齊魯學刊》1980（1）：71—77；1980（2）：72—75。

朱榮智（1980）中原音韻中之作詞十法析論，《古典文學》2：337—357。

忌浮（1980）中原音韻無入聲內證，《學術研究叢刊》1980（1）；（1984）《音韻學研究》1：376—382；（2010）《甯忌浮文集》265—276，長春：吉林人民出版社。

樋口靖（1981）中原音韻・廣韻字音の對照，《筑波中國文化論叢》1：1—46。

中原健二（1981）《中原音韻作詞十法》譯注（2）附論：“務頭”について，《均社論叢》10：92—138。

佐佐木猛（1981）《中州樂府音韻類編》によって《中原音韻》に含まれる誤りを正しうるか—《中原音韻》の新研究・其四—，《福岡大學人文論叢》12（4）：1519—1543。

丁邦新（1981）與中原音韻相關的幾種方言現象，《中研院歷史語言研究所集刊》52（4）：619—650；（1998）《丁邦新語言學論文集》127—165，北京：商務印書館；（2009）《中研院歷史語言研究所集刊論文類編》（語言文字編・方言卷）2：1313—1344，北京：中華書局。

楊耐思（1981）《中原音韻音系》，北京：中國社會科學出版社【書評：唐作藩（1982）評楊耐思《中原音韻音系》，《語文研究》1982（2）：111—145；（2001）《漢語史學習與研究》151—160，北京：商務印書館】。

忌浮（1982）論《中州樂府音韻類編》與《中原音韻》的關係，《吉林大學社會科學學報》1982（2）：18—24；（2010）《甯忌浮文集》251—264，長春：吉林人民出版社。

金周生（1982）元曲暨中原音韻“東鍾”“庚青”二韻互見字研究，《輔仁學誌（文學院之部）》11：539—574。

熊克（1982）跋明藍格鈔本殘卷《中原音韻》及《太和正音譜》，《社會科學戰綫》編輯部編《古籍論叢》260—267，福州：福建人民出版社。

張清常（1983）《中原音韻》新著録的一些異讀，《中國語文》1983（1）51—56；（2006）《張清常文集》1：189—198，北京：北京語言大學出版社。

蔣希文（1983）從現代方言論中古知章莊三組聲母在《中原音韻》裡的讀音，《中國語言學報》1：139—159；（2005）《漢語音韻方言論文集》77—100，貴陽：貴州人民出版社。

李新魁（1983）《〈中原音韻〉音系研究》，鄭州：中州書畫社。

廖珣英（1983）試論《中原音韻》的語音基礎，《語文雜誌》10：19—27。

安奇燮（1983）《中原音韻形成考》，全南大學校碩士論文。

金周生（1984）中原音韻入聲多音字音證，《輔仁學誌（文學院之部）》13：693—726。

甯繼福（1985）《中原音韻表稿》，長春：吉林文史出版社；魯國堯（2003）致甯繼福論《中原音韻》書，《魯國堯語言學論文集》476—478，南京：江蘇教育出版社。

忌浮（1986）《中原音韻》的調值，《語言研究》1986（1）：99—108；（2010）《甯忌浮文集》295—314，長春：吉林人民出版社。

劉靜（1986）《中原音韻》音系無入聲新探，《陝西師大學報（哲學社會科學版）》1986（3）：70—75。

閻紅生（1986）《中原音韻》閉口韻的兩個問題，《中國語學》233：48—53。

曺喜武（1986）《元/-P/入聲字聲調變化狀考：中原音韻以後變化狀考》，全南大學校碩士論文。

忌浮（1987）《中原音韻》方法芻議，南開大學《語言研究論叢》3：88—105；（2010）《甯忌浮文集》315—331，長春：吉林人民出版社。

劉能先、蕭向東（1987）周德清《中原音韻》版本淺深，《贛圖通訊》1987（2）：34—38。

嚴振洲（1987）《中原音韻》“入派三聲”即“入變三聲”證，《上饒師專學報（哲學社會科學版）》1987（4）：86—90，50；（1988）《複印報刊資料語言文字學》1988（2）35—40。

周維培（1987）《中原音韻》三題，《語言研究》1987（2）：71—77。

黎新第（1987）《中原音韻》“入派三聲”析疑，《重慶師院學報（哲學社會科學版）》1987（4）：67—78。

俞敏（1987）中州音韻保存在山東海邊兒上，《河北師院學報》1987（3）：66—69，86；（1992）《俞敏語言學論文二集》31—38，北京：北京師範大學出版社。

尉遲治平（1988）“北叶《中原》，南遵《洪武》”溯源——《中原音韻》和南曲曲韻研究之一，《語言研究》1988（1）：66—74；（2011）《先飛集——尉遲治平語言學論集》146—159，武漢：華中科技大學出版社。

陸致極（1988）《中原音韻》聲母系統的數量比較研究，《中國社會科學》1988（5）：181—196。

王潔心（1988）《中原音韻新考》，臺北：臺灣商務印書館。

劉勳寧（1988）《中原音韻》“微薇維惟”解，《語言學論叢》15：52—54。

林端（1989）《中原音韻》的“入派三聲”，《新疆大學學報（哲學社會科學版）》1989（1）：92—98。

黎新第（1989）試論《中原音韻》音系反映實際語音的二重性，《重慶師院學報（哲學社會科學版）》1989（2）：1—11。

王碩荃（1989）又讀及其是否爲文白異讀辨析，《河北學刊》1989（4）：71—76。

劉靜（1989）《中原音韻》車遮韻的形成、演變及語音性質，《陝西師大學報（哲學社會科學版）》1989（3）：109—112。

王平（1989）從《五方元音》和《中原音韻》的差異看近代漢語語音的發展，《語文研究》1989（3）：25—28。

汪壽明（1989）從《中原音韻》的又讀字論其非單一語音體系，《語文論叢》4：104—107。

沈建民（1989）論《中原音韻》中兩韻並收的入聲字，《玉溪師專學報》1989（6）：56—60，55。

金有景（1989）山西襄垣方言和《中原音韻》的入聲問題，《語文研究》1989（4）：28—30。

高美華（1989）中原音韻成書背景及其價值，《嘉義師院學報》3：205—226。

暴拯群（1989）試論《中原音韻》的語音基礎，《洛陽師專學報（自然科學版）》1989（3）：45—53。

鄧婉娥（1989）《中原音韻入聲字之研究》，香港珠海大學碩士論文。

吳吉龍（1989）《〈中原音韻〉의入聲派入狀考》，全南大學校碩士論文。

周維培（1990）《論中原音韻》，北京：中國戲曲出版社。

黎新第（1990）中原音韻清入聲作上聲沒有失誤，《中國語文》1990（4）：234—292。

楊耐思（1990）中原音韻兩韻並收字讀音考，《王力先生紀念論文集》114—129，北京：商務印書館。

金周生（1990）中原音韻，-m - -n 字考實，《輔仁國文學報》6：249—265。

晚晴（1990）周德清和他的《中原音韻》，《宜春·作品選》；（1990）《晚晴文集》300—302，香港：天馬出版有限公司。

陳新雄（1990）《中原音韻概要》，臺北：學海出版社。

甯忌浮（1990）《中原音韻》與高安方言，《陝西師大學報（哲學社會科學版）》1990（1）：79—86；（2010）《甯忌浮文集》332—346，長春：吉林人民出版社。

陳晨（1990）漢語音韻札記四則，《漢字文化》1990（4）：22—32，11；馮蒸（1997）《漢語音韻學論文集》54—74，北京：首都師範大學出版社【含訥菴本《中原音韻》的“訥菴”即左瑞考】。

安奇燮（1990）《漢語入聲研究：〈切韻〉時期에서〈中原音韻〉時期까지》，全南大學校博士論文。

張竹梅（1991）也談《中原音韻》所代表的音系，《西北第二民族學院學報（哲學社會科學版）》1991（1）：43—48，56。

李文煜（1991）周德清是“最小對立”理論的創始人——《中原音韻·正語作詞起例》新探，《漢字文化》1991（2）：50—55，62；馮蒸（1997）《漢語音韻學論文集》364—374，北京：首都師範大學出版社。

張九林（1991）試說漢語語音史上的幾個“爲什麽”，《淮北煤師院學報（社會科學版）》1991（4）：70—77【論及中原音韻基礎方言】。

高福生（1991）《中原音韻》入聲補述，《中原音韻新論》6—15，北京：北京大學出版社。

何一凡（1991）《中原音韻》見、知、照（章莊）系聲母發展的不同層次，《中原音韻新論》16—27，北京：北京大學出版社。

忌浮（1991）十四世紀大都方言的文白異讀，《中原音韻新論》35—43，北京：北京大學出版社；（2010）《甯忌浮文集》505—513，長春：吉林人民出版社。

黎新第（1991）早中期元雜劇與《中原音韻》“入派三聲”，《中原音韻新論》44—63，北京：北京大學出版社。

李新魁（1991）再論《中原音韻》的“入派三聲”，《中原音韻新論》64—85，北京：北京大學出版社；（1997）《李新魁音韻學論集》156—180，汕頭：汕頭大學出版社。

劉綸鑫（1991）釋《中原音韻》中的重出字，《中原音韻新論》86—102，北京：北京大學出版社。

劉能先、劉裕黑（1991）有關周德清幾個史實的研究，《中原音韻新論》103—111，北京：北京大學出版社。

龍莊偉（1991）說“咀有主”兼論莊組章組聲母的擬音，《中原音韻新論》112—122，北京：北京大學出版社。

魯國堯（1991）白樸曲韻與《中原音韻》，《中原音韻新論》123—144，北京：北京大學出版社；（1994）《魯國堯自選集》212—232，鄭州：河南教育出版社；（2003）《魯國堯語言學論文集》458—475，南京：江蘇教育出版社。

麥耘（1991）《中原音韻》的舌尖後音聲母補證，《中原音韻新論》145—155，北京：北京大學出版社；（1995）《音韻與方言研究》168—178，廣州：廣東人民出版社。

邵榮芬（1991）《中原音韻》音系的幾個問題，《中原音韻新論》156—166，北京：北京大學出版社；（1997）《邵榮芬音韻學論集》575—584，北京：首都師範大學出版社；（2009）《邵榮芬語言學論文集》275—286，北京：商務印書館。

唐作藩（1991）《中原音韻》的開合口，《中原音韻新論》167—179，北京：北京大學出版社；（2001）《漢語史學習與研究》161—172，北京：商務印書館。

汪壽明（1991）《中原音韻》音系談，《中原音韻新論》180—186，北京：北京大學出版社。

喻世長（1991）從邵康節到周挺齋——漢語宋金元北方話入聲演變的一條綫索，《中原音韻新論》187—197，北京：北京大學出版社。

尉遲治平（1991）“北叶《中原》，南遵《洪武》”析義，《中原音韻新論》198—210，北京：北京大學出版社；（2011）《先飛集——尉遲治平語言學論集》160—172，武漢：華中科技大學出版社。

張樹錚（1991）從壽光方言看《中原音韻》的知莊章聲母，《中原音韻新論》211—225，北京：北京大學出版社；（1999）《方言歷史探索》141—152，呼和浩特：內蒙古人民出版社。

趙誠（1991）周德清和《中原音韻》，《中原音韻新論》226—236，北京：北京大學出版社。

周維培（1991）《中原音韻》與元人曲籍五種小考，《中原音韻新論》237—248，北京：北京大學出版社。

楊耐思（1991）《中原音韻》研究概述，《中原音韻新論》249—254，北京：北京大學出版社。

楊福綿（1991）近三十年臺灣省和海外《中原音韻》研究述評，《中原音韻新論》255—269，北京：北京大學出版社。

曺喜武（1991）《中原音韻》과《古今韻會舉要》의入聲子音比較研究：元/-p/入聲字音을中心으로，《中國人文科學》10：67—94。

丁玟聲（1991）《中原音韻》與《中州音韻》聲母系統比較，《中國語文論叢》4：35—53。

Pulleyblank, E. (1991) *Lexicon of Reconstructed Pronunciation in Early Middle Chinese, Late Middle Chinese, and Early Mandarin*, Vancouver: UBC Press【Review: Sagart, L. (1991) *Cahiers de linguistique Asie Orientale* 20(2): 247-248】.

麥耘（1992）“中原音韻無入聲內證”商榷，中國音韻學國際學術研討會議論文，山東大學；（1995）《音韻與方言研究》179—192，廣州：廣東人民出版社。

周維培（1992）周德清評傳，《戲劇藝術》1992（2）：106—111。

黎新第（1992）《中原音韻》清入聲作上聲證，《古漢語研究》1992（4）：5—10。

林燾（1992）“入派三聲”補釋，《語言學論叢》17：3—18；（2001）《林燾語言學論文集》301—316，北京：商務印書館；（2010）《林濤文選》223—237，北京：北京大學出版社。

薛鳳生（1992）從等韻到《中原音韻》，《語言學論叢》17：19—30。

朴英緑（1992）《中原音韻》“撮其同聲”檢證，《中國文學研究》10：471—502。

吳吉龍（1992）《中原音韻》前의平聲分化에對한考察，《中國人文科學》11：149—184。

曾曉渝（1993）對《中原音韻》音系-m尾韻的一點認識，《古漢語研究》1993（3）：74—76，96。

鄧興鋒（1993）《中原音韻》內部一些自相矛盾的現象，《大陸雜誌》87（6）：27—28。

張樹錚（1993）“入派三聲”二題，《慶祝殷煥先先生執教五十週年論文集》85—97，濟南：山東大學出版社；（1999）關於“入派三聲”的兩個問題，《方言歷史探索》153—164，呼和浩特：內蒙古人民出版社。

金周生（1993）從臧晉叔《元曲選、音釋》標注某一古入聲字的兩種方法看其對元雜劇入聲字唱唸法的處理方式，《輔仁學誌（文學院之部）》22：165—206。
林香薇（1993）試論《中原音韻》的m尾，《中國語言學論文集——第一屆全國研究生語言學研討會》43—56，高雄：復文圖書出版社。
朴英緑（1993）《中原音韻》“清入聲作上聲”考，《韓中音韻學論叢》1：631—648，首爾：曙光學術資料社。
鄧興鋒（1994）《中原音韻》一處的“開合”問題——兼與王潔心先生商榷，《古漢語研究》1994（2）：19—21。
鄧興鋒（1994）例說《中原音韻》的術語混用現象—兼與王潔心先生商榷，《大陸雜誌》89（2）：3—5。
鄧興鋒（1994）從大都劇韻看《中原》兩韻並收字，《語言研究》1994增刊：183。
董紹克（1994）論《中原音韻》的基礎方言及其考證，《語言研究》1994增刊：184—190。
李鍾九（1994）《中原音韻》車遮韻的主要元音問題，《語言研究》1994增刊：405—407。
周維培（1994）傳統曲學的奠基作之一——《中原音韻》，《古典文學知識》1994（5）：107—109。
姚榮松（1994）中原音韻入聲問題再探，《陳伯元先生六秩壽慶論文集》563—598，臺北：文史哲出版社。
姚榮松（1994）中原音韻入派三聲新探，《聲韻論叢》2：25—51。
佐佐木猛（1994）周德清は大都を見たか，《大阪外國語大學論集》11：73—86。
佐佐木猛（1995）《中原音韻》に見える周德清の方音，《大阪外國語大學論集》13：57—61。
遠藤光曉（1995）《中原音韻》の成書過程，《東洋學報》76（3·4）：448—424；（2001）《中國音韻學論集》219—236，東京：白帝社。
劉勳寧（1995）說《中原音韻》的蕭豪分韻，《言語文化論集》41：71—79。
楊徵祥（1995）《中原音韻》上聲字之異常變調，《成功大學中文系所第一屆學術論文研討會論文集》。
董紹克（1995）“入派三聲”論，《山東師大學報（社會科學版）》1995（1）：87—91。
劉俊一（1995）《中原音韻》“本聲外來”別解，《青島大學師範學院學報》1995（2）：1—5。
鄧興鋒（1995）大都劇韻所見《中原音韻》兩韻並收字，《南京大學學報（哲學社會科學版）》1995（4）：109—119，131。
丁喜霞（1995）試論《中原音韻》的語音基礎，《古漢語研究》1995（4）：14—17，30。
崔在秀（1995）《近代漢語入聲에關한研究：〈中原音韻〉을中心으로》，韓國外國語大學校碩士論文。
金泰完（1995）《古今韻會舉要》와《蒙古字韻》의中古入聲字處理와《中原音韻》“入派三聲”의自體解說，《中國人文科學》14：185—205。
劉冬冰（1996）汴梁方音與《中原音韻》音系，《語言研究》1996增刊：371—375。
司徒修、方環海（1997）早期官話、老北京話和《中原音韻》的韻類，《徐州師範大學學報》1997（2）：52—55。
蔣冀騁（1997）論《中原音韻》中知照莊三系的分合，《湖南師範大學社會科學學報》1997（6）：110—113。

車美京（1997）周德清北曲創作理論探究——以“中原音韻·作詞十法”爲主，《中國文化月刊》211：35—56。

周維培（1997）《中原音韻》在北曲曲譜史上的地位，《曲譜研究》39—49，南京：江蘇古籍出版社。

車美京（1998）《中原音韻》的曲論，《中國學術年刊》19：357—380，685。

馬重奇（1998）論《中原音韻》的基礎方言及其考證，《中國語言學年鑒》1072，北京：語文出版社。

吳瑞霞（1998）論周德清《中原音韻》的戲曲理論價值，《廣東民族學院學報（社會科學版）》1998（1）：77—80。

劉勳寧（1998）中原官話與北方官話的區别及《中原音韻》的語言基礎，《中國語文》1998（6）：463—469。

王恩保（1998）“入派三聲”内證考辨，《語言研究》1998 增刊：276—283。

劉靜（1999）《中原音韻》語音基礎研究新論，《陝西師範大學學報（哲學社會科學版）》1999（1）：161—164，177。

金周生（1999）《中原音韻》“鼻”字的音韻來源與音讀，《聲韻論叢》8：321—330。

蔣冀騁（1999）論《中原音韻》中知章莊三系的分合，《漢語史研究集刊》2：360—366。

曺喜武（1999）《中原音韻》과《古今韻會舉要》의比較研究：韻母를中心으로，《中國人文科學》19：41—64。

李樹儼（2000）論“平分陰楊，入派三聲”，《語文研究》2000（1）：16—23。

黎新第（2000）20 世紀《中原音韻》音系研究進程與方法回顧，《重慶師院學報（哲學社會科學版）》2000（1）：86—96。

張炳義（2000）《中原音韻》“入派三聲”性質辨析——從“劇”字音說起，《西北師大學報（社會科學版）》2000（4）：120—124。

李無未（2000）《中原音韻》與吉安方音，《第六屆漢語音韻學國際學術研討會論文集》，香港：香港文化教育出版社；（2005）《音韻文獻與音韻學史》103—108，長春：吉林文史出版社。

方環海（2001）二十世紀《中原音韻》研究方法論述評，《贛南師範學院學報》2001（1）：18—24。

方環海（2001）二十世紀大陸《中原音韻》研究的歷史回顧，《漢字文化》2001（3）：15—20。

吳瑞霞（2001）李漁劇學聲律論與《中原音韻》，《戲曲研究》2001（2）：102—109。

金周生（2001）《中原音韻》“辨明古字略”再校，《輔仁國文學報》17：165—189。

詹秀惠（2001）《韻略易通》與《中原音韻》音位系統比較研究，《聲韻論叢》10：345—371。

麥耘（2001）中古莊系聲母在《中原音韻》中的地位，《漢語史研究集刊》4：74—85。

張在雄（2001）《中州樂府音韻類編》과《中原音韻》의小韻比較研究，《中國語文學論集》18：67—99。

吳盈滿（2002）試論《中原音韻》之編撰意圖及“入派三聲”，《中國文學研究》16：133—164。

方環海（2002）二十世紀中國大陸《中原音韻》研究述評，《漢語史研究集刊》5：302—321。

張在雄（2002）《中州樂府音韻類編》과《中原音韻》의小韻收録字差異比較研究，《中國語文學論集》19：183—212。
陳翔羚（2003）《中原音韻》文本研究，《輔大中研所學刊》13：79—91。
金欣欣（2003）周德清的通語觀與《中原音韻》的音系性質，《阜陽師範學院學報（社會科學版）》2003（1）：64—66。
金欣欣（2003）《中原音韻》"的本"初刊時間考辨，《廊坊師範學院學報》2003（2）：1—4。
蔣冀騁（2003）《中原音韻》"寒山""桓歡"分立是周德清方音的反映，《中國語言學報》11：328—337。
劉靜（2003）《中原音韻》車遮韻在宋元俗文學中的運用，《陝西師範大學學報（哲學社會科學版）》2003（4）：73—78。
舟部淑子（2003）任訥撰《作詞十法疏證》（譯注 1），文教大學《文學部紀要》16（2）：169—201。
舟部淑子（2003）《中原音韻》"作詞十法"の"定格・四十首"について，《中國文化》61：9—19。
張在雄（2003）《中原音韻》의一字兩讀現象研究，《中國文化研究》2：201—222。
李無未（2004）日本學者對《中原音韻》及相關韻書的研究，《語言學論叢》30：265—292；（2005）《音韻文獻與音韻學史》222—249，長春：吉林文史出版社；（2012）《日本漢語音韻學史》263—291，北京：商務印書館。
劉志成（2004）《中原音韻》和北音，《漢語音韻學研究導論》199—213，成都：巴蜀書社。
金欣欣（2004）《中原音韻》無入聲說代表觀點論析，《山東師範大學學報（人文社會科學版）》2004（1）：31—35。
金欣欣（2004）《中原音韻》作者周德清的政治傾向，《臨沂師範學院學報》2004（2）：111—114。
金欣欣（2004）《中原音韻》音系有入聲證，《江西師範大學學報》2004（2）：75—79。
田業政（2004）從桓歡韻看《中原音韻》的基礎方言，《安康師專學報》2004（2）：32—35，45。
金欣欣（2004）也談《中原音韻》的寫作緣起——兼與趙誠先生商榷，《東南大學學報（哲學社會科學版）》2004（4）：120—124，128。
于師號、張昳麗（2004）周德清、鍾嗣成比較探微，《河南教育學院學報（哲學社會科學版）》2004（4）：99—101。
吳瑞霞（2004）《中原音韻》與《曲律》聲律體制異同之辨析，《湖北廣播電視大學學報》2004（5）：62—65。
雷昌蛟（2004）《中原音韻》中的"硙"字音義考辨，《古漢語研究》2004（4）：110—112。
李惠綿（2004）從音韻學角度考察北曲度曲論的形成——論周德清"歌其字音必其字"的度曲論，《臺大中文學報》21：141—184。
邵榮芬（2005）《中原音韻》尤侯韻中《廣韻》尤韻明母字的音韻地位，《音史新論：慶祝邵榮芬先生八十壽辰學術論文集》4—8，北京：學苑出版社；（2009）《邵榮芬語言學論文集》287—296，北京：商務印書館。
張靜（2005）《中原音韻》“入派三聲”新論，《黃山學院學報》2005（2）：118—120。
宋洪民（2005）從山東沾化方言的清入歸派看《中原音韻》的語音基礎，《烟臺師範學院學報（哲學社會科學版）》2005（3）：69—73。
許莉莉（2005）從曲律角度看《中原音韻》中聲調的歸納，《南京社會科學》2005（12）：80—85。
李鐘九（2005）對照를通해본《中原音韻》音과明代官話音의關係，《中語中文學》36：83—96。
李英月、張在雄（2005）《四聲通解》에記載된《中原音韻》注釋研究，《中國學研究》32：69—91。
宋洪民（2006）也談《中原音韻》“寒山”“桓歡”分立的依據，《古漢語研究》2006（1）：10—16。
宋亞雲（2006）《中原音韻》的例外音變，中國音韻學研究會、汕頭大學文學院《音韻論集》111—117，北京：中華書局。
劉靜（2006）《中原音韻》與中原方音語音特點的比較研究——再論《中原音韻》的語音基礎，《古漢語研究》2006（1）：21—26。
潘曉旭（2006）試論《中原音韻》“知莊章”的流變《井岡山學院學報》2006（3）：41—43。
蔣冀騁（2006）從阿漢對音看《中原音韻》的入聲，《古漢語研究》2006（3）：2—8。
張帥（2006）《中原音韻》性質分析，《山東教育學院學報》2006（5）：62—63。
蕭文輝（2006）《中原音韻》無入聲證——兼與金欣欣先生商榷，《和田師範專科學校學報》2006（5）：95—96。
陸華（2006）“北叶《中原》，南遵《洪武》”辨析，《學術研究》2006（12）：131—135，148。
湯蕾（2006）從《中原音韻》看周氏的語言規範化意識，《遼寧廣播電視大學學報》2006（4）：66—67。
唐作藩（2007）再談《中原音韻》音系的性質問題，耿振生編《近代官話語音研究》42—44，北京：語文出版社。
桑宇紅（2007）再證《中原音韻》的基礎方音不是洛陽音，耿振生編《近代官話語音研究》101—108，北京：語文出版社。
王洪君（2007）《中原音韻》知莊章聲母的分合及其在山西方言中的演變，《語文研究》2007（1）：1—10。
蔣冀騁（2007）《回回藥方》阿漢對音與《中原音韻》“章、知、莊”三系的讀音，《古漢語研究》2007（1）：2—15。
林琳（2007）從《中原音韻》到《重訂司馬溫公等韻圖經》牙喉音開合口的演變，《2007年福建省辭書學會第18屆年會論文提要集》17。
張行健（2007）《〈中原音韻〉研究》，蘭州大學碩士論文。
張穎（2007）從文化視角看《中原音韻》的基礎音系，《和田師範專科學校學報》2007（3）：91—92。

宫欽第（2007）從知系跟精組的層次看胶東方言與《中原音韻》，《語言研究》2007（3）：33—36。
張文龔（2007）談中古通攝宕江攝入聲字在《中原音韻》中的兩讀現象——詞彙擴散理論的又一例證，《銅仁學院學報》2007（6）：76—79。
耿振生（2007）《中原音韻》的基礎方言與移民及方言接觸問題，《語苑擷英》2：141—148，北京：中國大百科全書出版社。
曲曉雲（2007）再論《中原音韻》的語音基礎，《中國文學》52：299—309。
宋洪民（2008）《金元詞用韻與〈中原音韻〉》，北京：中國社會科學出版社。
中原健二（2008）中原音韻序と葉宋英自度曲譜序，《吉田富夫先生退休記念中國學論集》175—184，東京：汲古書院；（2009）《宋詞と言葉》383—396，東京：汲古書院。
陳大爲（2008）《中原音韻》研究綜述，《科技信息（學術研究）》2008（12）：4。
桑宇紅（2008）知、照組聲母合一與知二莊、知三章對立——兼論《中原音韻》知莊章聲母的分合，《語文研究》2008（3）：31—40。
余頌輝（2008）從歷史文獻看《中原音韻》“王楊不分”的性質，《汕頭大學學報（人文社會科學版）》2008（5）：62—64，96。
葉寶奎、鄭碧嬌（2008）《中原音韻》的文白異讀與入聲韻的演化，《厦門大學學報（哲學社會科學版）》2008（6）：122—128。
蔣冀騁（2008）從《回回藥方》阿漢對音看《中原音韻》“支思”韻的讀音，《古漢語研究》2008（4）：12—20。
葉寶奎、鄭碧嬌（2008）也談《中原音韻》之入聲韻，《中國語學研究・開篇》27：77—82。
杜其容（2008）重探《中原音韻》，《杜其容聲韻論集》329—349，北京：中華書局。
耿振生（2008）怎樣用現代方言去證明《中原音韻》的語言基礎，《中國音韻學——中國音韻學研究會南京研討會論文集・2006》31—42，南京：南京大學出版社。
李永燮（2008）《中原音韻》，曲韻書에서韻書로：錢玄同의《中原音韻》研究의意義，《中國語文學論集》48：259—286。
崔在秀（2008）《中原音韻》과《古今韻會舉要》入聲字音比較研究，《中國學研究》34：109—124。
吴葆勤（2008）《中原音韻》“鼻”字音韻地位研究，《中國人文科學》39：95—112。
桑宇紅、張智慧（2009）破解中國音韻學史上的一樁懸案——《中原音韻》知、莊、章聲母研究論析，《河北學刊》2009（1）：237—242。
耿軍、張玉來（2009）《中原音韻》點校失誤五則，《蘇州大學學報（哲學社會科學版）》2009（1）：80—81。
童琴（2009）《〈中原音韻〉與〈洪武正韻〉比較研究》，華中科技大學博士論文。
宋洪民、宋喜崗（2009）《中原音韻》研究視域的偏離探因——中國近現代史上思想文化革命對語言研究的影響例析，《魯東大學學報（哲學社會科學版）》2009（3）：77—82。
桑宇紅（2009）《中原音韻》知莊章聲母研究中的幾個問題，《語言研究》2009（3）：58—61。
丁小明（2009）瞿啟甲致孫毓修信札十一通，《文獻》2009（4）：145—153。
孟萬春（2009）從漢語方言看《中原音韻》的語音性質，《延安大學學報（社會科學版）》

2009（5）：96—99。
孟萬春（2009）《中原音韻》知莊章在商洛方言中的流變研究，《寧夏師範學院學報》2009（5）：67—69，93。
孟愛華（2009）《中原音韻》研究概述，《語文學刊》2009（12）：73—74。
張衛東（2010）論《中原音韻》的蕭豪歌戈“兩韻並收”，《語言學論叢》41：77—96，北京：商務印書館。
張玉來（2010）《中原音韻》版本源流辨正，《古籍整理研究學刊》2010（1）：16—24。
付新軍（2010）從城陽方言看《中原音韻》知莊章三系聲母的分合，《江漢大學學報（人文科學版）》2010（1）：110—112。
張玉來（2010）《中原音韻》時代漢語聲調的調類與調值，《古漢語研究》2010（2）：11—25，95。
林琳（2010）從《中原音韻》到《等韻圖經》牙喉音開合口演變，《福建師大福清分校學報》2010（4）：34—38。
桑宇紅（2010）再證《中原音韻》知莊章三組聲母合一，《中國音韻學：中國音韻學研究會南昌國際研討會論文集・2008》237—250，南昌：江西人民出版社。
吳勇、劉裕黑（2010）周德清與《中原音韻》及其人其事，《中國音韻學：中國音韻學研究會南昌國際研討會論文集・2008》261—270，南昌：江西人民出版社。
童琴（2011）試論《中原音韻》與《洪武正韻》成書差異，《湖北第二師範學院學報》2011（1）：21—25。
金周生（2011）陳伯元先生《中原音韻》研究之成就與貢獻，《南陽師範學院學報》2011（1）：68—72。
阮咏梅（2011）影響浙江溫嶺“灑尺調”用韻的兩大因素——《中原音韻》和溫嶺方言，《漢字文化》2011（1）：45—47。
馬樂樂（2011）《〈中原音韻〉與〈中州音韻〉音系比較研究》，蘇州大學碩士論文。
艾君華、陳婷（2011）《中原音韻》有無入聲之再認識，《語文知識》2011（2）：72—74。
馬樂樂（2011）《中原音韻》與《中州音韻》比較研究概述，《安慶師範學院學報（社會科學版）》2011（6）：49—52。
張玉來（2011）《中原音韻》的著作權問題，《浙江大學學報（人文社會科學版）》2011（5）：50—59。
顏秀青（2011）《〈中原音韻〉研究》，世新大學博士論文。
張衛東（2011）論《中原音韻》蕭豪歌戈“兩韻並收”，龍莊偉等編《漢語的歷史探討——慶祝楊耐思先生八十壽誕學術論文集》218—235，北京：中華書局。
劉靜、莊紅梅（2011）《太和正音譜》對《中原音韻》研究的貢獻，龍莊偉等編《漢語的歷史探討——慶祝楊耐思先生八十壽誕學術論文集》252—260，北京：中華書局。
桑宇紅（2011）《中原音韻》“知”、“支”分韻探賾，龍莊偉等編《漢語的歷史探討——慶祝楊耐思先生八十壽誕學術論文集》275—282，北京：中華書局。
張衛東（2011）也說“入派三聲”，張渭毅主編《漢聲（下）》543—550，北京：中國文史出版社。

劉俊一（2012）以山東東區方言試證《中原音韻》知、章、莊三系兩分，《漢字文化》2012（3）：13—19。
張玉來（2012）《中原音韻》所依據的音系基礎問題，《語言研究》2012（3）：29—34。
時俊靜（2012）《中原音韻》“樂府三百三十五章”辨正，《河北師範大學學報（哲學社會科學版）》 2012（4）：68—73。
張衛東（2012）論《中原音韻》的魚模尤侯“兩韻並收”，《中國語學研究・開篇》31：286—302。
任偉榕（2012）論朱權《瓊林雅韻》之承繼與開新——兼與《中原音韻》相較，《有鳳初鳴年刊》8（7）：39—62。
舟部淑子（2012）任訥撰《作詞十法疏證》，《交錯する文化と言語》143—180，越谷：文教大學出版事業部。
童琴（2013）《中原音韻》校勘補正，《湖北第二師範學院學報》2013（5）：11—14。
麥耘（2013）從洛陽話和青海三個方言看元音高頂出位，《大江東去：王士元教授八十歲賀壽文集》633—652，香港：香港城市大學出版社。【和《中原音韻》進行比較】
田輝（2013）《中國語聲調變化例外現象研究：聲調·中原音韻을中心으로》，濟州大學校碩士論文。
張衛東（2013）論《中原音韻》東鍾庚青之“兩韻並收”，《語言學論叢》48：238—257。
李蕊（2014）元曲入韻字與《中原音韻》所收字比較研究，《語言研究》34（3）：82—86。

2.2 《中州樂府音韻類編》

◎原始資料

・現存文本

明本《朝野新聲太平樂府》所收，鐵琴銅劍閣舊藏，中國國家圖書館現藏。

・影印本

陸志韋、廖珣英校（1978）《中原音韻 附：中州樂府音韻類編》（下），北京：中華書局。

・校本

天英（1935）元卓從之的中州樂府音韻類編，《劇學月刊》5（2）：37—44。
盧前（1935）《飲虹簃所刻曲》所收；（1985）上，1—22，校記 1—3，臺北：世界書局。
盧前（1939）《朝野新聲太平樂府》1—27，附校記，長沙：商務印書館。
鄭騫（1939）朝野新聲太平樂府校記，《燕京大學文學年報》5：23—44。
任中敏編（1940）《新曲苑》册 1，第 2 種：1—15，校記 1—2，昆明：中華書局；（1970）中華國學叢書，臺北：臺灣中華書局。
（1955）《朝野新聲太平樂府》（上），1—27；校記 1—3，北京：文學古籍刊行社。
隋樹森（1958，1987）《朝野新聲太平樂府》5—22，北京：中華書局。
陸志韋、廖珣英校（1978）《中原音韻 附：中州樂府音韻類編》（下），北京：中華書局。

佐佐木猛（1981）卓從之《中州樂府音韻類編》考定本，《均社論叢》10：38—65。

◎研究

厲嘯桐（1938）宋元之間北音平聲寫變之公例（中州樂府音韻類編之研究），《東方雜誌》35（12）：29—31。

佐佐木猛（1981）《中州樂府音韻類編》によって《中原音韻》に含まれる誤りを正しうるか，《福岡大學人文論叢》12（4）：1519—1543。

遠藤光曉（1995）《中原音韻》の成書過程，《東洋學報》76（3・4）：448—424；（2001）《中國音韻學論集》219—236，東京：白帝社。

張在雄（2001）《中州樂府音韻類編》과《中原音韻》의小韻比較研究，《中國語文學論集》18：67—99。

張在雄（2002）《中州樂府音韻類編》과《中原音韻》의小韻收録字差異比較研究，《中國語文學論集》19：183—212。

張在雄（2002）《〈中州樂府音韻類編〉研究》，延世大學校博士論文。

2.3 《古今韻會舉要》

◎原始資料

・現存文本

熊忠《古今韻會舉要》【元刊本】宮内庁書陵部圖書寮（6677/20/401 34）；中央圖書館藏本。

・影印本

《古今韻會舉要》【四庫全書本】，臺北：臺灣商務印書館。

（1970）《古今韻會舉要》淮南書局重刊本；（1990）臺北：大化書局。

（2000）《古今韻會舉要》【明刊本】，北京：中華書局。

・文本研究

花登正宏（1997）《古今韻會舉要研究》14—15，東京：汲古書院。

◎研究

服部四郎（1946）《元朝秘史の蒙古語を表はす漢字の研究》，東京：文求堂。

坂井健一（1950）古今韻會舉要に於ける口蓋音化に就いて，《中國文化研究會會報》1（1）：4—6。

坂井健一（1951）古今韻會舉要に於ける二等韻に就いて，《中國文化研究會會報》2（1）：3—5。

坂井健一（1952）古今韻會舉要の特色に就いて，《中國文化研究會會報》2（4）。

應裕康（1963）古今韻會舉要反切之研究，《政治大學學報》8：287—339。

尾崎雄二郎（1969）古今韻會舉要，《中國語學新辭典》212，東京：光生館。
花登正宏（1977）古今韻會舉要考—古今韻會舉要における三等重紐諸韻—，《日本中國學會報》29：188—210。
花登正宏（1978）古今韻會舉要考—韻類について—，《山形大學紀要（人文科學）》9（1）：51—117。
花登正宏（1979）古今韻會舉要反切考—特に反切上字について—，《東方學》58：93—113。
邵榮芬（1979）古今韻會舉要，《漢語語音史講話》108—115，天津：天津人民出版社。
趙誠（1979）古今韻會舉要，《中國古代韻書》73—80，北京：中華書局。
王碩荃（1980）《〈古今韻會舉要〉入聲考》，油印本，90 頁。
花登正宏（1983）《禮部韻略七音三十六母通考》聲母考，《伊地智善繼・辻本春彦兩教授退官紀念中國語學文學論集》259—277，東京：東方書店。
姜聿華（1984）黃公紹詞韻及《古今韻會舉要》，《吉林師範學院學報（哲學社會科學版）》1984（3）：61。
李新魁（1986）古今韻會舉要，《漢語音韻學》47—50，北京：北京出版社。
花登正宏（1986）《禮部韻略七音三十六母通考》韻母考，《音韻學研究》2：234—248。
花登正宏（1986）古今韻會舉要所引說文解字考—特に卷二十五について—，《人文研究》38（4）：133—151。
竺家寧（1986）古今韻會舉要入聲字母韻研究，《中國學術年刊》8：91—121。
竺家寧（1986）《古今韻會舉要》陰聲類字母韻研究，《人文學報》11：31—50。
竺家寧（1986）韻會陰聲韻音系擬測，《中華學苑》33：1—44。
竺家寧（1986）《古今韻會舉要的語音系統》，臺北：臺灣學生書局。
尹仁鉉（1986）《〈韻會玉篇〉의〈古今韻會舉要〉에對한索引性》，中央大學校碩士論文。
竺家寧（1987）韻會陽聲類字母韻研究，《淡江學報》25：215—237。
竺家寧（1987）韻會聲母研究，《淡江學報》25：239—255。
姜聿華（1987）黃公紹詞韻與《古今韻會舉要》，《贛南師範學院學報（哲社版）》1987（3）：39—46。
花登正宏（1987）古今韻會舉要と古今韻會，《人文研究》39（3）：133—151。
竺家寧（1987）《韻會》重紐現象研究，《漢學研究》5（2）：w311—327；（1994）《近代音論集》173—196，臺北：臺灣學生書局。
楊耐思（1988）元代漢語的濁聲母，《中國語言學報》3：96—106。
中前千里（1988）《古今韻會舉要》に引く《說文解字》について，《漢語史の諸問題》341—366，京都：京都大學人文科學研究所。
李添富（1988）《古今韻會舉要》反切引《集韻》考，《輔仁國文學報》4。
楊耐思（1989）《韻會》與《七音》、《蒙古字韻》，《語言文字學術論文集——慶祝王力先生學術活動五十週年》334—349，上海：知識出版社。
王玉枝（1989）《〈古今韻會舉要〉와《廣韻》의入聲字比較研究》，成均館大學校碩士論文。

李添富（1990）《古今韻會舉要研究》，臺灣師範大學博士論文。
花登正宏（1991）四聲通解所引古今韻會考，《東北大學文學部研究年報》40：1—14。
張玉來（1991）元明以來韻書中的入聲問題，《中國語文》1991（5）：380—382。
李添富（1991）古今韻會舉要疑、魚、喻三母分合研究，《聲韻論叢》3：225—255。
王碩荃（1991）韻會音系基礎初探，《語言研究》1991 增刊：87—97。
曺喜武（1991）《〈古今韻會舉要〉研究》，全南大學校博士論文。
曺喜武（1991）《中原音韻》과《古今韻會舉要》의入聲子音比較研究：元/-p/入聲字音을中心으로，《中國人文科學》10：67—94。
李添富（1992）《古今韻會舉要》聲類考，《輔仁國文學報》8：149—170。
李添富（1992）《古今韻會舉要》俗字研究，《第三屆中國文字學國際學術研討會論文集》481—509，新莊：輔仁大學出版社。
權赫俊（1992）《古今韻會舉要》/ʔ/韻尾韻의音韻體系，《中國語文論叢》5：117—147。
曺喜武（1993）《古今韻會舉要》의製作과體裁，《中國人文科學》12：61—76。
權赫埈（1993）《古今韻會舉要》/m/韻尾韻의音韻體系研究，《中國語文論叢》6：27—46。
中村雅之（1994）《蒙古字韻》と《古今韻會舉要》，《富山大學人文學部紀要》20：147—163。
李添富（1994）《古今韻會舉要》同音字志疑，《聲韻論叢》2：53—72。
李添富（1994）《古今韻會舉要》與〈禮部韻略七音三十六母通考〉比較研究，《輔仁學誌（文學院之部）》23：53—100。
權赫埈（1994）《古今韻會舉要》/w/韻尾韻의音韻體系，《中國語文論叢》7：7—30。
花登正宏（1995）《古今韻會舉要》の依據した音系について，《社會と文化における中心と邊境》37—41，仙臺：東北大學文學部。
張宰源（1995）《〈古今韻會舉要〉之入聲字研究》，輔仁大學碩士論文。
權赫埈（1995）《古今韻會舉要》의聲母體系，《中國語文論叢》8：23—50。
曺喜武（1995）《古今韻會舉要》聲母考，《中國人文科學》14：169—184。
金泰完（1995）《古今韻會舉要》와《蒙古字韻》의中古入聲字處理와《中原音韻》“入派三聲”의自體解說，《中國人文科學》14：185—205。
王玉枝（1995）《古今韻會舉要》의入聲字考察：喉塞韻尾/-ʔ/의再檢討，《中國文學研究》13（1）：229—248。
李啟文（1996）近代漢語共同語入聲字的演變，《中國語文》1996（1）：50—58。
花登正宏（1996）《古今韻會舉要》の反映する音の特色とその依據した音系，《文化》59（3・4）：231—248。
忌浮（1996）《七音韻》考索，《語言研究》1996 增刊：362—365。
王碩荃（1996）近代漢語零聲母淺析，《語言研究》1996 增刊：397—405。
甯繼福（1996）《禮部韻略》的增補與《古今韻會舉要》的失誤，《聲韻論叢》5：71—111。
花登正宏、王欣（1996）《古今韻會》和《古今韻會舉要》，《河北師院學报（社會科學版）》1996（4）：83—88。

曺喜武（1996）《古今韻會舉要》音系研究，《中國人文科學》15：47—67。
曺喜武（1996）《古今韻會舉要》音系研究，《生活指導研究》16：237—254。
甯繼福（1997）《古今韻會舉要及相關韻書》，北京：中華書局【邵榮芬（1997）序，《社會科學戰綫》1997（4）：155—157；（1997）《邵榮芬音韻學論集》543—547，北京：首都師範大學出版社】。
花登正宏（1997）《古今韻會舉要研究》，東京：汲古書院【書評：佐佐木猛（2003）《古今韻會舉要研究》を讀む，《集刊東洋學》90：22—33】。
王碩荃（1997）韻會與七音，《河北學刊》1997（6）：78—82。
曺喜武（1997）《古今韻會舉要》陽聲字母韻研究，《人文科學研究》19：271—291。
曺喜武（1997）《古今韻會舉要》의入聲字母韻研究，《中國人文科學》16：35—60。
權赫埈（1997）《東國正韻》와《古今韻會舉要》의通・宕・曾・梗攝音韻體系比較，《中國語文論叢》12：15—39。
王玉枝（1997）《蒙古字韻》과《古今韻會舉要》의關係및語音根據考察，《中國學》12：1—20。
權赫埈（1997）《東國正韻》과《古今韻會舉要》의臻・山攝音韻體系比較，《中國語文論叢》13：7—26。
權赫埈（1998）《東國正韻》과《古今韻會舉要》의咸・深攝音韻體系比較，《中國語文論叢》14：7—26。
曺喜武（1998）《古今韻會舉要》陰聲字母韻研究，《外國文化研究》21（1）：207—226。
李添富（1999）《韻會》“字母韻”的性質與分合試探，《輔仁國文學報》15。
김은희（1999）《〈古今韻會舉要〉36 字母研究》，濟州大學校碩士論文。
曺喜武（1999）《中原音韻》과《古今韻會舉要》의比較研究：韻母를中心으로，《中國人文科學》19：41—64。
權赫埈（1999）《東國正韻》과《古今韻會舉要》의遇果假攝音韻體系比較，江南大學校《論文集》34（1）：127—150。
曺喜武（1999）《古今韻會舉要》의韻母研究：陰聲・陽聲字母韻을中心으로，《中國語文學論集》11：395—430。
張凡（2000）《古今韻會》與《古今韻會舉要》，《貴州教育學院學报（社會科學版）》2000（6）：18—21。
李紹群（2000）《古今韻會舉要》音系性質述評，《黔東南民族師專學報》2000（5）：59—60。
權赫埈（2000）《古今韻會舉要》에反映된重紐現象및그相關問題，《中國語文論叢》19：155—190。
權赫埈（2000）《東國正韻》과《古今韻會舉要》의止、蟹攝音韻體系比較，《中國言語研究》12：203—234。
權赫埈（2001）《東國正韻》與《古今韻會舉要》之間的音位系統比較，《中國學報》43（1）：3—32。
權赫埈（2001）《東國正韻》과《古今韻會舉要》의效・流攝音韻體系比較，江南大學校《論文集》38：1—16。

王碩荃（2002）《古今韻會舉要辨證》，石家莊：河北教育出版社。
愼鏞權（2002）《古今韻會舉要研究》，南京大學博士論文。
愼鏞權（2002）關於《古今韻會舉要》的音系基礎，《中國文學》38：257—273。
愼鏞權（2002）關於《古今韻會舉要》的聲母，《中國語文學》40：443—461。
愼鏞權（2003）《古今韻會舉要》의入聲韻과關聯된몇가지問題에對하여，《言語學》37：145—167。
愼鏞權（2003）《古今韻會舉要》，《蒙古字韻》과《東國正韻》，《알타이學報》13：185—207。
康寔鎮（2003）朝鮮의韻書研究 3：《古今韻會舉要》를中心으로，《코기토》59：99—137。
배윤덕（2003）四聲通解에나타난韻會研究，《敦岩語文學》16：123—166。
權赫埈（2004）近古漢語聲母么母合母出現의音韻學的意義，《中國語文論叢》27：1—24。
權赫埈（2004）近古漢語聲母疑・魚・喻母의對立問題，《中國語文論叢》26：1—24。
劉曉南（2005）《韻會》貲字母韻考論，《中國語文》2005（2）：161—171，192。
麥耘（2005）“《韻會》有前腭聲母說”商榷，《語言研究集刊》2005：99—107，395。
王進安（2005）《韻學集成》與《古今韻會舉要》的關係，《海峽兩岸辭書學研討會暨福建省辭書學會第十七届學術年會論文集》75—79。
崔在秀（2005）《中原音韻》과《古今韻會舉要》入聲字音比較研究，《中國學研究》34：109—124。
平田昌司（2006）黄公紹傳考，《日本中國學會報》58：292—307。
王玉枝（2006）元以後《蒙古字韻》·《古今韻會舉要》의韓・中音韻學的價值研究，《中國學論叢》22：1—15。
王進安（2007）《韻學集成》對《古今韻會舉要》的傳承，《福建師範大學學報（哲學社會科學版）》2007（6）：230—233。
李庚姬（2007）元代韻書를通한北方官話의聲母體系考察：《蒙古字韻》과《古今韻會舉要》및《中原音韻》을中心으로，《中國語文學論集》44：113—134。
崔玲愛（2007）古今韻會舉要，《延世國學叢書》51（古書解題 7），首爾：平民社；（2011）《崔玲愛教授의中國音韻學論集》589—598，首爾：學古房。
崔在秀（2008）《中原音韻》과《古今韻會舉要》入聲字音比較研究，《中國學研究》34：109—124。
楊蔭沖（2009）《古今韻會》作者黄公紹生平考略，《中國典籍與文化》2009（2）：68—72。
조운성（2010）東國正韻의韻類와古今韻會舉要의字母韻，《西江人文論叢》28：203—225。
조운성（2010）東國正韻의韻類와古今韻會舉要反切下字，《人文研究》58：315—336。
甯忌浮（2013）《古今韻會舉要》二題，葉寶奎、李無未編《黄典誠教授百年誕辰紀念文集》227—232，厦門：厦門大學出版社。

2.4 《韻會定正》

鄧强、丁治民（2008）孫吾與及其所著韻書考，《寧夏大學學报（人文社會科學版）》2008（5）：57—60。
鄧强、丁治民（2008）孫吾與及其所著韻書考，《溫州大學學报（社會科學版）》2008（5）：66—70。
鄧强（2009）《韻會定正》聲類考，《安慶師範學院學报（社會科學版）》2009（2）：46—50。
丁治民、趙金文（2009）從《韻會定正》論《洪武正韻》的得失——兼論明太祖“中原雅音”的性質，《語言科學》2009（6）：648—659。
鄧强（2010）《韻會定正》的韻類特點——兼與《古今韻會舉要》和《洪武正韻》比較，《西南交通大學學报（社會科學版）》2010（5）：26—32，64。
鄧强（2010）《韻會定正》所反映的元末明初江西方音，《寧夏大學學报（人文社會科學版）》2010（2）：16—20。
鄧强、朱福妹（2011）從《韻會定正》看元末明初通語韻母的幾項發展，《語言研究》2011（4）：68—72。

2.5 《書學正韻》

◎原始資料

・現存文本

元至大間江浙行省刊元順帝時余謙修補本。
南京圖書館藏本【元刊明修本】。
【明修】靜嘉堂文庫。
【明修】內閣文庫【據阿部（1993：396），以下爲同一版本：中國國家圖書館（中央圖書館）藏本 元至大間江浙行省刊元統間余謙修補本、同（存卷十三、卷十八、卷二十）、美國國會圖書館本、王記著録本】。

◎研究

楊徵祥（2002）《書學正韻》-n 尾韻及其音讀，第二十屆全國聲韻學學術研討會論文。
楊徵祥（2003）《書學正韻》的語音系統，《樹人學報》1，高雄：樹人醫護管理專科學校。
大岩本幸次（2010）元・楊桓《書學正韻》と《五音集韻》，《東北大學中國語學文學論集》15：65—80。

2.6 元曲等押韻資料 附：務頭

田中謙二（1941）元曲に於ける險韻について，《東方學報（京都）》12（2）：29—37；（2000）《田中謙二著作集》1：147—172，東京：汲古書院。

冒廣生（1944）新斠中原音韻定格曲子，《同聲月刊》3（12）：12—51。

夏承燾（1948）“陽上作去”“入派三聲”說，《國文月刊》68：14—16；叔重編（1955）《中國語文研究參考資料選輯》63—67，北京：中華書局。

何漢章（1948）讀“陽上作去入派三聲說”後，《國文月刊》74：25—27；叔重編（1955）《中國語文研究參考資料選輯》68—73，北京：中華書局。

王力（1958）第四章・曲，《漢語詩律學》706—828，上海：新知識出版社；（1962）上海：上海教育出版社；（1973）香港：中華書局；（1989）《王力文集》15：3—144，濟南：山東教育出版社。

張衛經（1958）曲詞裡的“擷窨”和“叠噉”，《中國語文》1958（3）：140。

趙景深（1959）琵琶記用韻，《讀曲小記》141—143，上海：中華書局。

廖珣英（1963）關漢卿戲曲的用韻，《中國語文》1963（4）：267—274。

周大璞（1963）《董西厢》用韻考，《武漢大學學報（人文科學）》1963（2）：84—100。

廖珣英（1964）諸宮調的用韻，《中國語文》1964（1）：19—27。

田仲一成（1967）元曲の聲調について，《中國語學》169：12—29。

Johnson, D. R. (1970) The Prosody of Yüan Drama, *T'oung Pao* 56: 96-146.

大島正二（1972）《琵琶記》の用韻に反映した元末吳方言，《東洋學報》54（4）：397—428。

丁邦新（1981）元曲韻字示意說之探討，《臺靜農先生八十壽慶論文集》821—842，臺北：聯經出版公司。

曹正義（1981）元代山東戲曲用韻析略，《山東大學文科論文集刊》2。

金周生（1982）元曲暨中原音韻“東鍾”“庚青”二韻互見字研究，《輔仁學誌（文學院之部）》11：539—574。

金周生（1983）元曲“他”字異讀研究，《輔仁學誌（文學院之部）》12：521—542。

周致一、周禮（1984）元曲用韻平上通押初探，《哈爾濱師專學報》1984（3）。

楊耐思、藍立蓂（1984）元曲裡的“呆”字音，《語言學論叢》13：154—161；楊耐思（1997）《近代漢語音論》264—271，北京：商務印書館；楊耐思（2012）《近代漢語音論》（增訂本）268—275，北京：商務印書館。

李愛平（1985）金元山東詞人用韻考，《語言研究》1985（2）：49—67。

張惠英（1985）說“呆、獃、騃、懛”，《語文研究》1985（4）：48—51。

金周生（1985）元曲選音釋平聲字切語不定被切字之陰陽調說，《輔仁學誌（文學院之部）》14：371—382。

金周生（1985）元曲選音釋處理賓白韻語入聲押韻字方法之探討，《輔仁國文學報》1：365—375。

金周生（1986）元代北劇入聲字唱唸法研究，《輔仁學誌（文學院之部）》15：227—237。

忌浮（1988）曲尾及曲尾上的古入聲字——周德清入派三聲驗證，《中國語文》1988（4）：292—301。

門歸（1989）談元代的戲曲論評，《渤海學刊》1989（3）：68—74。

魯國堯（1989）從曲律、曲韻查核諸家對白樸曲點校的失誤，《中華國學》1；（1994）《魯國堯自選集》233—249，鄭州：河南教育出版社；（2003）《魯國堯語言學論文集》

651—665，南京：江蘇教育出版社。

金周生（1990）元代散曲-m、-n 韻尾字通押現象之探討——以山咸攝字爲例，《輔仁學誌（文學院之部）》19：217—224。

魯國堯（1990）白樸的詞韻和曲韻及其異同，《王力先生紀念論文集》146—161，北京：商務印書館；（1994）《魯國堯自選集》197—211，鄭州：河南教育出版社；（2003）《魯國堯語言學論文集》445—457，南京：江蘇教育出版社。

王雪樵（1991）《西厢記》中“大”讀“堕”音考，《文獻》1991（4）：50—56；（1992）《運城高專學報》1992（3）：52—55。

楊載武（1991）元散曲的用韻，《西南師範大學學報》1991（1）：57—65。

魯國堯（1991）論宋詞韻及其與金元詞韻的比較，《中國語言學報》4：125—158；（1994）《魯國堯自選集》131—176。

Schlepp, W. (1991) A Note on Entering Tone in Yuan Songs, *Journal of Chinese Linguistics* 19(1): 63-78.

魯國堯（1992）宋元江西詞人用韻研究，胡竹安、楊耐思、蔣紹愚編《近代漢語研究》187—224，北京：商務印書館。

倪彦（1992）從馬致遠曲韻看入聲字的分派，《語言學論叢》19：68—73。

宋衢（1992）《元曲假借字的音韻研究》，北京大學碩士論文；（1998）《語言學論叢》24：182—207。

黎新第(1993)元雜劇助詞“得”用“的”字及其他——漢語輕聲的早期歷史印迹之二，《重慶師院學報（哲學社會科學版）》1993（2）：92—98，76。

高橋繁樹、佐佐木猛（1993）《元刊雜劇三十種》の假借字と押韻について，日本中國語學會第 43 屆年會資料。

金周生（1993）從臧晉叔元曲選音釋標注某一古入聲字的兩種方法看其對元雜劇入聲唱法的處理方式，《輔仁學誌（文學院之部）》22：165—206。

李立成（1994）《全元散曲》校議，《古漢語研究》1994（1）：40—44。

金周生（1994）從李漁別解務頭試說曲律上的幾個問題，《陳伯元先生六秩壽慶論文集》599—614，臺北：文史哲出版社。

鄧興鋒（1994）《蒙元大都曲家雜劇用韻研究》，南京大學博士論文。

鄧興鋒(1996)大都雜劇合韻所反映的元代韻部關係，《語言研究》1996 增刊：353—355。

董紹克（1996）元曲“說”讀“佛”例，《中國語文》1996（1）：44。

武俊達（1996）北曲曲牌［天淨沙］和“真元之聲”的探索，《中國音樂學》1996（2）：39—54。

高橋繁樹（1996）金諸宮調と元雜劇の韻について，《中國文學研究》22：130—139。

鄧興鋒(1997)大都劇韻所反映的元代一些單字的讀音，《語言研究》1997(1)：130—138。

張正學（1997）關於元劇套曲的三個問題，《河北師院學報（社會科學版）》1997（1）：97—100。

郝延霖（1997）貫雲石兩篇序論内容的蠡測，《西北民族學院學報（哲學社會科學版，漢文）》1997（4）：113—119。

徐健（1997）《劉知遠諸宮調》殘卷用韻考，《古漢語研究》1997（2）：5—11。
周致一（1998）試論《琵琶記》的用韻，《北方論叢》1998（2）：84—86。
徐子方（1998）“關、鄭、白、馬”與元曲四大家，《漳州師院學報（哲學社會科學版）》1998（1）：46—50。
董紹克（1998）試證元曲的兒化音，《中國語文》1998（3）：218—221。
杜海濤（1998）《鄭光祖戲曲用韻研究》，北京大學碩士論文；（2001）《語言學論叢》24：239—277。
鄧興鋒（1998）元代大都雜劇用韻研究，《中國語學研究・開篇》17：41—96。
趙義山（1999）論元代曲論的務實尚用，《佛山科學技術學院學報（社會科學版）》1999（1）：27—35。
趙義山（1999）論元代曲論的開渠布道之功，《文藝爭鳴》1999（2）：41—45。
葉桂郴（1999）《元曲選》的用韻和《中原音韻》研究，《桂林航天工業高等專科學校學報》1999（2）：36—44。
李惠芬（1999）浙江元人散曲用韻研究——與《中原音韻》比較研究，《福建師範大學學報（哲學社會科學版）》1999（2）：77—82。
馬重奇（1999）元代小令陽聲韻部研究——《元代小令集》用韻研究之一、之二，《福建電大學報》1999（3）：46—49，64；1999（4）：30—33，46；（1998）《漢語音韻學論稿》277—318，成都：巴蜀書社。
劉靜（1999）從元曲中的異文看《中原音韻》音系入聲的消失，《古漢語研究》1999（4）：74—78。
季永海（1999）漢語兒化音的發生與發展，《民族語文》1999（5）：19—30【討論元曲中的兒尾】。
王忠閣（2000）20世紀的元代劇論研究，《漳州師範學院學報（哲學社會科學版）》2000（2）：33—39，120。
鄭傳寅（2001）《張千替殺妻》雜劇斠律，《文藝研究》2001（2）：69—76。
俞爲民（2001）古代曲論中的音律論，《中華戲曲》2001：34—62。
陳東有（2001）《〈元曲選音釋〉研究》，北京：中國社會科學出版社。
吳葆勤（2003）《元刊雜劇用韻研究》，南京大學博士論文。
劉靜（2003）從元曲異文看清聲母入聲字的歸類，《古漢語研究》2003（1）：25—29。
平山久雄（2003）詩曲の押韻から見た“大”字二音の變遷，《中國語學》250：13—31。
李超（2004）《元浙江曲家散曲、雜劇用韻研究》，廣西師範大學碩士論文。
林端（2004）元曲時代之詩韻，《歷代詩韻沿革・外一篇》98—154，烏魯木齊：新疆人民出版社。
劉想如（2004）元曲語音非大都語音辨正，《平頂山師專學報》2004（4）：76—78。
武曄卿（2004）《琵琶記》的用韻研究，《語文學刊》2004（11）：43—45。
謝建平（2004）元明時期的弦索官腔和新樂弦索——兼論“曲律”形成發展的二個階段性特徵，《戲曲藝術》2004（4）：21—29。
石藝（2004）作法律人 先須律己——從周德清的曲作反觀其曲論，《廣西師範學院學報》

2004（2）：39—42，83。
李惠綿（2004）周德清北曲文律論析探，《漢學研究》22（1）：159—190。
舟部淑子（2004）元代散曲と險韻としての“車遮韻”，《中國文化》62：1—10。
蔣雅琴（2005）《喬吉戲曲用韻研究》，首都師範大學碩士論文。
郭瑩瑩（2005）《〈元曲選・音釋〉入聲字研究》，首都師範大學碩士論文。
胡蓉（2005）《元代少數民族詩人耶律楚材、薩都剌詩歌用韻研究》，重慶師範大學碩士論文。
田業政（2005）《元代江西詩人古體詩用韻研究》，重慶師範大學碩士論文。
曹祝兵（2005）《〈詞林韻釋〉研究》，吉林大學碩士論文。
張帥（2005）《〈元刊雜劇三十種〉與〈中原音韻〉用韻之比較》，華中科技大學碩士論文。
俞爲民（2005）論曲譜的產生及其完善，《淮海工學院學報（社會科學版）》2005（2）：66—70。
黎新第（2005）元雜劇與近代中原之音清入聲作上聲集證，《慶祝劉又辛教授九十壽辰學術討論會論文集》64—80，重慶：西南師範大學出版社。
季國平（2006）《中原音韻》的戲曲學意義，《福建藝術》2006（3）：30—33。
張孝進（2006）《唱論》新考，《文學前沿》2006：120—132。
許莉莉（2006）元曲聲、詞關係研究，《藝術百家》2006（1）：38—42。
王敏（2006）曲韻研究的概貌與新趨向，《戲曲研究》2006（1）：279—288。
田業政（2006）元代江西詩人古體詩的入聲韻系，《宜賓學院學報》2006（4）：88—92。
殷樹林（2006）對元代音系構擬相關問題的探討，《石河子大學學報（哲學社會科學版）》2006（2）：49—52。
程芸（2007）《中原音韻》與晚明曲學的理論建構，《東南大學學報（哲學社會科學版）》2007（5）：103—106，128。
王杰立（2007）《元代楊維楨等浙江詩人古體詩用韻考》，重慶師範大學碩士論文。
王瑩（2007）《張可久散曲用韻研究》，河北師範大學碩士論文。
薄克礼（2007）《元散曲體格研究》，河北大學博士論文。
黎新第（2007）元刊雜劇說白語言即是清入作上、次入作去，《語言研究》2007（2）：16—21。
鍾惠堯（2007）《〈元曲選・音釋〉入聲字探析》，中南大學碩士論文。
夏中易（2007）說“入派三聲”之“入”——《入聲論》之十，《西南民族大學學報（人文社科版）》2007（9）：193—196。
陸華（2007）曲韻研究的回顧與展望，《中國韻文學刊》2007（3）：110—114。
田業政（2007）元代江西詩人古體詩用韻研究，《南楊師範學院學報》2007（11）：57—62。
李文澤（2007）金末元初北方話中的入聲分析——以耶律楚材詩歌用韻爲例，《漢語史研究集刊》10：534—542。
秦傳庫（2008）《元代紹興路詩人用韻研究》，山東師範大學碩士論文。
范春義（2008）《天淨沙・秋思》是馬致遠作的嗎，《古典文學知識》2008（3）：46—51。
陶曉娟（2008）《元代山西人戲曲用韻研究》，遼寧師範大學碩士論文。
高航（2008）《南曲九宮正始》入聲樂字考察，《渤海大學學報（哲學社會科學版）》2008

（5）：143—146。

李蕊（2008）元曲的用韻研究述評，《平頂山學院學報》2008（6）：69—71。

李無未、李紅（2008）《宋元吉安方音研究》，北京：中華書局。

李紅（2009）元代吉安籍文人古體詩用韻的陽入相配問題，《西華大學學報（哲學社會科學版）》2009（2）：53—57。

李蕊（2009）《全元曲用韻研究》，華中科技大學博士論文。

吕秋蓮（2009）《元代大都曲家散曲用韻之研究》，彰化師範大學碩士論文。

林秀菊（2009）《元代河北詞人用韻之研究》，彰化師範大學碩士論文。

高航（2009）《九宫大成北詞宫譜》所反映的"入派三聲"問題再論，《南開語言學刊》2009（1）：35—44，181。

朱海萍（2009）論元代戲曲論著序跋在戲曲理論建構中的功用，《廣東廣播電視大學學報》2009（4）：59—62。

黄燕妮（2009）從曲律、曲韻查核諸家對馬致遠曲點校的失誤，《唐山學院學報》2009（5）：42—47。

王杰立（2010）楊維楨等浙江詩人古體詩用韻特殊韻字研究，《重慶科技學院學報（社會科學版）》2010（15）：113—114。

武曄卿（2010）南戲《張協狀元》曲韻韻位研究，《中國韻文學刊》2010（3）：73—77。

俞爲民（2011）曲韻研究，《藝術百家》2011（1）：125—133。

吕薇芬（2011）從北曲格律看詞曲淵源，《文學遺產》2011（2）：70—81。

劉單單（2011）《楊慎詞曲用韻考》，吉林大學碩士論文。

李蕊（2011）《脉望館鈔校本古今雜劇》中元雜劇用韻研究，《名作欣賞》2011（17）：130—132。

黎新第（2011）元雜劇四大家現存散曲所見"清入作上"，《古漢語研究》2011（2）：48—52，96。

武曄卿（2011）從《南曲九宫正始》看元代南戲曲韻的特點——《南曲九宫正始》所見"元傳奇"用韻考之一，《語言科學》2011（5）：528—538。

范俊敏（2011）《〈張協狀元〉韻部研究》，寧波大學碩士論文。

武曄卿（2011）《南曲九宫正始》曲韻標注七凡，《華章》2011（23）：66—68。

武曄卿（2011）從《南曲九宫正始》看元代南戲曲韻的部類，《中國韻文學刊》2011（3）：71—76。

武曄卿（2011）《南曲九宫正始》所反映的南戲曲韻中陰陽通協現象——《南曲九宫正始》所見"元傳奇"用韻考之二，《語文學刊》2011（19）：4—6。

武曄卿（2012）《南曲九宫正始》所反映的南戲陰陽通協現象辨析，《漢語史學報》12：202—212。

吴萍（2012）南戲《小孫屠》用韻考，《徐州工程學院學報（社會科學版）》2012（1）：73—78。

封傳兵（2012）《中原音韻》的曲學思想及其影響，《中國韻文學刊》2012（1）：55—58。

鄧紹基（2012）白樸三題，《中國社會科學院研究生院學報》2012（1）：103—113。

李蕊（2012）元代河北人北曲用韻研究，《保定學院學報》2012（1）：78—80。
趙鳳（2012）鍾嗣成散曲用韻考，《河池學院學報》2012（1）：50—53。
閔永軍（2012）元明散曲“對式”論的演變特徵，《河北聯合大學學報（社會科學版）》2012（2）：168—170。
時俊靜（2012）元曲中的北地番曲曲牌，《民族文學研究》2012（3）：118—125。
趙變親（2013）《元雜劇用韻研究》，山西師範大學博士論文。

附：務頭

林之棠（1982）務頭論，《中南民族學院學報（哲學社會科學版）》1982（2）：73—80；1982（3）：103—120。
何士龍（1982）《務頭論》校讀後記，《中南民族學院學報（哲學社會科學版）》1982（3）：121—122，126。
楊耐思、藍立蓂（1983）釋“務頭”，《語文研究》1983（1）：27—33。
馮潔軒（1987）“務頭”考，《中國音樂學》1987（2）：71—80。
車文明（2000）“務頭”淺說，《藝術百家》2000（2）：76—81。
康保成（2004）“務頭”新說，《文學遺產》2004（4）：97—107，160。
索俊才（2005）試論元曲中的“務頭”，《內蒙古大學學報（人文社會科學版）》2005（1）：48—51。
謝建平（2006）從“務頭”到“唱調”——再論曲律形成發展的兩個階段性特徵，《藝術百家》2006（5）：35—41。
路菊芳（2007）“務頭”考辨，《齊魯藝苑》2007（2）：90—92。
任超平（2007）“務頭”新釋，《藝術百家》2007（4）：51—53。

2.7 《切韻指南》

◎原始資料

·現存文本

明正德間金臺衍法寺重刻本。
明嘉靖四十三【1564】年刻本。
明萬曆三十五【1607】年海陽建初寺重刻本【附録爲真空《直指玉鑰匙門法》】。
明萬曆三十七【1609】年山西長治縣寶雲寺刻本【附録爲真空《直指玉鑰匙門法》】。
明萬曆四十一【1613】年高舉《古今韻撮》本。
清康熙二十一【1682】年山東東陽居士重刻本【附録爲真空《直指玉鑰匙門法》】。
清康熙二十五【1686】年京都隆安禪寺刻本【附録爲真空《直指玉鑰匙門法》】。

·文本研究

邵榮芬（1979）《經史正音切韻指南》，《漢語語音史講話》140—143，天津：天津人民出版社。

◎研究

戴震（1837）書劉鑒切韻指南後，《戴東原集》；《湖海文傳》69：8b，經訓堂；（1936）《聲韻考》4：2b-3b，《安徽叢書》；（1957）《音韻學叢書》4：2b-4a，成都：四川人民出版社；（1974）《戴震文集》89—90，香港：中華書局；（1978）《戴東原先生全集》765—766，臺北：大化書局；（1994）《戴震全書》3：322—323，合肥：黃山書社；（1997）《戴震全集》5：2285—2286，北京：清華大學出版社。

于維杰（1968）宋元等韻源流考索，《成大學報》3。

尾崎雄二郎（1969）切韻指南，《中國語學新辭典》259—261，東京：光生館。

高明（1972）經史正音切韻指南之研究，《南洋大學學報》1972（6）：1—18。

鍾樹梁（1983）從《切韻指掌圖》到《切音指南》及所謂漢語韻母由“豐富”到“偏枯”和“時音”問題——中國聲韻學研究之三，《成都大學學報（社會科學版）》1983（2）：68—77。

조기정（1983）《等韻圖考》，全南大學校碩士論文。

沈建民（1990）談《切韻指南》與《五音集韻》的關係，《學術論叢》2：340—354。

忌浮（1991）《切韻指南》入聲韻兼配陰陽試析，《語言研究》1991 增刊：14。

忌浮（1993）《切韻指南》的脣音開合與入配陰陽，《社會科學戰綫》1993（6）：254—265；（2010）《甯忌浮文集》192—208，長春：吉林人民出版社。

忌浮（1995）《切韻指南》的列字和空圈，《吉林大學學報》1995（4）：76—84；（2010）《甯忌浮文集》173—191，長春：吉林人民出版社。

吳吉龍（1996）《四聲等子》와《切韻指南》比較研究，《中國人文科學》15：1—11。

董小徵（2004）《〈五音集韻〉與〈切韻指南〉音系之比較研究》，福建師範大學碩士論文。

金仁經（2004）韻圖小考，《中國學論叢》17：215—239。

吳文慧（2005）《〈四聲等子〉與〈經史正音切韻指南〉比較研究》，臺灣師範大學碩士論文。

董小徵（2006）《五音集韻》與《切韻指南》韻母系統之比較研究，《福建論壇（人文社會科學版）》專輯：196—197。

劉揚濤、婁育（2009）《切韻指南》圖心列字十一本對勘（上）——“明本”一系，《漢語史學報》8：75—85。

婁育、趙小丹（2009）近代以來《經史正音切韻指南》研究綜覽，《漢語史研究集刊》12：308—324。

沈小喜（2012）崔錫鼎의《經世訓民正音圖說》研究：《聲音律呂唱和全數圖》과《經史正音切韻指南》의體制比較를中心으로，《中國語文學論集》73：89—112。

婁育（2013）《切韻指南》全書內容及列字傳承特點，葉寶奎、李無未編《黃典誠教授百年誕辰紀念文集》191—197，厦門：厦門大學出版社。

2.8 《韻府群玉》

◎原始資料

・現存文本

內閣文庫藏古活字本。

・影印本

（1988）《北京圖書館古籍珍本叢刊》61—80，北京：書目文獻出版社。

（1991）《四庫類書叢刊》，上海：上海古籍出版社。

（1983—1986）《景印文淵閣四庫全書》，第931冊子部237類書類，第960冊子部266類書類，臺北：臺灣商務印書館。

（1998）《韻府群玉・玉塵抄》，東京：大空社。

・文本研究

住吉朋彥（2001，2002，2003，2004）《韻府群玉》版本考（1—5），《斯道文庫論集》35：335—430；36：403—446；37：199—252；38：235—317；39：243—330。

住吉朋彥（2006）朝鮮本《增續會通韻府群玉》四種—《韻府群玉》版本考補正，《藝文研究》91：167—199。

住吉朋彥（2010）狩谷棭齋舊藏の元版《韻府群玉》について，《日本古書通信》75（10）：12—14。

住吉朋彥（2012）《中世日本漢學の基礎研究・韻類編》，東京：汲古書院。

◎研究

李承英（2002）《玉塵抄》における反切と字音，《筑波應用言語學研究》9：43—58。

李承英（2003）《玉塵抄》における引用文獻—《韻府群玉》との比較，《筑波應用言語學研究》10：55—68。

李承英（2004）《玉塵抄》における韻書，《言語學論叢》23：1—22。

2.9 其他

周祖謨（1966）射字法與音韻，《問學集》663—669，北京：中華書局。

張雙慶（1980）《全相平話五種》的韻母系統，《中國語文研究》1：45—58。

李新魁（1985）《射字法》聲類考——元代吳語的聲母系統，《古漢語論集》1：70—85，長沙：湖南教育出版社。

魯國堯（1988）《南村輟耕録》與元代吳方言，《中國語言學報》3：107—134；（1994）《魯國堯自選集》250—291，鄭州：河南教育出版社；（2003）《魯國堯語言學論文集》217—252，南京：江蘇教育出版社。

魯國堯（1996）陶宗儀《南村輟耕録》等著作與元代語言，《南京大學學報（哲學社會科學版）》1996（4）：150—165；（2003）《魯國堯語言學論文集》481—507，南京：江蘇教育出版社。

將邑劍平、平山久雄（1999）《賓退録》射字詩的音韻分析，《中國語文》1999（4）：295—303。
朱丹（2006）《元刊全相平話五種》借音字的聲韻研究，《重慶三峽學院學報》2006（6）：72—74，94。
汪業全、張曉勤、葉桂郴（2007）《風雅翼》叶音今音韻系及其與《中原音韻》的比較，《古漢語研究》2007（4）：11—17。
蔡成普（2008）《元洪焱祖〈爾雅翼・音釋〉音系研究》，首都師範大學碩士論文。
馬君花（2008）《〈資治通鑒音注〉音系研究》，首都師範大學博士論文。
馬君花（2008）胡三省《資治通鑒音注》及其語音特點，《圖書館理論與實踐》2008（2）：50—52。
馬君花（2010）《資治通鑒音注》音系性質的研究，《圖書館理論與實踐》2010（7）：45—49。
馬君花（2010）《資治通鑒音注》特殊音切韻母關係的研究，《畢節學院學報》2010（12）：66—73。
馬君花（2011）《資治通鑒音注》知照合流問題的研究，《漢字文化》2011（5）：30—35。
浦山きか（2011）鍼灸歌賦の押韻について，《東北大學中國語學文學論集》16：167—194。
馬君花（2012）胡三省《音注》所反映的宋末元初吳方言韻母特點研究，王建設、孫汝建主編《第二屆海外漢語方言研討會論文集》320—328，昆明：雲南大學出版社。

3. 蒙古資料

小林高四郎（1939）元代の文獻に見えたる蒙古語の解釋，《善隣協會調査月報》82：2—14。
Cleaves, F. (1949) The Sino-Mongolian Inscription of 1362 in Memory of Prince Hindi, *Harvard Journal of Asiatic Studies* 12: 1-133.
Cleaves, F. (1950) The Sino-Mongolian Inscription of 1335 in Memory of Chang Ying-jui, *Harvard Journal of Asiatic Studies* 13: 1-131.
Cleaves, F. (1952) The Sino-Mongolian Inscription of 1346, *Harvard Journal of Asiatic Studies* 15: 1-123.
Waley, A. (1957) Chinese-Mongol Hybrid Songs, *Bulletin of the School of Oriental and African Studies* 20: 581-584.
田中市郎衛門（1958）漢籍に見えたる蒙古語に就いて，《教養論叢》3：121—137。
方齡貴（1988）元明戲曲中的蒙古語拾遺，《雲南教育學院學報》1988（1）：49—63，84。
方齡貴（1990）元明戲曲中的蒙古語舉隅，《雲南教育學院學報》1990（1）：47—60。
方齡貴（1991）《元明戲曲中的蒙古語》，上海：漢語大詞典出版社。
王學奇（1994）元明戲曲中的少數民族語，《河北師院學報（社會科學版）》1994（1）：79—85。

方齡貴（1996，1997，1999，2001）元明戲曲中的蒙古語續考，《西北民族研究》1996（2）：143—155；1997（2）：273—278；1999（2）：151—155；2001（3）：91—94。
方齡貴（1997）關於《吊琵琶》劇中的蒙古語，《雲南教育學院學報》1997（4）：66—69。
方齡貴（2001）《古典戲曲外來語考釋詞典》，上海：漢語大詞典出版社；昆明：雲南大學出版社。
王學奇（2001）宋元明清戲曲中的少數民族語（1）—（4），《唐山師範學院學報》2001（1）：1—10；2001（3）：6—16；2001（4）8—16；2001（6）：1—7。
王福利（2003）陶宗儀《南村輟耕録》所收元達達曲名考，《語言科學》2003（2）：73—90。
王永炳（2003）元劇曲中的蒙古語及其漢語音譯問題，《民族文學研究》2003（1）：33—40。
孫伯君（2003）元明戲曲中的女真語，《民族語文》2003（3）：45—51。
李祥林（2003）元雜劇中的外來語及其運用，《四川戲劇》2003（1）：32—34。
方齡貴（2004）蒙古語中漢語借詞釋例，《雲南師範大學學報（哲學社會科學版）》2004（3）：110—118。
孫伯君（2006）“札兀惕忽里”考釋，《中央民族大學學報》2006（1）：90—96。
王學奇（2008）遼、金、元史書少數民族語例釋，《唐山師範學院學報》2008（3）：1—7。
寺村政男（2008）元代漢語資料の中にみられるモンゴル文，《東アジアにおける言語接觸の研究》132—134，東京：竹林舍。
陸峻嶺（2013）《元史》同名異譯考辨，《域外集：元史、中外關係史論叢》128—146，北京：中華書局。

4. 日本資料

4.1 《聚分韻略》

◎原始資料

・現存文本

國立國會圖書館藏文明十三【1481】薩陽和泉莊刊本（WA6-51）。
國立國會圖書館藏無刊記本。
京都大學附屬圖書館藏清原宣賢筆室町【1338—1573】後期抄本【存平聲下一卷】（谷村文庫，4-63/シ/1 貴）。
京都大學附屬圖書館藏慶長壬子【1612】本（4-06||シ||48）。
京都大學附屬圖書館藏五山版刊本（4-06/シ/02 貴；清家文庫，4-87/シ/5 貴；清家文庫，4-87/シ/4 貴；谷村文庫，4-87/シ/1 貴）。
早稻田大學圖書館藏德治二【1307】年跋刊後刷本。
駒澤大學圖書館藏（591.3/W67/1）。

・影印本

奥村三雄（1973）《聚分韻略の研究 付古本四種影印慶長版總索引》，東京：風間書房【京都大學慶長壬子本、國會文明本、國會無刊記本】。

木村晟、片山晴賢編（1987）《聚分韻略（增補改編）》，東京：小林印刷株式會社出版部【駒澤大學本】。

木村晟編（1995）《古辭書研究資料叢刊》1，東京：大空社【無刊記本】。

大友信一等編（2000）《古辭書影印文獻》7，鎌倉：港の人【永正元（1504）年刊本】。

・索引

奥村三雄（1973）《聚分韻略の研究 付古本四種影印慶長版總索引》1—324，東京：風間書房。

・文本研究

奥村三雄（1971）聚分韻略の版本について，《語文研究》31・32：125—134。

奥村三雄（1973）《聚分韻略の研究 付古本四種影印慶長版總索引》4—132，東京：風間書房。

◎研究

田島柏堂（1958）日向長善寺版の《聚分韻略》について，《印度學仏教學研究》6（2）：356—363。

奥村三雄（1971）聚分韻略の版本について，《語文研究》31・32：125—134。

中川德之助（1972）五山拾葉：名古屋市蓬左文庫藏《聚分韻略》の書き込みについて，《國文學考》58：11—19。

高松政雄（1972）鎌倉期における唐音—聚分韻略を通して見る，《國語と國文學》49（7）：46—61；（1982）《日本漢字音の研究》613—638，東京：風間書房。

高松政雄（1972）唐音續考〔聚分韻略における入聲字〕，《國語國文》41（7）：1—14；（1982）《日本漢字音の研究》594—612，東京：風間書房。

中川德之助（1972）五山拾葉—名古屋市蓬左文庫藏《聚分韻略》の書き込みについて，《國文學考》58：11—19。

湯澤質幸（1974）奥村三雄著《聚分韻略の研究》付古本四種影印慶長版總索引，《國語學》98：40—46。

田尻英三（1975）奥村三雄著《聚分韻略の研究 付古本四種影印慶長版總索引》（紹介），《語文研究》38：48—51。

田中克子（1976）《韻字記》と《聚分韻略》・《和訓押韻》《古今韻會舉要》との關係，《滋賀大國文》14：56—63。

湯澤質幸（1977）聚分韻略における訓注，《山形大學紀要（人文科學）》8（4）：27—51。

大友信一（1978）《聚分韻略》と《海藏略韻》，《岡山大學法文學部學術紀要》38（文學篇）：132—120。

大熊久子（1991）辭林枝葉と聚分韻略・大廣益會玉篇：辭林枝葉の編纂補綴資料に就いて，《東京學藝大學紀要（第2部門人文科學）》42：279—296。

木村晟（1991，1992，1993，1994）《聚分韻略》の漢文注の典據（1）—（5），《駒澤國文》28，101—182；29：107—225；30：103—246；《駒澤大學文學部研究紀要》52：1—145；《駒澤國文》31：173—281。

木村晟（2001）五山叢林における韻書の成立と展開—《聚分韻略》と“略韻”類，《駒澤大學仏教文學研究》4：23—136。

矢放昭文（2011）《聚分韻略》と漢土の韻書について，《あふひ：ao：京都産業大學日本文化研究所報》16：39—41。

矢放昭文（2013）大英圖書館所藏日本資料と《聚分韻略》四種について，《あふひ：aoi：京都産業大學日本文化研究所報》18：19—31。

矢放昭文（2014）薩道舊藏《聚分韻略》的“日譯唐音”，厦門大學中文系、中國音韻學會編《中國音韻學暨黃典誠學術思想國際學術研討會論文集》411—417，厦門：厦門大學出版社。

4.2 《略韻》

◎原始資料

・現存文本

上野圖書館舊藏國立國會圖書館現藏弘安二【1278】年抄本（WA16-81）【國會圖書館digital collection：http://iss.ndl.go.jp/books/，R100000039-I000181941-00】。

・影印

奥村三雄（1973）《聚分韻略の研究》515—601，東京：風間書房。

木村晟（1997）《聚分韻略》（古辭書研究資料叢刊22），東京：大空社。

◎研究

坂井健一（1951）《略韻》聲母の特色に就いて—特に上野圖書館本を中心として—，《漢文學會報》13：19—24；（1995）《中國語學研究》347—355，東京：汲古書院。

湯澤質幸（1972）國會圖書館藏本《略韻》の唐音，《訓點語と訓點資料》46：53—76；（1987）《唐音の研究》431—464，東京：勉誠社。

高松政雄（1972）唐音—漢字音史上における《略韻》，《國語國文》41（1）：1—24；（1982）《日本漢字音の研究》561—593，東京：風間書房。

高松政雄（1974）《略韻》雜考，《岐阜大學國語國文學》10：23—41。

高松政雄（1986）中世的唐音，《日本漢字音概論》239—268，東京：風間書房。

4.3 《書史會要》

◎原始資料

・現存文本

洪武中刊本。

・影印本

（1929）武進陶氏逸園景刊影印本。

（1984）上海：上海書店。

王雲五（19--）《四庫全書珍本》10集166-168，臺北：臺灣商務印書館。

（1983-1986）《景印文淵閣四庫全書》814，臺北：臺灣商務印書館。

董治安主編（2000）《二十五史外人物總傳要籍集成》2，濟南：齊魯書社。

徐蜀編（2004）《國家圖書館藏古籍藝術類編》15，北京：北京圖書館出版社。

◎研究

松下見林（1693/9）《異稱日本傳》3。

小川環樹（1947）書史會要に見える“いろは”の漢字對音について，《國語國文》16（5）：311—320；（1977）《中國語學研究》152—162，東京：創文社。

有坂秀世（1950）書史會要の“いろは”の音注について，《言語研究》16：1—13；（1957）《國語音韻史の研究（增補新版）》571—589，東京：三省堂。

渡邊三男（1957）中國古文獻に見える日本語：鶴林玉露と書史會要について，《駒澤大學研究紀要》15：155—163。

大友信一（1963）書史會要による國語音聲の研究，《室町時代の國語音聲の研究—中國資料による》62—105，東京：至文堂。

立石廣男（1982）四聲による音注の一考察—《花嚴經音義私記》と《書史會要》について，《日本大學人文科學研究所研究紀要》26：58—67。

中村雅之（2012）書史會要“いろは”漢字音注札記，《KOTONOHA》121：1—2。

5. 波斯資料

5.1 《脉訣》波斯文翻譯

◎原始資料

・現存文本

Tanksuq-nameh. 1313年抄本：收藏在 Süleymaniye Library, Istanbul, Turkey. 圖書號碼 Aya Sofya 3596. 膠卷號碼 Mikrofilm No. 4002.

・影印

Collected Works of Rashid-al-Din Fadlallah, Vol.II, Tanksuq-nameh, with an introduction by Mojtaba Minovi, Tehran, 1972.

◎研究

Dragunov, A. (1931) A Persian Transcription of Ancient Mandarin, *Bulletin de l'Académie des Sciences de l'URSS, Classe des sciences sociales*, 1931: 359-374【Review: Pelliot, P. (1932) *T'oung Pao* 29: 168】.

羽田亨一（1993）ペルシャ語譯《王叔和脉訣》とラシード ウッディーン，東洋史研究會大會資料，1993 年 11 月 3 日，於京大會館。

羽田亨一（1993）ペルシャ語譯《王叔和脉訣》とラシード ウッディーン，《東洋史研究》52：520—521。

羽田亨一（1995）ペルシャ語譯《王叔和脉訣》の中國語原本について，《アジア・アフリカ言語文化研究》48・49：719—726。

遠藤光曉（1997）王叔和《脉訣》ペルシャ語譯に反映した 14 世紀初中國音，《橋本萬太郎紀念中國語學論集》61—77，東京：內山書店；（2001）《中國音韻學論集》195—218，東京：白帝社。

5.2 《史集》

◎原始資料

・現存文本

A: Topkapı Sarayı, Hazine 1653.

B: Topkapı Sarayı, Hazine 1654.

C: Royal Asiatic Society, A.27.

D: British Museum, Rieu I, 74a.

E: Bibliothèque Nationale, Blochet I, 257-58.

・影印本

Jahn, K. (1971) *Die Chinageschichte des Rasid ad-Din*. Österreichische Akademie der Wissenschaften, philosophisch-historische Klasse Denkschriften, 105. Wien: Hermann Böhlaus Nachf【附有導論和德語翻譯】.

・漢譯本

王一丹（2007）《波斯拉施特〈史集・中國史〉研究與文本翻譯》，北京：崑崙出版社。

◎研究

Franke, H. (1951) Some Sinological Remarks on Rašid ad-Din's History of China, *Oriens* 4 (1): 21-26.

矢島洋一（2008）ラシードゥッディーン《中國史》近刊刊本二種，《イスラーム世界研究》2（1）：271—278。

6. 阿漢資料

《回回藥方》

◎原始資料

・現存文本

明代抄本：目録卷、卷十二、卷三十、卷三十四：中國協和醫科大學圖書館舊藏，中國國家圖書館現藏。

・影印

（1998）《回回藥方》，北京：學苑出版社；宋峴（2000）《回回藥方考釋》（下），北京：中華書局。

◎研究

劉迎勝（1990）《回回藥方》與中國穆斯林醫藥學，《新疆社會科學》1990（3）：92—105；（2013）《華言與蕃音》409—430，上海：上海古籍出版社。

宋峴（2000）《回回藥方考釋》（上），北京：中華書局。

蔣冀騁（2004）《回回藥方》阿漢對音材料中的入聲，《古漢語研究》2004（1）：13—16，102。

蔣冀騁（2005）《回回藥方》阿漢對音材料中所見到的入聲字（下），《古漢語研究》2005（4）：2—14。

韓中義（2006）文明的本土化及其傳承載體—中國阿拉伯字母體系漢語拼音“小經”文字歷史演變考論，《南京大學學報（哲學・人文科學・社會科學版）》2006（3）：57—65。

蔣冀騁（2006）從阿漢對音看《中原音韻》的入聲，《古漢語研究》2006（3）：2—8。

蔣冀騁（2007）《回回藥方》阿漢對音與元代漢語北方話“影、雲、以”三母的讀音，《湖南師範大學社會科學學報》2007（1）：103—105。

蔣冀騁（2007）《回回藥方》語詞“奄物燒剌”考，《南開語言學刊》2007（2）：94—96，156。

蔣冀騁（2007）《回回藥方》阿漢對音與《中原音韻》“章、知、莊”三系的讀音，《古漢語研究》2007（1）：2—15。

蔣冀騁（2007）《回回藥方》阿漢對音與元代漢語北方話的疑母，《漢語學報》2007（1）：11—20，95。

蔣冀騁（2008）從《回回藥方》阿漢對音看《中原音韻》“支思”韻的讀音，《古漢語研究》2008（4）：12—20。

蔣冀騁（2008）《回回藥方》的成書年代及其對音材料所反映的語音特點，《励耘學刊（語言卷）》2008（2）：144—154。

蔣冀騁（2011）《回回藥方》阿漢對音說略，《古漢語研究》2011（4）：2—12，95。

蔣冀騁（2013）《阿漢對音與元代漢語語音》，北京：中華書局。

7. 柬埔寨資料

周達觀《真臘風土記》

◎原始資料

・影印本

（1969）《西南夷風土記 真臘風土記 溪蠻叢記》，臺北：廣文書局。

・排印本

金榮華校注（1976）《真臘風土記校注》，臺北：正中書局；夏鼐校注（1981[1]，2000[2]）《真臘風土記校注》，北京：中華書局。

・日譯本

三宅一郎、中村哲夫（1980）《考證真臘風土記》，京都：同朋社。

和田久德（1989）《真臘風土記—アンコール期のカンボジア》，東京：平凡社；（2008）第 2 版。

・文本研究

吳疊彬（1996）《真臘風土記》裡的元代語音，《聲韻論叢》5：135—171【169—170】。

◎研究

Coedès, G. (1918) Notes sur Tcheou Ta-koua, *Bulletin de l'École Française d'Extrême-Orient* 18: 4-9.

Coedès, G. (1933) Nouvelles Notes sur Tcheou Ta-kouan, *T'oung Pao* 30: 224-230.

高橋保（1972）《真臘風土記》にみえるカンボジア語について，《東南アジア—歷史と文化》2：75—99；漢譯（1979）關於《真臘風土記》中出現的柬埔寨語，《東南亞歷史譯叢》1：67—91，廣州：中山大學東南亞歷史研究所。

陳正祥（1975）《真臘風土記研究》，香港：香港中文大學出版社。

許肇林（1981）《真臘風土記》中的柬埔寨語考辨，《中山大學學報（哲學社會科學版）》1981（1）：98—110。

鄧淑碧（1984）關於《真臘風土記》中出現的柬埔寨語的考證，《印支研究》1984（3）：37—39。

吳疊彬（1996）《真臘風土記》裡的元代語音，《聲韻論叢》5：135—171。

8. 梵漢對音

◎原始資料

西天嗣祖禪師指空譯《于瑟抳沙毘左野陀囉尼》，《大正藏》19：410（No. 979），東京：

大正一切經刊行會。
西天嗣祖禪師指空譯《觀自在菩薩廣大圓滿無礙大悲心陀羅尼》,《大正藏》20：497—498（No. 1113），東京：大正一切經刊行會。
沙囉巴譯《佛說文殊菩薩最勝真實名義經》,《大正藏》20：820—826（No. 1189），東京：大正一切經刊行會。
沙囉巴譯《佛說壞相金剛陀羅尼經》,《大正藏》21：932—933（No. 1417），東京：大正一切經刊行會。

◎研究

王啟龍、李華（2002）元代佛經譯師沙囉巴（1259—1314）考，《普門學報》12：1—42。
劉廣和（2007）元朝指空沙囉巴梵漢對音初釋，耿振生編《近代官話語音研究》109—121，北京：語文出版社。

八思巴字

吉池孝一 編

1. 總論

◎原始資料

Bonaparte, Prince R. N. (1895) *Documents de l'époque mongole des XIIIe et XIVe siècles*, Paris.
羅常培、蔡美彪（1959）《八思巴字與元代漢語〔資料彙編〕》，北京：科學出版社。
內蒙古自治區文物工作隊（1963）《內蒙古出土文物選集》，北京：文物出版社。
上海書店（1984）《書史會要》，上海：新華書店上海發行所【据 1929 年武進陶氏逸園景刊明洪武本字母表影印】。
王德毅他編（1989）法書考，《叢書集成續編》237—284，臺北：新文豐出版【楝亭藏本，揚州詩局重刊字母表影印】。
中國歷史博物館（1991）《中國古代史參考圖録》，上海：上海教育出版社。
中村雅之編（1994）《パスパ字漢語資料集覧》，富山：富山大學人文學部中國語學研究室內パスパ字研究會。
呼格吉勒圖、薩如拉（2004）《八思巴字蒙古語文獻彙編》，呼和浩特：內蒙古教育出版社。
吉田順一、チメドドルジ（2008）《ハラホト出土モンゴル文書の研究》，東京：雄山閣。
横濱ユーラシア文化館（2013）《マルコポーロが見たユーラシア—〈東方見聞録〉の世界—》，横濱：公益財團法人横濱市ふるさと歷史財團横濱ユーラシア文化館。

◎研究

Wylie, A. (1855) Ancient Inscription in Chinese and Mongol, *Transactions of the China Branch of the Royal Asiatic Society* 5: 65-81, Hong Kong.
石田幹之助、圀下大慧（1927）《東洋歷史參考圖譜》11 輯，東京：東洋歷史參考圖譜刊行會【《東洋歷史參考圖譜第拾壹輯解說》1929 年發行】。
Dragunov, A. A. (1930) The hphags-pa script and Ancient Mandarin, *Известия Академии наук СССР, Отделение Гуманитарных Наук* 9: 627-647, 11: 775-797；影印（1941）

《發思巴字與中州音韻》，北京：勤有堂書店；唐虞譯（1959）《八思巴字與古漢語》，北京：科學出版社【書評：Pelliot, P. (1932) *T'oung pao* 29: 166-168】。

鴛淵一（1930）《中原音韻》中の八思巴字にて寫されたる漢字音に就いて，《小川博士還曆記念史學地理學論叢》601—641，京都：弘文堂。

Н. Н. Поппе (1941) *Квадратная письменность*, Москва: Изд-во академии наук СССР; (1957) *The Mongolian monuments in ḥP'ags-pa script*, 2nd ed., translated and edited by John R. Krueger, Wiesbaden: Harrassowitz；（1986）郝蘇民翻譯補注《八思巴字蒙古語碑铭譯補》，呼和浩特：內蒙古文化出版社；（2008）郝蘇民翻譯補注《鲍培八思巴字蒙古文獻語研究入門（譯注解補修訂本）》，北京：民族出版社。

服部四郎（1946）《元朝秘史の蒙古語を表はす漢字の研究》，東京：文求堂。

坂井健一（1950）古今韻會舉要に於ける口蓋化について，《中國文化研究會會報》1（1）：4—6。

Sakai, K. (1951) *Chung-chou-yin-yun phonetic-dictionary: comparative tabeles of ancient Chinese, ancient Mandarin and hPhags-pa*, edited by K.Sakai【油印本，龍果夫論文中的八思巴字注音的索引】.

Hope, Earl R. (1953) *Karlgren's Glottal Stop Initial in Ancient Chinese, with Particular Reference to the hP'ags-pa Alphabet and to Certain Points of Linguistic Psychology*, Ottawa: privatery published.

Winnon, K. (1955) Review of Hope's *Karlgren's Glottal Stop Initials in Ancient Chinese, with Particular reference to the hPhags-pa alphabet and to certain points of linguistic psychology*, *Journal of Oriental Studies* 2:158-172.

Serruys, Paul L-M. (1955) Review of E. R. Hope, *Linguistic Psychology and the Romanization of Chinese and Karlgren's Glottal Stop Initial in Ancient Chinese, with particular Reference to the hPhags-pa Alphabet and to certain Points of Linguistic Psychology*, *Oriens* 8:135-142.

羅常培（1959）論龍果夫的《八思巴字和古官話》，《中國語文》1959（12）：575—581【附陸志韋氏校語】；（1963）《羅常培語言學論文選集》184—194，北京：中華書局；（2004）《羅常培語言學論文集》411—423，北京：商務印書館。

楊耐思（1959）八思巴字對音——讀龍果夫《八思巴字與古官話》後，《中國語文》1959（12）：582—584，587。

Denlinger, P. B. (1963) Chinese in *h*P'ags-pa script, *Monumenta Serica* 22 (2): 407-433.

楊耐思（1963）元代八思巴字文的漢語拼音，《文字改革》3：15—16。

橋本萬太郎（1966）中世中國語子音のパスパ文字轉寫，《中研談話會報》8：1—2。

鄭再發（1967）八思巴字標注漢語材料校勘記，《慶祝李濟先生七十歲論文集（下）》933—1003+6pls，臺北：清華學報社。

橋本萬太郎（1968）發思巴文母音轉寫の一問題，《人文研究》19（10）：22—33；橋本萬太郎著作集刊行會（2000）《橋本萬太郎著作集》3：165—176，東京：内山書店。

西田龍雄（1969）パスパ文字，《中國語學新辭典》153—154，東京：光生館。

Pulleyblank，E. G. (1970) Notes on the *h*P'ags-pa Alphabets for Chinese, *W. B. Henning Memorial Volume,* 358-375, London: Lund Humphries.

Hashimoto, M. (1971) The *h*P'ags-pa transcription of *Geng-she* syllables, *Journal of Asian and African Studies* 4: 1-37【cf. (1971) *Unicorn* 7: 33-83】橋本萬太郎著作集刊行會(2000)《橋本萬太郎著作集》3：177—214，東京：内山書店。

Hashimoto, M. (1971) The *h*P'ags-pa transcription of Chinese plosives, *Monumenta Serica* 26: 149-174；橋本萬太郎著作集刊行會（2000）《橋本萬太郎著作集》3：215—240，東京：内山書店。

中野美代子(1971)《砂漠に埋もれた文字—パスパ文字のはなし》,東京:塙書房;（1994）增補版，東京：筑摩書房。

Hashimoto, M. (1974, 1975) Medieval Chinese in *h*P'ags-pa script: Part1, 2, *Journal of Asian and African Studies* 9: 41-112; 10: 165-182.

Hashimoto, M.（1978）《hP'AGS-PA CHINESE》（文字と言語研究資料 1），東京：東京外國語大學アジア・アフリカ言語文化研究所。

Hashimoto, M. (1978, 1979) *Phonology of Ancient Chinese*, V. 1-2, Tokyo: Institute for the Study of Languages and Cultures of Asia and Africa.

照那斯圖（1980）八思巴字篆體字母研究,《中國語文》1980（4）:307—309，269;（1990）《八思巴字和蒙古語文獻 I 研究文集》31—34，東京：東京外國語大學アジア・アフリカ言語文化研究所。

楊耐思（1981）《中原音韻音系》，北京：中國社會科學出版社。

張衛東（1983）試論八思巴字的冠 h 韻母，《民族語文》1983（6）：39—42。

服部四郎（1984）パクパ字（八思巴字）について—特に e の字と ė の字に關して—（1）（2），《月刊言語》13（7）：100—104，13（8）：116—121；（1989）《服部四郎論文集 3 アルタイ諸言語の研究 III》216—223，224—235，東京：三省堂。

服部四郎（1985）パクパ字（八思巴字）について—再論—,《月刊言語》14(1):238—239;（1989）《服部四郎論文集 3 アルタイ諸言語の研究 III》236—238，東京：三省堂。

楊耐思（1984）漢語“知、章、莊、日”的八思巴字譯音，《音韻學研究》1：394—401，北京：中華書局。

楊耐思(1984)漢語“影、幺、魚、喻”的八思巴字譯音,《中國民族古文字研究》393—406，北京：中國社會科學出版社；楊耐思（2012）《近代漢語音論（增補本）》62—74，北京：商務印書館。

Cheng, Tsai-Fa (1985) *Ancient Chinese and Early Mandarin*, Journal of Chinese Linguistics Monograph series number 2, Berkeley: University of California.

楊耐思（1986）近代漢語“京、經”等韻類分合考，《音韻學研究》2：220—233。

楊耐思（1988）元代漢語的濁聲母，《中國語言學報》3（1988）：96—106。

楊耐思（1991）八思巴字漢語音系擬測，《語言研究》1991 增刊：79。

楊耐思（1993）八思巴字漢語聲類考，《中國民族古文字研究》2：273—281，天津：天津古籍出版社；楊耐思（2012）《近代漢語音論（增補本）》183—189，北京：商務印書館。

張衛東（1993）試論八思巴字的冠 h 韻母，《民族語文》1993（6）：39—42。

王碩荃（1996）近代漢語零聲母淺析，《語言研究》1996（增刊）：397—405。

楊耐思（1997）《近代漢語音論》，北京：商務印書館；（2012）增補本。

花登正宏（1997）《古今韻會舉要研究—中國近世音韻史の一側面—》，東京：汲古書院。

甯忌浮（1997）《古今韻會舉要及相關韻書》，北京：中華書局。

楊徵祥（1999）《韻會》所引《蒙古韻》考，《聲韻論叢》8：305—320，臺北：臺灣學生書局。

Coblin, W. S. (1999) Thoughts on the identity of the Chinese 'Phags-pa dialect, *Issues in Chinese Dialect Description and Classification*, ed., by Richard VanNess Simmons: 84-144, Journal of Chinese Linguistics Monograph Series 15.

王玉枝（1999）八思巴母音子音의問題點및書寫方式，慶南大學校教育問題研究所《教育理論과實踐》9：251—264。

王玉枝（1999）《元代의官廳漢語와表音文字》，光州：全南大學校出版部。

Coblin, W. S. (2001) 'Phags-pa Chinese and the Standard Reading Pronunciation of Early Míng: A Comparative Study, *Language and Linguistics* 2(2): 1-62.

樋口康一（2001）パスパ文字，《言語學大辭典別卷・世界文字辭典》727—734，東京：三省堂。

楊耐思（2004）八思巴字漢語譯寫中的一個特例，《語言科學》2004（4）：3—8。

羅常培、蔡美彪編著（2004）《八思巴字與元代漢語（增訂本）》，北京：中國社會科學出版社；（2008）《羅常培文集》4：215—514，濟南：山東教育出版社【1959 初版】。

中村雅之（2005）パスパ文字の“ė”について，《KOTONOHA》32：1—3。

吉池孝一（2005）パスパ文字の字母表，《KOTONOHA》37：9—10。

尚朴齋（2005）《八思巴字與元代漢語》增訂本評介，《考古》2005（6）：92—94。

黎新第（2005）近百年來元代漢語共同語語音研究述略，《重慶師範大學學報（哲學社會科學版）》2005（1）：91—95。

吉池孝一（2005）哥葛などの元代音について，《KOTONOHA》36：16—23。

吉池孝一（2006）パスパ文字の由來—“j”など，《KOTONOHA》41：8—15。

中村雅之（2006）パスパ文字漢語研究の黎明—19 世紀西洋人の研究，《KOTONOHA》46：1—3。

王玉枝（2006）元代八思巴字의正統性考察，《中國文化研究》9：243—267。

李庚姬（2007）八思巴字와訓民正音의共通特徵：編纂背景과表音文字中心으로，《中國語文學論集》43：169—186。

宋洪民（2007）八思巴字零形式 a 譯寫漢語時引發的問題與策略及其對藏文今後釐定的參考價值，《語言科學》2007（5）：91—101。

吉池孝一（2007）清代のパスパ文字研究，愛知縣立大學外國語學部《紀要（言語・文學編)》39：381—395。

甯忌浮（2007）重讀《論龍果夫的〈八思巴字和古官話〉》，耿振生主編《近代官話語音研究》45—50，北京：語文出版社；（2010）《甯忌浮文集》165—172，長春：吉林人民出版社。

韓國學中央研究院（2008）《訓民正音과파스파文字國際學術 workshop》，城南：韓國學中央研究院。

박영록（2009）元代八思巴文獻研究導論，《大東文化研究》66：335—367。

宋基中（2009）곽바（'Phags-pa 八思巴）文字와訓民正音：附《蒙古字韻》解題，《國語學》54：17—74。

鄭光（2009）訓民正音의中聲과파스파文字의母音字，《國語學》56：221—247。

吉池孝一(2009)日本の八思巴(パスパ)文字資料—資料目録稿,《KOTONOHA》78：27—33。

照那斯圖（2009）新中國八思巴字學科的奠基人羅常培先生，《中國語文》2009（4）：311—313。

陳得之(2009)八思巴字文獻研究的學術貢獻,《西域歷史語言研究集刊》2：14—19；(2013)《蒙元史與中華多元文化論集》109—118，上海：上海古籍出版社。

中村雅之(2009)ハラホト文書 No,073 における“中都”のパスパ文字表記,《KOTONOHA》75：1—2。

張靜（2010）八思巴漢語入聲字研究，《黃山學院學報》2010（1）：107—109。

宋洪民（2010）元代八思巴字文獻所反映的濁音清化，《古漢語研究》2010（3）：8—15，95。

蔡美彪（2011）《八思巴字碑刻文物集釋》，北京：中國社會科學出版社。

鄭光（2011）訓民正音初聲 31 字와파스파字 32 字母，《譯學과譯學書》2：97—138。

王玉枝（2012）中國의表音文字에對한深層考察，《中國學》42：65—80。

鄭光（2012）《訓民正音과파스파文字》，首爾：亦樂。

中村雅之（2012）パスパ文字漢語の中舌母音-hi-について，《KOTONOHA》111：1—2。

宋洪民(2013)八思巴字拼寫系統中的“影、疑、喻”三母,《民族語文》2013(1)：22—29。

王玉枝（2013）파스파文字와한글의音素結合的特徵研究，《中國人文科學》55：159—178。

박영록（2013）八思巴字公牘의蒙古語와白話直譯에對한對照研究，《大東文化研究》82：239—277。

2. 《蒙古字韻》、《蒙古韻略》

◎原始資料

英國圖書館藏乾隆抄本 Or. 6972.

・影印本

壺井義正（1956）《影印大英博物館藏舊鈔本蒙古字韻二卷》，大阪：關西大學東西學術研究所。

照那斯圖、楊耐思（1987）《蒙古字韻校本》，北京：民族出版社。

韓國學中央研究院研究處編集（2008）《蒙古字韻》，城南：韓國學中央研究院。

◎研究

羅常培（1939）蒙古字韻跋，《北京圖書館 圖書季刊》新 1（3）：242—245；（1973）《恬庵語文論著甲集》313—323，香港：香港書店。

藤堂明保（1950）《中古漢語から中世漢語（初期官話）え 蒙古字韻を中心として》，日本中國學會發表資料，油印本，27 頁。

Denlinger, Paul B. (1961) Chinese historical linguistics: The road ahead, *Journal of the American Oriental Society* 81(1): 1-7.

尾崎雄二郎（1962）大英博物館本蒙古字韻札記，《京都大學教養部紀要人文》8：162—180；（1980）《中國語音韻史の研究》167—183，東京：創文社。

中野美代子（1964）蒙古字韻の研究—音韻史的考察—，《北海道大學外國語外國文學研究》11：15—37。

慶谷壽信（1965）入聲韻尾消失の過程についての一假說—《蒙古字韻》からのアプローチ—，《名古屋大學文學部研究論集》37：149—186。

鄭再發（1965）《蒙古字韻跟八思巴字有關的韻書》，臺北：臺灣大學文學院。

俞昌均（1966）第 5 章 八思巴字關係韻書，《東國正韻研究・研究篇》206—234，首爾：螢雪出版社【1981 改訂】。

辻本春彦（1967）《蒙古字韻と二百六韻》，稿本，2+158+4 頁。

俞昌均（1969）‘蒙古韻略’研究序說—元代韻書編纂의始末과蒙古韻略—，《明大論文集》3：205—227。

中野美代子（1969）蒙古字韻，《中國語學新辭典》222—223，東京：光生館。

俞昌均（1970）蒙古韻略의再構와그實際，《嶺南大學校論文集人文科學篇》3：1—36。

橋本萬太郎（1971）ブリテン博物館藏舊抄本蒙古字韻雜記，《アジア・アフリカ言語文化研究所通信》14：1—4。

Nakano, M. (1971) *A Phonological Study in the 'Phags-pa Script and the Meng-ku Tzu-yün*, Canberra: Australian National University Press【Reviews: Pouch, P. (1976) *Orientalistische Literaturzeitung* 71(4): 417-418; Hambis, L. (1975) *T'oung Pao* 61: 336-337】.

俞昌均（1972）蒙古韻略再構를爲한資料—四聲通解에收録된表音을中心으로，嶺南大學校《國語國文學研究》14：183—193。

俞昌均（1973）《較定蒙古韻略》，臺北：成文出版社；*Mêng-ku yün-lüe*h, Chinese Materials and Reseach Adis Service Center, Inc. Occasional Series No. 17, Princeton University.

俞昌均（1974）《蒙古韻略과四聲通考의研究》，首爾：螢雪出版社【書評：姜信沆

（1976），《語文學》34：253—256】。
長田夏樹（1978）《蒙古韻略》と《中原音韻》—《四聲通解》の俗音と今俗音—，《神户外大論叢》29（3）：27—43；（2000）《長田夏樹論述集（上）》112—135，京都：ナカニシヤ出版。
花登正宏（1979）蒙古字韻ノート—とくに開口二等牙音の舌面音化について—，《中國語學》226：13—16。
楊耐思（1989）《韻會》與《七音》、《蒙古字韻》，《語言文字學術論文集——慶祝王力先生學術活動五十周年》334—349，上海：知識出版社。
遠藤光曉（1990）在歐のいくつかの中國語音韻史資料について，《中國語學研究・開篇》7：25—44【描寫《蒙古字韻》原本】。
花登正宏（1990）《蒙古字韻校本・校勘記》校補，《東北大學文學部研究年報》39：1—9。
花登正宏（1991）牙音の舌面音化について，《集刊東洋學》65：1—20。
甯忌浮（1992）《蒙古字韻》校勘補遺，《内蒙古大學學報（哲學社會科學版）》1992（3）：9—16；（2010）《甯忌浮文集》133—149，長春：吉林人民出版社。
吉池孝一（1993）《蒙古字韻》の増補部分について，拓殖大學《語學研究》72：17—31。
楊耐思（1993）八思巴字漢語聲類考，《中國民族古文字研究》2：273—281。
中村雅之（1993）《蒙古字韻》と《五音集韻》，《中國語學》240：21—30。
吉池孝一（1993）《蒙古字韻》の元刊本と乾隆寫本，《中國語學》240：31—40。
王玉枝（1993）《蒙古字韻》의製作과有關韻書，《中國人文科學》12：77—100。
王玉枝（1994）《蒙古字韻》의音韻體系에關한研究：聲母및韻母體系上의特徵을中心으로，《中國人文科學》13：115—145。
中村雅之（1994）《蒙古字韻》と《古今韻會舉要》，《富山大學人文學部紀要》20：147—163。
中村雅之編（1994）《パスパ字漢語資料集覧》，富山：富山大學人文學部中國語學研究室内パスパ字研究會【《蒙古字韻》、《蒙古韻略》對照表；《蒙古字韻》、《五音集韻》對照表】。
遠藤光曉（1994）《四聲通解》の所據資料と編纂過程，青山學院大學《論集》35：117—126；（2001）《中國音韻學論集》241—252，東京：白帝社。
甯忌浮（1994）《蒙古字韻》單字校勘補正，《民族語文》1994（2）：71—75；（2010）《甯忌浮文集》150—158，長春：吉林人民出版社。
甯忌浮（1994）《蒙古字韻》與《平水韻》，《語言研究》1994（2）：128—132；（2010）《甯忌浮文集》123—132，長春：吉林人民出版社。
麥耘（1995）《蒙古字韻》中的重紐及其他，《音韻與方言研究》77—88，廣州：廣東人民出版社。
吉池孝一（1995）《蒙古字韻》のロンドン寫本とその複製本，拓殖大學《語學研究》78：197—208。
竹越孝（1995）東洋文庫所藏の《蒙古字韻》マイクロフィルムとその影照本について，《語學漫步》21。
金泰完（1995）《古今韻會舉要》와《蒙古字韻》의中古入聲字處理와《中原音韻》“入

派三聲”의姿體解說，《中國人文科學》14：185—205。

王玉枝（1996）《蒙古字韻》의聲母體系研究：14C 中國北方官廳實際語音의聲母體系研究，《中國人文科學》15：13—45。

甯忌浮（1996）《蒙古字韻》補缺《内蒙古大學學報（哲學社會科學版）》1996（1）：28—30；（2010）《甯忌浮文集》159—164，長春：吉林人民出版社。

吉池孝一（1996）中世蒙古語の漢字音譯と“蒙古字韻總括變化之圖”，《日本モンゴル學會紀要》27：77—90。

楊徵祥（1996）《蒙古字韻音系研究》，成功大學碩士論文。

楊徵祥（1996）《蒙古字韻》輕脣音聲母非敷奉之分合研究，《雲漢學刊》3：55—66。

楊徵祥（1996）《蒙古字韻》疑、魚、喻三母分合研究，第一屆南區四校中文系研究生論文研討會。

楊徵祥（1997）中古重紐韻字於《蒙古字韻》的語音面貌，《第二屆成功大學中國文學系系友暨南區四校中文系研究生學術論文研討會論文集》。

花登正宏（1997）《古今韻會舉要研究》，東京：汲古書院。

甯忌浮（1997）《古今韻會舉要及相關韻書》，北京：中華書局。

王玉枝（1997）《蒙古字韻》과《古今韻會舉要》의關係및語音根據考察，《中國學》12：1—20。

王碩荃（1998）《韻會》與“蒙古韻”，《語苑擷英：慶祝唐作藩教授七十壽辰學術論文集》110—120，北京：北京語言文化大學出版社。

鄭張尚芳（1998）《蒙古字韻》所代表的音系及八思巴字一些轉寫問題，《李新魁教授紀念文集》164—181，北京：中華書局；（2012）《鄭張尚芳語言學論文集》523—547，北京：中華書局。

楊徵祥（1999）《韻會》所引《蒙古韻》考，《聲韻論叢》8：305—320，臺北：臺灣學生書局。

楊徵祥（1999）《蒙古字韻》“支二類（菑）hi”韻母的音讀——與鄭張尚芳先生商榷元代舌尖元音問題，《雲漢學刊》6：323—334。

鄭張尚芳（2000）《七音韻母通考》和《蒙古字韻》的關係，近代漢語研討會論文（溫州師範學院）；（2012）《鄭張尚芳語言學論文集》565—568，北京：中華書局。

Shen, Zhongwei (2000) The phonetic values of Divisions III and IV in the Menggu Ziyun, *The Tsing Hua Journal of Chinese Studies* 30(1): 93-112.

Shen, Zhongwei (2001) The interpretation of the vocalic h in the Menggu Ziyun —New approaches to an old problem, *The Tsing Hua Journal of Chinese Studies* 31(4): 459-488.

王碩荃（2002）《古今韻會舉要辨證》，石家莊：河北教育出版社。

李立成（2002）《元代漢語音系的比較研究》，北京：外文出版社。

鄭張尚芳（2002）從《切韻》音系到《蒙古字韻》音系的演變對應規則，《中國語文研究》2002（1）：53—61；（2012）《鄭張尚芳語言學論文集》548—564，北京：中華書局。

中村雅之（2003）四聲通解に引く蒙古韻略について，《KOTONOHA》9：1—4。

崔玲愛（2003）《蒙古字韻》과그音韻特徵：15，16 世紀의韓國資料를通하여，《中國

語文學論集》24：89—115；（2011）《崔玲愛教授의中國音韻學論集》315—354，首爾：學古房。

照那斯圖（2004）《蒙古字韻》拾零，《語言科學》2004（2）：73—78。

王玉枝（2004）《蒙古字韻》音系性質研究，《音韻論叢》354—368，濟南：齊魯書社。

權赫埈（2004）近古漢語聲母요母，合母出現의音韻學的意義，《中國語文論叢》27：1—24。

俞昌均（2004）蒙古韻略과東國正韻，《國語史研究》4：7—23。

吉池孝一（2004）"跋蒙古字韻"譯注，《KOTONOHA》22：13—16。

Shen, Zhongwei (2005) On the Zero Initials of the *Menggu Ziyun* 蒙古字韻，Ho，Dah-an and Ovid J. L. Tzeng eds., *POLA Forever: Festschrift in Honor of Professor William S-Y. Wang on his 70th Birthday* 293-319, Taipei: Institute of Linguistics, Academia Sinica.

Shen, Zhongwei (2005) The *Chongniu* 重紐 Contrast in the *Menggu Ziyun* 蒙古字韻: Patterns and Explanations，《語言暨語言學》專刊外編之二《漢語史研究：紀念李方桂先生百年冥誕論文集》163—190。

沈鍾偉（2005）從《蒙古字韻》論入聲音節的複元音化，《音史新論——慶祝邵榮芬先生八十壽辰學術論文集》310—324，北京：學苑出版社。

秦燁（2006）《〈蒙古字韻〉的聲母及介音的幾個問題》，北京大學碩士論文。

吉池孝一（2006）乾隆嘉慶年間におけるパスパ文字錢の判讀と蒙古字韻の利用，《KOTONOHA》46：24—29。

Coblin, W. South (2007) *A Handbook of 'Phags-pa Chinese*, Honolulu: University of Hawai'i Press.

宋洪民（2007）從八思巴字對音看《蒙古字韻》的"寒"韻——兼論《中原音韻》的桓歡韻及其在近代漢語中的語音性質，《語言科學》2007（6）：69—81。

李庚姬（2007）《蒙古字韻》의入聲韻尾消失에關한考察，《中國語文學論集》45：89—106。

李庚姬（2007）파스파字[?]로살펴본《蒙古字韻》의重紐現象考察，《中國語文學論集》47：107—124。

王玉枝（2007）《蒙古字韻》과《東國正韻》의關係研究（1），《中國學》28：19—37。

Shen, Zhongwei (2008) *Studies on the Menggu Ziyun*，《語言暨語言學》專刊甲種之十六。

陳鑫海（2008）《〈蒙古字韻〉韻母系統研究》，北京大學碩士論文。

陳鑫海（2008）《蒙古字韻》入聲的性質問題，《南陽師範學院學報（社會科學版）》2008（10）：23—30。

俞昌均（2008）蒙古韻略과東國正韻，*International Workshop on Hunminjeongeum and hPags-pa script* 101-110，城南：韓國學中央研究院。

吉池孝一（2008）原本蒙古字韻再構の試み，*International Workshop on Hunminjeongeum and hPags-pa script* 141-155，城南：韓國學中央研究院；李娟譯（2014）原本蒙古字韻的構擬，《KOTONOHA》134：1—14。

吉池孝一（2008）蒙古字韻の改裝などについて，《KOTONOHA》65：11—12。

吉池孝一（2008）蒙古字韻の校訂と増補について，《KOTONOHA》70：7—16。

吉池孝一（2008）蒙古字韻の補修について，《KOTONOHA》71：1—9。

王玉枝（2008）《東國正韻》과《蒙古字韻》의實際分韻體系比較研究，《中國語文論譯叢刊》23：139—166。

吉池孝一(2009)蒙古字韻四庫採進本及び現存寫本の書寫時期,《KOTONOHA》74: 41—43。

吉池孝一（2009）原本蒙古字韻考，《KOTONOHA》81：10—17。

吉池孝一（2009）蒙古字韻の篆字母表について，《KOTONOHA》82：13—18。

吉池孝一（2009）原本蒙古字韻の復元—校正字様の各本重入漢字をめぐって（1）—，《KOTONOHA》85：13—20。

鄭光（2009）《蒙古字韻研究—訓民正音과八思巴文字의關係를解明하기위하여—》，首爾：博文社；曹瑞炯譯（2013）《蒙古字韻研究—訓民正音與八思巴文字關係探析》，北京：民族出版社。

王玉枝（2009）《蒙古字韻》과《東國正韻》의聲母・入聲體系에對한深層考察—深究《蒙古字韻》和《東國正韻》的聲母入聲系統，《中國語文論譯叢刊》24：413—430。

이경희（2009）《蒙古字韻의音韻體系研究》，延世大學校博士論文。

照那斯圖（2010）釋《蒙古字韻》“篆字母”，《中國音韻學：中國音韻學研究會南昌國際研討會論文集・2008》156—162，南昌：江西人民出版社。

宋洪民（2010）八思巴字譯寫漢語元音時以單代雙現象考察，《中國音韻學：中國音韻學研究會南昌國際研討會論文集・2008》227—236，南昌：江西人民出版社。

宋洪民、韓振英（2010）從八思巴字文獻材料看《蒙古字韻》的成書時間，《語言研究》2010（2）：22—27。

吉池孝一（2010）原本蒙古字韻の復元—校正字様の各本重入漢字をめぐって（2）—，《KOTONOHA》86：16—24。

吉池孝一（2010）原本蒙古字韻の復元—校正字様の湖北本誤をめぐって—，《KOTONOHA》87：12—18。

吉池孝一（2010）原本蒙古字韻の復元—校正字様の浙東本誤をめぐって—，《KOTONOHA》91：12—20。

吉池孝一（2010）蒙古字韻總括變化之圖の増補時期，《KOTONOHA》95：19—28。

吉池孝一（2011）書評《蒙古韻略》と《中原音韻》，《長田夏樹先生追悼集》137—138，東京：好文出版。

鄭光（2011）《蒙古字韻》喻母のパスパ母音字と訓民正音の中聲，《東京大學言語學論集》31：1—20。

耿軍、張亞蓉（2011）有關《蒙古字韻》的幾個問題，《西北民族大學學报（哲學社會科學版）》2011（2）：140—145。

宋洪民（2011）從八思巴字文獻看《蒙古字韻》及元代北方官話中“觀”系字的讀音，《西夏學——第二届西夏學國際論壇專號（上）》7：197—202。

甯忌浮（2012）重讀《蒙古字韻》傳統，《中國研究集刊》9、10合輯：387—457。

鄭光（2012）《蒙古字韻》의파스파韻尾字와訓民正音의終聲，《譯學과譯學書》3：5—33。

中村雅之（2014）對音資料研究法叙說—case2：蒙古字韻（1）（2），《KOTONOHA》134：26—29；135：32—33。

吉池孝一（2014）《蒙古字韻》複製本の種類と特徵，《KOTONOHA》135：1—4。

3. 《百家姓》

◎原始資料

·影印本

羅常培、蔡美彪（1959）《八思巴字與元代漢語〔資料彙編〕》，北京：科學出版社【元（後）至元六年（1340）建陽鄭氏積誠堂刻本，所謂 B 版，北京大學圖書館藏；日本元禄十二年（1699）翻刻元泰定二年（1325）刻本，所謂 C 版，中國社會科學院圖書館藏】。

（1963）《事林廣記》，北京：中華書局，【元至順年間（1330—1333）建安椿莊書院刻本，所謂 A 版，臺灣故宮博物院藏】。

（1976）《和刻本類書集成（第一輯）》，東京：汲古書院【日本元禄十二年（1699）翻刻元泰定二年（1325）刻本，所謂 C 版】。

（1988）《事林廣記》，京都：中文出版社【據中華書局（1963）元至順年間（1330—1333）建安椿莊書院刻本】。

（1999）《事林廣記》，北京：新華書店【包括元（後）至元六年（1340）建陽鄭氏積誠堂刻本，所謂 B 版，北京大學圖書館藏；日本元禄十二年（1699）翻刻元泰定二年（1325）刻本】。

（1972）《稗編 附：索隠》，臺北：新興書局【明萬曆辛巳年（1581 年）刻本】。

（1991）《荊川稗編》（四庫類書叢刊），上海：上海古籍出版社【欽定四庫全書所收本】。

北京圖書館古籍出版編輯組（1987）《譯語》，《北京圖書館古籍珍本叢刊 6 經部》573—613，北京：書目文獻出版社【清袁氏貞節堂抄本影印】；（2012）《譯語》（中華再造善本），北京：國家圖書館出版社。

◎研究

金澤庄三郎（1933）《濯足庵藏書六十一種》，東京：金澤博士還曆祝賀會【日僧行智《重編群書類要事林廣記 蒙古篆字》】。

Ligeti, L. (1956) Le *Po Kia Sing* en écriture ’Phagspa, *Acta Orientalia Academiae Scientiarum Hungaricae* 6: 1-52.

Clauson, G. (1959) The hP’ags-pa Alphabet, *Bulletin of the School of Oriental and African*

Studies 22: 300-323.
照那斯圖（1981）八思巴字百家姓校勘，《民族語文論集》227—271，北京：中國社會科學出版社；（1990）《八思巴字和蒙古語文獻 I 研究文集》125—169，東京：東京外國語大學アジア・アフリカ言語文化研究所。
森田憲司（1993）《事林廣記》の諸版本について—國內所藏の諸本を中心に—，《宋代の知識人—思想・制度・地域社會》287—316，東京：汲古書院。
中村雅之編（1994）《パスパ字漢語資料集覧》，富山：富山大學人文學部中國語學研究室內パスパ字研究會【蒙古字韻、百家姓八思巴字對照表】。
照那斯圖（2003）《新編元代八思巴字百家姓》，北京：文物出版社。
吉池孝一（2004）パスパ文字百家姓諸版本における姓の配列順序などについて，《KOTONOHA》25：9—18。
吉池孝一（2005）リゲティ論文所載パスパ文字百家姓と東洋文庫藏本，《KOTONOHA》29：11—13。
吉池孝一（2013）日僧行智の八思巴文字研究—資料（1818 年）書誌—，《KOTONOHA》126：26—29。

4. 碑文

◎原始資料

羅常培、蔡美彪（1959）《八思巴字與元代漢語〔資料彙編〕》，北京：科學出版社。
北京圖書館金石組（1990）《北京圖書館藏中國歷代石刻拓本彙編（元一）048，（元二）049，（元三）050》，鄭州：中州古籍出版社。
竺沙雅章監修（1990）《中國石刻拓本展 出品圖録》，京都：京都大學文學部博物館。
中村雅之編（1994）《パスパ字漢語資料集覧》，富山：富山大學人文學部中國語學研究室內パスパ字研究會【蒙古字韻、碑文八思巴字對照表】。
蔡美彪（2011）《八思巴字碑刻文物集釋》，北京：中國社會科學出版社。

◎研究

Chavannes, E. (1904, 1905, 1908) Inscriptions et pièces de chancellerie chinoise de l´époque mongole, *T´oung Pao* 5: 357-447; 6: 1-42; 9: 297-428+30pls.
Dragunov, A. A. (1930) The hphags-pa script and Ancient Mandarin, *Известия Академии наук СССР, Отделение Гуманитарных Наук* 9: 627-647; 11: 775-797；影印（1941）《發思巴字與中州音韻》，北京：勤有堂書店；唐虞譯（1959）《八思巴字與古漢語》，北京：科學出版社【書評：Pelliot, P. (1932) *T'oung pao* 29: 166-168】。
Cleaves, F. W. (1950) The Sino-Mongolian Inscription of 1335 in Memory of Chang Ying-Jui,

Harvard Journal of Asiatic Studies 13:1-131+35pls.
吳文良（1957）《泉州宗教石刻》，北京：科學出版社。
吳幼雄（1988）福建泉州發現的也里可溫（景教）碑，《考古》1988（11）：1015—1020，1063—1064。
照那斯圖（1994）元代景教徒墓誌碑八思巴字考釋，《海交史研究》1994（2）：119—124。
蔡美彪（1994）八思巴字玉册兩種譯釋，《考古》1994（10）：943—947。
蔡美彪（1996）蒙古字元牌兩種音釋《內陸亞洲歷史文化研究——韓儒林先生紀念文集》14—17，南京：南京大學出版社。
蔡美彪（1996）八思巴字蒙文碑石譯存，《蒙古學信息》3：1—4。
蔡美彪（1997）元代道觀八思巴字刻石集釋，《蒙古史研究》5：55—114。
道布、照那斯圖、劉兆鶴（1998）回鶻式蒙古文只必帖木爾大王令旨釋讀，《民族語文》1998（2）：9—17+圖。
牛汝極（2004）泉州新發現的敘利亞文回鶻語景教碑銘，《西域研究》2004（3）：91—93，124。
吉池孝一（2004）儒學免税役聖旨碑のパスパ文字，《KOTONOHA》16：18—20。
舩田善之（2005）《靈巖寺執照碑》碑陽所刻文書を通してみた元代文書行政の一断面，《アジア・アフリカ言語文化研究》70：81—105。
蔡美彪（2006）元易州龍興觀懿旨碑譯釋，《燕京學報》2006（5）：279—295。
牛汝極（2008）《十字蓮華：中國元代敘利亞文景教碑銘文獻研究》，上海：上海古籍出版社。
照那斯圖、羅烏蘭（2008）釋“慶元儒學洋山砂岸復業公據”中的八思巴文，《文物》2008（8）：74—76。
章國慶（2008）元《慶元儒學洋山砂岸復業公據》碑考辨，《東方博物》28：62—71，5。

5. 印章

◎原始資料

羅振玉（1915-16）《赫連泉館古印存》，上虞羅氏影印；（1988）《中國歷代印譜叢書・赫連泉館古印存》，上海：上海書店。
羅振玉（1916）《隋唐以來官印集存》，上虞羅氏影印。
內蒙古自治區文物工作隊（1963）《內蒙古出土文物選集》，北京：文物出版社。
羅福頤、王人聰（1973）《印章概述》，香港：中華書局香港分局。
林秀貞、楊虎（1981）《黑龍江古代官印集》，哈爾濱：黑龍江人民出版社。
朝日新聞社（1981）海底發掘 元軍の青銅印を解剖する，《週刊朝日》1981（7/24）：3—6。
川添昭二（1981）《海から甦る元寇》，福岡：朝日新聞西部本社企畫部。

臺灣故宫博物院（1981）《元代皇室書畫收藏史略》，臺北：臺灣故宫博物院。
Jin Zhou, Zhu Li, Li Yuhong (1981) *Tibet: no longer mediaeval*, Beijing: Foreign Languages Press, 33.
秦孝儀（1987）《故宫歷代銅印特展圖録》，臺北：臺灣故宫博物院。
王翰章（1990）《陝西出土歷代璽印選編》，西安：三秦出版社。
中國歷史博物館（1991）《中國古代史参考圖録》，上海：上海教育出版社。
歐朝貴、其美（1991）《西藏歷代藏印》，四川：西藏人民出版社。
張英、任萬舉、羅顯清（1992）《吉林出土古代官印》，北京：文物出版社。
王翰章、王長啟（1993）《陝西出土歷代璽印續編》，西安：三秦出版社。
西藏自治區檔案館（1995）《西藏歷史檔案薈粹》，北京：文物出版社。
楊廣泰（1995）《宋元古印輯存》，北京：文物出版社。
葉其峰（1997）《古璽印與古璽印鑒定》，北京：文物出版社。
文化廳編（1997）《發掘された日本列島 97 新發見考古速報》，東京：朝日新聞社【博多遺迹群出土私印】。
華光普（1998）《中國歷代印章目録》，北京：中國民族攝影藝術出版社。
黄惇（1999）《中國歷代印風系列・元代印風》，重慶：重慶出版社。
孫慰祖（2001）《唐宋元私印押記集存》，上海：上海書店出版社。
唐彩蘭（2005）《遼上京文物擷英》，呼和浩特：遠方出版社。
照那斯圖、薛磊（2011）《元國書官印匯釋》，瀋陽：遼寧民族出版社。
横濱ユーラシア文化館（2013）《マルコポーロが見たユーラシア—〈東方見聞録〉の世界—》，横濱：横濱ユーラシア文化館【官印 2、私印 9】。

◎研究

石濱純太郎（1917）元國書官印，《史林》2（2）：136—138。
蔡美彪（1958）永嘉發現元代蒙文印考釋，《文物參考資料》1958（1）：42—43。
Simon, M. W. (1958) A hPags-pa seal of 1295, *Asia Major*, New Series 6: 203-205.
Haarh, Erik (1959) L'écriture 'phags-pa vraiment carrée des sceaux chinois des Yüan, *Acta Orientalia* 24(1, 2): 59-64.
趙人俊（1959）杭州西湖發現宋、金、元銅質官印，《文物》1959（4）：74—75。
王毅（1960）西藏文物見聞記（2），《文物》1960（8，9）：52—65。
李逸友（1961）内蒙古出土古代官印的新資料，《文物》1961（9）：25，64—65。
李逸友（1965）紹介兩方元代官印，《文物》1965（12）：62。
蓮實重康（1968）梁楷筆《李白吟行圖》の八思巴文字“大司徒印”と阿尼哥に就いて，《東方學》35：83—97。
Nakano, M. (1971) Three 'Phags-pa seal inscriptions —Re-examination of Dr. Haarh's reading, *Asia Major* 16(1, 2): 96-101.
中國科學院考古研究所、北京市文物管理處（1972）記元大都發現的八思巴字文物，《考古》1972（4）：54—56。

鄭紹宗（1973）介紹幾方宋、金、元的官印，《文物》1973（11）：21—26。

袁明森（1975）四川蒼溪出土兩方元"萬州諸軍奧魯之印"，《文物》1975（10）：91—92。

照那斯圖（1977）元八思巴字篆書官印輯存，《文物資料叢刊》1：68—83，北京：文物出版社。

董學增（1981）元代"右阿速衛親軍都指揮使司百户印"入藏，《文物》1981（6）：64。

霍質彬（1982）南城縣發現"景盛通寶"銅錢和八思巴文銅印，《江西歷史文物》1982（2）：74。

董學增（1982）吉林蛟河發現元八思巴文銅印，《文物》1982（3）：36。

王錦厚（1982）跋三方元代官印，《遼寧文物》3：49—52。

焦彥龍（1982）河北平山縣出土兩方八思巴文官印《考古》1982（5）：543。

鄭紹宗（1984）河北古代官印集釋，《文物》1984（9）：71—76。

盧亭風、王少華（1984）九江出土元代燒鈔庫印，《文物》1984（10）：41；（1993）內蒙古錢幣學會編《元代錢幣論文選集》193—194，呼和浩特：內蒙古人民出版社。

葉其峰（1984）關於"漳州路軍民都總管印"的商榷，《文物》1984（11）：95。

段守己（1984）湖北大悟縣出土八思巴文元代銅印《考古》1984（11）：1044。

程竹敏（1985）西藏文管會收藏的元代印章，《文物》1985（9）：79—84。

劉祖信（1987）荆門出土的元代八思巴印試析，《江漢考古》1987（4）：79。

劉華興（1987）湖南新田縣發現八思巴文元代銅印，《考古》1987（6）：573。

葉其峰（1987）故宫藏八思巴字印及其相關問題，《文物》1987（10）：82—85。

照那斯圖（1988）關於彰武縣出土元八思巴字官印，《遼金契丹女真史研究》1988（1）：54—55。

陳金鍾（1988）元以來中央政權頒授西藏地方首領印章舉要，《中央民族學院學報》1988（3）：14—22。

李懷瑶（1988）幾方宋金元明官印考釋，《故宫博物院院刊》1988（1）：2，45—48。

杜承武（1988）內蒙古察右前旗發現一方元代萬户府銅印，《北方文物》1988（2）：37，91。

李勇（1990）金元時期的五方官印集釋，《文物季刊》1990（1）：91—92。

姚朔民（1990）再釋河北平山所出八思巴文官印，《文物》1990（10）：78，93。

杜蔚（1992）甘肅定西縣發現一方元代銅印，《考古》1992（11）：1055。

周九宜（1993）湖南寧遠出土一枚銅質八思巴文"寧遠務"官押，《文物》1993（6）：88。

張文彬、王樹樓（1994）黑龍江樺南縣慶發村發現一枚元代八思巴文官印，《北方文物》1994（4）：52。

照那斯圖（1995）關於"宣政院印"，《民族研究》1995（1）：83—85。

李紹曾（1995）河南淮濱發現金元官印，《考古》1995（1）：94—95。

照那斯圖（1995）元代紙幣八思巴字官印文字考，《民族語文》1995（6）：43—48+圖。

蔡美彪（1995）元寧遠務關防課税條印音釋，《文物》1995（7）：69—71。

王國榮（1995）河北赤城縣博物館藏印簡介，《文物》1995（9）：94—96。

吕振奎（1996）一枚八思巴文銅印，《中國文物報》1996 年 7 月 7 日第 4 版。

許子榮（1996）元代“鎮寧州諸軍奥鲁印”三題，《北方文物》1996（4）：63—65，97。
魏緒文（1996）水西古印尋踪，《貴州文史天地》1996（4）：6—7。
孫慰祖（1996）八思巴字私印述略，《南方文物》1996（3）：103—107，114。
照那斯圖（1996）對《吉林出土古代官印》兩方八思巴字官印釋文的訂正，《文物》1996（3）：94—95。
照那斯圖（1997）陝西出土歷代璽印選編和續編兩書中若干八思巴字印章文字的訂正和補釋，《文物》1997（3）：67—68，72。
照那斯圖（1997）蒙元時期宫廷文書的印章文字，《民族語文》1997（3）：43—50+圖。
照那斯圖（1997）臺灣故宫藏幾方元八思巴字印文字譯釋，《民族語文》1997（5）：41—43，81。
照那斯圖（1999）《步輦圖》上的兩顆元國書鑒藏印譯釋——兼談古代書畫題跋中八思巴字印，《故宫博物院院刊》1999（1）：24—26。
敖漢旗博物館（1999）敖漢旗出土的幾方遼金元銅印，《内蒙古文物考古》1999（1）：105—107。
孫家潭（2000）一方元八思巴字套印考釋，《民族語文》2000（2）：69—70。
吉池孝一（2000）ウイグル文書のパスパ文字漢語印，《日本モンゴル學會紀要》30：109—118。
鄭遠文（2001）貴州省黔西縣發現一枚元代八思巴文官印，《文物》2001（7）：86。
孫家潭（2001）元朝時期獨特的蒙漢文種混合印，《美術觀察》2001（1）：66—67。
照那斯圖（2002）上海博物館藏元達魯花赤官印文字考，《上海博物館集刊》2002（9）：85—87。
蔡美彪（2002）元代吐蕃國師帝師玉印及白蘭王金印考釋，《文史》2002（3）：204—216。
李興盛（2003）元代八思巴文武昌路民户提舉兼管水陸事産印，《北方文物》2003（3）：52。
吉池孝一（2004）管軍千户所印（パスパ字漢語）一顆，《KOTONOHA》18：8—9。
中村雅之（2004）元代パスパ字印—“gi”についての覺書，《KOTONOHA》18：1—3。
中村雅之（2004）元代官印“管軍千户所印”の背記について，《KOTONOHA》19：1—3。
吉池孝一（2004）元代私印（パスパ字漢語）五顆，《KOTONOHA》19：21—23。
鵜木基行（2006）元代官府パスパ文字藏書印管見，《汲古》49：32—37。
吉池孝一（2006）パスパ文字印“gi”の近代における使用例，《KOTONOHA》39：16—17。
轟巴宅曲（2008）從西藏博物館館藏的一枚元代印章説起，《中國西藏（中文版）》2008（3）：58—63。
宮紀子（2008）滝澤馬琴とパクパ字印，《人文》55：38—40。
張曉靖（2010）元朝官印淺析，《西安社會科學》2010（4）：79—81。
照那斯圖、薛磊（2011）《元國書官印匯釋》，瀋陽：遼寧民族出版社。
吉池孝一（2011）パスパ文字官印の喻母と幺母について，《KOTONOHA》102：8—10。
吉池孝一（2012）八思巴字漢語私印一顆—“朱”印—，《KOTONOHA》117：1。
金泉（2012）吉林市博物館館藏元代三方官印研究，《博物館研究》2012（3）：62—67。

6. 貨幣

◎原始資料

羅振玉（1914）《三朝鈔幣圖録》，上虞羅氏影印。

中國歷史博物館（1991）《中國古代史參考圖録》，上海：上海教育出版社【中統元寶交鈔（伍伯文）、至元通行寶鈔（伍伯文）、至元通行寶鈔（貳貫）】。

文化廳編（1997）《發掘された日本列島 97 新發見考古速報》，東京：朝日新聞社【博多遺迹群出土大元通寶】。

李金（1999）《文物收藏——全彩中國古錢目録》，呼和浩特：內蒙古人民出版社。

周亞樹主編、赤峰市錢幣學會編（2003）《遼西夏金元四朝貨幣圖録精選》，呼和浩特：遠方出版社。

横濱ユーラシア文化館（2013）《マルコポーロが見たユーラシア—〈東方見聞録〉の世界—》，横濱：横濱ユーラシア文化館【大元通寶、至元通寶、至元通寶（四體字錢）、至正通寶 7 種、至元通行寶鈔】。

◎研究

Pauthier, G. (1860) Rapport sur deux médailles en cuivre jaune trouvées à Sourabaya, île de Java, dont les fac-similé lithographiques ont été envoyés à la Société par M. Netscher, de Batavia, *Journal Asiatique* 5(15): 321-337。

王靜如（1931）釋定海方氏所藏四體字至元通寶錢文，《中研院歷史語言研究所集刊》3（2）：277—278。

韓儒林（1943）八思巴字大元通寶跋，《中國文化研究所彙刊》3：361—364；（1982）《穹廬集——元史及西北民族史研究》158—160，上海人民出版社；（1993）內蒙古錢幣學會編《元代錢幣論文選集》267—269，呼和浩特：內蒙古人民出版社。

鄭紹宗（1973）河北平山縣發現的“至元通行寶鈔”銅版，《考古》1973（1）：42。

遠藤龜松（1981）《元朝錢史の研究：中國北族王朝貨幣史》，東京：文庵堂。

宣森（1984）貨幣舉異——面拉丁文背中文紀值錢初探，《中國錢幣》1984（4）：54—56。

海雄、金望（1985）關於“面拉丁文背中文紀值錢”的討論，《中國錢幣》1985（2）：75—76。

月氏（1985）貳拾伍文鉛錢小議，《中國錢幣》1985（2）：76。

遠藤龜松著，博仁、劉興泰譯（1986）元代的銅錢，《蒙古學資料與情報》1986（2）：31—38；內蒙古錢幣學會編（1993）《元代錢幣論文選集》390—402，呼和浩特：內蒙古人民出版社【遠藤龜松（1981）第 2 章第 3 節】。

陳乃雄（1986）元四體異文錢試釋，《中國錢幣》1986（1）：36—37，50；內蒙古錢幣學會編（1993）《元代錢幣論文選集》276—279，呼和浩特：內蒙古人民出版社。

姚朔民（1986）八思巴字與元代錢幣，《中國錢幣》1986（2）：71—77。

郭若愚（1989）八思巴文“權”漢文楷書“貳拾伍文”鉛錢之我見，《中國錢幣》1989（3）：60，34。

石俊貴（1990）東勝州故城出土的元錢，《內蒙古金融研究》1990（1）：46—47；內蒙古錢幣學會編（1993）《元代錢幣論文選集》282—284，呼和浩特：內蒙古人民出版社。
谷巧二著，周丙慶譯（1990）至正錢研究，《中國錢幣》1990（2）：13—15；內蒙古錢幣學會編（1993）《元代錢幣論文選集》403—409，呼和浩特：內蒙古人民出版社。
李逸友(1991)元代草原絲綢之路上的紙幣——內蒙古額濟納旗黑城出土的元鈔及票券，《中國錢幣》1991（3）：16—23，7。
朱活（1991）元錢通論——兼談元末起義軍政權的鑄幣，《內蒙古金融研究》1991（11）：40—48；內蒙古錢幣學會編（1993）《元代錢幣論文選集》224—241，呼和浩特：內蒙古人民出版社。
陳乃雄(1993)《蒙古字韻》和元代錢幣，內蒙古錢幣學會編《元代錢幣論文選集》270—275，呼和浩特：內蒙古人民出版社。
賈金海、陳乃雄、喬曉金、衛月望（2002）關於“面拉丁文背中文紀值錢”的討論，《內蒙古金融研究》2002（S1）：209—210，。
陳乃雄（2002）《蒙古字韻》和元代錢幣八思巴字釋讀，《內蒙古金融研究》2002（S1）：211—213。
陳乃雄（2003）八思巴文錢釋疑，《內蒙古金融研究》2003（S2）：103。
衛月望（2003）蒙古四大汗國錢幣中有蒙文及八思巴文之圖釋，《內蒙古金融研究》2003（S3）：275—278，291。
劉昭棣（2003）稀有的八思巴文“至元通寶”白銅錢——兼談元世祖鑄行“至元通寶”錢，《內蒙古金融研究》2003（S4）：443—447。
烏拉基米爾・彼勒耶夫、謝爾蓋・斯達諾維奇著，曹光勝譯（2006）至正錢考，《中國錢幣》2006（3）：26—31。
吉池孝一（2006）江戶期古錢書《奇抄百圓》（1789 年）中のパスパ文字と滿洲文字，《KOTONOHA》40：23。
吉池孝一（2006）清代古錢書にみるパスパ文字の判讀，《KOTONOHA》45：14—18。
宮澤知之（2007）第 12 章・紙幣時代の銅錢—元代の鈔と銅錢，《中國銅錢の世界—錢貨から經濟史へ—》268—292，京都：佛教大學通信教育部。
中村雅之（2011）至元通行寶鈔のパスパ文字，《KOTONOHA》101：1—2。

7. 銅錘、符牌

◎原始資料

內蒙古自治區文物工作隊（1963）《內蒙古出土文物選集》，北京：文物出版社【銅錘】。
中國歷史博物館（1991）《中國古代史參考圖録》，上海：上海教育出版社【符牌拓本】。
丘光明、邱隆、楊平（2001）《中國科學技術史・度量衡卷》，北京：科學出版社。

羅振玉（2003）《增訂歷代符牌圖録》，哈爾濱：哈爾濱出版社【羅振玉（1914）《歷代符牌圖録》】。

蔡美彪（2011）《八思巴字碑刻文物集釋》，北京：中國社會科學出版社【玉册拓本、符牌拓本】。

◎研究

劉東瑞（1979）鑄有四種不同文字的元代二斤銅秤錘，《歷史教學》1979（6）：62—63。

喬今同（1980）元代的符牌，《考古》1980（6）：542—543，587。

照那斯圖（2000）元國書表彰牌譯釋，《中國音韻學研究會第十一屆學術討論會·漢語音韻學第六屆國際學術檢討會論文集》238—239，香港：香港文化教育出版社。

照那斯圖、羅烏蘭（2000）釋"慶元儒學洋山砂岸復業公據"中的八思巴文，《文物》2008（8）：74—76。

吉池孝一（2005）四種の文字が刻まれた元代の銅錘について，《KOTONOHA》28：9—13。

潘懿（2010）八思巴文錢文釋讀舉隅，《中國錢幣》2010（2）：17—18【符牌照片】。

8. 陶瓷器【包括金屬器、支釘】

◎原始資料

張英（2000）《元代青花與五彩瓷器》，瀋陽：遼寧畫報出版社。

横濱ユーラシア文化館（2013）《マルコポーロが見たユーラシア—〈東方見聞録〉の世界—》，横濱：横濱ユーラシア文化館【八思巴字銘陶瓷片 1】。

◎研究

Hobson, R. L. (1926-1927) Chinese Porcelain Fragments from Aidhab, and some Bashpa inscription, *Transactions of the Oriental Ceramic Society* 1926-1927: 19-21+6pls.

小山富士夫（1937）八思巴文字ある支那古陶磁，《畫說》1：23—31。

吳興漢（1957）介紹安徽合肥發現的元代金銀器皿，《文物参考資料》1957（2）：51—58【銀壺】。

朱伯謙、王士倫（1963）浙江省龍泉青瓷窑阯調查發掘的主要收穫，《文物》1963（1）：27—38。

中國科學院考古研究所、北京市文物管理處（1972）記元大都發現的八思巴字文物，《考古》1972（4）：54—56。

馮先銘（1980）三十年來我國陶瓷考古收穫，《故宫博物院院刊》1980（1）：3—27，50。

文程（1987）試談元代景德鎮青花瓷的外銷，《景德鎮陶瓷》1987（4）：1—6。

沖繩縣教育廳文化課（1990）《沖繩縣文化財調查報告書第 97 集·新里村遺迹—竹富島

一周道路建設工事に伴う緊急發掘調査報告—》，那覇市：沖繩縣教育委員會。
耿寶昌（1993）《明清瓷器鑒定》，香港：紫禁城出版社、兩木出版社【八思巴字漢語瓷器款識 （德正[sic]年製）336頁】。
劉振華（1996）龍泉系瓷器上的八思巴字款及相關問題，《北方文物》1996（2）：28—30。
劉振華（1996）景德鎮龍珠閣藏青花瓷碗八思巴字款考察記，《文物》1996（11）：52—54。
葛師科（1997）也談八思巴文款青花瓷器的年代，《文物》1997（6）：38，43—47。
張英（1998）對《也談八思巴文款青花瓷器的年代》一文的商榷，《文物》1998（10）：62—66。
吕成龍（2001）關於八思巴字款青花瓷器年代之我見，《文物》2001（8）：77—83。
杭州市文物考古所（2002）杭州老虎洞南宋官窑址，《文物》2002（10）：4—31+封底【支釘】。
張英（2003）元瓷一些問題的討論，《北方文物》2003（2）：35—41。
沖繩縣立埋藏文化財センター（2007）《沖繩縣立埋藏文化財センター調査報告書第46集・渡地村迹—臨港道路那覇1號綫整備に伴う緊急發掘調査報告—》，中頭郡：沖繩縣立埋藏文化財センター。

9. 其他

◎原始資料

内藤虎次郎（1976）《内藤湖南全集》14：419—420，東京：筑摩書房【硯（模寫）】。
北京圖書館古籍出版編輯組（1987）譯語，《北京圖書館古籍珍本叢刊6 經部》573—613，北京：書目文獻出版社【清袁氏貞節堂抄本影印】；（2012）中華再造善本《譯語》，北京：國家圖書館出版社。
中村雅之編（1994）《パスパ字漢語資料集覧》，富山：富山大學人文學部中國語學研究室内パスパ字研究會【蒙古字韻、宣勅二種八思巴字對照表】。

◎研究

神田喜一郎（1969）八思巴文字の新資料，《東洋學文獻叢說》73—111，東京：二玄社【大元累授臨川郡吳文正公宣勅，元世祖勅書】。
李逸友（1977）呼和浩特市萬部華嚴經塔的金元明各代題記，《文物》1977（5）：55—64【八思巴字漢語題記】。
花登正宏（1984）《大元累授臨川郡吳文正公宣勅》及び《汗漫唫》所載〈元世祖勅書〉の八思巴文字について，《山形大學紀要（人文科學）》10（3）：19—31。
田中英道（1986）《光は東方より—西洋美術に與えた中國・日本の影響》，東京：河出書房新社【意大利斯庫羅貝尼教堂裏的壁畫】。

中野美代子（1991）ジョットとパスパ文字，《月刊言語》1991（20，8）：6—7；郭陽譯（1992）喬托和八思巴文字，《民族譯叢》1992（3）：76—77【意大利斯庫羅貝尼教堂裏的壁畫】。

内蒙古文物考古研究所（1994）元上都城南砧子山南區墓葬發掘報告，《内蒙古文物考古文集》639—671，北京：中國大百科全書出版社【磚銘】。

包祥（1994）漢城發現的八思巴字文獻，《内蒙古大學學報（哲學社會科學版）》1994（2）：36—39【八思巴字漢語聖旨 1（高麗國宛），後代抄本】。

蔡美彪（1994）八思巴字玉册兩種譯釋，《考古》1994（10）：943—947【玉册拓本】。

竹越孝（2000）《譯語》の《八思巴字字匯》について，鹿兒島大學《人文學科論集》51：93—115。

吉池孝一（2005）内藤湖南が對音を付したパスパ文字資料について，《KOTONOHA》32：9—14。

孫伯君（2009）普寧藏本《密咒圓因往生集》的八思巴字注音研究，《中華文史論叢》2009（3）：163—198。

吉池孝一（2013）日僧行智の八思巴文字研究—資料（1818 年）書誌—，《KOTONOHA》126：26—29。

李治安（2014）元吳澄八思巴字宣敕文書初探，《元史論叢》14：37—75。

元朝秘史

吉池孝一、竹越孝、更科慎一 編

<研究文獻参考書目>

原山煌（1978）《元朝秘史關係文獻目録》，東京：日本モンゴル學會；【新訂版】（2005）平成十六年度科學研究費補助金（特定領域研究（A）《東アジアの出版文化》研究成果報告書。

1. 原始資料

・現存文本

十二卷本：

内閣大庫藏殘明洪武刊本【殘存三、四、七、八卷】。

顧廣圻鈔本【收入《四部叢刊三編》，見影印本部分】。

《昭代叢書》所收萬光泰《元秘史略》本【只含總譯】。

文廷式贈内藤湖南鈔本：京都大學人文科學研究所本館【内藤 95】。

文廷式贈内藤湖南鈔本之再鈔本：筑波大學附屬中央圖書館【ヨ 636-11，ヨ 636-12】、早稻田大學中央圖書館【リ 08 01465，リ 08 01466】。

清光緒三十四年【1908】葉德輝觀古堂刊本。

喀喇沁親王府藏鈔本【B. Temurbagana（2009）曰該本由二卷組成，屬於十二卷本的卷七、卷八】。

十五卷本：

鮑廷博鈔本。

陸心源舊藏鈔本：靜嘉堂文庫【9 函 1 架，首缺】。

翁同書藏鈔本。

楊尚文輯《連筠簃叢書》所收道光二十七年【1847】刻本【張穆校本，只含總譯】。

復古書局光緒二十年【1894】石印本【張穆校本，只含總譯】。

李文田注本【張穆校，只含總譯】：

《漸西村舍叢刻》所收光緒二十二年【1896】刊本。

《皇朝藩屬輿地叢書》所收光緒二十九年【1903】石印本。

《敬躋堂叢書》所收沈曾植《元秘史補注》【只含總譯】。

・影印本

（1936）《四部叢刊三編》，上海：商務印書館；（1966）臺北：臺灣商務印書館；（1985）上海：上海書店【顧廣圻鈔本及明洪武刊本：12 卷本】。

（1936）《叢書集成初編》3907—3909 册，上海：商務印書館；（1985）北京：中華書局【李文田注本】。

（1962）*Юань-чао би-ши: 15 цзюаней (Секретная история монголов),* издание текста и предисловие Б.И.Панкратова, Москва: Издательство Восточной Литературы【鮑廷博 15 卷鈔本】.

（1962）《元朝秘史注》，北京：中華書局【李文田注本】。

（1967）《清朝藩屬輿地叢書》第 8 册，臺北：臺聯國風出版社；（1968）《清朝藩屬輿地叢書》37—40，臺北：廣文書局【李文田注本】。

（1975）《元朝秘史三種》，京都：中文出版社【四部叢刊本、葉德輝本、15 卷本】。

（1981）四部叢刊廣編第 13 册，臺北：臺灣商務印書館【顧廣圻鈔本：12 卷本】。

（1992）《元史學 元朝秘史 新元史考證》（民國叢書第 5 編 64 歷史・地理類）上海：上海書店【沈曾植補注本】。

（1994）《元朝筆記小說》第 4 册（歷代筆記小說集成），石家莊：河北教育出版社。

（2002）《續修四庫全書》第 312 册，上海：上海古籍出版社【李文田注本】。

（2008）《元朝秘史（外四種）》，上海：上海古籍出版社【元朝秘史：壉民國二十五年四部叢刊三編影印元抄本影印；元祕史李文田注：壉北京圖書館藏清光緒二十二年漸西村舍刻本影印】。

（2009）《中華再造善本》，北京：國家圖書館【清鈔本】。

（2011）中國書店影印本【李文田注本】。

（2013）《〈蒙古秘史〉研究叢書》，呼和浩特：內蒙古文化出版社【1《元朝秘史三種》所收 15 卷本、2 葉德輝本、3 四部叢刊本】

・校訂本

Hänisch, E. (1937) *Manghol-un Niuca Tobca'an*, Leipzig: Otto Harrassowitz; (1962) Wiesbaden: F. Steiner.

服部四郎、都嘎爾扎布【Quwasai Duγarǰab】（1939）《蒙文元朝秘史》文求堂；（2013）《〈蒙古秘史〉研究叢書》5，呼和浩特：內蒙古文化出版社。

白鳥庫吉（1943）《音譯蒙文元朝秘史》，東京：東洋文庫；（1974）《遼金元語文僅存録》第 3—4 册，臺北：臺聯國風出版社。

Ligeti, L. L. (1971) *Histoire secrète des Mongols*, *Monumenta linguae Mongolicae collecta 1*, Budapest: Akadémiai Kiadó.

巴雅爾（1980）《蒙古秘史》（上、中、下），呼和浩特：內蒙古人民出版社。

額爾登泰、烏雲達賚（1980）《蒙古秘史（校勘本）》，呼和浩特：內蒙古人民出版社；（2006）

《蒙古秘史（校勘本）》（上、下册），呼和浩特：內蒙古人民出版社【含總譯】。

Quwasai Duγarǰab (1984) *"Mongγul-un niγuča tobčiyan"-u qarγuγulun kinaγsan debter,* Kökeqota: Öbür mongγul-un soyul-un keblel-ün qoriy-a；（2013）《〈蒙古秘史〉研究叢書》5，呼和浩特：內蒙古文化出版社。

額爾登泰、阿爾達扎布（1986）《蒙古秘史還原注釋》，呼和浩特：內蒙古教育出版社。

亦隣真（1987）《元朝秘史（畏吾體蒙古文）》，呼和浩特：內蒙古大學出版社。

Сумъяабаатар, Б. (1990) *Монголын нууц товчоо, усгийн галиг*, Улаанбаатар: Монгол Хэвлэлийн комбинат.

Šongqur (2001) *"Mongγul-un Niγuča Tobčiyan"-u sergügelte*, Kökeqota: Öbür mongγul-un arad-un keblel-ün qoriy-a【雙福《蒙古秘史》還原及研究，呼和浩特：內蒙古人民出版社】。

최기호，B. Sumiyabaatar（2005）《蒙古秘史 Монголын нууц товуоон》，首爾：韓國文化社。

鮑思陶（2005）《元朝秘史》，濟南：齊魯書社。

Ardaǰab (2010) *Oduki Mongγul kelen-dü seyiregülügsen Mongγol-un niγuča tobčiyan*, Qayilar: Öbür Mongγol-un Soyul-un Keblel-ün Qoriy-a.

烏蘭（2012）《元朝秘史（校勘本）》，北京：中華書局【含影印】。

鮑·包力高等（2013）《〈元朝秘史〉畏吾體蒙古文再復原及其拉丁轉寫》，內蒙古科學技術出版社。

·現代蒙古語譯本

Čengdü Güng (1917) *Yuwan Ulus-un Niγuča Teüke*；（2013）《〈蒙古秘史〉研究叢書》4，呼和浩特：內蒙古文化出版社【手稿本影印】；（1989，1990，1991）資料 Б. Цэнд"Монголын нууц товчоо"，《モンゴル研究》12：151—193；13：127—168；14：55—117。

Bökekesig (1941) *Mongγul-un niγuča tuγuǰi*；（2013）《〈蒙古秘史〉研究叢書》6，呼和浩特：內蒙古文化出版社。

Altanwčir (1941) *Mongγul-un niγuča tobčiy-a*；（2013）《〈蒙古秘史〉研究叢書》7，呼和浩特：內蒙古文化出版社。

Kesigbatu (1941) *Yuwan ulus-un niγuča tobčiy-a*; [Qarγuγlun tayilburilaγči] Č. Altaγsümbür, Soyuldalai; [Latin-yiar γaliγlaγči] Möngkebuyan (2001) *Kesigbatu-yin orčiγuluγsan yuwan ulus-un niγuča tobčiy-a*, Kökeqota; Öbür mongγul-un arad-un keblel-ün qoriy-a【注釋：策·阿拉騰松布爾、蘇雅拉達來；拉丁注音：孟克寶音，《格什克巴圖譯元朝秘史》，內蒙古人民出版社】；（2013）《〈蒙古秘史〉研究叢書》8，呼和浩特：內蒙古文化出版社。

Дамдинсүрэн, Ц. (1947) *Mongγol-un niγuča tobčiyan,* Ulaγanbaγatur；（2013）《〈蒙古秘史〉研究叢書》9，呼和浩特：內蒙古文化出版社。

Дамдинсүрэн, Ц. (1957) *Монголын нууц товчоо,* Улаанбаатар; (1957) *Mongγul-un niγuča tobčiyan: qaγučin mongγul kelen eče odu-yin mongγul bičig-ün kele-ber Čengdü-yin*

Damdingsürüng orčiyulba. Kökeqota: Öbür Mongγul-un Arad-un Keblel-ün Qoriy-a.

Mansang (1985) *Sin-e-ber orčiyulǰu tayilburilaysan Mongγol-un niγuča tobčiyan,* Kökeqota: Öbür Mongγul-un arad-un keblel-ün qoriy-a; (2007) Ulaγanqada: Öbür Mongγul-un sinjilekü uqaγan têknik mergejil-ün keblel-ün qoriy-a.

Ц. Дамдинсүрэн【譯】, Гаадамба, Ш.【編】(1990) *Монголын нууц товчоо,* Улаанбаатар: Улсын Хэвлэлийн Газар.

Dalangtai-yin Čeringsodnam (1993) *"Mongγol-un niγuča tobčiyan"-u orčiyulγa tailburi*, Begeǰing: Ündüsüten-ü Keblel-ün Qoriy-a【《〈蒙古秘史〉譯注》，北京：民族出版社】.

Mongγol Ündüsüten-ü Erten-ü Uran Jokiyal-un Čubural Bičig Nayiraγulqu Komis (1993) *Mongγol-un niγuča tobčiyan*, Kökeqota: Öbür Mongγul-un arad-un keblel-ün qoriy-a.

Erdemtü (2001) *Jegülte jiruγ qadaγsan Mongγul-un niγuča tobčiyan*, Tüngliyoo: Öbür Mongγul-un baγačud keüked-ün keblel-ün qoriy-a.

Батлан Хамгаалахын Эрдэм Шинжилгээний Хүрээлэн, Монголын Цэргийн Түүхчдийн "Хар сүлд" Холбоо (2004) *Монголын нууц товчоо,* Улаанбаатар: Соёмбо Принтинг.

Ш. Чоймаа (2006) *Монголын нууц товчоо*, Улаанбаатар: Соёмбо Принтинг.

・布里亞特語譯本

Ч. Р. Намжиловай (1990) *Монголой нюуса тобшо* (*Сокровенное сказание монголов*, Перевод С.А. Козина), Улан-Удэ: Бурятское книжное изд-во; (2006) *Сокровенное сказание Монголов* [перевод на русский язык С. Козина; перевод с монгольского на бурятский язык Ч-Р. Намжилова]; Улан-Удэ: Байкал-Гео.

・日譯本

那珂通世（1907）《成吉思汗實録》，東京：大日本圖書株式會社；（1943）東京：筑摩書房。

那珂通世（1915）《成吉思汗實録續篇》，故那珂博士功績紀念會編《那珂通世遺書》，東京：大日本圖書株式會社。

小林高四郎（1940）《蒙古の秘史》，東京：生活社；（1941）改訂版《蒙古の秘史：蒙古民族の古典》，東京：生活社。

村上正二（1970，1972，1976）《モンゴル秘史》（東洋文庫），東京：平凡社。

小澤重男（1984，1985，1986）《元朝秘史全釋》，東京：風間書房。

小澤重男（1987，1988，1989）《元朝秘史全釋續考》，東京：風間書房。

小澤重男（1997）《元朝秘史》（岩波文庫青 411），東京：岩波書店。

・中譯本

謝再善（1951）《蒙古秘史》，北京：開明書店。

策・達木丁蘇隆編譯、謝再善譯（1956）《蒙古秘史》，上海：中華書局；（2014）青海人民出版社。

姚從吾注釋、扎奇斯欽校補（1959-1960）漢蒙字音《蒙古秘史》新譯並注釋，《文史哲學報》8，9，10。

道潤梯步（1978）《新譯簡注〈蒙古秘史〉》，呼和浩特：内蒙古人民出版社；（1991）第

2 版。

札奇斯欽（1979）《蒙古秘史新譯並注釋》，臺北：聯經出版事業公司。

余大鈞（2001）《蒙古秘史》，石家莊：河北人民出版社；（2014）《蒙古秘史（蒙漢合璧蒙古文歷史文獻漢譯）》，呼和浩特：內蒙古大學出版社。

阿爾達扎布（2004）《新譯集注〈蒙古秘史〉》，呼和浩特：內蒙古大學出版社。

・俄譯本

Палладий【Кафаров】（1866）*Старинное монгольское сказанiе о Чингис-ханѣ* // Труды членовъ Россiйской духовной миссiи въ Пекинѣ – С. Петербургъ【譯出總譯部分】.

Козин, С. А. (1941) *Сокровенное сказание*, Том I, Москва-Ленинград: Академия наук СССР.

・德譯本

Hänisch, Erich (1941) *Die geheime Geschichte der Mongolen: aus einer mongolischen Niederschrift des Jahres 1240 von der Insel Kode'e im Keluren-Fluß*, Leipzig: O. Harrassowitz; (1948) *Die geheime Geschichte der Mongolen, Zweite Verbesserte Auflage*, Leipzig: O. Harrassowitz.

Taube; M. (2005) *Geheime Geschichte der Mongolen: Herkunft, Leben und Aufstieg Dschingis Khans*, München: Verlag C. H. Beck.

・土耳其譯本

Temir, Ahmet (1948) *Moğolların Gizli Tarihi*, Ankara: Türk Kurumu Basımevi; (2010) Ankara: 4 basım[4th edition].

・法譯本

Pelliot, Paul (1949) *Histoire secrète des Mongols: restitution du texte Mongol et traduction française des chapitres I à VI*, Paris: Adrien-Maisonneuve【書評：Poppe, N. (1950) Oeuvres posthumes de Paul Pelliot: 1. *Histoire secrète des Mongols*. *Harvard Journal of Asiatic Studies* 13: 262-268】.

Even, Marie-Dominique et Rodica Pop (1994) *Histoire secrète des Mongols (Mongghol-un ni'uca tobciyan): chronique mongole du XIIIe siècle*, Paris: Gallimard.

・英譯本

Wei, Kwei Sun (1957) *The secret history of the Mongol dynasty (Yuan-Chao-Pi-Shi)*, Aligarh [India]: Muslim Univ., Department of History.

Cleaves, Francis Woodman (1982) *The secret history of the Mongols*, Cambridge (Masachussets): Harvard University Press.

Onon, Urgunge (1990) *The history and the life of Chinggis Khan: the secret history of the Mongols*, Leiden: E.J. Brill; (2001) *The secret history of the Mongols: the life and times of Chinggis Khan*, Richmond: Curzon.

Rachewiltz, Igor de (2004-13) *The Secret History of the Mongols; A Mongolian Epic Chronicle of the Thirteenth Century, Vols. 1-3*, Leiden: Brill.

Dorjgotov, N., Erendo, Z., Tömörtogoo, D. (2006) *The secret history of the Mongols*,

Ulaanbaatar: Monsudar.

・匈牙利譯本

Ligeti, L. L. (1964) *A Mongolok Titkos Története*, Budapest.

・韓譯本

유원수（1994）《蒙古秘史》，首爾：혜안。

최기호，남상긍，박원길（1997）《蒙古秘史研究（1）》，首爾：두솔。

유원수（2004）《蒙古秘史》，首爾：사계절。

・索引

Rachewiltz, I. (1972) *Index to the Secret History of the Mongols*, Bloomington: Indiana University.

朝克吉勒圖（1984）《〈元朝秘史〉漢蒙人名地名氏族部落名索引》，內蒙古大學哲學系【鉛印本】.

方齡貴（1986）《元朝秘史通檢》，北京：中華書局【人名通檢、山川地名通檢、種姓名通檢】。

小澤重男（2000）元朝秘史蒙古語固有名詞綜合索引，《元朝秘史蒙古語文法講義續講》，東京：風間書房。

栗林均、確精扎布（2001）《〈元朝秘史〉モンゴル語全單語・語尾索引》（東北アジア研究センター叢書 4），仙臺：東北大學東北アジア研究センター。

栗林均（2009）《〈元朝秘史〉モンゴル語漢字音譯・傍譯漢語對照語彙》（東北アジア研究センター叢書 33），仙臺：東北大學東北アジア研究センター。

栗林均（2012）《〈元朝秘史〉傍譯漢語索引》（東北アジア研究センター叢書 47），仙臺：東北大學東北アジア研究センター。

・文本研究

服部四郎（1946）異本について，《元朝秘史の蒙古語を表はす漢字の研究》3—26，東京：文求堂。

小林高四郎（1951）《元朝秘史の文獻學的研究》，東京：日本學術振興會。

原山煌（1983）《元朝秘史》十五卷本鈔本について—陸心源舊藏の檢討，《東洋史研究》42（1）：88—109。

原山煌（1983）《元朝秘史》十五卷本鈔本について—“ソ聯本”との對校，《IBU 四天王寺國際佛教大學文學部紀要》16：122—174。

B. Temürbaγan-a (2004) *Mongγul-un niγuča tobčiyan-u surbulǰi bičig bar keblel-ün sudulul* Kökeqota: Öbür Mongγul-un surγan kümüǰil-ün keblel-ün qoriy-a【《蒙古秘史》文獻文本研究，呼和浩特：內蒙古教育出版社】.

栗林均（2007）《元朝秘史》四部叢刊本と葉德輝刊本との對校研究，《東北アジア研究》11：89—114。

B. Temurbagana，鈴木仁麗譯（2009）中國にある《元朝秘史》諸抄本について，《早稻田大學モンゴル研究所紀要》5：71—78。

烏蘭（2013）《元朝秘史》文獻學研究史概述，《蒙古史研究》11：7—20。

白・特木爾巴根（2014）《〈蒙古秘史〉文獻版本考》，北京：北京大學出版社。

2. 研究

2.1 總論

Hänisch, E. (1931) *Untersuchungen über das Yüan-ch'ao Pi-schi*, Leipzig.

小林高四郎（1942）明代の言語資料としての《元朝秘史》について，《中國文學》80：517—525。

小林高四郎（1954）《元朝秘史の研究》，東京：日本學術振興會；方齡貴譯述（2004）《元朝秘史》引論—《元朝秘史》研究小史，《元史叢考》345—410，北京：民族出版社【部分】。

Poucha, P. (1956) *Die geheime Geschichte der Mongolen als Geschichtsquelle und Literaturdenkmal: Ein Beitrag zu ihrer Erklärung*, Praha: Československá Akademie VĚD.

Waley, A. (1960) Notes on the "Yüan-ch'ao-pi-shih", *Bulletin of the School of Oriental and African Studies* 23(3): 523-529【Review: Farquhar, D. M. (1967) *Revue Bibliographique de Sinologie 1660* 6: 215】.

Pao, Kuo-Yi (1965) *Studies on the Secret history of the Mongols* (Indiana University publications， Uralic and Altaic series v.58); Bloomington: Indiana University; The Hague: Mouton; (1997) Richmond: Curzon【書評：岡田英弘（1969）《アジア・アフリカ言語文化研究》2：229；橋本勝（1969）《東洋學報》52（3）：85—95】.

Rachewiltz, I. de (1965) Some remarks on the dating of the Secret history of the Mongols, *Monumenta Serica* 24: 207-272.

亦隣真（1983）評《新譯簡注〈蒙古秘史〉》，《中國史研究》1983（3）；（2001）《亦隣真蒙古學文集》606—626，呼和浩特：内蒙古人民出版社。

Öbür Mongγul-un arad-un keblel-ün qoriy-a (1991) *"Mongγul-un niγuča tobčiyan"-u sudulγan*, Kökeqota: Öbür Mongγul-un arad-un keblel-ün qoriy-a【内蒙古人民出版社編《〈蒙古秘史〉研究》】.

小澤重男（1994）《元朝秘史》（岩波新書新赤 346），東京：岩波書店。

甄金（1996）《蒙古秘史學概論》，呼和浩特：内蒙古教育出版社。

Цэрэнпил, Д., Сэржав, Б. (1990) *Монголын нууц товчооны ном зүй, судлалын тойм / Bibliography and survey of studies on the secret history of the Mongols* / 元朝秘史關係文獻目録研究要覧, Улаанбаатар: Улсын хэвлэлийн газар.

Rachewiltz, Igor de (1999) Father Antoine Mostaert's Contribution to the study of the Secret

History of the Mongols and the Hua-i i-yü, Édité par Igor de Rachewilts et Peter W. Geieré, Klaus Sagaster ed., *Antoine Mostaert (1881-1971). C. I. C. M. Missionary and Scholar, Volume I: Papers*, K. U. Leuven: Ferdinand Verbiest Foundation.

內蒙古師範大學《蒙古秘史》與蒙古文化國際學術研討會組委會（2001）《內蒙古師範大學〈蒙古秘史〉與蒙古文化國際學術研討會論文提要集》，呼和浩特：內蒙古師範大學。

Bürinbatu (2001) “Mongγul-un Niγuča Tobčiyan”-u qarγuγululta-du qolbuγdaqu ǰarim asaγudal，內蒙古師範大學《蒙古秘史》與蒙古文化國際學術研討會組委會（2001）《內蒙古師範大學〈蒙古秘史〉與蒙古文化國際學術研討會論文提要集》21—22，呼和浩特：內蒙古師範大學。

烏蘭（2001）關於《元朝秘史》拉丁音寫的幾點意見，內蒙古師範大學《蒙古秘史》與蒙古文化國際學術研討會組委會（2001）《內蒙古師範大學〈蒙古秘史〉與蒙古文化國際學術研討會論文提要集》112—113，呼和浩特：內蒙古師範大學。

達・巴特爾（2001）《蒙古秘史》專書詞典的編纂及其價值，內蒙古師範大學《蒙古秘史》與蒙古文化國際學術研討會組委會（2001）《內蒙古師範大學〈蒙古秘史〉與蒙古文化國際學術研討會論文提要集》214，呼和浩特：內蒙古師範大學。

Wang Manduγa (2005) *Mongγul tulγur bičig-ün sudulul*, Begeǰing: Ündüsüten-ü keblel-ün qoriy-a【王滿特嘎主編《蒙古文獻研究》，北京：民族出版社】.

Yosida ǰünyiči (2005) “Mongγul-un Niγuča Tobčiyan”-i suduluγsan yabuča, Wang Manduγa (2005) *Mongγul tulγur bičig-ün sudulul* 341-364, Begeǰing: Ündüsüten-ü keblel-ün qoriy-a【王滿特嘎主編《蒙古文獻研究》，北京：民族出版社】.

Монгол Улсын Их Сургууль Олон Улсын Харилцааны Сургууль Дипломат Орчуулгын Тэнхим (2006) *Монголын Нууц Товчоо Зохиолын гадаад орчуулга*, Улаанбаатар: “Бемби Сан” ХХК.

Yosida ǰünyiči (2005) *“Mongγul-un Niγuca Tobčiyan”-u sudulul*, Begejing: Ündüsüten-ü keblel-ün qoriy-a【吉田順一著，青格力等譯《蒙古秘史》研究，北京：民族出版社】.

박원길、김기선、최형원（2006）《몽골秘史의綜合的研究》，首爾：民俗院。

陳開科（2007）《巴拉第的漢學研究》（列國漢學史書系），北京：學苑出版社。

Sirab-un Čoyim-a (2007) *“Mongγul-un niγuča tobčiyan” kiged Mongγul surbulji bičig-ün sudulul*, Kökeqota: Öbür Mongγul-un arad-un keblel-ün qoriy-a.

納・布和哈達（2008）《蒙古秘史研究》，海拉爾：內蒙古文化出版社【蒙古文】。

中見立夫（2009）《元朝秘史》渡來のころ：日本における“東洋史學”の開始とヨーロッパ東洋學、清朝“邊彊史地學”との交差，《東アジア文化交涉研究別册》4: 3—26。

유원수（2009）《蒙古秘史》解題，首爾大學校中央유라시아研究所中央유라시아文明아카이브（http://cces.snu.ac.kr/com/08mgbs.pdf）。

吉田順一（2009）《モンゴル秘史》研究，《早稲田大學モンゴル研究所紀要》5: 79—105。

Urtunasutu (2013) Yapon daki “Mongγol-un niγuča tobčiyan”-u sudulul, Kökeqota: Öbür Mongγul-un arad-un keblel-ün qoriy-a.

浩特：内蒙古大學出版社；（2001）《亦隣真蒙古學文集》713—746，呼和浩特：内蒙古人民出版社；小澤重男譯（1989）モンゴル秘史（元朝秘史）とその復元，《日本モンゴル學會紀要》20：55—67。

照那斯圖（1988）《蒙古秘史》漢字音譯本底本與八思巴字的關係問題，《民族語文》1988（6）：23—26；（1990）《八思巴字和蒙古語文獻 I 研究文集》121—124，東京：東京外國語大學アジア・アフリカ言語文化研究所。

哈斯巴根（1990）關於《蒙古秘史》若干漢字的標音問題，《内蒙古師範大學學報（哲學社會科學版）》1990（4）：33—36，138。

小澤重男（1990）元朝秘史巻頭の一文，《알타이學報》2：79—86。

巴雅爾著，小澤重男譯（1991）《モンゴルの秘史》の編著者・音譯者・翻譯者について，《日本モンゴル學會紀要》21：121—143；小澤重男（2000）《元朝秘史蒙古語文法講義續講》，東京：風間書房。

原山煌、張永江（1991）亦隣真復原《元朝秘史》評介，《蒙古學資料與情報》1991（3）：47—50。

巴雅爾（1992）《蒙古秘史》原文續考，《内蒙古師範大學學報（哲學社會科學版）》1992（3）：78—82。

齋藤純男（1992）《元朝秘史》で“延”によって表された中期モンゴル語の音節について，《言語研究》101：1—13；齋藤純男（2003）《中期モンゴル語の文字と音聲》105—120，京都：松香堂。

黄宗鑒（1993）《華夷譯語》的蒙古語詞首 h，《民族語文》1993（4）：19—22。

包力高（1994）蒙古文的擦音 h 和零聲母，《民族語文》1994（3）：68—73，77。

Washio Ryuichi (1995) *Interpreting voice: a case study in lexical semantics*, Tokyo: Kaitakusha.

甄金（1996）《蒙古秘史》原文，《蒙古秘史學概論》42—61，呼和浩特：内蒙古教育出版社。

包力高（1996）蒙古文字母［G］的古代讀音及其演變，《民族語文》1996（2）：7—63。

吉池孝一（1996）中世蒙古語の漢字音譯と《蒙古字韻總括變化之圖》，《日本モンゴル學會紀要》27：77—90。

小澤重男（1997）《元朝秘史》原文における“罷原作伯”についての覺書，《日本モンゴル學會紀要》27：91—98。

小澤重男（1997）元朝秘史の譯出を畢えて，《學鐙》94（11）：14—17。

齋藤純男（1999）パクパ字音寫元朝秘史について，《日本モンゴル學會紀要》29：53—59；齋藤純男（2003）《中期モンゴル語の文字と音聲》40—52，京都：松香堂【有修改】。

Mostaert, A. (1999) Quelques problèmes phonétiques dans la transcription en caractères chinois du texte mongol du *Iuen tch'ao pi cheu*, Édité par Igor de Rachewilts et Peter W. Geieré, Klaus Sagaster ed., *Antoine Mostaert (1881-1971). C.I.C.M. Missionary and Scholar, Volume I: Papers,* K.U. Leuven: Ferdinand Verbiest Foundation.

Šongqur (2001) "Mongγul-un Niγuča Tobčiyan" kiged tegün-ü latin γaliγlal ba uyiγurǰin u sergügelte, *"Mongγul-un Niγuča Tobčiyan"-u sergügelte* 1-72, Kökeqota: Öbür mongγul-un arad-un keblel-ün qoriy-a.

白・特木爾巴根（2001）《元朝秘史》寫作過程考略，內蒙古師範大學《蒙古秘史》與蒙古文化國際學術研討會組委會（2001）《內蒙古師範大學〈蒙古秘史〉與蒙古文化國際學術研討會論文提要集》57—58，呼和浩特：內蒙古師範大學。

Abqan Lodaǰirγal (2001) "Mongγul-un Niγuča Tobčiyan"-i bičiǰü daγusqaγsan γaǰar-un tuqai，內蒙古師範大學《蒙古秘史》與蒙古文化國際學術研討會組委會（2001）《內蒙古師範大學〈蒙古秘史〉與蒙古文化國際學術研討會論文提要集》116—117，呼和浩特：內蒙古師範大學。

栗林均（2001）關於《元朝秘史》《華夷譯語》蒙古語與位格附加成分的書寫規則，內蒙古師範大學《蒙古秘史》與蒙古文化國際學術研討會組委會（2001）《內蒙古師範大學〈蒙古秘史〉與蒙古文化國際學術研討會論文提要集》279—280，呼和浩特：內蒙古師範大學。

栗林均（2002）《元朝秘史》と《華夷譯語》における與位格接尾辭の書き分け規則について，《言語研究》121：1—18。

박원길（2002）《蒙古秘史》의原本論爭과成書年代의考察，《蒙古學》12：105—125。

齋藤純男（2003）《中期モンゴル語の文字と音聲》，京都：松香堂。

中村雅之（2003）漢字音譯本《元朝秘史》の成立について，《KOTONOHA》4：1—3。

中村雅之（2003）服部四郎氏の元朝秘史パスパ字本原典說について，《KOTONOHA》5：1—4。

中村雅之（2003）中期蒙古語の音節末[—l]の音譯漢字，《KOTONOHA》6：1—2。

吉池孝一（2003）元朝秘史の區分と音譯漢字の分布，《KOTONOHA》6：3—5。

中村雅之（2003）mongγol（モンゴル）の漢字轉寫“忙[中]豁[勒]”をめぐって，《KOTONOHA》7：1—4。

中村雅之（2003）“華夷譯語凡例”をめぐる覺書，《KOTONOHA》8：1—6。

유원수（2003）《蒙古秘史》의漢字運用體系分析（試論）—“기대～예상”을벗어난一部轉寫形을中心으로—，《알타이學報》13：91—112。

류원수（2003）《蒙古秘史》漢字本의漢字運用體系：“아”字와“액”字를中心으로，《蒙古學》14：199—21。

吉池孝一（2005）內藤湖南と元朝秘史パスパ文字本原典說，《KOTONOHA》31：9—11。

栗林均(2005)《華夷譯語》と《元朝秘史》におけるモンゴル語の動詞過去形語尾=ba/=be，=bi，=bai/=bei を表す漢字について，《東北アジア研究》9：57—87。

方齡貴（2005）關於《元朝秘史》書名問題之再探討，《蒙古史研究》8；郝時遠、羅賢佑、烏蘭主編（2006）《天驕偉業：成吉思汗與蒙古汗國研究紀念論文集》627—637，北京：社會科學文獻出版社；方鐵、鄒建達主編（2010）《中國蒙元史學術研討會暨方齡貴教授九十華誕慶祝會文集》1—14，北京：民族出版社。

U Yüwê (2005) "Mongγul-un Niγuča Tobčiyan"-u Ling Ši γaǰar-un yang obuγtu-yin barlal, Wang Manduγa (2005) *Mongγul tulγur bičig-ün sudulul* 411-420, Begeǰing: Ündüsüten-ü keblel-ün qoriy-a【王滿特嘎主編《蒙古文獻研究》，北京：民族出版社】.

額爾德木圖（2005）《蒙古秘史》作者考，Wang Manduγa (2005) *Mongγul tulγur bičig-ün sudulul* 503-511, Begeǰing: Ündüsüten-ü keblel-ün qoriy-a【王滿特嘎主編《蒙古文獻研究》，北京：民族出版社】.

姚大力（2006）"成吉思汗"還是"成吉思合罕"？——兼論《元朝秘史》的成書年代問題，郝時遠、羅賢佑主編《蒙元史暨民族史論集：紀念翁獨健先生誕辰一百周年》109—122，北京：社會科學文獻出版社；（2007）《北方民族史十論》202—219，桂林：廣西師範大學出版社。

栗林均（2006）《元朝秘史》におけるモンゴル語音譯漢字書き分けの原則—u/ü を表す漢字を事例として—，《東北アジア研究》10：75—92。

關燕芳（2007）《〈蒙古秘史〉標音漢字研究》，内蒙古師範大學碩士論文。

中村雅之（2009）小澤重男著《元朝秘史》（岩波新書）を讀む，《KOTONOHA》81：1—4。

中村雅之（2009）《元朝秘史》成立の一斷面—與位格語尾-dur/-tur の分析，《KOTONOHA》85：1—4。

中村雅之（2010）《元朝秘史》の成立過程に關する覺書—漢字音譯原本とその改訂，《KOTONOHA》86：1—7。

孟達來（2013）《元朝秘史》モンゴル語漢字音譯における特殊表記方式について：《元朝秘史》四部叢刊本に基づく考察，《北東アジア研究》24：61—88。

孟達來（2013）《元朝秘史》モンゴル語漢字音譯における音以外要素の關與について：モンゴル語音 ba の表記を事例として，《總合政策論叢》26：1—12。

2.3 漢字音譯

服部四郎（1941）Mongol か Mangol か，《東方學報東京》12（2）：241—255；（1981）《日本の言語學》7：218—228，東京：大修館書店；（1987）《服部四郎論文集 2 アルタイ諸言語の研究 II》24—37，東京：三省堂。

服部四郎（1944）元朝秘史蒙古語の o 及び ö に終る音節を表はす漢字の支那語音の簡略ローマ字轉寫，橋本博士還暦記念會《國語學論集》67—95，東京：岩波書店；（1987）《服部四郎論文集 2・アルタイ諸言語の研究 II》202—227，東京：三省堂。

服部四郎（1946）《元朝秘史の蒙古語を表はす漢字の研究》，東京：文求堂。

長田夏樹（1953）元代の中・蒙對譯語彙《至元譯語》，《神户外大論叢》4（2・3）：91—118；（2000）《長田夏樹論述集（上）》15—64，京都：ナカニシヤ出版。

Hattori, Shirô (1957) 咕連 in *Yüan-ch'ao Mi-shih*, *Ural-Altaische Bibliothek, V, Studia Altaica* 69-70；（1993）《服部四郎論文集 4 Studies in Altaic Languages》84—86，東京：三省堂。

Ligeti, L. (1966) Transcriptions chinoises de trois noms propres dans l'Histoire secrète des Mongols, *Collectanea Mongolica Festschrift für Professor Dr. Rintchen zum 60.*

Geburtstag 123-136, Wiesbaden: Harrassowitz.

Hattori, Shirô (1973) The Chinese Dialect on which the Transcription of the *Yüan-ch'ao Mi-shih* was Based, *Acta Asiatica* 24: 35-44；（1993）《服部四郎論文集 4 • Studies in Altaic Languages》156—166，東京：三省堂。

Hattori, Shirô (1973) The Word 古溫 in the *Yüan-ch'ao Mi-shih*, Монгоын нууц товчоон дахь 古溫 гэж бичсэн үгийн тухай, *Олон Улсын Монголч Эрдэмтний II Их Хурал (1970)* 2: 223-225；（1993）《服部四郎論文集 4 •Studies in Altaic Languages》167—177，東京：三省堂。

服部四郎（1974）《元朝秘史》における"古溫"（人）という語について—秘史蒙古語音再構の方法に關して，《宇野哲人先生白壽記念祝賀東洋學論叢》815—828，東京：東方學會；（1981）《日本の言語學》7：229—242，東京：大修館書店；（1989）《服部四郎論文集 3 • アルタイ諸言語の研究 III》157—171，東京：三省堂。

Hattori, Shirô (1976) Some Problems on the Reconstruction of the Mongolian Sounds of the *Secret History of the Mongols*: On the Word Gu-un, Walther Heissig et al. ed, *Tractata Altaica: Denis Sinor, sexagenario optime de rebus Altaicis merito dedicata* 261-272, Wiesbaden: Harrassowitz；（1993）《服部四郎論文集 4 • Studies in Altaic Languages》271—283，東京：三省堂。

余志鴻（1991）兒化和語言結構的變化，《江蘇社會科學》1991（2）：90—92。

Hattori, Shirô (1993) The Word GU-UN（古溫）"person" in the *Yüan-ch'ao Mi-shih*—*Morphology*，《服部四郎論文集 4 • Studies in Altaic Languages》178—189，東京：三省堂。

李立成（1994）兒化性質新探，《杭州大學學報》1993（3）：108—115。

Möngkebuyan (2001) "Mongγul-un Niγuča Tobčiyan" daki 乃亦答周 ǰerge üge-yin γaliγlal eče dumdadu üy-e-yin mongγul kelen-ün qous egesig-ün sinǰi-yi sinǰikü ni，內蒙古師範大學《蒙古秘史》與蒙古文化國際學術研討會組委會（2001）《內蒙古師範大學〈蒙古秘史〉與蒙古文化國際學術研討會論文提要集》37—38，呼和浩特：內蒙古師範大學。

Čoyiǰungǰab (2001) "Niγuča Tobčiyan"-u 亦列 ba 亦舌列 -yi γaliγlan baγulγaqu tuqai，內蒙古師範大學《蒙古秘史》與蒙古文化國際學術研討會組委會（2001）《內蒙古師範大學〈蒙古秘史〉與蒙古文化國際學術研討會論文提要集》39—40，呼和浩特：內蒙古師範大學。

ǰa. Sangǰai (2001) "Mongγul-un Niγuča Tobčiyan" kiged mongγul bičig-ün kelen-ü urtu egesig-ün γarul-un tuqai sinelig sanal，內蒙古師範大學《蒙古秘史》與蒙古文化國際學術研討會組委會（2001）《內蒙古師範大學〈蒙古秘史〉與蒙古文化國際學術研討會論文提要集》33—34，呼和浩特：內蒙古師範大學。

Ts. Norǰin (2001) "Mongγul-un Niγuča Tobčiyan"-daki "qor-, qoru-, qoruγ-, qorγu-, qorγa-" ǰerge üyile ündüsün-ü bütüče-yin qaričaγ-a，內蒙古師範大學《蒙古秘史》與蒙古文化國際學術研討會組委會（2001）《內蒙古師範大學〈蒙古秘史〉與蒙古文化國際學

的歷史文獻研究》363—387，北京：社會科學出版社。
劉勇（2013）《蒙古秘史》總譯中的助詞“着”和“了”，《泰山學院學報》2013（5）：82—87。

2.5 蒙古語詞彙語法

Hänisch, E. (1939) *Wörterbuch zu Mangḥol-un Niuca Tobca'an*, Leipzig: Otto Harrassowitz; (1962) Wiesbaden: F. Steiner.
村山七郎（1951）元朝秘史蒙古語における-S に終る Converbum，《言語研究》19・20：51—67。
Vietze, H-P, et al. (1969) *Rückläufiges Wörterbuch zu Mangḥol-un Niuca Tobca'an (Geheime Geschichte der Mongolen),* Leipzig: VEB Verlag Enzyklopädie.
小貫雅男（1966）元朝秘史と現代ハルハ蒙古語（1）接頭辭“禿”と“台”について，《大阪外國語大學學報》16：229—251。
小澤重男（1977）元朝秘史モンゴル語に於ける oki（斡乞）について，《東京外國語大學論集》27：89—99。
村上正二（1977）《モンゴル秘史》の第 261 節に見える“馬荅撒里”と“阿ト禿城”について，江上波夫教授古稀記念事業會編《江上波夫教授古稀記念論集・歷史篇》，東京：山川出版社。
額爾登泰、烏雲達賚、阿薩拉圖（1980）《〈蒙古秘史〉詞彙選釋》，呼和浩特：內蒙古人民出版社。
蓮見節（1982）《元朝秘史》にみえる alginci と manglai について，《モンゴル研究》13：21—36。
巴雅爾（1982）“桑昆”小考，《內蒙古師院學報（哲學社會科學版）》1982（2）：33—34。
額爾登泰、烏雲達來（1982）海涅什《蒙古秘史詞典》正誤，《內蒙古師院學報（哲學社會科學版）》1982（4）：9—24。
確精扎布（1983）《元朝秘史》語言的數範疇，《民族語文》1983（4）：4—12。
恩和巴圖（1984）《元朝秘史》裏的 ede 和 tede，《民族語文》1984（2）：61—66。
小澤重男（1989）元朝秘史モンゴル語探求二題，《東京外國語大學論集》39：1—12。
鹽谷茂樹（1991）《蒙古秘史》の動詞對 üderi-/üderid-に見える末尾の-d-の解釋をめぐって，《言語學研究》10：23—61。
小澤重男（1993）《元朝秘史蒙古語文法講義》；（2000）《元朝秘史蒙古語文法講義續講》；（2005）《元朝秘史蒙古語文法講義終講（上）》，東京：風間書房。
유원수（1995）《蒙古秘史》地名의蒙古語要素，《알타이學報》5：79—128。
Purevjav, Erdene（1996）モンゴル秘史における ne' urid という語について，《大阪外國語大學論集》15：75—82。
阿卜杜剌赫・白俊瑞（1998）論《蒙古秘史》旁譯中“鵓[老鳥]”的含義及詞源，《內蒙古大學學報（人文社會科學版）》1998（1）：1—6。

フレルバートル（2000）《モンゴル秘史》モンゴル語における-yu' an/-yu' en の構造と意味について，《日本モンゴル學會紀要》30：89—95。

Bürinbatu【布仁巴圖】（2000）*"Mongγol—un niγuča tobčiyan"-u üges-ün sang-un sudulul*，內蒙古大學博士論文。

Хашимото, М.【橋本勝】（2001）*Монголын нууц товчооны монгол хэлний судалгаа*, Улаанбаатар: "Admon" компанид хэвлэв.

Ü. Manduqu (2001) "Mongγul-un Niγuča Tobčiyan"-u qaǰaγu-yin kitad orčiγulγ-a du mongγul kelen ǰüi-yin üǰegdel-i temdeglegsen arγ-a，內蒙古師範大學《蒙古秘史》與蒙古文化國際學術研討會組委會（2001）《內蒙古師範大學〈蒙古秘史〉與蒙古文化國際學術研討會論文提要集》1—2，呼和浩特：內蒙古師範大學。

Tedge (2001) "Mongγul-un Niγuča Tobčiyan"-u kelen-deki qolbuqu üyile üge k'eku -yin tuqai，內蒙古師範大學《蒙古秘史》與蒙古文化國際學術研討會組委會（2001）《內蒙古師範大學〈蒙古秘史〉與蒙古文化國際學術研討會論文提要集》27—28，呼和浩特：內蒙古師範大學。

照那斯圖（2001）《蒙古秘史》中"兀録兀"的"兀₂"是甚麽，內蒙古師範大學《蒙古秘史》與蒙古文化國際學術研討會組委會（2001）《內蒙古師範大學〈蒙古秘史〉與蒙古文化國際學術研討會論文提要集》31—32，呼和浩特：內蒙古師範大學。

包・吉仁尼格（2001）《蒙古秘史》動詞使動態<' ul/' ül>形式的特點， 內蒙古師範大學《蒙古秘史》與蒙古文化國際學術研討會組委會（2001）《內蒙古師範大學〈蒙古秘史〉與蒙古文化國際學術研討會論文提要集》215—216，呼和浩特：內蒙古師範大學。

照那斯圖（2002）《蒙古秘史》中"兀录兀"的"兀₂"是甚麽，《民族語文》2002（2）：33—36。

烏蘭（2003）《元朝秘史》"兀真"考釋，《蒙古史研究》7：198—201。

Ardaǰab, Sečengγou-a (2003) *"Mongγul-un Niγuča Tobčiyan"-daki daγur üges*, Kökeqota: Öbür mongγul-un arad-un keblel-ün qoriy-a【阿爾達扎布、斯琴高娃，《〈蒙古秘史〉中的達斡爾語詞彙》，呼和浩特：內蒙古人民出版社】.

余志鴻（2004）《蒙古秘史》動詞"迴響"結構，《中國語學研究・開篇》23：22—30。

烏蘭（2004）《元朝秘史》の"馬阿里黑 伯牙兀歹"という言葉について，《史滴》26：131—123；（2005）關於《元朝秘史》中的"馬阿里黑 伯牙兀歹"，《蒙古史研究》8。

Namqamiduγ (2005) "Mongγol-un niγuča tobčiyan"-daki "ögelen" gedeg üge-yin tuqai，《蒙古語文》2005（7）。

Quraltatai Sečenbaγatur (2005) "Mongγul-un niγuča tobčiyan"-daki "oyilaǰu" gesen üge-yin qaǰaγu-yin qadalγ-a orčiγulγa-yin endegürel, Wang Manduγa (2005) *Mongγul tulγur bičig-ün sudulul* 84-95, Begeǰing: Ündüsüten-ü keblel-ün qoriy-a【王滿特嘎主編《蒙古文獻研究》，北京：民族出版社】.

Toqtaqu (2005) "Mongγul-un Niγuča Tobčiyan"-u kitad γaliγ-tu aldaγdaγsan ǰarim üges-ün tuqai, Wang Manduγa (2005) *Mongγul tulγur bičig-ün sudulul* 421-431, Begeǰing: Ündüsüten-ü keblel-ün qoriy-a【王滿特嘎主編《蒙古文獻研究》，北京：民族出版社】.

大崎紀子（2006）《元朝秘史》の言語にみられる受動文—日本語の受動文と對比する觀點から—，《ユーラシア諸言語の研究: 庄垣内正弘先生退任記念論集》175—252，京都：《ユーラシア諸言語の研究》刊行會。

栗林均（2006）《元朝秘史》における疑問助詞についての一考察，《實驗音聲學と一般言語學：城生佰太郎博士還暦記念論文集》382—388，東京：東京堂出版。

孟達來、吉田順一（2006）《〈モンゴル秘史〉家畜用語の研究》，東京：早稲田大學モンゴル研究所。

Сумъяабаатар, Б. (2008) *Монголын нууц товчооны толь*, Улаанбаатар: "Бемби сан" хэв.газар.

Сумъяабаатар, Б. (2010) *Монголын нууц товчооны толь*, Улаанбаатар【蒙漢、漢蒙】.

宮海峰（2010）《元朝秘史》中的“兀魯阿惕/兀魯額惕”及其相關問題，《元史及民族與邊疆研究集刊》22：52—59。

B. Sumiyabaatar (2012) *Morphology of "The Secret History of Mongolia"*, Vol. I, Ulaanbaatar: Ulaanbaatar University Press.

Béla Kempf (2013) *Studies in Mongolic historical morphology: verb formation in the secret history of the Mongols* (Turcologica / herausgegeben von Lars Johanson Bd. 95), Wiesbaden.

布仁巴圖（2013）《〈蒙古秘史〉詞彙研究及原文探尋》，呼和浩特：內蒙古人民出版社。

明代音韻

更科慎一 編

＜原始資料參考書目＞
臺灣圖書館（1971）《臺灣公藏善本書目書名索引》。
李新魁、麥耘（1993）《韻學古籍述要》，西安：陝西人民出版社。
中國國家圖書館（1996）《國家圖書館善本書志初稿・經部》。
陽海清、褚佩瑜、蘭秀英（2002）《文字音韻訓詁知見書目》，武漢：湖北人民出版社。
復旦大學圖書館古籍部（2007）《四庫系列叢書目録・索引》，上海：上海古籍出版社。
甯忌浮（2009）《漢語韻書史・明代卷》，上海：上海人民出版社。

＜研究文獻參考書目＞
趙蔭棠（1936）元明系韻書考論目録，《國語週刊》239。
林炯陽、董忠司（1996）《臺灣五十年來聲韻學暨漢語方音學術論著目録初稿》，臺北：文史哲出版社。
竺家寧（2006）《五十年來的中國語言學研究》，臺北：臺灣學生書局。

1. 總論

趙蔭棠（1936）《中原音韻研究》，上海：商務印書館；（1956）重印。
許勇三（1936）崑曲中南北曲之腔調與音階的比較研究，《文學年報》1936（2）。
趙蔭棠（1937）明清等韻之北音系統，《輔仁學報》6（7・8）：65—128。
永島榮一郎（1941）近世支那語特に北方語系統に於ける音韻史研究資料に就いて（正續），《言語研究》7・8：147—184；9：17—79。
趙蔭棠（1957）《等韵源流》，上海：商務印書館；（2011）《中華現代學術名著叢書》，北京：商務印書館。
韓世昌（1959）昆曲的語言音韻，《中國語文》1959（10）：487。

應裕康（1965）《宋元明三代重要韻書之研究》，自印本。

應裕康（1969）《宋元明三代重要韻書之研究》前言，《慶祝瑞安林景伊先生六秩誕辰論文集（上）》1029—1042，臺北：政治大學國文研究所。

林平和（1975）《明代等韻學之研究》，政治大學中國文學研究所博士論文。

林平和（1977）《明代等韻學研究》提要，《木鐸》5，6；《師大國文所潘石禪七十壽誕論文集》393—396，臺北。

李新魁（1979）論近代漢語照系聲母的音值，《學術研究》6：39—46。

鄭錦全（1980）明清韻書字母的介音與北音顎化源流的探討，《書目季刊》14(2)：77—88。

楊耐思（1981）近代漢語-m 的轉化，《語言學論叢》7：16—27；（1997）《近代漢語音論》51—61，北京：商務印書館；（2012）《近代漢語音論（增補本）》50—61，北京：商務印書館。

楊人從（1981）十五世紀中國北方音音韻體系，建國大學校《論文集》13：93—133。

張清常（1982）-m 韻古今變遷一瞥，《語言研究論叢》2：64—71。

安奇燮（1984）漢語韻尾/-m/의/-n/化考，《中國人文科學》3：137—170。

徐琳（1984）明代白文《故善士楊宗墓志》譯釋，《羅常培紀念論文集》362—378，北京：商務印書館。

李曉（1984）南戲曲韻研究，《南京大學學報》3：76—81。

魯國堯（1985）明代官話及其基礎方言問題——讀利瑪竇中國札記，《南京大學學報》4：47—52；（1993）《魯國堯自選集》292—304，鄭州：大象出版社；（2003）《魯國堯語言學論文集》508—521，南京：江蘇教育出版社。

遠藤光曉（1986）“了”音の變遷，《中國語學》233：35—45。

香坂順一（1986）早期白話に軽聲を見る，《中國語研究》25：1—7。

陸志韋（1988）《陸志韋近代漢語音韻論集》，北京：商務印書館。

尉遲治平（1988）“北叶《中原》，南遵《洪武》”溯源——《中原音韻》和南曲曲韻研究之一，《語言研究》1988(1)：70—78；(2011)《先飛集——尉遲治平語言學論集》146—159，武漢：華中科技大學出版社。

侯蘭笙（1988）《帝京景物略》里的兒化韻，《西北師大學報（社會科學版）》1988（2）：58—59。

耿振生（1989）明清語音學例說，《古漢語研究》1989（3）：8—15。

尉遲治平（1991）“北叶《中原》，南遵《洪武》”析義—《中原音韻》和南曲曲韻研究之二，《中原音韻新論》，北京：北京大學出版社，198—210；（2011）《先飛集——尉遲治平語言學論集》160—172，武漢：華中科技大學出版社。

張玉來（1991）元明以來韻書中的入聲問題，《中國語文》1991（5）：380—382。

麥耘（1991）論近代漢語-m 韻尾消變的時限，《古漢語研究》1991（4）：21—24；（1995）《音韻與方言研究》217—227，廣州：廣東人民出版社。

耿振生（1992）《明清等韻學通論》，北京：語文出版社。

鄧興鋒（1992）明代官話基礎方言新論，《南京社會科學》1992（3）：116—119。

葉寶奎（1993）《明清官話音系》，厦門大學博士論文。

尉遲治平（1994）明末吳語聲母系統，《第三屆國際暨第十二屆全國聲韻學學術研討會論文集》368—370，新竹：清華大學。

黎新第（1995）明清時期的南方官話方言及其語音特點，《重慶師院學報》4：81—88，117。

李葆嘉（1995）論明清官話的市民社會內涵，《南京社會科學》1995（6）：63—66。

馮蒸（1996）趙蔭棠音韻學藏書臺北目睹記——兼論現存的等韻學古籍，《漢字文化》4：49—60；（1997）臺灣聲韻學學會《聲韻學會通訊》1997（6）；（1997）《漢語音韻學論文集》405—436，北京：首都師範大學出版社。

楊耐思（1997）《近代漢語音論》，北京：商務印書館；（2012）增补本，北京：商務印書館。

張玉來（1998）明代官話標准音問題，《中國語研究》40：14—19。

周美慧（1999）《〈韻略易通〉與〈韻略匯通〉音系比較——兼論明代官話的演變與傳承》，中正大學碩士論文。

周美慧（2000）從《韻略易通》與《韻略匯通》音系比較看明代官話的演變與傳承，《中國音韻學研究會第十一屆學術討論會暨漢語音韻學第六屆國際學術研討會論文》，徐州：徐州師範大學。

王松木（2000）《明代等韻之類型及其開展》，中正大學博士論文。

權容浩（2000）淺談南戲曲韻研究中的韻書問題，《藝術百家》3：55—60。

葉寶奎（2001）《明清官話音系》，厦門：厦門大學出版社。

朱星一（2001）明代官話의性質과基礎方言小考，《中國文學研究》22：327—341。

裵銀漢（2002）《明代韻書異讀字研究》，北京大學博士論文。

黎新第（2003）明清官話語音及其基礎方音的定性與檢測，《語言科學》2003（1）：53—61。

王松木（2003）明清韻圖所顯現的語音逆流——論河南方音入聲分陰陽，《第八屆國際暨第廿一屆全國聲韻學學術研討會論文集》31—61，高雄：高雄師範大學。

崔廣利（2003）《元明韻書入聲研究》，河北師範大學碩士論文。

金泰慶（2003）明代讀書音과口語音比較，《中國言語研究》16：147—169。

蔡瑛純（2004）明清南北官話의音系研究，《中國言語研究》19：639—672。

정영지（2004）四呼의名稱考，《言語科學研究》30：321—334。

張鴻魁（2005）《明清山東韻書研究》，濟南：齊魯書社。

陳雲龍（2005）從“舊時正話”看明代官話，《語文研究》2005（1）：61—65。

이종구（2005）對照를通해본《中原音韻》音과明代官話音의關係，《中語中文學》36：83—96。

김태경（2005）兒化韻의形成時期考察—《龍飛御天歌》에收錄된外來語를中心으로，《中國語文學論集》34：49—61。

黎新第（2005）近百年來明代漢語共同語語音研究述略，《重慶師範大學學報（哲學社會科學版）》2005（5）：105—110，120。

裵銀漢（2005）以“入”字爲例探討入聲問題，《韓漢語言研究》（韓日中國語言學研究系列 2）375—393，首爾：學古房。

蔣紹愚（2005）《近代漢語研究概要》90—103，北京：北京大學出版社。
冉啟斌（2005）漢語鼻音韻尾的消變及相關問題，《漢語史研究集刊》8：300—324。
卞志源（2005）贛州方言에나타나는明代官話音，《中國文學研究》30：249—262。
陸華（2006）“北叶《中原》，南遵《洪武》”辨析，《學術研究》2006（12）：133—137，150。
蔡瑛純（2006）明末三大官話方言音系의轉移에關한小考，《中語中文學》39：73—105。
孫強（2006）晚明漢語聲母的幾個特點，《漢語史研究集刊》9：343—351。
朱星一（2006）明代官話의聲調體系研究：韓中譯音資料를中心으로，《中國言語研究》22：135—159。
曲曉雲（2006）從“期”字的音變說起——語言與文化的關係之一，《中國文學研究》32：385—394。
魯國堯（2007）研究明末清初官話基礎方言的廿三年歷程——“從字縫裏看”到“從字面上看”，《語言科學》2007（2）：5—24。
陳長祚（2007）《雲南漢語方音學史》，昆明：雲南大學出版社。
王慶（2007）明代人口重建地區方言的知照系聲母與南系官話，《重慶師範大學學報（哲學社會科學版）》2007（5）：117—121。
程芸（2007）《中原音韻》與晚明曲學的理論建構，《東南大學學報（哲學社會科學版）》2007（5）：105—108，130。
劉紅花（2007）《康熙曲譜》和“北叶《中原》，南遵《洪武》”，《藝術百家》2007（6）：98—101。
孫俊濤（2007）《明三種韻書比較研究》，福建師範大學碩士論文【副標題爲：徐孝《重訂司馬溫公等韻圖經》、吕坤《交泰韻》和李登《書文音義便考私編》比較研究】。
焦磊（2007）《昆曲音韵與明代官話》，浙江大學碩士論文。
董建交（2007）《明代官話語音演變研究》，復旦大學博士論文。
김은희（2007）《明代官話音韻體系研究：北京官話를中心으로》，全南大學校博士論文。
정영지（2007）明代세韻圖속의濁音清音化規則考察，《言語科學研究》40：245—260。
王松木（2008）《擬音之外——明清韻圖之設計理念與音學思想》，高雄：復文圖書出版社。
朱星一（2008）朝鮮時代學習用中國語와明代官話의性質，《中國文學研究》36：207—246。
甯忌浮（2009）《漢語韻書史・明代卷》，上海：上海人民出版社。
劉穎（2009）從青陽腔看“北叶《中原》，南遵《洪武》”，《安徽文學》2009（1）：118。
王松木（2009）明代等韻家之反切改良方案及其設計理念，《第十一屆國際暨第二十七屆全國聲韻學學術研討會》145—185，2009年5月23日。
趙錦華（2009）明代雲南地方文獻中的語言文獻考述，《思想戰綫》2009（S1）：339—341。
Coblin, W. S. (2009) Retroflex Initials in the History of Southern Guānhuà Phonology, *Cahiers de linguistique Asie Orientale* 38(1): 125-162.

陳雪竹（2010）《明清北音介音研究》，北京：中國社會科學出版社。
王慶（2010）元明清北系官話的知照系聲母與明代移民，《四川省幹部函授學院學報》2010（2）：46—49。
王松木（2010）明清韻圖研究之思想史轉向，《中國音韻學：中國音韻學研究會南昌國際研討會論文集 2008》163—171，南昌：江西人民出版社。
李英月（2010）《訓民正音》을通한近代漢語官話의音韻層位探究，《中國言語研究》31：15—37。
萬獻初（2011）撮口呼形成、發展與應用的歷時進程，《勵耘學刊（語言卷）》2011（1）：151—181。
陳輝（2011）泰西、海東文獻所見洪武韻以及明清官話，《浙江社會科學》2011（1）：130—136，161。
楊榮華、邢永革（2011）明代前期的語文政策與漢語的發展，《求索》2011（7）：207—209。
具賢娥（2011）《明清官話語音專題研究》，復旦大學博士學位論文。
秦淑華（2011）張之象《鹽鐵論》注語音小考，張渭毅主編《漢聲（下）》347—366，北京：中國文史出版社。
裵銀漢（2011）韻書와方言에反映된“入”字의音韻變化過程，《中國言語研究》35：23—43。
麥耘、朱曉農（2012）南京方言不是明代官話的基礎，《語言科學》2012（4）：5—26。
陳輝（2012）朱元璋的“中原”觀及其對漢語的影響，《浙江大學學報（人文社會科學版）》2012（5）：121—134。
陳寧（2013）《明清曲韻書研究》，武漢：華中師範大學出版社。
馮蒸（2013）桓歡（-on）類韻爲近代漢語北方方言普遍特徵說，《語言研究》2013（4）：20—36。
曾曉渝（2013）明代南直隸轄區官話方言考察分析，《古漢語研究》2013（4）：40—50。
趙安傑（2013）從語音規範的角度看明代官話“標準音”，《語文學刊》2013（5）：15—16，38。
謝維維（2013）明清山東韻書所見《中原音韻》“支思”、“齊微”韻字，《古漢語研究》2013（2）：73—79。
馮蒸（2013）論趙蔭棠音韻學藏書的文獻學價值和音韻學價值——尤其是在北京話語音史研究中的價值，《漢字文化》2013（6）：22—32。
具賢娥（2013）近代漢語의脣音字介音의開合口對立研究，《中國語文學誌》43：201—228。
曲曉雲（2014）撮口呼形成小考，《中國言語研究》50：1—22。
葉寶奎（2014）從閩語文讀音看明清官話音，厦門大學中文系、中國音韻學會編《中國音韻學暨黃典誠學術思想國際學術研討會論文集》394—403，厦門：厦門大學出版社。

2. 韻書

2.1 《洪武正韻》

2.1.1 《洪武正韻》

◎原始資料

・現存文本

七十六韻本：

明初官刊黑口本：史語所圖書館。

明洪武間刊藍印本：史語所圖書館。

明初刻本：中國國家圖書館（16636）【卷四至卷六配明抄本】。

明初刻本：中國國家圖書館（2240）【存卷一至卷三】。

明正德三年【1508】重刻本。

正德六年【1511】欽差鎮守福建印綬太監商飈重刊本：中國國家圖書館（19116）。

正德十年【1515】巡按河南監察御史張淮翻刊本：中國國家圖書館（8796）。

明嘉靖二十七年【1548】衡王刻本：中國國家圖書館（11608）。

嘉靖三十八年【1559】蜀府刻本。

嘉靖四十年【1561】巡安直隸監察御史海陽劉以節刊本：雲南省；東洋文庫（XI-3-A-a-2）；蓬左文庫（111・10）；東京大學總合圖書館（D40-650）。

明隆慶元年【1567】厚德堂刻本：臺灣圖書館（01129，01130）；東京大學東洋文化研究所（大木-經部-小學類 30）；內閣文庫（278-225）。

隆慶元年【1567】閩刊本：史語所圖書館。

明萬曆三年【1575】司禮監刻本：京都大學人文化科學研究所（經-X-4-22）；內閣文庫（278-217）；日本國會圖書館（227-3）；東北大學圖書館（丁A・5-6・2）。

萬曆十一年【1583】衡藩刻本：大阪大學圖書館（懷德堂文庫）。

明崇禎四年【1631】刻本。

崇禎十三年【1640】重刊本。

明刊本：靜嘉堂文庫（20 函 39）。

明刊黑口本：臺灣圖書館（01125，01126，01127，01128）；史語所圖書館。

明肅府刻本：中國國家圖書館（13903）。

朝鮮英祖四十六年【1770】本。

明刻清印本。

文淵閣四庫全書本：臺灣故宮博物院。

八十韻本：

明洪武十二年【1379】吳沉序刻本：中國國家圖書館。

・影印本

（1973）《洪武正韻》，首爾：亞細亞文化社【朝鮮英祖四十六年（1770）本】。
《景印文淵閣四庫全書》第 239 册，臺北：臺灣商務印書館；上海：上海古籍出版社。
世界書局【臺灣圖書館藏刊本】。
《四庫全書存目叢書》經部第 207 册，濟南：齊魯書社【明崇禎四年（1631）刻本】。

◎研究

劉文錦（1931）洪武正韻聲類考，《歷史語言研究所集刊》3（2）：237—250；（2009）《中研院歷史語言研究所集刊論文類編》（語言文字編・音韻卷）1：555—567，北京：中華書局。
辻本春彥（1957）洪武正韻反切用字考，《東方學》13：50—74。
應裕康（1962）《洪武正韻》反切之研究，《政治大學學報》5：99—150。
俞昌均（1966）東國正韻研究—其三・洪武正韻과의比較—，《語文學》14：21—58。
辻本春彥（1969）洪武正韻，《中國語學新辭典》211—212，東京：光生館。
應裕康（1970）《洪武正韻》聲母音值之擬訂，政治大學《中華學苑》6：1—35。
應裕康（1970）《洪武正韻》韻母音值之擬訂，淡江文理學院中文研究室主編《漢學論文集》275—322，臺北：臺灣驚聲文物供應公司。
沈葆（1970）《洪武正韻》入聲韻與《廣韻》入聲韻之比較研究，《淡江學報》9：127—186。
崔玲愛（1975）《〈洪武正韻〉研究》，臺灣大學碩士論文。
吳淑美（1976）《〈洪武正韻〉的聲類與韻類》，臺北：文津出版社。
辻本春彥（1979）洪武正韻反切用字考—切下字について—，《森三樹三郎博士頌壽記念東洋學論集》791—870，京都：朋友書店。
河野六郎（1979）吳方言における咸攝一等重韻の扱い方について，大東文化大學《東洋研究》53：39—63。
崔玲愛（1980）《洪武正韻》聲類考，《人文科學》44：57—86；（2011）《崔玲愛教授의中國音韻學論集》167—207，首爾：學古房。
辻本春彥（1981）洪武正韻入聲韻について，《均社論叢》10：87—91。
劉靜（1984）試論《洪武正韻》的語音基礎，《陝西師大學報（哲學社會科學版）》1984（4）：113—115。
黃學堂（1988）《洪武正韻》二十聲母說，《中國語文》378：35—37。
Chou, Shizhen (1989) *"Hóngwǔ zhèngyùn": Its Relation to the Nanjing Dialect and its Impact on Standard Mandarin*, Ohio State University Doctoral Dissertation.
金武林（1990）洪武正韻과譯訓의韻母對應，《國語學》20：90—112。
박현규（1990）《洪武正韻》의諸本에對한調査研究，《漢文學論集》8：167—185。
葉寶奎（1994）《洪武正韻》與明初官話音系，《厦門大學學報（哲學社會科學版）》1994（1）：89—93。
望月真澄（1994）《洪武正韻》依據方言，筑波大學《文藝言語研究・言語篇》26：73—81。
忌浮（1998）《洪武正韻》支微齊灰分並考，《古漢語研究》1998（3）：3—8；（2010）《甯忌浮文集》392—402，長春：吉林人民出版社。

忌浮（1998）《洪武正韻》一二三，《語苑擷英：慶祝唐作藩先生七十壽辰學術論文集》100—109，北京：北京語言文化大學出版社；（2010）《甯忌浮文集》365—376，長春：吉林人民出版社。
忌浮（1999）《洪武正韻》的反切問題——讀劉文錦《洪武正韻聲類考》，《中國語言學報》9：191—200，北京：商務印書館；（2010）《甯忌浮文集》377—391，長春：吉林人民出版社。
忌浮（1999）《洪武正韻》質術陌分並考，《藝術述林·語言學卷》，上海：上海文藝出版社；（2010）《甯忌浮文集》403—409，長春：吉林人民出版社。
緒方哲也（2000）《洪武正韻》小韻配列と韻の合並について，《東北大學中國語學文學論集》5：35—63。
玄幸子（2000）《洪武正韻》韻圖序論，新潟大學《人文科學研究》102：31—51。
王寶紅（2001）《〈洪武正韻〉研究》，陝西師範大學碩士論文。
緒方哲也（2002）《增修互注禮部韻略》の小韻と《洪武正韻》の小韻の分割について，《東北大學中國語學文學論集》6·7：131—156。
甯忌浮（2003）《洪武正韻研究》，上海：上海辭書出版社。
이종구（2003）《洪武正韻》과《西儒耳目資》의關係및音韻變化，《中語中文學》33：103—118。
裵銀漢（2003）《洪武正韻》校勘記，《語言學論叢》27：172—205。
望月真澄（2004）《洪武正韻》依據方音は溫州音である，《中國文化》62：11—30。
平田昌司（2005）胡藍黨案、靖難之變與《洪武正韻》，《南大語言學》2：24—95。
裵銀漢（2005）《洪武正韻》兩種版本以及《四聲通解》之韻部體系，《韓國的中國語言學資料研究》（韓日中國語言學研究系列 1）313—342，首爾：學古房。
李雪（2005）《〈洪武正韻〉韻類考》，華中科技大學碩士論文。
忌浮（2005）《洪武正韻》纂修考，《音史新論：慶祝邵榮芬先生八十壽辰學術論文集》295—302，北京：學苑出版社；（2010）《甯忌浮文集》349—364，長春：吉林人民出版社。
李紅、岳輝（2006）從朝鮮對音文獻看《洪武正韻》語音基礎，《長春師範學院學報》2006（5）：73—76。
張志雲（2006）《洪武正韻》在明代的傳播及其效用，《中國文化研究》2006（2）：138—148。
張志雲（2006）國家意志與社會選擇——《洪武正韻》在明代的實際功用，《中國典籍與文化》2006（2）：59—63，106。
張志雲（2007）《洪武正韻》在明代的傳播及其效用，《中國文化月刊》314：101—127。
辜玉茹（2007）《洪武正韻》の利用と《洪武聚分韻》の出版—探討《洪武正韻》對日本韻書之影響，《通識教育學報》11：49—67。
高龍奎（2007）《〈洪武正韻〉及相關韻書研究》，蘇州大學博士論文。
高龍奎（2007）《洪武正韻》的研究回顧及前瞻，《臨沂師範學院學報》2007（2）：67—70。
花登正宏（2007）《洪武正韻彙編》在中國字書史上的地位，《語苑擷英》2：269—279，北京：中國大百科全書出版社。

袁森林、趙萍（2007）許瀚三十四字母說，《語言研究》2007（2）：32—34。
裵銀漢（2008）《洪武正韻》76 韻本과 80 韻本의比較를通한獨音清化研究：韻目字薺·濟；旱·罕의對比를中心으로，《中國語文論譯叢刊》22：21—35。
裵銀漢（2008）《〈洪武正韻〉76 韻本과 80 韻本의比較를通한獨音清化研究：結果報告書》，韓國研究財團（NRF）研究成果物，天安：檀國大學校。
童琴（2008）《洪武正韻》脱衍訛補正，《黄崗師範學院學報》2008（5）：86—89，104。
童琴（2008）《洪武正韻》小韻校勘札記，《鹽城工學院學報（社會科學版）》2008（3）：59—62。
李英月（2009）訓民正音에對한中國韻書의影響關係研究，《中國學研究》50：255—274。
陳志明、劉淑貞（2009）《洪武正韻》、《洪武正韻譯訓》韻字字樣異同的考察，《漢字研究》1：149—172。
童琴（2009）《洪武正韻》所反映的濁音清化現象，《語言研究》2009（1）：28—30。
鄧強（2009）《韻會定正》聲類考，《安慶師範大學學報（社會科學版）》2009（2）：51—55。
丁治民、趙金文（2009）從《韻會定正》論《洪武正韻》的得失——兼論明太祖“中原雅音”的性質，《語言科學》2009（6）：92—103。
高龍奎、路建彩（2009）《洪武正韻》影喻疑分合考，《邢臺職業技術學院學報》2009（6）：92—94，104。
高龍奎（2009）《洪武正韻》反切校勘記，《安徽文學》2009（11）：280—281。
王進安（2009）論韻書編纂中對“舊韻”的傳承——以《韻學集成》和《洪武正韻》爲例，《福建省辭書學會第五屆會員代表大會暨第十九屆年會論文集》。
陳志明、劉淑貞（2009）《洪武正韻》、《洪武正韻譯訓》韻字字樣異同的考察，慶星大《漢字研究》1：149—172。
張竹梅（2010）也談《洪武正韻》與“胡藍黨案”，《語言研究》2010（2）：32—36。
童琴（2010）《洪武正韻》數字化過程中異體字的處理，《湖北第二師範學院學報》2010（6）：34—36。
鄧強（2010）《韻會定正》的韻類特點——兼與《古今韻會舉要》和《洪武正韻》比較，《西南交通大學學報（社會科學版）》2010（5）：30—36，68。
王進安（2010）論《韻學集成》與《洪武正韻》對“舊韻”的傳承，《古籍整理研究學刊》2010（6）：68—73。
蔡曉娟（2010）《〈洪武正韻〉多音字研究》，福建師範大學碩士論文。
黄亮（2011）《洪武正韻》遇冷探因，《名作欣賞》2011（35）：165—166，173。
童琴（2011）試論《中原音韻》與《洪武正韻》成書差異，《湖北第二師範學院學報》2011（1）：25—29。
童琴（2011）基於 Access 的《洪武正韻》查詢系統的設計與實現，曲阜師範大學《現代語文（語言研究版）》2011（2）：110—112。
花登正宏（2011）我が國における《洪武正韻彙編》の受容，《學林》53·54：397—415。
심소희（2011）《洪武正韻序》를通한正音觀考察，《中國言語研究》35：45—65。
安英姬（2011）《〈洪武正韻〉에나타난中古漢語 3 · 4 等韻의 合併과 分化》，高麗大學

校大學院碩士學位論文。

丁治民、王豔芬（2012）八十韻本《洪武正韻》的校本考，《傳統中國研究集刊（9、10合輯）》。

謝王娟（2012）《〈洪武正韻箋〉“古音”研究》，福建師範大學碩士論文。

陳輝（2012）朱元璋的“中原”觀及其對漢語的影響，《浙江大學學報（人文社會科學版）》2012（5）：123—136。

金銀姬（2013）《朝鮮韻書與〈洪武正韻〉對比研究》，遼寧師範大學碩士論文。

葉穗、鄭賢章（2013）《洪武正韻》校勘札記，《湖南第一師範學院學報》2013（4）：94—97。

2.1.2 楊時偉《洪武正韻箋》

◎原始資料

・現存文本

明崇禎四年【1631】刊本：臺灣圖書館（01131）；宮城縣圖書館（10365）；京都大學人文科學研究所（經-X-4-23）；大阪府立中之島圖書館（282 48）；內閣文庫（經 44-20）；東京都立中央圖書館（井 2050）。

◎研究

甯忌浮（2005）讀《洪武正韻箋》，《傳統中國研究集刊》1：393—405；（2010）《甯忌浮文集》410—427，長春：吉林人民出版社。

2.1.3 童漢臣《正韻便覽》

◎原始資料

・現存文本

明嘉靖十五年【1536】刊本：東洋文庫（XI-3-A-a-8）【參看周艷（2013）東洋文庫所藏漢籍善本解題目録・經部，《東洋文庫書報》45：35—40】。

2.2 朱權《瓊林雅韻》

◎原始資料

・現存文本

刻本：南京圖書館。

抄本：中國國家圖書館。

・影印本

《四庫全書存目叢書》集部第 426 册，濟南：齊魯書社【南京圖書館藏本】。

◎研究

趙蔭棠（1932）始得瓊林雅韻校讀記，《中法大學月刊》1（4）。

張竹梅（1988）試論《瓊林雅韻》音系的性質，《陝西師大學報（哲學社會科學版）》1988

（1）：50—55。

鈴木勝則（1988）《瓊林雅韻》について—上—，《中國語學》235：42—56【含《瓊林雅韻》音節一覧表】。

張竹梅（1989）《瓊林雅韻》的聲母及其特點，《西北第二民族學院學報（哲學社會科學版）》1989（1）：57—62，38。

佐佐木猛（1991，1992）朱權の《瓊林雅韻》（上、下）言語編，《大阪外國語大學論集》6：89—121；7：37—68。

龍莊偉（1991）再論瓊林雅韻的性質，《語言研究》1991 增刊：98—101。

張竹梅（1992）論《瓊林雅韻》的性質，《陝西師範大學學報（哲學社會科學版）》1992（1）：119—124。

張竹梅（1992）再論《瓊林雅韻》的韻書性質，《西北第二民族學院學報（哲學社會科學版）》1992（3）：67—74。

張竹梅（1993）《瓊林雅韻研究》，銀川：寧夏人民出版社。

佐佐木猛（2003）《瓊林雅韻》二本，《えくす•おりえんて》9：199—211。

佐佐木猛（2003）張竹梅《瓊林雅韻研究》を紹介しあわせて關連の研究を論評する，《大阪外國語大學論集》28：133—144。

董香蘭（2003）《〈瓊林雅韻〉音韻體系研究》，延世大學校博士論文。

張竹梅（2011）《瓊林雅韻》爲南曲韻書之始，《南京曉莊學院學報》2011（2）：63—69。

張玉來（2011）《瓊林雅韻》音系的聲母和聲調，龍莊偉等編《漢語的歷史探討：慶祝楊耐思先生八十壽誕學術論文集》236—251，北京：中華書局。

張竹梅（2011）《瓊林雅韻》與南曲韻書，龍莊偉等編《漢語的歷史探討：慶祝楊耐思先生八十壽誕學術論文集》261—274，北京：中華書局。

任偉榕（2012）論朱權《瓊林雅韻》之承繼與開新——兼與《中原音韻》相較，《有鳳初鳴年刊》8：39—62，臺北：東吳大學中國文學系碩博士班學生會。

王輝斌（2013）朱權與《太和正音譜》——兼論《瓊林雅韻》及“南曲韻書”說，《貴州師範學院學報》2013（5）：7—12。

2.3 蘭茂《韻略易通》 附：蘭茂《聲律發蒙》

◎原始資料

・現存文本

明正統七年【1442】東海宿度校刊本明人宿度校刊本。

嘉靖三十二年【1553】高岐刊本：華東師大。

明萬曆三十七年【1609】吳允中刻本：雲南省圖書館；廣島大學圖書館（漢文 437N）。

萬曆四十一年【1613】明高舉《古今韻撮》本：北京市文物局；日本國會圖書館（124-17）。

萬曆集義堂刻本：中國國家圖書館。

明寶旭齋刻本：中國科學院圖書館。

明刻本：雲南省圖書館。

清康熙二年【1663】李棠馥校刊本【附《古字彙編》】。
康熙四年【1665】李棠馥校刊本【附《古字彙編》】：東北大學圖書館（丁A・5-6・14）
民國三年【1914】雲南叢書處刻雲南叢書本。
趙蔭棠舊藏本：臺灣師範大學圖書館。

・影印本

（1962）《韻略易通 韻略匯通（合訂本）》，臺北：廣文書局【康熙二年刊本】。
《續修四庫全書》經部小學類第259册，上海：上海古籍出版社【萬曆三十二年刻本】。
《四庫全書存目叢書》經部第208册，濟南：齊魯書社【萬曆三十七年刻本】。
（1995）《罕見韻書叢編》，長城（香港）文化出版社【正統七年刊本】。

◎研究

方國瑜（1932）蘭廷秀韻略易通跋，《雲南旅平學會會刊》7。
陸志韋（1947）記蘭茂韻略易通，《燕京學報》32：161—168；（1971）《漢語音韻學論集》2：223—230；（1988）《陸志韋近代漢語音韻論集》45—53，北京：商務印書館。
劉德智（1968）《〈韻略易通〉中入聲字與〈廣韻〉入聲字的比較研究》，臺灣大學碩士論文。
中野美代子（1969）韻略易通，《中國語學新辭典》207—208，東京：光生館。
詹秀惠（1973）《韻略易通》研究，《淡江學報（文學部門）》11：185—205。
長田夏樹（1979）《皇極經世書》聲音圖の音價と《韻略易通》の音韻體系について—《鷄林類事》の朝鮮語を表わす漢字音の體系と關連して，《神户外大論叢》30（3）：27—45。
群一【即陳長祚】（1985）雲南明代兩部《韻略易通》比較研究，《昆明師專學報》1985（1）。
群一（1985）蘭茂評傳綫索，《昆明師專學報》1985（2）。
群一（1987）《韻略易通》價值辨，《昆明師專學報》1987（3）：74，85—89。
王宏凱（1987）明代藥物學家和音韵學家蘭茂及其著述考，《文獻》1987（4）：228—240。
安在哲（1987，1988）韻略易通과韻略匯通의陽聲韻比較考（1）（2）—[東洪]・[江陽]・[真尋]韻을中心으로，《中國文學研究》5：195—230；6：139—166。
楊美美（1988）《〈韻略易通〉研究》，高雄師範大學碩士論文。
翟昌礼、郭美全、李兆祥（1988）蘭茂生平初探，《雲南中醫學院學報》1988（4）：45—49。
群一（1990）關於蘭茂和本悟《韻略易通》的三個問題——與慧生先生商榷，《昆明師專學報》1990（1）：41—46，52。
群一（1990）《韻略易通》聲、韻、調配合規律，《昆明師專學報》1990（4）：25，78—85。
群一（1991）明代蘭茂《韻略易通》中的雲南方言詞彙，《玉溪師專學報》1991（2）：5—8。
龍莊偉（1992）讀《韻略易通》劄記，《中國語文研究》（香港）10：169—172。
安在哲（1993）《韻略易通》과《韻略匯通》의陽聲韻比較考：[庚晴]・[先全]韻을中心으로，《中國語文論叢》6：47—81。
吳傑儒（1994）有關蘭茂《韻略易通》的幾個問題，《大仁學報》12：35—42。

吳傑儒（1995）蘭茂《韻略易通》之聲母系統，《屏東商業學報》3：147—181。
張玉來（1997）《韻略易通》的音系性質問題，《徐州師範大學學報》1997（2）：49—51，148。
張玉來（1997）從《韻略易通》到《韻略匯通》的發展看明代官話語音的幾項變化，《中國語研究》39：21—26。
張玉來（1997）《韻略易通》的三個善本考論，《古籍整理研究學刊》1997（3）：10—11。
蘇石（1997）《蘭茂評傳》，昆明：雲南人民出版社。
群一（1997—2003）雲南漢語方音史稿，《昆明學院學報》1997（3）：47—57；1998（2）：42—49，70；1999（1）：56—60；1999（2）：46—51；2000（1）：43—47；2000（3）：8—13；2001（1）：18—22；2001（2）：22—26；2001（3）：6—9；2002（1）：40—43；2002（2）：33—36；2003（1）：42—44。
張玉來（1999）《韻略易通研究》，天津：天津古籍出版社。
周美慧（1999）近代音中類化音變的軌迹——由《韻略易通》探索，《中正大學中國文學研究所研究生論文集刊》1：157—172。
詹秀惠（2001）《韻略易通》與《中原音韻》音位系統比較研究，《聲韻論叢》10：345—371。
韋紹翔（2004）蘭茂《韻略易通》述略，《楚雄師範學院學報》2004（2）：31—34。
群一（2004）昆明歷史上兩位聲韻學家，《史與志》（昆明市方志辦）2004（2）。
張克梅（2006）《論蘭茂在雲南歷史文化中的地位及影響》，雲南師範大學碩士論文。
那宗訓（2008）《韻略易通的音系》，West Virgina: American Institute of Chinese Studies.
趙錦華、羅江文（2008）蘭茂韻書研究，《玉溪師範學院學報》2008（11）：50—54。
趙錦華、譚云華（2009）蘭茂《韻略易通》聲調研究，《玉溪師範學院學報》2009（9）：37—40。
趙錦華、譚云華（2010）蘭茂《韻略易通》聲母系統研究——蘭茂《韻略易通》聲母系統與中原漢語，《玉溪師範學院學報》2010（5）：34—38。
趙錦華（2010）蘭茂《韻略易通》入聲配收的啟示，《玉溪師範學院學報》2010（9）：29—32。
羅江文、趙錦華（2010）《韻略易通》版本考辨，《楚雄師範學院學報》2010（2）：47—54。
浦山あゆみ（2011）蘭茂本《韻略易通》考，2010 年度大谷學會研究發表會發表要旨，《大谷學報》90（2）：46—52。
趙錦華（2011）蘭茂《韻略易通》韻母系統研究（1）——蘭茂《韻略易通》韻母系統與中原漢語，《咸寧學院學報》2011（3）：62—64。
趙錦華、譚云華（2011）蘭茂《韻略易通》研究綜述，《名作欣賞》2011（15）：147—148。
郭振華（2011）《蘭茂韻略易通與其詩歌用韻比較研究》，雲南大學碩士論文。
彭靜（2013）蘭茂《性天風月通玄記》用韻考——五百年前雲南方言一斑，《中國文學研究》51：161—183。

附：蘭茂《聲律發蒙》

◎原始資料

清乾隆六年【1741】刊趙蔭棠舊藏本：臺灣師範大學圖書館。

民國三年【1914】雲南叢書處刻雲南叢書本。

◎研究

萬揆一（1980）蘭茂的《聲律發蒙》和《韻略易通》，《昆明師範學院學報（哲學社會科學版）》1980（2）：72，78。

群一（1988）蘭茂《聲律發蒙》韻釋，《昆明師範學院學報（哲學社會科學版）》1988（1）。

羅江文、趙錦華（2009）《聲律發蒙》版本考辨，《雲南農業大學學報（社會科學版）》2009（4）：107—111。

2.4 章黼《並音連聲韻學集成》

◎原始資料

・現存文本

明成化十七年【1481】刻本：北京大；中國科學院；臺灣圖書館（01132）。

明成化刻本：尊經閣文庫。

明萬曆六年【1578】維揚資政左室刻本：中國國家圖書館；内閣文庫（經 45-3）。

萬曆六年【1578】維揚資政左室刻本清丁丙跋：南京圖書館。

萬曆九年【1581】修補本：北京大學圖書館。

萬曆三十九年【1611】練川明德書院藏本：中國國家圖書館；臺灣圖書館（01135，01136，01137）；内閣文庫（278-230）；京都大人文研（經-X-4-24）；日本國會圖書館（203-55）。

萬曆刻本：尊經閣文庫。

明刊高野山釋迦文院舊藏本：内閣文庫（278-222）。

清康熙四年【1665】補刻本：首都圖書館。

・影印本

《四庫全書存目叢書》經部第 208 册，濟南：齊魯書社【明萬曆六年刻本】。

◎研究

辻本晴彦（1976）韻學集成と中原雅音，木村英一博士頌壽記念事業會編《中國哲學史の展望と摸索》693—714，東京：創文社。

讃井唯允（1982）《韻學集成》所傳《中原雅音》考辨——與冀伏先生商榷，東京都立大學《人文學報》156：53—64。

小早川真理子（1995）《四聲通解》と《韻學集成》，《中國語學研究・開篇》13：56—60。

高龍奎（2001）《〈韻學集成〉音系初探》，山東師範大學碩士論文。

高龍奎（2004）《韻學集成》中的喻母和疑母，《濟寧師範專科學校學報》2004（2）：94—96。

高龍奎（2004）論《韻學集成》的音系基礎，《德州學院學報（哲學社會科學版）》2004（3）：79—81。

王進安（2004）《韻學集成》一系韻書的音系性質，《福建論壇》2004 專輯。

王進安（2004）《韻學集成》音韻價值研究，《澳門語言學刊》27。
張銓傑（2004）章黼《韻學集成》成書與版本問題初探，《東方人文學誌》2004（3）：153—174。
王進安（2005）《韻學集成》與《直音篇》比較，《福建師範大學學報（哲學社會科學版）》2005（4）：92—95。
王進安（2005）《韻學集成》與《古今韻會舉要》的關係，《海峽兩岸辭書學研討會暨福建省辭書學會第十七屆學術年會》。
王進安（2005）《〈韻學集成〉研究》，福建師範大學博士論文。
高龍奎（2007）《韻學集成》的聲母，《蘇州大學學報（哲學社會科學版）》2007（1）：83—85。
王進安（2007）《韻學集成》對《古今韻會舉要》的傳承，《福建師範大學學報（哲學社會科學版）》2007（6）：240—243。
林玉芝（2008）《〈韻學集成〉與〈集韻〉、〈五音集韻〉關係考證》，福建師範大學碩士論文。
王進安（2009）論韻書編纂中對“舊韻”的傳承——以《韻學集成》和《洪武正韻》爲例，《福建省辭書學會第五屆會員代表大會暨第十九屆年會》。
王進安（2009）《〈韻學集成〉研究》，上海：上海三聯書店。
王進安（2010）論《韻學集成》與《洪武正韻》對“舊韻”的傳承，《古籍整理研究學刊》2010（6）：68—73。
余梅紅（2012）論《韻學集成》的連綿詞史料價值，《群文天地》2012（11）：129。
余梅紅（2013）《〈韻學集成〉雙音詞研究》，福建師範大學碩士論文。

2.5 吳元滿《萬籟中聲》、《切韻樞紐》

◎原始資料

明萬曆間原刊本：臺灣圖書館（01158）。
永島榮一郎藏本。

◎研究

永島榮一郎（1941）近世支那語特に北方語系統に於ける音韻史研究資料に就いて（續），《言語研究》9：17—79。
周賽華（2012）讀《萬籟中聲》札記，《勵耘學刊（語言卷）》2012（2）：136—145。

2.6 《詞林韻釋》

◎原始資料

・現存文本

馬氏小玲瓏山館抄本：中國國家圖書館（5427）。
清嘉慶年間阮元《宛委別藏》本。

清嘉慶十五年【1810】秦氏所刻《詞學叢書》本。
清咸豐四年【1854】刊《粤雅堂叢書》本。
清光緒六年【1880】邗江承啟堂據秦氏版重印《詞學叢書》本。
清光緒二十九年【1903】刊《隨庵徐氏叢書》本。
民國二十五年【1936】上海中華書局排印《四部備要》本。
民國二十五年【1936】上海中華書局縮印《四部備要》本。

・影印本

（1937）上海商務印書館《叢書集成初编》第1239册【粤雅堂叢書本】。
臺灣新文豐出版公司《叢書集成新编》第40册【粤雅堂叢書本】。
（1964-70）臺北藝文印書館《百部叢書集成》【第六十四粤雅堂叢書本】。
（1981）臺北臺灣商務印書館【宛委別藏本】。
（1988）江蘇古籍出版社【宛委別藏本】。
（1988）江蘇廣陵古籍刻印社影印【詞學叢書本】。
《續修四庫全書》1737册【隨庵徐氏叢書本】。

・索引

慶谷壽信等（1982）《〈詞林韻釋〉索引》，采華書林。

◎研究

趙蔭棠（1930）菉斐軒《詞韻》時代考（1）（2），《北晨學園》民國十九年12月17，18日。
趙蔭棠（1931）菉斐軒《詞林要韻》的作者，《北晨學園》民國二十年4月1日。
林寶卿（1991）古清音入聲字在《詞林韻釋》裏的分化，《語言研究》1991增刊：102—103。
林寶卿（1991）《詞林韻釋》談略，《辭書研究》1991（6）：116—123。
佐佐木猛（1994）最後の北曲系韻書《詞林韻釋》あるいは《詞林要韻》，高田時雄編《中國語史の資料と方法》157—219，京都：京都大學人文科學研究所。
李子君（2004）陳鐸曲韻與《詞林韻釋》，中國音韻學研究會、石家莊師範專家學校編《音韻論叢》395—413，濟南：齊魯書社。
曹祝兵（2005）《〈詞林韻釋〉研究》，吉林大學碩士論文。
曹祝兵（2007）《詞林韻釋》中知章莊母的合流，《阜陽師範學院學報（社會科學版）》2007（5）：79—80。
曹祝兵（2008）《詞林韻釋》中疑母字變化情况研究，《長春師範學院學報（人文社會科學版）》2008（1）：60—62。
曹祝兵（2009）試析《詞林韻釋》的聲調變化情况，《阜陽師範學院學報（社會科學版）》2009（6）：42—44。
曹祝兵、吴天華（2009）談《詞林韻釋》中聲母的合並情况，《佛山科學技術學院學報（社會科學版）》2009（6）：44—46。
曹祝兵（2010）試析《詞林韻釋》中全濁聲母清音化情况，《池州學院學報》2010（4）：77—79。

劉樂（2012）《〈詞林韻釋〉音系考》，福建師範大學碩士論文。

2.7 王文璧《中州音韻》

◎原始資料

・現存文本

明弘治十七年【1504】張轟刻本：上海圖書館。

明刊本【1503—1508】：內閣文庫（278-169）。

明程明善《嘯餘譜》所收本

萬曆年間刻本：中國國家圖書館（11818，16343）；內閣文庫（363-232；集 111-3）；東洋文庫【XI-3-A-d-31】。

清康熙年間刻本：內閣文庫（363-231）；東北大學圖書館（丁 B・2-5-1・11）；京都大學人文科學研究所（集-V-9-18）。

1926 年北大石印本。

・影印本

《四庫全書存目叢書》，濟南：齊魯書社【萬曆年間刻本】。

《曲韻五種》所收【北大石印本】。

（1911）北京大學石印本《中州音韻》【甲種、乙種】。

（1961）臺北廣文書局影印《中州音韻》【《曲韻五種》所收】。

・索引

慶谷壽信等（1981）《〈中州音韻〉音注索引》，東京都立大學近世音研究會。

◎研究

白滌洲（1931）《中原音韻》與《中州音韻》比較觀，《晨報》1 月 14 日，《學園》第 18 期。

杜璟（1931）《中州音韻》的作者，《北平晨報》7 月 23 日，《學園》第 137 期。

趙蔭棠（1931）關於中州音韻，《晨報・學園》7 月 28 日，《學園》第 140 期。

趙蔭棠（1932）《中州音韻》源流考，《北晨學園》1 月 7 日，《學園》第 13 期。

趙蔭棠（1932）《中州音韻》，《北晨學園》3 月 4 日；各版本的關係與發生的次序，《學園》第 258 期。

羅常培（1935）《中州音韻》和十三轍，天津《益世報》9 月 19 日。

坂井健一（1951）Chung-chou-yin-yun phonetic-dictionary: comparative tabeles of ancient Chinese, ancient Mandarin p.d hPhags-pa. / edited by K. Sakai【東京大學東洋文化研究所（倉石 821：41）】.

佐佐木猛（1977）明王文璧《中州音韻》の性格，《均社論叢》4（1）：1—26。

鈴木勝則（1981）明末清初の論曲書における《中州音韻》及び《（重訂）中原音韻》音注の利用，《中國語學》228：19—28。

讃井唯允（1981）《中州音韻》小考—王本の底本をめぐって，《中國語學》228：11—18。

慶谷壽信（1982）濮陽淶《韻學大成》と王文璧《中州音韻》，東京都立大學《人文學報》156：1—52。

慶谷壽信（1984）明代韻書編纂上の一特色—內閣文庫藏濮陽淶《韻學大成》を前提として，《現代方言學の課題》3：199—238，東京：明治書院。

許德寶（1985）《〈中州音韻〉研究》，北京師範大學碩士論文。

何九盈（1988）《中州音韻》述評，《中國語文》1988（5）：374—379；（2002）《音韻叢稿》224—235，北京：商務印書館。

丁玟聲（1989）《王文璧中州音韻的音系》，高雄師範大學碩士論文。

許德寶（1989）《中州音韻》的作者、年代以及同《中原雅音》的關係，《中國語文》1989（4）：289—299。

加護谷春江（1990）中州音韻研究小史，《辭典編纂》2：15—28。

工藤早惠、中川裕三（1990）《中州音韻》の諸版本について，《辭典編纂》2：29—42。

大橋由美（1991）許德寶氏によって紹介された上海圖書館藏《中州音韻》について—內閣文庫藏王文璧《中州音韻》との比較を中心に—，《辭典編纂》3：59—68。

慶谷壽信（1991）《中州音韻》校勘上の一方法—毛晃《增韻》との比較—，《辭典編纂》3：69—77。

吉田雅子（1991）王文璧《中州音韻》校勘上の一問題—《洪武正韻》との比較—，《辭典編纂》3：79—83。

加護谷春江、岩崎皇、綾部武彥、工藤早惠、中川裕、渡邊宏明、今野春水（1991）《中州音韻》の義注について，《辭典編纂》3：85—100。

許德寶（1991）王文璧校正《中州音韻》的初刻年代和諸版本的關係問題，《中國語文》1991（1）：47—59。

曾曉渝（1991）《中原雅音》就是《中州音韻》質疑，《中國語文》1991（1）：60—63；（2004）《語音歷史探索：曾曉渝自選集》75—83，天津：南開大學出版社。

龍莊偉（1991）論《中州音韻》和《中原音韻》的關係，《中國語文》1991（1）：64—69。

慧生（1991）周德清不是《中州音韻》的編者，《中國語文》1991（4）：298—300。

龍莊偉（1994）《中州音韻》的全濁聲母，《語言研究》1994（1）：114—119。

慶谷壽信、吉田雅子、大橋由美（1996）內閣文庫藏の王文璧《中州音韻》校本・校勘記試稿（東鍾韻部分），東京都立大學《人文學報》273：1—31。

慶谷壽信、吉田雅子、大橋由美（1998）內閣文庫藏の王文璧《中州音韻》校本・校勘記試稿（江陽韻部分），東京都立大學《人文學報》292：1—31。

裵銀漢（2002）《洪武正韻》、《中州音韻》所反映全濁上聲字的演變類型，《中國語文論譯叢刊》10：247—259。

裵銀漢（2003）《洪武正韻》、《中州音韻》、《合並字學集韻》所反映濁音聲母的演變情況，《中國言語研究》16：193—224。

張燕（2006）《中州音韻》研究綜述，《邢臺職業技術學院學報》2006（6）：54—56。

張竹梅（2006）《〈中州音韻〉研究》，南京大學博士論文。

張竹梅（2006）論《中州音韻》“入作三聲”之實質，《江蘇大學學報（社會科學版）》

2006（6）：65—68。

裵銀漢（2006）王文璧《中州音韻》의版本問題考察，《中國語文論譯叢刊》18：257—283。

張燕（2007）《王文璧本〈中州音韻〉音系及相關問題研究》，蘇州大學碩士論文。

張竹梅（2008）《〈中州音韻〉研究》，北京：中華書局。

張竹梅（2008）論《中州音韻》閉口韻的性質，《江蘇大學學報（社會科學版）》2008（2）：74—77。

詹怡萍（2008）《嘯余譜·中州音韻》作者考敘，《戲曲研究》2008（3）：348—367。

裵銀漢（2008）王文璧《中州音韻》의注音體系考訂，《中國語文論譯叢刊》23：167—196。

裵銀漢（2009）王文璧《中州音韻》의聲母體系一考察—“禪”母와“日”母의混用現象을中心으로，《中國文學研究》38：151—164。

佐佐木猛（2010）明の王文璧《中州音韻》の反切について，《大阪大學世界言語研究センター論集》4：149—157。

董冰華（2011）《〈中原雅音〉與〈中州音韻〉考論》，吉林大學博士論文。

馬樂樂（2011）《中原音韻》與《中州音韻》比較研究概述，《安慶師範學院學報（社會科學版）》2011（6）：54—57。

龍莊偉（2011）《中州音韻》的全濁音聲母，龍莊偉等編《漢語的歷史探討：慶祝楊耐思先生八十壽誕學術論文集》209—217，北京：中華書局。

裵銀漢（2011）“遙”“爻”讀音考，《中國文學研究》42：279—291。

裵銀漢（2012）王文璧《中州音韻》의正體性에對한混同問題考察，《中國文學研究》46：359—387。

陳寧（2012）從反切看《中州音韻》與《詩詞通韻》的關係，《中國語言學》6：75—85，北京：北京大學出版社。

陳寧（2013）“悋”字 què 音考釋，《漢語史研究集刊》16：401—410。

2.8 朱祐檳《重編廣韻》

◎原始資料

・現存文本

明嘉靖二十八年【1549】序刊本：雲南省圖書館；臺灣圖書館（01072），內閣文庫（別21-3）。

嘉靖三十七年【1558】刊本：蓬左文庫（114・1）。

明嘉靖版：尊經閣文庫。

清乾隆間寫文淵閣四庫全書本：臺灣故宮博物院。

清乾隆間寫四庫全書薈要本：臺灣故宮博物院。

◎研究

崔樞華（1997）《重編廣韻》考，《古漢語研究》1997（2）：2—5。
曾進民（2002）《重編廣韻》的聲母系統，《第二十屆全國聲韻學學術研討會論文集》267—292，臺南：成功大學。

2.9 撰者不詳《並音連聲字學集要》

◎原始資料

・現存文本

明萬曆二年【1574】周恪刻本：中國國家圖書館（12657）；臺灣圖書館；內閣文庫（278-176，278-184，278-189，經 50-3）

明天啟五年【1625】刻本：中國科學院圖書館。

・影印本

《續修四庫全書》經部小學類第 259 册，上海：上海古籍出版社【浙江圖書館藏萬曆二年周恪刻本】

《四庫全書存目叢書》經部第 209 册，濟南：齊魯書社【萬曆二年周恪刻本】

◎研究

榮菊（2009）《〈字學集要〉音系研究》，福建師範大學碩士論文。
邸宏香（2010）明代《字學集要》“俗作某”解，《長春工業大學學報（社會科學版）》2010（5）：65—68，82。

2.10 濮陽淶《元聲韻學大成》

◎原始資料

・現存文本

明萬曆八年【1580】原刻本。

萬曆二十六年【1598】書林鄭雲竹刻本：內閣文庫（278-174，278-175，278-173，經 45-1）。

・影印本

（1995）《罕見韻書叢編》，長城（香港）文化出版公司【萬曆八年原刻本】。

《四庫全書存目叢書》經部第 208-209 册，濟南：齊魯書社【萬曆二十六年刻本】。

◎研究

慶谷壽信（1982）濮陽淶《韻學大成》と王文璧《中州音韻》，東京都立大學《人文學報》156：1—52。
慶谷壽信（1984）明代韻書編纂上の一特色—內閣文庫藏濮陽淶《韻學大成》を前提として，《現代方言學の課題》3：199—238，東京：明治書院。
路建彩（2000）《〈元聲韻學大成〉與明代吳語》，山東師範大學碩士論文。

路建彩、張會傑（2002）論《元聲韻學大成》的語音性質，《邢臺職業技術學院學報》2002（2）：30—32。
鄒德文（2004）《〈元聲韻學大成〉研究》，吉林大學碩士論文。
鄒德文（2005）《元聲韻學大成》聲調研究，《延邊大學學報（社會科學版）》2005（3）：90—93。
鄒德文（2005）《元聲韻學大成》版本及研究狀況考，《古籍整理研究學刊》2005（6）：89—96。
鄒德文（2006）論《元聲韻學大成》濁聲母清化問題，《北方論叢》2006（4）：69—72。
路建彩（2007）淺析《元聲韻學大成》知莊章組聲母的演變，《邢臺職業技術學院學報》2007（4）：60—61。
曲曉雲（2011）《元聲韻學大成》反映的語音系統以及與相關韻書的關係，《中國語文學論集》67：27—43。

2.11 本悟《韻略易通》

◎原始資料

《雲南叢書》所收本。
個人藏本。

◎研究

群一（1986）本悟《韻略易通》的兩個刻本，《中國語文》1986（2）：148—150，151。
群一（1987）本悟生卒年代考，《昆明師專學報》1987（2）：64，84—87。
龍莊偉（1988）本悟《韻略易通》之重×韻辨，《中國語文》1988（3）：227—231。
慧生（1988）讀本悟《韻略易通》的兩個刻本後，《中國語文》1988（5）：392—393。
群一（1994）本悟的“重某韻”與畢拱辰的“見某韻”，《昆明師專學報》1994（2）：76—80。
沈建民、楊信川（1995）也談本悟《韻略易通》之“重×韻”，《中國語文》1995（1）：65—69。
群一（1996）《金瓶梅》證本悟“重韻”，《昆明師專學報》1996（4）：61—64。
李行傑（1996）語音史研究的新境界——張鴻魁《〈金瓶梅〉語言研究》序，《青島大學師範學院學報》1996（3）：29—30，52。
張玉來（1997）本悟本《韻略易通》與明代雲南方音，《語言研究》1997（1）：118—129。
羅福騰（1998）把近代語音史研究引向深入——讀《金瓶梅語音研究》，《語文研究》1998（2）：43—45。
張傳曾（1998）音韻研究的新思路—讀《金瓶梅語音研究》，《東岳論叢》1998（5）：126—127。
片山久美子（1999）《本悟〈韻略易通〉研究～蘭茂《韻略易通》との比較から～》，京都大學修士論文。

葉寶奎（1999）也談本悟《韻略易通》的重×韻，《古漢語研究》1999（2）：8—11。

2.12 朱光家《字學指南》

◎原始資料

・現存文本

上海市圖書館藏本。

安徽師大圖書館藏本。

・影印本

《四庫全書存目叢書》，濟南：齊魯書社【上海市圖書館藏本】。

◎研究

林一鳴（2010）《〈字學指南〉音系研究》，福建師範大學碩士論文。

林敏欽（2011）《〈字學指南〉異讀研究》，福建師範大學碩士論文。

2.13 葉以震《重訂中原音韻》

◎原始資料

・現存文本

明萬曆二十九年【1601】序刊本：慶應大學圖書館（80@59@2）。

明九思堂刊本：史語所圖書館；東北大學圖書館（教養 821・98）。

明九思堂刊清初修本：東北大學圖書館（狩 4・15516・2）。

明刊本：靜嘉堂文庫（十萬卷樓 7 函 31 架】。

永島榮一郎藏本：首都大學東京。

東京大學文學部漢籍コーナー（經部小學類音韻之屬〈元〉：文 18095）。

◎研究

鈴木勝則（1986）明・葉以震《中原音韻》考，《JIAOXUE》10：34—37。

王靜嫻（2007）《明葉以震〈重訂中原音韻〉研究》，首都師範大學碩士論文。

2.14 吕坤《交泰韻》

◎原始資料

・現存文本

明萬曆刻本：福建省圖書館。

明萬曆三十一年【1603】刊本：史語所。

明末胡正言十竹齋刻本：南京圖書館。

《吕新吾全集》所收本：臺灣圖書館【明萬曆刊本】；臺灣大學圖書館【明萬曆刊本】；

京都大學文學部【明萬曆刻清同治光緒間修補本】。
《去僞齋集》本：東京大學總合圖書館【A30-122 覺】。
雲南圖書館民國初校本【據萬曆三十一年本】：東京大學文學部漢籍コーナー（漢籍 A：10：4）。

・影印本

《四庫全書存目叢書》經部第 210 册，濟南：齊魯書社【萬曆刻本】；《續修四庫全書》經部小學類第 251 册，上海：上海古籍出版社【南京圖書館藏明末胡正言十竹齋刻本】。

・排印本

王國軒、王秀梅（2008）《吕坤全集》（理學叢書），北京：中華書局。

◎研究

藤堂明保（1956）17 世紀の開封方言—吕坤の《交泰韻》について，《中文學會學報》7：8—14；（1987）《藤堂明保中國語學論集》154—166，東京：汲古書院。
慶谷壽信（1969）交泰韻，《中國語學新辭典》211，東京：光生館。
佐佐木猛（1983）《交泰韻》の研究・序說，《均社論叢》14：5—17。
楊秀芳（1987）論交泰韻所反映的一種明代方言，《漢學研究》5（2）：329—374。
望月真澄（1988）《交泰韻》について：音韻表（その 1），《金澤大學文學部論集（文學科篇）》8：105—118。
望月真澄（1989）《交泰韻》について（2），《金澤大學文學部論集（文學科篇）》9：77—86。
黄笑山（1990）《交泰韻》的零聲母和聲母[V]，《厦門大學學報（哲學社會科學版）》1990（3）：125—131。
趙恩梃（1999）《吕坤〈交泰韻〉研究》，臺灣師範大學碩士論文。
조은정（2000）《交泰韻》韻母와中古韻母의比較，《中國語文論叢》19：191—215。
張偉娥（2002）論《交泰韻》的入聲，《邢臺職業技術學院學報》2002（1）：56—59。
張偉娥（2002）《交泰韻音系研究》，山東師範大學碩士論文。
張偉娥（2003）論《交泰韻》的語音性質，《青島大學師範學院學報》2003（2）：43—45。
白秀紅（2003）從《交泰韻》看吕坤之宫商觀，《河南教育學院學報（哲學社會科學版）》2003（4）：82—86。
金鐘讚、葉寶奎（2003）吕坤《交泰韻》音系研究，《中語中文學》33：79—102。
葉寶奎（2004）試論吕坤《交泰韻》音系的性質，中國音韻學研究會、石家莊師範專科學校編《音韻論叢》414—429，濟南：齊魯書社。
周傲生（2007）吕坤的韻學思想與《交泰韻》的反切特徵，《西南交通大學學報（社會科學版）》2007（4）：72—75，136。
張衛東（2014）論《交泰韻》的音系性質及南北官話語音的區別標誌，李小凡、項夢冰主編《承澤堂方言論叢：王福堂教授八秩壽慶論文集》34—48，北京：語文出版社。

2.15 徐孝、張元善《合並字學篇韻便覧》【收《重訂司馬溫公等韻圖經》、《合並字學集韻》】

◎原始資料

・現存文本

明萬曆三十四年【1606】張元善刻本：臺灣圖書館。

中國國家圖書館藏本【有殘缺】。

江西省圖書館藏本【有殘缺】。

西北師範大學圖書館藏本【有殘缺】。

張元善校刊趙蔭棠舊藏抄本：臺灣師範大學圖書館。

・影印本

《四庫全書存目叢書》經部第193册，濟南：齊魯書社【西北師範大學圖書館藏本】。

（1995）《罕見韻書叢編》，長城（香港）文化出版公司。

◎研究

曹正義（1987）革新韻書《合並字學集韻》述要，《文史哲》1987（5）：69—70，65。

유영기（1987）《〈合並字學集篇〉研究》，首爾大學校碩士論文。

郭力（1997）古清入字在《合並字學集韻》中的歸調：兼論明代以後北京話中古清入字的歸調變化，《語言學論叢》19：74—89，北京：商務印書館。

吉田久美子（1999）《合並字學集韻》的疑母，《漢字文化》1999（2）：15—20。

吕昭明（2002）北京音系形成的層次問題——《合並字學集篇》一字多音現象初探，《第二十屆全國聲韻學學術研討會論文集》1—30，臺南：成功大學。

吕昭明（2002）《〈合並字學集篇〉一字多音現象研究》，中正大學碩士論文。

耿軍（2004）《〈合並字學篇韻便覧〉研究》，蘇州大學碩士論文。

周賽華（2005）《合並字學篇韻便覧研究》，武漢：湖北人民出版社。

周賽華（2005）中古入聲在《合並字學篇韻便覧》中消變狀況之分析，《湖北大學學報（哲學社會科學版）》2005（3）：104—107。

張銀龍（2006）《〈合並字學集篇〉反切研究》，吉林大學碩士論文。

曲曉雲（2009）《合並字學篇韻便覽》의現實北京音에關한研究，《中國語文學論集》54：45—66。

耿軍、張玉來（2010）《合並字學篇韻便覧》韻母系統的幾個問題，《寧夏大學學報（人文社會科學版）》2010（2）：19—22。

耿軍、羅志春（2010）《合並字學篇韻便覧》的作者及版本問題，《樂山師範學院學報》2010（10）：47—49，91。

耿軍、羅志春（2010）《合並字學篇韻便覧》的語音性質，《西華大學學報（哲學社會科學版）》2010（6）：68—71。

耿軍（2011）《合並字學篇韻便覧》聲母系統的幾個問題，《成都大學學報（社會科學版）》

2011（3）：84—88。

2.16 喬中和《元韻譜》

◎原始資料

·現存文本

明萬曆三十九年【1611】刻本：北京師範大學【只收韻圖部分】。

明崇禎刻《躋新堂集》本【只收韻圖部分】。

清康熙三十年【1691】梅墅石渠閣刻本：中國國家圖書館分館，北京大學圖書館，湖南省圖書館【全本，包括韻圖和韻書】。

清光緒五年【1879】刻《西郭草堂合刊》本【只收韻圖部分】。

·影印本

《續修四庫全書》經部小學類第256冊，上海：上海古籍出版社【中國國家圖書館藏康熙本】。

（1995）《罕見韻書叢編》，長城（香港）文化出版公司【萬曆本】。

《四庫全書存目叢書》經部第214冊，濟南：齊魯書社【康熙三十年刻本】。

◎研究

龍莊偉（1994）《五方元音》與元韻譜，《第三屆國際暨第十二屆全國聲韻學學術研討會論文集》136—141，新竹：清華大學。

龍莊偉（1996）《五方元音》與《元韻譜》——論《五方元音》音系的性質，《河北師院學報（社會科學版）》1996（3）：70—73。

廉載雄（2001）《喬中和〈元韻譜〉研究》，政治大學碩士論文。

林協成（2002）《〈元韻譜〉音論研究》，中國文化大學碩士論文。

汪銀峰（2004）《〈元韻譜〉研究》，吉林大學碩士論文。

汪銀峰（2007）《明末以來內丘、堯山語音的演變研究》，吉林大學博士論文【副標題：以《元韻譜》、《五方元音》爲依據】。

汪銀峰（2007）《明末以來內丘、堯山語音的演變研究——以〈元韻譜〉、〈五方元音〉爲依據》，吉林大學博士論文。

汪銀峰（2007）《元韻譜》微母來源考，《東疆學刊》2007（1）：90—93。

張新（2007）論《元韻譜》聲調系統的兩個問題——平分陰陽和保留入聲調，《連雲港師範高等專科學校學報》2007（4）：31—33。

張新（2008）《元韻譜》韻部研究，《貴州工業大學學報（社會科學版）》2008（1）：124—126。

張新（2008）論古知莊章三組聲母在《元韻譜》里的讀音分合，《重慶交通大學學報（社會科學版）》2008（6）：85—87。

汪銀峰（2008）試論《元韻譜》的聲調系統，《漢字文化》2008（5）：20，34—36。

汪銀峰（2008）《元韻譜》聲母系統的若干問題，《佳木斯大學社會科學學報》2008（6）：87—89。

莊紅梅（2009）《〈太和正音譜〉用韻研究》，陝西師範大學碩士論文。

汪銀峰、姚曉娟（2009）《元韻譜》版本考，《文化學刊》2009（1）：135—137。

張新（2010）《元韻譜》入聲字文白異讀探析，《湖南醫科大學學報（社會科學版）》2010（2）：132—133，140。

汪銀峰（2010）從《元韻譜》、《五方元音》韻圖結構看兩者之間的關係，《漢字文化》2010（6）：33—38。

송재은（2010）《〈元韻譜〉와〈五方元音〉의音韻體系比較研究》，延世大學校碩士論文。

汪銀峰（2010）也談《五方元音》六韻三母下兩套小韻對立，《古漢語研究》2010（1）：9—12。

汪銀峰（2012）《元韻譜》音學思想與明末易學哲學思潮，《周易研究》2012（3）：76—81。

汪銀峰（2013）《元韻譜》與《五音集韻》，《華夏文化論壇》2013（2）：216—222。

2.17 王荔《正音捃言》

◎原始資料

・現存文本

明崇禎刻本。

・影印本

《四庫全書存目叢書》子部第193册，濟南：齊魯書社【中國人民大學圖書館藏本】。

（1995）《罕見韻書叢編》，長城（香港）文化出版公司。

◎研究

唐作藩（1980）《正音捃言》的韻母系統，《中國語文》1980（1）：69—73；（2001）《漢語史學習與研究》173—182，北京：商務印書館。

郝天曉（2005）《〈正音捃言〉研究》，吉林大學碩士論文。

李無未、郝天曉（2007）《正音捃言》音系的聲母特點，《語苑擷英》2：168—177，北京：中國大百科全書出版社。

2.18 莫銓《音韻集成》

◎原始資料

・現存文本

趙蔭棠舊藏抄本：臺灣師範大學圖書館。

清抄本：吉林省圖書館。

・影印本

《四庫全書存目叢書》子部第193册，濟南：齊魯書社【中國人民大學圖書館藏本】。

（1995）《罕見韻書叢編》，長城（香港）文化出版公司。

◎研究

李子君（2000）《音韻集成》入聲問題初探，《漢語學習》5。
李子君（2003）《音韻集成》對《韻略匯通》的影響，《中國語文》2003（3）：94—96。
李子君（2003）十七世紀北京話聲母系統，《古漢語研究》2003（3）：35—37。
李子君（2003）論《音韻集成》對中古入聲韻的分並，《古籍整理研究學刊》2003（3）：78—79。

2.19 胡文煥《文會堂詩韻》

◎原始資料

明萬曆胡文煥文會堂刻格致叢書本。
明刊本：內閣文庫（278-178）。

◎研究

陳紹博（2006）《文會堂詩韻研究》，吉林大學碩士論文。

2.20 無名氏《辨音纂要》 附：無名氏《詞韻》

◎原始資料

明天啟抄本：東北師範大學圖書館古籍部（533/017）。

◎研究

李無未（2003）《辨音纂要》所傳《中原雅音》，《中國語言學報》11：299—303；（2005）《音韻文獻與音韻學史》109—114，長春：吉林文史出版社。
李無未、崔劍昆（2003）明抄本《辨音纂要》初探，《文獻》2003（1）：121—135。
邸宏香（2011）《〈辨音纂要〉研究》，吉林大學博士論文。
邸宏香（2012）明抄本《辨音纂要·序》及其相關問題，《長春師範學院學報》2012（10）：59—62。
邸宏香（2012）明抄本《辨音纂要》唇音考，《哈爾濱師範大學社會科學學報》2012（4）：50—53。
邸宏香（2014）明抄本《辨音纂要·序》及其相關問題，厦門大學中文系、中國音韻學會編《中國音韻學暨黃典誠學術思想國際學術研討會論文集》296—301，厦門：厦門大學出版社。

附：無名氏《詞韻》【原書已佚，《辨音纂要》引此書】

李無未（2005）《詞韻》音系聲調，《音史新論：慶祝邵榮芬先生八十壽辰學術論文集》303—309，北京：學苑出版社。

2.21 范善溱《中州全韻》【又名《北詞韻正》】

◎原始資料

·現存文本

明刻本。

清抄本。

·影印本

《續修四庫全書》集部曲類第1747册，上海：上海古籍出版社【清抄本】。

◎研究

鈴木勝則（1986）明·范善溱《中州全韻》考，《中國語學》233：54—62。

緒方哲也（2004）《中州全韻》音注研究：音韻表作成のための音韻的考察，《東北大學中國語學文學論集》9：137—174。

緒方哲也（2004）《中州全韻》音注研究，《文化》68（1·2）：262—242。

石井望（2005）《中州全韻》圖稿，《長崎綜合科學大學紀要》45（2）：28—59。

陳寧（2006）《〈中州全韻〉音系研究》，北京大學博士論文。

孔永（2007）《〈中州全韻〉研究》，吉林大學碩士論文。

陳寧（2007）《中州全韻》音系研究，《北京師範大學全國博士生學術論壇（中國語言文學）論文集·漢語及語言學卷》：18—28。

孔永（2008）《中州全韻》的成書年代及其成書價值考論，《佳木斯大學社會科學學報》2008（6）：90—91。

馬樂樂（2011）《〈中原音韻〉與〈中州音韻〉音系比較研究》，蘇州大學碩士論文。

董冰華（2011）《〈中原雅音〉與〈中州音韻〉考論》，吉林大學博士論文。

孔永（2011）《中州全韻》聲調探析，《長春師範學院學報》2011（1）：90—94。

2.22 程元初、茅元儀《律古詞曲賦葉韻統》

◎原始資料

明崇禎五年【1632】刻本：清華大學圖書館。

◎研究

高永安（2008）談明末徽州方音，《中國語文》2008（3）：18—25，97。

2.23 吕維祺《音韻日月燈》

◎原始資料

·現存文本

明崇禎六年【1633】志清堂刻本：天津圖書館；史語所圖書館。
崇禎七年【1634】重訂定本：中國科學院圖書館。
石渠閣刻本：雲南省圖書館；吉林省社會科學院圖書館。
·影印本
《四庫全書存目叢書》經部第211冊，濟南：齊魯書社【天津圖書館藏崇禎六年志清堂刻本】。
《續修四庫全書》經部小學類第252冊，上海：上海古籍出版社【中國科學院藏崇禎七年重訂定本】。

◎研究

穆虹嵐（2003）《同文鐸》音系研究，成功大學碩士論文。
楊雪麗（2004）明代韻學要籍《音韻日月燈》，《古漢語研究》2004（2）：108—109。
楊雪麗（2005）《音韻日月燈研究》，南京大學博士論文。
蔡麗華（2009）《音韻日月燈》研究——省辭書學會第五屆大會發言報告，《福建省辭書學會第五屆會員代表大會暨第十九屆年會》。
蔡麗華（2009）《〈音韻日月燈〉研究》，福建師範大學碩士論文。
蔡麗華（2010）《音韻日月燈》“今韻”聲母系統的真實面貌，《唐山師範學院學報》2010（6）：13—16。
蔡麗華（2011）《音韻日月燈》“今韻”所反映的韻部分合變化及其性質，《唐山師範學院學報》2011（3）：7—11。
辛彩鳳（2011）《音韻日月燈》與《洪武正韻》的關係，《語言科學》2011（4）：96—101。

2.24 畢拱辰《韻略匯通》

◎原始資料

·現存文本
明崇禎十五年【1642】刻本。
清光緒十四年【1888】刻本。
《掖海叢書》本。
·影印本
（1962）《韻略易通 韻略匯通（合訂本）》，臺北廣文書局。
·排印本
民國十一年【1922】實事白話報印刷部排印本：京都產業大學。

◎研究

陸志韋（1947）記畢拱辰韻略匯通，《燕京學報》33：105—113；（1988）《陸志韋近代漢語音韻論集》85—93，北京：商務印書館。
莊惠芬（1969）《韻略匯通》與《廣韻》入聲字的比較研究，《淡江學報（文學部門）》8：

45—82。
中野美代子（1969）韻略匯通，《中國語學新辭典》208，東京：光生館。
張玉來（1986）略論《韻略匯通》的幾個問題，《山東師大學報（社會科學版）》1986（4）：80—83。
張玉來（1991）論《韻略匯通》的入聲，《語言研究》1991 增刊：104—107。
張玉來（1992）《韻略匯通》的語音性質，《山東師大學報（社會科學版）》1992（1）：63—65。
吳傑儒（1993）《韻略匯通》初探，《大仁學報》11：63—81。
張玉來（1994）《韻略匯通音系研究》，山東教育出版社。
吳傑儒（1994）《韻略匯通》中入聲系統，《陳伯元先生六秩壽慶論文集》，臺北：文史哲出版社 615—634。
安在哲（1994）《〈韻略匯通〉의音價推定：〈韻略易通〉과의比較를通하여》，成均館大學校博士論文。
김영찬（1995）《〈韻略匯通〉研究》，首爾大學校碩士論文。
隋千存（1996）《韻略匯通音系研究》評介，《山東師大學報（社會科學版）》1996（3）：111—112；（2000）《辭書研究》2000（6）：136—139，109。
李子君（2003）《音韻集成》對《韻略匯通》的影響，《中國語文》2003（3）：94—96。
鄒新（2005）《〈韻略匯通〉和〈韻略新抄便覧〉音系比較研究》，山東大學碩士論文。
甯繼福（2007）重讀《韻略匯通》，《語苑擷英》2：73—79，北京：中國大百科全書出版社；（2010）《甯忌浮文集》457—468，長春：吉林人民出版社。
高永安（2008）談明末徽州方音，《中國語文》2008（3）：18—25，97。
劉淑學、袁學章（2012）論古知莊章三組聲母在《韻略匯通》中的讀音分合，《語言科學》2012（5）：526—535。

2.25 吳思平、孫耀《音韻正訛》

◎原始資料

·現存文本

明崇禎十七年【1644】刻本。

九如堂刻本。

清乾隆五十四年【1789】金閶書業堂刻本：北京大學圖書館。

清嘉慶二年【1797】刻本。

清光緒十九年【1893】大道堂刻本。

清刊本：內閣文庫（278-227）。

·影印本

《續修四庫全書》經部小學類第 259 册，上海：上海古籍出版社【北京大學圖書館藏乾隆 54 年刻本】。

◎研究

王恩保（2004）略論《音韻正訛》的語音與詞彙，《語言與文化論叢》，華語教育出版社。
甯繼福（2005）讀明末安徽方言韻書《音韻正訛》，《安徽師範大學學報（人文社會科學版）》2005（6）：99—103；（2010）《甯忌浮文集》572—584，長春：吉林人民出版社。
高永安（2006）《音韻正訛》的聲母系統，《語言研究》2006（4）：47—50。
樋口靖（2006）A preliminary study of phonetic system in the “Yin-yun zheng-e 音韻正訛”: its syllable structure and initial consonants，《東京外國語大學語學研究所論集》11：103—123。
高永安（2007）《音韻正訛》韻母系統的特點，《中國語學研究・開篇》26：129—135。
王恩保（2007）論《音韻正訛》的注釋，《語苑擷英》2：237—248，北京：中國大百科全書出版社。
高永安（2008）《音韻正訛》韻母系統的特點，《中國音韻學：中國音韻學研究會南京研討會論文集 2006》357—368，南京：南京大學出版社。
王恩保（2008）《音韻正訛》與明末宣城方音，《中國音韻學：中國音韻學研究會南京研討會論文集 2006》414—425，南京：南京大學出版社。
洪梅（2010）《音韻正訛》入聲韻研究，《莆田學院學報》2010（1）：44—47。

2.26 《中原雅音》

辻本晴彦（1976）韻學集成と中原雅音，木村英一博士頌壽記念事業會編《中國哲學史の展望と摸索》693—714，東京：創文社。
楊耐思（1978）《韻學集成》所傳《中原雅音》，《中國語文》1978（4）：255—257；（1997）《近代漢語音論》46—50。
蔣希文（1978）《中原雅音》記略，《中國語文》1978（4）：253—254，309；（2005）《漢語音韻方言論文集》101—105，貴陽：貴州人民出版社。
龍晦（1979）《韻學集成》與《中原雅音》，《中國語文》1979（2）：131—134。
冀伏（1980）《中原雅音》考辨——兼與蔣希文同志商榷，《吉林大學社會科學學報》1980（2）：92—97；（2010）《甯忌浮文集》445—456，長春：吉林人民出版社。
龍晦（1980）《中原雅音》語言資料的發現及其評價，《詞典研究叢刊》1：113—126。
邵榮芬（1981）《中原雅音研究》，濟南：山東人民出版社。
讚井唯允（1982）《韻學集成》所傳《中原雅音》考辨—與冀伏先生商榷，東京都立大學《人文學報》156：53—64。
龍晦（1984）釋《中原雅音》，《音韻學研究》1：383—393。
何九盈（1986）《中原雅音》的年代，《中國語文》1986（3）：230—231；（2002）《音韻叢稿》220—223，北京：商務印書館。
蔣禮鴻（1988）《中原雅音》輯佚校讀，《杭州大學學報》1988 增刊；（1994）《蔣禮鴻語言文字學論叢》483—493，杭州：浙江古籍出版社；（2001）《蔣禮鴻集》3：540—551，杭州：浙江教育出版社。

劉靜（1991）中原雅音辨析，《陜西師大學報（哲學社會科學版）》1991（1）：68—72。

岩田憲幸（1995）《同聲千字文》所傳《中原雅音》記略，《第四屆國際暨第十三屆全國聲韻學學術研討會論文集》，臺灣師範大學、中華民國聲韻學學會。

岩田憲幸（1995）摘録《中原雅音》的另一個資料——《同聲千字文》，《中國語文通訊》34：32—34。

劉淑學（1996）井陘方音是中原雅音音系的基礎，《語言研究》1996 增刊：376—383。

董冰華（2003）二十五年以來《中原雅音》研究之檢討，《古籍整理研究學刊》2003（1）：35—41

李無未（2003）《中原雅音》的體例問題，《漢語音韻學第七屆國際學術研討會論文集》，石家莊：河北教育出版社。

李無未（2003）《辨音纂要》所傳《中原雅音》，《中國語言學報》11：299—303。

李無未（2004）《中原雅音》研究的起始時間問題，《中國語文》2004（3）：82—85；（2005）《音韻文獻與音韻學史》131—135，長春：吉林文史出版社。

董冰華（2004）《〈中原雅音〉新考》，吉林大學碩士論文。

李無未、洪颺（2004）《中原雅音》的體例問題，中國音韻學研究會、石家莊師範專家學校編《音韻論叢》378—394，濟南：齊魯書社；（2005）《音韻文獻與音韻學史》121—130，長春：吉林文史出版社。

李無未（2005）日本《漢吳音徵》所引《中原雅音》，《音韻文獻與音韻學史》115—120，長春：吉林文史出版社。

董冰華（2007）《中原雅音》音釋資料輯補，《長春理工大學學報（社會科學版）》2007（6）：80—82。

秦曰龍（2008）日藏珍本《五音通韻》所見《中原雅音》，《佳木斯大學社會科學學報》2008（6）：81—82。

董冰華、王玉英（2008）《中原雅音》“平分陰陽”的問題，《佳木斯大學社會科學學報》2008（6）：83—86。

陳珊珊（2008）《中原雅音》研究小史，《中國音韻學研究會第十五屆學術年會論文》，南昌。

李超（2011）《新訂中州全韻》所引《中原雅音》——兼論《新訂中州全韻》的音系性質，《語言科學》2011（1）：52—61。

董冰華（2011）《〈中原雅音〉與〈中州音韻〉考論》，吉林大學博士論文。

萬獻初（2012）明清文獻直引《中原雅音》材料新考，《中國典籍與文化》2012（4）：103—108。

2.27 《切字捷要》

李軍（2010）《切字捷要》的編撰及其與《韻法直圖》的關係，《古漢語研究》2010（2）：28—35，97。

李軍（2011）《切字捷要》所反映的明代“漢音”，《古漢語研究》2011（2）：45—49，

97—98。

2.28 《草書集韻》《草書韻會》

◎原始資料

・現存文本

中國國家圖書館藏本。

・影印本

《續修四庫全書》。

◎研究

胡彥、丁治民（2011）《草書集韻》與《草書韻會》二者之關係及其版本辨證，《文獻》2011（4）：34—39。

2.29 方以智《四韻定本》

◎原始資料

・現存文本

清抄本：安徽省博物館。

◎研究

楊軍（2010）《四韻定本》的入聲及其與《廣韻》的比較，《中國音韻學 中國音韻學研究會南昌國際研討會論文集 2008》172—182，南昌：江西人民出版社。

3. 韻圖

3.1 王應電《聲韻會通》、《韻要粗釋》【《同文備考》所收】

◎原始資料

・現存文本

明嘉靖十九年【1540】刊本：上海圖書館；北京大學圖書館。

嘉靖三十六年【1557】刊本：史語所；東京都立中央圖書館（田中慶太郎【救堂】舊藏 特6515）。

明萬曆三十年【1602】重刊本。

篠崎小竹舊藏寫本：靜嘉堂文庫（101 函 28 架）。

・影印本

《四庫全書存目叢書》經部第 189 册，濟南：齊魯書社【嘉靖十九年本】。

◎研究

耿振生（2000）明代音韻改革家王應電及其《聲韻會通》，《漢語史研究集刊》3：284—300。
丁鋒（2001）《〈同文備考〉音系》，福岡：中國書店。
徐時儀（2004）王應電《同文備考》述略，《辭書研究》2004（3）：115—122。
蔡麗華（2012）《王應電〈聲韻會通〉與〈韻要粗釋〉研究》，福建師範大學博士論文。

3.2 李登《書文音義便考私編》

◎原始資料

・現存文本

明萬曆十五年【1587】陳邦泰氏刊本：故宫博物院圖書館；京都大學文學部。
永島榮一郎舊藏本【萬曆丁亥（1587）】。

・影印本

京都大學人文研【用京都大學文學部藏陳邦泰氏刊本景照：經-X-4-23-E】。
《續修四庫全書》經部小學類第 251 册，上海：上海古籍出版社【故宫本】。
《四庫全書存目叢書》經部第 209 册，濟南：齊魯書社【故宫本】。

◎研究

權淑榮（1999）《〈書文音義便考私編〉音系研究》，臺灣大學碩士論文。
葉寶奎（2001）試論《書文音義便考私編》音系的性質，《古漢語研究》2001（3）：6—10。
忌浮（2008）李登與明末南京方音——讀《書文音義便考私編》，《南大語言學》3：15—38；
（2010）《甯忌浮文集》533—558，長春：吉林人民出版社。

3.3 葉秉敬《韻表》

◎原始資料

・現存文本

明萬曆三十三年【1605】葉秉敬刻本：北京大學圖書館；故宫博物院圖書館；臺灣圖書館（01157）【存東至虞、侵到咸】。
明刻本：北京大學圖書館。
趙蔭棠舊藏抄本：臺灣師範大學圖書館。

・影印本

《續修四庫全書》經部小學類第 255 册，上海：上海古籍出版社【北京大學圖書館藏本】。
《四庫全書存目叢書》經部第 210 册，濟南：齊魯書社【萬曆三十三年刻本】。

◎研究

王世中（1999）《葉秉敬〈韻表〉研究》，中國文化大學碩士論文。
王艷華（2006）《韻表》濁上變去情況研究——詞彙擴散理論的又一力證，《北方論叢》2006（5）：74—78。
王艷華（2008）《韻表》中的照組聲母，《學術交流》2008（12）：238—241。
張玉來（2011）明人葉秉敬的音韻學研究，《煙臺大學學報（哲學社會科學版）》2011（4）：111—115。

3.4 葉秉敬《字孿》

◎原始資料

清蕉雨軒刻小石山房補修本：中國國家圖書館【02129】。

3.5 徐孝《重訂司馬溫公等韻圖經》

◎原始資料（參見《合並字學篇韻便覽》）

◎研究

陸志韋（1947）記徐孝重訂司馬溫公等韻圖經，《燕京學報》32：169—196；（1988）《陸志韋近代漢語音韻論集》54—84，北京：商務印書館。
郭力（1987）《〈重訂司馬溫公等韻圖經〉研究》，北京大學碩士論文。
劉英璉（1988）《等韻圖經研究》，高雄師範大學碩士論文。
郭力（1989）《重訂司馬溫公等韻圖經》心、敷、微三母試析，《漢字文化》1989（4）：69—74。
郭力（1993）《重訂司馬溫公等韻圖經》體例辨析，《古漢語研究》1993（4）：39—45，65。
周賽華、張曉東（2002）關於《等韻圖經》止攝合口中等照組字韻母的擬音問題，《武漢理工大學學報（社會科學版）》2002（6）：104—107。
周賽華（2003）徐孝《等韻圖經》中卷舌元音之再探——兼說卷舌元音與兒化韻的關係，《語言研究》2003（2）：28—33。
郭力（2004）《重訂司馬溫公等韻圖經》的聲母系統，《古漢語研究》2004（2）：19—25。
張銀龍、施偉偉（2005）郭力先生《等韻圖經》作者徐孝籍貫之考訂，《長春師範學院學報》2005（10）：68—70。
孫強、謝龍（2005）明代北京話音系的不對稱研究序論，《江南大學學報（人文社會科學版）》2005（4）：80—82，90。
王爲民（2006）再論《重訂司馬溫公等韻圖經》止攝合口中等照組字韻母的音值，《徐州師範大學學報》2006（5）：61—64。
林琳（2007）從《中原音韻》到《重訂司馬溫公等韻圖經》牙喉音開合口的演變，《2007年福建省辭書學會第18屆年會》

金恩希（2008）《等韻圖經》·《音泭》·普通話의音韻體系比較，《中國學研究》43：21—48。
葉熒光（2009）《等韻圖經》音系之文讀音，《集美大學學報（哲學社會科學版）》2009（4）：72—74。
周賽華（2010）重論《等韻圖經》止攝合口照組字韻母的擬音，《古漢語研究》2010（1）：15—20。
林琳（2010）從《中原音韻》到《等韻圖經》牙喉音開合口演變，《福建師大福清分校學報》2010（4）：46—50。
鄭智穎（2012）《〈重訂司馬溫公等韻圖經〉與〈音泭〉之比較》，福建師範大學碩士論文。

3.6 韻法直圖

◎原始資料

·現存文本

梅膺祚《字彙》所附本。

明萬曆四十二年【1614】梅氏合刊本【《韻法直圖》《韻法横圖》】：史語所圖書館。

清丁顯編《韻學叢書》41 種本及 42 種本。

單行本：雍正甲寅【1734】吳都重刊《寶綸字彙》後附本。

趙蔭棠舊藏本：臺灣師範大學圖書館。

◎研究

麦耘（1987）《韻法直圖》中二等開口字的介音，《語言研究》1987（2）：82—84；（1995）《音韻與方言研究》193—198，廣州：廣東人民出版社。
裴澤仁（1989）《韻法横直圖》呼法初探，《漢字文化》4：73—77。
宋韻珊（1993）《韻法直圖》的聲母研究，《中國語言學論文集》57—78，嘉義：中正大學。
宋韻珊（1996）關於《韻法直圖》入聲字的兩個問題，《第五屆國際暨第十四屆全國聲韻學學術研討會論文集》253—264，新竹師院。
鄭榮芝（1999）《〈韻法直圖〉與〈韻法横圖〉研究》，中山大學博士論文。
鄭榮芝（1999）《韻法直圖》聲母系統的幾個問題，《汕頭大學學報》1999（2）：38—41，91。
邵榮芬（2002）《釋〈韻法直圖〉》，《紀念王力先生百年誕辰學術論文集》1—10，北京：商務印書館；（2009）《邵榮芬語言學論文集》，北京：商務印書館：326—344。
金泰慶（2002）《韻法直圖》·《韻法横圖》에보이는몇가지音韻現象，《中國語文學論集》21：89—119。
金泰慶（2003）《韻法直圖》·《韻法横圖》의音韻體系，《中國語文學論集》22：7—42。
金泰慶（2003）《〈韻法直圖〉·〈韻法横圖〉研究》，延世大學校博士論文。
김인경（2004）《韻法直圖》에關한研究，《人文學誌》28：63—90。
洪梅（2005）《韻法横直圖》的舒聲韻混呼研究，《海峡兩岸辭書學研討會暨福建省辭書學會第十七屆學術年會論文集》。
宋韻珊（2007）論《韻法直圖》的呼名指涉，《中正大學中文學術年刊》10，191—209。
丁文艷（2009）《韻法直圖》中的知莊章，《安徽文學》2009（4）：94。
丁文艷（2009）《〈韻法直圖〉音系研究》，蘇州大學碩士論文。
李軍（2009）論《韻法直圖》的語音性質，《中國語文》2009（1）：66—76，98。
李軍（2010）《切字捷要》的編撰及其與《韻法直圖》的關係，《古漢語研究》2010（2）：28—35，97。
李軍（2011）再論《韻法直圖》呼名的來源與混呼的性質，《廣西師範大學學報（哲學社會科學版）》2011（5）：88—95。
李軍（2011）從音系雜糅性的表現論《韻法直圖》並非原本，《南昌大學學報（人文社會科學版）》2011（6）：150—157。
張平忠（2012）唇音字開合口的演變——從《韻鏡》一系韻圖到《韻法直圖》一系韻圖，《莆田學院學報》2012（3）：48—52。
李軍（2014）《韻法直圖》藍本《切字捷要》與《洪武正韻》的關係，《語言研究》2014（2）：95—105。

3.7 《韻法橫圖》

◎原始資料

・現存文本

梅膺祚《字彙》所附本。

清丁顯編《韻學叢書》41 種本及 42 種本。

單行本。

◎研究

邵榮芬（1998）《韻法橫圖》與明末南京方音，《漢字文化》1998（3）：25—37，47；（2009）《邵榮芬語言學論文集》297—325，北京：商務印書館。
盧紅紅（2009）《〈韻法橫圖〉音系研究》，蘇州大學碩士論文。

3.8 陳藎謨《皇極圖韻》

◎原始資料

・現存文本

明崇禎五年【1632】石經草堂刻本。

・影印本

《四庫全書存目叢書》經部第 214 册，濟南：齊魯書社【崇禎五年刻本】。

3.9 方以智《切韻聲原》

◎原始資料

《通雅》卷五十。

◎研究

黄學堂（1989）《方以智切韻聲原研究》，高雄師範大學碩士論文。

時建國（1996）《切韻聲源》術語通釋，《古漢語研究》1996（1）：9—12，8。

張小英（2002）《〈切韻聲原〉研究》，山東師範大學碩士論文。

時建國（2004）《切韻聲源》研究，中國音韻學研究會、石家莊師範專科學校編《音韻論叢》444—479，濟南：齊魯書社。

孫宜志（2005）方以智《切韻聲原》與桐城方音，《中國語文》2005（1）：67—76。

吳文文（2005）《切韻聲原》保留-m 尾的原因和實質，《福建論壇（人文社會科學版）》2005（S1）：216—217。

王松木（2012）知源盡變——論方以智《切韻聲原》及其音學思想，《文與哲》21：285—350。

3.10 趙撝謙《皇極聲音文字通》

◎原始資料

・現存文本

抄本：中山大學圖書館善本室【書首有殘缺】，北京大學圖書館。

・影印本

《續修四庫全書》經部小學類第 254 册，上海：上海古籍出版社【中山大學圖書館藏本、北京大學圖書館藏本】。

《四庫全書存目叢書》經部第 207 册，濟南：齊魯書社【卷一至二配北京大學圖書館藏本】。

◎研究

谷秀梅（2001）《皇極聲音文字通》簡述，《山東師大學報（人文社會科學版）》2001（1）：68—70。

谷秀梅（2001）《〈皇極聲音文字通〉研究》，山東師範大學碩士論文。

文映霞（2007）十二卷本的《聲音文字通》，《語言科學》2007（2）：36—38。

張明明、丁治民（2007）趙謙著述考，《中南大學學報（社會科學版）》2007（6）：134—140。

丁治民（2008）趙謙《聲音文字通》卷數及性質考辨，《浙江大學學報（人文社會科學版）》2008（1）：169—174。

張明明、丁治民（2008）《聲音文字通》聲類考，《溫州職業技術學院學報》2008（4）：70—74。

張明明、丁治民（2011）趙謙及其《聲音文字通》，《漯河職業技術學院學報》2011（4）：

122—124。

3.11 蕭雲從《韻通》

◎原始資料

北平圖書館舊藏本。

◎研究

永島榮一郎（1941）近世支那語特に北方語系統に於ける音韻史研究資料に就いて（續），《言語研究》9：17—79。

孫俊濤（2007）《韻通》音系研究，《東南傳播》4：66—67。

王思齊（2013）《〈韻通〉研究》，吉林大學碩士論文。

4. 音韻論著

4.1 桑紹良《文韻考衷》【收《青郊雜著》】

◎原始資料

・現存文本

明刻本：北京大學圖書館；上海圖書館；吉林省圖書館。

・影印本

《續修四庫全書》經部小學類第255册，上海：上海古籍出版社【北京大學圖書館藏本】。

《四庫全書存目叢書》經部第216册，濟南：齊魯書社。

◎研究

耿振生（1987）《青郊雜著》作者籍貫考，《中國語文》1987（2）：144—145。

耿振生（1991）《青郊雜著》音系簡析，《中國語文》1991（5）：374—379。

陳潔（2005）《青郊雜著》中“焉A切”下“乙”字考，《和田師範專科學校學報》2005（3）：149。

이수진（2006）試探明代之改良反切—以《青郊雜著》爲中心—，《中國言語研究》23：435—448。

洪梅（2007）《青郊雜著》之《文韻考衷六聲會編》研究摘要，《2007年福建省辭書學會第18屆年會》。

蔡麗華（2008）《青郊雜著》與《五方元音》聲母之比較，《安徽文學》2008（6）：324，326。

李靖（2008）《青郊雜著》與《五方元音》研究現狀簡評及展望，《安徽文學》2008（7）：46。
高龍奎（2010）《青郊雜著》聲母研究，《重慶交通大學學報（社會科學版）》2010（1）：122—125。
陳潔（2012）論《青郊雜著》的入聲，《鄖陽師範高等專科學校學報》2012（2）：43—46。
夏劍欽（2012）明代湘人的三種音韻學著作，《船山學刊》2012（2）：57—60。
陳潔（2013）《青郊雜著》入聲字研究，葉寶奎、李無未編《黃典誠教授百年誕辰紀念文集》186—190，厦門：厦門大學出版社。

4.2 袁子讓《字學元元》

◎原始資料

・現存文本

明萬曆二十五年【1597】彬陽袁氏原刊本：臺灣圖書館（01156）【十卷本】。
萬曆二十九年【1601】刻本：上海辭書出版社圖書館，西北師範大學圖書館【八卷本】。
萬曆三十一年【1603】刻本：故宮博物院圖書館，上海圖書館，甘肅省圖書館【十卷本】。
明萬曆刻本：西北師範大學圖書館【五卷本】。
清抄本：內蒙古大學圖書館【十卷本】。
劉彬抄本：中國科學院圖書館【十卷本】。
抄本：史語所圖書館。

・影印本

《續修四庫全書》經部小學類第255册，上海：上海古籍出版社【上海圖書館藏十卷本】。
《四庫全書存目叢書》經部第210册，濟南：齊魯書社【萬曆三十一年刻本】。

◎研究

賴金旺（2000）《〈字學元元〉音系研究》，中國文化大學碩士論文。
劉曉英（2003）《〈字學元元〉音系研究》，湖南師範大學碩士論文。
劉曉英（2005）從《字學元元》俗音看明末郴州方音聲母特點，《古漢語研究》2005（4）：21—27。
曾衛軍（2005）《字學元元》之諸不定門法概述，《語文學刊》2005（5）：89—91。
劉曉英（2006）從《字學元元》俗音看明末郴州方音韻母聲調特點，《語言研究》2006（4）：51—54。
劉曉英（2007）《字學元元》中各地方音考辨，《古漢語研究》2007（2）：47—51。
劉曉英（2008）袁子讓《五先堂字學元元》音韻學思想研究，《湖南工業大學學報（社會科學版）》2008（3）：63—66，162。
劉曉英（2008）《近代湘南官話語音研究》，湖南師範大學博士論文。
張玉來（2012）明人袁子讓的音韻學，《中南大學學報（社會科學版）》2012（1）：197—200。
夏劍欽（2012）明代湘人的三種音韻學著作，《船山學刊》2012（2）：57—60。

張玉來（2013）《字學元元》之韻圖性質辨，葉寶奎、李無未編《黃典誠教授百年誕辰紀念文集》334—345，厦門：厦門大學出版社。

4.3 吳繼仕《音聲紀元》

◎原始資料

·現存文本

明萬曆刻本：中國國家圖書館（01165）。

明萬曆三十九年【1611】吳氏熙春樓刊本：臺灣圖書館（01152）。

明萬曆重刊本：臺灣圖書館（01153）。

·影印本

《續修四庫全書》經部小學類第254册，上海：上海古籍出版社【中國國家圖書館藏本】。

《四庫全書存目叢書》經部第210册，濟南：齊魯書社【萬曆刻本】。

◎研究

李昱穎（2001）《〈音聲紀元〉音系研究》，臺灣師範大學碩士論文；（2002）《臺灣師範大學國文研究所集刊》46：547—701。

婁育（2006）《〈音聲紀元〉研究》，吉林大學碩士論文。

婁育（2007）《音聲紀元》的版本叙説——兼談研究簡况與研究價值，《中國文化研究》2007（4）：133—140。

4.4 葛中選《泰律篇》

◎原始資料

五華書院刊本。

明萬曆刊本：史語所圖書館。

清光緒三十年【1904】重刊本。

◎研究

群一（1992）《泰律篇》研究，《雲南文史叢刊》。

群一（1999）雲南漢語方音史稿（三），《昆明師範高等專科學校學報》1999（1）：56—60。

4.5 張位《問奇集》

◎原始資料

·現存文本

明刻本：北京大學圖書館。

明萬曆綉水沈氏刻《寶顔堂秘笈》本。

清刻本：上海圖書館；南京圖書館。
清杜立德增續清嘉慶十六年【1811】刻本：復旦大學圖書館。
清丁序賢重訂清康熙五年祝季良刻三十四年咏春堂印本：中國科學院圖書館。
民國十一年【1922】上海文明書局石印寶顏堂秘笈本。

◎研究

羅常培（1934）中國方音研究小史，《東方雜誌》31（7）：141—153；（1963）《羅常培語言學論文選集》142—156，北京：中華書局；（2004）《羅常培語言學論文集》163—184，北京：商務印書館；（2008）《羅常培文集》9：135—159，濟南：山東教育出版社。
坂井健一（1973）問奇集・各地鄉音について—現代方音研究資料として，日本大學《漢學研究》10：33—60。
丁邦新（1978）《問奇集》所記之明代方音，《中央研究院成立五十周年紀念論文集》577—59，南港：中央研究院；（2008）《中國語言學論文集》100—115，北京：中華書局。
Sagart, L. (1992) Le Wen Qi Ji et le dialecte de Nanchang à la fin du 16ème siècle, *Cahiers de linguistique Asie Orientale* 21 (2): 309-312.
李春永（2006）張位《問奇集》에나타난入聲概念小考，《東亞人文學》10：265—286。
李春永（2006）《問奇集》에나타난 16・17 世紀閉口韻尾[-m]消失與否에對한小考，《中國語文學》48：523—536。
李春永（2007）《問奇集》에나타난韻類및聲調特徵探析，《中國語文學》50：453—467。
李春永（2009）《問奇集》에나타난韻類系統分析，《中國語文學》53：263—310。
唐七元（2013）《問奇集》“各地鄉音”考辨，《蘭臺世界》2013（18）：76—77。
薛志霞（2014）張位《問奇集》“相近字音”條反映的語音現象，厦門大學中文系、中國音韻學會編《中國音韻學暨黄典誠學術思想國際學術研討會論文集》302—310，厦門：厦門大學出版社。

4.6 郝敬《讀書通》

◎原始資料

・現存文本

明萬曆崇禎間郝洪範刻《山草堂集》本。

◎研究

忌浮（2005）明末湖北京山方言音系——讀郝敬《讀書通》，《語言研究》2005（4）：13—15；（2010）《甯忌浮文集》559—571，長春：吉林人民出版社。

4.7 陳藎謨《元音統韻》

◎原始資料

·現存文本

清康熙五十三年【1714】范廷瑚刻本。

·影印本

《四庫全書存目叢書》經部第 215-216 册，濟南：齊魯書社【范廷瑚刻本】。

5. 文學

5.1 總論

王忠林（1968）明代散曲用韻探討，《第一屆國際華學會議論文》，臺北。
花登正宏（1981）明代通俗小說《律條公案》の音注について，《均社論叢》10：139—160。
李曉（1984）南戲曲韻研究，《南京大學學報（高教研究與探索）》1984（3）：76—81。
劉俊一（1984）《快嘴李翠蓮記》的用韻和時代，《語海新探》1：125—135，濟南：山東教育出版社。
李惠綿（1989）試析王驥德的南曲音韻論與實際運用，《大陸雜誌》79（5）。
崔秀貞（1993）明代吳人傳奇用韻考，《韓中音韻學論叢》1：667—681，首爾：曙光學術資料社。
川島郁夫（1994）《元曲選》中の音釋について，《中國俗文學研究》12：62—91。
趙德華（1994）《〈全明傳記〉合韻現象研究——以滬嘉地區作品爲研究範疇》，成功大學碩士論文。
馬重奇（1995）《南音三籟》曲韻研究，《福建師範大學學報（哲學社會科學版）》1995（1）：68—78；（1998）《漢語音韻學論稿》319—338，成都：巴蜀書社。
張鴻魁（1996）《金瓶梅》時代的入派三聲，程湘清主編《宋元明漢語研究》579—612，濟南：山東教育出版社。
張鴻魁（1996）《金瓶梅語音研究》，濟南：齊魯書社。
尹戴忠（2000）高啟詩歌用韻研究，《婁底師專學報》2000（1）：62—66。
陳東有（2001）《〈元曲選音釋〉研究》，北京：中國社會科學出版社。
杜愛英（2001）“臨川四夢”用韻考，《古漢語研究》2001（1）：40—44。
俞爲民（2001）南曲曲韻的沿革與流變，《文史》2001（3）：225—241。
王曦（2005）明代蘇州地區南曲作家的用韻研究，《海峽兩岸辭書學研討會暨福建省辭書學會第十七屆學術年會論文集》。
孫艷芳（2007）《明代河北散曲家薛論道散曲用韻考》，陝西師範大學碩士論文。
王曦（2007）明代南京作家南曲用韻研究，《2007 年福建省辭書學會第 18 屆年會論文提要集》；《泉州師範學院學報》2007（5）：65—69。

劉水雲（2007）再論《牡丹亭》的音律問題，《戲曲研究》72：63—80。
劉單單（2010）楊慎曲用韻反映的-p、-t、-k韻尾考，《文教資料》2010（25）：32—34。
周賽紅（2011）明代莞籍詩人韻部研究，《東莞理工學院學報》2011（4）：73—77。
劉錚（2011）《〈明萬密齋醫學全書〉中詩詞用韻研究與現代羅田方言》，中南民族大學碩士論文。
劉單單（2011）《楊慎詞曲用韻考》，吉林大學碩士論文。
王思齊（2011）《西游記》近體詩、詞[-m][-n]韻尾考，《長春理工大學學報（社會科學版）》2011（2）：50—52。
黄亮（2012）《〈六十種曲〉用韻研究》，蘇州大學博士論文。
孫強（2012）明代北京詩人王嘉謨古體詩用韻的幾個特點，《蘇州大學學報（哲學社會科學版）》2012（2）：139—144，197。
謝佳興（2013）《二刻拍案驚奇》詩詞用韻研究，《四川民族學院學報》2013（2）：70—74。

5.2 沈寵綏《度曲須知》

◎原始資料

・現存文本

明崇禎原刊本。
明崇禎十二年【1639】刊本：臺灣圖書館。
清順治六年【1649】序刊本：中國國家圖書館（438，16351，18699），京都大學人文科學研究所。

・影印本

民國十一年【1922】上海商務印書館涵芬樓本。
民國十四年【1925】《重訂曲苑》本。
《四庫全書存目叢書》集部第426册，濟南：齊魯書社【崇禎本】。

・排印本

（1957）《古典戲曲聲樂論著叢編》，北京音樂出版社。
（1959）《中國古典戲曲論著集成》5，中國戲劇出版社【崇禎本】。

◎研究

劉復（1930）明沈寵綏在語音學上的貢獻，《國學季刊》2（3）：411—435。
古屋昭弘（1982）《度曲須知》に見る明末の吴方音，東京都立大學《人文學報》156：65—82。
李晉生（1984）沈寵綏與明代北曲字音，《學習與思考》1984（1）：72—77。
董忠司（1989）沈寵綏及其音節分析法，《國教世紀》24（6）：12—17。
董忠司（1991）明代沈寵綏語音分析觀的幾項考察，《孔孟學報》61：183—216。
董忠司（1994）沈寵綏的語音分析說，《聲韻論叢》2：73—110，臺北：臺灣學生書局。
都興宙（1994）沈寵綏音韻學簡論，《青海師範大學學報（哲學社會科學版）》1994（4）：

87—92。

蔡孟珍（2000）明・沈寵綏在戲曲音韻學上的貢獻，《聲韻論叢》9：255—288。

浦山あゆみ（2004）《度曲須知》の三字切法に關する一考察，大谷大學《中國文學論叢》62：334—350。

何大安（2007）韻首的迷思：《度曲須知》中的“屬陰”與“屬陽”，中山大學《文與哲》10：361—373。

何大安（2008）“陰出陽收”新考——附論《度曲須知》中所見的吳語聲調，《中研院歷史語言研究所集刊》79（3）：497—515；（2009）《漢語方言與音韻論文集》295—311，臺北：作者自印。

何大安（2008）韻首的迷思：《度曲須知》中的“屬陰”與“屬陽”，中山大學《文與哲》10：361—375；（2009）《漢語方言與音韻論文集》313—323，臺北：作者自印。

何大安（2008）《方音洗冤考》的是與非，《長庚人文社會學報》1（1）：1—18；（2009）《漢語方言與音韻論文集》325—338，臺北：作者自印。

歐文艷（2009）《度曲須知》明末吳方言探析，《安徽文學》2009（8）：120。

歐文艷（2009）《沈寵綏音韻學研究》，寧波大學碩士論文。

何大安（2010）《辨聲捷訣》的一種讀法，潘悟雲、沈鍾偉主編《研究之樂：慶祝王士元先生七十五壽辰學術論文集》67—87，上海：上海教育出版社；（2009）《漢語方言與音韻論文集》339—371，臺北：作者自印。

何大安（2010）“轉音”小考，余靄芹、柯蔚南主編《羅杰瑞先生七秩晉三壽慶論文集》313—333，香港：香港中文大學中國文化研究所吳多泰中國語文研究中心；（2009）《漢語方言與音韻論文集》373—405，臺北：作者自印。

6. 日本資料

黃檗唐音

有坂秀世（1938）江户時代中頃に於けるハの頭音について，《國語と國文學》16：1—13；（1957）《國語音韻史の研究（增補新版）》221—243，東京：三省堂。

石崎又造（1940）支那語學の源流（其二）黃檗宗，《近世日本に於ける支那俗語文學史》31—48，東京：弘文堂書房；（1977）東京：清水弘文堂書房。

飯田利行（1955）《日本に殘存せる中國近世音の研究》，東京：飯田博士著書刊行會；（1990）東京：名著出版。

奧村三雄（1957）近世音韻資料としての黃檗唐音，《岐阜大學學藝學部研究報告（人文科學）》5。

奧村三雄（1972）天和三年黃檗版觀音經—近世初期の表記・音韻史料として—，《近代語研究》3。
矢野準（1977）近世唐音のかな表記に關する一報告，《靜岡女子大學研究紀要》11：340—328。
高松政男（1985）近世唐音辨—南京音と浙江音—，岐阜大學《國語國文學》17：92—110。
岡島昭浩（1987）近世唐音の重層性，九州大學《語文研究》63：36—50。
金子真也（1987）黃檗清規初探，《中國語學》234：46—53。
金子真也（1988）《黃檗清規》中の唐音について：韻母を中心に，《龍谷紀要》10（2）：60—71。
金子真也（1990）《黃檗清規》中の唐音について：聲母を中心に，《龍谷紀要》12（1）：125—134。
金子真也（1992）《慈悲水懺法》について：版本及び音釋を中心に，《龍谷紀要》14（1）：107—116。
奥村三雄（1992）近世唐音の性格，《訓點語と訓點資料》88：67—81。
岡島昭浩（1992）近世唐音の清濁，《訓點語と訓點資料》88：95—104。
岩田郁子（1995）黃檗聲明の經本の成立と變遷，《音樂學》40（2）：89—103。
岩田郁子（1995）黃檗宗聲明の傳承史，《成城文藝》150：37—49。
岩田郁子（1995）黃檗宗の梵唄の旋律構造，《黃檗文華》117：181—178。
張昇余（1996）《黃檗清規》の唐音，《黃檗文華》115；（2013）《日語漢字音研究》205—217，武漢：武漢大學出版社。
張昇余（1996）黃檗宗經典に於ける近世唐音の考察，《黃檗文華》116：184—145；（2013）《日語漢字音研究》，218—274，武漢：武漢大學出版社。
沼本克明（1997）江戶期唐音，《日本漢字音の歷史的研究》540—547，東京：汲古書院。
張昇余（1997）從日文唐音看明清時期的南京官話與江南方言音，《外語教學》1997（4）；（2013）《日語漢字音研究》184—192，武漢：武漢大學出版社。
張昇余（1997）近世唐音に於ける效流兩攝字音の表記，《千里山文學論集》58；（2013）《日語漢字音研究》149—162，武漢：武漢大學出版社。
岩田郁子（1998）黃檗宗聲明の旋律構造：節經を中心として，《美學》48（4）：60—71，78。
岩田郁子（1998）禪林課誦と中國日課經本，《黃檗文華》118：152—155。
張昇余（1998）《日本唐音與明清官話研究》，西安：世界圖書出版公司。
張昇余（2000）《近世唐音の研究》，關西大學博士論文。
楊春宇（2006）社會言語學の視點から見た清代漢語音と日本近世唐音の研究序章—近世における中日文化交流についての一斷想，《社會システム研究》4：39—48。
楊春宇（2006）黃檗宗唐音と鎌倉宋音の關係試論，北九州中國言語文化研究論集《北方人》14：1—48。
張昇余（2007）《日語語音研究——近世唐音》，北京：外語教學與研究出版社【即張昇余（2000）《近世唐音の研究》】。
楊春宇（2008）黃檗宗唐音と唐通事唐音の異同についての管見，《中國語研究》50：63—73。

張昇余（2013）《日語漢字音研究》，武漢：武漢大學出版社。
張昇余（2013）近世唐音に於ける效攝字音，《日語漢字音研究》163—183，武漢：武漢大學出版社。
張昇余（2013）日本近世における中國語音=唐音の“輸出”と受容，《日語漢字音研究》193—204，武漢：武漢大學出版社。

詞彙語法・總論

竹越孝、千野真一 編

1. 近代漢語

◎辭典、索引

金丸邦三、曾根博隆（1984）《早期白話語彙訓釋拾遺》，東京：中國俗文學研究會。

高文達主編（1992）《近代漢語詞典》，北京：知識出版社。

金丸邦三、鈴木誠、阿保聖子（1993）《近世白話語彙語釋拾遺初集》，東京：中國俗文學研究會。

金丸邦三、鈴木誠、阿保聖子（1993）《近世白話語彙語釋拾遺二集》，東京：中國俗文學研究會。

許少峰主編（1997）《近代漢語詞典》，北京：團結出版社。

張美蘭編（2001）《近代漢語後綴形容詞詞典》，貴陽：貴州教育出版社。

雷文治主編（2002）《近代漢語虛詞詞典》，石家莊：河北教育出版社。

許少峰編（2008）《近代漢語大詞典》，北京：中華書局。

◎研究

黎錦熙（1928）中國近代語研究提議，《新晨報副刊》66—67；（1929）《國語旬刊》1（2）；（1929）中國近代語研究法，《河北大學文學叢刊》1929（1）。

黎錦熙（1932）論“將”，《國語週刊》35，36；（1957）《漢語釋詞論文集》87—92，北京：科學出版社。

黎錦熙（1933）近代“國語文學”之訓詁研究示例，《文學季刊》1；（1957）“巴”字十義及其“複合詞”和“成語”，《漢語釋詞論文集》1—37，北京：科學出版社。

黎錦熙（1933）“扒拉”與“潑剌”，《國語週刊》93；（1957）《漢語釋詞論文集》58—59，北京：科學出版社。

黎錦熙（1933）中國語言之變遷——以“把”字爲證，《師大月刊》6；（1957）說“把”（上），《漢語釋詞論文集》63—78，北京：科學出版社。

黎錦熙（1933）廣把（上、下），《國語週刊》96，109；（1957）說“把”（下），《漢語釋詞論文集》79—86，北京：科學出版社。

曾廣源（1933）近代語探源，《女師學院期刊》2（1）。

小川環樹（1939）代名詞偺們の沿革，《支那學》9（4）：699—724；（1977）《中國語學研究》165—184，東京：創文社。

吕叔湘（1940）釋“俺、您、咱、喒”，附論“們”字，《華西協合大學中國文化研究所集刊》1（2）；（1955）《漢語語法論文集》1—37，北京：科學出版社；（1984）增訂版 1—37，北京：商務印書館；（2002）《吕叔湘全集》2：1—35，瀋陽：遼寧教育出版社。

吕叔湘（1944）與動詞後“得”與“不”有關之詞序問題，《金陵、齊魯、華西大學中國文化彙刊》4；（1955）《漢語語法論文集》132—144，北京：科學出版社；（1984）增訂版 132—144，北京：商務印書館；（2002）《吕叔湘全集》2：127—138，瀋陽：遼寧教育出版社。

吕叔湘（1944）“個”字的應用範圍，附論單位詞前一字的脱落，《金陵、齊魯、華西大學中國文化彙刊》4；（1955）《漢語語法論文集》145—175，北京：科學出版社；（1984）增訂版 145—175，北京：商務印書館；（2002）《吕叔湘全集》2：139—168，瀋陽：遼寧教育出版社。

吕叔湘（1946）從主語、賓語的分别談國語句子的分析，《開明書店二十周年紀念文集》；（1955）《漢語語法論文集》445—480，北京：科學出版社；（1984）增訂版 445—480，北京：商務印書館；（2002）《吕叔湘全集》2：429—463，瀋陽：遼寧教育出版社。

Průšek, J. (1946) La fonction de la particule *ti* dans le chinois médiéval, *Archiv Orientální* 15 (3-4): 303-344.

入矢義高（1947）近世俗語辭典編纂の資料について，《中國語學》2：1—2。

牛島德次（1947，1948）有來について（上、中、下），《中國語雜誌》2（5）：20—22；3（1）：29—30；3（3）：29—30，7。

吕叔湘（1948）“把”字用法研究，《金陵、齊魯、華西大學中國文化彙刊》8；（1955）《漢語語法論文集》176—199，北京：科學出版社；（1984）增訂版 176—199，北京：商務印書館；（2002）《吕叔湘全集》2：169—191，瀋陽：遼寧教育出版社。

孫楷第（1948）釋上下，《俗文學》47。

太田辰夫（1950）北京語語法史ノート（2）—近代語における非恣意的動詞の形成について，《中國語雜誌》5（6）：45—48；陳文彬節譯（1953）近代漢語“無心”的動詞的形成過程：漢語多音節化的一個例證，《中國語文》16：29—30。

Karlgren, B. (1952) New Excursions in Chinese Grammar, *Bulletin of the Museum of Far Eastern Antiquities* 24：51—80；上野恵司譯（1968，1971）中國語法新探，《明清文學言語研究會會報》11：1—16；13：1—46。

太田辰夫（1952）漢兒言語について—白話發達史に關する試論—，《竹田博士還曆記念中國文化研究會論文集》，東京：東京文理科大學；（1954）《神户外大論叢》5（3）：1—29；（1988）《中國語史通考》253—282，東京：白帝社；江藍生、白維國譯（1991）《漢語史通考》181—211，重慶：重慶出版社；遇笑容、曹廣順、祖生利編（2010）

《漢語史中的語言接觸問題研究》1—23，北京：語文出版社。

周法高（1953）中國語法札記，《歷史語言研究所集刊》24：197—281；（1975）《中國語言學論文集》349—433，臺北：聯經出版事業公司；（2009）《中研院歷史語言研究所集刊論文類編》（語言文字編・語法卷）1：165—249，北京：中華書局；吳福祥編（2013）《境外漢語歷史語法研究文選》1—89，上海：上海教育出版社【其中《近代語中的四音狀詞》論及元曲用例】。

藤堂明保等（1953）中國語語法の史的研究，《各個研究および助成研究報告集録（昭和27年度）哲・史・文學編》186—187。

運班（1956）早期白話"須"字例釋，《中國語文》1956（11）：31—32。

太田辰夫（1956）"給"について，《神户外大論叢》7（1-3）：177—197；寧矩譯（1957）說"給"，《語法論集（二）》，北京：中華書局。

黎錦熙（1957）《漢語釋詞論文集》，北京：科學出版社。

太田辰夫（1957）中國語法の發達，《神户外大論叢》7（5）：27—63；（1995）《中國語文論集・語學篇元雜劇篇》113—159，東京：汲古書院；李佳樑譯（2013）漢語語法的變遷，吳福祥編《境外漢語歷史語法研究文選》91—124，上海：上海教育出版社。

太田辰夫（1957）《中國歷代口語文》，東京：江南書院；新訂第1版（1998）京都：朋友書店。

王力（1957）漢語被動式的發展，《語言學論叢》1：1—16。

蕭斧（1957）"在那裡"、"正在"和"在"，《語法論集》2：144—156，北京：商務印書館。

太田辰夫（1958）《中國語歷史文法》，東京：江南書院；（1981）再版（朋友學術叢書），京都：朋友書店；（2013）新裝再版；蔣紹愚、徐昌華譯（1987）北京：北京大學出版社；（2003）修訂譯版（未名文庫）【書評：蔣紹愚（1988）《中國語歷史文法》評介，《語文建設》1988（6）：45—50】。

王力（1958）《漢語史稿（中册）》，北京：科學出版社；（1980）北京：中華書局；（1988）《王力文集》9，濟南：山東教育出版社。

川本邦衛（1958）近代中國語に對する形式的文法分析について—方法論管見—，《中國文學》（慶應義塾創立百年記念論文集〈文學〉）105—126。

小川環樹（1958）多少と早晚，《東西學術研究所論叢》24；（1958）關西大學文學部東洋史研究室編《石濱先生古稀記念東洋學論叢》，大阪：石濱先生古稀記念會；（1977）《中國語學研究》185—199，東京：創文社。

莊司格一（1958）將という語について，《中國語學》77：3—9。

徐德庵（1959）近代漢語中句末語氣詞"則個""者""著""咱""罷""波"，《語法論集》3：100—127，北京：商務印書館。

馬忠（1959）"是"的用法演變，《語法論集》3：55—99，北京：商務印書館。

祝敏徹（1960）"得"字用法演變考，《西北師大學報（社會科學版）》1960（S1）：49—61。

張永言（1960）詞義演變二例，《中國語文》1960（1）：33—37。

Kalousková, J. (1960) Quelques verbes du mouvement dans la langue chinoise et leur transformation en indicateur de rapports d'espace (vidage), Ratchnevsky, P. ed. *Beiträegen zum Problem des Wortes im Chinesischen* 1-16, Berlin: Akademie Verlag.

莊司格一（1961）中國近世語における“的”の用法について，《中國語學》106：1—6。

太田辰夫（1962）“底”と“地”，《中國語學》123：1—3。

池田武雄（1962）“給”（gei）の發生について，《中國語學》122：1—5。

Гуревич, И. С., Зограф, И. Т. (1962) О некоторых изменениях в грамматическом строе китайского языка III-XIV вв., *Письмен. памятники и пробл. истории и культуры народов Востока*, 123-128, Л.

香坂順一（1963）“普通話”語彙小史，《中國語學》127：1—7；128：9—14；（1983）《白話語彙の研究》336—353，東京：光生館。

香坂順一（1963）白話文における語彙繼承の一面，《中國語學》136：1—9；（1983）《白話語彙の研究》354—362，東京：光生館。

龔千炎（1963）論近代漢語的句末助詞“者”、“咱”、“則”、“則個”及其歷史發展，《合肥師範學院學報》1963（1）。

洪誠（1964）王力《漢語史稿》語法部分商榷，《中國語文》1964（3）：173—202。

Ratchnevsky, P. (1964) Zur Frage der Präfigierung im archaischen und alten Chinesisch, Ratchnevsky, P. ed. *Beiträgen zum Problem des Wortes im Chinesischen* 2: 45-80, Berlin: Akademie Verlag.

Sofronow, M. W. (1964) Die wortbildunden Präfixe und Suffixe im Mittelchinesischen, Ratchnevsky, P. ed. *Beiträgen zum Problem des Wortes im Chinesischen* 2: 109-138, Berlin: Akademie Verlag.

香坂順一（1965）舊白話語彙整理上の問題點，《中國語學》149：1—9。

香坂順一（1965—1970）中國近世語ノート（1-7），《明清文學言語研究會會報》6：13—23；7：43—68；8：43—62；9：47—89；10：1—120；11：1—61；12：1—143；（1983）《白話語彙の研究》1—289，東京：光生館；江藍生、白維國譯（1997）《白話語彙研究》1—346，北京：中華書局。

香坂順一（1966）中國近世語における“沒的”，大阪市立大學《人文研究》17（4）：1—20。

香坂順一（1967）近世・近代漢語の語法と語彙，《中國文化叢書》1：296—356，東京：大修館書店。

鳥居久靖（1967）近世文學語彙研究の資料（1），《明清文學言語研究會會報》8：1—10。

香坂順一（1968）“跟”“給”の未分化，《中國語學》185：7—10；（1983）《白話語彙の研究》330—335，東京：光生館；江藍生、白維國譯（1997）《白話語彙研究》394—400，北京：中華書局。

宮田一郎（1968）近世語にみえる介詞について—在・向・去—，《明清文學言語研究會會報》10：1—29；（2005）《宮田一郎中國語學論集》1—25，東京：好文出版。

香坂順一、藤堂明保（1969）中世漢語，《中國語學新辭典》195—205，東京：光生館。

香坂順一（1969—70）舊白話雜記（1-3），《中國語學》195：1—8；197：4—11；199：

1—10;（1983）《白話語彙の研究》290—329，東京：光生館；江藍生、白維國譯（1997）《白話語彙研究》347—394，北京：中華書局。

宮田一郎（1970）“動詞かさね式”と賓語，《人文研究》21（4）：31—42，300—311；（2005）《宮田一郎中國語學論集》26—40，東京：好文出版。

宮田一郎（1971）“～看”について，《人文研究》22（11）：28—39；（2005）《宮田一郎中國語學論集》41—54，東京：好文出版。

鈴木直治（1971）“在”の語法的機能の發達について，《明清文學言語研究會會報》13：111—163。

Зограф, И.Т. (1971) Личные местоимения в китайских памятниках северный группы (Юань—мин), *Страны и народы Востока* 2: 207-211.

宮田一郎（1972）反復疑問について，《人文研究》24（2）：26—40，96—110；（2005）《宮田一郎中國語學論集》55—70，東京：好文出版。

Li, Charles N., Thompson, S. (1974) An explanation of word order change: SVO > SOV, *Foundations of Language* 12: 201-214.

Li, Charles N., Thompson, S. (1975) The semantic function of word order: a case study in Mandarin, in C.N. Li (ed.), *Word Order and Word Order Change*, 163-195, Austin: University of Texas Press.

志村良治（1977）“與”“饋”“給”—漢語の授與動詞と“給”の來源，《東北大學文學部研究年報》27：173—123；（1984）《中國中世語法史研究》336—408，仙臺：三冬社；江藍生、白維國譯（1995）《中國中世語法史研究》316—386，北京：中華書局。

張清常（1978）漫談漢語中的蒙語借詞，《中國語文》1978（3）：196—198。

劉堅（1978）語詞雜說，《中國語文》1978（2）：115—117。

Зограф, И. Т. (1979) *Среднекитайский язык*, Москва: Издательство Наука.

楊天戈（1980）說“兀”，《中國語文》1980（5）：363—367。

潘允中（1980）漢語動補結構的發展，《中國語文》1980（1）：53—60。

張永綿（1980）近代漢語中的同義詞，《教學與研究》1980（3）：62—69。

吕景先（1980）唐明之間漢語的被動式，《河南師大學報（社會科學版）》1980（2）：80—88，32。

張永綿（1980）近代漢語中字序對換的雙音詞，《中國語文》1980（3）：177—183。

何九盈、蔣紹愚（1990）《古漢語詞彙講話》，北京：北京出版社。

陳治文【筆名樂東甫】（1981）辨“眼辨”，《中國語文》1981（6）：465；（2013）《近現代漢語研究文存》46—48，北京：社會科學文獻出版社。

佐藤晴彥（1981）“難道”小考，大阪市立大學《人文研究》33（2）：63—72；閻瑞譯（1993）大河內康憲主編《日本近、現代漢語研究論文選》42—51，北京：北京語言學院出版社。

劉堅（1981）古代白話文獻簡述，《語文研究》1981（1）：97—104。

劉堅（1981）校勘在俗語詞研究中的運用，《中國語文》1981（6）：446—451。

蔣禮鴻（1981）《義府續貂》，北京：中華書局。
周祖謨（1981）漢語發展的歷史，《中國語文研究》1981（2）22—28；（1988）《周祖謨語言文史論集》，杭州：浙江大學出版社。
程湘清（1980）漢語發展規律初探，《東岳論叢》1980（1）：112—119。
佐藤晴彦（1982）“難道”小考 2，《神户外大論叢》33（3）：5—22。
張永言（1982）《詞彙學簡論》，武漢：華中工學院出版社。
張永言（1982）《詞彙學論集》，北京：語文出版社。
潘允中（1982）《漢語語法史概要》，鄭州：中州書畫社。
香坂順一（1983）《白話語彙の研究》，東京：光生館；江藍生、白維國譯（1997）《白話語彙研究》，北京：中華書局。
香坂順一（1983）中國語における語の機能分化ー“於”“爲”を例として，(1983)《白話語彙の研究》466—480，東京：光生館。
橋本萬太郎（1983）北方漢語的結構發展，《語言研究》1983（1）：88—99；遇笑容、曹廣順、祖生利編（2010）《漢語史中的語言接觸問題研究》66—80，北京：語文出版社。
川島郁夫（1983）“分明”という言葉，《中國俗文學研究》1：109—111。
植田均（1986）程度の強調を表わす“好”について，《中國語學》230：52—62。
朱茂漢（1983）名詞前綴“阿”和“老”的形成和發展，《安徽師大學報（哲學社會科學版）》1983（4）：88—94。
袁賓（1983）早期白話詞義札記（1，2），《天津師範大學學報》1983（2）：1；1983（4）：94—95。
袁賓（1983）近代漢語二題，《語文園地》1983（5）。
袁賓（1983—1987）俗語詞零札，《語文月刊》1983（12）；1985（3，9，11，12）；1986（2，5，7，10，12）；1987（6，7）；《語文園地》1986（3）；《語文》1986（5）；1987（1，2）；《閲讀與寫作》1987（11）；《天津師範大學學報》1986（2）：85—87。
丸山實夫（1984）俗語隨考，《中國俗文學研究》2：77—78。
岳俊發（1984）“得”字句的產生和演變，《語言研究》1984（2）：10—30。
江藍生（1984）概數詞“來”的歷史考察，《中國語文》1984（2）：145—153；（2000）《近代漢語探源》1—18，北京：商務印書館。
袁賓（1984）早期白話前置修飾語初探，《吉安師專學報》1984（1）。
袁賓（1984）略論近代漢語偏義語詞，《教學與進修》1984（3）：62—66。
袁賓（1984）近代漢語詞語札記，《中州學刊》1984（2）：104—106。
袁賓（1984）近代漢語“好不”考，《中國語文》1984（3）：207—215。
袁賓（1984）略論近代漢語的偏義詞語，《教學與進修》1984（3）。
胡明揚（1984）說“打”，《語言論集》2，北京：中國人民大學出版社。
陳治文【筆名樂東甫】(1984）詞語釋義商兑，《中國語文》1984（1）：58—61，63；（2013）《近現代漢語研究文存》74—85，北京：社會科學文獻出版社。
張萬起（1984）連詞“所以”產生的時代，《語文研究》1984（4）：23—25。

秦炯靈（1984）“兀那”的“兀”並非詞頭，《中國語文》1984（3）：165。

王學奇（1984）釋“彈”，《中國語文》1984（5）：392—393。

泉敏弘（1985）北方“給”使役・被動用法の來源，《中國語學》232：33—43。

朱德熙（1985）漢語方言裡的兩種反復問句，《中國語文》1985（1）：10—20；（1999）《朱德熙文集》3：66—85，北京：北京大學出版社；（2010）《朱德熙文選》182—199，北京：北京大學出版社。

Peyraube, A. (1985) Les structures en “ba” en chinois médiéval et moderne, *Cahiers de linguistique Asie Orientale* 14: 193-213.

Lamarre, C. (1985) Un problème d’ordre des mots en chinois vernaculaire: quand et où s’est produit le changement shuo ta bu guo > shuo bu guo ta, *Cahiers de linguistique Asie Orientale* 14(1): 83-98.

吕叔湘【江藍生補】（1985）《近代漢語指代詞》，上海：學林出版社。

劉堅（1985）《近代漢語讀本》，上海：上海教育出版社；（1995）修訂本。

吕叔湘（1985）《近代漢語讀本》序，《近代漢語讀本》，上海：上海教育出版社；《語文學習》1985（7）：43—45。

劉勳寧（1985）現代漢語句尾“了”的來源，《方言》1985（2）：128—133；（1998）《現代漢語研究》（漢語語言學世紀叢書）21—34，北京：北京語言文化大學出版社。

丸山實夫（1985）俗語隨考，《中國俗文學研究》3：79—80。

張清常（1985）釋“胡同”，《語言教學與研究》1985（4）：108—116。

張永綿（1985）近代漢語的雙音詞，《語文論集》1985（1）。

鍾兆華（1985）趨向動詞“起來”在近代漢語中的發展，《中國語文》1985（5）：359—366。

伊原大策（1986）所謂“兼語式”の變遷について—“VO在P”，“VO到P”，“VO給P”，“VO出來”など—，《中國語研究》25：1—18。

江藍生（1986）疑問語氣詞“呢”的來源，《語文研究》1986（2）：17—24；（2000）《近代漢語探源》19—36，北京：商務印書館。

王海棻（1986）近代漢語中一種新型反復問句，《語文教學通訊》1986（10）：48。

史存直（1986）《漢語語法史綱要》，上海：華東師範大學出版社。

Lamarre, C.（1986）《漢語の結果・可能補語の發展及びアスペクト體系の形成—“得”を起點として—》，筑波大學博士論文。

梅祖麟（1986）關於近代漢語指代詞——讀吕著《近代漢語指代詞》，《中國語文》1986（6）：401—412。

劉一之（1986）《現代漢語口語（N）VPNeg問句探源》，北京大學碩士論文。

王鍈（1986）讀《許政揚文存》散札，《書品》1986（4）；（2004）《近代漢語詞彙語法散論》190—193，北京：商務印書館。

王鍈（1986）試論古代白話詞彙研究的意義與作用，《文史》25；蔣紹愚、江藍生編（1999）《近代漢語研究（二）》175—194，北京：商務印書館；（2004）《近代漢語詞彙語法散論》7—27，北京：商務印書館。

袁賓（1986）近代漢語裏“煞”的用法，《語文園地》1986（11）。

趙克誠（1987）《近代漢語語法》，西安：陝西師範大學出版社。

橋本萬太郎（1987）漢語被動式的歷史·區域發展，《中國語文》1987（1）：36—49；蔣紹愚、江藍生編（1999）《近代漢語研究（二）》75—101，北京：商務印書館；遇笑容、曹廣順、祖生利編（2010）《漢語史中的語言接觸問題研究》81—101，北京：語文出版社。

李行健、折敷瀨興（1987）現代漢語方言詞語的研究與近代漢語詞語的考釋，《中國語文》1987（3）：183—190；蔣紹愚、江藍生編（1999）《近代漢語研究（二）》109—126，北京：商務印書館。

林燾（1987）北京官話溯源，《中國語文》1987（3）：161—169；遇笑容、曹廣順、祖生利編（2010）《漢語史中的語言接觸問題研究》102—114，北京：語文出版社。

楊佔武（1987）近代漢語中功能重疊的語法成分，《陝西師大學報（哲學社會科學版）》1987（1）：76—83。

丸山實夫（1987）“定”“住”考（俗語隨考）《中國俗文學研究》5：94。

陳治文（1987）再談“望空便額”裡的“望空”，《中國語文》1987（2）：138—140；（2013）《近現代漢語研究文存》153—159，北京：社會科學文獻出版社。

袁賓（1987）論近代漢語，《廣西大學學報（哲學社會科學版）》1987（1）：94—100。

袁賓（1987）“好不”續考，《中國語文》1987（2）：134—137。

袁賓（1987）近代漢語三視研究系統，《語文導報》1987（5）。

袁賓（1987）近代漢語特殊被字句探索，《華東師大學報》1987（6）。

袁賓（1987）近代漢語修辭說略，《語文月刊》1987（12）。

袁賓（1987）評《近代漢語讀本》，《語文導報》1987（4）。

俞光中（1987）“V 在 NL”的分析及其來源獻疑，《語文研究》1987（3）：14—18。

馬貝加（1987）介詞“沿、往、望、朝”的產生，《溫州師院學報（社會科學版）》1987（1）：19—25。

刁晏斌（1987）近代漢語“把”字句的省略式，《大連教育學院院刊》1987（2）。

董樹人（1987）關於量詞“棵”的出現時間，《語言教學與研究》1987（3）：127。

陳剛（1987）試論“動－了－趨”式和“動－將－趨”式，《中國語文》1987（4）：282—287。

解惠全（1987）談實詞的虛化，《語言研究論叢》4：208—227。

李之亮（1987）談談近代詞義訓詁在現今土語，《鄭州大學學報》1987（6）：42—46，7。

朱景松（1987）近代漢語的“況”可以表示轉折，《中國語文》1987（4）：307。

Peyraube, A. (1988) Chapitre VIII: Le Pre-moderne (1250-1400), *Syntaxe Diachronique du Chinois, Évolution des constructions datives du XIVème siècle avant J.-C. au XVIIIème siècle*, 239-286, Paris: Collège de France【Review: Alleton, V. (1990) *Cahiers de Linguistique Asie Orientale* 19(1): 109-113；徐丹（1990）關於給予式的歷史發展——讀貝羅貝著《漢語歷時語法——公元 14 世紀前至公元 18 世紀給予式的演變》，《中國語文》1990（3）：219—229】.

Peyraube, A. (1988) Syntactic change in Chinese: On grammaticalization，《歷史語言研究所

集刊》59：617—652.

唐鈺明（1988）唐至清的“被”字句，《中國語文》1988（6）：459—468；蔣紹愚、江藍生編（1999）《近代漢語研究（二）》127—145，北京：商務印書館；（2002）《著名中年語言學家自選集·唐鈺明卷》283—303，合肥：安徽教育出版社。

梅祖麟（1988）北方方言中第一人稱代詞複數包括式和排除式對立的來源，《語言學論叢》15：141—145；（2000）《梅祖麟語言學論文集》150—154，北京：商務印書館；遇笑容、曹廣順、祖生利編（2010）《漢語史中的語言接觸問題研究》115—118，北京：語文出版社。

梅祖麟（1988）漢語方言裡虛詞“著”字三種用法的來源，《中國語言學報》3：193—216；（2000）《梅祖麟語言學論文集》155—187，北京：商務印書館；馮力等主編（2009）《漢語時體的歷時研究》277—302，北京：語文出版社。

劉一之（1988）關於北方方言中第一人稱代詞複數包括式和排除式對立的產生年代，《語言學論叢》15：92—140。

太田辰夫（1988）《中國語史通考》，東京：白帝社；江藍生、白維國譯（1991）《漢語史通考》，重慶：重慶出版社【書評：Lamarre, C. (1989) *Cahiers de linguistique Asie Orientale* 18(1): 149-152】。

金文京（1988）漢字文化圈の訓讀現象，《和漢比較文學研究の諸問題》（和漢比較文學叢書 8）175—204，東京：汲古書院。

李峻鍔（1988）古白話界說與近代漢語上限的探索，《上海師範大學學報（哲學社會科學版）》1988（3）：120—125。

川島郁夫（1988）コンピュータによる近世語彙のデータベースと檢索プログラム—開發とその問題點，《中國俗文學研究》6：111—118。

金易（1988）近代漢語的“復叠”，《當代修辭學》1988（2）：16—17。

Sun, Chaofen (1988) *A Case Study of Grammaticalization: The Grammatical Status of De, Le, and Ba in the History of Chinese*, Ph. D. Dissertation, Cornell University.

葉友文（1988）“這”的功能嬗變及其他，《語文研究》1988（1）：17—21。

鍾兆華（1988）動詞“起去”和它的消失，《中國語文》1988（5）：380—381。

張成材（1988）從“箸”演變到“筷子”的初步考察，《青海師範大學學報（社會科學版）》1988（4）：88—91，87。

姚小平（1988）基本顏色詞理論述評——兼論漢語基本顏色詞的演變史，《外語教學與研究》1988（1）：19—28。

郭良夫（1988）近代漢語副詞“白”和“白白”，《中國語言學報》3：230—244。

袁賓（1988）被字複句說略，《語文月刊》1988（1）。

袁賓（1988）近代漢語裏的強調式判斷句，《語文月刊》1988（11）。

袁賓（1988）疑問副詞“可”探源，《語文月刊》1988（3）。

伊原大策（1988）“放心得下”小考—早期白話型可能補語句型の變遷—，《言語文化論集》25：159—174。

Sun, Chaofen (1989) The history of *de*, *Cahiers de Linguistique Asie Oriental*e 18: 5-27.

宮田一郎（1989）吳語、近世語をめぐって，《中國語研究》31：1—14；（2005）《宮田一郎中國語學論集》429—443，東京：好文出版。
香坂順一（1989）現代中國語中の舊白話語彙の分布，《中國語研究》30：1—17。
植田均（1989）近世中國語にみえる否定副詞（上、下），《中國語研究》30：18—27；31：34—55。
劉堅（1989）試論“和”字的發展，附論“共”字和“連”字，《中國語文》1989（6）：447—453；蔣紹愚、江藍生編（1999）《近代漢語研究（二）》161—174，北京：商務印書館；（2005）《劉堅文集》99—112，上海：上海辭書出版社；（2008）《劉堅文存》66—74，上海：上海教育出版社。
盧甲文（1989）說“兀的”，《信陽師範學院學報》1989（2）：88—92。
俞光中（1989）零主語被字句，《語言研究》1989（2）：95—104。
俞光中（1989）近代漢語三種“了”，《上海教育學院學報》1989（1）。
潘允中（1989）《漢語詞彙史概要》，上海：上海古籍出版社。
蔣冀騁（1989）近代漢語詞義雜考，《古漢語研究》1989（4）：84—88。
劉堅、曹廣順（1989）建國以來近代漢語研究綜述，《語文建設》1989（6）：2—9。
植田均（1989）近代漢語中介詞“和、同、替”的特殊用法，《安慶師院學報（社會科學版）》1989（3）：16—23。
楊平（1989）“動詞+得+賓語”結構的產生和發展，《中國語文》1989（2）：126—136。
史存直（1989）《漢語詞彙史綱要》，上海：華東師範大學出版社。
張惠英（1989）說“給”與“乞”，《中國語文》1989（5）：378—392，封3。
胡增益（1989）滿語的 bai 和早期白話作品“白”的詞義研究，《中國語文》1989（5）：388—396。
蔣紹愚（1989）關於漢語詞彙系統及其發展變化的幾點想法，《中國語文》1989（1）：45—52。
張涌泉（1989）俗語詞研究與古籍校勘，《古漢語研究》1989（3）：36—41。
袁義林（1989）被動式發展瑣義，《山東師範大學學報》1989（1）：44—50。
袁賓（1989）說疑問副詞“還”，《語文研究》1989（2）：26—28。
袁賓（1989）近代漢語後綴“生”，《閱讀與寫作》1989（12）。
劉堅、曹廣順（1989）建國以來近代漢語研究綜述，《語文建設》1989（6）：2—9。
白維國（1989）近三十年日本對近代漢語的研究，《國外語言學》1989（3）：111—114，146。
張永綿（1989）《近代漢語概要》，瀋陽：瀋陽出版社。
王力（1989）《漢語語法史》，北京：商務印書館；（1990）《王力文集》11，濟南：山東教育出版社。
植田均（1990）近代漢語中特殊介詞用法—“和、同、替”—，《中國語研究》32：12—31。
江藍生（1990）說“兀自”，《辭書研究》1990（1）145—148；（2000）《近代漢語探源》284—289。北京：商務印書館。
馮春田（1990）試論結構助詞“底（的）”的一些問題，《中國語文》1990（6）：448—453；

蔣紹愚、江藍生編（1999）《近代漢語研究（二）》257—267。北京：商務印書館。
蔣紹愚（1990）近代漢語研究概述，《古漢語研究》1990（2）：1—11；（1994）《蔣紹愚自選集》150—169，鄭州：河南教育出版社；송인성譯（1999）《中國語文論譯叢刊》3：184—205。
楊平（1990）帶“得”的述補結構的產生和發展，《古漢語研究》1990（1）：56—63。
吳慧穎（1990）“VP1 也 VP2”和“VP1 也怎的”——關於近代漢語中的兩種選擇問句，《古漢語研究》1990（2）：40—45。
袁慶述（1990）近代漢語語辭考釋，《古漢語研究》1990（3）：23—26。
江藍生（1990）疑問副詞“可”探源，《古漢語研究》1990（3）：44—50。
張清常（1990）《胡同及其他》，北京：北京語言學院出版社。
何金松（1990）肯定式“好不”產生的時代，《中國語文》1990（5）：393—394。
馬思周（1990）再論近代漢語副詞“白”，《中國語文》1990（5）：386—392。
胡竹安（1990）早期白話詞語考釋拾零，《蘭州大學學報》1990（3）：122—126。
蔣冀騁（1990，91）論近代漢語的上限（上、下），《古漢語研究》1990（4）：68—75；1991（2）：72—78，28。
江藍生（1991）禁止詞“別”考源，《語文研究》1991（1）：42—47；（2000）《近代漢語探源》54—64，北京：商務印書館。
馮春田（1991）《近代漢語語法問題研究》，濟南：山東教育出版社。
蔣冀騁（1991）《近代漢語詞彙研究》，長沙：湖南教育出版社【書評：方一新、王雲路（1992）近代漢語詞彙研究的新收穫——讀《近代漢語詞彙研究》，《古漢語研究》1992（2）：90—95】。
蔣冀騁（1991）近代漢語詞義系統與辭書編纂，《湖南師範大學社會科學學報》1991（3）：84—88，43。
程湘清（1991）漢語史斷代專書研究方法論，《漢字文化》1991（2）：34—41。
刁晏斌（1991）試論近代漢語語法的特點，《遼寧師範大學學報》1991（1）：52—58；蔣紹愚、江藍生編（1999）《近代漢語研究（二）》268—281，北京：商務印書館。
蔣禮鴻（1991）《近代漢語詞彙研究》辨言，《古漢語研究》1991（1）：6。
袁慶述（1991）《近代漢語虛辭辭典》詞條贅語，《古漢語研究》1991（3）：23—26，32。
劉麗川（1991）介詞“向”與“嚮”在近代漢語中的發展，《深圳大學學報（人文社會科學版）》1991（1）：49—55。
武振玉（1991）“動·將·補”句式的歷史演變，《吉林大學社會科學學報》1：86—90。
宋開玉（1991）辨釋幾個近代漢語語詞，《山東師大學報（社會科學版）》1991（1）：79—81。
刁晏斌（1991）試論近代漢語語法的特點，《遼寧師範大學學報》1991（1）：52—58。
唐韻（1991）近代漢語的“述+賓+補”結構，《四川師範學院學報（哲學社會科學版）》1991（2）：71—76。
朱慶之（1991）關於疑問語氣助詞“那”來源的考察，《古漢語研究》1991（2）：24—28。
向熹（1991）王力先生對漢語詞彙研究的貢獻——紀念王力先生九十誕辰《古漢語研究》1991（3）：1—6。

鍾兆華（1991）“不成”詞性的轉移，《中國語文》1991（4）：291—295。
王海棻（1991）六朝以後漢語叠架現象舉例，《中國語文》1991（5）：366—373。
艾皓德（1991）近代漢語以“時”煞尾的從句，《中國語文》1991（6）：451—459。
張崇（1991）早期白話著作詞語的地域歸屬研究，《西北大學學報》1991（4）。
寺村政男（1992—96）近世漢語中に見える胡語系語彙の研究（1-5），《大東文化大學紀要（人文科學》30：355—385；31：417—446；32：369—393；33：199—221；34：165—181。
江藍生（1992）助詞“似的”的語法意義及其來源，《中國語文》1992（6）：445—452；（提要）劉堅、侯精一《中國語文研究四十年》249—250，北京：北京語言學院出版社；蔣紹愚、江藍生編（1999）《近代漢語研究（二）》315—329，北京：商務印書館；（2000）《近代漢語探源》168—184，北京：商務印書館。
劉堅等（1992）《近代漢語虛詞研究》，北京：語文出版社。
白維國（1992）近代漢語中表示動態的助詞“得”（的），胡竹安、楊耐思、蔣紹愚編《近代漢語研究》235—242，北京：商務印書館。
俞光中（1992）動詞後的“着”及其早期歷史考察，胡竹安、楊耐思、蔣紹愚編《近代漢語研究》325—336，北京：商務印書館。
白維國（1992）“打”，劉堅等（1992）《近代漢語虛詞研究》224—233，北京：語文出版社；（1999）介詞“打”的來源，蔣紹愚、江藍生編《近代漢語研究（二）》330—339，北京：商務印書館。
孫錫信（1992）語氣詞“呢”“哩”考源補述，《湖北大學學報（哲學社會科學版）》1992（6）：69—74，82；（1997）《漢語歷史語法叢稿》33—43，上海：漢語大詞典出版社。
孫錫信（1992）《漢語歷史語法要略》，上海：復旦大學出版社。
胡明揚（1992）近代漢語的上下限和分期問題，胡竹安、楊耐思、蔣紹愚編《近代漢語研究》3—12，北京：商務印書館；（2003）《胡明揚語言學論文集》192—201，北京：商務印書館。
袁賓（1992）《近代漢語概論》，上海：上海教育出版社。
胡竹安、楊耐思、蔣紹愚編（1992）《近代漢語研究》，北京：商務印書館。
江藍生（1992）1991 年近代漢語研究回顧，《語文建設》1992（5）：24—26。
唐韻（1992）近代漢語的程度副詞“十分”，《四川師範學院學報（哲學社會科學版）》1992（4）：31—35。
范曉（1992）近代漢語與吳語，《荊州師專學報》1992（1）：34—39。
蔣維崧（1992）《近代漢語詞典》序，《臨沂師專學報》1992（3）：95。
顏世熹（1992）“古白話”的特點及其與“近代漢語”的關係，《濟南大學學報（綜合版）》1992（2）：48—49。
田有成（1992）近代漢語數詞表示法，《榆林高等專科學校學報》1992（1）：69—72。
段觀宋（1992）釋“沒撻煞”，《古漢語研究》1992（2）：33—34。
趙紅棉（1992）“成語”一詞源流考，《古漢語研究》1992（3）：60—65，29。

李思明（1992）晚唐以來可能性動補結構中賓語位置的發展變化，《古漢語研究》1992（4）：47—52。
馬貝加（1992）介詞“沿”的產生，《語文研究》1992（3）：37—38。
江藍生（1992）疑問副詞“頗、可、還”，劉堅等《近代漢語虛詞研究》234—260，北京：語文出版社；（2000）《近代漢語探源》65—94，北京：商務印書館。
曹澂明（1992）《肯定式“好不”產生的時代》質疑，《中國語文》1992（1）：75。
劉瑞明（1992）論“打、作、爲”的泛義動詞性質及使用特點，《湖北大學學報》1992（1）：62—70。
王鍈（1992）試說“切脚語”，《紀念王力先生百年誕辰學術論文集》，北京：商務印書館；（2004）《近代漢語詞彙語法散論》85—91，北京：商務印書館。
黃曉惠（1992）現代漢語差比格式的來源及演變，《中國語文》1992（3）：213—224。
顧穹（1992）論漢語被動句在歷史發展過程中的變化規律，《東岳論叢》1992（1）：102—107。
Maury, F. (1992) Du nombre dans la langue chinoise: à propos de –men (們), *Cahiers de linguistique Asie Orientale* 21(1): 101-131.
楊建國（1993）《近代漢語引論》，合肥：黃山書社。
王鍈（1993）《近代漢語讀本》注釋校勘商補，《湖北大學學報（哲學社會科學版）》1993（4）：33—38；（2004）《近代漢語詞彙語法散論》168—179，北京：商務印書館。
譚枝宏（1993）近代漢語中含粘合式結果補語的“把”字句，《安慶師院社會科學學報》1993（4）：84—89。
駱偉裡（1993）近代漢語詞彙研究的可喜收穫——《近代漢語詞典》簡評，《辭書研究》1993（4）：82—87。
張誼生（1993）試說近代漢語副詞“才”的特殊用法，《徐州師範學院學報》1993（4）：77—81。
蔣紹愚（1993）一九九二年近代漢語研究綜述，《語文建設》1993（8）：18—19。
蔣紹愚（1993）關於近代漢語研究的幾點想法，劉堅、侯精一編《中國語文研究四十年》242—248，北京：北京語言學院出版社。
元白（1993）評《近代漢語詞典》，《辭書研究》1993（5）：117—124。
田中謙二（1993）“使”考，《ことばと文學》188—194，東京：汲古書院
周志鋒（1993）近代漢語詞語雜釋，《寧波師院學報（社會科學版）》1993（3）：59—63。
刁晏斌（1993）近代漢語“把”字句與“將”字句的區別，《遼寧師範大學學報》1993（1）：50—52。
侯友蘭（1993）也談近代漢語中副詞“白”的一種詞義及用法，《紹興師專學報》1993（2）：70—71。
向熹（1993）《簡明漢語史》，北京：高等教育出版社；（2010）修訂本，北京：商務印書館。
何毓玲（1993）評介向熹先生《簡明漢語史》，《古漢語研究》1993（2）：92—93。
解海江、張志毅（1993）漢語面部語義場歷史演變——兼論漢語詞彙史研究方法論的轉

折，《古漢語研究》1993（4）：85—93。

馬貝加（1993）介詞“同”的產生，《中國語文》1993（2）：151—152。

孫玄齡（1993，1994）關於“兒”字在藝術語言中使用及發音（1，2），《中國俗文學研究》11：84—97；12：103—122。

徐時儀（1993）也談“不成”詞性的轉移，《中國語文》1993（5）：391—392。

徐時儀（1993）“歹”字演變探微，《上海師範大學學報》1993（4）：73—75。

張惠英（1993）“兀底、兀那”考，《方言》1993（4）：306—310。

江藍生（1994）“動詞+X+地點詞”句型中介詞“的”探源，《古漢語研究》1994（4）：21—27，20；（2000）《近代漢語探源》95—109，北京：商務印書館。

江藍生（1994）近代漢語詞語的考釋方法——以演繹法爲中心，《中國語研究》36：10—15。

蔣紹愚（1994）《近代漢語研究概況》，北京：北京大學出版社。

之言（1994）《近代漢語詞彙研究》簡評，《文史知識》1994（2）：127。

吳延枚（1994）近代漢語中的“在”，《語文研究》1994（2）：56—59。

王鍈（1994）一九九三年近代漢語研究綜述，《語文建設》1994（12）：27—29。

石鋟（1994）近代漢語詞尾“生”的功能及來源，《絲路學刊》1994（4）：18—21。

史國東（1994）近代漢語被字句結構略探，《渤海學刊》1994（S1）：64—67。

江藍生（1994）試述吕叔湘先生對近代漢語研究的貢獻，《中國語文》1994（1）：16—21。

李申（1994）《漢語大詞典》近代漢語條目商補，第6屆全國近代漢語學術討論會論文；（1995）《近代漢語釋詞叢稿》171—190，南京：江蘇教育出版社。

張天堡、禹和平（1994）近代俗語詞及俗語義，《淮北煤師院學報》1994（1）：128—131。

李宗江（1994）“V得（不得）”與“V得了（不了）”，《中國語文》1994（5）：375—381；（1999）《漢語常用詞演變研究》110—123，上海：漢語大詞典出版社。

黄徵（1994）俗語詞研究與歷代詞彙研究的關係，《語文建設通訊》45。

張清常（1994）胡同借自蒙古語水井答疑，《語言教學與研究》1994（3）：34—42。

崔山佳（1994）“獅子心”與“豹子膽”，《中國語文》1994（5）；（2006）《近代漢語詞彙論稿》359—363，成都：巴蜀書社。

崔山佳（1994）說“跳槽”，《辭書研究》1994（1）：154—156；（2006）《近代漢語詞彙論稿》366—369，成都：巴蜀書社。

孫錫信（1994）漢語歷史語法中的主謂謂語句，《語苑新論：紀念張世禄先生學術論文集》，上海：上海教育出版社；（1997）《漢語歷史語法叢稿》131—141，上海：漢語大詞典出版社。

Li, Charles N. (1994) Language contact in China: Is Mandarin Chinese derived from a pidgin?, in J. Fisiak (ed.), *Linguistic Change Under Contact Condition (Trends in Linguistics Studies and Monographs)* 81: 131-148.

Liu, Jian and Peyraube, A. (1994), History of some coordinative conjunction in Chinese, *Journal of Chinese Linguistics* 22: 179-201.

蔣紹愚（1995）内部構擬法在近代漢語語法研究中的運用，《中國語文》1995（3）：191—194，220；蔣紹愚、江藍生編（1999）《近代漢語研究（二）》359—366，北京：商務印書館；（2000）《漢語詞彙語法史論文集》201—220，北京：商務印書館。

江藍生（1995）說“麼”與“們”同源，《中國語文》1995（3）：180—190；（2000）《近代漢語探源》134—156，北京：商務印書館；（2002）《著名中年語言學家自選集·江藍生卷》1—22，合肥：安徽教育出版社。

江藍生（1995）說“措大”，《語言研究》1995（1）：7—11。

江藍生（1995）吳語助詞“來”“得來”溯源，《中國語言學報》5：12—27；（2002）《著名中年語言學家自選集·江藍生卷》23—44，合肥：安徽教育出版社。

曹廣順（1995）《近代漢語助詞》，北京：語文出版社。

劉堅、蔣紹愚（1995）《近代漢語語法資料彙編·元代明代卷》，北京：商務印書館。

寺村政男（1995）原因·理由を表す“上頭”について—發生から終焉まで—，《中國文學研究》21：36—51。

張聯榮（1995）近代漢語詞彙研究中的推源問題，《北京大學學報（哲學社會科學版）》1995（5）：81—84。

蔡鏡浩（1995）編寫中古及近代漢語虛詞詞典的幾個問題，《辭書研究》1995（4）：12—23。

楊榮祥（1995）評《近代漢語研究概況》，《語文研究》1995（3）：53—57。

鍾兆華（1995）近代漢語完成態動詞的歷史沿革，《語言研究》1995（1）：81—88。

黎新第（1995）近代漢語共同語語音的構成、演進與量化分析，《語言研究》1995（2）：1—23。

郭芹納（1995）近代漢語中的時間詞語，《語言研究》1995（2）：141—155。

周志鋒（1995）近代漢語詞語選釋——方言佐證詞義舉例，《語言研究》1995（2）：156—160。

石鋟（1995）近代漢語中幾個特殊的時體助詞，《絲路學刊》1995（3）：24—26。

張玉萍（1995）近代漢語上限問題討論綜述，《河南大學學報（社會科學版）》1995（4）：52—55。

吳延枚、馬強（1995）近代漢語中補語的獨特形式，《淮陰師專學報》1995（2）：55—58。

周光慶（1995）近代漢語新詞文化闡釋舉例，《荊州師專學報》1995（6）：61—66。

邵則遂（1995）《近代漢語詞典》拾誤，《湖北教育學院學報》1995（3）：47—51。

刁晏斌（1995）近代漢語中“被+施事+謂語”式“被”字句，《青海師範大學學報（哲學社會科學版）》1995（4）：99—105。

李立成（1995）近代漢語中的副詞“殺”、“煞”及其變體，《黃淮學刊（社會科學版）》1995（4）：59—62。

崔山佳（1995）近代漢語中已有“姓+了”的說法，《中國語文》1995（2）：89；（2004）《近代漢語語法歷史考察》271，武漢：崇文書局。

李申（1995）《近代漢語釋詞叢稿》，南京：江蘇教育出版社。

李明孝（1995）語言札記，《古漢語研究》1995（1）：55—57。

王宗祥（1995）“沒撻煞”索解，《古漢語研究》1995（4）：95—96，64。

張學成（1995）“著”字古今形音義辨略，《古漢語研究》1995（S1）：8—9。

祝敏徹（1995）漢語選擇問、正反問的歷史發展，《語言研究》1995（2）：117—122。

李藍、張禎（1995）“臊皮”、“燥脾（胃）”辨析，《中國語文》1995（2）：150—153。
劉堅、曹廣順、吳福祥（1995）論誘發漢語詞彙語法化的若干因素，《中國語文》1995（3）：161—169。
孫錫信（1995）語氣詞“麼”的來歷，《中國語言學報》7：80—85。
李申（1995）近代漢語語辭雜釋，《中國語言學報》7：72—79；（1995）《近代漢語釋詞叢稿》1—13，南京：江蘇教育出版社。
馬貝加（1995）漢語中“趁着”義介詞探析，《溫州師範學院學報（哲學社會科學版）》1995（4）：25—29。
張永言、汪維輝（1995）對漢語詞彙史研究的一點思考，《中國語文》1995（6）：401—413。
徐丹（1995）從北京話“V着”與西北方言“V的”的平行現象看“的”的來源，《方言》1995（4）：289—295；馮力等主編（2009）《漢語時體的歷時研究》303—312，北京：語文出版社。
吳福祥（1995）嘗試態助詞“看”的歷史考察，《語言研究》1995（2）：161—166。
石鋟（1996）近代漢語詞尾“生”的功能，《古漢語研究》1996（2）：41—43。
祝敏徹（1996）《近代漢語句法史稿》，鄭州：中州古籍出版社。
邵則遂（1996）《近代漢語詞典》拾誤，《語言研究》1996（2）：128—131。
石鋟、董偉（1996）近代漢語結構助詞“個”與“價”，《絲路學刊》1996（1）：30—33。
徐時儀（1996）近代漢語詞語札記，《喀什師範學院學報》1996（3）：57—63，68。
汪如東（1996）近代漢語語詞訓釋四則，《連雲港教育學院學報》1996（4）：56—57，55。
張崇（1996）札記一則——從元曲看近代漢語“害”的用法，《西安外國語學院學報》1996（2）：82。
陳衛蘭、逯尋梅、張榮東（1996）讀《近代漢語詞典》札記，《長春師範學院學報》1996（3）：46—49。
馬思周（1996）近代漢語代詞分化的“上問去答”原則，《中國語文》1996（2）：135—139。
于江（1996）近代漢語“和”類虛詞的歷史考察，《中國語文》1996（6）：457—464。
侯蘭笙（1996）近代漢語裡副詞“好”的兩種特殊用法，《中國語文》1996（5）：360。
董志翹（1996）關與近代漢語指代詞的幾點思考，《中國語研究》38：24—29。
香坂順一（1996）早期白話の語彙，《中國語研究》38：30—51。
符准青（1996）《漢語詞彙學史》，合肥：安徽教育出版社。
Chaofen, Sun (1996) *Word-Order Change and Grammaticalization in the History of Chinese.* Stanford：Stanford University Press.
江藍生、曹廣順、吳福祥（1996）近代漢語研究的回顧與前瞻，《中國語言學的現狀與展望》，北京：外語教學與研究出版社。
王傳德、尚慶栓（1996）《漢語史》，濟南：濟南出版社。
馮春田（1996）近代漢語裡“緊”、“打緊”、“緊著（自）”之類虛詞的語法分析，《古漢語研究》1996（1）：62—66。
蔣宗許（1996）語氣詞“那”考索，《古漢語研究》1996（1）：67—71。
曹國安（1996）“時”可表示假設，《古漢語研究》1996（1）：82—83。

郭芹納（1996）《漢語大詞典》評略，《古漢語研究》1996（4）：77—81。
盧卓群（1996）助動詞“欲”的發展軌迹，《武漢教育學院學報》1996（5）：36—40。
孟慶章（1996）“好不”肯定式出現時間新證，《中國語文》1996（2）：160。
于江（1996）虛詞“與、及、並、和”的歷史發展，《上海大學學報（社會科學版）》1996（1）：34—40。
徐之明（1996）釋“親娘”，《辭書研究》1996（5）：135—138。
馬貝加（1996）介詞“緣”的產生及其意義，《山西大學學報（哲學社會科學版）》1996（2）：90—92。
馬貝加（1996）介詞“方”探源，《溫州師範學院學報（哲學社會科學版）》1996（5）：39—40。
崔山佳（1996）“死口”補義，《辭書研究》1996（3）：123；（2006）《近代漢語詞彙論稿》110—111，成都：巴蜀書社。
蔣紹愚（1997）把字句略論，《中國語文》1997（4）：298—304。
松井利美（1997）“波吒”のヴァリアントについて，《中國俗文學研究》14：86—103。
蔣冀騁、吴福祥（1997）《近代漢語綱要》，長沙：湖南教育出版社。
董志翹（1997）近代漢語指代詞札記，《中國語文》1997（5）：373—378。
孫錫信（1997）《漢語歷史語法叢稿》，上海：漢語大詞典出版社。
彭國躍（1997）近代中國語敬辭體系の記述，《中國語研究》39：1—20。
鍾兆華（1997）論疑問語氣詞“嗎”的形成與發展，《語文研究》1997（1）：1—8。
鍾兆華（1997）語氣詞“呀”的形成及其歷史淵源，《中國語文》1997（5）：367—372。
楊榮祥（1997）《近代漢語虛詞研究》讀後，《文史知識》1997（1）：106—109。
賀玉華（1997）晚期近代漢語西洋來源外來詞初探《中山大學研究生學刊（社會科學版）》1997（3）：23—30。
宋紹年（1997）築成大道走向輝煌——讀蔣紹愚著《近代漢語研究概況》，《北京大學學報（哲學社會科學版）》1997（1）：145—146。
吴延枚、馬強（1997）近代漢語中的語助詞“家”，《古漢語研究》1997（3）：43—44。
鄭遠漢（1997）近代漢語結果式“得”字句，《古漢語研究》1997（4）：1—6。
潘攀（1997）近代漢語“看”字句，《江漢大學學報》1997（2）：73—77。
葉紅、潘攀（1997）近代漢語辭書詞目設立一瞥，《江漢大學學報》1997（4）：55—57。
李麗明（1997）近代漢語的“歐化”現象及其文化成因，《攀枝花大學學報》1997（2）：60—65。
潘攀（1997）近代漢語一組時間詞，《武漢教育學院學報》1997（1）：53—62。
趙紅梅、程志兵（1997）《型世言》在近代漢語研究中的作用，《伊犁師範學院學報（社會科學版）》1997（3）：38—42。
何洪峰（1997）近代漢語專書研究的新收穫——評潘攀先生的新著《金瓶梅語言研究》，《社會科學動態》1997（12）：30—31。
徐時儀（1997）古代白話詞彙研究與漢語詞典的編纂，《喀什師範學院學報》1997（3）：67—72。

Liu, Mei-Chun (1997) From Motion Verb to Linking Element Discourse Explanations for the Grammaticalization of <u>*Jiu*</u> in Mandarin Chinese, *Journal of Chinese Linguistics* 25 (2): 258-289.

劉瑞明（1997）“做……不著”新釋，《古漢語研究》1997（2）：72—74。

盧卓群（1997）助動詞“要”漢代起源說，《古漢語研究》1997（3）：45—48。

儲澤祥、劉精盛、龍國富、田輝、葉桂郴、鄭賢章（1997）漢語存在句的歷時性考察，《古漢語研究》1997（4）：13—20。

李訥、石毓智（1997）論漢語體標記誕生的機制，《中國語文》1997（2）：82—96。

李景泉（1997）說“一了”，《古漢語研究》1997（4）：79—81。

李宗江（1997）“即、便、就”的歷時關係，《語文研究》1997（1）：24—29；（1999）《漢語常用詞演變研究》139—150，上海：漢語大詞典出版社。

李宗江（1997）“進”對“入”的歷時替换，《中國語文》1997（3）：206—211；（1999）《漢語常用詞演變研究》151—163，上海：漢語大詞典出版社。

李宗江（1997）“也”的來源及其對“亦”的歷時替换，《語言研究》1997（2）：60—67；（1999）《漢語常用詞演變研究》164—178，上海：漢語大詞典出版社。

馮春田（1997）漢語複數詞尾“們”來源試說，《俗語言研究》1997（4）：76—85。

馬貝加（1997）介詞“就”的產生及其意義，《語文研究》1997（4）：33—36。

佐藤晴彥（1997）“光景”考—近世語語彙研究の方法—，《神户外大論叢》48（5）：1—22。

李英哲、盧卓群（1997）漢語連詞發展過程中的若干特點，《湖北大學學報》1997（4）：52—58。

王鍈（1997）說“骯髒”，《中國語言學報》8：148—152；（2004）《近代漢語詞彙語法散論》42—50，北京：商務印書館。

王鍈（1997）試論“通感生義”——從“聞”字說起，《語言教學與研究》1997（4）：23—28；（2004）《近代漢語詞彙語法散論》104—109，北京：商務印書館。

李立成（1997）近代漢語詞典的收詞項目，《辭書研究》1997（6）：31—39。

李申、王文暉（1997）《漢語大詞典》近代漢語條目訂補，《徐州師範大學學報》1997（2）：39—45；李申主編（2002）《近代漢語文獻整理與研究》208—222，石家莊：河北教育出版社。

鍾兆華（1997）語氣助詞“呀”的形成及其歷史淵源，《中國語文》1997（5）：367—372。

鍾兆華（1997）論疑問語氣助詞“嗎”的形成與發展，《語文研究》1997（1）：2—9。

崔山佳（1997）語氣詞“啊”出現在《紅樓夢》前，《中國語文》1997（4）：320；（2004）《近代漢語語法歷史考察》271—273，武漢：崇文書局。

崔山佳（1997）“捉頭”補義，《辭書研究》1997（2）：122；（2006）《近代漢語詞彙論稿》109—110，成都：巴蜀書社。

劉子瑜（1998）漢語反復問句的歷史發展，郭錫良主編《古漢語語法論文集》566—581，北京：語文出版社。

洪波（1998）論實詞虛化的機制，郭錫良主編《古漢語語法論文集》370—379，北京：語文出版社。

江藍生（1998）後置詞“行”考辨，《語文研究》1998（1）3—12，17；郭錫良主編《古漢語語法論文集》642—657，北京：語文出版社；（2000）《近代漢語探源》201—220，北京：商務印書館；（2002）《著名中年語言學家自選集·江藍生卷》119—138，合肥：安徽教育出版社。

江藍生（1998）演繹法與近代漢語詞語考釋，《語言學論叢》20：99—107；（2000）《近代漢語探源》299—308，北京：商務印書館。

高育花（1998）近代漢語“和”類虛詞研究述評，《古漢語研究》1998（3）：56—60。

蔣紹愚（1998）近十年間近代漢語研究的回顧與前瞻，《古漢語研究》1998（4）：37—44；（2000）《漢語詞彙語法史論文集》329—345，北京：商務印書館。

越之（1998）近代漢語詞彙史研究動態，《史林》1998（2）：112—113。

賀玉華（1998）晚期近代漢語西洋來源外來詞初探，《吉安師專學報》1998（1）：46—51。

都興宙（1998）近代漢語的“呵”與“後”，《青海師範大學學報（哲學社會科學版）》1998（1）：101—104。

劉緒湖（1998）近代漢語詞尾功能示例，《烏魯木齊成人教育學院學報》1998（1）：32—36。

李申（1998）近代漢語詞語的羨餘現象，《徐州師範大學學報》1998（3）：47—53；李申主編（2002）《近代漢語文獻整理與研究》1—20，石家莊：河北教育出版社。

李申、楊會永（1998）《漢語大詞典》近代漢語條目指瑕，《語文建設通訊》1998（2）；李申主編（2002）《近代漢語文獻整理與研究》223—236，石家莊：河北教育出版社。

李宗江（1998）漢語總括副詞的來源和演變，《漢語史研究集刊》1上：81—96；（1999）《漢語常用詞演變研究》179—195，上海：漢語大詞典出版社。

羅驥（1998）現代漢語“著呢”的來源，《漢語史研究集刊》1上：97—106。

俞理明（1998）“大家”稱婦人時的意義和讀音，《漢語史研究集刊》1上：176—190。

馮春田（1998）漢語複數詞尾“們”來源於“輩”字說續貂，《語苑擷英》，北京：北京語言文化大學出版社。

孫玉文（1998）簡評王傳德、尚慶栓“合著”的《漢語史》，《古漢語研究》1998（1）：92—94。

儲澤祥（1998）從動賓短語的演變情况看漢語句法結構的特點，《古漢語研究》1998（2）：25—29。

王漢民（1998）釋“梓童”，《古漢語研究》1998（3）：10。

蔣禮鴻，李亞明整理（1998）《義府續貂》增訂，《古漢語研究》1998（3）：11—15。

王鍈（1998）黎錦熙先生論近代漢語研究，《古漢語研究》1998（4）：54—56；（2004）《近代漢語詞彙語法散論》1—6，北京：商務印書館。

張萬起（1998）量詞“枚”的產生及其歷史演變，《中國語文》1998（3）：208—217。

袁賓、徐白（1998）近代漢語語法札記，《俗語言研究》5：131—140。

徐時儀（1998）談“不成”的語法化，《俗語言研究》5：141—146。

曾昭聰（1998）釋“管押”，《辭書研究》1998（3）：86；（2004）《中古近代漢語詞彙論稿》182—183，北京：中央文獻出版社。

石毓智、李訥（1998）漢語發展史上的結構助詞的興替——論“的”的語法化歷程，《中國社會科學》1998（6）：165—180。
董志翹（1998）再論“進”對“入”的歷時替换，《中國語文》1998（2）：155—159。
周志鋒（1998）近代漢語詞語遡源舉例，《詞庫建設通訊》15。
馮英（1998）漢語被動語態表達方式的歷史演變，《雲南師範大學學報》1998（2）：71—74。
崔山佳（1998）《紅樓夢》前已有語氣詞“嗎”，《中國語文》1998（4）：313；（2004）《近代漢語語法歷史考察》273—276，武漢：崇文書局。
李思明（1998）晚唐以來的比擬助詞體系，《語言研究》1998（2）：131—138。
汪維輝（1998）幾組常用詞歷史演變的考察，《漢語史研究集刊》1：26—62。
王學奇（1999）釋“去”，《河北師範大學學報（社會科學版）》1999（2）：49—52，89。
石鋟（1999）淺談助詞“了”語法化過程中的幾個問題，《漢語史研究集刊》2：90—105。
蔣紹愚、江藍生（1999）《近代漢語研究（二）》，北京：商務印書館。
曹廣順（1999）試論漢語動態助詞的形成過程，《漢語史研究集刊》2：74—89。
孫錫信（1999）《近代漢語語氣詞：漢語語氣詞的歷史考察》，北京：語文出版社。
劉堅（1999）《古代白話文獻選讀》，北京：商務印書館。
江藍生（1999）處所詞的領格用法與結構助詞“底”的由來，《中國語文》1999（2）：83—93；（2000）《近代漢語探源》237—257，北京：商務印書館；（2002）《著名中年語言學家自選集・江藍生卷》45—64，合肥：安徽教育出版社。
江藍生（1999）從語言滲透看漢語比擬式的發展，《中國社會科學》1999（4）169—179，208；（2000）《近代漢語探源》185—200 北京：商務印書館；（2002）《著名中年語言學家自選集・江藍生卷》155—171，合肥：安徽教育出版社；遇笑容、曹廣順、祖生利編（2010）《漢語史中的語言接觸問題研究》165—176，北京：語文出版社。
江藍生（1999）語法化程度的語音表現，《中國語言學的新拓展（慶祝王士元教授六十五華誕）》195—204，香港：香港城市大學出版社；（2000）《近代漢語探源》157—167，北京：商務印書館；（2002）《著名中年語言學家自選集・江藍生卷》65—74，合肥：安徽教育出版社。
江藍生（1999）漢語使役與被動兼用探源，Peyraube, A. & Sun, C. eds. *In Honor of Mei Tsu-Lin, Studies on Chinese Historical Syntax and Morphology*, 57-72, Paris: Ecole des Hautes Etudes en Science Sociales；（2000）《近代漢語探源》221—236。北京：商務印書館；（2002）《著名中年語言學家自選集・江藍生卷》139—154，合肥：安徽教育出版社。
劉堅（1999）時態助詞的研究與“VO 過”，Peyraube, A. & Sun, C. eds. *In Honor of Mei Tsu-Lin, Studies on Chinese Historical Syntax and Morphology*, 57-72, Paris: Ecole des Hautes Etudes en Science Sociales；（2005）《劉堅文集》205—212，上海：上海辭書出版社；（2008）《劉堅文存》136—140，上海：上海教育出版社。
楊榮祥（1999）近代漢語否定副詞及相關語法現象略論，《語言研究》1999（1）：20—28。
楊榮祥（1999）近代漢語副詞簡論，《北京大學學報（哲學社會科學版）》1999（3）：138—146，158。

吴福祥（1999）近代漢語語法研究的成就與展望，《漢語史研究集刊》2：14—29。

張誼生（1999）近代漢語預設否定副詞探微，《古漢語研究》1999（1）：27—35。

殷寄明（1999）《近代漢語綱要》簡評，《古漢語研究》1999（1）：87—89。

儲澤祥、徐朝暉、賀福凌、黄春平、尹戴忠（1999）近代漢語的“V出+N外”格式——兼説該式現代爲什麽不多見，《古漢語研究》1999（4）：26—29。

張豫峰（1999）近代漢語中表情態的“得”字句，《河南師範大學學報（哲學社會科學版）》1999（6）：82—86。

沈慧雲（1999）簡評《近代漢語介詞》，《語文研究》1999（3）：61—62。

郝長留（1999）近代漢語短語的句法功能，《河南教育學院學報（哲學社會科學版）》1999（2）：82—87。

刁晏斌（1999）論近代漢語受事主語句，《遼寧師範大學學報》1999（5）：40—45。

張美蘭（1999）論近代漢語“把/將 O+S+V”句式的語法特點，《鎮江師專學報（社會科學版）》1999（3）：93—96；（2004）《近代漢語論稿》139—146，南昌：江西教育出版社。

梁銀峰（1999）論近代漢語的動詞詞頭“打”，《中山大學研究生學刊（社會科學版）》1999（4）：22—29，38；（2013）《漢語語法詞彙史專題研究》28—43，上海：上海社會科學院出版社。

李宗江（1999）《漢語常用詞演變研究》，上海：漢語大詞典出版社。

張繼華（1999）《北京地域文學語言研究》，成都：四川人民出版社。

徐之明（1999）《“做……不著”新釋》商榷，《古漢語研究》1999（1）：50—52。

俞理明（1999）漢語稱人代詞内部系統的歷史發展，《古漢語研究》1999（2）：91—95。

曲彦斌（1999）漢語民間秘密語語源探析，《語言教學與研究》1999（4）：134—146。

張博（1999）“動賓結構+賓語”的條件及發展趨勢，《古漢語研究》1999（3）：2—6。

徐復嶺（1999）“查”字别義，《古漢語研究》1999（3）：38。

馬貝加（1999）處所介詞“向”的產生及其發展，《語文研究》1999（1）：43—47。

馬貝加（1999）介詞“經”的產生與發展，《溫州師範學院學報（哲學社會科學版）》1999（1）：39—42。

郭攀（1999）“非A不B”句型的出現及其發展，《華中師範大學學報（人文社會科學版）》1999（3）：47—52。

洪波（1999）論平行虚化，《漢語史研究集刊》2：1—13。

蕭紅（1999）再論“也”對“亦”歷時替换的原因，《湖北大學學報（哲學社會科學版）》1999（1）：67—70；（2013）《漢語歷史語法詞彙研究》44—58，北京：中國社會科學出版社。

楊合鳴、楊愛姣（1999）近代漢語“ABB”式狀態形容詞淺探，《武漢大學學報》對外漢語教學論文集；楊愛姣（2005）《近代漢語三音詞研究》258—270，武漢：武漢大學出版社。

蔣紹愚（1999）兩次分類——再談詞彙系統及其變化，《中國語文》1999（5）：323—330。

楊會永（1999）再釋“做……不着” ——兼與劉瑞明先生商榷，《徐州師範大學學報》

1999（2）：152—154；李申主編（2002）《近代漢語文獻整理與研究》120—128，石家莊：河北教育出版社。

崔山佳（1999）釋“積賭”，《辭書研究》1999（3）：157—158；（2006）《近代漢語詞彙論稿》369—372，成都：巴蜀書社。

崔山佳（1999）“胡言亂語”與“胡言漢語”，《咬文嚼字》1999（8）：38—39；（2006）《近代漢語詞彙論稿》375—377，成都：巴蜀書社。

周志鋒（1999，2000）《漢語大詞典》近代漢語名物詞補遺（上、下），《詞庫建設通訊》21，22。

Peyraube, A. (1999) Historical Change in Chinese Grammar, *Cahiers de linguistique Asie Orientale* 28(2): 177-226.

蔣紹愚（2000）《漢語語彙語法史論文集》，北京：商務印書館。

江藍生（2000）《近代漢語探源》，北京：商務印書館。

江藍生（2000）《古代白話說略》（百種語文小叢書），北京：語文出版社；（2002）《著名中年語言學家自選集・江藍生卷》244—278，合肥：安徽教育出版社；（2008）《近代漢語研究新論》294—331，北京：商務印書館；（2013）增訂本 441—478，北京：商務印書館。

徐時儀（2000）《古白話詞彙研究論稿》，上海：上海教育出版社。

俞光中、植田均（1999）《近代漢語語法研究》，上海：學林出版社。

楊榮祥（2000）近代漢語中類同副詞“亦”的衰落與“也”的興起，《中國語文》2000（1）57—64。

楊永龍（2000）近代漢語反詰副詞“不成”的來源及虛化過程，《語言研究》2000（1）：107—119；（2009）《漢語史論稿》36—61，北京：中國社會科學出版社。

田照軍（2000）評許少峰《近代漢語詞典》，《辭書研究》2000（5）：92—98；李申主編（2002）《近代漢語文獻整理與研究》190—198，石家莊：河北教育出版社。

張玉來（2000）近代漢語共同語的構成特點及其發展，《古漢語研究》2000（2）：24—30。

張美蘭（2000）論近代漢語“我把你個+名詞性成分”句式，《語文研究》2000（3）：40—46；（2004）《近代漢語論稿》147—163，南昌：江西教育出版社。

史國東（2000）近代漢語被字句結構的特點，《安徽師範大學學報（人文社會科學版）》2000（2）：249—251。

林紅（2000）“被”字句在近代漢語中的運用，《長春大學學報》2000（6）：55—57。

劉志生（2000）論近代漢語詞綴“生”的用法及來源，《長沙電力學院學報（社會科學版）》2000（2）：108—110。

劉尚賢（2000）談近代漢語特殊時體助詞的用法及其英譯，《湖南師範大學教育科學學報》2000（3）：40—44。

張小艷（2000）《漢語大詞典》近代漢語條目補證，《湖州師範學院學報》2000（4）：9—14。

曹廷玉（2000）近代漢語同素逆序同義詞探析，《暨南學報（哲學社會科學）》2000（5）：57—64。

王鍈（2000）近代漢語語詞續考，《黔南民族師範學院學報》2000（4）：1—4。

李之亮（2000）近代漢語語詞考釋，《華北水利水電學院學報（社科版）》2000（4）：46—48。

楊愛姣（2000）近代漢語三音詞發展原因試析，《武漢大學學報（人文社會科學版）》2000（4）：568—571。

李申、張泰、田照軍（2000）《漢語大詞典》近代漢語條目再訂補，《徐州師範大學學報》2000（2）：37—40。

李申（2000）漢語"反詞同指"現象探析，《語言教學與研究》2000（4）：71—75；李申主編（2002）《近代漢語文獻整理與研究》21—30，石家莊：河北教育出版社。

田有成、曾鹿平（2000）近代漢語數詞表示法，《延安大學學報（社會科學版）》2000（3）：99—101。

朱城（2000）近代漢語語法問題探源，《湛江師範學院學報》2000（4）：30—35。

周崇謙（2000）近代漢語被動句的分類，《張家口職業技術學院學報》2000（2）：7—11。

楊永龍（2000）《近代漢語語氣詞》評介，《張家口職業技術學院學報》2000（4）：20—23。

馮春田（2000）《近代漢語語法研究》，濟南：山東教育出版社【書評：培泉（2001）《近代漢語語法研究》——語法領域的又一部力作，《中國新聞出版報》2001年3月29日】。

平野佐和（2000）近世語彙"布袋"について《中國俗文學研究》16：44—48。

Wu, Guo (2000) The Origin of Mandarin Particle LE, *Journal of the Chinese Language Teachers Association* 35(1): 29-60；張定譯（2013）現代漢語小詞"了"的來源，吳福祥編（2013）《境外漢語歷史語法研究文選》327—355，上海：上海教育出版社。

郭齊（2000）連詞"並"的產生和發展，《漢語史研究集刊》3：19—35。

王宗祥（2000）釋"罔兩"，《古漢語研究》2000（1）：96。

吳福祥（2000）關於動補結構"V死O"的來源，《古漢語研究》2000（3）：44—48。

葉貴良（2000）"花拳綉腿"補義，《古漢語研究》2001（1）：15。

李艷惠、石毓智（2000）漢語量詞系統的建立與複數標記"們"的發展，《當代語言學》2000（1）：27—36。

張誼生（2000）論與漢語副詞相關的虛化機制——兼論現代漢語副詞的性質、分類與範圍，《中國語文》2000（1）：3—15。

陶紅印、張伯江（2000）無定式把字句在近、現代漢語中的地位問題及其理論意義，《中國語文》2000（5）：433—446。

陶紅印（2000）從"喫"看動詞元結構的動態特徵，《語言研究》20003（3）：21—38。

趙長才（2000）《漢語述補結構的歷時研究》，中國社會科學院博士論文。

儲澤祥（2000）數詞與複數標記不能同現的原因，《民族語文》2000（5）：58—64。

張紹麒（2000）《漢語流俗詞源研究》，北京：語文出版社。

馬貝加（2000）對象介詞"將"的產生，《語言研究》2000（4）：36—41。

徐時儀（2000）白話俗語詞研究的百年歷程，《文獻》2000（1）：200—222。

徐時儀（2000）語氣詞"不成"的虛化機制考論，《華東師範大學學報》2000（3）：117—122，128。

崔山佳（2000）釋"仇口"，《辭書研究》2000（6）：146—147；（2006）《近代漢語詞彙

論稿》372—374，成都：巴蜀書社。
石毓智、李訥（2001）《漢語語法化的歷程——形態句法發展的動因與機制》（語言學前沿叢書 2），北京：北京大學出版社。
袁賓等（2001）《二十世紀的近代漢語研究》（二十世紀中國語言學叢書）2 册，太原：書海出版社。
中村雅之（2001）契丹人の漢語—漢兒言語からの視點—，《富山大學人文學部紀要》34：107—116。
楊平（2001）助動詞“得”的産生和發展，《語言學論叢》23：122—144。
張美蘭（2001）《近代漢語語言研究》，天津：天津教育出版社。
張美蘭（2001）從偏正結構的認知基礎看近代漢語比擬結構的發展，《對外漢語研究的跨學科探索：漢語學習與認知國際學術研討會論文集》。
刁晏武（2001）《近代漢語句法論稿》，大連：遼寧師範大學出版社。
周志鋒（2001）許編《近代漢語詞典》的成就和不足，《辭書研究》2001（3）：87—95。
劉志生（2001）近代漢語中的“X 的 X”格式，《古漢語研究》2001（2）：46—48。
周志鋒（2001）許編《近代漢語詞典》釋義推敲，《古漢語研究》2001（3）：91—93。
唐莉（2001）近代漢語詞語發展的更替現象，《古漢語研究》2001（4）：59—65。
劉志生（2001）近代漢語中的主謂謂語句舉隅，《長沙電力學院學報（社會科學版）》2001（3）：103—104，106。
馬興芳（2001）近代漢語被動義“喫”字結構格式、意義考察，《臨沂師範學院學報》2001（3）：99—101。
蔣宗許（2001）《近代漢語詞典》樣稿，《綿陽師範高等專科學校學報》2001（1）：14—23。
潘文、吳新江（2001）近代漢語中“女兒”一詞的歷史考察，《南京師範大學文學院學報》2001（1）：57—66。
秦存鋼（2001）近代漢語詞義辨正（二則），《泰安師專學報》2001（4）：70—71。
孫安（2001）近代漢語中“裡”字的結構助詞用法，《鹽城師範學院學報（人文社會科學版）》2001（4）：45—47。
崔山佳（2001）近代漢語中的“VO 過”、“V 得 O 過”和“V 得 O 著”，《張家口職業技術學院學報》2001（4）：21—29。
王文暉（2001）近代漢語中的一種特殊把字句，《中國語文》2001（4）：364—367。
曹小雲（2001）近代漢語語法札記二則，《語言教學與研究》2001（3）：69—72。
洪波（2001）“連”字句續貂，《語言教學與研究》2001（2）：55—63；（2010）《漢語歷史語法研究》431—446，北京：商務印書館。
張美蘭（2001）從偏正結構的認知基礎看近代漢語比擬結構的發展，《對外漢語研究的跨學科探索：漢語學習與認知國際學術研討會論文集》24。
王紹峰（2001）釋“掇（門）”，《古漢語研究》2001（1）：69。
王雲路（2001）從《唐五代語言詞典》看附加式構詞法在中近古漢語中的地位，《古漢語研究》2001（2）：70—75。
秦存鋼（2001）近代詞語詮釋辨正二則，《古漢語研究》2001（3）：60—62。

盧烈紅（2001）“這”單独作主語問題補證，《古漢語研究》2001（4）：37—40。
黎新第（2001）也說“們—每—們”的反復變化，《重慶師院學報（哲學社會科學版）》2001（1）：89—99。
崔宰榮（2001）漢語“喫喝”語義場的歷史演變，《語言學論叢》24：151—190。
武振玉（2001）副詞“都”的產生和發展，《社會科學戰綫》2001（5）：269—271。
高洪年（2001）“救火”之“救”本是“止”，《張家口職業技術學院學報》2001（3）：21—22。
趙長才（2001）“打破煩惱碎”句式的結構特點及形成機制，《漢語史研究集刊》4：13—22。
楊永龍（2001）明代以前的“VO 過”例，《語文研究》2001（4）：21—22；（2009）《漢語史論稿》163—167，北京：中國社會科學出版社。
張志毅、張慶雲（2001）《詞彙語義學》，北京：商務印書館。
方一新（2001）20 世紀近代漢語研究概說，《浙江大學漢語史研究中心簡報》2001（1）。
佐藤晴彥（2001，2003，2004）《中國語歷史文法》解体—斷代史改編への試み—（I-III），《神户外大論叢》52（7）：5—23；54（2）：1—23；55（1）：5—20。
Wang, Tsan-Hsiong (2001) Observations sur les particules *na* 那 et *ye* 也, *Cahiers de linguistique Asie Orientale* 30(1): 87-100.
Sun, Chaofen (2001) Semantically Conditioned Shifts in Chinese, *Cahiers de linguistique Asie Orientale* 30(2): 133-178.
Feng, Li (2001) Origine et évolution du complément directionnel complexe en chinois, *Cahiers de linguistique Asie Orientale* 30(2): 179-214.
馬貝加（2002）《近代漢語介詞》，北京：中華書局。
馬貝加、徐曉萍（2002）時處介詞“從”的產生及其發展，《溫州師範學院學報（哲學社會科學版）》2002（5）：17—21。
蕭嵐（2002）《近代漢語中字序對換的雙音詞》補例，李申主編（2002）《近代漢語文獻整理與研究》31—45，石家莊：河北教育出版社。
王恩建（2002）也釋“牙婆”，李申主編（2002）《近代漢語文獻整理與研究》116—119，石家莊：河北教育出版社。
李申主編（2002）《近代漢語文獻整理與研究》，石家莊：河北教育出版社。
張頹（2002）《漢語介詞詞組詞序的歷史演變》（中青年語言學者文叢），北京：北京語言文化大學出版社。
江藍生（2002）時間詞“時”和“後”的語法化，《中國語文》2002（4）：291—301；（2002）《著名中年語言學家自選集・江藍生卷》75—95，合肥：安徽教育出版社；吳福祥、洪波主編（2003）《語法化與語法研究（一）》181—201，北京：商務印書館；（2008）《近代漢語研究新論》3—25，北京：商務印書館；（2013）增訂本，1—22，北京：商務印書館；馮力等主編（2009）《漢語時體的歷時研究》60—75，北京：語文出版社。
祝建軍（2002）近代漢語動詞“打”的語義泛化，《煙臺大學學報（哲學社會科學版）》

2002（3）：354—360。
孫菊芬（2002）“畢竟”在近代漢語中的發展演變研究，《海南大學學報（人文社會科學版）》2002（3）：78—83。
康振棟（2002）中古近代漢語裡否定詞前“初”的意義及其歸屬，《華南師範大學學報（社會科學版）》2002（4）：62—66。
唐賢清（2002）近代漢語副詞“忒煞”雜議，《湖南醫科大學學報（社會科學版）》2002（3）：30—35。
張美蘭（2002）從漢語比擬句式結構的發展看名詞性偏正結構的構成，《漢語學習》2002（1）：16—21；（2004）《近代漢語論稿》196—205，南昌：江西教育出版社。
張美蘭（2002）再論“我把你/你這（個）+名詞性成分”句，《河北師範大學學報》2002（1）：72—74；（2004）《近代漢語論稿》164—170，南昌：江西教育出版社。
張美蘭（2002）近代漢語“NA”狀心式結構，《杭州師範學院學報（社會科學版）》2002（5）：69—73；（2004）《近代漢語論稿》206—224，南昌：江西教育出版社。
蔣宗許（2002）《近代漢語詞典》雜論，《綿陽師範高等專科學校學報》2002（1）：52—55。
傅惠鈞（2002）略試論近代漢語中“V的V”結構，《語言學論叢》25：189—205。
楊愛姣（2002）近代漢語三音詞概述，《武漢大學學報（人文科學版）》2002（4）：496—502。
楊愛姣（2002）近代漢語三音詞的修辭特點，《江漢大學學報（人文社會科學版）》2002（2）：21—26。
楊冰郁、郭芹納（2002）近代漢語修辭詞語的特徵，《西安聯合大學學報》2002（3）：51—53。
宋開玉（2002）近代漢語語詞舉正，《古漢語研究》2002（2）：62—65。
徐復嶺（2002）近代漢語詞語因失校而釋義錯誤舉例，《古漢語研究》2002（2）：66—67。
樓笑笑（2002）中古近代漢語研究：當今漢語史學科發展的新方向，《國際學術動態》2002（4）：1—3。
李宗江（2002）漢語重複副詞的演變，《漢語史研究集刊》5：11—27。
趙長才（2002）能性述補結構否定形式“V（O）不得”與“V不得（O）”的產生和發展，《漢語史研究集刊》5：82—94。
董秀芳（2002）信息分布原則、韻律與語序變動、體標記“了”的產生，《漢語史研究集刊》5：95—109。
魏達純（2002）“飢、餓”之窮盡調查與對比研究，《漢語史研究集刊》5：143—153。
楊榮祥（2002）近代漢語語氣副詞及其發展演變論略，宋紹年等編《漢語史論文集》314—331，武漢：武漢出版社 291—301。
董秀芳（2002）論句法結構的詞彙化，《語言研究》2002（3）：56—65。
張泰（2002）“程程”正解，《古漢語研究》2002（3）：79。
李緒洙（2002）詞語補釋三則，《古漢語研究》2002（4）：81—82。
俞理明（2002）“水手”指稱銀錢時的具體意義和原因，《古漢語研究》2002（4）：90—91。
邢福義（2002）“起去”的普方古檢視，《方言》2002（2）：97—107。
董爲光（2002）稱謂表達與詞綴“老”的虛化，《語言研究》2002（1）：66—71。
蔣紹愚（2002）“給”字句、“教”字句表被動的來源——兼談語法化、類推和功能發展，《語言學論叢》26：159—177；吳福祥、洪波主編（2003）《語法化與語法研究（一）》202—223，北京：商務印書館。
張誼生（2002）“就是”的篇章銜接功能及其語法化歷程，《世界漢語教學》2002（3）：80—90。
楊永龍（2002）“已經”的初見時代及成詞過程，《中國語文》2002（1）：41—49；（2009）《漢語史論稿》3—20，北京：中國社會科學出版社。
楊永龍（2002）漢語方言先時助詞“着”的來源，《語言研究》2002（2）：1—7；（2009）《漢語史論稿》168—183，北京：中國社會科學出版社。
陳昌來（2002）漢語介詞的發展歷程和虛化機制，《柳州職業技術學院學報》2002（3）：15—22。
曲鳳榮（2002）漢語結構助詞“的”書寫形式之演變與分合，《北方論叢》2002（5）。
楊愛姣（2002）近代漢語附加式三音詞結構分析，《東北師範大學學報》2002 增刊；（2005）《近代漢語三音詞研究》280—290，武漢：武漢大學出版社。
陳安平（2002）“問”的語法化過程，《海南大學學報（社會科學版）》2002（1）：44—49。
金福芬、陳國華（2002）漢語量詞的語法化，《清華大學學報（哲學社會科學版）》2002（S1）：8—14。
崔山佳（2002）“胡說八道”、“胡說白道”和《六說白道》，《語言文字周報》5 月 8 日；（2006）《近代漢語詞彙論稿》191—196，成都：巴蜀書社。
楊愛姣、張蕾（2003）近代漢語三音詞的結構方式，《湖北大學學報（哲學社會科學版）》2003（3）：65—70。
楊榮祥（2003）試論幾個常見副詞詞尾的來源及其發展演變，吳福祥、洪波主編（2003）《語法化與語法研究（一）》400—417，北京：商務印書館。
呂傳峰（2003）近代漢語“喝類語義場”主導詞的更替及相關問題，《語言學論叢》33：48—65。
黑維強（2003）近代漢語“去+VP+去”句結構類型及其發展，《蘭州大學學報》2003（6）：10—16。
曹煒（2003）近代漢語並列連詞“並”的產生、發展及其消亡，《語文研究》2003（4）：37—39。
崔山佳（2003）近代漢語中的“VVA”和“V 一 VA”，《語言研究》2003（4）：42—44。
劉瑞明（2003）近代漢語及方言趣難詞“兔子”辨釋，《成都大學學報（社會科學版）》2003（3）：59—62。
唐賢清（2003）從“真個+體詞”看近代漢語副體結構的類型及存在原因，《常德師範學院學報（社會科學版）》2003（3）：91—94。
唐賢清（2003）近代漢語副詞“太煞”芻議，《湖南社會科學》2003（3）：136—138。
王鍈（2003）近代漢語詞彙研究與中古漢語，《貴州大學學報（社會科學版）》2003（4）：100—103；（2004）《近代漢語詞彙語法散論》62—69，北京：商務印書館。
張美蘭（2003）近代漢語幾種句式結構成分的變化及其句法後果，《湖北民族學院學報（哲學社會科學版）》2003（1）：38—45；吳福祥、洪波主編（2003）《語法化與語法研究（一）》418—437，北京：商務印書館；（2004）《近代漢語論稿》225—245，南昌：江西教育出版社。

張美蘭（2003）從漢語偏正結構的認知基礎看近代漢語比擬式的發展，趙金銘主編《對外漢語研究的跨學科探索》，北京：北京語言大學出版社；（2004）《近代漢語論稿》171—194，南昌：江西教育出版社。

唐賢清（2003）近代漢語副詞“逐旋”的演變，《衡陽師範學院學報（社會科學）》2003（4）：98—101。

李永（2003）漢語人稱代詞複數表達形式的歷史考察，《廣西社會科學》2003（9）：106—108。

張麗麗（2003）《處置式“將”“把”句的歷時研究》，臺灣清華大學博士論文。

張誼生（2003）近代漢語情態化副詞“白”再議——兼論副詞“白”的虛化方式和內部差異及聯繫，《樂山師範學院學報》2003（1）：1—10。

張誼生（2003）從量詞到助詞——量詞“個”語法化過程的個案分析，《當代語言學》2003（3）：193—205，285。

都興宙（2003）近代漢語詞語雜識，《青海民族學院學報》2003（1）：99—102。

楊會永（2003）《漢語大詞典》近代漢語條目釋義商榷，《吉林師範大學學報（人文社會科學版）》2003（2）：26—27。

祝建軍（2003）近代漢語動詞前綴“打—”演變探析，《煙臺大學學報（哲學社會科學版）》2003（4）：470—476。

張衛東（2003）近代漢語語音史研究的現狀與展望，《語言科學》2003（2）：91—99。

黑維強（2003）論近代漢語“去+NP+去”句，《語言科學》2003（3）：92—101。

劉曉虹（2003）劉叔新詞彙學學術思想與中古近代漢語詞彙研究，《南開語言學刊》2003（0）：142—153，187。

唐賢清（2003）近代漢語副詞“可煞”的演變規律，《中南大學學報（社會科學版）》2003（1）：124—127。

高媛媛（2003）《近代漢語雙賓語結構研究》，華南師範大學碩士論文。

盧志寧（2003）《近代漢語中的“早晚”與“多咱”》，河北師範大學碩士論文。

高媛媛（2003）《近代漢語雙賓語結構研究》，華南師範大學碩士論文。

彭小琴（2003）詞綴“老”的來源與用法，《漢語史研究集刊》6：95—108。

唐賢清（2003）從“參差”看漢語副詞的形成，《漢語史研究集刊》6：109—120。

管錫華（2003）古代反義詞“大”“小”表年齡及其他，《漢語史研究集刊》6：165—179。

宋慧曼（2003）“被、將”共現句小議，《漢語史研究集刊》6：404—407。

王鴻濱（2003）處所介詞“于（於）”的衰落與“在”的興起，《漢語史研究集刊》6：80—94。

俞理明（2003）“先生”古今談——兼論漢語詞彙發展中核心義對詞義蛻變的糾正作用，《漢語史研究集刊》6：189—205。

俞理明（2003）“不良”與“響馬”——兼論漢語詞彙形式的縮略變化，《樂山師院學報》2003（8）：9—10。

袁津琥（2003）釋“毛骨悚然”“雪上加霜”——讀《漢語大詞典》札記之一，《漢語史研究集刊》6：241—247。
楊琳（2003）《漢語大詞典》詞義遡源，《漢語史研究集刊》6：233—240。
唐賢清（2003）漢語“漸”類副詞演變的規律，《古漢語研究》2003（1）：37—42。
羅維明（2003）“細人”辨析，《古漢語研究》2003（1）：58。
卿顯堂（2003）副詞“盡情”的形式化標志，《古漢語研究》2003（1）：54—56。
王建軍（2003）主謂謂語型存在句源流考略，《古漢語研究》2003（4）：53—59。
吳福祥（2003）再論處置式的來源，《語言研究》2003（3）：1—14。
邢福義（2003）“起去”的語法化與相關問題，《方言》2003（3）：205—213。
史金生（2003）“畢竟”類副詞的功能差異及語法化歷程，吳福祥、洪波主編《語法化與語法研究（一）》60—78，北京：商務印書館。
李明（2003）試談言說動詞向認知動詞的引申，吳福祥、洪波主編《語法化與語法研究（一）》350—370，北京：商務印書館。
李宗江（2003）句法成分的功能懸空與語法化，吳福祥、洪波主編《語法化與語法研究（一）》309—329，北京：商務印書館。
汪維輝（2003）漢語“說類詞”的歷時演變與共時分布，《中國語文》2003（4）：329—342。
馬貝加（2003）在漢語歷時分析中如何區分動詞和介詞，《中國語文》2003（1）：59—65。
董爲光（2003）量詞義語義源流三則，《中國語文》2003（5）：456—460。
王鴻濱（2003）“除”字句遡源，《語言研究》2003（1）：112—117。
楊永龍（2003）句尾語氣詞“嗎”的語法化過程，《語言科學》2003（1）：29—38；（2009）《漢語史論稿》204—220，北京：中國社會科學出版社。
徐陽春（2003）結構助詞“得”與“的”的分合，《南昌大學學報（人社版）》2003（3）：153—156。
徐俊霞（2003）程度副詞“非常”的來源，《殷都學刊》2003（1）：97—99。
楊愛姣（2003）名詞作叠根的狀態形容詞探析，《湖北師範學院學報》2003（1）：95—98；（2005）《近代漢語三音詞研究》271—279，武漢：武漢大學出版社。
羅工洙（2003）近世，近代における“這回”について，《日本學報》57：63—77。
曾昭聰（2004）《中古近代漢語詞彙論稿》，北京：中央文獻出版社。
王鍈（2004）《近代漢語詞彙語法散論》，北京：商務印書館。
劉春卉（2004）使令動詞“教”與“叫”的發展更替——兼談使令動詞“教”的讀音，《中國語研究》46：20—25。
張焕新（2004）“叫”的興起與“教”的衰落《通化師範學院學報》2004（1）：102—105。
張美蘭（2004）《近代漢語論稿》，南昌：江西教育出版社。
蔣紹愚（2004）受事主語句的發展與使役句到被動句的演變，Takashima, K. and Jiang Shaoyu eds., *Meaning and Form: Essays in Pre-Modern Chinese Grammar*, Lincom Studies in Asian Linguistics 55, München: Lincom Europa.
洪波、董正存（2004）“非X不可”格式的歷史演化和語法化，《中國語文》2004（3）：253—261，287—288；（2010）《漢語歷史語法研究》395—413，北京：商務印書館。

洪波（2004）“給”字的語法化，《南開語言學刊》2004（2）：138—145；（2010）《漢語歷史語法研究》447—461，北京：商務印書館。

石毓智（2004）兼表被動和處置的“給”的語法化，《世界漢語教學》2004（3）：2，15—26。

陳衛蘭（2004）關於“上”、“上頭”的後置詞表原因用法，《台州學院學報》2004（4）：41—42，54。

魏達純、沈建民（2004）《近代漢語簡論》（漢語言文字學研究叢書），廣州：廣東高等教育出版社。

崔山佳（2004）《近代漢語語法歷史考察》（崇文學術文庫），武漢：崇文書局。

鮑金華（2004）中古近代漢語副詞“一往”初探，《樂山師範學院學報》2004（6）：52—56。

蔣宗許（2004）論近代漢語研究與《漢語大詞典》的修訂，《辭書研究》2004（1）：46—50。

崔山佳（2004）近代漢語中幾種“連”字格式的分析，《廣播電視大學學報（哲學社會科學版）》2004（3）：98—100。

張金蓮（2004）一部展示近代漢語虛詞全貌的詞典，《河北師範大學學報（哲學社會科學版）》2004（5）：169。

邵宜（2004）近代漢語介詞“望”的形成及與“往”之比較，《暨南學報（人文科學與社會科學版）》2004（5）：91—95，137。

徐榮（2004）試論近代漢語中倒序詞的成因，《五邑大學學報（社會科學版）》2004（3）：88—91，95。

閻從發（2004）近代漢語詞語考釋六則，《西北大學學報（哲學社會科學版）》2004（5）：165—167。

劉敏芝（2004）近代漢語表自指的結構助詞“的”，《語言學論叢》29：226—238。

楊榮祥（2004）近代漢語中副詞連用的調查分析，《語言學論叢》29：239—277。

曾昭聰（2004）近代漢語研究的世紀總結，《中國圖書評論》2004（11）：19—20；（2004）讀《二十世紀的近代漢語研究》“詞彙”“文獻”部分，《中古近代漢語詞彙論稿》258—263，北京：中央文獻出版社。

曾昭聰（2004）“檣”、“桅”的歷時更替考——兼評《古辭辨》的相關內容，《中古近代漢語詞彙論稿》239—245，北京：中央文獻出版社。

劉志生（2004）近代漢語中的"V來V去"格式考察，《古漢語研究》2004（4）：74—78。

徐繁榮（2004）《近代漢語“煞”字考》，上海師範大學碩士論文。

王靜（2004）《絕對程度副詞從近代漢語到現代漢語的發展演變》，河南大學碩士論文。

孫菊芬（2004）“畢竟”在近代漢語中的發展演變研究，《漢語史學報》4：76—82。

張誼生（2004）近代漢語強化否定的“白”“再”“更”“通”——兼論主觀化在漢語副詞再虛化中的作用，《漢語史學報》4：83—96。

張小平（2004）《近代漢語反語駢詞研究》，浙江大學博士論文。

魏培泉（2004）近代漢語能性動補結構中賓語的位置，《語言暨語言學》3：663—704。

武振玉（2004）程度副詞“好”的產生與發展，《吉林大學社會科學學報》2004（2）：59—63。

武振玉（2004）程度副詞“非常、異常”的產生與發展，《古漢語研究》2004（2）：67—71。

武振玉（2004）程度副詞“十分”的產生與發展，《山東教育學院學報》2004（6）：64—67。
董爲光（2004）介詞“打”來源補說，《語言研究》2004（1）：77—80。
陳寶勤（2004）日本“料理”，《古漢語研究》2004（2）：71。
祝建軍（2004）“打V”之“打”的語法化探析，《古漢語研究》2004（3）：38—44。
郭攀（2004）旁指代詞“它”產生的過程，《古漢語研究》2004（4）：38—44。
李宗江（2004）語法化的逆過程：漢語量詞的實義化，《古漢語研究》2004（4）：62—67；沈家煊、吳福祥、馬貝加主編《語法化與語法研究（二）》93—106，北京：商務印書館。
葉桂郴（2004）量詞“頭”的歷時考察及其他稱量動物的量詞，《古漢語研究》2004（4）：68—73。
崔山佳（2004）釋“撥夜”，《古漢語研究》2004（4）：112。
祝克懿（2004）名詞後綴“佬”的詞素義及色彩義，《辭書研究》2004（1）：144—148。
王燦龍（2004）“起去”的語法化未完成及其認知動因，《世界漢語教學》2004（3）：27—37。
江藍生（2004）跨層非短語結構“的話”的詞彙化，《中國語文》2004（5）：387—400；（2008）《近代漢語研究新論》26—55，北京：商務印書館；（2013）增訂本23—51，北京：商務印書館。
朱岩（2004）關聯助詞語法化初探，《青海師範大學學報（哲學社會科學版）》2004（6）：108—111。
解海江、李如龍（2004）漢語義位“喫”普方古比較研究，《語言科學》2004（3）：96—104。
遇笑容（2004）漢語語法史中的語言接觸與語法變化，《漢語史學報》4：27—34。
曾良（2004）俗字與古籍詞語釋義，《漢語史研究集刊》7：413—424。
黃建寧（2004）“三心二意”與“一心一意”，《漢語史研究集刊》7：366—371。
竹越孝（2004）《近代漢語語法資料彙編》脱文三則，《KOTONOHA》19：14—16。
葉桂郴（2004）漢語中量“人”量詞的歷時考察，《社會科學家》2004（6）：138—141。
劉義青（2004）《句末助詞“來（來着）”的演變研究》，河北師範大學碩士論文。
馬碧（2004）《漢語“更”類副詞的歷時考察》，湖南師範大學碩士論文。
唐賢清（2004）副詞“煞”與“殺”句法分布的歷時演變，《長沙電力學院學報（社會科學版）》2004（2）：109—111。
柯航（2004）《“把……給VP”句式的歷時考察》，華中師範大學碩士論文。
董志翹（2004）漫議21世紀中古、近代漢語詞彙研究，商務印書館編《21世紀的中國語言學》，北京：商務印書館。
崔宰榮（2004）近代中國語時期의特殊“被”字被動文小考，《中國學研究》28：351—369。
Yang-Drocourt, Zhitang (2004) *Evolution syntaxique du classificateur en chinois du XIIIe siècle av. J.-C. au XVIIe siècle*, Paris: Ecole des Hautes Etudes en Science Sociales.
江藍生（2005）“VP的好”句式的兩個來源——兼談結構的語法化，《中國語文》2005（5）：387—398；（2008）《近代漢語研究新論》56—81，北京：商務印書館；（2013）

增訂本 52—76，北京：商務印書館。
蔣紹愚（2005）《近代漢語研究概要》，北京：北京大學出版社。
蔣紹愚、曹廣順主編（2005）《近代漢語語法史研究綜述》，北京：商務印書館。
高小方、蔣來娣（2005）《漢語史語料學》，北京：高等教育出版社。
曹小雲（2005）《中古近代漢語語法詞彙叢稿》，合肥：安徽大學出版社【書評：袁津琥（2007）評《中古近代漢語詞彙論稿》，《中國俗文化研究》4：225—228】。
高媛媛（2005）近代漢語“動賓結構+賓語”句式考察，《廣州廣播電視大學學報》2005（4）：59—62。
楊榮祥（2005）《近代漢語副詞研究》（中國語言學文庫 3），北京：商務印書館。
程麗霞（2005）左偏結構頻率統計與話題結構的顯現，沈家煊、吳福祥、馬貝加主編《語法化與語法研究（二）》1—17，北京：商務印書館。
謝仁友（2005）“比”字的語法化和“比”字句的語言類型學考察，沈家煊、吳福祥、馬貝加主編《語法化與語法研究（二）》307—323，北京：商務印書館。
邢志群（2005）從“就”的語法化看漢語語義演變中的“主觀化”，沈家煊、吳福祥、馬貝加主編《語法化與語法研究（二）》324—339，北京：商務印書館。
徐丹（2005）趨向動詞“來/去”與語法化——兼談“去”的詞義轉變及其機制，沈家煊、吳福祥、馬貝加主編《語法化與語法研究（二）》340—358，北京：商務印書館。
張誼生（2005）副詞“都”的語法化與主觀化——兼論“都”的表達功用和內部分類，《徐州師範大學學報（哲學社會科學版）》2005（1）：56—62；沈家煊、吳福祥、馬貝加主編《語法化與語法研究（二）》376—396，北京：商務印書館。
郎晶晶（2005）近代漢語詞典編纂論略，《辭書研究》2005（2）：67—72。
曹榮芳（2005）近代漢語語詞零拾，《湖南工業職業技術學院學報》2005（2）：80—81。
盧惠惠（2005）近代漢語程度副詞“十分”的語法化及其特殊用法，《語言研究》2005（2）：37—39。
廖禮平（2005）論近代漢語西源外來語，《語言研究》2005（2）：66—71。
黃斐（2005）近代漢語副詞“看即”的語法化，《湛江師範學院學報》2005（2）：68—70。
王鍈（2005）近代漢語聯綿詞考（六則），《遵義師範學院學報》2005（1）：20—23。
劉志生（2005）試論近代漢語中的疊加式詞語模，《長沙理工大學學報（社會科學版）》2005（2）：114—116。
張誼生（2005）近代漢語“把個”句研究，《語言研究》2005（3）：14—19。
祖生利（2005）近代漢語“們”綴研究綜述，《古漢語研究》2005（4）：49—55。
高媛媛（2005）近代漢語“動賓結構+賓語”句式考察，《廣州廣播電視大學學報》2005（4）：59—62。
趙紅梅、程志兵（2005）也說近代漢語中的“種火”，《辭書研究》2005（4）：185—187。
黃曉寧、馮雪冬（2005）《近代漢語詞典》釋義補拾，《樂山師範學院學報》2005（4）：82—83。
楊愛姣（2005）修辭同位：近代漢語裡的一種特殊的同位結構，《修辭學習》2005（2）：44—45。

力量（2006）近代漢語中詞綴“子、兒”等的獨特用法，《河南師範大學學報（哲學社會科學版）》2006（2）：168—170。
周阿根（2006）《漢語大詞典》近代漢語方言詞誤釋例說，《學術界》2006（3）：114—119。
席嘉（2006）近代漢語連詞研究，《長江學術》2006（3）：169。
鄭宏（2006）近代漢語“著”字被動句及其在現代漢語方言中的分布，《語文研究》2006（2）：40—44。
方一新、雷冬平（2006）近代漢語“看來”的詞彙化和主觀化，《周口師範學院學報》2006（3）：107—111。
高艷（2006）近代漢語詞綴“老”“頭”“子”的發展演變，《太原教育學院學報》2006（S1）：37—39。
王飛華（2006）借鑒現代漢語淺議近代漢語語氣詞研究之不足，《寧夏大學學報（人文社會科學版）》2006（5）：26—29。
周志鋒（2006）近代漢語詞語探源兩則，《語言研究》2006（3）：97—98。
力量（2006）近代漢語詞語重疊變化，《北方論叢》2006（6）：52—56。
力量、吳延枚（2006）近代漢語“動賓補”結構，《淮陰師範學院學報（哲學社會科學版）》2006（6）：701—707，839。
曹煒（2006）近代漢語中被忽視的“和”類虛詞成員“並”——以《金瓶梅詞話》中“並”的用法及分布爲例，《古漢語研究》2006（4）：16—20。
楊愛姣（2006）近代漢語同位結構的類型探析，《湖北大學成人教育學院學報》2006（6）：5—9。
張麗麗（2006）漢語使役句表被動的語義發展，《語言暨語言學》1：139—174；吳福祥編（2013）《境外漢語歷史語法研究文選》499—538，上海：上海教育出版社。
王飛華（2006）近代漢語語氣詞研究成果述評，《民族論壇》2006（12）：60—61。
張春秀（2006）關於近代漢語中事態助詞“去”的幾個問題，《玉林師範學院學報》2006（6）：87—89。
趙川兵（2006）近代漢語“和類詞”的演變及共時分布，《漢語史研究集刊》9：301—321。
劉瑞明（2006）近代漢語詞尾“生”源流詳說，《勵耘學刊（語言卷）》2006（2）：126—147。
曾令香（2006）《兒綴考》，山東大學碩士論文。
雷漢卿（2006）近代俗語詞雜考，《漢語史研究集刊》9：226—235。
雷漢卿（2006）《近代方俗詞叢考》，成都：巴蜀書社。
王秀玲（2006）常用詞“呼”、“喚”、“叫”、“喊”的歷時演變與更替，《漢語史研究集刊》9：290—300。
傅惠鈞（2006）關於正反問歷史發展的幾個問題，《古漢語研究》2006（1）：67—73。
金穎（2006）試論動量詞“過”的產生、發展及其相關問題，《古漢語研究》2006（1）：74—78。
彭小琴、俞理明（2006）“A見Vt”結構中的“見”，《古漢語研究》2006（2）：9—13。
劉光明、儲澤祥、陳青松（2006）“單音動詞+往”裡“往”的語法化，《古漢語研究》2006（2）：14—20。

席嘉（2006）選擇關聯“不是 X 就是 Y”的語法化研究，《古漢語研究》2006（2）：21—27。
蔣宗許（2006）說“無所比數”、“比數”，《古漢語研究》2006（2）：73—77。
李崇興、石毓智（2006）被動標記“叫”語法化的語義基礎和句法環境，《古漢語研究》2006（3）：36—43。
唐賢清（2006）副詞“互相”、“相互”的演變及其原因分析，《古漢語研究》2006（4）：6—15。
謝仁友（2006）“X不比Y・Z”三種語義類型的歷史來源，《古漢語研究》2006（4）：21—27。
王建軍（2006）粘合・移位・虛化・替換——語氣詞“便是”到“就是”的演化歷程，《古漢語研究》2006（4）：36—41。
蔣紹愚（2006）漢語詞義和詞彙系統的歷史演變初探——以“投”爲例，《北京大學學報（哲學社會科學版）》2006（4）：84—105。
趙軍（2006）“極”的語法化、可補化和相對性，《語文學刊》2006（12）：112—114。
汪維輝（2006）論詞的時代性和地域性，《語言研究》2006（2）：85—90。
吕傳峰（2006）“嘴”的詞義演變及其與“口”的歷時更替，《語言研究》2006（1）：107—109。
吳金花（2006）時間介詞“去”的產生及演變，《福建師範大學學報（哲學社會科學版）》2006（5）：137—142。
李宗江（2006）“回頭”的詞彙化與主觀性，《語言科學》2006（4）：24—28。
陳前瑞、王繼紅（2006）動詞前“一”的體貌地位及其語法化，《世界漢語教學》2006（3）：24—35。
彭伶楠（2006）《現代漢語雙音詞“X 了”的虛化與詞彙化研究》，上海師範大學碩士論文。
楊榮賢（2006）《漢語六組關涉肢體的基本動詞發展史研究》，南京大學博士論文。
吕傳峰（2006）《漢語六組“涉口”基本詞演變研究》，南京大學博士論文。
朱瑩瑩（2006）辭書“忙”字釋義商権，《漢語史研究集刊》9：378—382。
袁勤（2006）連詞“不然”芻議，《漢語史研究集刊》9：383—389。
金穎（2006）禁止性否定副詞“勿”的歷史演變，《龍岩學院學報》2006（1）：110—113。
蕭紅（2006）漢語“多動同賓”句式的發展，《語言研究》2006（4）：111—114；（2013）《漢語歷史語法詞彙研究》153—164，北京：中國社會科學出版社。
黃宜鳳（2006）“咬牙餳”究竟爲何物？——《漢語大詞典》語收詞條補正，《漢語史研究集刊》9：374—377。
韓永利（2006）《動詞“給”[kei]的來源及其發展演化》，上海師範大學碩士論文。
金桂桃（2006）唐至清的量詞“評”，《長江學術》2006（1）：158—162。
金穎（2006）試論動量詞“過”的產生、發展及相關問題，《古漢語研究》2006（1）：74—78。
李海雲（2007）《近代漢語時間副詞研究》，華南師範大學碩士論文。
李雪霞（2007）《“NP 的 VP”探源》，首都師範大學碩士論文。
徐時儀（2007）《漢語白話發展史》，北京：北京大學出版社。

董志翹（2007）《中古近代漢語探微》（漢語史詞彙研究叢書），北京：中華書局。

洪波、王丹霞（2007）命令標記“與我”“給我”的語法化及詞彙化問題探析，沈家煊、吴福祥、李宗江主編《語法化與語法研究（三）》55—64，北京：商務印書館；（2010）《漢語歷史語法研究》462—471，北京：商務印書館。

胡曉萍、史金生（2007）“連”類介詞的語法化，沈家煊、吴福祥、李宗江主編《語法化與語法研究（三）》65—85，北京：商務印書館。

李宗江（2007）話題標引成分“要說”的由來和去向，沈家煊、吴福祥、李宗江主編《語法化與語法研究（三）》86—105，北京：商務印書館。

楊榮祥（2007）近代漢語副詞“白”的釋義與來源，沈家煊、吴福祥、李宗江主編《語法化與語法研究（三）》295—318，北京：商務印書館；（2007）《語苑擷英》2：351—362，北京：中國大百科全書出版社。

郭力（2007）《合並字學集韻》中的北京話詞語，《語苑擷英》2：346—350，北京：中國大百科全書出版社。

徐復嶺、張靜（2007）《漢語大詞典》近代漢語條目釋義摭誤，《濟寧師範專科學校學報》2007（1）：27—31，34。

李申、張春雷（2007）近代漢語詞語札記，《徐州師範大學學報（哲學社會科學版）》2007（1）：56—58，66。

劉曉梅（2007）現代漢語詞語近代尋源——兼談近代史料的語言學價值，《寧夏大學學報（人文社會科學版）》2007（2）：11—15。

馮雪冬（2007）從《平妖傳》時間副詞使用情況看近代漢語時間副詞發展的特點及原因，《宜賓學院學報》2007（3）：86—88。

張慶慶（2007）近代漢語“尋找”義動詞更替考，《蘇州大學學報（哲學社會科學版）》2007（3）：91—93。

周崇謙（2007）近代漢語被動句的兩層次分類，《張家口職業技術學院學報》2007（2）：48—50，73。

張詒三（2007）述往思來構建漢語歷史語法學讀《近代漢語語法史研究綜述》，《博覽群書》2007（8）：56—60。

劉強（2007）近代漢語中“與”的用法探源，《牡丹江教育學院學報》2007（6）：40，52。

趙紅梅（2007）利用方言考證近代漢語詞義商兌三則，《方言》2007（4）：382—383。

張濤（2007）近代漢語動詞重疊語法形式研究，《三峽大學學報（人文社會科學版）》2007（S2）：146—147。

趙金枝（2007）《近代漢語“和”類虛詞的歷史考察》質疑，《語文學刊》2007（1）：138—139，144。

郭啟輝（2007）淺析近代漢語副詞“都”的源流內容，《2007年福建省辭書學會第18屆年會論文提要集》2。

張慶慶（2007）《近代漢語幾組常用詞演變研究》，蘇州大學博士論文。

張濤（2007）《近代漢語動詞重疊研究》，重慶師範大學碩士論文。

張海濤（2007）《近代漢語“好不X”格式研究》，廣西民族大學碩士論文。

王峰峰（2007）《近代漢語非被動關係“被”字句研究》，北京語言大學碩士論文。

李海雲（2007）《近代漢語時間副詞研究》，華南師範大學碩士論文。

張明瑩（2007）“索性”在近代漢語中的特殊用法以及發展脉絡，《中文自學指導》2007（6）：37—39。

魏培泉（2007）關於差比句發展過程的幾點想法，《語言暨語言學》2：603—637。

盧烈紅（2007）無主語“被”字句的歷史發展，金克中等編《漢語新探：慶祝祝敏徹教授從事學術活動五十週年學術論文集》149—154，武漢：崇文書局。

劉子瑜（2007）述補結構與處置式發展關係初探，*Cahiers de linguistique Asie Orientale* 36(2): 187-218.

李宗江（2007）幾個含“死”義動詞的虚化軌迹，《古漢語研究》2007（1）：39—45。

李焱、孟繁傑（2007）禁止副詞“别”來源再考，《古漢語研究》2007（1）：52—56。

李潤（2007）論“相+動詞+賓語”結構與“相”的詞性，《古漢語研究》2007（2）：63—68。

黄宜鳳（2007）“不落夾（莢）”究竟何指?，《古漢語研究》2007（3）：35—36。

沈懷興（2007）“聯綿字”與語文學史上的相關名詞，《古漢語研究》2007（3）：51—54。

徐朝紅、易永姣（2007）副詞“順路”的產生和發展，《古漢語研究》2007（3）：86—90。

張誼生（2007）從間接的跨層連用到典型的程度副詞——“極其”詞彙化和副詞化的演化歷程和成熟標志，《古漢語研究》2007（4）：64—70。

王秀玲（2007）程度副詞“分外”的來源及其發展，《古漢語研究》2007（4）：80—85。

謝曉明、左雙菊（2007）飲食義動詞“喫”帶賓情況的歷史考察，《古漢語研究》2007（4）：91—96。

葉桂郴、王玥雯、李鳴鏑（2007）“束”“縛”“綑”“綁”的歷時考察，《湖南科技學院學報》2007（6）：110—113。

左思民（2007）漢語時體標記系統的古今類型變化，《漢語學報》2007（2）：11—23。

徐時儀（2007）乳、湩與嬭及棄、丟與扔的興替考，《南京師範大學文學院學報》2007（4）：169—174。

孫菊芬（2007）副詞“難道”的形成，《語言教學與研究》2007（4）：48—53。

劉紅妮（2007）非句法結構“算了”的詞彙化與語法化，《語言科學》2007（6）：11—21。

吳福祥（2007）漢語方所詞語“後”的語義演變，《中國語文》2007（6）：494—506。

董秀芳（2007）詞彙化與話語標記的形成，《世界漢語教學》2007（1）：50—61。

葉建軍（2007）疑問副詞“莫非”的來源及其演化——兼論“莫”等疑問副詞的來源，《語言科學》2007（3）：10—20。

蕭紅（2007）漢語“捕捉”義動詞的歷時演變和共時分布，《長江學術》2007（3）：130—137，120；（2013）《漢語歷史語法詞彙研究》208—231，北京：中國社會科學出版社。

蕭紅（2007）再議“兒夫”，《浙江師範大學學報（社會科學版）》2007（4）：105—107；（2013）《漢語歷史語法詞彙研究》245—250，北京：中國社會科學出版社。

江藍生（2007）說語音羨餘詞，《中國語言學集刊》2（1）：171—186，北京：中華書局；（2008）《近代漢語研究新論》223—240，北京：商務印書館；（2013）增訂本284—300，北京：商務印書館。

傅惠鈞(2007)實問虛答與只問不答——設問的兩種特殊類型,《浙江樹人大學學報》2007(6):121—124。

梁銀峰（2007）《漢語趨向動詞的語法化》，上海：學林出版社。

崔宰榮（2007）中國語‘주다’意味動詞의文法化小考：動詞‘給’의 2 次變换說과 1 次變换說의比較를中心으로，《中國學研究》41：49—72。

雷冬平（2008）《近代漢語常用雙音虛詞演變研究及認知分析》，北京：中國社會科學出版社。

江藍生（2008）《近代漢語研究新論》，北京：商務印書館；（2013）增訂本，北京：商務印書館。

江藍生(2008)概念叠加與構式整合——肯定否定不對稱的解釋,《中國語文》2008(6):483—497, 575;(2008)《近代漢語研究新論》144—177，北京:商務印書館;(2013)增訂本 136—167，北京：商務印書館。

向德珍、楊琳（2008）近代漢語特殊判斷句“S（+是）+N（的）+便是”，《寧夏大學學報（人文社會科學版）》2008（4）：7—13。

唐鈺明、朱玉賓(2008)漢語被動/處置共現句略論,《中山大學學報(社會科學版)》2008(1)：53—58，204。

宋青(2008)近代漢語俗語詞及句法方言證詁數例,《讀與寫(教育教學刊)》2008(12):163，141。

閆夢月、樊亞東(2008)近代漢語“著 NP·V”結構中的“著”,《語言與翻譯》2008(1):47—52。

劉志生、黄友福（2008）近代漢語中的“不 X 不 Y”格式考察，《惠州學院學報（社會科學版)》2008（1）：29—31。

劉東昇（2008）近代漢語被動標記“喫”的語法化,《鄖陽師範高等專科學校學報》2008（2）：69—72。

張泰(2008)《漢語大詞典》近代漢語條目指瑕,《寧夏大學學報(人文社會科學版)》2008（2）：48—53。

荒木典子(2008)禁止否定の“别要”について,《中國語學研究·開篇》27:175—179。

牛小紅(2008)近代漢語三身及反身代詞的語義所指分析,《蘭州大學學報(社會科學版)》2008（3）：112—115。

周楊、張菊萍（2008）近代漢語被動標記“喫”消失的語音動因,《襄樊學院學報》2008（3）：62—64。

向德珍、楊琳（2008）近代漢語特殊判斷句“S（+是）+N（的）+便是”，《寧夏大學學報（人文社會科學版)》2008（4）：7—13。

方一新（2008）中古近代漢語詞彙研究的總結性成果——以幾部斷代詞語通釋和專書語言詞典爲例,《合肥師範學院學報》2008（4）：17—23。

祁宏濤(2008)近代漢語中“底”字的來源及其演變,《隴東學院學報》2008(4):16—20。

蘇光、郭芹納（2008）近代漢語中“昨日”一詞的語義探究，《新西部（下半月)》2008（9)：122。

梁銀峰(2008)近代漢語介詞“去”的產生和消亡,《語言研究集刊》5: 156—162, 363—364;
(2013)《漢語語法詞彙史專題研究》156—165，上海：上海社會科學院出版社。
石彥霞(2008)近代漢語中的“在於”句,《現代語文(語言研究版)》2008(3): 26—27。
張秀琴(2008)小議近代漢語中“難道”的語法結構和語用類型,《現代語文(語言研究版)》2008(6): 31—32。
聶哲(2008)近代漢語中的“不A不B”式詞語的語義模式,《現代語文(語言研究版)》2008(9): 33—34。
劉建萍(2008)《近代漢語“尤最”副詞研究述評》，吉林大學碩士論文。
丁韻(2008)《近代漢語存在句研究》，蘇州大學碩士論文。
賀衛國(2008)“AB了AB”與“AB了一AB”格式源流考察,《百色學院學報》2008(5): 116—119。
朱福妹、馬貝加(2008)近代漢語副詞“到底”的功能及其由來,《中國語研究》50: 1—16。
張曉英、楊宗紅(2008)近代漢語“爲當”“爲復”研究，《漢語史研究集刊》11: 129—140。
吕建軍(2008)介詞“X著”與介詞“X”生成的先後考察——兼議介詞“X著”的形成，《漢語史研究集刊》11: 115—128。
李慧賢(2008)表示額頭的詞語及其演變,《漢語史研究集刊》11: 246—264。
譚偉(2008)從“嫁接”看風俗的消亡對詞義的影響,《漢語史研究集刊》11: 265—271。
陳春風(2008)契約“保證人”用語的演變及特點,《漢語史研究集刊》11: 384—395。
金穎(2008)“穿”可以表示“戴”嗎? ——“著”、“穿”、“戴”歷史演變考察,《漢語史研究集刊》11: 396—403。
宋宣(2008)漢語連動關係的特徵及其發生重新分析的條件,《漢語史研究集刊》11: 37—52。
溫鎖林(2008)“一VP”的演化及“一量VP”的由來,《漢語史研究集刊》11: 80—87。
雷冬平(2008)說“打頭”有“剛剛”義,《古漢語研究》2008(1): 69—72。
王琪(2008)從“箸”演變到“筷子”的再探討,《古漢語研究》2008(1): 73—76。
邢志群(2008)從“連”的語法化試探漢語語義演變的機制,《古漢語研究》2008(1): 23—31。
潘國英(2008)論VV式動詞重叠的源流和形成,《古漢語研究》2008(3): 66—71。
葉桂郴(2008)明代新生量詞考察,《古漢語研究》2008(3): 61—65。
盧烈紅(2008)動量短語句法功能補議,《古漢語研究》2008(4): 46—53。
劉街生(2008)VO得C式的類型、變化和可能解釋,《古漢語研究》2008(4): 83—87。
劉東昇、潘志剛(2008)論“附近”的詞彙化,《漢語學報》2008(2): 78—82。
張生漢(2008)關於“套”的來源,《漢語學報》2008(4): 25—29。
周畢吉(2008)“結果”的語法化歷程及語用特點,《漢語學習》2008(6): 65—72。
張荆萍(2008)“出售”語義場的演變初探,《吉林省教育學院學報》2008(3): 41—42。
蔣紹愚(2008)漢語“廣義處置式”的來源——兼論“詞彙替換”,《歷史語言學研究》1: 27—39。

葉桂郴、李嗚鏑(2008)一組表示事物切分結果的量詞“段”“節”“截”的歷時考察，《桂林航天工業高等專科學校學報》2008（1）：103—107。

葉桂郴、劉炎飛（2008）從“個”和“枚”等三對量詞的歷時演變看漢語量詞發展的機理，《玉林師範學院學報》2008（1）：64—69。

蕭紅（2008）釋“胎孩”，《長江學術》2008（3）：103—105；（2013）《漢語歷史語法詞彙研究》251—258，北京：中國社會科學出版社。

傅惠鈞（2008）關於疑問句的性質與範圍，《浙江師範大學學報》2008（5）：77—82。

劉子瑜（2009）處置式帶補語的歷時發展，《語言教學與研究》2009（1）：65—72。

洪波（2009）完形認知與“（NP）V 得 VP”句式 A 段的話題化與反話題化，吳福祥、洪波主編《語法化與語法研究（四）》，北京：商務印書館；（2010）《漢語歷史語法研究》472—489，北京：商務印書館。

張婧（2009）近代漢語“把”字式處置式研究，《語文學刊》2009（15）：79—81。

盧惠惠（2009）近代漢語程度副詞“好”的語法化及其語體特徵，《語言研究集刊》6：217—226，346。

蔣宗福（2009）近代漢語俚俗詞語考辨，《漢語史研究集刊》12：212—222。

崔山佳（2009）許本《近代漢語詞典》注釋商榷，《漢語史研究集刊》12：223—235。

盧惠惠（2009）近代漢語程度副詞“好”的語法化及其語體特徵，《語言研究集刊》6：217—226，346。

陳丹丹(2009)近代漢語“被”字句結構在現代漢語中的發展《現代語文(語言研究版)》2009（1）：32—33。

周瓊華（2009）近代漢語中零謂語動詞“把”字句及其在方言中的流傳，《現代語文（語言研究版)》2009（1）：34—36。

林青松（2009）淺談“俺”在近代漢語和山東方言中的使用，《華章》2009（6）：38，52。

雷雪梅（2009）略論修辭對近代漢語詞彙的影響，《三江學院學報》2009（Z1）：90—92，109。

李紅霞（2009）《近代漢語祈使句研究》，蘇州大學碩士論文。

米建霞（2009）《近代漢語通用個體量詞“個”的歷時研究》，北京語言大學碩士論文。

張勁秋（2009）中古近代漢語研究，《合肥師範學院學報》2009（1）：33。

李福唐（2009）近代漢語常用詞鍋、鑊考，《理論界》2009（2）：148—149。

梁銀峰（2009）近代漢語“去”字辨疑，《中國語文》2009（3）：283。

陳國華（2009）《漢語大詞典》近代漢語條目商補，《鹽城師範學院學報（人文社會科學版)》2009（2）：79—83。

唐鈺明（2009）近代漢語的判斷動詞“系”及其流變，《中山大學學報（社會科學版)》2009（3）：55—59。

劉進（2009）近代漢語“被”字句研究中的主要問題，《殷都學刊》2009（1）：118—125。

王進超(2009)近代漢語連詞研究述評，《河北經貿大學學報(綜合版)》2009(2)：83—86。

鄭宏（2009）近代漢語“與”字被動句考察，《語文研究》2009（3）：18—21，26。

胡明鳳、唐韻（2009）從幾部文獻看近代漢語“比”字句的否定形式，《忻州師範學院學報》2009（4）：54—56。
田春來（2009）近代漢語“著”字被動句，《語言科學》2009（5）：517—524。
張莉（2009）試析近代漢語假設類連詞的使用特點，《大衆文藝（理論）》2009（16）：80—81。
郭杉、楊霞（2009）近代漢語早期英源音譯外來詞研究，《傳承》2009（16）：146—147。
范慧琴（2009）近代漢語中“行”的來源辨略，《廣西大學學報（哲學社會科學版）》2009（S2）：222—223。
王傑（2009）近代漢語詞語與漢譯佛經研究，《畢節學院學報》2009（7）：68—72。
蔣紹愚（2009）近代漢語的幾種被動式，《陝西師範大學學報（哲學社會科學版）》2009（6）：87—92。
於衛平、馬貝加（2009）近代漢語比較介詞“卻”的產生，《北京教育學院學報》2009（5）：44—49。
張振羽（2009）從“幾多”看近代漢語“幾”類程度副詞的形成，《南華大學學報（社會科學版）》2009（5）：77—79。
雷冬平（2009）論近代漢語進行體和持續體標記“在這裡/那裡”，《山西大同大學學報（社會科學版）》2009（5）：66—69。
盧惠惠（2009）近代漢語程度副詞“老”的語法化，《語言研究》2009（4）：97—101。
梁吉平（2009）近代漢語“遮莫”一詞用法及發展，《清華大學學報（哲學社會科學版）》2009（S2）：122—126，144。
楊國華（2009）近代漢語情態副詞的發展特點——以表“徒然、空枉”類的情態副詞的演變爲例，《時代文學（雙月上半月）》2009（2）：186—187。
龍江洪（2009）近代漢語與現代漢語方位詞語義功能比較簡論，《時代文學（雙月上半月）》2009（5）：176—178。
雷雪梅、童長午（2009）略論修辭對近代漢語詞彙的影響，《現代語文（語言研究版）》2009（5）：77—78。
張婧（2009）近代漢語“把”字式處置式研究，《語文學刊》2009（15）：79—81。
張慶慶（2009）近代漢語“高興”類詞的演變與更替，《現代語文（語言研究版）》2009（10）：51—54。
董淑慧（2009）反義語素合成疑問代詞在中古近代漢語中的用法及其影響，《漢語史學報》9：71—80。
楊永龍（2009）《漢語史論稿》，北京：中國社會科學出版社。
賀衛國（2009）《動詞重疊歷史考察與分析》，南寧：廣西人民出版社。
楊會永（2009）《〈“做……不着”新釋〉商榷》獻疑，《古漢語研究》2009（1）：91—94。
朱玉賓（2009）處置式“把”字句的省略——以“把作（做）”、“把當”爲例，《漢語史研究集刊》12：58—68。
彭睿（2009）語法化“擴展”効應及相關理論問題，《漢語學報》2009（1）：50—64。
金穎（2009）副詞“無非”的形成和發展，《古漢語研究》2009（1）：39—42。
李小華（2009）“僵”之“仆倒”和“僵硬”義演變更替及相關問題，《古漢語研究》2009（2）：75—80。

謝曉明、左雙菊（2009）“難怪”的語法化，《古漢語研究》2009（2）：30—35。
儲澤祥、王寅（2009）動詞的“重新理解”及其造成的影響，《古漢語研究》2009（3）：20—26。
徐時儀（2009）“嚏”、“欠”和“唾”、“涎”詞義考探，《古漢語研究》2009（3）：60—66。
陳會兵（2009）“從容”源流考，《古漢語研究》2009（3）：88—89。
孔潮麗（2009）“養母”五題，《古漢語研究》2009（4）：38—43。
蔣冀騁（2009）語詞小札，《古漢語研究》2009（4）：44—46。
劉紅妮（2009）“則已”的詞彙化和構式語法化，《古漢語研究》2009（2）：36—43。
劉紅妮（2009）“以期”的詞彙化及相關問題——兼論“以V”的詞彙化、共性與個性，《語言科學》2009（1）：57—67。
霍生玉、陳建初（2009）語義場的古今演變——對“喫喝”義場演變軌迹的探析，《求索》2009（8）：197—199。
馬喆（2009）“到底”的去範疇化考察，《武漢理工大學學報（社會科學版）》2009（3）：148—152。
陳昌來、朱峰（2009）“除”類介詞及“除”類介詞框架的產生和發展，《上海師範大學學報（哲學社會科學版）》2009（2）：91—101。
李永（2009）句法約束與動詞的語法化，《漢語史研究集刊》12：44—57。
袁雪梅（2009）再議“恨不得”的詞彙化，《漢語史研究集刊》12：157—170。
董志翹（2009）也釋“忓恡” ——兼及“占恡（吝）”、“占護”、“恡護（悋護）”、“障恡（吝）”等詞，《漢語史研究集刊》12：285—292。
傅惠鈞（2009）語段句：介乎句子與句群間的一種語言現象，《漢語學習》2009（6）：22—25。
郭作飛（2009）“向”字補義，《語文學刊》2009（7）：4—5；（2012）《近代漢語詞彙語法論稿》81—84，北京：中國社會科學出版社。
朴元基（2009）近代中國語‘走在這裏來’構造中‘在’의文法化，《中國語文學論集》59：243—261。
金文京（2010）《漢文と東アジア—訓讀の文化圏》（岩波新書 1262），東京：岩波書店【論及漢兒言語】。
方一新（2010）《中古近代漢語詞彙學》2 册，北京：商務印書館。
石鋟（2010）《漢語形容詞重疊形式的歷史發展》，北京：商務印書館【評介：梁銀峰（2011）《濮陽職業技術學院學報》2011（6）；（2013）《漢語語法詞彙史專題研究》303—312，上海：上海社會科學院出版社】。
張延俊（2010）《漢語被動式歷時研究》，北京：中國社會科學出版社。
張赬（2010）《漢語語序的歷史發展》，北京：北京語言大學出版社。
于娟娟（2010）《唐五代至現代漢語方所介詞歷時考察》，蘇州大學碩士論文。
李映忠（2010）《近代漢語讀本》劉注未詳義補正，《滄州師範專科學校學報》2010（1）：34—36。
席嘉（2010）《近代漢語連詞》，北京：中國社會科學出版社。

張瑩（2010）《近代漢語並列關係連詞研究》，山東大學博士論文。
孫緒武（2010）近代漢語詞語舉正二則，《學理論》2010（2）：123—124。
溫振興（2010）近代漢語准前綴“是”的方言屬性，《寧夏大學學報（人文社會科學版）》2010（1）：60—63。
方雲雲（2010）近代漢語“脖子語義場”主導詞的歷時演變，《安徽農業大學學報（社會科學版）》2010（1）：86—89。
雷冬平、胡麗珍（2010）近代漢語虛詞詞彙化的一種特殊形式，《古漢語研究》2010（1）：74—79，96。
張俊閣（2010）近代漢語第二人稱代詞“您（恁）”的來源，《聊城大學學報（社會科學版）》2010（1）：124—127。
陳芳、李茂（2010）《漢語大詞典》近代漢語條目拾遺，《賀州學院學報》2010（1）：80—82；（2010）《玉溪師範學院學報》2010（1）：70。
潘志剛（2010）近代漢語“休”之語法化探因，《求索》2010（3）：199—201。
王興全（2010）把/將+NP+來+VP：近代漢語中一類被忽視了的處置結構形式，《樂山師範學院學報》2010（3）：42—48。
李映忠（2010）《近代漢語讀本》劉注未詳義補正，《滄州師範專科學校學報》2010（1）：34—36。
郭浩瑜（2010）近代漢語中的一種特殊“把”字句——遭受義“把”字句，《語文研究》2010（2）：50—54。
樊中元、蔣華（2010）近代漢語中的“你那X”，《古漢語研究》2010（2）：42—49，95。
李亞萍（2010）《近代漢語詞典》擬聲詞收詞評析，《宜賓學院學報》2010（5）：77—79。
劉冬青、曹煒（2010）近代漢語副詞研究60年（1949—2009），《江蘇大學學報（社會科學版）》2010（3）：55—59。
程志兵（2010）談許少峰《近代漢語大詞典》的成就與不足——兼與《漢語大詞典》相比較，《隴東學院學報》2010（3）：9—13。
褚立紅（2010）論近代漢語時期“～生”的詞性問題，《現代語文（語言研究版）》2010（2）：43—44。
常曉晶（2010）近代漢語副詞“終”的語法化，《語文學刊》2010（8）：24—25。
王慧（2010）《近代漢語動詞重疊的歷時研究》，西北師範大學碩士論文。
賴琴蓮（2010）《近代漢語“反倒”義副詞研究》，溫州大學碩士論文。
金桂桃、張遠波（2010）近代漢語時期與動量詞組合的語言成分，《西北農林科技大學學報（社會科學版）》2010（4）：129—133。
鄭宏（2010）近代漢語“教”字被動句考察，《樂山師範學院學報》2010（7）：47—50。
陳曉紅（2010）淺論近代漢語的特殊被動式——被影響式，《西北成人教育學報》2010（4）：30—32。
傅惠鈞（2010）略論近代漢語“VnegVP”正反問，《語言教學與研究》2010（5）：42—49。
張雲峰（2010）近代漢語介詞研究六十年，《阜陽師範學院學報（社會科學版）》2010（5）：33—36。

殷曉傑（2010）近代漢語“一會兒”義詞的歷時演變與共時分布，《南開語言學刊》2010（1）：126—133，188—189。

劉進（2010）近代漢語“被”字句的語義色彩及相關問題，《安慶師範學院學報（社會科學版）》2010（10）：104—107。

馮雪冬（2010）近代漢語時間副詞研究現狀，《大衆文藝》2010（23）：163。

高軍青（2010）近代漢語“被”字式概述，《赤峰學院學報（漢文哲學社會科學版）》2010（12）：157—158。

姚小鵬（2010）近代漢語中“我”的情態標記功能，《聊城大學學報（社會科學版）》2010（5）：115—118。

劉華麗（2010）近代漢語雙音節情態副詞“X好”歷時生成分析，《清華大學學報（哲學社會科學版）》2010（S2）：46—54。

鄭宏（2010）近代漢語“叫”字被動句的產生，《現代語文（語言研究版）》2010（7）：42—43。

張玉萍（2010）淺談專題索引的編制及其意義——以《近代漢語研究索引》爲例，《全國高校社科信息資料研究會第六次會員代表大會暨第13次學術研討會論文集》5。

劉敬林（2010）從《漢語大詞典》“潑”字條目看近代漢語詞語釋義問題，《勵耘學刊（語言卷）》2010（2）：182—205。

朴鄉蘭（2010）《近代漢語表使役與表被動的“教/叫”字句研究》，北京大學博士論文。

劉敬林（2010）從《漢語大詞典》“潑”字條目看近代漢語詞語釋義問題，《勵耘學刊（語言卷）》2010（2）：182—205。

魏培泉（2010）“是否—V（N）P”句式的由來，《語言暨語言學》2：335—392。

鍾兆華（2010）論語氣助詞“啊”的歷史淵源，《吕叔湘先生百年誕辰紀念文集》360—371，北京：商務印書館。

王國珍（2010）“喫”“食”“飲”歷時替換的不平衡性及其認知，《古漢語研究》2010（1）：30—38。

田春來（2010）表被動的“遭”的歷時考察，《古漢語研究》2010（1）：68—73。

李廣瑜（2010）跨層結構“恨不得”的詞彙化及其他，《古漢語研究》2010（1）：80—87。

葉建軍（2010）連詞“爭奈”探源，《古漢語研究》2010（2）：56—60。

姚雙雲（2010）連詞“結果”的語法化及其語義類型，《古漢語研究》2010（2）：61—66。

麻愛民（2010）副詞“幾乎”的歷時發展，《古漢語研究》2010（3）：63—67。

趙川兵（2010）連詞“和”的來源及形式，《古漢語研究》2010（3）：83—91。

蔣冀騁（2010）“摧屈”“作興”詞義考——讀《辭源》札記，《古漢語研究》2010（4）：2—5。

唐賢清、陳麗（2010）“極”作程度補語的歷時發展及跨語言考察，《古漢語研究》2010（4）：11—19。

王燦龍（2010）關於“adv+加+V”結構中“adv.加”是否成詞的問題，《古漢語研究》2010（4）：40—46。

王靜（2010）“光”的虛化歷程，《宜賓學院學報》2010（4）：77—79，84。

汪維輝、秋谷裕幸（2010）漢語“站立”義詞的現狀與歷史，《中國語文》2010（4）：299—310。
馬楠（2010）漢語兒綴演變的動態考察，《漢語史研究集刊》13：25—39。
張海媚（2010）副詞“當然”始於宋代嗎?，《漢語史研究集刊》13：56—68。
馬梅玉（2010）也談“往”的語法化，《漢語史研究集刊》13：69—79。
龔波（2010）漢語方言中表被動的“等”及其來源，《漢語史研究集刊》13：99—115。
雷漢卿（2010）語文辭書詞語釋義商補，《漢語史研究集刊》13：284—295。
闞緒良（2010）《中古近代漢語探微》讀後，《漢語史研究集刊》13：404—412。
張秀松（2010）《認知視角下終竟義語詞的共時變異與歷時演變研究》，北京大學博士論文。
郭浩瑜（2010）《漢語處置式的歷史演變研究》，北京大學博士論文。
陳亦文（2010）名量詞“棵”的歷史變遷，《漢語史研究集刊》13：80—98。
江藍生（2010）“好容易”與“好不容易”，《歷史語言學研究》3：13—25；（2008）《近代漢語研究新論》178—198，北京：商務印書館；（2013）增訂本 168—187，北京：商務印書館。
江藍生（2010）語詞探源的路徑——以“埋單”爲例，《中國語文》2010（4）：291—298，383；（2013）《近代漢語研究新論》增訂本 301—316，北京：商務印書館。
郭作飛（2010）歷史文獻方言詞彙研究的理論與方法，《前沿》2010（22）：124—127；（2012）《近代漢語詞彙語法論稿》184—193，北京：中國社會科學出版社。
朴元基（2010）近代中國語前置詞“就”와“向”의文法化와그機制，《中國語文論叢》44：57—85。
朴元基（2010）近代中國語際遇意味“得”의文法化，《中國語文論叢》47：45—64。
徐翠榮（2011）近代漢語“程度副詞+有+NP”結構研究，湖北大學碩士論文。
楊華（2011）《近代漢語讀本》札記四則，《宜賓學院學報》2011（2）：83—85。
崔山佳（2011）《近代漢語動詞重疊專題研究》，成都：巴蜀書社。
鍾兆華（2011）《近代漢語虛詞研究》，北京：中國社會科學出版社。
俞佼（2011）近代漢語半截式“把”字式感嘆句，《現代語文（語言研究版）》2011（2）：49—51。
陳喜真（2011）關於“飯時”，《中國語學研究·開篇》30：131—136。
楊潔（2011）近代漢語動態助詞“了”芻議，《大家》2011（12）：184—185。
胡需恩（2011）《近代漢語大詞典》條目指瑕四例，《現代語文（語言研究版）》2011（5）：159—160。
彭志雷（2011）近代漢語語氣詞“嗎”的來源及演變，《青年文學家》2011（11）：160。
龔梅（2011）指代詞“人家”在近代漢語和鳳岡方言中的幾種用法，《現代語文（語言研究版）》2011（6）：19—21。
曾令香（2011）近代漢語“叠詞+兒”用法小考，《青年文學家》2011（17）：123，126。
殷曉傑、張家合（2011）近代漢語“掇類詞”的時空演變及其相關問題，《南開語言學刊》2011（2）：158—162，189。

朴元基 尹淳一譯(2011)近代漢語中際遇義“得”的語法化《語言研究集刊》8 307—320，328。

曹小雲（2011）中古近代漢語研究，《合肥師範學院學報》2011（1）：22。

張泰（2011）《漢語大詞典》近代漢語條目失誤舉證，《寧夏大學學報（人文社會科學版）》2011（1）：70—73。

吳偉軍（2011）試論把字句在近代漢語和現代漢語中的生成途徑，《湖北廣播電視大學學報》2011（3）：90—91。

郭作飛（2011）中古近代漢語專書詞彙研究的歷史回望——百年中古近代漢語專書詞彙研究述略（上），中古近代漢語專書詞彙研究的總結與思考——百年中古近代漢語專書詞彙研究述略（下），《前沿》2011（4）：145—150；2011（6）：141—143；（2012）《近代漢語詞彙語法論稿》207—223，北京：中國社會科學出版社。

郭作飛（2011）“萬福”補議——兼談作品斷代與語言證據，《蘭州學刊》2011（7）：210—212；（2012）《近代漢語詞彙語法論稿》100—106，北京：中國社會科學出版社。

王小穹（2011）從近代漢語看主觀性因素對“只”的語義影響，《武漢科技大學學報（社會科學版）》2011（2）：246—248。

馬梅玉（2011）近代漢語“往+NP+VP”、“V+往+NP”的語義類型及其認知分析，《南陽師範學院學報》2011（2）：29—32。

楊華（2011）《近代漢語讀本》札記四則，《宜賓學院學報》2011（2）：83—85。

孫曉玄（2011）近代漢語新生同素逆序同義詞研究，《東嶽論叢》2011（3）：136—138。

齊煥美（2011）近代漢語詞綴問題芻議，《安徽農業大學學報（社會科學版）》2011（1）：120—122。

田春來（2011）近代漢語處置式分類評述，《燕山大學學報（哲學社會科學版）》2011（1）：16—19。

韓昱（2011）近代漢語時期的“是……的”句式分析，《雞西大學學報》2011（6）：110—112。

楊愛姣(2011)近代漢語三音節副詞的後綴“裡”的來源《武漢大學學報(人文科學版)》2011（4）：118—123。

張振羽、申風英（2011）近代漢語副詞詞尾“則”探源，《湖北民族學院學報（哲學社會科學版）》2011（3）：146—149。

王奇賢（2011）近代漢語“被”字句來源及用法簡論，《傳奇・傳記文學選刊（理論研究）》2011（3）：82—83，33。

于立昌、李申（2011）黎錦熙《中國近代語研究法》對近代漢語研究的貢獻，《武陵學刊》2011（4）：136—138。

雷輪飛（2011）“是……的”結構在近代漢語中的句法語義特徵——以《檮杌閑評》爲例，《山東省農業管理幹部學院學報》2011（5）：148—150。

樓楓（2011）近代漢語時期處置式與被動式糅合句型，《赤峰學院學報（漢文哲學社會科學版）》2011（9）：191—193。

曹煒（2011）近代漢語語法研究，《蘇州教育學院學報》2011（4）：30。
羅惜（2011）百年來的近代漢語詞綴研究，《蘇州教育學院學報》2011（4）：46—50。
王瑩（2011）近代漢語代詞研究綜述，《蘇州教育學院學報》2011（4）：50—54。
張俊閣（2011）近代漢語疑問詞“那”、“那裡”的語義特徵與源流考證，《山西大同大學學報（社會科學版）》2011（5）：69—76。
胡偉（2011）上古至近代漢語“上”、“下”的語法化，《北方論叢》2011（6）：58—63。
曾海清（2011）近代漢語“把與”的來源去向及其句法語義探析，《安徽大學學報（哲學社會科學版）》2011（6）：99—103。
陳雪萍（2011）近代漢語第二人稱代詞“您”的來源，《思茅師範高等專科學校學報》2011（5）：91—95。
王寶紅（2011）《近代漢語大詞典》釋義補正，《語文知識》2011（1）：22—24。
金桂桃（2011）《近代漢語連詞》讀後，《長江學術》2011（4）：166—168。
殷國光、龍國富、趙彤（2011）《漢語史綱要》，北京：中國人民大學出版社。
陳寶勤（2011）《漢語詞彙的生成與演化》，北京：商務印書館。
朱紅（2011）基與語料庫的漢語第一人稱代詞分析，《古漢語研究》2011（1）：34—42。
方平權（2011）釋“随在”，《古漢語研究》2011（1）：69—74。
李焱、孟繁傑（2011）關聯副詞“倒”的演變研究，《古漢語研究》2011（3）：72—78。
李小軍（2011）完形認知與語氣詞“裡”的形成，《古漢語研究》2011（3）：79—84。
張振羽（2011）副詞“流水”的語法化及其發展，《古漢語研究》2011（3）：85—91。
葉桂郴（2011）“買”、“市”、“購”的歷時演變，《古漢語研究》2011（4）：79—85。
殷曉傑、張家合（2011）“找”、“尋”的歷時替換及相關問題，《漢語學報》2011（3）：80—86。
何洪峰（2011）動詞“去”向處所介詞語法化的終止與回歸，《語言研究》2011（2）：48—55。
陳昌來、張長永（2011）“從來”的詞彙化歷程及其指稱化機制，《上海師範大學學報（哲學社會科學版）》2011（3）：117—128。
董正存（2011）“完結”義動詞表週遍義的演變過程，《語文研究》2011（2）：44—49。
邵則遂、陳霞（2011）元明清“險些”類句式初探，《漢語史研究集刊》14：98—110。
沈煜、龍國富（2011）試論限定副詞“光”的語法化機制與動因，《漢語史研究集刊》14：9—29。
陳中源（2011）“自己”在中古以後的發展，《漢語史研究集刊》14：54—66。
董正存（2011）表達全量的“若X若Y”格式，《漢語史研究集刊》14：67—82。
袁嘉（2011）“生死”“存亡”與“死活”，《漢語史研究集刊》14：185—199。
王麗玲（2011）論元結構變化與詞彙化的發生——以“了得”、“了不得”的詞彙化爲例，《漢語史研究集刊》14：280—295。
董守志（2011）東漢—元明否定判斷句演變之研究，《古漢語研究》2011（1）：23—29。
江藍生（2011）說“蹀躞”與“嘚瑟”，《方言》2011（1）：1—8；（2013）《近代漢語研究新論》增訂本 269—283，北京：商務印書館。

梁銀峰（2011）漢語結構助詞“底（的）”來源考論，《語言研究集刊》8：229—240，326；（2013）《漢語語法詞彙史專題研究》250—272，上海：上海社會科學院出版社。

梁銀峰（2011）現代漢語“NP+的+VP”結構的歷史層次，《黎錦熙先生誕辰120周年紀念暨學術思想研討會論文集》，北京：中華書局；（2013）《漢語語法詞彙史專題研究》273—302，上海：上海社會科學院出版社。

汪化雲（2011）複數標記“們”的來源，《語言學論叢》44：271—387。

蕭紅（2011）動詞補語“見”、“到”的現實差異及其歷史發展，《泰山學院學報》2011（1）：81—86；（2013）《漢語歷史語法詞彙研究》165—178，北京：中國社會科學出版社。

權芙經（2011）關於近代漢語的“VO一V”式，《東亞人文學》19：49—61。

김경림（2011）近代中國語“差一點兒”意味場研究，《中國言語研究》34：117—136。

劉勇（2012）近代漢語助詞“着”“了”研究述略，《泰山學院學報》2012（4）：121—126。

郭作飛（2012）《近代漢語詞彙語法論稿》，北京：中國社會科學出版社。

李福唐、鄧建玲（2012）域外漢籍的發現及其語料價值簡論，《大學圖書情報學刊》2012（6）：83—85。

張彧彧（2012）《近代漢語時間副詞研究》，吉林大學博士論文。

袁法森（2012）近代漢語連詞研究綜述，《現代語文（語言研究版）》2012（9）：13—14。

孫懷芳（2012）“不是”在近代漢語中的假設連詞用法，《現代語文（語言研究版）》2012（9）：43—45。

張海濤（2012）近代漢語“好不X”式内部語義類型研究，《文教資料》2012（30）：26—27。

張秀松（2012）近代漢語中語氣副詞“到底”的後續演變，《語言研究》2012（1）：61—69。

劉百順（2012）中古近代漢語語法二題，《陝西師範大學學報（哲學社會科學版）》2012（3）：136—140。

樓楓（2012）近代漢語時期致使義處置式研究，《長春師範學院學報》2012（5）：41—43。

趙紅梅、程志兵、許少峰（2012）《近代漢語大詞典》釋義商榷，《山東理工大學學報（社會科學版）》2012（3）：62—66。

付新軍（2012）近代漢語複數詞尾的反復變化與共同語之關係，《古漢語研究》2012（2）：60—65。

鄭宏（2012）近代漢語“把”字被動句及其在現代漢語方言中的地域分布，《西北大學學報（哲學社會科學版）》2012（3）：198—200。

張秀清（2012）近代漢語語詞讀札，《天中學刊》2012（4）：95—97。

程志兵、趙紅梅（2012）《近代漢語大詞典》部分詞語釋義、立目商榷，《西南交通大學學報（社會科學版）》2012（5）：31—36。

殷曉傑、張家合（2011）近代漢語“掇類詞”的時空演變及其相關問題，《南開語言學刊》2011（2）：158—162，189。

周娟（2012）近代漢語動詞重疊式淺析，《青年文學家》2012（3）：139—140。

祝敏（2012）試析近代漢語中被動式和處置式套用句式的形成原因，《現代語文（語言研究版)》2012（4）：63—65。
雲海（2012）“露馬腳”一詞的由來，《新語文學習（教師版）》（2012）5：108。
路方鴿、孫尊章（2012）貫通中古與近代漢語詞彙研究的總結性力作，《中國社會科學報》2012（4）。
梁慧婧（2012）近代漢語中的“卻”，《重慶三峽學院學報》2012（6）：101—104。
曹煒（2012）近代漢語虛詞研究概論，《蘇州科技學院學報（社會科學版）》2012（6）：27—31。
董正存（2012）近代漢語幾個時間全量表達格式的來源與演變，《殷都學刊》2012（4）：115—120。
王虎、黄蓉（2012）近代漢語被動式研究綜述，《廣州廣播電視大學學報》2012（6）：44—49，109。
翟燕（2012）近代漢語後期助詞系統的演變及特徵，《河北大學學報（哲學社會科學版）》2012（6）：137—140。
張慶慶（2012）近代漢語“衣服”義名詞的歷時演變，《吕梁學院學報》2012（5）：22—25。
張振羽（2012）近代漢語副詞探源二則，《學術論壇》2012（12）：85—88。
白雲（2012）《漢語常用動詞歷時與共時研究》，北京：中國社會科學出版社。
陳治文（2012）釋“額手”“額手稱（相）慶”“以手加額”，《中國語文》2012（4）：376—380；（2013）《近現代漢語研究文存》203—215，北京：社會科學文獻出版社。
吴建設（2012）漢語基本顏色詞的進化階段與顏色範疇，《古漢語研究》2012（1）：10—17。
尹戴忠、賴積船（2012）“斜視”概念場的歷時演變研究，《古漢語研究》2012（1）：18—23。
尹戴忠、趙孜（2012）“視”“看”歷時更替研究，《湖南科技大學學報（社會科學版）》2012（4）：120—122。
張田田（2012）句法結構“管他”的連詞化與標記化，《古漢語研究》2012（1）：50—56。
張秀松（2012）語氣副詞“到底”的歷史形成，《古漢語研究》2012（1）：57—65。
劉百順（2012）燭幽探微，必得真諦而後止——讀董志翹《中古近代漢語探微》，《古漢語研究》2012（1）：91—94。
崔山佳（2012）關於“×的×”格式的兩點補説，《古漢語研究》2012（2）：54—59。
劉曉晴、邵敬敏（2012）“罷了”的語法化進程及其語義的演變，《古漢語研究》2012（2）：66—73。
董秀芳（2012）話題標記來源補議，《古漢語研究》2012（3）：28—36。
郭浩瑜、楊榮祥（2012）從“控制度”看處置式的不同語法意義，《古漢語研究》2012（4）：50—55。
劉君敬（2012）名詞“嘴”用字的歷時考察，《漢語史研究集刊》15：43—56。
胡紹文（2012）“龍頭蛇尾”“虎頭蛇尾”源流考，《漢語史研究集刊》15：92—105。
魏啟君（2012）“大鳥崖柴兩翅青”新解，《漢語史研究集刊》15：258—264。
王彤偉（2012）量詞“口”的源流及演變，《漢語史研究集刊》15：57—73。
常輝（2012）祈請義動詞“屈”的歷時演變，《漢語史研究集刊》15：74—83。
張楨（2012）《類型學視野的漢語名量詞演變史》，北京：北京大學出版社。

江藍生（2012）漢語連一介詞的來源及其語法化的路徑和類型，《中國語文》2012（4）；（2013）《近代漢語研究新論》增訂本207—245，北京：商務印書館。

江藍生（2012）臺灣地區詞（四則）音義考，《歷史語言學研究》5；（2013）《近代漢語研究新論》增訂本335—351，北京：商務印書館。

梁銀峰（2012）從歷史來源看“們”的語法意義，《重慶廣播電視大學學報》2012（2）；（2013）《漢語語法詞彙史專題研究》313—328，上海：上海社會科學院出版社。

胡曉慧（2012）《漢語趨向動詞語法化問題研究》，南寧：廣西師範大學出版社。

朴元基（2012）《中國語와文法化》，首爾：學古房。

신경미（2012）“起來”와“起去”의非對稱現象에關한考察，《中國學論叢》37：25—43。

褚俊海（2013）“美輪美奐”的詞義及其成詞過程——兼論詞彙化與詞法構式的關係，《古漢語研究》2013（1）：75—80。

李振中（2013）框式結構“非……不可”用於估測表達的歷時考察，《古漢語研究》2013（2）：10—15。

匡鵬飛（2013）副詞“從來”語法特點的歷時差異及其解釋，《漢語學報》2013（1）：49—54。

葉建軍（2013）句式“X勝如Y”的形成及其演變，《古漢語研究》2013（2）：16—23。

尹戴忠（2013）“目”、“眼”、“眼睛”歷時演變研究，《古漢語研究》2013（2）：49—54。

盧烈紅（2013）“枉狀”“月朵”詞義考，《古漢語研究》2013（4）：60—63。

雷冬平（2013）極性程度副詞“洞”與“淫”的形成及其他，《漢語史研究集刊》16：159—176。

王秀玲（2013）語氣副詞“難說”的形成及其方言分布，《漢語史研究集刊》16：193—202。

王彤偉（2013）量詞“點”源流淺探，《漢語史研究集刊》16：340—348。

張文冠（2013）“喫嘹”補釋，《漢語史研究集刊》16：366—372。

張美蘭（2013）漢語常用詞歷時演變的新視角——以版本異文爲視角，《合肥師範學院學報》2013（2）：21—27。

楊宇楓（2013）《近代漢語複合趨向動詞句法語義研究》，北京大學博士論文。

曾令香（2012）漢語“動量詞+兒”用法考，《長春理工大學學報（社會科學版）》2012（1）：63—65。

張成進（2013）《現代漢語雙音介詞的詞彙化與語法化研究》，安徽大學博士論文。

張文（2013）《漢語雙賓句歷時演變及相關結構問題研究》，北京大學博士論文。

石微（2013）《漢語依據類介詞的語法化研究》，吉林大學博士論文。

張文（2013）近代漢語“給”的語法化演變研究，《語言學論叢》46：229—257。

徐時儀（2013）《近代漢語詞彙學》，廣州：暨南大學出版社。

劉玲玲（2013）近代漢語詞語札記，《青春歲月》2013（14）：128。

趙愛武（2013）近代漢語象聲詞的修辭特徵，《武漢大學學報（人文科學版）》2013（1）：119—123。

馮卓（2013）近十年近代漢語詞彙研究成果綜述（2003—2012），《長春師範學院學報》

2013（1）：50—52。
嚴寶剛（2013）近代漢語形容詞完成體標記的產生和發展，《長江大學學報（社科版）》2013（3）：71—74。
劉寶霞、張美蘭（2013）近代漢語“丟棄”義常用詞的歷時演變與地域分布，《古漢語研究》2013（2）：55—63，96。
王虎、張芹（2013）近代漢語助詞研究綜述，《廣州廣播電視大學學報》2013（2）：53—57，109。
張海濤（2013）近代漢語“好不X”格式語法構成研究，《語文建設》2013（14）：58—59。
曾昭聰（2013）近代漢語異形詞的來源，《安徽理工大學學報（社會科學版）》2013（2）：76—82。
張雲峰（2013）近代漢語比况框式介詞及其概念叠加，《聊城大學學報（社會科學版）》2013（4）：37—43。
張海濤（2013）近代漢語“好不X”式外部語裡關係研究，《語文建設》2013（17）：74—75。
吳繼娟（2013）試論近代漢語中的“處”和“時”，《現代語文（學術綜合版）》2013（6）：125—128。
紀麟芝、都興宙（2013）淺析近代漢語中“的個”連用的情况，《現代語文（語言研究版）》2013（6）：48—49。
何洪峰（2013）近代漢語“流星”介詞，《語言研究》2013（4）：71—81。
王虎、李燕妮（2013）近代漢語詞綴研究綜述，《衡陽師範學院學報》2013（4）：91—94。
曾昭聰（2013）近代漢語異形詞理據研究論略，《綿陽師範學院學報》2013（7）：1—5，30。
趙愛武（2013）近代漢語象聲詞結構形式的歷時演變，《江漢學術》2013（4）：100—104。
王虎、王晶（2013）近代漢語處置式研究綜述，《湖南工程學院學報（社會科學版）》2013（3）：22—26。
施建平（2013）近代漢語代詞“這等”的歷史嬗變，《江蘇大學學報（社會科學版）》2013（5）：101—108。
徐復嶺（2013）關於近代漢語語氣副詞“通身/通深”的來源和形成，《漢字文化》2013（5）：22—24。
蔣冀騁（2013）論近代漢語並列結構詞的語素間聲調關係，《古漢語研究》2013（3）：37—41。
李爲政（2013）《近代漢語因果句研究》，北京大學博士論文。
楊宇楓（2013）《近代漢語複合趨向動詞句法語義研究》，北京大學博士論文。
吳迪（2013）《近代漢語“V了個X”構式的探討》，浙江師範大學碩士論文。
胡靜敏（2013）《近代漢語“你這（個）NP”的多角度研究》，浙江師範大學碩士論文。
趙愛武（2013）近代漢語象聲詞結構形式的歷時演變，《江漢學術》2013（4）：100—104。
顧軍（2013）論近代漢語中幾個詞的誤解誤用義，《廣西民族師範學院學報》2013（6）：56—58。
李曉華（2013）近代漢語判斷句句式分析，《開封教育學院學報》2013（5）：24—25。

付義琴（2013）近代漢語“著”字句和“在”字句的篇章功能比較，《當代修辭學》2013（6）：69—73。

魏培泉（2013）近代漢語動趨式中的“將”，《語言暨語言學》5：875—928。

陳東輝（2013）《漢語史史料學》，北京：中華書局。

蕭紅（2013）《漢語歷史語法詞彙研究》，北京：中國社會科學出版社。

梁銀峰（2013）近代漢語句末助詞“裏”的來源辨議，吴兆銘等主編《中國學研究》16；（2013）《漢語語法詞彙史專題研究》329—345，上海：上海社會科學院出版社。

梁銀峰（2013）《漢語語法詞彙史專題研究》，上海：上海社會科學院出版社。

馬靜（2013）《馬振武譯〈古蘭經〉中的近代漢語詞彙研究》，寧夏大學碩士論文。

徐志林（2013）《漢語雙賓句式的歷史發展及相關問題研究》，北京：中國文史出版社。

李光傑、高曉梅、崔秀蘭（2013）《漢語發展史研究》，哈爾濱：黑龍江大學出版社。

江藍生（2013）構式隱含義的顯現與句法創新，《近代漢語研究新論》增訂本 188—206，北京：商務印書館。

江藍生（2013）也說“漢兒言語”，《近代漢語研究新論》增訂本 352—388，北京：商務印書館【將刊於 *Breaking down the Barriers: Interdiscipnary Studies in Chinese Linguistics and Beyond*】。

朴元基（2013）古漢語樣態副詞“好”의文法化와그發展過程，《中國語文論叢》59：1—28。

李宗江（2014）近代漢語評價性語用標記及其向現代的演變，《語言研究》2014（1）：81—85。

石彥霞（2014）近代漢語中“哩”字的話語功能與文化意義，《甘肅社會科學》2014（1）：248—251。

張赪（2014）近代漢語使役句役事缺省現象研究——兼談語言接觸對結構形式和語義的不同影響，《中國語文》2014（3）：236—246。

葉建軍（2014）“被 NP$_{施}$VPNP$_{受}$”的生成機制與動因，《中國語文》2014（3）：247—258。

孫錫信主編（2014）《中古近代漢語語法研究述要》，上海：復旦大學出版社。

楊永龍（2014）從語序類型的角度重新審視“X+相似/似/也似”的來源，《中國語文》2014（4）：291—303。

馬貝加（2014）《漢語動詞語法化》，北京：中華書局。

朴元基（2014）副詞“直”의“間直”意味機能의發展과그文法化，《中國語文論叢》61（1）：109—140。

2. 宋元代

◎辭典

龍潛庵編（1985）《宋元語言詞典》，上海：上海辭書出版社。

◎研究

胡竹安（1958）宋元白話作品中的語氣助詞，《中國語文》1958（6）：270—274。
劉逸生（1958）宋元俗語研究三例，《理論與實踐》1958（3）。
龍潛庵（1979）宋元語詞札記，《中國語文》1979（5）：383—384。
寺村政男（1979，1980，1983，1984，1986）宋元白話語彙匯釋（I-V），《早實研究紀要》14：67—82；15：89—101；17：1—17；18：1—23；20：101—140。
龍潛庵（1981）《宋元語詞集釋》題記，《辭書研究》1981（2）：194—203。
佐藤晴彥（1983）宋元語法史試論—“～里地”“～里路”“田地”“地面”をめぐって—，《神户外大論叢》34（3）：7—26。
胡竹安（1984）談宋元白話中的幾個數詞，《語文研究》1984（4）：26—32，50。
潘維圭，楊天戈（1984）宋元時期“了”字的用法，兼談“了”字的虚化過程，《語言論集》2：71—90。
朱瑞熙（1987）評《宋元語言詞典》的宋代部分，《辭書研究》1987（3）：89—97。
沈錫倫（1988）晚唐宋元被字句考察，《上海師範大學學報（哲學社會科學版）》1988（3）：101—106，116。
趙中方（1989）宋元個體量詞的發展，《揚州師院學報（社會科學版）》1989（1）：46—53。
趙宗乙（1989）《宋元語言詞典》釋義管窺，《中國語文》1989（3）：232—235。
張生漢（1989）《宋元語言詞典》誤釋舉例，《古漢語研究》1989 增刊。
盧潤祥（1989）我國第一部斷代語言詞典——簡評《宋元語言詞典》，《語文研究》1989（4）：14—15。
胡竹安（1990）宋元時“事”的特指義，《中國語文》1990（1）：77—78。
李之亮（1990）《宋元語言詞典》釋詞商榷，《古漢語研究》1990（2）：67—68，39。
盧甲文（1991）宋元詞語彙釋，《南都學壇》1991（3）：71—78。
徐時儀（1991）《宋元語言詞典》釋義補正，《古籍整理出版狀況簡報》246。
程湘清（1992）《宋元明漢語研究》，濟南：山東教育出版社。
董紹克（1992）《宋元語言詞典》釋義商補，《古漢語研究》1992（4）：16—18。
劉學智、羅驥（1993）《宋元語言詞典》釋義商議，《雲南教育學院學報》1993（5）：75—79。
劉京偉（1994）宋元明語詞方言例釋，《黔南民族師專學報》1994（4）：33—35，50。
楊永龍、金朝霞（1995）《宋元語言詞典》釋義獻疑，《周口師專學報》1995（S1）：67—70，79；（2009）《漢語史論稿》334—341，北京：中國社會科學出版社。
李成蘭（1998）《宋、元、明、清時期字“把/將”句研究》，北京大學博士論文。
白冰（2001）宋元時期個體量詞的變化和發展，《山西高等學校社會科學學報》2001（7）：106—109。
劉衛寧（2005）宋元明時期疊加式判斷句的分析，《廣西社會科學》2005（2）：153—155，158。
徐今（2005）宋元明清“V一V”語法意義的發展，華中師範大學博士論文。
金桂桃（2008）《宋元明清動量詞研究》，武漢：武漢大學出版社。

3. 元代

◎辭典

李崇興等編（1998）《元語言詞典》，上海：上海教育出版社【書評：汪維輝（2000）《元語言詞典》評介，《辭書研究》2000（1）：100—108】。

◎研究

池田武雄（1960）元時代口語の介詞について，《東洋學論叢》180：170—189。

Rachewiltz, I. (1963) Some Remarks on the Linguistic Aspect on the Mongol Conquest of China, *AULIA Proceedings* 1: 146-147.

Rachewiltz, I. (1967) Some Remarks on the Language Problem in Yuan China, *Journal of the Oriental Society of Australia* 5 (1,2): 65-80.

亦隣真（1982）元代硬譯公牘文體，《元史論叢》1：164—178；（2001）《亦隣真蒙古學文集》583—605，呼和浩特：內蒙古人民出版社；加藤雄三譯（2001）元代直譯公文書の文體，《内陸アジア言語の研究》16：155—172。

韓登庸（1982）漢語中的元代蒙語語詞，《內蒙古社會科學》1982（3）：45—48，44。

余志鴻（1983）元代漢語中的後置詞“行”，《語文研究》1983（8）：48—50，63。

Зограф, И. Т. (1984) *Монгольско-китайская интерференция: язык монгольской канцелярии в Китае*, Москва: Изд-во "Наука", Главная редакция восточной литературы.

余志鴻（1984）漢語前後置詞混用的實質，《杭州大學學報》11 增刊。

劉鈞傑（1985）元代象聲詞的兩種變化，《漢語學習》1985（3）：33—34。

藍立蓂（1986）元代直譯體公牘文某些用語在關漢卿作品裏的反映，《語文研究》1986（4）：50—53。

余志鴻（1987）元代漢語“一行”的語法意義，《語文研究》1987（2）：16—20。

余志鴻（1988）“賓動”倒句和語言交融，《民族語文》1988（3）：57—60。

陳治文（1988）元代有指物名詞加“每”的說法，《中國語文》1988（1）：71—72；（1989）《中國語文 200 期紀念刊文集》179—180，北京：商務印書館；（2013）《近現代漢語研究文存》160—164，北京：社會科學文獻出版社。

孫錫信（1989）元代指物名詞後“們（每）”的由來，《中國俗文學研究》7：91—94；（1990）《中國語文》1990（4）：302—303；（1997）《漢語歷史語法叢稿》29—32，上海：漢語大詞典出版社；蔣紹愚、江藍生編（1999）《近代漢語研究（二）》253—256，北京：商務印書館。

石鋟（1992）元代結構助詞“的”研究，《兵團教育與研究》1992（2）：24—31。

余志鴻（1992）元代漢語的後置詞系統，《民族語文》1992（3）：1—10；蔣紹愚、江藍生編（1999）《近代漢語研究（二）》297—314，北京：商務印書館；遇笑容、曹廣順、祖生利編（2010）《漢語史中的語言接觸問題研究》119—132，北京：語文出版社。

鄧興鋒（1993）元代複數形尾“每”的讀音——兼論漢語複數形尾的來源及其他，《南京大學學報》1993（4）。

張禎（1993）談金元時期的“名量詞+兒”，《貴州師範大學學報（社會科學版）》1993（2）：63—64。

張禎（1993）金元時期“名量詞+兒”的用法，《華東師範大學學報》1993（5）。

佐藤晴彥（1994）“一壁有者”考，《神户外大論叢》45（7）：31—48。

竹越孝（1994）“蒙文直譯體”と“漢兒言語”，《語學漫步》19。

山川英彥（1995）元代に見られる動詞“有”の特殊な用法，《神户外大論叢》46（6）：25—41。

李崇興（1995）元代詞語拾零，《語言研究》1995（2）：123—127。

石鋟、董偉（1996）元代幾種白話文獻中的陳述語氣詞，《重慶師院學報（哲社版）》1996（3）：33—37。

石鋟（1998）元代幾種白話文獻中的疑問語氣詞，《漢語史研究集刊》1下：472—482。

石鋟（1999）元代幾種白話文獻中的祈使語氣詞，《兵團教育學院學報》1999（2）：21—25，86。

竹越孝（1999）“蒙文直譯體”と“漢兒言語”—元代の中國語をめぐる一問題—，鹿兒島大學《新しい關係性を求めて》1：171—173。

余志鴻（1999）元代漢語假設句的後置標記，《語文研究》1999（1）：38—42。

方齡貴（1999）爲“不怕那甚麽”進一解，《雲南師範大學學報》31（1）：36—38；（2004）《元史叢考》232—238，北京：民族出版社。

竹越孝（2000）蒙漢對譯文獻における“有”の對應蒙古語，《中國語學研究・開篇》20：66—99。

王建莉（2000）從文化看漢語中的蒙語借詞，《廣播電視大學學報（哲學社會科學版）》2000（2）：75—77。

李崇興（2001）元代直譯體公文的口語基礎，《語言研究》2001（2）：65—70。

張延成（2001）元代漢語虛詞札記兩則，《鹽城師範學院學報（人文社會科學版）》21（2）：83—86。

孟達來（2001）《北方民族的歷史接觸與阿爾泰諸語言共同性形成》（日本留學博士叢書），北京：中國社會科學出版社。

張延成（2001）元代漢語虛詞札記兩則，《鹽城師範學院學報（人文社會科學版）》2001（2）：83—86。

彭文芳（2001）《元代量詞研究》，廣西師範大學碩士論文。

張延成（2002）元代漢語中的“……的每”，《語文學刊》2002（2）：54—55。

竹越孝（2002）中世蒙古語の a-，bü-，bol-と“有”，《慶谷壽信教授記念中國語學論集》173—182，東京：好文出版。
白平（2002）《元代漢語“一行”的語法意義》質疑，《漢語史研究新論》132—136，太原：書海出版社。
江藍生（2003）從語言接觸的視角研究元代漢語，李泰洙（2003）《〈老乞大〉四種版本語言研究》1—2，北京：語文出版社；（2008）《近代漢語研究新論》290—293，北京：商務印書館；（2013）增訂本，437—440，北京：商務印書館。
川澄哲也（2003）元代の“擬蒙漢語”と現代の青海·甘肅方言，《京都大學言語學研究》22：301—324。
祖生利（2003）元代文獻中“一般”和“也者”的特殊用法，《民族語文》2003（6）：28—34。
宮紀子（2003，04）モンゴルが遺した“翻譯”言語—舊本《老乞大》の發見によせて—（上、下）《内陸アジア言語の研究》18：53—96；19：157—209；（2006）《モンゴル時代の出版文化》，名古屋：名古屋大學出版會。
渡部洋（2004）元代の“底”と“的”について，《文藝論叢》62：397—407。
王立軍（2004）談碑刻文獻的語言文字學價值，《古漢語研究》2004（4）：96—100。
祖生利（2004）元代直譯體文獻中的原因後置詞“上/上頭”，《語言研究》24（1）：47—52。
祖生利（2004）元代直譯體文獻的“麼道”，《民族語文》2004（4）：51—56。
鄧邦雲（2004）元代個體量詞舉偶，《漢語史研究集刊》7：319—327。
彭文芳（2004）元代量詞研究札記，《西華師範大學學報（哲學社會科學版）》2004（6）：88—92。
祖生利（2005）元代蒙古語同北方漢語語言接觸的文獻學考察，《蒙古史研究》8：52—79；（2009）元代蒙漢語言接觸的文獻學考察，李崇興等編《元代漢語語法研究》105—135，上海：上海教育出版社。
金文京（2005）漢兒言語考，嚴翼相、遠藤光曉編《韓國的中國語言學資料研究》83—90，首爾：學古房。
劉迎勝（2005）有關元代回回人語言問題，《元史論叢》10：19—38；（2013）《華言與蕃音》193—227，上海：上海古籍出版社。
李崇興（2005）論元代蒙古語對漢語語法的影響，《語言研究》2005（3）：77—81。
鄧邦雲（2005）元代個體量詞舉偶，《漢語史研究集刊》7：319—327。
易丹（2006）《元代述補結構研究》，華中科技大學碩士論文。
宮紀子（2006）《モンゴル時代の出版文化》，名古屋：名古屋大學出版會。
丁勇（2007）《元代漢語句法專題研究》，華中科技大學博士論文。
丁勇（2007）元代漢語的“（不）VP那怎麼/什麼”問句，《語言研究》2007（1）：77—79。
陳衛蘭（2007）元代漢語語法研究綜述，《台州學院學報》2007（4）：37—39，50。
通拉嘎（2007）論“元代白話”與蒙元硬譯體《内蒙古師範大學學報（哲學社會科學版）》2007（2）：62—65。
舩田善之（2007）蒙文直譯體の成立をめぐって—モンゴル政權における公文書翻譯システムの端緒—，《語學教育フォーラム》13：7—19。

祖生利(2007)元代的蒙式漢語及其時體範疇的表達——以直譯體文獻的研究爲中心,《當代語言學》2007（1）：1—13；馮力等主編（2009）《漢語時體的歷時研究》41—59，北京：語文出版社；李崇興等編《元代漢語語法研究》238—256，上海：上海教育出版社。

李崇興、丁勇（2008）元代漢語的比擬式，《漢語學報》2008（1）：2—10，95；李崇興等編（2009）《元代漢語語法研究》68—80，上海：上海教育出版社。

張彧彧（2008）《元代結構助詞“的”研究》，吉林大學碩士論文。

李崇興（2009）元代北方漢語的語氣詞，李崇興等編《元代漢語語法研究》，5—26，上海：上海教育出版社。

李崇興、丁勇(2009)元代含“得”和“不”的述補結構,《長江學術》2009(1):81—90；李崇興等編（2009）《元代漢語語法研究》27—48，上海：上海教育出版社。

丁勇、李崇興（2009）元代漢語的被動式，李崇興等編《元代漢語語法研究》，49—67，上海：上海教育出版社。

丁勇、李崇興(2009)元代漢語的選擇問句,李崇興等編《元代漢語語法研究》,81—102，上海：上海教育出版社。

祖生利（2009）元代的“漢兒言語”，李崇興等編《元代漢語語法研究》257—267，上海：上海教育出版社。

李崇興(2009)元代語言接觸對漢語語法發展的影響,李崇興等編《元代漢語語法研究》,284—293，上海：上海教育出版社。

李崇興、祖生利、丁勇（2009）《元代漢語語法研究》，上海：上海教育出版社。

李偉（2009）從元漢兒言語“有”的用法透視語言接觸下的語言演變，《語文研究》2009（1）：11—16。

任曉彤（2009）元代漢語中的語气詞“者”、“著（着）”，《內蒙古師範大學學報（哲學社會科學版）》2009（1）：122—125。

鄧帮雲（2009）元代量詞語法特徵概說，《樂山師範學院學報》2009（7）：79—82。

夏筱軒（2009）元代蒙式漢語特點研究，《湖北社會科學》2009（3）：143—146。

夏筱軒(2009)元代直譯體文獻中的與位格研究,《廣西社會科學》2009(4):116—119。

曹廣順、陳丹丹(2009)元白話特殊語言現象再研究,《歷史語言學研究》2:108—123。

宮海峰(2009)蒙元時期硬譯文體中的一種特殊否定句式,《內蒙古社會科學(漢文版)》2009（5）：55—60。

宮海峰(2010)“脱脱禾孫”語音考——兼談其他幾個相類蒙古語職官名詞,《元史論叢》12：132—143。

馮赫（2010）元刊雜劇與蒙式漢語文獻方位詞“上”特殊功能研究，《古漢語研究》2010（3）：68—75。

魏巍（2010）《元代漢語詞彙史新詞研究》，山東大學碩士論文。

金道榮（2010）《論阿爾泰語法背景下的漢語“把”字句偏誤的生成機制與教學對策》，北京大學博士論文。

劉婧一（2010）《元代筆記分詞理論與實践》，廣西師範學院碩士論文。

易丹（2011）元代漢語的可能補語結構，《語文學刊》2011（17）：49—51。
易丹（2011）元代漢語的狀態補語，《黄岡師範學院學報》2011（4）：71—73。
馮赫（2011）元代蒙式漢語方位詞特殊功能形成的内部因素考察，《山東社會科學》2011（4）：114—117，123。
舩田善之（2011）モンゴル語直譯體の漢語への影響—モンゴル帝國の言語政策と漢語世界—，《歴史學研究》875：1—12，64。
高橋文治（2011）直譯風白話發令文の性格，《モンゴル時代道教文書の研究》3—29，東京：汲古書院。
舩田善之（2012）モンゴル時代多元社會におけるコミュニケーション—言語接觸からみたモンゴル語と漢語の翻譯文體・口頭語—，光藤宏行《コミュニケーションと共同體》145—158，福岡：九州大學出版會。
任曉彤（2012）《元語言詞典》釋義商補三則，《漢字文化》2012（3）：63—65。
張禎（2012）元代語言接觸中的漢語使役句式，《民族翻譯》2012（2）：78—87。
張或或（2013）接觸語言學視角下的元代白話，《社會科學戰綫》2013（5）：149—156。
高樂（2013）語言接觸視角下的元代漢語語法，《語文天地（高教・理論）》2013（2）：15—16。
高樂（2013）論語言接觸視角下的元代漢語語法——以《元刊雜劇三十種》語法現象爲例，《文教資料》2013（9）：24—25。
박영록（2013）八思巴字公牘의蒙古語와白話直譯에對한對照研究，《大東文化研究》82：239—277。
王進（2014）元代禁止副詞“勿”“莫”“休”——兼論禁止副詞“别”，《漢語學報》2014（2）：88—92。

4. 元明代

◎辭典

董遵章（1985）《元明清白話著作中山東方言例釋》，濟南：山東教育出版社。
岳國均主編（1998）《元明清文學方言俗語辭典》，貴陽：貴州人民出版社。

◎研究

星燦（1981）試釋元明時之“親”，《中國語文》1981（3）：224。
林濤（1983）中衛方言與元明清白話詞語，《寧夏教育學院學報》1983（1）。
佐藤晴彦（1984）元明語法史試論—“～里地”“～里路”“田地”“地面”をめぐって—，《神户外大論叢》35（2）：23—44。
俞光中（1985）元明白話中的助詞“來”，《中國語文》1985（4）：289—291。

孫占林（1998）元明時期的“折折”與同形同補結構，《漢語史研究集刊》1（下）：498—511。
岳立靜（1999）元明之間的“被”字句，《古漢語研究》1999（4）：21—25。
周志鋒（1999）元明清白話著作釋詞，《古漢語研究》1999（3）：85—88。
雷昌蛟（2000）建始（官店）方言中所見元明白話詞語，《古漢語研究》2000（3）：80—81。
黃斌（2001）元明口語中的“判斷句+‘（的）便是’”結構，《古漢語研究》2001（1）：74—76。
佐藤晴彥（2002）元明期の文字表記—“個”の出現をめぐって—，《神户外大論叢》51（6）：1—15。
張赬（2002）元明時期的介詞概貌和介詞詞組詞序，《漢語介詞詞組詞序的歷史演變》217—244，北京：北京語言文化大學出版社。
江藍生（2003）語言接觸與元明時期的特殊判斷句，《語言學論叢》28：43—60；（2008）《近代漢語研究新論》241—263，北京：商務印書館；（2013）增訂本，389—410北京：商務印書館。
崔宰榮（2006）元明清時期反復疑問文小考，《中國學研究》37：243—270。
謝洪欣（2008）《元明時期漢語連詞研究》，山東大學博士論文。
王永超（2009）《元明時期漢語代詞研究》，山東大學博士論文。
王進（2009）元明時期的祈使語气詞“休”“罷”“波”，《漢語學報》2009（3）：55—58。
周四貴（2010）元明漢語介詞短語句法功能分析，《蘇州科技學院學報（社會科學版）》2010（3）：53—57。
周四貴（2010）《元明漢語介詞研究》，蘇州大學博士論文。
邵則遂、陳霞（2011）元明清“險些”類句式初探，《漢語史研究集刊》14：98—110。
周曉林、王進超（2011）元明時期漢語讓步連詞的若干特點，《厦門理工學院學報》2011（2）：82—86，102。
謝洪欣（2012）元明時期漢語的連詞及其特點，《中國語研究》54：104—113。
何洪峰（2013）元明清時期方式狀語的發展，《江漢學術》2013（2）：85—93。
趙長才（2014）語言接觸背景下元明時期“後頭”表時間的用法及其來源，《中國語文》2014（3）：222—235。

5. 明代

鳥居久靖（1968）明代庶民語の一面，《中文研究》8：21—29。
波多野太郎（1963）王利器教授の明代方言の研究について，《東洋宗教》14：50—59。
王貞珉（1980）明代方言俗語彙編叙録，《活頁文史叢刊》。
顧之川（1993）明代漢語的修辭稱謂與變異稱謂，《青海師範大學學报（哲學社會科學版）》

1993（3）：108—114，128。
楊淑敏（1994）明代白話中某些新興或特殊副詞研究，《東岳論叢》1994（3）：68—72。
顧之川（1995）明代漢語詞彙與明代白話小說戲曲整理，《文獻》1995（4）：70—83。
顧之川（1996）明代漢語詞彙與辭書編纂，《古漢語研究》1996（1）：40—42。
顧之川（2000）《明代漢語詞彙研究》，開封：河南大學出版社。
葉桂郴（2008）《明代漢語量詞研究》，長沙：岳麓書社。
羅國強（2013）《明代漢語新詞語研究》，長沙：湖南人民出版社。
顧之川（1993）明代漢語詞彙與古籍整理，《古籍整理研究學刊》1993（6）：9—12。
張赬（2004）明代的差比句，《語言暨語言學》3：705—725。

6. 明清代

周志鋒（1999）明清白話著作詞義拾零，《’98 語言論叢》，杭州：杭州大學出版社。
周志鋒（2000）俗字俗語與明清白話著作校勘，《古籍整理研究學刊》2000（2）。
傅惠鈞（2001）真性問與假性問：明清漢語選擇問句的功能考察，《語言教學與研究》2001（3）：60—68。
曹小雲（2000）明清時期的“連”字結構，《阜陽師範學院學報（社會科學版）》2000（4）：38—41；（2005）《中古近代漢語語法詞彙叢稿》132—144，合肥：安徽大學出版社。
傅惠鈞（2004）明清漢語正反問的分布及其發展，《古漢語研究》2004（2）：62—66。
周志鋒（2004）明清俗語詞考釋，《古漢語研究》2004（3）：98—101。
王周明（2006）明清期における“有”字比較文の成立，《中國語學》253：192—212。
張俊閣（2007）《明清山東方言代詞研究》，山東大學博士論文。
傅惠鈞（2009）命題否定與情態否定：明清漢語是非詰問句類型探討，《漢語學報》2009（3）：33—42，96。
魏紅（2009）明清漢語特殊副詞“通身”“渾深”探源，《漢字文化》2009（3）：23—25。
魏紅（2009）明清漢語特殊連詞“打哩”探源，《語言研究》2009（1）：87—89。
魏紅（2009）明清漢語副詞“通身”“渾深”的形成，《中國語研究》51：98—102。
王群（2010）《明清山東方言背景白話文獻副詞研究》，青島：中國海洋大學出版社。
劉宏麗（2010）《明清敬謙語研究》，北京：中國社會科學出版社。
傅惠鈞（2010）明清漢語深度特指疑問句探討，《漢語史學報》10：144—156。
傅惠鈞（2011）《明清漢語疑問句研究》，北京：商務印書館。
張美蘭（2011）《明清域外官話文獻語言研究》，長春：東北師範大學出版社。
崔宰榮、임미나（2011）明清時期同等比較構文研究，《中國學研究》56：203—235。
徐策（2012）《明清漢語“名+數量”結構研究》，浙江師範大學碩士論文。
임미나（2012）《明清時期比較構文研究》，韓國外國語大學校博士論文。

張家合（2012）孜孜以求 堅實創新——《明清漢語疑問句研究》讀後，《寧波大學學報（人文科學版）》2012（2）：127—129。

詞彙語法・戲曲、說唱文學

干野真一、宮下尚子 編

<研究文獻参考書目>

宮原民平（1937）支那戲曲の邦譯，《支那語學報》2：6。

金丸邦三、井上泰山（1984）元曲研究文獻目録 I，《中國俗文學研究》2：79—107。

寧宗一等（1987）元雜劇研究論文索引，寧宗一、陸林、田桂民《元雜劇研究概述》，天津：天津教育出版社。

井上泰山（1990）日本における《西厢記》研究—付譯注書目録・關係論著目録，《中國俗文學研究》8：60—76。

黄冬柏（2001）《西厢記》研究の回顧と展望（付：主要論著目録），九州大學《中國文學論集》30：84—104。

1. 戲曲

1.1 總論

◎辭典、索引

張相（1953）《詩詞曲語辭匯釋》，北京：商務印書館【書評：入矢義高（1954）《中國文學報》1：137—156；蔡毅譯（1997）《俗語言研究》4：86—98】。

王沛綸（1969）《戲曲辭典》，臺北：臺灣中華書局。

王鍈（1980）《詩詞曲語辭例釋》，北京：中華書局【1986 增訂本】。

陸澹安（1981）《戲曲詞語匯釋》，上海：上海古籍出版社。

佐藤晴彦（1983）《小說詞語匯釋戲曲詞語匯釋發音索引》，東京：汲古書院。

金丸邦三、曾根博隆（1983）《元明戲曲語釋拾遺》，東京：中國俗文學研究會。

金丸邦三、曾根博隆（1983）《元明戲曲語釋拾遺續補》，東京：中國俗文學研究會。

金丸邦三（1984）《中國古典戲曲辭書總合索引》，東京：中國俗文學研究會。

金丸邦三、鈴木誠、阿保聖子（1990）《元明戲曲語釋拾遺二集》，東京：中國俗文學研究會。
王鍈、曾明德（1991）《詩詞曲語辭集釋》，北京：語文出版社。
王貴元、葉桂剛（1993）《詩詞曲小說語辭大典》，群言出版社。
金丸邦三、阿保聖子、桑野弘美（1999）《元明戲曲語釋拾遺三集》，東京：中國俗文學研究會。
方齡貴（2001）《古典戲曲外來語考釋詞典》，上海：漢語大詞典出版社；昆明：雲南大學出版社。
王學奇、王靜竹（2002）《宋金元明清曲辭通釋》，北京：語文出版社。
中華書局編輯部（2014）《詩詞曲語辭辭典》，北京：中華書局。

◎研究

豐田穰（1937）讀曲雜記，《斯文》19（3）：42—47。
豐田穰（1940）續讀曲雜記，《斯文》22（11）：43—44。
傅芸子（1942）內閣文庫讀曲續記，《留日同學會季刊》2。
仲穎（1953）介紹《詩詞曲語辭匯釋》，《中國語文》1953（11）：30，35。
馬連良（1959）談談傳統戲曲中的用詞問題，《中國語文》1959（9）：41—48。
馬少波（1959）戲曲語言與普通話，《中國語文》1959（10）：483—485。
陳森（1959）詞曲中“子”“兒”兩個語尾的用法之分析，《大陸雜誌》19（1）：23—25；19（2）：23—25。
張永言（1960）古典詩歌“語辭”研究的幾個問題——評張相著《詩詞曲語辭匯釋》，《中國語文》1960（4）：193—200。
吳曉鈴、周殿福（1965）談談戲曲唱，念中嗓子“橫”的問題，《中國語文》1965（2）：144—146。
內田道夫（1968）戲曲と言語表現，《集刊東洋學》19：1—7。
王鍈（1978）詩詞曲語辭舉例，《中國語文》1978（3）：193—195。
林昭德（1980）“詩詞曲”詞語拾零，《天津師院學報》1980（3）：83。
林昭德（1980）詩詞曲詞語雜釋，《中國語文》1980（3）：184—185。
邊星燦（1981）元明戲曲語詞釋義十三則，《杭州大學學報（哲學社會科學版）》1981（4）：48—55。
方齡貴（1981）元明戲曲中的蒙古語，《民族學報》1981（1）。
方齡貴（1982）元明戲曲中的蒙古語續篇，《民族學報》1982（2）：241—251。
邊星燦（1982）元明戲曲中的“單音詞+非疊音單純複音詞”結構，《杭州大學學報（哲學社會科學）》4：58—69。
王鍈（1982）元明劇曲語釋，《文史》16。
王學奇（1982）詞尾“老”“道”“腦”在古典戲曲中的特殊用法及其它，《黃岡師專學報》1982（1）：55—58。
王鍈（1983）俗語詞研究與戲曲校勘，《中華文史論叢》1983（1）；（2004）《近代漢語詞彙語法散論》51—61，北京：商務印書館。

李之亮（1983）關於《戲曲詞語匯釋》的幾點異議，《中國語文》1983（5）：388—389。
劉凱鳴（1983）《戲曲詞語匯釋》商榷，《中國語文》1983（6）：447—450。
劉鈞傑（1984）《戲曲詞語匯釋》象聲詞詮釋拾誤，《辭書研究》1984（6）：121—123。
隋文昭（1984）《戲曲詞語匯釋》訓解商兑，《天津師範大學學報》1984（4）：93—96。
王鍈（1984）詩詞曲語詞釋義續補，《中國語文》1984（3）：226—229。
董樹人（1986）《戲曲詞語匯釋》誤釋例證，《語文研究》1986（4）：54—55。
林昭德（1986）《詩詞曲詞語雜釋》，成都：四川人民出版社。
方齡貴（1988）元明戲曲中的蒙古語拾遺，《雲南教育學院學報》1988（1）：49—63，84。
方齡貴（1990）元明戲曲中的蒙古語舉隅，《雲南教育學院學報》1990（1）：47—60。
王鍈（1990）詩詞曲語辭續拾，《古漢語研究》1990（4）：76—79，75。
盧甲文（1991）戲曲詞語新釋，《許昌師專學報》1991（2）：95—99。
方齡貴（1991）《元明戲曲中的蒙古語》，上海：漢語大詞典出版社。
王學奇（1991，1994）元明戲曲中的少數民族語（正續），《河北師院學報（社會科學）》1994（1）：79—85；1994（2）：59—65。
龍潛庵（1992）《戲曲詞語匯釋》釋義商榷，胡竹安、楊耐思、蔣紹愚編《近代漢語研究》85—93，北京：商務印書館。
段觀宋（1993）詩詞曲詞語考釋六則，《中國語文》1993（6）：462—464。
方齡貴（1996，1997，1999，2001）元明戲曲中的蒙古語續考，《西北民族研究》1996（2）：143—155；1997（2）：273—278；1999（2）：151—155；2001（3）：91—94。
車先俊（1997）張相《詩詞曲語辭匯釋》釋義辨正，《徐州師範大學學報》1997（2）：46—48；李申主編（2002）《近代漢語文獻整理與研究》199—207，石家莊：河北教育出版社。
曾昭聰（2000）元明劇曲中“耨”的詞義文化探源，《漢字文化》2000（2）：43—46；（2004）《中古近代漢語詞彙論稿》189—197，北京：中央文獻出版社。
王學奇（2001）宋元明清戲曲中的少數民族語（1-4），《唐山師範學院學報》2001（1）：1—10；2001（3）：6—16；2001（4）8—16；2001（6）：1—7。
徐時儀（2001）戲劇文獻整理與詞語研究的百年回顧，《喀什師範學院學報》2001（1）：59—64。
王學奇、王靜竹（2003）《宋金元明清曲辭通釋》概述，《辭書研究》2003（2）：141—148。
孫伯君（2003）元明戲曲中的女真語，《民族語文》2003（3）：45—51。
石鋟（2009）元明曲文中ABC式形容詞的形成，《湖北大學學報》2009（6）；（2013）《〈元曲選〉狀態詞用法詞典》479—491，北京：中國社會科學出版社。
沈莛（2009）戲曲詞語雜釋，《漢語史研究集刊》12：265—269。
郝青雲（2010）元明戲劇中蒙古語詞的文化解析，《内蒙古民族大學學報（社會科學版）》2010（5）：43—47。
王衍軍（2010）元明清山東戲曲疑難詞語考釋，《漢語史研究集刊》13：230—240。

1.2 元雜劇

1.2.1 總論

◎文本研究

青木正兒（1937）曲本及び作家，《元人雜劇序說》49—75，東京：弘文堂；（1973）《青木正兒全集》4：371—383，東京：春秋社。

新陳（1938）元劇之新發見，《書誌學》11（1）。

吉川幸次郎（1946）元雜劇の資料—臧晉叔の元曲選について—，《支那學》12（1・2）：87—114；（1948）《元雜劇研究》41—70，東京：岩波書店；（1968）《吉川幸次郎全集》14：33—54，東京：筑摩書房。

吉川幸次郎（1948）《元雜劇研究》，東京：岩波書店【書評：Hightower, J. R. (1950) *Far Eastern Quarterly* 9(2): 208-214】。

吉川幸次郎（1950）元雜劇研究，《研究論文集》（抄録誌）1。

八木澤元（1951）臧懋循の戲曲改訂について，《東京支那學會報》大會臨時號。

孫楷第（1953）板本，《也是園古今雜劇考》77—153，上海：上雜出版社。

徐調孚（1955）《現存元人雜劇書録》，上海：上海文藝聯合出版社。

Johnson, D. (1974) Yüan dramas: New notes to old texts, *Monumenta Serica* 30: 426-438。

石海青（1974）“燈燈遞續，依然嫡派”——介紹元曲的活化石，《書目季刊》28（1）：82—84。

徐沁君（1981）談元曲的校勘、評點和注釋，《黃石師範學院學報》1981（1）。

寧宗一、陸林等（1987）《元雜劇研究概述》，天津：天津教育出版社。

袁世碩主編（1989）《元曲大辭典》，濟南：山東教育出版社。

袁世碩主編（1989）《元曲百科辭典》，濟南：山東教育出版社。

王學奇（1992）《全元雜劇校注》發凡，《渤海學刊》1992（1）：47—51。

卜键主编（1992）《元曲百科大辭典》，北京：學苑出版社。

李修生主編（1995）《元曲大辭典》，南京：江蘇古籍出版社。

朱光榮（1997）略論元雜劇的校勘，《貴州師範大學學報（社會科學版）》1997（4）：74—76。

黃仕忠（1998）《全元戲曲》的校勘特點和意義，《中山大學學報（社會科學版）》1998（2）：39—42。

土屋育子（2004）元雜劇テキストの明代以降における繼承について，《日本中國學會報》56：18—20；（2013）《中國戲曲テキストの研究》13—38，東京：汲古書院。

笠井直美（2006）中國近世白話文學の電子化の現況（雜劇篇），《名古屋大學中國語學文學論集》18：85—104。

鄧紹基（2006）關於元雜劇版本的研究，《中國社會科學院研究生院學報》2006（1）。

李蕊（2011）元曲校勘札記，《遵義師範學院學報》2011（1）：38—39。

孔傑斌（2012）論明人對元刊本雜劇的改編，《求索》2012（11）：89—91。

◎辭典、索引

徐嘉瑞（1948）《金元戲曲方言考》，上海：商務印書館；修訂本（1956）上海：商務印書館【書評：王季思（1948）評徐嘉瑞著《金元戲曲方言考》，《浙江大學學報》1948（2）；水谷真成（1949）金元戲曲方言考，《東光》8：56；田中謙二（1950）《中國語學會關西支部月報》1950（2）：1—3；（1993）《ことばと文學》299—307，東京：汲古書院】。

東京文理科大學中國文學研究室（1950）《元曲常用語彙》，東京：東京文理科大學。

飯田吉郎（1950）《元曲常用語彙索引》，東京：東京文理大中文研究室。

朱居易（1956）《元劇俗語方言例釋》，北京：商務印書館。

黃麗貞（1968）《金元北曲語彙之研究》（人人文庫），臺北：臺灣商務印書館。

顧學頡、王學奇（1983—1990）《元曲釋詞》全 4 册，北京：中國社會科學出版社。

井上泰山（1989）元曲關係五書語釋索引，《關西大學中國文學會紀要》10：60—62。

黃麗貞（1997）《金元北曲詞語匯釋》（國家文史叢書 26），臺北：國家出版社。

◎研究

王玉章纂輯，吳瞿安校訂（1936）《元詞斠律》，上海：商務印書館。

蔡正華（1937）元曲方言考，《文學雜誌》1（4）；（1937）《約翰聲》48。

顧隨（1937）元曲中方言考，《讀書周刊》6—10。

豐田穣（1937）元雜劇に於ける暢道、唱道、賸道なる俗語の用例と其意義に就いて，《漢學會雜誌》5（2）：132—134。

入矢義高（1943）元曲助字雜考，《東方學報（京都）》14（1）：70—97。

羅常培（1945）金元戲曲方言考序，《圖書季刊》6（1・2）：2。

吉川幸次郎（1946）元雜劇の文章，《東方學報（京都）》15（1）：35—82；（1948）《元雜劇研究》393—514，東京：岩波書店；（1968）《吉川幸次郎全集》14：273—355，東京：筑摩書房。

吉川幸次郎（1946）元雜劇の用語，《東方學報（京都）》15（3）：1—31。

朱志泰（1947）《元曲研究》，上海：永祥印書館。

紀伯庸（1948）元曲助字雜考，《國文月刊》80。

劉溶池（1948）元曲方言試解，《中央日報》1948/3/19。

劉溶池（1948）元曲釋詞，《中央日報》4 月 19 日。

劉溶池（1948）元曲文學俗語考釋，《中央日報》1948/6/14。

王季思（1948）元曲中諧音雙關語，《國文月刊》67。

飯田吉郎（1950）元曲助字ノート，《中國文化研究會會報》1（1）。

鄭騫（1950）北曲格式的變化，《大陸雜誌》1（6）。

徐嘉瑞（1956）金元戲曲方言考，《中國語文》1956（7）：49。

朱居易（1956）《元劇俗語方言例釋》，《中國語文》1956（12）：48。

原三七（1957）“脚色”語義考稿，《二松學舍大學創立八十周年記念論集》49—53。

程雲青（1957）元曲常見俗語解釋，《中國語文》1957（10）：38—41。

野崎駿平（1957）元の雜劇にあらわれた“詈詞”について，《中國語學》58：3—12。

蔡美彪（1957）元代雜劇中的若干譯語（評朱居易的《元劇俗語方言例釋》），《中國語文》1957（1）：34—36，33。

戴望舒（1958）談元曲的蒙古方言，《小說戲曲論集》，北京：作家出版社。

潘庚（1960）讀《金元戲曲方言考》（徐嘉瑞）質疑，《中國語文》1960（5）244—247。

高橋盛孝（1961）元曲に現われた胡語と襯字（要旨），《中國語學》112：1—2。

孟子微（1961）元曲語詞的研究，《藝林叢録》1：23—26。

Liu, Chunjo (1964) The Grammatical Function of the Ch'en-tzu in Yuan tsa-chü, *Cina* 8: 42-45.

上野惠司（1968）元曲に現われる連詞について，《中國語學》186：1—7。

上野惠司（1968）元曲に現われる“將”について，《明清文學言語研究會會報》10: 12。

Зограф, И.Т. (1970) Отрицания в языке юаньских пьес, *Письмен. памятники и пробл. истории и культуры народов Востока* 6: 151-154.

顧學頡（1978）元劇（曲）辭語詮釋舉例——以“搖裝”、“雲陽”、“半鑒”、“衙推”、“瓦不刺海”等爲例，《社會科學戰綫》1978（2）：306—310。

溫公翊（1980）元人雜劇語詞釋義，《中國語文》1980（3）：186—187。

Зограф, И.Т. (1980) Конечные модальные часчицы в юаньской драме, *Разыскания по общему и китайскому языкознанию*, 81-90, Москва: Издательство Наука.

費秉勛（1981）元曲語辭訓釋商考，《人文襍志》1981（3）：74—76。

王貞珉（1981）元人雜劇詞語考釋，《文科教學》1981（4）。

王鍈（1981）元曲中人稱代詞的特殊用例，《中國語文》1981（4）：307；（2004）《近代漢語詞彙語法散論》227—228，北京：商務印書館。

孫玉溱（1981）元雜劇中的蒙古語曲白，《中國語文》1981（1）：57—59。

黄祖良（1981）元曲語詞札記，《遼寧大學學報（哲學社會科學版）》1：69。

趙金銘（1981）元人雜劇中的象聲詞，《中國語文》1981（2）：144—146。

李申（1981）釋元曲“撮哺”和“耽”兩詞，《中國語文通訊》1981（3）：9—12；（1995）《近代漢語釋詞叢稿》33—38，南京：江蘇教育出版社。

于盛庭（1981）元劇語詞札記（二則），《徐州師範學院學報》1981（2）：74。

王鍈（1982）元曲通假字、俗語詞考辨，《中國語文》1982（3）：310—311。

宋商（1982）元曲詞語札記，《中國語文》1982（6）：423—425。

趙建功（1982）元雜劇中的重叠詞試探，《鄭州大學學報（哲學社會科學版）》1982（1）：93—102。

賈晞儒（1982）元雜劇中的蒙古語詞，《青海民族學院學報》1982（4）：113—120。

沈孟瓔（1982）元雜劇的語氣詞，《南京師大學報（社會科學版）》1982（4）：95—101。

馬思周、潘慎（1982）試論元雜劇中四音詞的構成原則，《語文研究》1982（2）：69—81。

楊建國（1982）元曲中的狀態形容詞，《語言學論叢》9：149—168。

王學奇（1982）目前元曲研究中存在的問題，《河北師範學院學報》1982（2）。

Peyraube, A. (1982) Les termes d'adress dans les opéras des Yuan (XIIIe-XIVe siècles),

Cahiers de linguistique Asie Orientale 11(2): 3-36.

李申（1983）元曲詞語今證，《中國語文》1983（5）：385—387；（1995）《近代漢語釋詞叢稿》14—20，南京：江蘇教育出版社。

金周生（1983）元曲“他”字異讀研究，《輔仁學誌（文學院之部）》12：521—542。

江巨榮（1983）元雜劇“常言”“俗語”談，《復旦學報（社會科學版）》1983（6）：79—84。

李崇興（1983）元曲詞語解釋，《語言研究》1983（2）：127—133。

魏斌（1983）元曲詞彙中的“不律”該怎樣解釋?，《河北師院學報（哲學社會科學）》1983（2）：100。

李思明（1983）從變文、元雜劇、《水滸》、《紅樓夢》看選擇問句的發展，《語言研究》1983（2）：158—167。

費秉勛（1983）充分，飽滿，酣暢，透徹——三談元雜劇曲辭的獨特意境，《陝西戲劇》1983（8）：60—62。

朱美第（1983）元曲に見られる接尾辭“兒”の用法，《流通經濟大學論集》17（3）：63—71。

韓登庸（1983）元雜劇中的少數民族語詞，《内蒙古師範大學學報》1983（1）：139—145。

薛瑞兆（1983）元雜劇語詞考釋，《北方論叢》1983（6）。

王學奇（1984）論如何探索元曲的詞義，《河北師院學報（哲學社會科學）》1984（4）：100—114。

王學奇（1984）應當重視元曲語言的研究，《信陽師範學院學報》1984（1）：40—48，77。

劉溶（1984）元曲等文學詞語例解，《晉陽學刊》1984（6）：106—109。

張永綿（1984）元曲語言研究述略，《浙江師範學院學報》1983（2）：57—62。

江藍生（1984）元雜劇語詞拾穗，《字詞天地》1984（3）。

梅祖麟（1984）從語言史看幾本元雜劇賓白的寫作時期，《語言學論叢》13：111—153。

韓登庸（1984）方言俗語成爲元雜劇戲劇語言之原因初探，《内蒙古社會科學》1984（3）：68—72。

許政揚（1984）元曲語釋研究參考書目，《許政揚文存》131—174，北京：中華書局。

王學奇、吴振清（1985）論元曲中的歇後語，《河北師院學報（哲學社會科學）》1985（4）：117—127。

井上泰山（1985）書評《元曲釋詞（一）》，《中國俗文學研究》3：81—109；（2004）《元曲釋詞》考，《中國近世戲曲小說論集》367—399，吹田：關西大學出版部。

李申（1985）元曲詞語今證（續），《淮北煤師院學報》1985（1）；（1995）《近代漢語釋詞叢稿》21—28，南京：江蘇教育出版社。

張永綿（1985）論元曲的語言與語言藝術，《浙江師範學院學報》1985（1）：71—77。

張永綿（1985）元曲語詞補釋，《浙江師範學院學報》語言文字專輯。

王邁（1986）《元曲釋詞》商補，《中國語文》1986（3）：232—233。

孫悦春（1986）元曲詞語義禮，《北京師院學報（社會科學）》1986（1）：53—60。

吴振清、杜淑芬（1987）也評《元曲釋詞（一）》——兼與井上泰山先生商榷《中國俗文學研究》5：99—110。

張永綿（1986）元曲語釋札記，《浙江師範學院學報》1986（4）：154—156。

井上泰山（1987）元曲辭典のあり方を問う—吳振清・杜淑芬兩氏の質問に答えて，《中國俗文學研究》5：63—74；（2004）《中國近世戲曲小說論集》400—414，吹田：關西大學出版部。

寺村政男（1987）元雜劇、散曲にみられる胡語考，《中國文學研究》13：31—50。

王學奇（1987）關於元曲語詞的遡源問題，《河北師範學院學報》1987（4）。

金丸邦三（1988）元曲暫詞考（俗語隨考），《中國俗文學研究》6：104。

朱美第（1988）論元曲・關漢卿作品中的成語，《流通經濟大學論集》23（2）：62—70。

李申（1988）《元曲詞語今證》寫作談，《社科論文寫作入門》，徐州：中國礦業大學出版社；（1995）《近代漢語釋詞叢稿》191—200，南京：江蘇教育出版社。

韓登庸（1988）關於元雜劇方言俗語之研究，《內蒙古師範大學學報》1988（4）：101—109。

宋玉柱（1989）談“著呢”及其分辨，《邏輯與語言學習》1989（1）：34—35。

席永傑、包雙喜（1989）簡析元雜劇中疑難蒙古語的使用情況，《內蒙古民族師院學報（社會科學漢文版）》1989（3）：52—54，51。

董紹克（1990）元曲詞語釋義九則商補，《中國語文》1990（4）：304—306。

고병창（1990）《助詞“的（地・得）”研究：元雜劇을中心으로》，全北大學校碩士論文。

童美玲（1991）元雜劇における人稱代名詞の特殊用法について，《漢學研究》29：57—67。

何樂士（1992）元雜劇語法特點研究——從《關漢卿戲曲集》與《敦煌變文集》的比較看元雜劇語法的若干特點，程湘清主編《宋元明漢語研究》19—242，濟南：山東教育出版社；（2007）《漢語語法史斷代專書比較研究》208—393，開封：河南大學出版社。

王學奇（1992）元曲詞語釋例，《徐州師範學院學報》1992（3）：66—69。

汪儒瑯（1992）元曲釋詞六則，《杭州師範學院學報》1992（4）：91—94。

李申（1992）曲語考辨，《劉邦研究》1992（2）；（1995）《近代漢語釋詞叢稿》39—42，南京：江蘇教育出版社。

寧希元（1992）元曲語詞解詁的幾個問題，胡竹安、楊耐思、蔣紹愚編《近代漢語研究》112—122，北京：商務印書館。

方齡貴（1992）元曲中有關元代市井行業及社會風俗史料初探，雲南大學歷史系編《紀念李埏教授從事學術活動五十周年史學論文集》，大理：雲南大學出版社；方齡貴（2004）《元史叢考》88—118，北京：民族出版社。

劉瑞明（1993）《元曲釋詞》第三册失誤零拾，《古漢語研究》1993（1）：31—33。

黎新第（1993）元雜劇助詞“得”用“的”字及其他——漢語輕聲的早期歷史印迹之二，《重慶師院學報（哲學社會科學版）》1993（2）：92—98，76。

金丸邦三（1993）元曲予兆語彙考（俗語隨考），《中國俗文學研究》11：82—83。

金丸邦三（1994）元曲“將”字考（俗語隨考），《中國俗文學研究》12：102。

童美玲（1994）元曲における人稱代名詞“俺”の用法に關して，《漢學研究（日本大學）》32：71—84。

劉瑞明（1994）元曲疑難詞語辨義，《古漢語研究》1994（1）：45—48，50。

劉瑞明（1994）《元曲釋詞》第二册失誤評述，《古漢語研究》1994（3）：60—63。
楊永龍（1994）試論元曲贅音 ABC 式形容詞，《河南大學學報（社會科學版）》34（3）：47—51。
康保成（1994）“渾家”何以呼“大嫂”：元雜劇中的特殊稱謂與兄弟共妻古俗，九州大學《中國文學論集》23：77—92。
劉瑞明（1995）《元曲釋詞》第四册失誤評述，《甘肅社會科學》1995（3）：64—67。
康保成（1997）元雜劇呼妻爲“大嫂”與兄弟共妻古俗，《揚州大學學報》1997（6）：23—30。
董紹克（1997）元曲釋義商補五則，《古漢語研究》1997（4）：77—78。
金丸邦三（1997，1998，2000，2001，2002）元曲に見える歇後語（1-5），大東文化大學《語學教育研究論叢》14：37—52；15：83—98；17：19—34；18：15—31；19：13—21。
潘攀（1998）元雜劇和《金瓶梅》中 ABB 詞的內部組造，《武漢教育學院學報》1998（4）：35—40。
章一鳴（1998）元曲動詞嘗試態初探，《電大教學》1998（6）：35—39。
董紹克（1998）試證元曲的兒化音，《中國語文》1998（3）：218—221。
徐時儀（1998）《元曲釋詞》補，《喀什師範學院學報》1998（4）：68—77。
周崇謙（1999）元曲被動句的幾個特點，《張家口職業技術學院學報》1999（4）：16—22。
王鍈（1999）從元曲中幾個“方言俗語”看元曲家所用語言，《黔南民族師專學報》1999（1）：21—23。
渡部洋（2000）元雜劇に見る明代の“沒”と“無”について，大谷大學《文藝論叢》55：11—28。
陳衛蘭（2000）元曲句法舉隅，《浙江經濟高等專科學校學報》2000（6）：60—63。
胡雲暉（2000）元雜劇中的“可”、“不律”権釋，《內蒙古大學學報（人文社會科學版）》2000（1）：66—68。
劉俊一（2000）元曲口語字音義辨析舉例，《蘇州教育學院學報》2000（3）：1—7。
阿保聖子（2000）滑稽表現としての“打”について—院本・元雜劇を中心に—，《中國俗文學研究》16：61—75。
金丸邦三（2000）俗語隨考 元曲歇後語二則，《中國俗文學研究》16：83—85。
王清華、張曉茹（2001）元曲的發展背景及其特殊的語言現象，《河北廣播電視大學學報》2001（2）：25—27。
秦崇海（2001）元雜劇裡的中原口語詞簡釋，《周口師範高等專科學校學報》2001（3）：104—105。
黑維強（2001）元雜劇詞語考釋，《漢語史研究集刊》4：139—148。
包雙喜（2002）元雜劇蒙古語詞小議，《民族語文》2002（2）：62。
徐宏圖（2002）元雜劇中的佛教語考，《中華戲曲》26：200—216。
張影（2002）“鮑老”“孛老”辨釋，《中山大學研究生學刊（社會科學版）》2002（4）：38—42。

劉靜（2003）從元曲異文看清聲母入聲字的歸類，《古漢語研究》2003（1）：25—29。
李祥林（2003）元雜劇中的外來語及其運用，《四川戲劇》2003（1）：32—34。
趙山林（2003）元曲中的“三五七現象”述論，《山西師大學報（社會科學版）》30（1）：62—68。
莫超（2003）元雜劇及《水滸傳》中的“兀那”、“兀的”、“兀誰”，《中國古代小說戲劇研究叢刊》1：279—286。
波多野太郎（2004）雜劇解詁（1），《中國語學研究・開篇》23：3—8。
石鍰（2004）元曲四音狀態詞的構成，《湖北師範學院學報（哲學社會科學版）》2004（2）：99—106；（2013）《〈元曲選〉狀態詞用法詞典》455—478，北京：中國社會科學出版社。
敏春芳（2004）元雜劇方言詞考釋，《西北民族大學學報（哲學社會科學版）》1：132—136。
藍鷹（2004）從元雜劇看現代漢語的句尾語氣詞，《廣播電視大學學報（哲學社會科學版）》2004（2）：86—88，91。
張影（2004）元劇“孛老”小考，《古典文學知識》2004（4）：88—93。
趙愛武（2005）象聲詞：從《詩經》到《元曲》，《河南科技大學學報（社會科學版）》2005（2）：47—50。
焦冬梅（2005）從社會語言學的角度看元曲語言的變化，《廣西社會科學》2005（12）：162—163。
王淑華（2005）元雜劇複音詞淺析，《長春大學學報》2005（1）：60—62，81。
曹勝高（2005）論元雜劇敘述口吻的確立與成型，《山西師大學報（社會科學版）》2005（6）：59—63。
陳衛蘭（2005）元雜劇虛詞例釋，《貴州大學學報（社會科學版）》2005（6）：107—111。
周有斌（2005）元雜劇中人稱代詞的使用及其作用，《戲曲研究》69：208—215。
許莉莉（2006）元曲聲、詞關係研究，《藝術百家》2006（1）：38—42。
褚福俠（2006）試析全元曲的詞綴“頭”，《山東社會科學》2006（12）：91—92。
胡續發、李莎莉（2006）元雜劇句序的若干特點，《樂山師範學院學報》2006（1）：85—88。
王秀玲（2006）元雜劇中的方言俗語在二人臺及內蒙古中西部地區方言中的遺存，《內蒙古藝術》2006（2）：121—123。
褚福俠（2006）全元曲齊方言語詞例釋，《管子學刊》2006（4）：33—36。
焦冬梅（2006）試論元曲語彙的口語性，《理論界》2006（6）：254—255。
劉瑞明（2006）釋元劇“邦老”，《古漢語研究》2006（2）：80—82。
任曉彤（2007）《元雜劇語氣詞研究》，中央民族大學博士論文。
褚福俠（2007）《元曲詞綴研究》，山東大學博士論文。
周有斌（2007）關於元雜劇的一個語言現象考察：唱詞賓白中的“把”字句，《戲曲研究》72：203—210。
褚福俠（2007）元曲中詞尾“家”的用法，《齊魯學刊》2007（1）：84—87。
何鑫（2007）《“元曲四大家”雜劇連詞研究》，南京師範大學碩士論文。
劉曉明、張慶（2006）元雜劇與南戲中人物上下場的表演按語，《廣州大學學報（社會科學版)》2006（10）：60—65。

黄斌（2007）《元雜劇中的隱語研究》，廣西師範大學碩士論文。

許巧雲（2008）元曲方言語詞例釋——以晉語並州片壽陽話爲例，《西南民族大學學報（人文社科版）》2008（5）：254—256。

包雙喜（2008）談元雜劇中蒙古語的運用，《內蒙古民族大學學報（社會科學版）》2008（5）：38—40。

張麗（2008）《元曲字詞論考》，厦門大學碩士論文。

江藍生（2008）變形重叠與元雜劇中的四字格狀態形容詞，《歷史語言學研究》1：40—53；（2008）《近代漢語研究新論》199—222，北京：商務印書館（2013）增訂本 246—268，北京：商務印書館。

許巧雲（2008）元曲中所見的晉語并州片壽陽話詞語例釋，《漢語史研究集刊》11：362—370。

王琴、汪芳啟（2009）元雜劇動詞重叠短時體探討，《中國社會科學院研究生院學報》2009（6）：101—106。

李治軍（2009）元雜劇方言詞例釋，《語文學刊》2009（18）：162—163。

平野佐和（2009）元雜劇に見られる方向補語“起去”について，《中國俗文學研究》20：30—34。

李毅、梁濤（2010）《元曲》《元雜劇》中人稱代詞複數的考察，《青年文學家》20：152—153。

周有斌（2010）元雜劇中“無”、“無有”、“沒”、“沒有”否定詞的研究，《淮北職業技術學院學報》2010（6）：99—100，119。

錢剛（2010）元雜劇重言現象新探，《傳奇、傳記文學選刊（理論研究）》2010（9）：25—27。

李麗平（2010）《元雜劇判詞研究》，河北師範大學碩士論文。

張文超（2011）《元曲中象聲詞的研究》，廣西師範大學碩士論文。

任曉彤（2012）《元雜劇語氣詞研究》，北京：中國社會科學出版社。

宮下尚子（2012）元雜劇に見える“阿馬”および“阿者”について，《九州中國學會報》50：96—82。

趙愛武（2012）元曲象聲詞研究，《語文知識》2：34—35。

劉維（2012）《元雜劇稱謂詞研究》，渤海大學碩士論文。

翟麗君（2012）《元雜劇稱謂研究》，山東師範大學碩士論文。

劉金勤（2012）元曲詞語方言今證，《語文知識》2012（4）：41—43。

劉維、李鴻飛（2012）元雜劇稱謂詞與詞尾“們”，《佳木斯教育學院學報》2012（2）：59。

鄭萌（2012）《〈金元戲曲方言考〉研究》，雲南大學碩士論文。

劉金勤（2013）元曲詞語方言補證，《語文知識》2013（3）：36—38。

1.2.2 元刊雜劇

◎原始資料

・影印本

（1914）《覆元槧古今雜劇三十種》（京都帝國大學文科大學叢書 2）全 4 册，京都：京都帝國大學文科大學【用上虞羅振玉藏本覆刊】；（1998）《日本藏元刊本古今雜劇三十種》，北京：北京圖書館出版社。
（1924）《古今雜劇》全 5 册，上海：樸社。
（1958）《古本戲曲叢刊》第 4 集第 1 函，上海：商務印書館。
（1962）《全元雜劇》初集，臺北：世界書局。

・校注本

鄭騫校訂（1962）《校訂元刊雜劇三十種》，臺北：世界書局。
徐沁君校點（1980）《新校元刊雜劇三十種》，北京：中華書局。
高橋繁樹等（1987，1988，1989，1992）新校訂元刊雜劇三十種（1-4），佐賀大學《研究紀要》19：1—64；20：1—60；21：15—42；24：1—26。
寧希元（1988）《元刊雜劇三十種新校》（蘭州大學古籍所整理叢刊）全 2 册，蘭州：蘭州大學出版社。
赤松紀彥等（2004）元刊雜劇の研究一《尉遲恭三奪槊》全譯校注，《京都府立大學學術報告（人文・社會）》56：1—44；（2005）二《漢高皇濯足氣英布》全譯校注，《京都府立大學學術報告（人文・社會）》57：1—64；（2005）三《關張雙赴西蜀夢》全譯校注，京都外國語大學《研究論叢》66：1—25；（2006）四《關大王單刀會》全譯校注（前編），《摂大人文科學》14：142—105；（2008）五《李太白貶夜郎》全譯校注（前篇），《京都府立大學學術報告（人文・社會）》60：1—40；（2009）六《新編關目晉文公火燒介子推》全譯校注（前篇），《佐賀大學文化教育學部研究論文集》14（1）：338—318；（2009）七《李太白貶夜郎》全譯校注（後篇）《京都府立大學學術報告（人文）》61：1—38；（2010）八《火燒介子推》第三・四折全譯校注《京都外國語大學研究論叢》75：27—50。
赤松紀彥等編（2007）《元刊雜劇の研究：三奪槊、氣英布、西蜀夢、單刀會》，東京：汲古書院。
赤松紀彥等編（2011）《元刊雜劇の研究：貶夜郎、介子推》，東京：汲古書院。
赤松紀彥等編（2014）《元刊雜劇の研究：范張雞黍》，東京：汲古書院。

・文本研究

岩城秀夫（1961）元刊古今雜劇三十種の流傳，《中國文學報》14：67—89；（1973）《中國戲曲演劇研究》，東京：創文社。
徐沁君（1983）《元刊雜劇三十種》校勘舉例，《揚州師院學報（社會科學版）》1983（1）：38—47。
金文京（1983）《元刊雜劇三十種》序說，《未名》3：46—75；（1984）補正，《未名》4：64—67。
李崇興（1987）《新校元刊雜劇三十種》商権，《語言研究》1987（1）：102—108。
吳小如（1988）《元刊雜劇三十種新校》題記，《蘭州大學學報》1988（2）：106—108。
許巧雲（2008）《元刊雜劇三十種》校勘釋例三則，《四川大學學報（哲學社會科學版）》2008（6）：52。

許巧雲（2009）《元刊雜劇三十種》及其校勘釋例，《西南民族大學學報（人文社科版）》2009（3）：282—284。

小松謙、金文京、黄仕忠（2008）試論《元刊雜劇三十種》的版本性質，《文化遺産》2：1—10，157。

甄煒旎（2008）《元刊雜劇三十種》與李開先舊藏之關係，《中國典籍與文化》2008（1）：64—67。

包建強、胡成選（2010）《元刊雜劇三十種》的版本及其校勘，《西北師大學報（社會科學版）》2010（1）：44—49。

王家東（2010）元刊本與明鈔本《單刀會》雜劇之異同比較，《忻州師範學院學報》2010（1）：32—35。

裴雪萊（2011）追尋文本的真實——《新校元刊雜劇三十種》的文獻價值，《湖北民族學院學報（哲學社會科學版）》5：135—138。

李佔鵬（2012）《元刊雜劇三十種》整理研究綜述，《通化師範學院學報》2012（3）：63—67。

◎研究

太田辰夫（1978）元刊本《看錢奴》考，《東方學》55：33—48；（1995）《中國語文論集·語學篇、元雜劇篇》305—329，東京：汲古書院。

太田辰夫（1978）元刊本《老生兒》考，《神戶外大論叢》29（1）：1—20；（1995）《中國語文論集 語學篇、元雜劇篇》330—353，東京：汲古書院。

寧希元（1979）《元刊古今雜劇》中形聲字的省借和校讀問題，《蘭州大學學報》1979（2）：112—126。

井上泰山（1980）元雜劇《拜月亭》考，《關西大學中國文學會紀要》8：33—48。

太田辰夫（1981）《拜月亭》雜劇考，《神户外大論叢》32（1）：107—119；（1995）《中國語文論集·語學篇、元雜劇篇》369—379，東京：汲古書院。

太田辰夫（1983）元刊本《調風月》考，《日本中國學會報》35：177—190；（1995）《中國語文論集·語學篇、元雜劇篇》385—413，東京：汲古書院。

高橋繁樹等（1987，1988，1989，1992）元刊雜劇三十種語彙集成（1-4），佐賀大學《研究紀要》19：179—230；20：179—243；21：73—93；24：213—241。

太田辰夫（1991）元刊本《拜月亭》考，《中文研究集刊》3：1—12；（1995）《中國語文論集·語學篇、元雜劇篇》355—368，東京：汲古書院。

黃濤（1992）《〈元刊雜劇三十種〉〈老乞大〉〈朴通事〉中的助詞“的”，《北方論叢》1992（5）。

吳波（2001）元刊雜劇中的語氣詞“呵”、“也”，《江西社會科學》2001（4）：48—50。

文盛哉（2003）近代漢語의家/價研究：元代雜劇을中心으로，《中國語文論叢》25：21—49。

艾春明（2005）從《拜月亭》“牧羊關”曲的句讀錯誤看襯字的使用和識別，《古籍整理研究學刊》2005（5）：70—73。

張家合（2005）《元刊雜劇疑問句研究》，廣西師範大學碩士論文。

尚虹（2006）《〈元刊古今雜劇三十種〉助詞研究》，山西大學碩士論文。
董志光（2006）《〈元刊雜劇三十種〉助詞研究》，南京師範大學碩士論文。
張家合（2006）元刊雜劇的疑問詞語，《安徽廣播電視大學學報》2006（3）：78—81。
張家合（2006）元刊雜劇特指式反問句，《湖南工程學院學報（社會科學版）》2006（3）：49—52。
劉麗輝（2007）元刊雜劇中的兒化現象，《現代語文（語言研究版）》2007（2）：121—122。
張家合（2007）元刊雜劇重叠構詞研究，《聊城大學學報（社會科學版）》2007（3）：86—89。
丁勇（2007）元刊雜劇的比擬句式，《孝感學院學報》2007（4）：13—16。
甄煒旎（2007）《〈元刊雜劇三十種〉研究》，復旦大學博士論文。
張惠強（2008）敦煌變文和元刊雜劇中量詞“個”的使用法，《甘肅廣播電視大學學報》2008（1）：20—22。
張惠強（2008）《變文、元刊雜劇量詞比較研究》，西北師範大學碩士論文。
王月婷（2008）《〈新校元刊雜劇三十種〉連詞研究》，蘇州大學碩士論文。
馮赫（2008）《以〈元刊雜劇〉爲中心的元白話方位詞研究》，中國社科院研究生院學位論文。
藺佳影（2008）從《元刊雜劇三十種》看漢語詞彙親屬稱謂中“父親”“丈夫”的稱呼及其演變，《通化師範學院學報》2008（9）：63—64。
魏巍（2008）從《元刊雜劇三十種》看“把”的語法化，《大衆文藝（理論）》2008（10）：56—57。
王進、葛慧（2009）元刊雜劇中的“把（將）”字句，《鄖陽師範高等專科學校學報》2009（2）：34—38。曲麗瑋（2009）《元刊雜劇三十種》在近代漢語詞彙研究中的價值，《社會科學輯刊》2009（5）：189—191。
晁瑞（2009）《元刊雜劇三十種》整理校勘與方言詞研究，《語文知識》2009（3）：45—47。
曲麗瑋（2009）《元刊雜劇三十種》在近代漢語詞彙研究中的價值，《社會科學輯刊》2009（5）：189—191。
周錫純（2010）《元刊雜劇三十種》單純詞研究，《語文學刊》2010（4）：27—28。
馮赫（2010）元刊雜劇方位詞特殊功能研究，《山東社會科學》2010（4）：75—78。
周錫純（2010）《元刊雜劇三十種》中的偏正式複音詞初探，《興義民族師範學院學報》2010（3）：52—55。
周錫純（2010）《元刊雜劇三十種》附加式複音詞研究，《文教資料》2010（2）4：31—32。
王晶（2010）《元刊雜劇三十種》“比”字句研究，《現代語文（語言研究版）》2010（8）：51—52。
馮赫（2010）元刊雜劇與蒙式漢語文獻方位詞“上”特殊功能研究，《古漢語研究》2010（3）：68—75。
周錫純（2010）《元刊雜劇三十種》並列式複音詞研究，《語文學刊》2010（17）：70—71，73。
陸婷雅（2010）《新校元刊雜劇三十種》結構助詞“底、地、的”，《長春工程學院學報（社會科學版）》2010（3）：74—77。

晁瑞（2010）《元刊雜劇三十種》三音節詞構詞研究，《淮陰師範學院學報（哲學社會科學版）》2010（6）：779—783，828，840。
毋清華（2010）《〈元刊雜劇三十種〉疊字現象研究》，山西師範大學碩士論文。
李莉莉（2010）《〈元刊雜劇三十種〉複音詞研究》，曲阜師範大學碩士論文。
李娜（2010）《〈元刊雜劇三十種新校〉形容詞研究》，西南大學碩士論文。
曲麗瑋（2010）《元刊雜劇複字詞彙研究》，南開大學博士論文。
李錦（2010）《〈新校元刊雜劇三十種〉副詞研究》，蘇州大學碩士論文。
蔣浩然（2010）《〈新校元刊雜劇三十種〉重疊形容詞研究》蘇州大學碩士論文。
張曉傳（2010）《〈元刊雜劇三十種〉語氣副詞研究》，山東大學碩士論文。
王秋玲（2010）《〈元刊雜劇三十種〉被動式研究》，福建師範大學碩士論文。
吳媛媛（2010）《〈新校元刊雜劇三十種〉介詞研究》，西南大學碩士論文。
張家合（2011）元刊雜劇選擇問句研究，《西南交通大學學報（社會科學版）》2011（2）：39—43。
王躍（2011）《〈元刊雜劇三十種〉戲曲詞語研究》，河北師範大學碩士論文。
冀娜（2011）《〈元刊雜劇三十種新校〉副詞研究》，西南大學碩士論文。
董付蘭（2011）《〈元刊雜劇三十種〉範圍副詞研究》，山東大學碩士論文。
胡靜敏（2011）《元刊雜劇三十種》與《元曲選》反問句對比研究，《語文學刊》19：59—61。
宮下尚子（2011）元代漢語における“恁”および“您”—《元刊雜劇三十種》を中心として，《九州中國學會報》49：88—74。
周錫純（2012）《元刊雜劇三十種》補充式複音詞初探，《大家》2012（8）：1—2。
池愛平（2012）《元刊雜劇三十種》“比”字比較句考察，《內江師範學院學報》2012（11）：72—76。
池愛平（2012）《元刊雜劇三十種》中“如”字平比句之探賾，《揚州教育學院學報》2012（4）：5—9。
宮下尚子（2013）元曲元刊本における“咱”—人稱代名詞の歷史變化の一斷面—，《中國語學》260：74—92。

1.2.3 《元曲選》

◎原始資料

・影印本

（1918）《元曲選》，涵芬樓影印本【萬曆四十三年（1615）吳興臧氏序刊本】。
（1968）《元曲選》（國學基本叢書四百種），臺北：臺灣商務印書館【據雕蟲館藏板本】。

・排印本

四部備要集部所收本。
（1936）《元曲選》全 2 册，上海：世界書局。
（1955）《元曲選》全 4 册，北京：文學古籍刊行社。
（1958）《元曲選》全 4 册，北京：中華書局。
施亮昭編（1993）《元曲選》（中國詩歌寶庫），上海：上海書店【節録】。

・校注本

東方文化研究所經學文學研究室（1940，1941，1942）讀元曲選記（1）陳搏高臥；（2）玉壺春、漁樵記、任風子；（3）燕青博魚、魔合羅；（4）救風塵；（5）桃花女；（6）謝天香，《東方學報（京都）》11（1）；11（3）；12（11）；12（2）；12（3）；12（4）。

吉川幸次郎、入矢義高、田中謙二注（1948）《楊氏女殺狗勸夫雜劇》，京都大學支那文學研究室油印【書評：Hightower，James Robert (1950) *Far Eastern Quarterly* 9(2): 208-214】。

青木正兒、吉川幸次郎、入矢義高、田中謙二、魏敷訓（1951，1952，1976，1977）《元曲選釋》（1）漢宮秋、金錢記、殺狗勸夫；（2）瀟湘雨、虎頭牌、金綫池；（3）救風塵、任風子、酷寒亭；（4）麗春堂、望江亭、墻頭馬上，京都：京都大學人文科學研究所。

波多野太郎（1982）元曲疏證—金綫池 元曲選本（1），早稻田大學《中國文學研究》13：51—72；（1984）（2），《アジア・アフリカ文化研究所研究年報》19：33—48；（1986）（3），《國學院大學紀要》24：155—186；（10），《アジア・アフリカ文化研究所研究年報》25：29—43。

波多野太郎（1988—1997）元曲疏證—金綫池 元曲選本（1-8），《中國語學研究・開篇》6：30—37；7：56—64；8：84—93；9：66—74；10：31—38；11：39—50；12：105—111；14：122—142，16：126—128【（8）要語勘誤表】。

王學奇主編（1994）《元曲選校注》全8册，石家莊：河北教育出版社。

・文本研究

經學文學研究室（1940）臧氏元曲選異文表，《東方學報（京都）》11（2）：111—137。

Yoshikawa, K. et al. (1954) Commentary on “One Hundred Yüan Plays” Vol. I，《研究論文抄録誌 研究論文集》5：51—52。

朱尚文（1969）元曲選無名氏雜劇十八本考證，《幼獅學誌》8（1）：67。

上野惠司（1970）《元曲選》解題初稿，《關西大學文學論集》19（3・4）：15—56。

徐朔方（1983）臧懋循和他的《元曲選》，《論湯顯祖及其他》，上海：上海古籍出版社。

赤松紀彦（1991）《元曲選》がめざしたもの，《田中謙二博士頌壽記念中國古典戲曲論集》161—186，東京：汲古書院。

鄧興鋒（1994）《元曲選》斷句之誤舉隅，《古籍整理研究學刊》1994（3）：33—36。

鄧興鋒（1994）《元曲選》點校之誤舉隅，《晉陽學刊》1994（4）：109—112。

張月中（1995）喜讀王學奇教授的《元曲選校注》，《河北學刊》1995（4）：109。

東元（1995）古籍整理與元曲研究的新豐碑——《元曲選校注》簡評，《渤海學刊》1995（3）：102—103。

李修生（1995）評《元曲選校注》，《河北師院學報（社會科學版）》1995（4）：90—92。

孫繁信（1995）喜讀《元曲選校注》，《渤海學刊》1995（4）：98—100。

張拱貴、孫羨（1997）《元曲選校注》的成就，《江蘇教育學院學報（社會科學版）》1997（1）：47—51。

左鵬軍（1999）《元曲選校注》匡補，《文獻》1999（3）：222—236。

小松謙（2001）《元曲選》成立考，《東方學》101：105—118；（2001）《元曲選》《古今名劇合選》考，《中國古典演劇研究》158—197，東京：汲古書院。

張雲生（2002）一部完整而成功的巨著——評介王學奇主編的《元曲選校注》，李申主編《近代漢語文獻整理與研究》183—189，石家莊：河北教育出版社。

・辭典、索引

閻崇璩、閻紅生編（1984）《〈臧晉叔・元曲選〉詞語匯釋》（大東文化大學中國語大辭典編纂室資料單刊 12），東京：大東文化大學中國語大辭典編纂室。

石鋟（2013）《〈元曲選〉狀態詞用法詞典》，北京：中國社會科學出版社。

◎研究

張心逸，波多野太郎解說（1959）元曲選釋補證（一）（二），《橫濱大學論叢（人文科學系列）》10（2・3）：32—65；11（1）：1—26。

波多野太郎（1959）張心逸先生の《元曲選釋補證》について，《橫濱大學論叢（人文科學系列）》10（2・3）。

波多野太郎（1960）張心逸氏の《元曲選釋補證》に對する中國諸家の批判—朱居易教授の元劇俗語方言例釋再版修訂張心逸先生の古本董西厢點勘補遺—，《橫濱市立大學論叢（人文科學系列）》11（2）：22—38。

波多野太郎（1961）張心逸氏の元曲選釋補證（三）について，《橫濱市立大學論叢（人文科學系列）》12（2・3）：87—116。

波多野太郎（1962）張心逸氏の元曲選釋補證（四）について，《橫濱市立大學論叢（人文科學系列）》13（2・3）：132—169。

林雪光（1964）《元曲選》とがき中の若干の問題について，《神戸外大論叢》15（3）：1—9。

波多野太郎（1964）王貞珉氏の元曲選釋補箋について，《橫濱市立大學論叢（人文科學系列）》15（3）：68—145。

波多野太郎（1972）中國小說戲曲の用語研究ノート—家藏白話研究文獻提要（13）朱居易《元曲選釋校記》，《橫濱市立大學論叢（人文科學系列）》23（1）：1—22。

大塚秀明（1985）元曲の“被”について，《中國語研究》24：1—28。

徐樹恒（1986）關於元人雜劇的賓白，《中國古代戲曲論集》，北京：中國展望出版社。

山田真一（1991）《元曲選》中の ABB 型形容詞，《高岡短期大學紀要》2：71—80。

龍莊偉（1992）《元曲選・音釋》探微，《文獻》1992（3）：40—49。

李崇興（1994）《元曲選》賓白中的介詞“和”“與”“替”，《中國語文》1994（2）：149—154；（1995）《吕叔湘先生九十華誕紀念文集》217—222，北京：商務印書館。

蔣星煜（1994）元雜劇《金綫池》語言研究——波多野太郎《元雜劇疏證》述評，《山西師大學報（社會科學版）》21（2）：35—40。

夏先培（1995）銅官話介詞“替”與《元曲選》賓白中幾個介詞的比較，《長沙水電師院社會科學學報》1995（2）：100—101。

黄斌（1996）《元曲選》中的語氣詞“也、呵、那、阿、呀”，《古漢語研究》1996（1）：73—77。

張全真（1996）《元曲選》中的差比句式，《南京大學學報（哲學·人文科學·社會科學）》1996（4）：163—167。

席嘉（1996）《元曲選》賓白中的語氣詞“麼”，《語言研究》1996（2）：132—135。

渡部洋（1999）《元曲選》における否定副詞“沒”—“沒”が前置される表現形式について，大谷大學《文藝論叢》53：1—14。

蔣紹愚（1999）《元曲選》中的把字句——把字句再論，《語言研究》1999（1）：1—10。

張美蘭（2000）論《元曲選》中的“把/將OV在L”句型，《古漢語研究》1：59—64。

唐韻（2000，2001）《元曲選》中方位短語及其功能（上、中、下），《四川師範學院學報（哲學社會科學版）》2000（1）：8—16；2000（2）：54—65；2001（3）38—42；（2002）方位短語的構成及入句功能，《〈元曲選〉語法問題研究》117—194，四川：四川文藝出版社。

王艷芳（2001）《元曲選》中動態助詞“將”的用法，《語文學刊》2001（3）：54—55。

唐韻（2001）《元曲選》賓白動詞重疊式中賓語的位置及“兒”尾的問題——兼與《老乞大》《朴通事》《水滸全傳》等比較，《樂山師範學院學報》2001（3）：46—49，56；（2002）動詞重疊式中賓語的位置及“兒”尾的問題——兼與《老乞大》《朴通事》《水滸全傳》等比較，《〈元曲選〉語法問題研究》17—28 四川：四川文藝出版社。

唐韻（2001）《元曲選》賓白中的正反問句，《西南民族學院學報（哲學社會科學版）》2001（7）：210—214，236；（2002）正反問句四種形式分析，《〈元曲選〉語法問題研究》195—212，四川：四川文藝出版社。

唐韻（2001）《元曲選》中動詞重疊的格式、語法意義及表達功能，《四川師範大學學報（社會科學版）》2001（4）：32—37；（2002）動詞重疊的格式、語法意義及表達功能，《〈元曲選〉語法問題研究》3—15，四川：四川文藝出版社。

唐韻（2002）從“底”字短語的產生、發展看《元曲選》“的”字短語，《四川師範學院學報（哲學社會科學版）》2002（4）：12—19；（2002）“的”字短語的產生、構成及句法功能，《〈元曲選〉語法問題研究》93—116 四川：四川文藝出版社。

唐韻（2002）《〈元曲選〉語法問題研究》，四川：四川文藝出版社。

唐韻（2003，2004）《元曲選》賓白中的“些”“些兒”“一些（兒）”（上、下），《西華師範大學學報（哲學社會科學版）》2003（5）：132—137；2004（4）：103—106。

袁仁智、王莉娟（2004）談談《元曲選》中動詞動量詞的語法特徵，《貴陽金築大學學報》2004（1）：44—46。

于紅岩（2004）《〈元曲選〉狀態形容詞研究》，復旦大學博士論文。

唐韻（2005）《元曲選》中“兀的”及其句式——兼與《新校元刊雜劇三十種》比較，《古漢語研究》2005（1）：49—53。

唐韻（2005）《元曲選》中自報家門的判斷句——兼與《元刊雜劇三十種》等文獻比較，《西華師範大學學報（哲學社會科學版）》2005（5）：13—18。

殷曉明（2005）試論《元曲選》中的動詞重疊，《古漢語研究》2005（4）：63—68。

袁仁智（2005）《元曲選》量詞系統的歷時比較，《湘南學院學報》2005（6）：84—87。

高佳（2006）《元曲選》個體量詞研究，《求索》2006（6）：205—206，66。

常萍（2006）《元曲選》賓白的是非問句考察，《淄博師專學報》2006（4）：57—59。
王進（2007）《元曲選》“好數量N（P）也”的修辭功能，《修辭學習》2007（3）：45—47。
彭婕（2007）《〈元曲選〉賓白疑問句研究》，中南大學碩士論文。
王興全（2007）《元曲選》中的兩種ABB結構，《西華師範大學學報（哲學社會科學版）》2007（4）：61—65。
王進、葛慧（2007）《元曲選》賓白的“則被……也”句，《廣播電視大學學報（哲學社會科學版）》2007（3）：80—83。
王興全（2007）從《元曲選》看ABB式在元明時期的發展演變，《康定民族師範高等專科學校學報》2007（5）：43—47。
李崇興（2007）從反復問句的使用情況看《元曲選》賓白的明代語言成分，《語言研究》2007（4）：1—6。
王進（2008）《元曲選》中“你這（個）NP”的語用功能，《修辭學習》2008（1）：58—60。
常萍（2008）《元曲選》賓白的疑問語氣詞，《甘肅廣播電視大學學報》2008（1）：17—19，35。
何理、宋潔琳（2008）《元曲選》AABB式淺析，《樂山師範學院學報》2008（3）：80—83。
王進（2008）《元曲選》中含“殺”的感嘆句，《語言研究》2008（2）：111—114。
王進（2008）《〈元曲選〉祈使句研究》，華中科技大學博士論文。
杜海軍（2008）《元曲選》增删元雜劇之説多臆斷——《元曲選》與先期刊抄元雜劇作品比較研究，《廣西師範大學學報（哲學社會科學版）》2008（3）：12—16。
張艷琴（2008）《元曲選》語詞札記，《甘肅聯合大學學報（社會科學版）》2008（4）：103—105。
王興全（2008）從《元曲選》看元明時期對妻子的稱謂，《時代教育（教育教學版）》2008（9）：22—23。
張艷琴（2008）《元曲選》釋詞二則，《滄桑》2008（5）：209—210。
常萍（2008）《元曲選》賓白選擇問句考察，《甘肅高師學報》2008（6）：68—71。
王進（2008）《元曲選》賓白感嘆句的語用差異，《修辭學習》2008（6）：66—69。
常萍（2008）《元曲選》賓白疑問代詞考察——兼與《水滸全傳》比較，《甘肅聯合大學學報（社會科學版）》2008（3）：73—76。
王進（2009）丹江方言與《元曲選》釋詞，《鄖陽師範高等專科學校學報》2009（1）：38—39。
高佳（2009）《元曲選》動量詞系統考察，《内江師範學院學報》2009（3）：46—49。
王進（2009）《元曲選》“好”字感嘆句的語法結構分析，《榆林學院學報》2009（3）：69—72。
王進（2009）《元曲選》祈使句的語用差異，《湖北師範學院學報（哲學社會科學版）》2009（4）：63—67。
山田忠司（2009）元曲選《趙氏孤兒》における“的”の用法について，《中國俗文學研究》20：179—171。
高佳（2010）從《元曲選》裡的“V個X”看量詞“個”的語法化，《内江師範學院學報》2009（1）：56—59。

王進（2010）《元曲選》賓白的感嘆詞——兼與元代文獻感嘆詞比較，《河西學院學報》2010（1）：88—92，67。
王紅美（2010）《〈元曲選〉三音詞研究》，暨南大學碩士論文。
孫艷麗（2010）《〈元曲選〉稱謂語研究》，西南大學碩士論文。
任曉彤（2010）《元曲選》中的語氣詞“呀”及其相關問題——兼與《元刊雜劇三十種》等文獻比較，《內蒙古工業大學學報（社會科學版）》2010（1）：70—72。
李崇興（2010）從反復問句的使用情況看《元曲選》賓白的明代語言成分，《吕叔湘先生百年誕辰紀念文集》301—307，北京：商務印書館。
管弦（2011）臧懋循《元曲選》中“虚下”提示的使用特點，《文化遺產》2011（2）：42—48。
韓慧慧（2012）《元曲選》ABB結構研究，《雞西大學學報》2012（6）：122—123。
田益琳（2012）《元曲選》賓白中的祈使句類型，《語文建設》2012（18）：46—47。

1.2.4 其他選集

◎原始資料

・影印本

（1917-1956）《涵芬樓祕笈》第6-10集，上海：商務印書館【脉望館鈔校本古今雜劇】。
（1958）《古本戲曲叢刊》第4集第2-14函，上海：商務印書館【脉望館鈔校本古今雜劇、古名家雜劇、雜劇選、古今名劇合選、元明雜劇、陽春奏】。
（1962-63）《全元雜劇》全32册，臺北：世界書局。
（2005）《續修四庫全書》，上海：上海古籍出版社【改定元賢傳記】。

・文本研究

鄭振鐸（1936）《盛世新聲》與《詞林摘艷》，《暨南學報》1（2）。
趙萬里（1938）元明雜劇之新發現，《燕京學報》1938（24）。
傅惜華（1938）也是園所藏珍本元明雜劇之發見（上），《朔風》1938（2）。
足立原八束（1940）古名家雜劇及元人雜劇選研究（特に其の中の三種に就て），《斯文》22（12）：44【概要】。
入矢義高（1940）《盛世新聲》と《重刊增益詞林摘艷》，《東方學報（京都）》12（2）：104—118。
孫楷第（1940）《述也是園舊藏古今雜劇》（圖書季刊專刊1），圖書季刊社。
徐調孚（1940）脉望館本雜劇叙録，《文學集林》2。
孫楷第（1940）《述也是園舊藏古今雜劇》（圖書季刊專刊1），圖書季刊社【書評：豐田穰（1941）《斯文》23（5）；（1941）《燕京學報》1941（29）】。
馮沅君（1944）《孤本元明雜劇鈔本題記》，重慶：重慶商務印書館。
工藤篁（1942）孫楷第《述也是園舊藏古今雜劇》，《一橋論叢》9（3）：332—336。
足立原八束（1952）中國戲曲の選本《樂府歌舞臺》の考察，《學苑》14（4）。
孫楷第（1953）板本，《也是園古今雜劇考》77—153，上海：上雜出版社。
鄭騫（1960）孤本元明雜劇讀後記，《大陸雜誌》21（1，2）：87—90。
韓文寧（1997）鄭振鐸與《脉望館抄校本古今雜劇》，《江蘇圖書館學報》1997（1）：36—38。

小松謙（1991）内府本系諸本考，《田中謙二博士頌壽記念中國古典戲曲論集》125—159，東京：汲古書院；（2001）明本の性格，《中國古典演劇研究》59—93，東京：汲古書院。

小松謙（2000）《脉望館鈔古今雜劇》考，《日本中國學會報》52：148—162；（2001）《中國古典演劇研究》125—149，東京：汲古書院。

小松謙（2001）明刊本刊行の要因，明刊諸本考，《中國古典演劇研究》150—157，198—231，東京：汲古書院。

赤松紀彦（2001）南京圖書館藏《改定元賢傳記》について 附《陳摶高臥》、《青衫淚》校勘記，《中國における通俗文學の發展及びその影響》（平成十一十二年度科學研究費報告書）。

苗懷明（2004）二十世紀《脉望館鈔校本古今雜劇》的發現整理與研究，《戲曲研究》2004（2）：163—172。

卜鍵（2004）改定元賢傳記提要，《李開先全集》，北京：文化藝術出版社。

華嘉（2010）鄭振鐸與《脉望館抄校本古今雜劇》，《民主》2010（8）：47—49。

李佔鵬（2012）《脉望館鈔校本古今雜劇》整理研究述評，《綿陽師範學院學報》2012（3）：72—76。

◎研究

佐藤晴彦（1998）《脉望館鈔校本古今雜劇》新探，《神户外大論叢》49（4）：19—40。

佐藤晴彦（2006）《改定元賢傳記》はどの時期の言語を反映しているのか?，《神户外大論叢》57（1-5）：167—180。

長松純子（2007）《脉望館鈔校古今雜劇》“不老葉”小考，《戲劇》2007（4）：97—100。

1.2.5 《西厢記》

◎原始資料

・影印本

王驥德注（1939）《新校注古本西厢記五卷 附新校注古本西厢記考一卷》，北平：富晉書社東來閣書店【據山陰朱朝鼎香雪居萬曆四十二年序刊本】。

神田喜一郎監修，岩城秀夫解說（1982）《中國戲曲善本三種：北西厢記・斷髮記・竊符記》，京都：思文閣出版。

（1985）《第六才子書西厢記》，上海：上海廣益書局。

國家圖書館古籍館編（2011）《古本西厢記匯集・初集》全 9 册，北京：國家圖書館出版社。

・校注本

王鯀駿（1937）《西厢記注》，北京：北平文化學社。

王季思校注（1944）《西厢五劇注》，龍泉：龍吟書屋。

陳志憲編（1948）《西厢記箋證》，上海：中華書局。

王季思校注（1949）《集評校注西厢記》，上海：開明書店。

吳曉鈴校注（1954）《西厢記》，北京：作家出版社。
王季思校注（1954）《西厢記》，上海：新文藝出版社。
熊式一校訂（1956）《西厢記》，香港：世界出版社。
張燕瑾、彌松頤校注（1980）《西厢記新注》，南昌：江西人民出版社。
王季思校注（1978）《西厢記》，上海：上海古籍出版社。
祝肇年、蔡運長（1983）《西厢記通俗注釋》，昆明：雲南人民出版社。
方諸生校注（1984）《西厢記》，上海：上海古籍出版社。
傅曉航校點（1985）《貫華堂第六才子書西厢記》，蘭州：甘肅人民出版社。
張國光校注（1986）《金聖嘆批本西厢記》，上海：上海古籍出版社。
張人和集評，王季思校注（1987）《集評校注西厢記》，上海：上海古籍出版社。
佐榮、宇文昭點校（1989）《中國四大古典名劇》，杭州：浙江古籍出版社。
李小強，王小忠（1997）《方言俗語注釋本〈西厢記〉》，北京：中國文聯出版公司。
王薇評注（2008）《西厢記》，太原：三晉出版社。
孟慶茹評注（2008）《西厢記》，上海：上海人民美術出版社。
（2009）《西厢記》，北京：萬卷出版公司。

・日譯本

遠山荷塘（1818—1829）《諺解校注古本西厢記》；長澤規矩也編（1977）《唐話辭書類集》別卷，東京：汲古書院。
岡島獻太郎訓譯（1894）《西厢記》，東京：岡島長英。
田中參訓（從吾軒）譯述（1898）《西厢記講義》，東京專門學校講義録。
坂本信次郎（晃峯）（1898）《支那小說譯解》。
鹿島修正訓譯（1903）《西厢記評釋》，東京、大阪：青木嵩山堂。
宮崎繁吉譯（1904）《西厢記》，早稻田大學講義録。
天樵生（宮原民平）（1912）《燕塵》，北京：燕塵會。
金井保三、宮原民平譯（1914）《西厢歌劇》，東京：文求堂。
中村碧湖（1914）《新譯西厢記》（カナメ叢書 17），東京：梁江堂。
岸春風樓訓譯（1916）《新譯西厢記》，東京：文教社。
宮原民平訓譯注（1921）《國譯漢文大成》文學部 9，東京：國民文庫刊行會。
宮原民平（1925）《支那小說戲曲史概說》，東京：共立社。
深澤暹譯（1934）《完譯西厢記》，東京：秋豐園。
鹽谷溫譯（1947）《西厢記》，東京：東京昌平公司。
鹽谷溫（1948）《西厢記》，東京：昌平堂。
鹽谷溫譯（1957）《歌譯西厢記》，譯者自筆稿本。
鹽谷溫譯（1958）《歌譯西厢記》，天理：天理養德社。
田中謙二編（1974）《戲曲集》（中國古典文學大系 52），東京：平凡社。

・英譯本

Candlin G. T. (1889) *Chinese Fiction*, Chicago: Open Court.
Chen, Pao-ki【陳寶吉】（1934）*Si syang ki*, Lyon.

Hsiung, S. I. (1935) *The Romance of the Western Chamber*, London: Methun.

(1958) *The Western Chamber*，北京：外文出版社。

Lai, T. C., Gamarekiah, Ed. (1973) *The Romance of The Western Chamber*，香港：海納曼教育書局。

Hart, H.H. (1936) *The West Chamber, a Medieval Drama*, California: Stanford University Press；（1977）臺灣：敦煌書局複印。

・法譯本

Julien, S. (1837-1838) *L'Histoire du Pavillon d'occident*, Paris.

Julien, S. (1880) *Si-siang-ki, Histoire du Pavillon d'Occident*, Genève: H. Georg.

Bussy, P. C. de (1891）《西厢記》，Zikawei.

Morant, G. S. de (1912) *Essai sur la Littérature Chinoise*, Paris: Mercure de France.

Tsen, Tsonming【曾仲明】（1922）*Essai historique sur la poésie Chinoise*, Lyon：德維涅公司。

Morant, S. de (1928) *L'amoureuse Oriole, jeune fille*, Paris: E.Flammarion.

徐仲年（1933）《中國詩文選》，Paris：德拉格拉夫書店。

Chen, Pao-ki【陳寶吉】（1934）*Si Syang Ki*, Lyon：博斯克・弗雷勒公司。

・德譯本

Hundhausen, V. (1926) *Das West-zimmer*, Peking: Pekinger Verlag.

Grube, W. (1909) *Chinesischen Litteratur*, Leipzig: C.F. Amelangs.

・索引

陶山信男（1971）《〈西厢記〉王季思注釋索引》，名古屋：采華書林。

・文本研究

田中謙二（1949）《西厢記》板本の研究（前篇），《ビブリア》1：107—148；（2000）《田中謙二著作集》1：173—230，東京：汲古書院。

田中謙二（1950）《西厢記》諸本の信憑性《日本中國學會報》2：89—104；（2000）《西厢記》板本の研究（下），《田中謙二著作集》1：173—230，東京：汲古書院。

波多野太郎（1962）明何璧校北西厢記提要—坿張心逸彙校補遺—，《横濱市立大學論叢》13（2・3)：170—173。

葉餘（1962）槃薖碩人增改定本西厢記初讀零記，《文物》1962（9)：7—9。

田中謙二（1964）雜劇《西厢記》の南戲化—西厢物語演變のゆくえ，《東方學報（京都)》36：543—575。

傳田章（1965）萬曆版西厢記の系統とその性格，《東方學》31：93—106。

정래동（1966）西厢記研究，《大東文化研究》3：119—139。

傳田章（1970）《明刊元雜劇西厢記目録》（東洋學文獻センター叢刊 11），東京大學東洋文化研究所附屬東洋學研究所刊行委員會；（1979）增訂版，東京：汲古書院。

張棣華（1974）臺灣圖書館善本書志——館藏西厢記善本十五種，附董西厢一種，《臺灣圖書館館刊》7（2)：187—198。

蔣星煜（1980）論徐士範本《西厢記》——明版各本《西厢記》的一個比較研究，《中華文史論叢》1980（1）：259—284。
蔣星煜（1980）徐士範刊本《西厢記》對明代“題評音釋本”的影響，《南京師院學報》1980（4）：31—38。
蔣星煜（1980）明刊六種徐文長本《西厢記》的真僞問題，《杭州大學學報》1980（2）：42—50。
蔣星煜（1980）張深之本《西厢記》與徐文長本、王驥德本的血緣關係，《古典文學論叢》1：289—303。
蔣星煜（1980）弘治本《西厢記》的體例與“岳刻”問題，《文史》9：193—200。
蔣星煜（1980）日本對明刊本《西厢記》的版本研究，《讀書》1980（4）：117—119。
段啟明（1982）《西厢記論稿》，成都：四川人民出版社。
傳田章（1983）李日華南西厢記の版本—傳奇原作と舞臺改編，東京大學《外國語科研究紀要》31（4）：16—43。
蔣星煜（1984）《西厢記罕見版本考》，東京：不二出版。
하재철（1984）《西厢記雜劇研究》，成均館大學校碩士論文。
신홍철（1986）雜劇《西厢記》研究，《外國語教育研究》1：221—242。
蔣星煜（1988）《西厢記考證》，上海：上海古籍出版社。
임영학（1988）《雜劇〈西厢記〉研究》，嶺南大學校碩士論文。
賀新輝（1990）《西厢記鑒賞辭典》，北京：中國婦女出版社。
하재철（1992）《西厢記》作者考，《中國文學研究》10（1）：317—342。
蔣星煜（1997）《西厢記的文獻學研究》，上海：上海古籍出版社。
張人和（1997）《西厢記》的版本系統概觀，《社會科學戰綫》1997（3）：216—223。
張人和、楊今才（1998）明刊本《西厢記》體制的演變軌迹，《東北師大學報（哲學社會科學版）》1998（6）：58—65。
廣瀬玲子（2000）西厢記の“注疏”—王驥德、毛奇齡による戲曲の讀解，《東洋文化研究所紀要》139：85—120。
土屋育子（2004）弘治本西厢記について，《中國文學報》68：97—120；（2013）《中國戲曲テキストの研究》61—86，東京：汲古書院。
조숙자（2004）《〈第六才子書西厢記〉研究》，首爾大學校博士論文。
劉美玲（2006）浪漫西厢：八種附圖《西厢記》賞析，《故宮文物月刊》275：60—71。
이은상（2007）明末清初江南文人社會의《西厢記》出版과後援，《中國學論叢》24：441—456。
Ma, Meng-ching（2008) Linking Poetry, Painting, and Prints: the Mode of Poetic Pictures in Late Ming Illustrations to The Story of the Western Wing, *International Journal of Asian Studies* 5(1): 1-51.
기현（2009）舊活字本《西厢記》研究，《우리文學研究》26：43—75。
黄冬柏（2010）《〈西厢記〉變遷史の研究》，東京：白帝社。
윤지양（2011）筆寫本《西厢記語録》의分類및各筆寫本의特徵考察，《中語中文學》50：103—124。

徐继虹（2011）《〈西廂記〉四種版本的注釋之比較研究》，淮北師範大學碩士論文。

◎研究

張心逸（1959）談《西厢記》的詞語解釋，《中國語文》1959（4）：185—187。

吳曉鈴（1959）《“乳口”和“鉤窗”》和《談〈西厢記〉的詞語解釋》讀後，《中國語文》1959（4）：187，183。

이석호（1969）《西厢記》의文體와翻譯，《中國學報》10（1）：35—50。

許幼珊（1979）關於《西厢記》校注中的幾個問題，《黑龍江大學學報》1979（4）。

宋綿有（1980）《西厢記》語言運用的技巧，《南開學報》1980（4）：44—50。

常虹（1982）《西厢記》中的内蒙河套方言，《文學遺產》1982（4）：106—110。

王學奇（1983）評王季思先生的《西厢記》注釋，《語文研究》1983（1）：40—44。

李申（1984）“紅娘撒沁”解，《語文研究》1984（1）；（1995）《近代漢語釋詞叢稿》29—32，南京：江蘇教育出版社。

趙曉茂（1985）《西厢記》方言十三解，《河北師範大學學報》1985（4）：37—42。

匡裕群（1986）選擇、提煉——小談《西厢記》中的叠音詞，《雲夢學刊》1986（S1）：93—96。

盧甲文（1987）《西厢記》詞語補釋，《語文研究》1987（4）：34—36。

潘健（1988）《西厢記・長亭》詞、句探，《宜賓師專學報》1988（1）：83—84。

吕鴻運（1988）《西厢記》王注獻疑，《廣西師範大學學報（哲學社會科學版）》1988（1）：92—94。

蔣星煜（1990）《西厢記》雙關語研究——以藥名入曲的〔小桃紅〕，《河北師院學報（哲學社會科學）》1990（1）：83—86。

邢文英、趙小茂（1991）就《西厢記》中方言注釋與王季思先生商榷，《河北大學學報（哲學社會科學版）》1991（3）：40—44，65。

蘇曉青、吕永衛（1992）《〈西厢記〉通俗注釋》商酌，《玉溪師專學報》1992（1）：73—78，72。

寺村政男（1994）滿洲旗人による近世漢語の繙譯の實態—金瓶梅と西廂記を中心に，《中國語學》241：39—48；（2008）《東アジアにおける言語接觸の研究》292—296，東京：竹林舍。

劉冬冰（1994）《西厢記》句末語氣詞的共時描寫及其它，《青海師範大學學報（哲學社會科學版）》1994（3）：98—102。

劉冬冰（1995）《西厢記》句末語氣詞的共時描寫及其它，《川東學刊》1995（3）：77—82。

李小強、王小忠（1997）《西厢記方言俗語注釋本》，北京：中國文聯出版公司。

寺村政男（2000，2001）滿洲語文獻より見た近世漢語語彙の研究（7）（8）—滿漢合璧“西厢記”編，大東文化大學《語學教育研究論叢》17：53—72；18：71—90；（2008）《東アジアにおける言語接觸の研究》201—291，東京：竹林舍。

廣瀬玲子（2001）西厢記の曲と白：（續）王驥德・毛奇齡による戲曲の讀解，《專修人文論集》69：13—35。

翟燕（2002）《西厢記》ABB式三音詞研究，《現代語文》2002（4）：150—151。
徐時儀（2006）《西厢記》中“哩也波哩也囉哩”的語義考探，《上海師範大學學報（哲學社會科學版）》2006（2）：60—65。
嚴寶剛（2007）《西厢記》中的重言詞，《寧夏大學學報（人文社會科學版）》2007（3）：33—36。
黃克木（2007）《西厢記》中的是非問句，《廣西大學學報（哲學社會科學版）》2007（S2）：54—55。
朱娉娉（2010）從翻譯補償視角看許譯《西厢記》中叠詞的英譯，《瀋陽教育學院學報》2010（2）：5—8。
劉萍（2011）《〈西厢記〉連詞研究》，陝西師範大學碩士論文。
曾海源（2011）《西厢記》中“著”的若干語法特點分析，《青年文學家》2011（2）1：149。
周凱羅（2012）《〈雷雨〉〈西厢記〉複音詞對比研究》，中央民族大學碩士論文。
김효민（2013）《西厢記》語録解類의相互關係研究，《中國學報》68：69—93。

1.2.6 個別作品

◎原始資料

・校注本

童斐選注（1930）《元曲》，北京：商務印書館。
姜亮夫編注（1934）《戲曲選》，上海：北新書局。
陳墨香（1935）元朱士凱醉走黃鶴樓雜劇殘本箋證，《劇學月刊》4（4）。
趙景深編（1935）《元人雜劇輯佚》，上海：北新書局。
邵曾祺選注（1955）《元人雜劇》，春明出版社。
顧擎倉選注（1956）《元人雜劇選》，北京：作家出版社。
趙景深編（1956）《元人雜劇鉤沉》，北京：中華書局；（1959）新版，北京：中華書局。
王季烈編（1957）《孤本元明雜劇》，北京：中國戲劇出版社。
人民文學出版社編輯部編（1958）《竇娥冤》（文學小叢書），北京：人民文學出版社。
吳曉鈴等注（1958）《大戲劇家關漢卿傑作集》，北京：中國戲劇出版社。
人民文學出版社編輯部編（1958）《關漢卿戲曲選》，北京：人民文學出版社。
隋樹森編（1959）《元曲選外編》，北京：中華書局；（1967）臺北：臺灣中華書局。
胡忌選注（1959，1960）《古代戲曲選注》全2册，上海：中華書局。
（1961）《關漢卿雜劇選》，香港：商務印書館。
傅傲編選（1962）《中國歷代戲曲選》，香港：上海書局。
張友鸞、顧肇倉選注（1963）《關漢卿雜劇選》，北京：人民文學出版社。
中華書局編輯部編（1972）《中華戲曲選》，臺灣：中華書局。
胡忌（1974）《元代戲曲選注》（古典文學普及讀物）全2册，香港：中華書局。
北京大學中文系編（1976）《關漢卿戲劇集》，北京：人民文學出版社。
王季思、蘇寰中、黃天驥、吳國欽（1980）《元雜劇選注》全2册，北京：北京出版社。

隗芾（1980）《元明清戲曲選》，長春：吉林人民出版社
張月中、許秀京（1982）《古代戲曲名著選讀》，石家莊：河北人民出版社。
王季思主編（1982）《中國十大古典悲劇集》全 2 册，上海：上海文藝出版社；（1991）重訂增注版，濟南：齊魯書社。
王季思主編（1982）《中國十大古典喜劇集》，上海：上海文藝出版社；（1991）重訂增注版，濟南：齊魯書社。
陳俊山（1983）《元代雜劇賞析》，天津：天津人民出版社。
李春祥（1983）《元代包公戲選注》，鄭州：中州書画社。
胡忌選注（1983）《元代戲曲選注》（中國古典文學作品選讀），上海：上海古籍出版社。
曾永義編注（1983）《中國古典戲劇選注》（文史叢書 10），臺北：國家出版社。
中國俗文學研究會（1983）《灰欄記》注釋，《中國俗文學研究》1：2—72。
王文才校注（1984）《白樸戲曲集校注》，北京：人民文學出版社。
中國俗文學研究會（1984）《後庭花》注釋，《中國俗文學研究》2：1—62。
中國俗文學研究會（1985）《黑旋風》注釋，《中國俗文學研究》3：1—59。
中國俗文學研究會（1986）元劇《燕青博魚》注釋，《中國俗文學研究》4：1—55。
大東文化大學中國語大辭典編纂室（1986，1987）元雜劇《沙狗勸夫》注釋（1-4），《中國語研究》25：52—86；26：57—86；27：59—82；28：63—80。
中國俗文學研究會（1987）元劇《看錢奴》注釋，《中國俗文學研究》5：1—62。
徐沁君（1987）《元曲四大家名劇選》，濟南：齊魯書社。
王學奇、吳振清、工靜竹校注（1988）《關漢卿全集校注》，石家莊：河北教育出版社。
李修生、李真瑜、侯光復編校（1988）《喬吉集》（三晉古籍叢書），太原：山西人民出版社。
中國俗文學研究會（1988）元劇《傷梅香》注釋，《中國俗文學研究》6：1—80。
中國俗文學研究會（1989）元劇《勘頭巾》注釋，《中國俗文學研究》7：1—51。
王季思主編（1990）《全元戲曲》全 12 册，北京：人民文學出版社。
中國俗文學研究會（1990）元劇《魯齋郎》注釋，《中國俗文學研究》8：1—58。
中國俗文學研究會（1991）元劇《朱砂擔》注釋，《中國俗文學研究》9：1—55。
中國俗文學研究會（1992）元劇《漁樵記》注釋，《中國俗文學研究》10：1—72。
馮俊傑校注（1992）《鄭光祖集》，太原：山西人民出版社。
中國俗文學研究會（1993）元劇《鴛鴦被》注釋，《中國俗文學研究》11：1—42。
蕭善因、北嬰、蕭敏點校（1993）《馬致遠集》，太原：山西古籍出版社。
黄仕忠譯注（1993）《關漢卿雜劇》（中國名著選譯叢書），臺北：錦綉出版。
中國俗文學研究會（1994）元劇《岳陽樓》注釋，《中國俗文學研究》12：1—61。
中國俗文學研究會（1995）元劇《灰欄記》注釋，《中國俗文學研究》13：1—48。
馬欣來輯校（1996）《關漢卿集》，太原：山西人民出版社。
中國俗文學研究會（1997）元劇《救孝子》注釋，《中國俗文學研究》14：1—55。
中國俗文學研究會（1998）元劇《神奴兒》注釋，《中國俗文學研究》15：1—66。
徐燕平注（2000）《元雜劇公案卷》（中國古代戲曲經典叢書），北京：華夏出版社。

中國俗文學研究會（2000）薛仁貴雜劇注釋，《中國俗文學研究》16：1—43。
中國俗文學研究會（2001）破窰記雜劇注釋，《中國俗文學研究》17：1—34。
傅麗英、馬恒君校注（2002）《馬致遠全集校注》，北京：語文出版社。
中國俗文學研究會（2004）秋胡戲妻雜劇注釋，《中國俗文學研究》18：1—47。
藍立蓂校注（2006）《彙校詳注關漢卿集》全3册，北京：中華書局。
中國俗文學研究會（2007）村樂堂雜劇注釋，《中國俗文學研究》19：1—47。
林雅清、蔡麗玲、井上泰山譯（2007，08，10）抄本《黑旋風雙獻功雜劇》譯注，《關西大學中國文學會紀要》28：A137—154；29：67—86；31：107—133。
陳雲發（2008）《元雜劇選解》，上海：復旦大學出版社。
胡勝、趙毓龍校注（2009）《西游記戲曲集》，瀋陽：遼海出版社。
中國俗文學研究會（2011）曲江池劇注釋，《中國俗文學研究》21：1—47。
黄任忠譯注（2011）《關漢卿雜劇選譯》，南京：鳳凰出版社。
中國俗文學研究會（2013）望江亭劇注釋，《中國俗文學研究》22：1—43。
金丸邦三編（2013）《竇娥冤：注譯》（中國俗文學研究會單刊1），東京：中國俗文學研究會。

・日譯本

幸田露伴（1894）鄭廷玉の忍字記，《通俗佛教新聞》2月21日。
山田茂助（1911）《元雜劇二種》【抄録】，京都。
宮原民平訓譯注（1921）《國譯漢文大成》文學部10，東京：國民文庫刊行會【漢宮秋】。
青木正兒譯（1922）元曲瀟湘雨，《文那學》2（5）：52—63【未完】。
宮原民平譯（1925）《古典劇大系》16，東京：近代社【竇娥冤、老生兒、倩女離魂】。
宮原民平譯（1928）《世界戲曲全集（印度・支那劇集）》40：333—410，東京：世界戲曲全集刊行會【竇娥冤、老生兒、倩女離魂】。
鹽谷溫（1929）《漢文講座》，東京：弘道館【梧桐雨】。
杉武夫（1930）《最新支那語講座》6，東京：文求堂【墻頭馬上】。
青木正兒（1934）《漢文學講座》，東京：共立社【貨郎旦】。
宮原民平（1935）《支那小說戲曲讀本》，東京：文求堂【漢宮秋】。
鹽谷溫譯注（1939）《國譯元曲選〈楚昭公〉》，東京：目黑書店。
鹽谷溫（1940）《國譯元曲選》，東京：目黑書店【漢宮秋、殺狗勸夫】。
吉川幸次郎（1943）《元曲金錢記》，東京：筑摩書房；（1968）《吉川幸次郎全集》14：373—551，東京：筑摩書房。
吉川幸次郎（1948）《元曲酷寒亭》，東京：筑摩書房；（1969）《吉川幸次郎全集》15：3—168，東京：筑摩書房。
青木正兒譯注（1957）《元人雜劇》，東京：春秋社；（1973）《青木正兒全集》4：449—670，東京：春秋社【梧桐雨、貨郎旦、魔合羅】。
太田辰夫（1957）《中國歷代口語文》，東京：江南書院【漢宮秋】。
青木正兒編譯（1959）《戲曲集》（中國古典文學全集33），東京：平凡社【救風塵、鐵拐李、魔合羅、合汗衫】。

田中謙二編（1974）《戲曲集》（中國古典文學大系 52），東京：平凡社【西厢記、救風塵、竇娥冤、鐵拐李、合汗衫、酷寒亭、金錢記】。

池田大伍譯，田中謙二補注（1975）《元曲五種》（東洋文庫 278），東京：平凡社【殺狗勸夫、救風塵、城南柳、老生兒、魔合羅】。

武田龍泉譯（1979）《歌劇王昭君》，東京：龍溪書舍【竇娥冤、殺狗勸夫、漢宫秋】。

・英譯本

Percy, T. (1762) *Miscellaneous Pieces relating to the Chinese*, London【趙氏孤兒】.

Davis, J. F. (1817) *Laou-seng-urh, or An heir in his old age*, London: J. Murray【老生兒】.

Davis, J. F. (1829) *Han Koong Tsew, or the Sorrow of Han, a Chinese Tragedy*, London: J. Murray【漢宫秋】.

Willams, S. W. (1849) *The Compared Tunic, a Drama in Four Acts, Chinese Repository XVIII*【合汗衫】.

Barrett H. C. (1933) *World Drama Van Der Veer, Ethel*, New York: D. Appleton【灰闌記】.

Hume, F. (1954) *The story of the Circle of Chalk*, London: The Rodale Press【灰闌記, from the French of Stanslas Julien】.

Chen, Fu-sheng, Lee, A. H. (1957) *Riverview Pavilion*【望江亭】.

Yang, Hsien-yi, Yang, Gladys (1958) *Selected Plays of Kuan Han-ching*, Shanghai: New Art and Literature Publishing House【玉鏡臺、救風塵、蝴蝶夢、魯齋郎、竇娥冤、望江亭、單刀會、哭存孝】.

Yang and Yang (1962) *A Slave to money*, Peking: Chinese literature【看錢奴】.

Birch, C. (1965) *Anthology of Chinese literature*, New York: Glove Press【漢宫秋、李逵負荊】.

Shih, Chung-wen (1972) *Injustice to Tou O (Tou O Yuan) — A Study and Translation*, Cambridge: Cambridge University press【竇娥冤】.

Yang, Fu-sen (1972) *Four Plays of the Yuan Drama*, Taipei: The China Post【梧桐雨、岳陽樓、倩女離魂、竇娥冤】.

Liu, Jung-en (1972) *Six Yüan Plays*, London: Penguin Books【漢宫秋、倩女離魂、趙氏孤兒、竇娥冤、連環計、張生煮海】.

Chang, H.C. (1973) *Chinese literature*, Edinburgh: Edinburgh University Press【蝴蝶夢】.

Ch'u, Chai, Winberg Chai (1974) *A Treasury of Chinese Lierature*, Apollo Editions【竇娥冤、西厢記】.

Dolby, W. (1978) *Eight Chinese Plays*, London: Elek Books【秋胡戲妻】.

・法譯本

Prémare, R. P. de (1735) *Tchao chi cou ell, ou le petit orphelin de la maison de Tchao, Tragédie chinoise*【趙氏孤兒】.

Prémare, R. P. de (1755) *L'orphelin de la Maison de Tchao*【趙氏孤兒】.

Voltaire (1755) *L'orphelin de la Chine*【趙氏孤兒，翻案本】.

Bruguiere，S. A. de (1819) *Les Trois Etages, Conte Moral*, Paris: Rey et Gravier【老生兒】.

Bruguiere，S. A. de (1819) *Lao-seng-eul，comèdie chinoise, suivie de Sau-iu-leau, ou les trois étages consacrés, conte moral*, Paris: Rey et Gravier【老生兒】.

Julien, S. (1830-40) *La Mort de Tong-toho*【連環計】.

Julien, S. (1832) *L'Histoire du Cercle du Craie*, London: J. Murray【灰闌記】.

Julien, S. (1834) *Tchao-chi-kou-eul, L'Orphelin de la Chine*, Paris: Moutardier【趙氏孤兒】.

Bazin, A. P. L. (1838) *Théâtre chiniois, ou Choix de pièces de théâtre composées sous les empereurs mongols*, Paris【合汗衫、竇娥冤、貨郎旦】.

（1850) *Le Siéle des Youên, ou Tableau Histoique de la Littérature Chinoise, Depuis L'avènement des Empereurs Mongols Juspuá la Restaturation des Mubg*, Paris: Impeimweiw Nationale【金錢記、鴛鴦被、賺蒯通、来生債、薛仁貴、鐵拐李、秋胡戲妻、倩女離魂、黃梁夢、昊天塔、忍字記、誤入桃源、抱粧盒】.

（1853) *Chine Moderne, ou Description Historique, Géographique et littéraire de ce Vast Empire, D'après des Documents Chinois*, Paris: Firmin Didot Frères【抱粧盒、看錢奴】.

Bussy P. C. de (1905) *Le Savetire et le Financier*【來生債】.

Laloy, L. (1912) *Le Chagrin au palais des Han*, Paris【漢宮秋】.

Laloy, L. (1935) *Le Rêve du millet jaune, drame taoiste du Xiii siècle*, Paris【黃梁夢】.

Li, Tche-houa (1963) *Le signe de Patience, et autres pièces du théâtre des Yuan*, Paris: Gallimard【東堂老、忍字記、看錢奴】.

・德譯本

Forke, A. (1927) *Der Kreidekreis*, Leipzig: Philipp Reclam【灰闌記】.

・辭典、索引

藍立蓂（1993）《關漢卿戲曲詞典》，成都：四川人民出版社。

川島郁夫主編（1994）《〈元曲選外編〉語彙索引》，東京：中國俗文學研究會。

・文本研究

鄭騫（1964）關漢卿竇娥冤雜劇異本比較，《大陸雜誌》29（10・11）：105—109。

藍立蓂（1986）關漢卿雜劇校勘商兌，《中國語文》1986（4）：296—302。

鄧紹基（1992）元雜劇《張生煮海》校讀散記，《陰山學刊》1992（1）：48—55。

鄧紹基（1992）元雜劇《金綫池》校讀記，《戲劇藝術》1992（3）：113—118。

鄧紹基（1994）元雜劇《魔合羅》校讀記，《殷都學刊》1994（1）：63—69。

吳敢（1999）《全元戲曲・趙氏孤兒記》輯校商榷，《徐州師範大學學報》1999（4）：7—12。

高原（2007）元雜劇《竇娥冤》的三處疏誤，《電影評介》2007（2）：103—104。

◎研究

吳曉鈴（1958）試論關漢卿的語言，《中國語文》72：264—267。

水原渭江（1959）讀書札記（篇二）—（1）香消酒醒詞（2）元曲"神奴兒"—，《（京都女子中學校・京都女子高等學校）研究紀要・教育研究資料》4：60—77。

梁沛錦、波多野太郎撰（1971）關漢卿現存雜劇研究，《橫濱市立大學紀要》2：1—654。

吳振清、杜淑芬（1982）對《元雜劇選注》部分注釋的淺見，《天津師範大學學報》1982（5）：75—78。

萬逸軒（1983）對《竇娥冤》中“本草”一詞的解釋不確，《人文雜誌》3：119。
朱美第（1988）論元曲・關漢卿作品中的成語，《流通經濟大學論集》23（2）：62—70。
徐宏圖（2000）關漢卿《金綫池》釋詞補考，《中華戲曲》48—67。
許巧雲（2003）《關漢卿雜劇介詞研究》，四川師範大學碩士論文。
劉飛飛（2004）《關漢卿雜劇動詞配價語法研究》，廣西師範大學碩士論文。
王淑華（2005）《關漢卿雜劇複音詞研究》，東北師範大學碩士論文。
王鳳霞（2006）關漢卿雜劇詬詞詈語分類，《四川戲劇》2006（4）：84—86。
崔鳳飛（2010）《關漢卿雜劇連詞研究》，山西師範大學碩士論文。
張向真（2012）關漢卿《竇娥冤》中河東方言口語詞彙論析，《山西大學學報（哲學社會科學版）》2012（6）：51—55。

1.3 南戲

1.3.1 總論

傅芸子（1942）釋滚調：明代南戲腔調新考，《東方學報（京都）》12（4）：1—24。
岩城秀夫（1953）南戲における吳語の機能，《日本中國學會報》5：95—108；（1972）《中國戲曲演劇研究》625—653，東京：創文社。
岩城秀夫（1975）南戲の“せりふ”の駢體化について，《日本中國學會報》27：129—142；（1986）《中國古典劇の研究》155—180，東京：創文社。
徐朔方（1988）從早期傳本論證南戲的創作和成書（上、下），《社會科學戰綫》1988（2）：276—279；1988（3）：241—251。
劉達科（2005）南戲研究史料鳥瞰，《天津師範大學古典文獻研究所學術論文集》（中國古典文獻學叢刊）4：29。
田仲一成（2006）《中國地方戲曲研究：元明南戲の東南沿海地區への傳播》，東京：汲古書院；（2005）南戲的分化及傳播：以東南沿海地區爲中心的考察，《人文中國學報》11：57—106。
郭作飛（2008）宋元戲文代詞“他（它）”用法綜論，《漢語與漢語言文學文獻研究》，西南交通大學出版社；（2012）《近代漢語詞彙語法論稿》160—169，北京：中國社會科學出版社。
王育紅（2009）宋元南戲所用詩詞俗語論析，《蘭州學刊》2009（11）：198—201。
耿軍、張亞蓉（2011）南曲作家的語言觀，《四川戲劇》2011（1）：68—70。
土屋育子（2013）明刊雜劇テキストの南曲への繼承，《中國戲曲テキストの研究》39—59，東京：汲古書院。

1.3.2 《永樂大典戲文》

◎原始資料

・現存文本

《永樂大典》卷 13991。

・影印本
（1954）《古本戲曲叢刊》初集第 6 函，上海：商務印書館。
・排印本
（1931）《永樂大典戲文三種》，北京：古今小品書籍印行會。
（1978）《永樂大典戲文三種：附録二種》，長安出版社。
錢南揚校注（1979）《永樂大典戲文三種校注》，北京：中華書局；（2009）《錢南揚文集》，北京：中華書局。
胡雪岡校释（2006）《张協狀元校釋》（溫州文獻叢書 4），上海：上海社會科學院出版社。
・文本研究
青木正兒（1930）《永樂大典》本戲文三種，《支那近世戲曲史》111—118，弘文堂；（1972）《青木正兒全集》3：74—77，東京：春秋社。
岩城秀夫（1976）溫州雜劇傳存考—宋代演劇へのアプローチ—，《日本中國學會報》28：157—170；（1986）《中國古典劇の研究》56—81，東京：創文社。
王延齡（1984）南戲《小孫屠》成於明代考，《江海學刊》1984（6）：149。
朱恒夫（1986）戲文《宦門子弟錯立身》產生於元代，《文學遺產》1986（4）：47—51。
薛瑞兆（1986）論《張協狀元》的產生年代及歷史意義，《北方論叢》1986（3）：21—27。
廖奔（1987）南戲《宦門子弟錯立身》源出北雜劇推考，《文學遺產》1987（2）：97—104。
赤松紀彥（1995）張協狀元戲文について，《中國文學報》50：97—107。
梁會錫（2000）《張協狀元》寫定於元代中期以後，《藝術百家》2000（1）：44—54。
俞爲民（2002）南戲《錯立身》《小孫屠》的來源及產生年代考述，《求是學刊》2002（5）：84—91。
俞爲民（2003）《張協狀元》與早期南戲的形式特徵，《戲劇藝術》2003（4）。
陳增傑（2006）《張協狀元校釋》序言，《溫州師範學院學報（哲學社會科學版）》2006（1）：11—12。
劉懷堂（2008）《永樂大典》之《張協狀元》應是元初作品，《戲劇（中央戲劇學院學報）》2008（4）：101—109。
楊棟（2010）《張協狀元》編劇時代新證，《文藝研究》2010（8）：90—97。
俞爲民（2010）《永樂大典》本《張協狀元》考述，《戲曲藝術》2010（1）：8—12。
江巨榮（2010）《永樂大典戲文三種》嘉靖抄本初讀記，《戲曲研究》2010（2）：348—364。
郭作飛（2012）南戲《張協狀元》研究八十年，《蘭州學刊》2012（6）：93—97。
胡雪岡（2013）南戲《張協狀元》的編劇時代——對《〈張協狀元〉編劇時代新證》的商榷，《溫州大學學報（社會科學版）》2013（4）：35—44。
楊秋紅（2013）《張協狀元》編於宋代說補證——以張協占卜爲視角，《湖北大學學報（哲學社會科學版）》2013（6）：84—87。

◎研究

傳田章（1969）永樂大典戲文，《中國語學新辭典》250—251，東京：光生館。
趙日和（1982）《張協狀元》詞語選釋，《中國語文》1982（3）：181。

胡竹安（1983）《永樂大典戲文三種校注》《元本琵琶記校注》斠補，《中國語文》1983（5）：375—380。

王鍈（1984）《永樂大典戲文三種校注》、《元本琵琶記校注》語詞釋義辨補，《語言研究》1984（1）：74—77。

寺村政男（1984，1986）宋元白話語彙匯釋（IV）張協狀元編，（V）宦門子弟錯立身、小孫屠編，《早實研究紀要》18：1—23；20：101—140。

胡雪岡（1988）《永樂大典戲文三種》補注，《溫州師範學院學報（哲學社會科學版）》1988（1）：19—27。

王季思、康保成（1991）《永樂大典戲文三種校注》補正，《文獻》1991（1）：3—13。

曾昭聰（2000）《永樂大典戲文三種校注》指瑕，《古籍研究》2000（4）；（2004）《中古近代漢語詞彙論稿》296—303，北京：中央文獻出版社。

郭作飛（2001）《張協狀元》複音副詞特殊構成試說，《重慶三峽學院學報》2001（S1）：22—24。

郭作飛（2002）《張協狀元》近代口語副詞研究中的兩個問題，《重慶三峽學院學報》2002（1）：54—57；（2012）《近代漢語詞彙語法論稿》113—120，北京：中國社會科學出版社。

周紅苓、郭作飛（2003）《張協狀元》近代口語副詞簡論，《貴州師範大學學報》2003（1）：92—95；郭作飛（2012）《近代漢語詞彙語法論稿》121—129，北京：中國社會科學出版社。

郭作飛（2003）從《張協狀元》所用副詞看《漢語大詞典》的收詞立義，《貴州大學學報（社會科學版）》2003（2）：66—69；（2012）《近代漢語詞彙語法論稿》1—8，北京：中國社會科學出版社。

郭作飛（2003）南戲《張協狀元》所見吳方言語辭例釋，《中國教育改革》2003（3）；（2012）《近代漢語詞彙語法論稿》15—22，北京：中國社會科學出版社。

郭作飛（2003）從戲文《張協狀元》看專書語料的重要價值，《漢語史研究集刊》6：180—188；（2012）《近代漢語詞彙語法論稿》23—29，北京：中國社會科學出版社。

郭作飛（2003）《張協狀元》近代漢語複音副詞特殊構成略論，《東北師範大學學報》2003增刊；（2012）《近代漢語詞彙語法論稿》107—112，北京：中國社會科學出版社。

楊觀（2003）《張協狀元》同義詞例釋，《綿陽師範學院學報》2003（6）：75—77。

楊觀（2004）南戲《張協狀元》語詞例釋，《綿陽師範學院學報》2004（6）：39—41，59。

郭作飛（2005）《張協狀元》在早期南戲語言研究上的重要文獻價值——以《張協狀元》所用近代口語詞彙爲例，《西南民族大學學報（人文社科版）》2005（9）：327—330；（2012）《近代漢語詞彙語法論稿》45—52，北京：中國社會科學出版社。

郭作飛（2005）《張協狀元》代詞“它”用法研究，《中國學術研究》2005（3）；（2012）《近代漢語詞彙語法論稿》141—148，北京：中國社會科學出版社。

楊觀（2005）《張協狀元》中的親屬稱謂詞，《綿陽師範學院學報》2005（6）：97—101。

郭作飛（2005）《永樂大典戲文三種校注》校補三十例，《圖書館雜誌》2005（12）：77—80，96；（2012）《近代漢語詞彙語法論稿》53—60，北京：中國社會科學出版社。

林是非（2006）淺析《永樂大典戲文三種校注》動量詞，《現代語文》2006（10）：65—66。
郭作飛（2007）《〈張協狀元〉詞彙研究》，四川大學博士論文。
楊觀、張紅梅（2007）從《張協狀元》中的稱代詞看《漢語大詞典》的疏失，《西南科技大學學報（哲學社會科學版）》2007（1）：61—63，76。
郭作飛（2007）《張協狀元校釋》獻疑，《漢語史研究集刊》10：580—584；（2012）《近代漢語詞彙語法論稿》61—64，北京：中國社會科學出版社。
郭作飛（2008）南戲《張協狀元》文獻價值簡論，《北京化工大學學報（社會科學版）》2008（4）：59—63；（2012）《近代漢語詞彙語法論稿》70—79，北京：中國社會科學出版社。
郭作飛（2008）《張協狀元詞彙研究》，成都：巴蜀書社。
顏麗（2008）《張協狀元》中“了”的語法化層級，《語文學刊》2008（1）：65—67。
黃少文（2008）《永樂大典戲文三種校注》訂補，《綏化學院學報》2008（3）：110—112。
藍文思（2009）《〈張協狀元〉量詞研究》，貴州師範大學碩士論文。
邢永革（2009）從《永樂大典戲文三種》看宋元時期南北方言的交融與滲透，《船山學刊》2009（1）：166—170。
張艷（2009）《張協狀元》中的近代口語詞例釋，《淮北煤炭師範學院學報（哲學社會科學版）》2009（2）：109—111。
俞理明（2010）專書詞彙研究方法的成功探索——評郭作飛博士《張協狀元詞彙研究》，《重慶三峽學院學報》2010（2）：161。
郭作飛（2010）語言學視野中的早期南戲藝術特徵分析——以《張協狀元》中口語詞的運用爲例，《社會科學論壇》2010（17）：30—38；（2012）《近代漢語詞彙語法論稿》194—205，北京：中國社會科學出版社。
周波（2010）《〈董解元西厢記〉與〈張協狀元〉人稱代詞比較研究》，山東大學碩士論文。
顧軍（2011）《〈宦門子弟錯立身〉校注》詞語札記，《南陽師範學院學報》2011（11）：71—73。
郭作飛（2011）南戲發生地源的語言學考察——以《張協狀元》方言詞的運用爲例，《寧夏大學學報（人文社會科學版）》2011（3）：17—22；（2012）《近代漢語詞彙語法論稿》224—235，北京：中國社會科學出版社。
周黎（2012）南戲《張協狀元》曲詞話語模式研究，《寫作》2012（7）：30—33。
史鈺清（2012）《〈張協狀元〉副詞研究》，山東大學碩士論文。
馬媛媛（2012）《〈永樂大典〉戲文二種詞彙研究》，河北師範大學碩士論文。
范華琴（2012）《〈張協狀元〉虛詞研究》，重慶師範大學碩士論文。
馬媛媛（2012）從《宦門子弟錯立身》看《漢語大詞典》疏漏，《現代語文（語言研究版）》2012（4）：159—160。
周黎（2012）南戲《張協狀元》曲詞話語模式研究，《寫作》2012（7）：30—33。
葉建軍（2012）《張協狀元》中“甚”系疑問詞語，《聊城大學學報（社會科學版）》2012（3）：44—49。
葉建軍（2012）《張協狀元》中“何”系疑問詞語，《阜陽師範學院學報（社會科學版）》

2012（4）：31—35。

葉建軍（2012）《張協狀元》中是非問句的類型與特點，《溫州大學學報（社會科學版）》2012（5）：60—65。

宗蒙、都興宙（2012）《張協狀元》狀態助詞“著”考察，《現代語文（語言研究版）》2012（7）：56—57。

馬媛媛（2012）從《宦門子弟錯立身》看《漢語大詞典》疏漏，《現代語文（語言研究版）》2012（4）：159—160。

潘晨靜、余雁舟（2012）《永樂大典戲文三種校注》校補，《浙江外國語學院學報》2012（5）：15—19。

杜夢鄉（2013）《〈小孫屠〉詞彙研究》，四川外國語大學碩士論文。

楊欣燁（2013）《錯立身》與《小孫屠》中的副詞，《湖州師範學院學報》2013（2）：89—92。

宗蒙、都興宙（2013）《董西厢》和《張協狀元》中結構助詞“個”用法考察，《現代語文（語言研究版）》2013（2）：53—54。

1.3.3 《琵琶記》

◎原始資料

·影印本

（1954）《古本戲曲叢刊》初集 7-9，上海：商務印書館。

（1980）《暖紅室彙刻琵琶記》，揚州：江蘇廣陵古籍刻印社。

（1996）《琵琶記》（全明傳奇續編），臺北：天一出版社。

（2007）《琵琶記》，北京：北京圖書館出版社【據北京師範大學圖書館藏明萬曆凌濛初刻本影印】。

孫崇濤主編（2007）《古本琵琶記彙編》全 6 册，北京：中華書局。

·校注本

何銘標點（1933）《琵琶記：新式標點》，上海：新文化書社。

錢南揚校注（1960）《琵琶記》，北京：中華書局。

錢南揚校注（1980）《元本琵琶記校注》，上海：上海古籍出版社；（2009）《錢南揚文集》，北京：中華書局。

王季思編（1982）《中國十大古典悲劇集》，上海：上海文藝出版社。

俞爲民校注（1994）《琵琶記》，臺北：華正書局。

吕薇芬、徐明校點（1998）《幽閨記（又名拜月亭記）、琵琶記》（新世紀萬有文庫），瀋陽：遼寧教育出版社。

蔡運長注（2000）《琵琶記》，北京：華夏出版社。

劉孝嚴校審（2001）《琵琶記》（六十種曲評注），長春：吉林人民出版社。

·日譯本

遠山荷塘（1818—1829）《諺解校注古本西厢記附譯琵琶記》；長澤規矩也編（1977）《唐話辭書類集》別卷，東京：汲古書院。

鹽谷溫訓譯注（1921）《國譯漢文大成》文學部 9，東京：東洋文化協會。

宮原民平譯（1928）《印度・支那劇集》（世界戲曲全集 40），東京：世界戲曲全集刊行會。

笹川臨風譯（1939）《琵琶記物語》，福岡：博多成象堂。

・法譯本

Bazin A. (1841) *Le Pi-pa-ki, ou, L'histoire du luth: drame chinois de Kao-TongKia, représenté à Péking en 1404, avec les changements de Mao-tseu*, Paris: L'imprimerie Royale.

・文本研究

董每戡（1957）《琵琶記簡說》，北京：作家出版社。

馮其庸（1984）論南戲《張協狀元》與《琵琶記》的關係兼論其產生的時代，《社會科學戰綫》1984（2）：321—327。

侯百朋編（1989）《〈琵琶記〉資料彙編》，北京：書目文獻出版社。

王永炳（1992）《琵琶記研究》（中國戲曲論著叢刊），臺北：學海出版社。

俞爲民（1994）南戲《琵琶記》版本及其流變考述，《文學遺産》1994（6）：84—95。

정의숙（1995）《琵琶記》의版本과그特徵，《中國文學研究》13：157—186。

黄仕忠（1996）《〈琵琶記〉研究》，廣州：廣州高等教育出版社。

金英淑（2001）《〈琵琶記〉版本流變研究》，南京大學博士論文；（2003）北京：中華書局。

金英淑（2001）清陸貽典抄本《新刊元本蔡伯楷琵琶記》新論，《中國語文學誌》10：357—368。

金英淑（2002）《琵琶記》의版本流變과中國戲曲史研究에있어서의意義，《中國語文學》39：307—330。

金英淑（2002）汲古閣本《琵琶記》에反映된明代文人의思想과審美觀：譯注本과의比較를中心으로，《中國語文學》40：367—387。

金英淑（2002）《錦囊》本《琵琶記》의改編特徵과明中葉의舞臺公演，《中國語文學誌》11：93—111。

金英淑（2002）嘉靖抄本《蔡伯皆》考論，《中華戲曲》26：170—183。

金英淑（2003）《綴白裘》中《琵琶記》折子戲的特徵，《中國語文論集》23：525—534。

金英淑（2004）明凌刻本《琵琶記》의版本史的價值，《中國學報》49：259—277。

王志峰（2008）明清时期《琵琶記》的传播，《文藝研究》2008（8）：86—92。

王麗梅（2008）戲曲“臺本”在古典劇目傳承中的作用：以《琵琶記》爲例，《文藝研究》2008（9）：97—104。

土屋育子（2009）《琵琶記》テキストの明代における變遷—弋陽腔系テキストを中心に，《佐賀大學文化教育學部研究論文集》13（2）：318—301；（2013）《中國戲曲テキストの研究》167—197，東京：汲古書院。

윤은설（2012）《綴白裘》本折子戲特性考察：《琵琶記》、《荊釵記》、《牡丹亭》을中心으로，《中國人文科學》51：213—234。

◎研究

吳小如（1981）讀錢南揚先生校注《琵琶記》札記，《江淮論壇》1981（2）。
胡竹安（1983）《永樂大典戲文三種校注》《元本琵琶記校注》斠補，《中國語文》1983（5）：375—380。
王鍈（1984）《永樂大典戲文三種校注》、《元本琵琶記校注》語詞釋義辨補，《語言研究》1984（1）：74—77。
曾昭聰（2001）讀《元本琵琶記校注》札記，《古籍研究》2001（2）；（2004）《中古近代漢語詞彙論稿》304—307，北京：中央文獻出版社。
王藝娜（2007）元本《琵琶記》賓白中的疑問句，《莆田學院學報》2007（3）：49—52。
彭靜（2007）《琵琶記》旁白中“把”字的用法，《現代語文（語言研究版）》2007（9）：30—31。
潘福剛（2008）《〈琵琶記〉助詞研究》，曲阜師範大學碩士論文。
管曉燕（2009）《〈琵琶記〉副詞系統研究》，曲阜師範大學碩士論文。
吳劍（2012）《琵琶記》顏色詞研究，《集美大學學報（哲學社會科學版）》2012（4）：82—89。
朱玲（2013）《〈琵琶記〉述補結構研究》，蘭州大學碩士論文。

1.3.4 四大南戲：《白兔記》、《拜月亭》、《殺狗記》、《荊釵記》

◎原始資料

・影印本

（1954）《古本戲曲叢刊》初集9第1函，上海：上海商務印書館【拜月亭記】。
（1954）《古本戲曲叢刊》初集13第2函；初集14第2函；初集15；初集16，上海：上海商務印書館【荊釵記】。
（1954）《古本戲曲叢刊》初集11第2函；初集12第2函；初集13；初集14，上海：上海商務印書館【白兔記】。
（1954）《古本戲曲叢刊》初集15第2函；初集17-18，上海：上海商務印書館【殺狗記】。
（1973）《明成化說唱詞話叢刊：十六種附白兔記傳奇一種》，北京：文物出版社【用上海博物館藏刊本影印】；臺北：偉文圖書出版社。
田中謙二解說（1981）《荊釵記（萬曆十三年本）》，京都：同朋舍出版。
（1990）《荊釵記；白兔記；拜月亭；殺狗記》（煖紅室彙刻傳奇），揚州：江蘇廣陵古籍刻印社。

・校注本

中山大學中文系五五級明清傳奇校勘小組整理（1959）《白兔記》，北京：中華書局。
中山大學中文系五五級明清傳奇校勘小組整理（1959）《荊釵記》，北京：中華書局。
中山大學中文系五六級明清傳奇校勘小組整理（1960）《殺狗記》，北京：中華書局。
江蘇廣陵古籍刻印社校補（1980）《成化新編劉知遠還鄉白兔記》，揚州：江蘇廣陵古籍刻印社。
俞爲民（1988）明成化本《劉知遠還鄉白兔記》校注，《藝術研究》1988（3）。
俞海宜注釋（1988）《白兔記簡注》（中國古典文學普及叢書），北京：寶文堂書店。

俞爲民校注（1988）《宋元四大戲文讀本》，南京：江蘇古籍出版社。
呂薇芬、徐明校點（1998）《幽閨記（又名拜月亭記）；琵琶記》（新世紀萬有文庫），瀋陽：遼寧教育出版社。
劉孝嚴校審（2001）《荊釵記；香囊記》（六十種曲評注 2），長春：吉林人民出版社。
劉孝嚴校審（2001）《義俠記；白兔記；殺狗記》（六十種曲評注 21），長春：吉林人民出版社。
·日譯本
加藤聰、小林春代、高橋文治（2003）成化本《白兔記》譯注稿（1），《中國研究集刊》32：52—98。
大阪大學中國文學研究室編（2006）《成化本〈白兔記〉の研究》，東京：汲古書院【含校注及詞彙索引】。
·文本研究
岩城秀夫（1957）戲曲荊釵記はいかに改作されているか，《中國文學報》6：81—106。
趙景深（1973）明成化本南戲《白兔記》的新發現，《文物》1973（1）：44—47。
車錫倫（1978）南戲《拜月亭》的作者和版本，《內蒙古大學學報（哲學社會科學版）》1978（2）：9—16。
田仲一成（1981）荊釵記—貞女の怨み，伊藤漱平編《中國の古典文學：作品選讀》，東京：東京大學出版會。
彭飛（1983）略論成化本《白兔記》，《文學遺產》1983（3）：69—79。
孫崇濤（1983）成化本《白兔記》與元傳奇《劉知遠》——關於成化本《白兔記》戲文的淵源與性質問題，《文史》20；（2001）《南戲論叢》251—268，北京：中華書局。
葉開沅（1983）《白兔記》的版本問題（1）富本系統；（2）汲本系統，《蘭州大學學報》1983（1）：81—91；1983（2）：76—84。
劉湘如（1984）福建發現的古抄本《白兔記》，《福建論壇（文史哲）》1984（2）：58—60。
孫崇濤（1984）成化本《白兔記》刊行背景與刊本的性質問題，《戲曲研究》11：163—175；（2001）《南戲論叢》238—250，北京：中華書局。
胡竹安（1984）廣陵刻印校補本《成化新編劉知遠還鄉白兔記》補正，《中國語文》1984（4）：301—305。
俞爲民（1986）南戲《拜月亭》作者和版本考略，《文獻》1986（1）：13—28。
徐朔方（1987）南戲《拜月亭》和《金瓶梅》，《徐州師範學院學報（哲學社會科學）》1987（3）：1—5。
俞爲民（1987）南戲《白兔記》的版本及其流變，《文獻》1987（1）：39—63。
岡崎由美（1987）《拜月亭》傳奇流傳考，《日本中國學會報》39：162—176。
林昭德（1988）廣陵刻印校補本《成化新編白兔記》再補正，《西南師範大學學報（人文社會科學版）》1988（4）：106—111，24。
俞爲民（1988）南戲《殺狗記》作者和版本考略，《文獻》1988（1）：27—35。
俞爲民（1988）南戲《荊釵記》的版本及其流變，《文史》1988：311—322。
黃仕忠（1991）《殺狗記》版本考略，《文獻》1991（2）：38—46。

오수경（1991）南戲《白兔記》研究，《中國語文學》19：77—126。
田仲一成（1998）南戲《拜月亭記》テキストの流傳と分化，《日本中國學會創立五十年記念論文集》815—835，東京：汲古書院。
田仲一成（1998）明清間《白兔記》の流轉と分化，《金澤大學中國語學中國文學教室紀要》2：25—43。
田仲一成（1999）南戲《殺狗記》脚本の分化と流傳，《日本中國學會報》51：124—136。
金瑛（2000）《〈荊釵記〉研究》，梨花女子大學校博士論文。
吳秀卿、俞爲民、李廷宰（2002）五大南戲在近代地方戲中的流傳與演變，《中國學報》45：151—167。
苗懷明（2003）明成化刊本《白兔記》的發現、整理與研究，《戲劇》2003（3）：93—100。
俞爲民（2003）《荊釵記》的作者與版本考述，《古典文獻研究》2003：384—401。
俞爲民（2003）南戲《白兔記》考論，《中華文史論叢》2003：87—118。
苗懷明（2003）明成化刊本《白兔記》的發現、整理與研究，《戲劇》2003（3）：93—100。
吳秀卿（2004）《白兔記》텍스트를通해본中國戲曲의雅俗의變奏，《中國文學》41：95—114。
西尾俊（2005）《白兔記》のテキスト，《待兼山論叢（文學篇）》39：37—52。
土屋育子（2006）戲曲テキストの讀み物化に關する一考察：汲古閣本《白兔記》を中心として，《日本中國學會報》58：109—124；（2013）《中國戲曲テキストの研究》199—229，東京：汲古書院。
田仲一成（2007）南戲《荊釵記》古劇本の階層分化，《東方學》113：1—14。
趙淑明（2007）近年來南戲《拜月亭記》研究綜述，《中國科教創新導刊》2007（5）：30。
趙興勤（2008）《白兔記》版本探疑，《商丘師範學院學報》2008（11）：34—36。
崔茂新（2009）施惠爲南戲《拜月亭》作者考論，《水滸爭鳴》11：16。
김유화（2009）《南戲〈拜月亭〉의地方戲로의傳承事例研究》，漢陽大學校博士論文。
亢一帆（2010）元雜劇《閨怨佳人拜月亭》與南戲《拜月亭記》的比較，《山西財經大學學報》2010（S2）：335—336。
趙鳳、高新（2011）嘉靖本與汲古閣本《拜月亭》之比較，《湖南廣播電視大學學報》2011（4）：30—33。
李佔鵬（2013）明成化南戲刻本《白兔記》整理研究述評，《興義民族師範學院學報》2013（2）：47—52。

◎研究

古屋昭弘（1987）明·成化本《劉知遠還鄉白兔記》の言語，《中國文學研究》13：13—30。
游汝傑（1998）明成化本南戲《白兔記》中的吳語成分，《杭州師範學院學報》1998（5）：25—33。
馬艷（2001）論南戲《拜月亭記》三個“始終”的民族特色，《山西大學學報（哲學社會科學版）》24（5）：57—59。
孫欣（2004）《明代四大傳奇量詞研究》，廣西師範大學碩士論文。

陳練軍（2008）《劉知遠諸宫調》與明成化本《白兔記》詞語比較，《忻州師範學院學報》2008（3）：48—51。
賈燕子（2010）《荊釵記》注釋商榷，《南陽師範學院學報》2010（7）：70—73。
姚偉嘉（2011）《明刊〈白兔記〉詞彙語法專題研究》，南京大學博士論文。
李小靜（2011）《四大南戲語氣副詞研究》，西南大學碩士論文。

1.3.5 《牡丹亭還魂記》

◎原始資料

・影印本

（1954）《古本戲曲叢刊》初集 74 第 9 函，上海：商務印書館【明朱墨刊本】。
（1981）《玉茗堂還魂記》，揚州：江蘇廣陵古籍刻印社【據光緒三十四年跋劉氏暖紅室刊本重印】。
（1996）《義俠記；還魂記》（全明傳奇續編，中國戲劇研究資料 3），臺北：天一出版社。
北京大學圖書館編（2003）《吳吳山三婦合評牡丹亭還魂記》（不登大雅文庫珍本戲曲叢刊元明卷 6），北京：學苑出版社【清夢園刻本影印】。
首都圖書館編輯（2009）《牡丹亭還魂記》（北京市古籍善本集萃）全 4 册，北京：學苑出版社。
（2012）《明萬曆初刻本牡丹亭還魂記》全 4 册，北京：文化藝術出版社【明萬曆刊本】。

・校注本

鮑賡生標點（1933）《牡丹亭：新式標點》，上海：新文化書社。
（1954）《牡丹亭》，北京：文學古籍刊行社。
錢南揚校點（1962）《戲曲集》（湯顯祖集 3），北京：中華書局。
徐朔方、楊笑梅校注（1963）《牡丹亭》（中國古典文學讀本叢書），北京：人民文學出版社。
徐朔方校注（1978）《牡丹亭》（中國古典文學讀本叢書），北京：人民文學出版社。
錢南揚校點（1982）《湯顯祖戲曲集》（中國古典文學叢書），上海：上海古籍出版社。
佐榮、宇文昭點校（1989）《中國四大古典名劇》，杭州：浙江古籍出版社。
郭漢城主編（1989）《中國十大古典悲喜劇集》，上海：上海文藝出版社。
俞爲民校注（1996）《牡丹亭》，臺北：華正書局。
吳書蔭校點（1997）《牡丹亭》（新世紀萬有文庫），瀋陽：遼寧教育出版社。
俞爲民（2001）《牡丹亭》（中國古典名劇導讀叢書），合肥：黄山書社。
劉孝嚴校審（2001）《雙珠記；四賢記；還魂記》（六十種曲評注 25），長春：吉林人民出版社。
卓連營譯注（2011）《牡丹亭選釋》，鳳凰出版社。

・文本研究

八木澤元（1937）牡丹亭の版本に關する一考察—臧懋循改訂本と茅氏朱墨本との關係に就いて—，《斯文》19（11）：61—65。
八木澤元（1940）牡丹亭の版本を論じて其の成立年代に及ぶ，《斯文》22（1）：67【概要】。
東京文理科大學文學部漢文學第二研究室編（1951）《還魂記校勘記·語彙引得》，東京：東京文理科大學。
岩城秀夫（1968）還魂記の藍本，吉川教授退官記念事業會編《吉川教授退休記念中國文學論集》657—672，東京：筑摩書房。
徐扶明（1987）《牡丹亭研究資料考釋》，上海：上海古籍出版社。
廣瀬玲子（1991）臧懋循による牡丹亭還魂記の改編について，《東方學》81：71—86。
楊振良（1992）《牡丹亭研究》（中國文學研究叢刊 38），臺北：臺灣學生書局。
徐扶明（1993）《湯顯祖與牡丹亭》（中國古典文學基本知識叢書），上海：上海古籍出版社。
根ケ山徹（2001）《明清戲曲演劇史論序說：湯顯祖〈牡丹亭還魂記〉研究》（東洋學叢書 53），東京：創文社。
강영매（2001）《湯顯祖〈牡丹亭〉研究》，延世大學校博士論文。
郭英德（2006）《牡丹亭》傳奇現存明清版本叙録，《戲曲研究》71：18—39。
根ケ山徹（2007）《〈牡丹亭還魂記〉校合》（平成十六—十八年度科學研究費補助金研究成果報告書），山口：山口大學人文學部。
양정화（2007）《湯顯祖의〈牡丹亭〉研究》，慶熙大學校博士論文。
윤현주（2008）《湯顯祖의〈牡丹亭〉研究》，東國大學校博士論文。
霍建瑜（2010）《牡丹亭》成書年代新考，《文學遺產》2010（4）：77—85。
吳書蔭（2011）《牡丹亭》不可能成書於萬曆十六年——與《〈牡丹亭〉成書年代新考》作者商榷，《文學遺產》2011（5）：106—112。
·索引
東京文理科大學文學部漢文學第二研究室編（1951）《還魂記語彙引得》，東京：東京文理科大學。
·日譯本
宮原民平訓譯注（1921）《國譯漢文大成》文學部 10，東京：國民文庫刊行會。
鈴木彥次郎、佐佐木靜光譯，宮原民平注釋（1926）《支那文學大觀》2—3，東京：支那文學大觀刊行會。
岩城秀夫譯（1972）《戲曲集下》（中國古典文學大系 53），東京：平凡社。

◎研究

於汀（1983）試論《牡丹亭》的語言，《惠陽師專學報（哲學社會科學版）》1983（1）：45—50。
劉開田（2002）論《牡丹亭》的潛在話語，《黃岡師範學院學報》2002（4）：36—38。
劉欽榮、孟昭泉（2007）《牡丹亭》中的嘆詞運用，《河南教育學院學報（哲學社會科學版）》2007（5）：132—135。
劉海燕（2008）《牡丹亭》中嘆詞探析，《神奈川大學大學院言語と文化論集》14：1—16。
趙楝（2010）《牡丹亭》中的語氣助詞，《語文學刊》2010（20）：40—41。
康芸英（2011）湯顯祖《牡丹亭》處置式考察，《黑龍江教育學院學報》2011（12）：113—115。

程建偉（2010）《〈牡丹亭〉與〈紫釵記〉形容詞研究》，西南大學碩士論文。

1.3.6 其他

◎原始資料

・影印本

（1970）《六十種曲》全 12 册，臺北：臺灣開明書店。
（1984）《風月錦囊》（善本戲曲叢刊 2），臺北：學生書局。
（1984）《樂府紅珊》（善本戲曲叢刊 10），臺北：學生書局。

・排印本

（1935）《六十種曲 坿叙録一卷》，上海開明書店。
錢南揚（1956）《宋元戲文輯佚》，上海：上海古典文學出版社。
吳曉玲校點（1985）《汲古閣六十種曲》，北京：中華書局。
孫崇濤、黃仕忠箋校（2000）《風月錦囊箋校》，北京：中華書局。
車文明主編（2003）《六十種曲：附盛明雜劇》【CD-ROM1 張】（國學古籍叢書系列光盤），北京：商務印書館國際有限公司。
章培恒主編，江巨榮、李平整理（2004）《六十種曲》，濟南：山東畫報出版社
張樹英，孫崇濤點校（1988）《連環記；金印記》，北京：中華書局。

・文本研究

儲皎峯（1936）浣紗記校記，《國立北平圖書館館刊》10（2）。
趙景深（1956）明代青陽腔劇本的新發現，《復旦學報（人文科學版）》1956（1）：25—36。
羅錦堂（1956）風月錦囊（上、下）：流落於西班牙文獻之一，《大陸雜誌》13（4）：9—14；13（5）：27—32。
James J. Y. Liu (1957-58) The *Feng-yueh chin-nang*: A Ming Collection of Yüan and Ming Plays and Lyrics Preserved in the Royal Library of San Lorenzo, Escorial, Spain, *Journal of Oriental Studies* 4: 79-107.
趙景深（1959）元代南戲劇目和佚曲的新發現——介紹張大復的《寒山堂曲譜》，《復旦》1959（6）：22—28。
Hanan, P. (1963) The Nature and Contents of the *Yueh-fu hung-shan*, *Bulletin of the School of Oriental and African School* 26(2): 346-361；（1979）樂府紅珊考，王秋桂編《韓南中國古典小說論集》193—214，臺北：聯經出版事業公司；（2008）《樂府紅珊》考，王秋桂等譯《韓南中國小說論集》265—289，北京：北京大學出版社。
金夢華（1966）汲古閣六十種曲叙録《臺灣省立師範大學國文研究所集刊》10：517—738。
趙景深（1980）宣德抄本南戲《金釵記》的發現，《文學遺產》1980（3）：150~151。
丁志安（1982）《孟蘭夢傳奇》板本、作者和《揚州夢》作者考，《文史》1982：301—305。
陳歷明（1982）明初南戲演出本《劉希必金釵記》，《文物》1982（11）：43—45。
劉念茲（1982）宣德寫本金釵記校後記，《學術研究》1982（4）：98—105。
孫崇濤（1988）流徙海外的珍貴戲曲文獻—西班牙本《風月（全家）錦囊》考釋之一，《中華戲曲》8。

彭飛、朱建明（1988）海外戲曲孤本《風月錦囊》的新發見，《上海藝術家》1988（2）。
俞爲民（1988）南戲《金釵記》的版本及其流變，《中國俗文學研究》6：119—134；（1993）《文獻》1993（4）：13—32。
孫崇濤（1989）《風月錦囊》的價值——西班牙藏本《風月錦囊》考釋之二，《中華戲曲》9：184—207。
孫崇濤（1991）錦囊《伯皆》述識——西班牙藏本《風月錦囊》考釋之三，《中華戲曲》10：129—155。
孫崇濤（1991）《全家錦囊》中的傳本戲文——西班牙藏本《風月（全家）錦囊》考釋之四，《中華戲曲》12：282—309。
孫崇濤（1993）《全家錦囊》中的佚本戲文——西班牙藏本《風月（全家）錦囊》考釋之五，《中華戲曲》14：271—298。
景李虎（1993）元代南戲《趙氏孤兒記》的重要價值及版本源流，《中山大學學報（社會科學版）》1993（2）：100—106。
林道祥（1994）宣德寫本《劉希必金釵記》校議，《潮學研究》1：202—219；2：304—321。
王展（1998）明刊本元雜劇《揚州夢》の南戲化について，九州大學《中國文學論集》27：64—79。
吳敢（1999）《全元戲曲·趙氏孤兒記》輯校商榷，《徐州師範大學學報》1999（4）：7—12。

◎研究

黃麗貞（1972）《南劇六十種曲情節俗典諺語方言研究》（人人文庫特222），臺北：臺灣商務印書館。
寺村政男（1990）《伍倫全備忠孝記》に見える胡語考，《中國文學研究》16：14—31。
方齡貴（1998）《伍倫全備忠孝記》劇中的蒙古語，《雲南教育學院學報》1998（6）：42—45。
黃麗貞（1995）《南劇六十種曲研究》，臺北：臺灣商務印書館。
曾昭聰（2003）《風月錦囊箋校》詞語札記，《古籍研究》2003（2）：98—99，108；（2004）《中古近代漢語詞彙論稿》184—188，北京：中央文獻出版社。
曾昭聰（2004）《風月錦囊箋校》補議，《隴東學院學報（哲社版）》2004（2）；（2004）《中古近代漢語詞彙論稿》308—314，北京：中央文獻出版社。
葉桂郴（2005）《〈六十種曲〉和明代文獻的量詞》，湖南師範大學博士論文。
佐藤晴彦（2009）《劉希必金釵記》をめぐって—語彙、文字表記からのアプローチ，《水門》21：24—35。

2. 說唱文學

2.1 諸宮調

2.1.1 總論

吉川幸次郎（1943）諸宮調瑣談，《支那學》11（1）：111—132；（1968）《吉川幸次郎全集》14：565—583，東京：筑摩書房。
葉慶炳（1957）諸宮調的體製，《學術季刊》5（3）：26—45。
閻紅生（1986）金代諸宮調裏的助詞“來”，《中國語研究》25：46—51。
謝伯陽（1987）《諸宮調兩種》的輯釋，《南京大學學報（高教研究與探索）》1987：58—60。
隋樹森（1987）我是怎樣整理《天寶遺事》諸宮調軼曲的，《河北師院學報（哲學社會科學）》1987（3）：40—45。
李開（1991）《諸宮調兩種》詞語考釋，《古籍整理研究學刊》1991（6）：8—13。
黎新第（1993）金諸宮調曲句的平仄與入聲分派，《語言研究》1993（2）：49—75。
김우석（1993）諸宮調研究를爲한試論，《中國戲曲》1：203—230。
김우석（1996）《諸宮調研究》，首爾大學校博士論文。
李陸禾（2001）《雙漸小卿諸宮調》研究，《中國語文論叢》20：271—287。
李陸禾（2002）《雙漸小卿諸宮調》輯佚考：殘存作品之辨證，《中國語文論叢》22：246—270。
藺佳影（2006）“向”字在金代諸宮調中的使用，《樂山師範學院學報》2006（9）：80—81。
王西維（2007）《全諸宮調》中的重言詞研究，《樂山師範學院學報》2007（2）：72—74。
張海媚（2011）從《劉知遠諸宮調》和《董解元西厢記》中幾則詞義的時代性看曲文語言的一脉相承性，《寧夏大學學報（人文社會科學版）》2011（5）：47—51。
吳晟（2012）諸宮調對南北劇文體之影響，《浙江學刊》2012（4）：73—80。

2.1.2 《董解元西厢記》

◎原始資料

・影印本

（1955）《董解元西厢記二卷 坿校記一卷》，北京：文學古籍刊行社【據六幻西厢本影印】。
（1957）《古本董解元西厢記八卷》，上海：古典文學出版社【據明海陽風逸適適子刊本影印】，（1984）再版。
（1963）《古本董解元西厢記八卷》，北京：中華書局【據上海圖書館藏嘉靖三十六年序休寧張羽校刊本影印】。
（1984）《董解元西厢記二卷》，濟南：齊魯書社【據山東省圖書館藏西湖黃氏明刊本影印】。

・排印本

淩景埏校注（1962）《董解元西厢記八卷》，北京：人民文學出版社【據明閔遇五刻六幻本】。
（1963）《明嘉靖本董解元西厢記》全2册，北京：中華書局。
朱平楚注（1982）《西厢記諸宮調注釋》，蘭州：甘肅人民出版社。

（1984）《古本董解元西廂記》，上海：上海古籍出版社。
朱平楚校點（1987）《全諸宮調》，蘭州：甘肅人民出版社。
・日譯本
金文京等（1998）《〈董解元西廂記諸宮調〉研究》，東京：汲古書院。
・英譯本
Chʿen, Li-li (1976) *Master Tung's Western chamber romance, Tung His-hsiang chu-kung-tiao: a Chinese chantefable*, Cambridge [Eng.] and New York: Cambridge University Press; (1994) Includes bibliographical references and index.

◎研究

田中謙二（1950）《董西廂》に見える俗語の助字，《東方學報（京都）》18：55—77；（1993）《ことばと文學》107—151，東京：汲古書院；周學普譯（1959）《董西廂》中的俗語助字（上、下），《大陸雜誌》18（9）：4—7；18（10）：21—25。
鄭騫（1951）董西廂與詞及南北曲的關係，《文史哲學報》2。
米列娜・維林格羅娃，伊爾譯（1959）“乳口”和“鉤窗”——《西廂記諸宮調》詩彙研究之一，《中國語文》1959（4）：184—185。
吳曉鈴（1959）《“乳口”和“鉤窗”》和《談〈西廂記〉的詞語解釋》讀後，《中國語文》1959（4）：187，183。
長田夏樹（1960）董西廂文法筆記（上），《神户外大論叢》11（2）：113—131；（2000）《長田夏樹論述集（上）》328—354，京都：ナカニシヤ書店。
田中謙二（1969）董西廂，《中國語學新辭典》285—286，東京：光生館。
寺村政男（1979）宋元白話語彙匯釋・董西廂編，《早實研究紀要》14：67—82。
王鍈（1980）《董西厢》“勞合重”解，《中國語文通訊》1980（4）：6—7。
曹小雲、蔣德平（1991）《董西厢》中被動式初探，《阜陽師範學院學報（社會科學版）》1991（4）76—80；曹小雲（2005）《中古近代漢語語法詞彙叢稿》27—35，合肥：安徽大學出版社。
여승환（1991）《董解元西厢記研究》，成均館大學校碩士論文。
李陸禾（1998）《董解元〈西厢記諸宮調〉研究》，山東大學博士論文。
張炳森（1999）《西廂記諸宮調》難詞商解，《河北師範大學學報（哲學社會科學版）》1999（2）：53—57。
龔節之（2006）《董解元西廂記》的處置式探討，《現代語文》2006（9）：125—126。
廖丹、鄭賢章（2007）《董西厢》疑難詞語商榷，《滁州學院學報》2007（1）：68—69。
廖丹（2007）《〈董西廂〉詞彙研究》，湖南師範大學碩士論文。
田蓮青（2007）《〈董解元西厢記〉複音詞構詞初探》，山東大學碩士論文.
이육화（2008）《董西厢》與《王西厢》裏的語氣助詞用例告—以者、則個爲中心，《中國語文論叢》36：1—14。
李陸禾（2008）近代漢語語氣詞用例考（上）——以董、王《西厢記》作品爲中心，《中國語文論譯叢刊》22：63—80。

王仕平、唐韻（2008）《西厢記諸宫調》與雜劇《西厢記》中的被動式比較，《樂山師範學院學報》2008（8）：58—60。
廖丹（2009）《董解元西厢記》中未見於《漢語大詞典》詞語考，《大衆文藝（理論）》2009（14）：79。
金文京（2010）《董解元西厢記諸宫調》の構成と言語表現について，《東方學報（京都）》85：339—362。
周波（2010）《〈董解元西厢記〉與〈張協狀元〉人稱代詞比較研究》，山東大學碩士論文。
廖丹（2011）《董解元西厢記》日常詞彙語義場研究，《大家》2011（3）：180—181。
金文京（2011）試論《董解元西厢記諸宫調》之語言藝術風格，《國際漢學研究通訊》3：91—107。
于桂梅（2011）《董解元西厢記》中的第二人稱代詞用例分析，《天水師範學院學報》2011（3）：104—106。
袁衛華（2011）《董解元西厢記》中的動態助詞，《理論月刊》2011（8）：125—127，156。
袁衛華（2011）《董解元西厢記》語氣助詞初探，《長江學術》2011（2）：171—175。
廖丹（2011）《董解元西厢記》日常詞彙語義場研究，《大家》2011（3）：180—181。
윤지양（2012）《西厢記諸宫調》와《西厢記》의敘述方式및書寫技巧比較，《中語中文學》53：263—286。
田蓮青（2012）簡述《董解元西厢記》各構詞法之間的不平衡性，《北方文學》2012（10）：113—114。
李慧（2012）《〈董西厢〉副詞研究》，寧波大學碩士論文。
土屋育子（2012）《董西厢》から《西厢記》への繼承—曲辭と構成の側面から—，《中國文學報》82；（2013）《中國戲曲テキストの研究》87—140，東京：汲古書院。

2.1.3 《劉知遠諸宫調》

◎原始資料

・影印本

（1928）《劉知遠諸宫調殘》，仙臺青木氏用俄國阿列克謝也夫景俄國學士院藏元刊本景照。
（1958）《劉知遠諸宫調殘五卷》，北京：北京文物出版社【用中國國家圖書館藏金刊本影印】。

・排印本

東北大學中國文學研究室（1961-63）校注劉知遠諸宫調（1-3），《集刊東洋學》5：102—107；7：86—92；9：74—85。
東北大學中國文學研究室（1964）《校注劉知遠諸宫調》，仙臺：東北大學中國文學研究室。
内田道夫（1964）校注劉知遠諸宫調，《東北大學文學部研究年報》14：240—319。
朱平楚校點（1987）《全諸宫調》蘭州：甘肅人民出版社。
凌景埏、謝伯陽校注（1988）《諸宫調兩種 附：擷芬室文存》，濟南：齊魯書社。

藍立蓂（1989）《劉知遠諸宮調校注》，成都：巴蜀書社。
廖珣英（1993）《劉知遠諸宮調校注》，北京：中華書局。
·索引
傳田章（1962）《劉知遠諸宮調語彙索引》，私家版。
渡部洋（1996）《劉知遠諸宮調語彙索引》，東京：好文出版。
·文本研究
青木正兒（1932）劉知遠諸宮調考，《支那學》6（2）195—230；（1942）《支那文學藝術考》，東京：弘文堂；（1970）《青木正兒全集》2：445—465。
葉夢雨（1944）劉知遠諸宮調考，《風雨談》1944（12）。
星逸（1964）關於金刻《劉知遠諸宮調》的校注，《江海學刊》1964（1）：59—65。
張星逸（1965）補《關於金刻〈劉知遠諸宮調〉的校注》，《中國語文》1965（5）：389—393。
金文京（1981）劉知遠の物語，《東方學》62：66—82。
謝繼忠（2007）淺談《劉知遠諸宮調》發現的時間與地點，《文史知識》2007（4）：158—159。
朱鴻（2002）談殘本《劉知遠諸宮調》，《黃河科技大學學報》2002（1）：95—98，124。

◎研究

劉堅（1964）關於《劉知遠諸宮調》殘卷詞語的校釋，《中國語文》1964（3）：231—235，237；（2005）《劉堅文集》13—23，上海：上海辭書出版社；（2008）《劉堅文存》11—17，上海：上海教育出版社。【Review: Wu, Chiyu (1973) *Revue Bibliographique de Sinologie 1964* 10: 277】
蔣禮鴻（1965）讀《劉知遠諸宮調》，《中國語文》1965（6）：480—482；《蔣禮鴻語言文字學論叢》467—472，杭州：浙江古籍出版社；（2001）《蔣禮鴻集》3：523—528，杭州：浙江教育出版社。
陳治文（1966）《劉知遠諸宮調》校讀，《中國語文》1966（3）：219—222；（2013）《近現代漢語研究文存》23—31，北京：社會科學文獻出版社。
内田道夫（1969）劉知遠諸宮調，《中國語學新辭典》295，東京：光生館。
廖珣英、藍立蓂（1980）《劉知遠諸宮調》詞語選釋，《中國語文》1980（1）：50—52。
木下洋（1991）《劉知遠諸宮調》的語法特徵——《劉知遠》裏的“恁”形式和副詞，《中國學志》6：1—8。
江藍生（1999）重讀《劉知遠諸宮調》，《文史》1999（3）；（2002）《著名中年語言學家自選集·江藍生卷》200—221，合肥：安徽教育出版社。
姜嵐（2007）《劉知遠諸宮調》中比擬句式及比擬助詞研究，《現代語文（語言研究版）》2007（10）：34—35。
陳練軍（2008）《劉知遠諸宮調》與明成化本《白兔記》詞語比較，《忻州師範學院學報》2008（3）：48—51。
王琪（2008）《劉知遠諸宮調》“不放了你才”新解，《平頂山學院學報》2008（6）：62—63。
劉曉凡（2009）《〈劉知遠諸宮調〉詞彙研究》，河北師範大學碩士論文。
楊永龍、江藍生（2010）《〈劉知遠諸宮調〉語法研究》，鄭州：河南大學出版社。

蔡永貴、靳紅慧（2010）俄藏黑水城文獻《劉知遠諸宮調》俗字整理研究，《西夏學》6：213—222。

福滿正博（2011）中國近世戲曲小說中の異體字研究（3）《劉知遠諸宮調》，《明治大學教養論集》467：99—164。

李妍（2012）簡論《劉知遠諸宮調》中的叠音稱謂詞，《中國語學研究・開篇》31：277—285。

蔡娟（2012）《劉知遠諸宮調》中的動補結構，《中國言語文化學研究》1：166—173。

2.2 散曲

◎原始資料

・校注本

任中敏輯（1926）《元四家散曲》（任氏詞曲叢書 1），上海：中原書局。

任中敏校訂（1927）《元人散曲三種》（任氏詞曲叢書）全 6 册，上海：中原書局。

任中敏輯（1931）《東籬樂府》（散曲叢刊十五種 3），上海：中華書局。

隋樹森編（1964，1981）《全元散曲》，北京：中華書局；（1969，1989）臺北：中華書局。

王季思等編（1981）《元散曲選注》，北京：北京出版社。

申孟點校（1984）《夢符散曲》（散曲聚珍），上海：上海古籍出版社。

鄧長風點校（1985）《東籬樂府》（散曲聚珍），上海：上海古籍出版社。

賀聖遂、林致大點校（1986）《關漢卿、白樸、鄭光祖散曲》（散曲聚珍），上海：上海古籍出版社。

劉益國（1989）《馬致遠散曲校注》，北京：書目文獻出版社。

李漢秋、周維培校注（1990）《關漢卿散曲集》（元明散曲集刊），上海：上海古籍出版社。

瞿鈞編注（1990）《東籬樂府全集》，天津：天津古籍出版社。

（1998）《歷代散曲彙纂》（新編小四庫），杭州：浙江古籍出版社。

首都師範大學文獻研究所編（2004）《關漢卿散曲集、馬致遠散曲集、高啟文集、劉基詩集外五種》，濟南：山東畫報出版社。

馬顯慈（2004）《關漢卿白樸馬致遠三家散曲之比較研究》，北京：中華書局。

徐凌雲校注（2005）《天籟集編年校注》，合肥：安徽大學出版社。

・文本研究

羅忼烈、王季思（1982）關於《元散曲選注》的通信，《中山大學學報（哲學社會科學版）》1982（1）：82—89。

李立成（1994）《全元散曲》校議，《古漢語研究》1994（1）：40—44。

◎研究

Hoffmann, A. (1942) Kurze Einführung in die Technik der San-ch'ü (散曲), *Sinologische Arbeiten* 5(1, 2)；顧華節譯（1942）散曲體制述略，《中德學誌》5（1・2）。

田中謙二（1953）劉致遠作散曲《上高監司》ノート，《中國語學研究會會報》19：1—6；

（2000）《田中謙二著作集》1：500—506，東京：汲古書院。
田中謙二（1954）劉致遠作散曲《上高監司》考，《東洋史研究》13（4）：270—289；（2000）《田中謙二著作集》1：507—529，東京：汲古書院。
許政揚（1955）論睢景臣的《高祖還鄉》哨遍，《南開大學學報（人文科學版）》1955（1）；（1984）《許政揚文存》183—207，北京：中華書局。
田中謙二（1961）劉致遠作散曲《上高監司》續考，《東方學報（京都）》31：293—320；（2000）《田中謙二著作集》1：530—573，東京：汲古書院。
田中謙二（1967）散曲・諸宮調，鈴木修次、高木正一、前野直彬《中國文化叢書（4）文學概論》201—214。
小川陽一（1967）杜善夫作散曲《莊家不識勾欄》譯注，《集刊東洋學》18：78—86。
田中謙二（1968）散曲《高祖還鄉》考，吉川教授退官記念事業會編《吉川教授退休記念中國文學論集》568—587，東京：筑摩書房。
田中謙二（1969）元代散曲の研究，《東方學報（京都）》40：1—114；（2000）《田中謙二著作集》1：336—481，東京：汲古書院。
王忠林（1972）關漢卿散曲析評，《南洋大學學報》6：64—82。
聞衆（1975）《高祖還鄉（般涉調・哨遍）》注釋，《北京大學學報（哲學社會科學版）》1975（1）：60—61。
Carpenter B. E.（1985，1986）元代の散曲譯（1，2），《帝塚山大學紀要》22：27—72；23：31—76。
許政揚（1984）關於《高祖還鄉》，《許政揚文存》208—218，北京：中華書局。
隋文昭（1985）《漢高祖還鄉》難句我見，《天津師範大學學報》1985（1）。
隋樹森（1986）《元人散曲論叢》，濟南：齊魯書社。
劉覠鳴（1986）《元散曲選注》注釋商榷，《阜陽師範學院學報（社會科學版）》1986（3）：16—20。
高橋文治（1991）狩猟のたのしみ：元代散曲と卷狩，追手門學院大學《東洋文化學科年報》6：61—70。
高橋文治（1992）恋の陶醉：元代散曲と《會真記》，追手門學院大學《東洋文化學科年報》7：9—19。
康錦屏（1999）元散曲語言的審美特徵，《北京教育學院學報》1999（4）：19—23。
朱湘雲（2002）論元代散曲中的虚字“著”，《大慶高等專科學校學報》2002（3）：69—72。
王菊艷（2002）北方民族文化視野中的貫雲石散曲，《北方文物》2002（3）：77—80。
舟部淑子（2004）元代散曲と險韻としての“車遮韻”，《中國文化：研究と教育》62：1—10。
植田渥雄（2005）元散曲の話，《日中言語文化：桜美林大學紀要》3：1—16。
李迎新（2007）論元代散曲的語言特色，《齊齊哈爾大學學報（哲學社會科學版）》2007（4）：97—98。
辛一江（2007）元代散曲的文體特性及其評價，《昆明師範高等專科學校學報》2007（3）：27—31。

康潤潤（2008）《〈全元散曲〉之“和”語言研究》，中南大學博士論文。
李翠翠（2008）《〈全元散曲〉處置式研究》，遼寧師範大學碩士論文。
陳愛華（2009）摭談關漢卿散曲的語言特點，《現代語文（文學研究版）》2009（9）：54—55。
盧烈紅（2009）《全元散曲》中的動態助詞，《蘇州科技學院學報（社會科學版）》2009（1）：75—80。
鄭琪（2010）元散曲語言態勢及成因探析，《長城》2010（10）：120—121。
張魯明（2010）元代散曲的語言特徵及其形成原因，《文學教育》2010（10）：115—117。
舟部淑子（2011）元代散曲の《双漸蘇卿故事》作品についての一考察，文教大學《文學部紀要》25（1）：159—174。
郭珊敏（2011）試談散曲的語言特色，《安徽文學》2011（11）：59—60。

2.3 說唱詞話

◎原始資料

・影印本

（1973）《明成化說唱詞話叢刊：十六種附白兔記傳奇一種》，北京：文物出版社【用上海博物館藏刊本影印】；臺北：偉文圖書出版社。
楊家駱主編（1979）《明成化說唱詞話叢刊》，臺北：鼎文書局。
上海市文物保管委員會、上海博物館（2011）《明成化說唱詞話叢刊》全 12 册，上海：上海書店出版社【用上海博物館藏刊本影印】。

・排印本

朱一玄校（1997）《明成化說唱詞話叢刊》，鄭州：中州古籍出版社。

・文本研究

趙景深（1972）談明成化刊本“說唱詞話”，《文物》1972（11）：19—22。
汪慶正（1973）記文學、戲曲和版畫史上的一次重要發現，《文物》1973（11）：58—67。
尾上兼英（1978）《成化說唱詞話》試論 1—《花關索傳》をめぐって，《東洋文化》58：127—142。
爾泗（1979）明代成化刊本《說唱詞話》之發現，《戲劇藝術論叢》1：196—197，216。
譚正璧、譚尋（1980），明成化刊本說唱詞話述考，《文獻》1980（3）：63—77；1980（4）：44—63。
冰上正（1984）“花關索”研究ノート，《無名》4。
苗懷明（1998）明成化刊本說唱詞話綜述，《貴州文史叢刊》1998（4）：46—48。

◎研究

澤田瑞穗（1978）“四帝仁宗有道君”—明代說唱詞話の開場慣用句について，《中國文學研究》4：46—56。
古屋昭弘（1984）說唱詞話《花關索傳》と明代の方言，《中國文學研究》10：29—50。
古屋昭弘（1986）明刊說唱詞話 12 種と吳語，《中國文學研究》12：1—18。

袁賓（1987）明代成化本詞話語詞考釋，《鎮江師專學報（社會科學版）》1987（1）：37—41。
楊緒容（2001）亳州還是濠州？——兼議《明成化說唱詞話叢書》的校注，《上海大學學報（社會科學版）》2001（3）：37—38。
宮紀子（2004）花關索と楊文廣，《汲古》46：36—41；（2006）モンゴル時代の說唱詞話，《モンゴル時代の出版文化》168—176，名古屋：名古屋大學出版會。
方勝（2009）《明成化說唱詞話》人稱代詞研究，《現代語文（語言研究版）》2009（1）：53—55。
三橋佳奈子（2010）《明成化說唱詞話》における定型句の機能，《和漢語文研究》8：44—61。
方勝、張帆（2011）《明成化說唱詞話叢刊》中的時間副詞，《安慶師範學院學報（社會科學版）》2011（1）：30—34。

2.4 其他

◎原始資料

・排印本

路工（1959）《明代歌曲選》，北京：中華書局。
（1987）《明清民歌時調集》全2册，上海：上海古籍出版社。

◎研究

曾昭聰（2003）明代歌曲釋詞三例，《中國語文》2003（6）：542—544；（2004）《中古近代漢語詞彙論稿》116—121，北京：中央文獻出版社。
曾昭聰（2004）明代歌曲中的新詞新義，《中古近代漢語詞彙論稿》122—128，北京：中央文獻出版社。
曾昭聰（2004）當代大型辭書證晚出詞條舉例——以見於明代歌曲的詞語爲例，《語文建設通訊》79；（2004）《中古近代漢語詞彙論稿》129—137，北京：中央文獻出版社。

詞彙語法・小說

千野真一、荒木典子、今村圭 編

<研究文獻參考書目>

鳥居久靖（1960）西游記研究論文目録，《天理大學學報》33：143—154。

磯邊彰（1990）《西游記》研究專著・論文目録，《富山大學人文學部紀要》16：103—136。

鈴木誠（1992）水滸傳語彙・語法研究文獻目録稿（中文 1949—1990），麗澤大學《中國研究》1：87—92。

勝山稔（1993）《三言二拍》《京本通俗小說》《清平山堂話本》關係論文目録（日文編），《中央大學大學院論究（文學研究科篇）》25（1）：13—36。

徐全太、王秀雲（1994，1995，1996）《金瓶梅》研究論著索引（1-12），《駐馬店師專學報（社會科學版）》1994（1）：93—98；1994（2）：96—100；1994（3）：97—100；1994（4）：97—100，83；《天中學刊》1995（1）：98—100；1995（2）：98—100；1996（1）：99—100；1996（3）：99—100；1996（4）：99—100。

趙天爲（2000）新時期《金瓶梅》研究專著書目，《文教資料》2000（5）：74—84。

馬衍（2000）1979－1989 年《金瓶梅》研究論文索引，《文教資料》2000（5）：85—114。

趙天爲（2002）20 世紀《金瓶梅》研究專著目録，《徐州教育學院學報》2002（1）：6—9，13。

游佐徹（2006）封神演義研究論文・研究書目録（初稿）：《封神演義》研究の 5，《中國文史論叢》2：161—171。

今村圭（2010）日本における《水滸傳》語彙・語法研究文獻目録，麗澤大學《中國研究》18：65—77。

瀨高範昌（2010）《西游記》研究關連目録，《大東文化大學中國學論集》28：75—89。

1. 總論

◎辭典、索引

波多野太郎（1956，1957，1958，1959，1960，1963）中國小說戲曲詞彙研究辭典・綜合索引篇，《橫濱市立大學紀要（人文科學）》（1 發音索引）9：1—80；（1 筆畫索引）10：1—91；（2 發音索引）14：1—107；（2 筆畫索引）16：1—151；（3 發音筆畫索引）20：1—121；（4 發音筆畫索引）23：1—129；（5 發音筆畫索引）25：1—160；（7 發音索引，筆畫索引省略）30：1—100。

陸澹安（1964）《小說詞語匯釋》，北京：中華書局；（1979）修訂版，上海：上海古籍出版社。

鳥居久靖編（1964）《小說詞語匯釋發音索引》，大阪：明清文學言語研究會。

佐藤晴彥（1983）《小說詞語匯釋戲曲詞語匯釋發音索引》，東京：汲古書院。

張季皋（1992）《明清小說辭典》，長春：花山文藝出版社。

吳士勳（1992）《宋元明清百部小說語詞大詞典》，西安：陝西人民教育出版社。

白維國主編（2011）《白話小說語言詞典》，北京：商務印書館。

翟建波（2002，2013）《中國古代小說俗語大辭典》，上海：汉語大词典出版社；上海：上海辭書出版社。

◎研究

長澤規矩也（1934）現存明代小說書刊行者表初稿（上、下），《書誌學》3（3）：41—48；3（5）：1—4；（1985）《長澤規矩也著作集》5：221—232，東京：汲古書院。

長澤規矩也（1936）元明兩朝における戲曲小說の書誌學的考察，《漢學會雜誌》4（2）：56—70；（1985）《長澤規矩也著作集》5：321—333，東京：汲古書院。

石崎又造（1940）《近世日本に於ける支那俗語文學史》，東京：弘文堂書房；（1977）東京：清水弘文堂書房。

太田辰夫（1946，1947）近代白話文學の訓詁學的研究法（1—4），《新中華》1（5）；《中國語雜誌》2（1）；2（2）；2（4）；（1995）《中國語文論集·語學篇元雜劇篇》3—31，東京：汲古書院。

波多野太郎（1954）中國小說戲曲の用語研究ノート，《中國語學研究會會報》27：9—12。

Birch, C. (1955) Some Formal Characteristics of the Hua-pen Story, *Bulletin of the School of Oriental and African Studies* 17 (2): 346-364.

波多野太郎（1954，1955，1957，1958，1959，1963）中國小說戲曲の用語研究ノート（1-6）—家藏白話研究本邦文獻提要一，《日本大學文學部研究年報》4：105—122；5：69—95；《橫濱大學論叢（人文科學）》8（3）：1—17；9（2）：1—31；《橫濱市立大學論叢（人文科學系列）》11（1）：27—55；11（3）。

張永綿（1957）宋元話本俗語方言的整理，《中國語文》1957（12）：50。

高本漢（1957）明清白話小說的語言，《語言研究通訊》4—5。

譚永祥、姚文珊、婁熙元（1957）早期白話小說裡“將”的用法，《語法論集》2：163—166，北京：商務印書館。

小川環樹（1958）白話小說の文體，《中國古典文學全集》7 月報，東京：平凡社；（1968）《中國小說史の研究》217—219，東京：岩波書店；（1997）《小川環樹著作集》4：32—34，東京：岩波書店。

王曉傳輯録（1958）《元明清三代禁毀小說戲曲史料》，北京：作家出版社。

波多野太郎（1960）諸録俗語解について—中國小說戲曲の用語研究ノート（7），《東洋思想論集：福井博士頌寿記念》502—521，東京：福井博士頌寿記念論文集刊行會。

波多野太郎（1962，1965，1966，1968，1969，1972，1974，1975）中國小說戲曲の用語研究ノート（8-15）—家藏白話研究文獻提要—《横濱市立大學論叢（人文科學系列）》13（1）；16（2・3）：63—79；17（1）：36—51；19（1）：1—21；21（1）：30—41；23（1）：1—22；25（1・2・3）：169—181；27（1・2）：157—168。

柳存仁（1963）論明清中國通俗小說之版本，《聯合書院學報》2：36。

鈴木直治（1963）白話舊小說における吏文の影響—副詞の後に用いられる“行”の特殊な用法を中心として—，《明清文學言語研究會會報》4：1—19。

萩尾長一郎（1964—1991）話本について（1-3），中國舊白話小說語彙（4-14），舊中國白話小說、戲曲、變文語彙（15-19），《福岡大學研究所報》5；8：79—156；11：109—205；13：73—199；14：73—124；16：167—285；18：69—221，22：1—129；26：53—218；28：57—226；37：59—348；41：25—169；57：45—230；61：45—114；79：99—281；89：185—408；115：199—417；123：105—250；136：81—256。

藤堂明保（1964）明代言語の一側面—言語から見た小說の成立年代，《日本中國學會報》16：177—187；（1987）《藤堂明保中國語學論集》100—116，東京：汲古書院。

鈴木直治（1967）白話舊小說の中における“自”について—副詞の接尾辭のように用いられるもの—，《明清文學言語研究會會報》9：90—152。

許政揚（1962）宋元小說戲曲語釋，《南開大學學報（哲學社會科學版）》1962（4）；（1984）宋元小說戲曲語釋（2），《許政揚文存》29—45，北京：中華書局。

內田道夫（1971）小說と文體—傳奇と話本を中心に，《東京支那學報》16：83—93。

李本燿（1974）宋元明話本研究，《臺灣師範大學國文研究所集刊》18：1219—1373。

許政揚（1979）宋元小說戲曲語釋，《南開大學學報（哲學社會科學版）》1979（1）：47—55；（1984）宋元小說戲曲語釋（2），《許政揚文存》45—62，北京：中華書局。

波多野太郎（1980）新得小說戲曲提要—中國小說戲曲の用語研究ノート（16），《東洋大學大學院紀要》16：89—102。

白維國（1981）《小說詞語匯釋》誤釋舉例，《中國語文》1981（6）：452—457。

白維國（1983）明清白話小說若干標點辨誤，《中國語文》1983（3）：224—226。

許政揚（1984）宋元小說戲曲語釋（1）（3），《許政揚文存》1—28，63—82，北京：中華書局。

劉堅（1985）略談“話本”的語言年代問題，《運城師專學報》1985（1）；Liu, Jian (1988) Sur quelques probèmes de la datation linguistique des contes chinois en langue vulgaire 略談“話本”的語言年代問題，*Cahiers de linguistique Asie Orientale* 17 (1): 5-24；（1998）《人與文——憶幾位師友論若干語言問題》，北京：北京語言大學出版社。

胡竹安（1986）元明戲曲小說俗諺用例互證，《語文研究》1986（1）：25—31。

黃佩文（1987）《小說詞語匯釋》拾誤，《中國語文》1987（3）：213—215。

劉百順（1987）古典戲曲小說方言俗語例釋，《西北大學學報》1987（1）：85—88。

隋文昭（1988）《小說詞語匯釋》訓釋匡議，《語文研究》1988（3）：41—46。
侯會（1988）從“則個”一詞的隱現看部分話本小說的創作年代，《語文研究》1988（4）：13—16。
郭芹納（1989）小說斷句失誤二例，《文學遺產》1989（6）：47。
佐藤晴彥（1990）近代漢語研究の基本問題—中國舊小說、戲曲を資料として，《外國學研究》22：1—60。
王海芬（1992）談古代白話小說中的“把”“打”“相”“地”，《山西師大學報（社會科學版）》1992（4）：94—96。
曹煒、蔡永良（1993）文學語言的功能分類與語言風格研究，朱永生主編《語言・語篇・語境》，北京：清華大學出版社。
王東中（1994）明清白話小說詞語札記，《古漢語研究》1994（1）：86—88，77。
車文明（1994）戲曲小說詞語雜釋，《山西師大學報》1994（3）：96—97。
蔣冀騁（1994，1995）話本小說俗語辭考釋——爲紀念吕叔湘先生九十壽辰作（1，2），《古漢語研究》1994（4）：38—40；1995（1）：44—45。
丁肇琴（1994）話本小說用語訓詁初探，《訓詁論叢》，臺北：文史哲出版社。
顧之川（1995）明代漢語詞彙與明代白話小說戲曲整理，《文獻》1995（4）：70—83。
伊原大策（1996）明・清白話小說における“您”—《醒世姻緣傳》とその周邊，筑波大學《言語文化論集》43：17—32。
徐之明（1996）明清小說俗語辭雜考，《古漢語研究》1996（4）：89。
徐復嶺、梁宗奎（1997）《宋元明清百部小說語詞大辭典》釋義舉誤，《古漢語研究》1997（2）：68—71。
市成直子（1998）明代白話小說における繼承と創新，《神户女學院大學論集》45（2）：27—45。
王文暉（1998）明清白話小說詞彙與古籍整理，《徐州師範大學學報》1998（3）：54—56。
王文暉（1998）試論明清白話小說詞彙的特點，《徐州教育學院學報》1998（4）：69—72。
武建宇（1998）明清小說詞語札記，《古漢語研究》1998（4）：74。
周志鋒（1998）辭書編纂應在特色與質量上下功夫——《明清小說辭典》簡評，《辭書研究》1998（6）：122—130。
姚美玲（1999）明清小說同義詞語分群彙釋五則，《河東學刊》1999（2）：30—32。
徐之明（1999）明清白話小說俗語詞考釋，《貴州大學學報（社會科學版）》1999（1）：81—85。
王文暉（2000）明清白話小說俗語詞例釋，《徐州師範大學學報》2000（2）：41—44。
黑維强（2001）元明清白話詞語札記，《中文自學指導》2001（6）：28—33。
暴拯群（2001）《小說詞語匯釋》舉誤，《古漢語研究》2001（2）：78—80。
王毅（2002）明清小說江淮方言例釋，《古漢語研究》2002（4）：78—80。
王文暉（2002）明清白話小說校勘、評點舉語，李申主編《近代漢語文獻整理與研究》72—77，石家莊：河北教育出版社。
楊會永（2003）明清白話小說俗語詞選釋，《南京師範大學文學院學報》2003（3）：

167—169。
程志兵（2003）白話小說早於《漢語大詞典》所引書證舉例，《安徽廣播電視大學學報》2003（1）：71—73。
黑維强（2003）元明清白話詞語釋，《青海民族學院學報》2003（3）：87—90。
鄭劍平（2003）明代小說的“諒（料想）”用法考察，《〈金瓶梅〉語法研究》281—311，成都：巴蜀書社。
鄭劍平（2003）明代4部小說的“量”字用法考察，《〈金瓶梅〉語法研究》312—336，成都：巴蜀書社。
周志鋒（2003）俗字俗語與明清白話小說校勘，《寧波廣播電視大學學報》2003（1）：9—12。
小田切文洋（2003，2004，2005）白話小說語彙辭典（1-3），日本大學《國際關係學部研究年報》24：49—60；25：47—60；26：51—62。
盧惠惠、李熙宗（2004）古代白話小說章句疊架現象，《江西師範大學學報（哲學社會科學版）》2004（4）：27—32。
楊會永（2004）明清白話小說俗語詞雜釋四例，《中國語文》2004（2）：186—187。
曹小雲（2004）明清白話小說詞語札記，《滁州學院學報》2004（3）：1—5。
雷曉彤（2004）明清白話小說語詞考釋札記，《湖北大學成人教育學院學報》2004（6）：15—18。
盧惠惠（2004）《古代白話小說句式運用研究》，復旦大學博士論文。
黑維强（2004）明清白話詞語選釋，《漢語史研究集刊》7：337—342。
潘國英（2005）論明清白話小說中表持續義的“在這裏/那裏”，《河南師範大學學報（哲學社會科學版）》2005（2）：156—158。
黑維强（2005）元明清白話詞語方言考，《漢語史學報》5：309—314。
顏景常（2005）《古代小說與方言》，太原：山西人民出版社。
肖嵐、田照軍（2006）明清白話小說詞語札記，《中國語研究》48：37—40。
周志鋒（2006）《明清小說俗字俗語研究》，北京：中國社會科學出版社。
麻玉林（2006）《明清白話小說言說類插入語研究》，浙江師範大學碩士論文。
儲澤祥（2006）明清小說裏“數量詞+N·們”式名詞短語的類型學價值，《南開語言學刊》2006（2）：62—67，165—166。
周志鋒（2006）明清小說方言俗語詞札記，《漢語史學報》2006 6：204—210。
崔山佳（2006）古代白話小說詞語解釋商榷，《漢語史研究集刊》9：236—246。
荒木典子（2006）明代白話作品の“VO在L”，《中國語學研究·開篇》25：50—53
陳福迎、楊峰（2007）從明清白話小說看《漢語大詞典》的書證滯後現象，《現代企業教育》2007（20）：113—114。
徐時儀（2007）明清小說詞語探源五則，《漢語史研究集刊》10：211—223。
黑維强（2007）明清白話小說詞語例釋，《甘肅高師範學報》2007（6）：7—11。
祝敏（2007）《明清白話小說中被動式和處置式套用句式研究》，華中師範大學碩士論文。
崔山佳（2007）明清白話作品詞語稱謂語補義，《明清小說研究》2007（2）：278—289。
陳福迎、蔣灿灿（2008）明清白話小說詞語散札，《鹽城師範學院學報（人文社會科學版）》

2008（3）：32—34。

黃少文、蔡亞琴（2008）明清白話小說詞語札記，《懷化學院學報》2008（2）：78—79。

劉勇強（2008）白話小說語言研究思想的細化，《北京大學學報（哲學社會科學版）》2008（2）：108—112。

潘建國（2008）方言與古代白話小說，《北京大學學報（哲學社會科學版）》2008（2）：112—115。

松村恒（2009）明代白話小說中のことわざ的表現—漢文成句から中國語諺へ—，《國文學：解釋と鑒賞》74（12）：49—58。

荒木典子（2009）明清白話小說の疑問文について，《中國文學研究》35：34—49。

馮雪燕（2009）從空間最邊緣到語氣的最終追究——從四大名著看極量詞“到底”的形成，《海南大學學報（人文社會科學版）》2009（2）：225—230。

羅寧（2009）明代僞典小說五種初探，《明清小說研究》2009（1）：31—47。

賀衛國（2010）明清白話小說詞語札記五則，《廣西民族師範學院學報》2010（6）：95—97。

程志兵（2010）明清白話小說詞語研究，《山東理工大學學報（社會科學版）》2010（3）：57—62。

陳敏（2010）明清小說詞語札記三則，《中國訓詁學研究會 2010 年學術年會論文摘要集》2010：6—8。

翟建波（2010）《中國古代小說俗語大詞典》補訂，《廣西師範學院學報（哲學社會科學版）》2010（4）：45—49。

張振羽（2011）副詞“流水”的語法化及其發展，《古漢語研究》2011（3）：85—91，96。

張振羽（2011）明清小說方言副詞探源兩則，《鹽城師範學院學報（人文社會科學版）》2011（6）：92—96。

翟建波（2011）《中國古代小說俗語大詞典》再修訂，《廣西師範學院學報（哲學社會科學版）》 2011（4）：70—76。

今村圭（2012）明清白話小說における使役表現の變遷—“讓”を中心に—，《中國語學》259：124—141。

宋積良（2012）明清白話小說中“打一 V”現象研究，《廣州廣播電視大學學報》2012（3）：46—49，92，109

祝敏（2012）明清白話小說中被動式和處置式套用句式的語義特徵研究，《湖北科技學院學報》2012（11）：85—87。

于萍（2012）《明末清初白話小說詈語研究》，遼寧師範大學碩士論文。

羅寧（2012）論辭書編纂中採用僞典小說的問題，《漢語史研究集刊》15：305—330。

鄧慧愛（2013）《明清白話小說範圍副詞研究》，湖南師範大學博士論文。

謝曉暉、曾昭聰（2013）對《論辭書編纂中採用僞典小說的問題》一文的商榷，《漢語史研究集刊》16：349—356。

毛向櫻（2013）明清白話小說與大型語文辭書編撰——以《石點頭》詞語對《漢語大詞典》補正爲例，《重慶三峽學院學報》2013（4）：75—78。

張振羽（2013）從方言特徵詞看幾部明代小說的作者問題，《湖北民族學院學報（哲學社會科學版）》2013（5）：100—102。

翟建波（2013）《中國古代小說俗語大辭典》再版後記，《廣西師範學院學報（哲學社會科學版）》2013（3）：155—156。

曾良（2013）明清小說口語詞的俗寫考索，葉寶奎、李無未編《黃典誠教授百年誕辰紀念文集》153—158，厦門：厦門大學出版社。

荒木典子（2014）否定詞の歷史—明代白話小說を中心に，首都大學東京《人文學報》493：81—90。

2. 平話

2.1 總論

鄭振鐸（1932）《插圖本中國文學史》4：935—959，北平：樸社；（1957）北京：作家出版社；（1982）北京：人民文學出版社；（1998）《鄭振鐸全集》8—9，石家莊：花山文藝出版社。

莊司格一（1964）《平話》における語法—人稱代名詞を中心として，《集刊東洋學》11：46—58。

Průšek, J. (1967) *The Origins and the Authors of the Hua-pen*, Prague: Oriental Institute, Publishing House of the Czechoslovak Academy of Sciences.

莊司格一（1971）平話における語法—呼稱語を中心として（1-3），《中國語學》209：1—10；210：6—15；211：8—15。

植田均（1988）近世白話小說に見られる文言から來た禁止否定—“勿”“毋（無）”，“莫”及びその類—，《中國語研究》29：1—18。

紀德君（2000）20世紀宋元平話的發現與研究，《廣州師院學報（社會科學版）》2000（10）：7—15。

王旭川（2001）關於宋元刊平話中的陰文，《齊魯學刊》2001（5）：118—122。

樓含松（2004）講史平話的體制與欵式，《浙江大學學報（人文社會科學版）》2004（5）：103—108。

樓含松（2002）論講史平話的語言特徵，《浙江大學學報（人文社會科學版）》2002（6）：51—57。

Гуревич, И.С. (2004) К характеристике языка памятников жанра пинхуа (平話) периода Сун-Юань, *Письменные памятники Востока* 1: 108-142.

盧世華（2006）論元刊平話之“全相”的表述功用，《華中師範大學學報（人文社會科學版）》2006（3）：102—107。

Гуревич, И. С. (2008) *Истрическая грамматика китайского языка*, Санкт-Петербург:

Петербургское Востоковежение.
氏岡真士（2009）論《孫龐演義》與元代平話的關係，信州大學《人文科學論集》43：35—48。
盧世華（2009）《元代平話研究》，北京：中華書局【有關於文字和語言的章節】。
韓洪波、崔常俊（2012）融詩於史——宋元講史平話引用詩詞韻語考察，《河池學院學報》2012（6）：23—28。
竇怡（2012）《元代話本九種親屬稱謂語研究》，山西師範大學碩士論文。

2.2 《五代史平話》

◎原始資料

・影印本

（1992）《新編五代史平話》十卷，上海：上海古籍出版社【據毗陵董氏誦芬室新刊本】。

・排印本

黎烈文編（1925）《新編五代史平話》（標點宋人平話），商務印書館。
（1954）《新編五代史平話》，上海：中國古典文學出版社。
（1959）《新編五代史平話》，上海：中華書局。
（1990）《五代史平話》（古本小說集成），上海：上海古籍出版社。
丁錫根編（1990）《宋元平話集》，上海：上海古籍出版社。
（1993）《宣和遺事等兩種》（中國話本體系），南京：江蘇古籍出版社。
（1995）《秦始皇傳等六種平話》（自強文庫；中國古典小說名著百部），北京：華夏出版社。

・露譯本

Pavlovskaia͡, L. K. and Men'shikov, L. N. (1984) *Заново составленное пинхуа по истории пяти династий : синь бянь у-дай ши пинхуа*, Памятники письменности Востока, 65, Изд-во "Наука", Грав. ред. восточной лит-ры.

・辭典、索引

閻崇璩、閻紅生（1985）《〈新編五代史平話〉詞語匯釋》，東京：白帝社。
閻慎修（1988）《〈新編五代史平話〉語彙例釋》，臺北：文史哲出版社。

◎研究

Crump, J. K. (1950) *Some Problems in the Language of the Shinbien Wuday Shyy Ping-huah*, Ph. D. Dissertation at Yale University.
Софронов, М. В. (1960) Об источнике и времени составления "Синьбянь удай ши пинхуа", *Проблемы источниковедения* 1.
池田武雄（1969）新編五代史平話，《中國語學新辭典》274，東京：光生館。
寺村政男（1980）宋元白話語彙匯釋（II）新編五代史平話編，《早實研究紀要》15：89—101。

曹小雲（1996）《五代史平話》中已有肯定式“好不”用例出現，《中國語文》1996（2）：150；（2005）《中古近代漢語語法詞彙叢稿》113—115，合肥：安徽大學出版社。
渡邊浩司（1999）《新編五代史平話》のことば：《新編五代梁史平話》篇，北海道大學《言語文化部紀要》36：41—59。
渡邊浩司（1999）《新編五代史平話》のことば：《新編五代晉史平話》篇，北海道大學《言語文化部紀要》37：87—103。
渡邊浩司（1999）《新編五代史平話》のことば：《新編五代唐史平話》篇，北海道大學《言語文化部研究報告叢書》34：33—48。
沈曉敏（2007）《〈新編五代史平話〉人稱代詞研究》，浙江大學碩士論文。
李福唐（2009）《新編五代史平話》口語稱謂詞初探，《德宏師範高等專科學校學報》2009（1）：45—48；《勵耘學刊（語言卷）》2009（1）：192—201。
周偈瓊、林源（2009）《新編五代史平話》真性疑問句研究，《唐山師範學院學報》2009（6）：41—44。
王大麗（2009）《〈新編五代史平話〉介詞研究》，蘇州大學碩士論文。
周文娟（2009）《〈新編五代史平話〉連詞研究》，蘇州大學碩士論文。
陳東剛（2010）《新編五代史評話》中“得”的語法化程度層次分析，《漢字文化》（2010）1：43—47。
樓淅瓊（2010）《五代史平話》程度副詞語法功能分析，《現代語文（語言研究版）》2010（10）：22—25。
樓淅瓊（2010）《〈新編五代史平話〉程度副詞研究》，浙江財經學院碩士論文。
李作霖（2011）《新編五代史平話》的話語形式及其含蘊，《中國文學研究》2011（2）：52—55。
方佳茹（2011）《新編五代史平話指示代詞、疑問代詞研究》，曲阜師範大學碩士論文。
鄧珊（2013）淺談《漢語大詞典》“衙兵”一詞釋義補正——以《新編五代史平話》爲例，《現代語文（語言研究版）》2013（8）：39—41。
苗瑋（2013）《〈祖堂集〉與〈五代史平話〉詞綴比較研究》，浙江財經學院碩士論文。

2.3 《全相平話五種》

◎原始資料

・影印本

（1928）《三國志平話》（古佚小說叢刊初集第 2 種），上海：開明書店。
（1956）《全相平話五種》，北京：文學古籍刊行社【元刊本】。
（1980）《三分事略；剪燈餘話；荔鏡記》（天理圖書館善本叢書漢籍之部 10），天理：天理大學出版部。
（1990）《三國志平話》（古本小說集成），上海：上海古籍出版社。

・排印本

（1955）《武王伐紂平話》，上海：中國古典文學出版社。

（1955）《前漢書平話》，上海：上海古典文學出版社。
（1955）《秦並六國平話》，上海：上海古典文學出版社。
（1955）《七國春秋平話》，上海：中國古典文學出版社。
（1955）《三國志平話》，上海：上海古典文學出版社。
（1959）《武王伐紂平話：吕望興周》（元人平話五種 1），上海：中華書局。
（1958）《七國春秋平話：後集：樂毅圖齊》（元人平話五種 2），上海：中華書局。
（1958）《秦並六國平話：秦始皇傳》（元人平話五種 3），上海：中華書局。
（1959）《前漢書平話：續集：吕後斬韓信》（元人平話五種 4），上海：中華書局。
（1959）《三國志平話》（元人平話五種 5），上海：中華書局。
（1981）《平話武王伐紂書》，南昌：豫章書社。
鍾兆華校（1990）《元刊全相平話五種校注》，成都：巴蜀書社。
（1995）《秦始皇傳等六種平話》（自強文庫），北京：華夏出版社。
張分田（2003）《秦始皇傳（中國曆代帝王傳記）》，北京：人民出版社。

・日譯

二階堂善弘、中川諭（1999）《三國志平話》，東京：光榮。
立間祥介（2011）《全相三國志平話》，東京：潮出版社。

・辭典、索引

古屋二夫（1967）《武王伐紂平話七國春秋平話語彙索引》，名古屋：采華書林。
閻崇璩（1983）《全相平話五種詞語匯釋》，大東文化大學中國語大辭典編纂資料單刊 III。

◎研究

孫楷第（1934）三國志平話與三國志傳通俗演義，《文史》1（2）。
Crump, J. K. (1951) Ping-hua and the Early History of the San-kuo chih, *Journal of the American Oriental Society* 50: 249-256.
池田武雄（1969）全相平話五種，《中國語學新辭典》280，東京：光生館。
蘆田孝昭（1974）三國平話の構造と文體，《中國文學論集：目加田誠博士古稀記念》409—427，東京：龍渓書舍。
蘆田孝昭（1977）前漢書續集平話—章回型長篇小說の文體，《中國文學研究》3：72—82。
劉世德（1984）談《三分事略》：它和《三國志平話》的異同和先後，《文學遺產》1984（4）：99—111。
渡邊浩司（1994）《全相平話》のことば：《新刊全相平話武王伐紂書》篇，《中國學志》9：19—35。
渡邊浩司（1995）《全相平話》のことば：《新刊全相平話樂毅圖齊七國春秋後集》篇，《中國語研究》37：39—59。
渡邊浩司（1997）《全相平話》のことば：《新刊全相秦並六國平話》篇，北海道大學《言語文化部紀要》32：129—150。
渡邊浩司（1998）《全相平話》のことば：《新刊全相平話前漢書續集》篇，北海道大學

《言語文化部紀要》33：195—216。

宮紀子（2001）モンゴル朝廷と《三國志》，《日本中國學會報》53：165—179；(2006)《モンゴル時代の出版文化》142—167，名古屋：名古屋大學出版會。

豐後宏記（2003）全相平話五種に見える“但見、只見”，《學林》38：77—105。

中川諭（2003）《三國志平話》と《三分事略》，《新潟大學教育人間科學部紀要（人文・社會科學編）》6（1）：206—196。

高育花、白維國（2003）《全相平話五種》中的人稱代詞，《古漢語研究》2003（1）：53—58。

涂海強（2006）釋《元刊全相平話五種校注》助詞“得”，《樂山師範學院學報》2006（6）：56—58。

何輝鳳、唐韻（2006）《元刊全相平話五種》中的介詞“與”，《樂山師範學院學報》2006（9）：82—84。

高育花（2006）《元刊全相平話五種》中的處置式，《古漢語研究》2006（2）：28—35。

盧世華（2006）論元刊平話之“全相”的表述功用，《華中師範大學學報（人文社會科學版）》2006（3）：102—107。

周文（2006）宋元話本詞語研究概論——以《全相平話五種》與辭書編纂爲例，《咸寧學院學報》2006（1）：71—74。

周文（2006）《〈全相平話五種〉語詞研究》，浙江大學博士論文。

周文（2007）《全相平話五種》口語詞拾詁，《咸寧學院學報》2007（1）：75—79。

高育花（2007）《元刊全相平話五種》與《原本〈老乞大〉》中的代詞，《人文叢刊》2：8—29。

高育花（2007）《元刊〈全相平話五種〉語法研究》（漢語史專書語法研究叢書），開封：河南大學出版社。

周文（2008）《漢語大詞典》商榷——以《全相平話五種》爲例，《紹興文理學院學報（社科版）》2008（5）：70—73。

趙娟娟（2008）《武王伐紂書校注》商補，《現代語文（語言研究版）》2008（6）：120—121。

趙熊（2008）《〈元至治本全相平話三國志〉異俗字研究》，四川師範大學碩士論文。

周文（2009）試論成語結構的變異與定型——以《全相平話五種》爲例，《咸寧學院學報》2009（1）：49—52。

周文（2009）元刊《全相平話五種》校讀札記，《長江學術》2009（3）：139—144。

周文（2009）《元刊全相平話五種校注》札記三則，《湖北第二師範學院學報》2009（1）：4—5，64。

李錦（2009）《三國志平話》的程度副詞研究，《安徽文學》2009（1）：302—303。

劉玉朝（2009）《〈元刊全相平話五種〉量詞研究》，河北師範大學碩士論文。

福滿正博（2010）《宋元以來俗字譜》補正（2）—《全相平話三國志》—，《明治大學教養論集》458：145—176。

周文（2013）《全相平話五種》中的“賢”與“念”，《武漢大學學報（人文科學版）》2013（1）：109—112。

2.4 《薛仁貴征遼事略》

◎原始資料

・現存文本

《永樂大典》卷 5244。

・影印本

（1991）《薛仁貴征遼事略》（古本小說叢刊第 26 輯第 1 册），北京：中華書局。

（1990）《秦並六國平話；前漢書續集；薛仁貴征遼事略》（古本小說集成），上海：上海古籍出版社。

・排印本

趙萬里編注（1957）《薛仁貴征遼事略》，北京：古典文學出版社；（1972）名古屋：采華書林。

王言鋒校點（1997）《薛仁貴征遼事略》（中國古代珍稀本小說續 5），瀋陽：春風文藝出版社。

・韓譯本

朴在淵（1991—1992）作品翻譯《薛仁貴征遼事略》（1-4），《中國小說研究會報》8：50—73；9：30—50；10：62—83；11：73—93。

・文本研究

朴在淵（1984）《薛仁貴征遼事略》小考，《中國學研究》1：175—212。

朴在淵（1991）《薛仁貴征遼事略》解題，《中國小說研究會報》8：46—49。

霍建瑜（2005）元代薛仁貴話本和雜劇，《藝術百家》2005（1）：54—57。

王麗敏（2012）《〈永樂大典〉徵引小說考略》，河南大學碩士論文。

3. 四大奇書

3.1 《三國演義》

◎原始資料

・影印本

（1981）《全圖綉像三國演義》，呼和浩特：內蒙古人民出版社；（1985）《三國演義：全圖綉像》，呼和浩特：內蒙古人民出版社。

臺灣政治大學古典小說研究中心（1985）明清善本小說叢刊初編第 13 輯，三國演義專輯 1《三國志通俗演義：新刻校正古本大字音釋》；三國演義專輯 2《三國志傳評林：新刻京本校正演義按鑒全像》；三國演義專輯 3《三國志傳：新鐫京本校正通俗演義按鑒》；三國演義專輯 4《三國志演義：重刻京本通俗演義按鑒》；三國演義專輯 5

《三國志：李卓吾先生批評》；三國演義專輯 6《三國水滸全傳：精鐫合刻》；三國演義專輯 8《第一才子書》，臺北：天一出版社。
（1985）《增像全圖三國演義》【据廣陵味潛齋藏光緒上海鴻文書局石印本影印】，杭州：浙江人民出版社。
（1985）《三國演義》，烏魯木齊：新疆人民出版社。
（1985）《增像全圖三國演義》，北京：中國書店。
（1992）《三國志通俗演義》，上海：上海古籍出版社【嘉靖本】。
（1992）《三國志通俗演義》，上海：上海古籍出版社【萬卷樓本】。
（2000）《稀世綉像珍藏本三國演義》，北京：北京圖書館出版社。
張志和整理（2000）《三國演義：明黃正甫刊本》，北京：中國人民大學出版社。
（2009）《新刊校正古本大字音釋三國志傳通俗演義（上、下）》，首爾：學古房。
哈佛燕京圖書館（2011）《新刻音釋旁訓評林寅義三國志史傳》（哈佛燕京圖書館文獻叢刊第 6 種），北京：國家圖書館出版社【明建邑刻王泗源得板重印本】。
・排印本
汪原放句讀，汪原放、章希吕、余昌之校對（1922）《三國演義》，上海：亞東圖書館。
何銘校對（1932）《三國演義》，上海：新文化書社。
（1934）《三國演義（足本）》，上海：世界書局。
周振甫叙訂（1935）《三國演義（潔本小說）》，上海：開明書店。
（1935）《三國演義（新式標點）》，上海：大達圖書供應社。
（1953）《三國演義》（中國古典文學讀本叢書），北京：人民文學出版社。
（1953）《三國演義》，北京：作家出版社。
（1954）《三國演義》，北京：人民文學出版社。
（1958）《三國演義》，臺北：正中書局。
趙聰校點（1961）《三國演義》（中國典籍輯要），香港：友聯出版社。
（1961）《三國演義》（中國古典文學名著），臺南：大東書局。
（1971）《三國演義》，香港：中華書局。
饒彬校訂（1972）《三國演義》（中國古典名著），臺北：三民書局。
何磊（1973）《三國演義》（全二册），北京：人民文學出版社。
（1973）《三國演義》（大字足本古典文學），臺北：臺灣文源書局。
（1979）《三國演義》（中國歷史演義全集），臺北：遠流出版社。
（1980）《三國演義》（中國古典小說新刊），臺北：聯經出版事業公司。
（1981）《三國演義》（中國古典小說選刊），武漢：長江文藝出版社。
（1983）《三國演義》（中國古典文學名著），臺北：桂冠圖書。
（1984）《三國演義（大字足本古典文學）》（中國古典文學名著），臺南：利大出版社。
陳曦鐘、宋祥瑞、魯玉川輯校（1986）《三國演義（會評本）》（中國古典小說戲曲研究資料叢書），北京：北京大學出版社。
朱正標點（1986）《三國演義》（古典名著普及文庫），長沙：岳麓書社。
陳曦鍾、宋祥瑞、魯玉川（1986）《三國演義（會評本）》（全 2 册），北京：北京大學出版社。
吳小林校注、陳邇冬審訂（1986）《三國演義》，成都：四川文藝出版社。
（1988）《精選白話三國演義》，香港：商務印書館。
穆儔等標點（1989）《三國演義（毛宗崗評本）》，上海：上海古籍出版社。
（1990）《三國演義》（中國古典文學叢書12），臺南：世一文化事業。
齐煙校點（1991）《三國演義（毛宗崗批評）》（中國古典文學名著叢書），濟南：齊魯書社。
王俊年校點、金寧芬注譯（1992）《三國演義》，廣州：花城出版社。
鄭吟韜、劉興玉編譯（1992）《三國演義》（中國古典文學名著白話精選文庫），瀋陽：瀋陽出版社。
陳曦中、陳衛平點校（1992）《三國演義》，北京：中國廣播電視出版社。
沈伯俊、李曄校注（1993）《三國演義（新校新注）》，成都：巴蜀書社。
（1994）《三國演義》（自強文庫，中國古典小說名著百部），北京：華夏出版社。
（1994）《三國演義》，合肥：黃山書社。
（1994）《三國演義》（精品叢書），瀋陽：遼瀋書社。
吳小林校注（1994）《三國演義校注》，臺北：里仁書局。
盛巽昌補正（1995）《三國演義（補正本）》，上海：上海畫報出版社。
（1995）《三國演義》（圖珍藏版），香港：商務印書館。
禹克坤、趙祖謨、李慶榮（1995）《三國演義》（中國古典文學名著叢書），北京：同心出版社。
（1995）《三國演義》，香港：中華書局。
（1997）《三國演義》（中國古典小說名著百部大字本），北京：華夏出版社中華書局。
（1997）《三國演義》，天津：天津古籍出版社。
春明校點（1998）《三國演義》（中國古典小說名著叢書），上海：上海古籍出版社。
湯昕校點（1998）《三國演義》（中國古典文學名著），貴陽：貴州人民出版社。
饒彬校注（1998）《三國演義》（中國古典名著），臺北：三民書局。
（2002）《三國演義》（中國經典名著），天津：天津古籍出版社。
許盤清、周文業整理（2002）《〈三國演義〉〈三國誌〉對照本》，南京：江蘇古籍出版社。
（2003）《三國演義》（中國古典小說名著叢書），濟南：山東文藝出版社。
孟昭連、卞清波、王凌校點（2006）《三國演義（毛宗崗批評本）》，長沙：岳麓書社。
王煒輯評，陳文新審訂（2007）《三國演義（百家匯評本）》，武漢：長江文藝出版社。
盛巽昌補證（2007）《三國演義補證本》，上海：上海人民出版社。
陳文新導讀、申龍點校（2008）《三國演義》，長沙：岳麓書社。
朴在淵（2010）《三國志通俗演義：晉平陽侯陳壽史傳》，首爾：學古房。
（2012）《三國演義》（古典文學名著無障礙閱讀），長春：長春出版社。
（2012）《三國演義》（中華經典必讀），北京：中國紡織出版社。

・日譯本

倉石武四郎譯（1944）《三國演義》，東京：光風館。

小川環樹、金田純一郎譯（1953）《三國志：三國演義》（岩波文庫），東京：岩波書店；（1988）《三國志（完譯）》（岩波文庫），東京：岩波書店。
立間祥介譯（1972）《三國志演義》（中國古典文學大系），東京：平凡社。
安能務譯（1998）《三國演義》（(2001）講談社文庫），東京：講談社。
井波律子譯（2002）《三國志演義》（ちくま文庫），東京：筑摩書房。
・韓譯本
朴泰遠譯（1959）《三國演義》，平壤：國立文學藝術書籍出版社。
朴泰遠（1989）《三國演義》（世紀文學選集 6），平壤：文藝出版社。
・英譯本
Roberts, M. (1991) *Three kingdoms: a historical novel*, Berkeley, Beijing: University of California Press, Foreign Languages Press.
Roberts, M.（2000）《三國演義》（大中華文庫：漢英對照），北京、長沙：外文出版社、湖南人民出版社。
Roberts, M.（2003）《三國演義》（漢英經典文庫：漢英對照），北京：外文出版社。
・法譯本
Nghiêm, Toản, Ricaud, L., Lévi, J., Lévi, A.（2012）《三國演義》（大中華文庫：漢法對照），北京：人民文學出版社。
・辭典、索引
《三國演義人名地名辭典》，香港：廣智書局。
筧文生（1956）《三國演義人名索引》，京都：書寫資料。
荀春生（1983）《三國演義詞語匯釋》（大東文化大學中國語大辭典編纂資料單刊 2），東京：大東文化大學中國語大辭典編纂室。
沈伯俊、譚良嘯（1989）《三國演義辭典》，成都：巴蜀書社；立間祥介、岡崎由美、土屋文子編譯（1996）《三國志演義大事典》，東京：潮出版社
前田富二男、金田純一郎（1997）《〈三國演義〉人名、地名索引》，東京：岩波ブックセンター。
沈伯俊、譚良嘯（2007）《三國演義大辭典》，北京：中華書局。
・文本研究
小川環樹（1952）《三國演義》の本づいた歷史書，《東洋の文化と社會》2；（1968）《中國小說史の研究》28—34，東京：岩波書店；（1997）《小川環樹著作集》4：59—65，東京：岩波書店。
小川環樹（1953）解說，《三國志》（岩波文庫）1：319—349；（1968）《三國演義》の發展のあと，《中國小說史の研究》3—23，東京：岩波書店；（1997）《小川環樹著作集》4：35—54，東京：岩波書店。
小川環樹（1957）三國演義の毛聲山評本と李笠翁本，《神田博士還曆記念書誌學論集》615—623，東京：平凡社；（1968）《中國小說史の研究》153—161，東京：岩波書店；（1997）《小川環樹著作集》4：66—74，東京：岩波書店；孫玉明譯（1993）《三國演義》的毛聲山批評本和李笠翁本，《明清小說研究》1993（2)：204—211，96。

西野貞治（1965）《三國演義》の研究と資料，大阪市立大學中國文學研究室編《中國の八大小說》105—115，東京：平凡社。
金時俊（1969）三國志演義考，首爾大學校《論文集》1：141—164。
李慶善（1971）三國志演義의韓國傳來와定着，漢陽大學校《論文集》4：9—33。
周邨（1979）《三國演義》看校札記，《中華文史論叢》11：255—270。
袁世碩（1980）明嘉靖刊本《三國志通俗演義》乃元人羅貫中原作，《東岳論叢》1980（3）：28—35；（1991）《〈三國演義〉研究論文集》94—108，北京：中華書局。
馬美信（1980）《三國演義》的原本，《書林》1980（3）：18—20。
劉敬圻（1981）《三國演義》嘉靖本和毛本校讀札記（上、下），《求是學刊》1981（1）：22—32；1981（2）：71—80。
王麗娜（1982）《三國演義》在國外，《文獻》1982（2）：44—66。
周嘗棫（1983）說說“毛批本”《三國》，《讀書》1983（4）：89—95。
王長友（1983）嘉靖本《三國志通俗演義》小字注是作者手筆嗎？——兼及《三國志通俗演義》的版本和成書時間，《武漢師範學院學報（哲學社會科學版）》1983（2）：48—53，58。
胡邦煒、沈伯俊（1983）首届《三國演義》學術討論會綜述，《社會科學研究》1983（4）：2—9。
寧希元（1983）毛本《三國演義》指謬，《社會科學研究》1983（4）：41—46，40；（1991）《〈三國演義〉研究論文集》117—127，北京：中華書局。
《社會科學研究叢書》編輯部、四川省社會科學院文學研究所編（1983）《三國演義研究集》，成都：四川省社會科學院出版社。
朱一玄、劉毓忱（1983）《三國演義資料彙編》，天津：百花文藝出版社。
홍순효（1983）《三國演義研究》，臺灣師範大學博士論文。
沈伯俊（1984）近年來《三國演義》研究中的若干問題討論綜述，《天府新論》1984（2）：20—22。
聞畏（1984）不堪卒讀的《全圖綉像三國演義》，《讀書》1984（10）：149—151。
沈伯俊（1984）全國第二届《三國演義》學術討論會綜述，《天府新論》1984（3）：20—22。
聞晴（1984）全國第二届《三國演義》學術討論會觀點綜述，《中州學刊》1984（4）：89—92。
夏夢菊（1984）羅貫中《三國演義》原本探考，《社會科學研究》1984（6）：84—85。
吳小林（1985）《新校注本三國演義》校勘札記，《徐州師範學院學報》1985（3）：73—76。
胡世厚（1986）建國以來《三國演義》的整理出版情况概覽，《河南圖書館學刊》1986（4）：62—66。
王麗娜（1986）《三國演義》在亞洲，《江海學刊（文史哲）》1986（4）：59—62。
沈伯俊（1987）近五年《三國演義》研究再述，《成都大學學報（社會科學版）》1987（1）：47—51。
張穎、陳速（1987）有關《三國演義》成書年代和版本演變問題的幾點異議，《河北師院學報（哲學社會科學版）》1987（1）：77—84，51；《明清小說研究》5：26—40。
李錫洪（1988）《三國志通俗演義》、《三國志演義》優劣比較談，《海南大學學報（社會科學版)》1988（2）：27—30。

沈伯俊（1988）從純文學研究到多元化研究——《三國演義》第五屆全國學術研討會綜述，《海南大學學報（社會科學版）》1988（3）：1—5，7。

李茂肅（1988）關於研究毛本《三國演義》的一點建議，《山東師大學報（社會科學版）》1988（5）：97，96。

閔惠蘭（1988）毛宗崗의評點《三國志演義》考，《中國人文科學》7：237—258。

中川諭（1989）《三國演義》版本の研究—毛宗崗本の成立過程—，《集刊東洋學》61：65—84。

中川諭（1989）新しい《三國志演義》の資料集成，《東方》95：28—29。

金文京（1989）《三國演義》版本試探—建安諸本を中心に—，《集刊東洋學》61：43—64。

李偉實（1989）《三國志通俗演義》夾注及詩文論贊何人所加，《社會科學戰綫》1989（2）：313—318。

井上泰山、大木康、金文京、冰上正、古屋昭弘（1989）《花關索傳の研究》，東京：汲古書院【書評：鈴木陽一（1989）《花關索傳の研究》を評す—通俗文藝研究者必讀の書，《東方》98：18—20】。

汪遠平（1989）在不斷探索中獲取新的發現——《三國》《水滸》《西游》和《紅樓》研究近況綜述，《湖南師範大學社會科學學報》1989（2）：113—118。

陳年希（1989）現代中國的《三國演義》研究，《北方論叢》1989（5）：44—51。

上田望（1990）《三國演義》版本試論—通俗小說の流傳に關する一考察，東京大學《東洋文化》71：147—189。

沈伯俊（1990）重新校理《三國演義》的幾個問題，《社會科學研究》1990（6）：60—66。

孟彥（1991）《三國演義》與中國文化學術討論會概述，《文學遺產》1991（1）：135—137。

孟彥（1991）《三國演義》與中國文化學術討論會綜述，《海南大學學報（社會科學版）》1991（1）：83—86。

沈伯俊（1991）論毛本《三國演義》，《海南大學學報（社會科學版）》1991（3）：80—85。

沈伯俊（1991）《三國演義》與中國文化學術討論會綜述，《成都大學學報（社會科學版）》1991（2）：53—55。

金文京，陳西中譯（1992）《三國演義》版本試探——以建安諸本爲中心（正續），《明清小說研究》1992（2）：45—58；1992（Z1）：492—508。

陳遼（1992）真實性・學術性・科學性——評沈伯俊《三國演義》校理本，《社會科學研究》1992（6）：127—128。

關四平（1993）《三國演義》版本史上的新里程碑—評沈伯俊對《三國演義》的校理，《學術交流》1993（3）：98—100。

曹學偉（1993）新的格局 新的貢獻——讀《三國演義》校理本，《社會科學輯刊》1993（4）：159—160。

沈伯俊（1993）論《李卓吾先生批評三國志》，《內江師範學院學報（社會科學版）》1993（3）：52—58。

沈伯俊（1993）《李笠翁批閱三國志》簡論，《社會科學研究》1993（5）：113—117，112。

張志合（1993）《三國演義》初考淺論（上），《十堰大學學報（社科版）》1993（3）：31—38。
丘振聲（1993）辨僞匡誤 功在千秋——讀沈伯俊《三國演義》校理本，《明清小說研究》1993（3）：190—193。
鄭鐵生（1993）功在當代 澤被後世——評沈伯俊《三國演義》校理本，《常州工業技術學院學報（社會科學版）》1993（3）：22—27。
黄強（1993）《李笠翁批閲三國志》質疑，《晉陽學刊》1993（5）：110—104。
金文京（1993）《三國志演義の世界》，東京：東方書店；邱嶺、吳芳玲譯（2010）《三國演義的世界》，北京：商務印書館。
實厚（1994）全國第八屆《三國演義》暨首屆三國文化學術討論會綜述，《許昌師專學報（社會科學版）》1994（1）：42—46。
張志合（1994）黄正甫刊本《三國志傳》乃今見《三國演義》最早刻本考——兼說嘉靖本非最早刻本亦非羅貫中原作，《北京師範大學學報（社會科學版）》1994（2）：90—96。
張志合（1994）《三國演義》中的小字注非一人一時所加，《湖北大學學報（哲學社會科學版）》1994（6）：51—56，62。
王長友（1994）再說《三國志通俗演義》的“舊本”和小字注問題——答章培恒先生，《學海》1994（3）：76—83。
胡世厚（1994）新時期的《三國演義》研究，《中州學刊》1994（4）：94—97。
沈伯俊（1994）談談我對《三國演義》的整理，《古典文學知識》1994（6）：27—35。
李偉實（1994）花關索故事非《三國志演義》原本所有，《明清小說研究》1994（4）：128—135。
李鎮國（1994）《三國演義》“毛批本”의詩詞改訂考，가톨릭大學校《研究論文集》48（1）：43—76。
周兆新主編（1995）《三國演義叢考》，北京：北京大學出版社。
閔寬東（1995）《三國演義》의國內流入과版本研究，《中國小說論叢》4：397—412。
厚艷芬（1996）《三國志演義古版叢刊》首輯評介，《中國圖書館學報》1996（1）：71—74。
厚艷芬（1996）《三國演義》版本演變述略，《北方論叢》1996（4）：80—88。
馬太來（1996）《三分事略》與《三國演義》，《運城高專學報》1996（1）：43，42。
陳遼（1996）《三國》小說史要改寫—讀周兆新主編的《三國演義叢考》，《北京大學學報（哲學社會科學版）》1996（3）：121—122。
陳遼（1996）“評點”文化的繼承與新發展——讀沈伯俊評校本《三國演義》，《社會科學研究》1996（3）：138—140。
陳遼（1996）爲“三國文化”流光溢彩——讀盛巽昌的《〈三國演義〉補正本》，《社會科學》1996（5）：78—80。
魏安【West, A.】（1996）《三國演義版本考》，上海：上海古籍出版社。
李偉實（1997）《三國志演義》文本研究的新突破——評魏安《〈三國演義〉版本考》，《零陵師專學報（社會科學版）》1997（1）：55—56；《社會科學戰綫》1997（6）：281。
沈伯俊（1997）再談重新校理《三國演義》的幾個問題，《明清小說研究》1997（2）：4—21。

李昌鉉（1998）《三國演義資料彙編》勘誤，《明清小說研究》1998（1）：94—97。
陳遼（1998）《三國》今本“沈本”爲優，《中華文化論壇》1998（2）：47—49。
陳遼（1998）俯瞰《三國》新立意見——評李國文評點《三國演義》，《南方文壇》1998（5）：43—44。
鄭鐵生（1998）功在當代 澤被後世——評沈本《三國演義》，《中華文化論壇》1998（2）：50—56。
沈伯俊（1998）一九九七年《三國演義》研究綜述，《天府新論》1998（3）：71—74。
沈伯俊（1998）面向新世紀的《三國演義》研究，《社會科學研究》1998（4）：121—127。
雷勇（1998）中國第十一屆《三國演義》學術研討會綜述，《明清小說研究》1998（2）：228—232。
馮全生（1998）筆酬三國 名播士林——評沈伯俊《三國演義》校理本，《中華文化論壇》1998（3）：56—59。
劉永良（1998）毛宗崗對《三國演義》語言的加工潤色，《明清小說研究》1998（3）：58—64。
中川諭（1998）《〈三國志演義〉版本の研究》，東京：汲古書院；林妙燕譯（2010）《〈三國志演義〉文本研究》，上海：上海古籍出版社【書評：黃霖、顧越（2001）《三國》文本研究的碩果——讀中川諭的《〈三國志演義〉版本的研究》，《明清小說研究》2001（2）：230—233】。
張宗偉（1999）黃正甫刊本《三國志傳》非今見《三國演義》最早刻本——與張志合先生商榷，《明清小說研究》1999（1）：149—158。
郭平凡（1999）略談沈伯俊重新評校《三國演義》，《晉陽學刊》1999（6）：107。
胡世厚（2000）第12次《三國演義》學術討論會綜述，《晉陽學刊》2000（1）：82—86。
陳遼（2000）解羅貫中及《三國志傳》底本原貌之謎，《安徽師範大學學報（人文社會科學版）》2000（1）：76—79。
李偉實（2000）毛氏父子所稱《三國志演義》俗本與古本考，《明清小說研究》2000（1）：65—78。
張宗偉（2000）論《三國演義》的小字注問題，《明清小說研究》2000（2）：55—69。
沈伯俊（2000）一九九九年《三國演義》研究綜述，《成都教育學院學報》2000（7）：43—45；《湖北大學學報（哲學社會科學版）》2000（4）：108—110。
沈伯俊（2000）跨世紀的《三國》文本研究，《社會科學報》2000—7—27：4。
張志和（2000）由周靜軒詩看《三國演義》的版本演變，《河南師範大學學報（哲學社會科學版）》2000（6）：69—71。
張志和（2000）嘉靖壬午本《三國志通俗演義》非最早刻本考，《十堰職業技術學院學報》2000（4）：12—15，20。
張志和（2000）《三國演義》最早刻本在國家圖書館發現，《中國文物報》2000/12/13（3）。
張志和（2000）《三國演義》的最初寫定者應是南方人，《光明日報》2000/12/27（B2）。
張宗偉（2001）前嘉靖本時代《三國演義》版本探考，《文獻》2001（1）：185—207。
張志和（2001）黃正甫刊本《三國志傳》乃今見《三國演義》最早刻本續考——就教於徐朔方先生，《河南大學學報（社會科學版）》2001（1）：51—53，64。

張志和（2001）再說黄正甫刊本乃《三國志傳》今見《三國演義》最早刻本——答張宗偉同志，《明清小說研究》2001（1）：125—136。
沈伯俊（2001）新時期《三國演義》研究論爭述評，《成都大學學報（社會科學版）》2001（2）：52—57。
沈伯俊（2001）面向新世紀的《三國演義》研究，《四川師範學院學報（哲學社會科學版）》2001（6）：1—6。
章培恒（2001）關於《三國演義》黄正甫本，《上海師範大學學報（哲學社會科學版）》2001（5）：47—55。
高橋乃子（2001）關於《三國演義》葉逢春刊本的發現及其意義，《中國文學研究（輯刊）》2001（2）：171—188。
杜貴晨（2001）關於羅貫中《三國演義》的著作權問題——與張志和先生商榷，《泰安師專學報》2001（4）：21—27。
梅新林、韓偉表（2002）《三國演義》研究的百年回顧及前瞻，《文學評論》2002（1）：6—17。
韓偉表（2002）二十世紀《三國演義》的文本研究——《三國演義》文獻學研究之一，《浙江海洋學院學報（人文科學版）》2002（2）：11—15。
張志和（2002）《三國演義》作者及版本問題研究述評，《高校理論戰綫》2002（1）：49—52。
張志和（2002）再論《三國演義》作者不是羅貫中——答杜貴晨先生，《許昌師專學報》2002（3）：51—56。
張志和（2002）《透視三國演義三大疑案》，北京：中國社會科學出版社。
劉海燕（2002）《三國演義》小字注研究回顧與前瞻，《中華文化論壇》2002（1）：69—74。
劉世德（2002）《三國志演義》周日校刊本四種試論，《文學遺產》2002（5）：76—88。
劉世德（2002）《三國志演義》殘葉試論，《南京師範大學文學院學報》2002（3）：36—44。
劉斌（2002）關於沈伯俊校理《三國演義》的幾點商榷，《呼蘭師專學報》2002（3）：59—61。
鄭鐵生（2002）名符其實的《三國演義新探》，《社會科學研究》2002（6）：157—158。
陳翔華（2003）《三國志演義》原編撰者及有關問題，《中華文化論壇》2003（1）：98—103。
石雲濤（2003）《三國演義》研究的攻堅與突破——張志和《透視〈三國演義〉三大疑案》，《博覧群書》2003（2）：56—58。
王立、王惠丹（2003）第十五届中國《三國演義》學會年會暨孫吴文化學術討論會綜述，《十堰職業技術學院學報》2003（1）：56—58。
王立、王惠丹（2003）近年《三國演義》研究綜述，《錦州師範學院學報（哲學社會科學版）》2003（4）：14—17，21。
孟彦（2003）第二届中國古典小說數字化研討會暨第二届《三國演義》版本研討會綜述，《明清小說研究》2003（4）：241—243。
朱一玄、劉毓忱編（2003）《三國演義資料彙編》，天津：南開大學出版社。
韓偉表（2004）二十世紀《三國演義》文獻研究述要，《文獻》2004（1）：271—287。
建中（2004）紛繁的《三國演義》版本，《中國商報》2004/2/26。
劉世德（2004）關於《三國志演義》嘉靖刊本的幾點思考，《長江大學學報（社會科學版）》2004（1）：38—46。

劉世德（2004）《三國志演義》熊成冶刊本試論，《文獻》2004（2）：160—173。
歐陽健（2004）清代三大演義定本的形成，《長江大學學報（社會科學版）》2004（1）：47—55。
賈雯鶴（2004）三國研究的突破性成果——評《三國演義》軍事校注本，《天府新論》2004（4）：142—143。
沈伯俊（2004）《三國演義》文本研究的新進展，《社會科學研究》2004（5）：150—154；《中國古代小說戲劇研究叢刊》2：59—71。
張志和（2004）朱鼎臣本《三國志史傳》探考，《明清小說研究》2004（4）：196—205。
歐陽健（2005）數字化與《三國演義》文本研究論，《東南大學學報（哲學社會科學版）》2005（3）：99—107。
鄭鐵生（2005）論《三國演義》不同版本中的周靜軒詩，《厦門教育學院學報》2005（2）：15—18。
鄭鐵生（2005）周靜軒詩在《三國演義》版本中的演變和意義，《明清小說研究》2005（4）：83—92。
劉世德（2005）《三國志演義》四鄭刊本試論（上、下），《文獻》2005（3）：70—83；2005（4）：103—118。
劉世德（2005）《三國志演義》嘉靖壬午本與葉逢春刊本比較譚（脞録八篇），《明清小說研究》2005（4）55—65。
何紅梅（2005）新世紀《三國演義》作者、成書時間及版本問題的研究綜述，《泰山學院學報》2005（5）：32—36。
何紅梅（2005）近六年來《三國演義》作者、成書與文本研究述要，《河南教育學院學報（哲學社會科學版）》2005（6）：90—94。
李士娟（2005）記滿文抄、刻本《三國演義》，《中國典籍與文化》2005（2）：34—37。
沈伯俊、金文京（2006）中國和日本：《三國演義》研究的回顧與展望，《文藝研究》2006（4）：61—75。
邊翠芳（2006）一字傳世——淺議《三國演義》嘉靖本與毛評本中的一字之改，《現代語文》2006（5）：43—45。
何曉葦（2006）毛本《三國》研究述評，《中華文化論壇》2006（4）：57—63。
寧稼雨（2006）塵故庵藏《三國演義》版本述略，《明清小說研究》2006（4）：86—91。
劉世德（2007）《三國志演義》嘉慶七年刊本試論，《文學遺產》2007（1）：108—117。
蔣正治（2007）二十年來《三國演義》研究中若干重要問題回顧，《陝西師範大學繼續教育學報》2007（1）：51—56。
陳遼（2007）《三國》縱論，獨立超群——評《三國志演義縱論》，《明清小說研究》2007（1）：309—313。
陳遼（2007）由彈詞《三國志玉璽傳》談羅貫中的《三國》原本，《中華文化論壇》2007（3）：95—99。
龐婧文（2007）《三國演義》毛本與嘉靖本較讀瑣議，《晉中學院學報》2007（5）：31—33。
冀振武（2007）《三國演義》版本以及日本的“三國”熱，《出版史料》2007（4）：66—69。

邊翠芳（2007）《〈三國演義〉嘉靖本與毛評本之比較》，蘭州大學碩士論文。
葛新（2007）《毛氏修訂〈三國〉研究》，西南交通大學碩士論文。
이진국（2007）《三國演義》“毛批本”平文의一特性，《中國語文學》50：319—338。
鄭鐵生（2008）三國文化大觀 文獻學術並重——評《三國演義》大辭典，《社會科學研究》2008（2）：195—196。
陳遼（2008）《三國》愛好者、研究者必讀——評《三國演義大辭典》，《明清小說研究》2008（1）：311—316。
中川諭（2008）清代的三國通俗文藝與《三國演義》，《中國文學研究》11：36—49。
黃綺煒（2008）《葉逢春刊〈三國志傳〉版本價值研究》，福建師範大學碩士論文。
朴在淵（2008）朝鮮刻本《新刊古本大字音釋三國志傳通俗演義》에對하여，《中國語文學誌》27：171—211。
姜蘊菡（2009）淺談《三國志演義》文本的傳播，《大衆文藝（理論）》2009（1）：179。
王枝忠（2009）總結既往，嘉惠將來——喜讀《三國演義大辭典》，《內江師範學院學報》2009（1）：27—28。
沈伯俊（2009）論《三國演義》嘉靖壬午本——《三國志通俗演義》校注本前言，《廣東技術師範學院學報》2009（1）：30—34。
沈伯俊（2009）國際漢學熱中的《三國演義》研究——答馬來西亞《東方日報》記者問，《河南教育學院學報（哲學社會科學版）》2009（1）：1—8。
王曉華（2009）清代毛評《綉像第一才子書》（《三國演義》）之考證，《山東檔案》2009（1）：54—55。
胡以存（2009）《三國演義》小字注考察，《重慶交通大學學報（社會科學版）》2009（2）：116—119。
陳翔華（2009）《三國志演義珍稀古版彙刊》總序，《文獻》2009（3）：182—191。
張蘭花（2009）首屆曹魏文化暨第十九屆《三國演義》學術研討會綜述，《明清小說研究》2009（4）：306—309。
閔庚旭（2009）《〈三國志演義〉早期文本研究》，復旦大學博士論文。
周文業，小林瑞恵譯（2009）《三國演義》版本のデジタル化及び研究，《三國志研究》4：1—14.
朴在淵（2010）關於新發現的朝鮮活字本《三國志通俗演義》，《南京大學學報（哲學·人文科學·社會科學版）》2010（3）：94—103。
劉世德（2010）談《三國志演義》朝鮮翻刻本，《人民政協報》2010—6—14：C03。
陳麗媛（2010）成化《花關索傳》與《三國志演義》文本研究，《漳州師範學院學報（哲學社會科學版）》2010（2）：36—41。
中川諭（2010）黃正甫刊《三國志傳》三考，《現代語文（文學研究版）》2010（7）：9—16。
胡蓮玉（2010）“東吳文化暨第十二屆《三國演義》學術研討會”綜述，《明清小說研究》2010（4）：249—253。
劉香（2010）《〈李卓吾先生批評三國志〉研究》，福建師範大學碩士論文。
劉海燕（2010）《明清〈三國志演義〉文本演變與評點研究》，福州：福建人民出版社。

劉世德（2010）《三國志演義作者與版本考論》，北京：中華書局。
朴在淵（2010）새로發掘된朝鮮活字本《三國志通俗演義》에對하여，《中國語文論叢》44：241—262。
劉世德、夏薇（2011）《三國志演義》朝鮮銅活字殘本試論，《文學遺產》2011（1）：97—111。
顏彥（2011）上圖下文式插圖本《三國志演義》圖文相異現象考論，《中國典籍與文化》2011（1）：63—70。
張玉梅、張祝平（2011）明刻《三國演義》的插圖流變，《淮海工學院學報（社會科學版）》2011（9）：41—44。
任明華（2011）第二屆東平羅貫中與《三國演義》《水滸傳》學術研討會暨羅貫中紀念館開館儀式綜述，《泰山學院學報》2011（5）：78—81。
陳崗龍（2011）《三國演義》滿蒙譯本比較研究，《民族文學研究》2011（4）：5—27。
張弦生（2011）略說手抄孤本彈詞《三國志玉璽傳》，《現代語文（學術綜合版）》2011（10）：19—20。
于朝貴（2011）《三國演義探論》，重慶：西南師範大學出版社。
石冬梅（2012）《三國演義》原著成書於元代——以《三國演義》正文中的典制和俗語爲中心，《許昌學院學報》2012（1）：59—63。
謝江飛（2012）也談鄒梧岡參訂《三國演義》毛評本的版本價值——與張志和、黎必信二先生商榷，《龍岩學院學報》2012（1）：47—51。
何紅梅（2012）十年來《三國演義》作者、成書與文本研究述要，《菏澤學院學報》2012（1）：23—29。
黃晉（2012）《三國演義》版本流傳考證，《學術論壇》2012（3）：59—64。
劉世德、夏薇（2012）《三國志演義》魏氏刊本試論，《遼東學院學報（社會科學版）》2012（2）：38—48。
石冬梅（2012）論《三國演義》笈郵齋本，《襄樊學院學報》2012（4）：5—11。
石冬梅（2012）“元來”不能判定《三國志通俗演義》的成書年代，《湖北文理學院學報》2012（10）：11—14。
石冬梅（2012）《三國演義》建陽繁本小字注的特點探析，《昆明學院學報》2012（5）：52—55，109。
宋占茹、許振東（2012）《三國演義》版本的古今載録及衍變，《燕趙學術》2012（2）：79—86。
趙瑩（2012）《〈三國演義〉在日本的譯介與研究》，天津師範大學博士論文。
陳翔華（2013）周曰校刊《三國志通俗演義》的初刻年代問題，《南開學報（哲學社會科學版）》2013（1）：131—139。
杜貴晨（2013）《三國志通俗演義》作者羅貫中爲元人及原本管窺——試說庸愚子《序》的考據價值，《河南教育學院學報（哲學社會科學版）》2013（1）：92—95。
劉璿（2013）鄭振鐸研究《三國志演義》述論，《名作欣賞》2013（23）：21—22，25。
何曉葦（2013）《毛本〈三國演義〉研究》，成都：巴蜀書社。
劉齊文（2013）《文化語言學視角下的譯注法研究：以〈三國演義〉多種日譯本爲文本》

（中國書籍文庫），北京：中國書籍出版社。
閔庚旭（2014）朝鮮活字本《三國志通俗演義》에對한文獻校勘研究，《中國小說論叢》42：213—230。

◎研究

香坂順一（1965）《三國演義》の言語，大阪市立大學中國文學研究室編《中國の八大小說》96—104，東京：平凡社；（1983）《三國演義》のことば，《白話語彙の研究》392—397，東京：光生館。
小川環樹（1969）三國演義，《中國語學新辭典》268，東京：光生館。
中鉢雅量（1974）《三國演義》の表現手法，《愛知教育大學研究報告》23：29—43。
孫洪德（1988）歇後語與《三國演義》，《江淮論壇》1988（1）：89—97。
顧鳴塘（1991）《三國志通俗演義》謡諺成語經緯談，《海南大學學報（社會科學版）》1991（1）：74—82。
王基（1991）《三國演義》公關語言初探，《海南大學學報（社會科學版）》1991（4）：58—63。
賀建國（1993）從《三國演義》看文學作品對熟語的影響，《鎮江師專學報（社會科學版）》1993（4）：56—61。
李金坤（1994）務取精工 以快閱者——毛本《三國演義》回目藝術審美，《松遼學刊（社會科學版）》1994（2）：80—86。
沈榮森（1994）《三國演義》叠字擷美，《成都大學學報（社會科學版）》1994（3）：86—89。
戴金盈（1994）“鳴金”不等於“敲鑼”，《邏輯與語言學習》1994（2）：47—48。
劉永良（1995）《三國演義》語言風格談，《漢中師範學院學報（社會科學版）》1995（3）：48—53。
王立民（1997）雅俗共賞 通行適用——論《三國演義》的語言，《漢中師範學院學報（社會科學版）》1997（1）：68—71。
楊學淦（1997）《三國演義》中的析字辭格，《修辭學習》1997（1）：11。
周希文（1999）由《三國演義》傳下來的慣用語、歇後語、成語，《語文知識》1999（10）：12—13。
武彬（2000）“鶴氅”到底是甚麼?，《語文世界》2000（6）：40。
李樹新（2000）三國文化熟語探析，《内蒙古大學學報（人文社會科學版）》2000（4）：7—13。
古屋昭弘（2000）《三國志玉璽傳》の言葉のことなど，《中國語學研究・開篇》20：270—273，東京：好文出版。
강신석（2000）《三國志演義》의叙事形式考，《中國人文科學》20：189—206。
古屋昭弘（2001）押韻から見た說唱文學と皮影戲，《近代中國都市藝能に關する基礎的研究》成果報告論文集（平成九—十一年度科學研究費基盤研究C）。
樓含松（2002）論《三國志通俗演義》的文體特徵，《浙江學刊》2002（4）：134—139。
柳士鎮（2003）略論《三國演義》的語言面貌，《南京大學學報（哲學・人文科學・社會科學版）》2003（6）：103—116。
邢文柱（2003，2004）《三國演義》における待遇表現の研究（1-3），《久留米大學大學

院比較文化研究論集》14：31—43；15：17—33；16：19—33。

椿正美（2004）《三國志演義》に見られる近稱指示詞“此”の機能，《千葉商大紀要》42（2）：159—175。

王今錚（2004）《三國演義》的語言與成語，《漢字文化》2004（1）：32—34。

張金亮（2004）《三國演義》雜考，《濰坊學院學報》2004（1）：116。

焦集群（2004）《三國演義》中告語類文體撰寫模式簡論，《遼寧師範大學學報（社會科學版）》2004（4）：96—99。

焦集群（2004）古代告語類文體在《三國演義》中的成功運用，《廣播電視大學學報（哲學社會科學版）》2004（4）：48—51。

米文佐（2004）《三國演義》中的罵詞，《中國古代小說戲劇研究叢刊》2：286—296。

邢文柱（2005）《三國演義》に見る待遇表現—侮蔑表現を中心に，《比較文化研究》68：99—109。

上田望（2005）《三國演義》の言葉と文體：中國古典小說への計量的アプローチ，《金沢大學文學部論集》（言語·文學篇）25：25—44。

米文佐（2005）簡論《三國演義》中成語的運用，《中國古代小說戲劇研究叢刊》3：283—292。

段珂（2005）《三國演義》中謡諺的妙用，《中國古代小說戲劇研究叢刊》3：293—296。

周雪霏（2006）《三國演義》語言的民族特色——兼論中國古代小說的“詩體美”，《語文學刊》2006（5）：25—28。

洪水英（2006）《三國演義》中處置式語義透視，《漳州師範學院學報（哲學社會科學版）》2006（2）：96—102。

張強（2006）論《三國演義》赤壁之戰的叙事節奏，《南京師大學報（社會科學版）》2006（5）：125—130。

崔岩（2006）《〈三國演義〉漢英對照本疑問句對比分析》，中國海洋大學碩士論文。

張皓得（2006）後期近代中國語否定詞의通時的特徵研究：《三國演義》를中心으로，《中語中文學》38：73—93。

田順芝（2007）《〈三國演義〉稱謂詞研究》，山東大學碩士論文。

沈亮（2008）略論《三國演義》的罵人藝術，《黄岡師範學院學報》2008（S1）：123—125。

吳三文（2008）文不甚深，言不甚俗——淺談《三國演義》的語言風格，《中學生百科》2008（29）：10—12。

徐武林（2008）漢語熟語在泰國的流傳：以泰譯本《三國演義》爲例，《社會科學戰綫》2008（8）：138—143。

陳玉（2008）《〈三國志通俗演義〉詞彙研究》，山東大學碩士論文。

鄧世平（2009）《三國演義》中比喻修辭格的運用探析，《現代語文（文學研究版）》2009（7）：52—53。

趙卓（2009）《三國演義》語言的凝重之美——中國小說語言美學系列之七，《北方工業大學學報》2009（4）：38—43，49。

楊小平（2009）淺論《三國演義》中的詩歌，《明清小說研究》2009（4）：113—121。

강성조（2009）《三國演義》成語研究，《中國語文論叢》40：21—42。

侯桂運（2010）開頭結尾的獨特魅力——《三國演義》回目和回末對句的文體特點對比分析，《名作欣賞》2010（5）：40—43。

韓得志（2010）《三國演義》“賊”義解析，《廣西師範學院學報（哲學社會科學版）》2010（2）：68—72。

劉齊文（2010）語境視野中的日本《三國演義》研究，《大家》2010（14）：122—123。

劉齊文（2010）從漢語詞彙“避席”日譯個案看文化信息缺損——以多種《三國演義》日譯本爲文本，《大家》2010（22）：113—114。

劉齊文（2010）從漢語詞彙“幘”的日譯個案看譯語文化對翻譯的影響——以井波律子《三國演義》日譯本爲文本，《時代文學》2010（12）：176—177。

付曉芳、董靜萍（2010）從評價視覺分析祭文的文體特徵——以《三國演義》一段祭文爲例，《現代語文（語言研究版）》2010（10）：16—19。

姚琴（2010）《三國演義》回目修辭技巧探析，《作家》2010（22）：106—107。

劉浩（2010）《〈三國演義〉人物對話的語用分析》，曲阜師範大學碩士論文。

張雯（2010）《諸葛亮言語交際策略的語用學研究》，曲阜師範大學碩士論文。

崔高峰（2010）《〈三國演義〉中諸葛亮言語交際的語用分析》，新疆師範大學碩士論文。

沈曉雲（2010）《〈三國演義〉文白相間的語言特點》，寧波大學碩士論文。

劉永良（2010）《三國演義語言藝術》，瀋陽：白山出版社。

要學棣、李紅強（2011）論《三國演義》的語言特點，《中國科教創新導刊》2011（8）：69。

張厚然、董訓虎（2011）漢語常用成語在《三國演義》中的表現淺談，《中國科教創新導刊》2011（9）：91。

李季（2011）探析《三國志通俗演義》中賦體的運用，《德州學院學報》2011（1）：55—59。

劉齊文（2011）文化語言學視點的漢語詞彙日譯文化信息缺失解讀——以井波律子《三國演義》日譯本爲文本，《凱里學院學報》2011（2）：172—174。

劉齊文（2011）文化語言學視點的漢語稱呼語文化意蘊及翻譯策略——以井波律子《三國演義》日譯本爲文本，《凱里學院學報》2011（4）：110，112。

劉齊文（2011）動態對等視角的注釋性翻譯——以井波律子《三國演義》日譯本爲文本，《長春教育學院學報》2011（4）：35—36。

羅嵐（2011）從《三國演義》劉備言語交際探究數量準則的違反，《神州》2011（12）：80—82。

潘思思（2011）《三國演義》動結式“V住”考察，《寧波大學學報（教育科學版）》2011（4）：112—115。

肖志艷、王芳（2011）對典籍翻譯中文化和語言的誤譯分析與探討——剖析羅譯《三國演義》的語料，《吉林廣播電視大學學報》2011（8）：75—76。

張曉峰（2011）《三國演義》中諸葛亮痛罵王朗之修辭評析，《時代文學（下半月）》2011（11）：120—121。

趙璐（2011）《三國演義》成書的文體演變，《前沿》2011（24）：214—216。

趙翠（2011）漢語成語的轉喻闡釋——以《三國演義》中的成語典故爲例，《西安社會科學》2011（6）：152—154。

韓得志（2011）《〈三國演義〉"賊"義解析》，廣西師範學院碩士論文。

葉希聰（2011）《語料庫輔助《三國演義》戰爭詞語翻譯比較研究》，大連海事大學碩士論文。

邢文柱、趙海城（2012）《三國演義》における敬語表現についての一考察，《明星大學研究紀要（人文學部）》48：39—56。

黃倩倩（2012）文學話語中"身份建構"的指示性研究——以《三國演義》中劉備話語爲例，《大學英語（學術版）》2012（2）：239—243。

劉浩（2012）因違反質量準則而產生含義的《三國演義》人物對話分析，《山東廣播電視大學學報》2012（4）：56—58。

曾少波（2012）《三國演義》的"不數合"句式，《安徽職業技術學院學報》2012（4）：50—53。

劉克强（2012）《語料庫詞典學與基於平行語料庫的〈三國演義〉習語翻譯詞典的研編》昆明：雲南大學出版社。

桑哲（2013）從字頻看《三國》，《光明日報》2013/5/27（15）。

鄧煜（2013）《三國演義》回目對偶的分類和表達效果研究，《榆林學院學報》2013（5）：46—49。

岑澤麗（2013）《三國演義》誇張修辭格運用探析，《太原師範學院學報（社會科學版）》2013（5）：85—87。

張叡（2013）《三國演義》中的敬語初探，《劍南文學（經典教苑）》2013（10）：215—216。

黃妙琦（2013）從《三國演義》談元末明初章回小說特徵，《青年文學家》2013（36）：59。

桑哲（2013）《〈三國演義〉字頻研究》，曲阜師範大學博士論文。

劉齊文（2013）《文化語言學視角下的譯注法研究：以《三國演義》多種日譯本爲文本》，北京：中國書籍出版社。

3.2 《水滸傳》

◎原始資料

・影印本

中華書局上海編輯所（1966）《明容與堂刻水滸傳》，上海：中華書局【李卓吾先生批評忠義水滸傳，據北京圖書館藏本影印】；（1975）上海：上海人民出版社。

（1973）《李卓吾先生批評忠義水滸傳》，上海：上海人民出版社【據中華書局上海編輯所影印本翻印】。

（1975）《第五才子書施耐庵水滸傳》，北京：中華書局【據崇禎十四年貫華堂刻本影印】。

（1990）《第五才子書施耐庵水滸傳》，上海：上海古籍出版社【金聖嘆評點】

（1990）《水滸忠義志傳》，北京：中華書局【新刻全像水滸傳】

（1990）《鍾批水滸傳》，北京：中華書局【鍾伯敬先生批評水滸傳一百卷】

・排印本

成島柳北閲，伊達邦茂、土生柳平校（1894）《第五才子書水滸傳》，東京：松玉堂書店。

博文館編輯局校訂（1895）《校訂水滸傳》（帝國文庫 36—37），東京：博文館。

共同出版株式會社編輯局訓點（1908）《忠義水滸傳：李卓吾批點》，東京：共同出版。

幸田露伴校訂（1925）《校訂水滸傳》（國文叢書），東京：三星社；（1927）日本文藝叢書 20，東京：日本文藝叢書刊行會。

汪原放句讀（1928）《水滸》，上海：亞東圖書館。

（1929）《一百二十回的水滸》（全二册），上海：商務印書館；（1957）二版。

文明書局標點校閲（1931）《水滸傳》，上海：文明書局。

（1934）《足本水滸》，上海：世界書局。

（1952）《水滸》，北京：作家出版社。

（1952）《水滸》，北京：人民文學出版社。

（1954）《水滸全傳》，北京：人民文學出版社。

（1957）《水滸》，北京：作家出版社。

趙聰校點（1959）《水滸傳》（中國典籍輯要），香港：友聯出版社

胡適考證（1961）《水滸傳》（中國古典文學名著），臺南：大東書局。

繆天華校訂（1972）《水滸傳》（中國古典名著），臺北：三民書局。

（1973）《水滸傳》（大字足本古典文學），臺北：臺灣文源書局。

（1975）《水滸傳》（中國古典文學讀本叢書），北京：人民文學出版社。

（1975）《水滸全傳》，上海：上海人民出版社。

（1976）《水滸全傳》，香港：中華書局。

蔣祖鋼校勘（1985）《古本水滸傳》，石家莊：河北人民出版社。

（1985）《水滸傳》，臺北：輔新書局、陽明書局。

文子生校點（1985）《第五才子書施耐庵水滸傳》，鄭州：中州古籍出版社。

李泉、張永鑫校注，王利器審訂（1986）《水滸全傳》，成都：四川文藝出版社。

（1987）《水滸傳》（中國古典小説新刊），臺北：聯經出版事業公司。

陳曦鐘、侯忠義、魯玉川輯校（1987）《水滸傳會評本》（中國古典小説戲曲研究資料叢書），北京：北京大學出版社。

（1988）《水滸全傳》（古典名著普及文庫），長沙：岳麓書社。

凌賡、恒鶴、刁寧校點（1988）《容與堂本水滸傳》，上海：上海古籍出版社。

羅爾綱考訂（1989）《水滸傳原本》，貴陽：貴州人民出版社。

李靈年、陳敏傑校點，陳新審定（1989）《水滸傳（新校注本）》，南京：江蘇古籍出版社。

（1990）《水滸傳》（大字足本古典文學），臺南：世一文化事業。

（1990）《第五才子書水滸傳》（古本小説集成），上海：上海古籍出版社。

劉一舟校點（1991）《水滸傳：金聖嘆批評》（中國古典文學名著叢書），濟南：齊魯書社。

張鳳岐校注（1991）《水滸傳》，香港：風華出版。

（1993）《水滸傳》（中國古典文學名著），北京：北京十月文藝出版社。

黃天驥、馮卓然校注（1993）《水滸傳》，廣州：花城出版社。
盛瑞裕點注（1994）《水滸：日本輪王寺秘藏》，武漢：武漢出版社。
李泉、張永鑫校注（1994）《水滸全傳校注》，臺北：里仁書局。
（1997）《水滸傳》（中國古典文學），臺南：王家出版社。
（1997）《水滸傳》，天津：天津古籍出版社。
林峻校點（1998）《水滸傳》（中國古典小說名著叢書），上海：上海古籍出版社。
（2001）《水滸傳》（中國古典文學名著 2），呼和浩特：內蒙古大學出版社。
（2003）《水滸傳》（世紀語文新課標必讀），上海：上海書店出版社。
羅德榮校點（2006）《水滸傳（金聖嘆批評本）》，長沙：岳麓書社。
陳文新、王同舟導讀，陳衛星點校（2008）《水滸傳》，長沙：岳麓書社。
王利器校注（2009）《水滸全傳校》，石家莊：河北教育出版社。
盛巽昌補證（2010）《水滸傳補證本》，上海：上海人民出版社。
・日譯本
滝沢馬琴譯（1912）《水滸傳》，東京：國民文庫刊行會。
蒲原春夫譯（1926）《現代語全譯水滸傳》，東京：興文社。
笹川臨風譯（1930）《水滸傳》（世界大衆文學全集 38），東京：改造社；（1939）世界大衆文學名作選集 10，東京：改造社。
弓館小鰐譯（1940）《水滸傳》，東京：第一書房。
笹川臨風解說（1941）《水滸傳》（物語近世文學 12—14），東京：雄山閣。
吉川幸次郎譯（1947）《水滸傳》全 13 册（岩波文庫），東京：岩波書店。
魚返善雄譯（1949）《水滸傳：新譯》，東京：改造社；（1959）《水滸傳》，東京：新制社。
佐藤春夫譯（1952）《新譯水滸傳》，東京：中央公論社。
村上知行譯（1955）《水滸傳：新中國定本普及版》，東京：修道社。
（1955）《水滸傳》（國譯漢文大成文學部 18—20），東京：東洋文化協會。
幸田露伴（1955—56）《譯注水滸傳》（全 5 册），東京：岩波書店。
村上知行譯（1957）《水滸傳；剪燈新話》（世界文學全集別卷 1—2），東京：河出書房。
高垣眸譯（1957）《水滸傳物語》（世界名作全集 55），東京：大日本雄弁會講談社。
駒田信二譯（1959）《水滸傳》（中國古典文學全集 10—12），東京：平凡社；（1967）中國古典文學大系 28—30，東京：平凡社；（1972）奇書シリーズ 3，東京：平凡社；（1984—85）講談社文庫，東京：講談社；（2005）ちくま文庫，東京：筑摩書房。
村上知行譯（1961）《水滸傳》（世界文學全集 79—80），東京：河出書房；（1967）東京：河出書房；（1983）現代教養文庫 1081—1085，東京：社會思想社。
佐藤一郎譯（1969）《水滸傳》（世界文學全集/綜合社編 3），東京：集英社；（1975）世界文學全集 5，東京：集英社；（1979）世界文學全集 7—8，東京：集英社。
松枝茂夫譯（1975）《水滸傳》（岩波少年文庫 3082—3084），東京：岩波書店。
杉本達夫、中村願譯（1977）《水滸傳》（中國の古典文學 11，12），東京：さえら書房。
立間祥介譯（1986）《水滸傳》（講談社青い鳥文庫），東京：講談社。
吉川幸次郎、清水茂譯（1995—98）《水滸傳（完譯）》（岩波文庫），東京：岩波書店。

・英譯本

Buck, P. S. (1933) *Prospectus for all men are brothers: (Shui hu chuan)*, New York: J. Day Co.; (1933) *All men are brothers: (Shui hu chuan)*, London: Methuen; Shanghai: Modern Book；小宮山凡禪、西村隆三郎重譯（1939）《對譯水滸傳》，東京：ヘラルド雜誌社。

Jackson, J. H., Fang, Lo-tien (1937) *Water margin*, Shanghai: Commercial Press.

Shapiro, S. (1980) *Outlaws of the marsh*，北京：外文出版社；（1988）Chinese classics，北京：外文出版社；（1999）大中華文庫，北京：外文出版社、長沙：湖南人民出版社；（2003）漢英經典文庫，北京：外文出版社。

Buck, Pearl S. (1984) *All men are brothers: (Shui hu chuan)*，臺北：皇家圖書。

Jackson, J. H., Lowe, Edwin (2010) *The water margin: outlaws of the marsh: the classic Chinese novel*, Tuttle classics, Tokyo: Tuttle.

・德譯本

Kuhn, F. (1953) *Die Räuber vom Lian Schan Moor: mit sechzig Holzschnitten einer alten chinesischen Ausgabe*, Düsseldorf: Droste; Frankfurt a.M.: Insel.

Lenz, Renate, Dozentin (1969) *Pantherschädel: vom Waffenmeister der Kaiserlichen Garde zum Rebellen: abenteuerliche Erlebnisse eines chinesischen Offiziers aus dem Roman "Die Räuber vom Liang Schan Moor"*, Chinesische Übungstexte Heft 3, Leipzig: Verlag Enzyklopädie.

・法譯本

Dars, J. (1978) *Au bord de l'eau = Shui-hu-zhuan*, Bibliothèque de la Pléiade 273-274, Paris: Gallimard.

・韓譯本

朴泰遠譯（1950）《水滸傳》，首爾：正音社。

延邊大學中文系朝文專業《水滸全傳》翻譯小組（1976）《水滸傳》，延邊：延邊人民出版社。

・世界語譯本

李士俊譯（2004）*Ĉe akvorando,* Serio Oriento-Okcidento, n-ro 35, Beijing: Ĉina Fremdlingva Eldonejo.

・辭典、索引

香坂順一（1973）《水滸全傳語彙索引》，名古屋：采華書林。

高島俊男（1977）《水滸傳》語彙辭典稿：A および B，《中國語學》224：78—91；（1978）C の部，《岡山大學法文學部學術紀要（文學篇）》38：1—23；（1978）D の部（上），《中國語學》225：63—77；（1979）D の部（下），【油印】；（1979）E の部，【油印】；（1978）F の部，《岡山大學法文學部學術紀要（文學篇）》39：65—81；（1979）G の部，《中國語學》226：99—112；（1979）H の部，《岡山大學法文學部學術紀要（文學篇）》40：83—99；（1980）J の部（上），《中國語學》227：50—61；（1981）J の部（下），【油印】；（1981）K の部，《岡山大學文學部紀要（文學）》2：71—84；

（1983）L の部，【油印】；（1982）M の部，《岡山大學文學部紀要》3：225—243；（1984）N の部，【油印】；（1984）O の部，【油印】；（1984）P の部，【油印】；（1983）Q の部，《岡山大學文學部紀要》4：189—199；（1986）R の部，【自印】；S の部，【自印】；（1984）T の部（上），《岡山大學文學部紀要》5：217—230；（1985）T の部（下），《岡山大學文學部紀要》6：253—268；（1986）W の部，《岡山大學文學部紀要》7：289—300；（1987）X の部（上），《岡山大學文學部紀要》8：207—217；（1988）X の部（下），《岡山大學文學部紀要》9：265—277；（1988）Y の部（上），《岡山大學文學部紀要》10：115—126；（1989）Y の部（下），《岡山大學文學部紀要》11：199—209。

胡竹安編（1989）《水滸詞典》，北京：漢語大詞典出版社。

李法白、劉鏡芙編（1989）《水滸語詞詞典》，上海：上海辭書出版社。

大島吉郎編（1998）《容與堂本〈水滸傳〉語彙索引》，東京：近代漢語研究會【大東文化大學】。

・文本研究

齋藤護一（1936）全像水滸傳の出現，《中國文學月報》2：22—23。

齋藤護一（1938）百回水滸傳考，《漢學會雜誌》6：19。

長澤規矩也（1938）江户時代における水滸傳の流行（上），《書誌學》11（6）：4—11；（1985）《長澤規矩也著作集》5：355—361，東京：汲古書院。

齋藤護一（1940）全像本水滸傳に就て，《斯文》22（12）：46【概要】。

豐田穰（1941）明刊四十卷本拍案驚奇及水滸傳評林完本の出現，《斯文》23（6）：7。

戴望舒（1949）一百二十回水滸傳之真僞，《學原》2（5）。

小川環樹（1951）水滸傳の作者について，《日本中國學會報》3：112—123；（1958）The Author of the Shui-hu Chuan, *Monumenta Serica* 17: 312-330；（1968）《中國小說史の研究》35—57，東京：岩波書店；（1997）《小川環樹著作集》4：97—117，東京：岩波書店。

Irwin, R. G. (1953) *The Evolution of a Chinese Novel: Shui-hu-chuan*, Harvard-Yenching Institute studies10, Cambridge, Massachusetts: Harvard-Yenching Institute【書評：小川環樹（1955）アーウィン《水滸傳の發展史》評，《中國文學報》3：154—160；（1997）《小川環樹著作集》4：347—353，東京：岩波書店】.

宮崎市定（1953）水滸傳的傷痕：現行本成立過程の分析，《東方學》6：31—41。

白木直也（1955）楊定見本水滸傳《發凡》の解釋をめぐって，《廣島大學文學部紀要》8：243—272。

王古魯（1957）"讀水滸全傳鄭序"及"談水滸傳"，《北京師範大學學報（社會科學版）》1957（2）：145—174。

嚴敦易（1957）《水滸傳的演變》，北京：作家出版社。

王利器（1957）關於"水滸全傳"的版本及校訂，《水滸研究論文集》398—402，北京：作家出版社。

張友鸞（1957）七十一回本"水滸"的校訂工作，《水滸研究論文集》391—397，北京：

作家出版社。

白木直也（1957，1958）所謂李玄伯（100回）本の素性—水滸傳諸本の研究（1-3），《支那學研究》17：11—22；18：10—21；21：26—37。

白木直也（1958）水滸插增田虎王慶本と水滸志傳評林本，《日本中國學會報》10：152。

白木直也（1960）影印“水滸志傳評林”完本を手にして，《支那學研究》24·25：239—245。

白木直也（1963）“插增”ということ—水滸傳における遼國故事の問題—，《廣島大學文學部紀要》22（3）：92—125。

阿部兼也（1964）明代文簡本水滸傳をめぐる問題，《集刊東洋學》12：80—90。

峰地右太郎（1965）《水滸傳》の研究と資料，大阪市立大學中國文學研究室編《中國の八大小說》157—167，東京：平凡社。

白木直也（1965）巴黎本水滸全傳の研究（その一）—水滸傳諸本の研究，《支那學研究》31：42—53。

白木直也（1965）巴黎本水滸全傳の研究（上）—基礎としての《京本》との比較，《廣島大學文學部紀要》24（3）：110—143。

白木直也（1965）《水滸傳諸本の研究—その一・巴黎本水滸全傳の研究》【自印】。

白木直也（1966）《水滸傳諸本の研究—その二・一百二十回水滸全傳發凡の研究》【自印】。

白木直也（1967）《水滸傳諸本の研究—その三・郭武定本私考》【自印】。

白木直也（1967）郭武定本私考（上），《廣島大學文學部紀要》27（1）：140—159。

白木直也（1968）和刻本水滸傳の研究—諸本間に占める妥當な位置を求めて，《廣島大學文學部紀要》28（1）：277—304。

白木直也（1968）和刻本水滸傳の研究—所謂無窮會本との關係，《日本中國學會報》20：203—215。

白木直也（1968）水滸傳の渡來と文簡本，《東方學》36：86—101。

大内田三郎（1968）《水滸傳》版本考：繁本と簡本の關係を中心に，《天理大學學報》20（2）：50—63。

大内田三郎（1968）《水滸傳》版本考：繁本各回本の關係について，《ビブリア》40：15—35。

大内田三郎（1969）《水滸傳》版本考：“水滸志傳評林本”の成立過程を中心に，《天理大學學報》21（2）：1—13。

白木直也（1970）《水滸傳諸本の研究—その四・和刻本忠義本水滸傳の研究》【自印】。

白木直也（1970）江户期佚名氏と其の《水滸刊本隨見抄之》，《東方學》40：82—98。

大内田三郎（1971）《水滸傳》版本考：“百十回本”について，《天理大學學報》22（3）：1—15。

白木直也（1971）鍾伯敬批評四知館刊本研究序說—水滸傳諸本の研究，《東方學》42：98—113。

白木直也（1971）鍾伯敬批評四知館刊本の研究—水滸傳諸本の研究，《日本中國學會報》23：171—185。

白木直也（1972）鍾伯敬批評四知館刊本の研究—李卓吾批評容與堂刊本との關係，《廣島大學文學部紀要》31（1）：116—148。
白木直也（1972）《水滸傳諸本の研究—その五・江户期佚名氏水滸刊本品類隨見抄之の研究》【自印】。
李慧淳（1972）《水滸傳研究》，臺灣師範大學博士論文。
白木直也（1973）排印《水滸全傳》への批判と提言—諸本研究の立場よりする，《東方學》45：57—73。
白木直也（1973）一百二十回水滸全傳の研究—發凡を通じて試みた，《日本中國學會報》25：125—139。
李慧淳（1973）水滸傳版本考，《中國學報》14：1—24。
白木直也（1974）一百二十回水滸全傳の研究—其の《李卓吾評》をめぐって，《日本中國學會報》26：95—111。
大内田三郎（1975）《水滸傳》版本考："百二十四回本"について，《天理大學學報》99：1—10。
大内田三郎（1977）《水滸傳》版本考：《漢宋奇書》と《英雄譜》の關係について，《ビブリア》65：14—38。
大内田三郎（1979）《水滸傳》版本考："文杏堂批評水滸傳三十卷本"について，《天理大學學報》119：50—67。
郁沅（1979）金聖歎貫華堂本《水滸傳》考評，《古代文學理論研究叢刊》1：387—402。
王利器（1979）《水滸》李卓吾評本的真僞問題，《文學評論叢刊》2：365—381。
丁振海（1979）《水滸》研究三十年簡評，《文學評論》1979（6）：58—65。
崔文印（1980）袁無涯刊本《水滸》李贄評辨僞，《中華文史論叢》1980（2）：311—317。
黄霖（1980）一種值得注目的《水滸》古本，《復旦學報》1980（4）：86—89。
聶紺弩（1980）論《水滸》的繁本和簡本，《中華文史論叢》1980（2）：237—293。
王根林（1980）論《水滸》繁本與簡本的關係，《中華文史論叢》1980（2）：295—309。
張國光（1980）《金聖歎與七十回本〈水滸〉研究》，武漢：武漢師範學院。
大内田三郎（1981）《水滸傳》版本考：《二刻英雄譜》について，《天理大學學報》129：1—11。
王琮琪（1981）《水滸》譯本拾趣，《書林》1981（3）：5。
馬幼垣（1981）牛津大學所藏明代簡本《水滸》殘葉書後，《中華文史論叢》20：47—66。
葉朗（1981）葉昼評點《水滸傳》考證，《古代文學理論研究》5：91—112。
朱一玄、劉毓忱（1981）《水滸傳資料彙編》，天津：百花文藝出版社；（2002）中國古典小説名著資料叢刊2，天津：南開大學出版社。
大内田三郎（1982）《水滸傳》版本考："容與堂本"について，《ビブリア》79：8—24。
雲告（1982）平田虎、王慶部分與百回本《水滸》不一致，《求索》1982（3）：93。
張國光（1982）《水滸》祖本探考——兼論施耐庵爲郭勛門客之托名，《江漢論壇》1982（1）：39—44。
范寧（1982）《水滸傳》版本源流考，《中華文史論叢》1982（4）：65—77。

王根林（1982）《〈水滸〉祖本探考》質疑，《中華文史論叢》24：79—88。
何滿子（1982）從宋元説話家數探索《水滸》繁簡本淵源及其作者問題，《中華文史論叢》24：31—44。
高明閣（1982）《水滸傳》與《宣和遺事》——口頭文學所奠定的《水滸》基礎之一，《水滸爭鳴》1：33—48。
羅爾綱（1982）水滸真義考，《文史》15：231—261。
黄霖（1982）《忠義水滸傳》與《金瓶梅詞話》，《水滸爭鳴》1：222—237。
白木直也，程耀鎏譯（1982）《水滸傳》的傳日與文簡本，《水滸爭鳴》1：382—393。
大內田三郎，黄南山譯（1982）《水滸傳》版本考——中心是繁本和簡本的關係，《水滸爭鳴》1：394—407。
陳遼（1983）郭刻本《水滸》非《水滸》祖本——兼談《水滸》版本的演變，《江漢論壇》1983（3）：46—49，45。
袁世碩（1983）《水滸傳》作者施耐庵問題，《東岳論叢》1983（3）：37—43，54。
周學禹（1983）論《水滸》繁本與簡本的先後關係，《信陽師範學院學報（哲學社會科學版）》1983（2）：60—67，95。
歐陽健（1983）《水滸》簡本繁本遞嬗過程新證，《文史》18：211—231。
吳樹平（1983）羅爾綱先生對《水滸傳》原本的探索——介紹《水滸真義考》，《讀書》1983（7）：119—122。
曦鍾（1983）關於《鍾伯敬先生批評水滸忠義傳》，《文獻》1983（1）：42—52。
羅爾綱（1984）從羅貫中《三遂平妖傳》看《水滸傳》著者和原本問題，《學術月刊》1984（10）：22—32。
官桂銓（1984）《水滸傳》的藜光堂本與劉興我本及其它，《文學遺産》1984（2）：64。
劉世德（1984）談《水滸傳》映雪草堂刊本的概況、序文和標目——《水滸傳版本探索》之一，《水滸爭鳴》3：134—162。
大內田三郎，彭修艮譯（1984）《水滸傳》版本考——關於《文杏堂批評水滸傳三十卷本》，《水滸爭鳴》3：163—182。
馬幼垣（1984）呼吁研究簡本《水滸》意見書，《水滸爭鳴》3：183—204。
高明閣（1984）論《水滸》的簡本系統，《水滸爭鳴》3：222—232。
鐵玉欽（1984）從《信牌檔》中《水滸》殘本的發現，看明末《水滸》的傳入遼東及女真地區，《水滸爭鳴》3：242—250。
杉森正彌（1985）水滸傳の周邊—1984の夏に，《國士館大學文學部人文學會紀要》17：107—122。
佐藤鍊太郎（1985）無窮會圖書館所藏織田覺齋舊藏李卓吾評《忠義水滸傳》一百回，《汲古》8：26—32。
王同書（1985）談新發現之古本《水滸》的幾個問題，《蘇州大學學報》1985（1）：88—90。
劉世德（1985）談《水滸傳》映雪草堂刊本的底本——《水滸傳版本探索》之一，《明清小說研究》1985（2）：95—113。
蔣祖綱（1985）埋沒的珍珠——簡介梅氏藏本《水滸》，《明清小說研究》1985（2）：

219—226。
范寧（1985）東京所見兩部《水滸傳》，《明清小說研究》1985（1）：71—73。
易名（1985）談《水滸》的“武定板”，《水滸爭鳴》4：122—128。
李國才（1985）論巴黎所藏《新刊京本全像插增田虎王慶忠義水滸傳》，《水滸爭鳴》4：129—141。
陸樹崙（1985）映雪草堂本《水滸全傳》簡介，《水滸爭鳴》4：142—153。
劉世德（1985）《水滸傳》映雪草堂刊本——簡本和删節本——《水滸傳》版本探索之一，《水滸爭鳴》4：154—175。
李慧淳（1985）《水滸傳研究》，首爾：正音社。
大內田三郎（1986）《水滸傳》版本考—再び繁本と簡本の關係について，《伊藤漱平教授退官記念中國學論集》533—550，東京：汲古書院。
高島俊男（1986）水滸傳《石渠閣補刊本》研究序說，《伊藤漱平教授退官記念中國學論集》551—589，東京：汲古書院。
佐藤鍊太郎（1986）李卓吾評《忠義水滸傳》について，《東方學》71：61—75。
張國光（1986）魚目豈容混珠——續辨所謂“新發現”的“古本”《水滸傳》之僞，《湖北大學學報（哲學社會科學版）》1986（3）：97—100。
陳遼（1986）《古本水滸傳》並非古本辯，《湖北大學學報（哲學社會科學版）》1986（3）：101—103，105。
徐耀明（1986）《古本水滸傳》辨僞，《湖北大學學報（哲學社會科學版）》1986（3）：104—105。
吕致遠（1986）評《古本水滸傳》，《鄭州大學學報（哲學社會科學版）》1986（4）：58—64。
商韜、陳年希（1986）用《三遂平妖傳》不能說明《水滸傳》的著者和原本問題——與羅爾綱先生商榷，《學術月刊》1986（2）：55—59，47。
徐朔方（1986）《平妖傳》的版本以及《水滸傳》原本七十回說辨正，《浙江學刊》1986（3）：56—59。
曲家源（1986）試談《水滸傳》第二十二回與第二十三回的銜接，《瀋陽師範學院學報（社會科學版）》1986（2）：54—56。
劉世德（1986）談《水滸傳》劉興我刊本——《水滸傳》版本探索之一，《中華文史論叢》1986（4）：255—271。
錢林森（1986）法譯《水滸傳》的問世與法國對中國小說的譯介、研究——中國文學在法國之二，《社會科學戰綫》1986（4）：302—310。
香坂順一（1987）《古本水滸傳》は“古本”か，《東方》70：2—9。
張國光（1987）再評聶紺弩等先生的《水滸》簡本先於繁本說——兼辨《水滸》成書之前並無所謂“詞話本”流傳，《湖北大學學報（哲學社會科學版）》1987（5）：12—20。
傅隆基（1987）從“評林本”看《水滸》簡本與繁本的關係，《水滸爭鳴》5：86—100。
馬幼垣（1987）影印《評林》本缺葉補遺，《水滸爭鳴》5：101—108。
高島俊男（1987）《水滸傳の世界》，東京：大修館書店。
丸山浩明（1988）水滸傳簡本淺探—劉興我本・藜光堂本をめぐって，《日本中國學會報》

40：136—152。

劉世德（1988）雄飛館刊本《英雄譜》與《二刻英雄譜》的區别——《水滸傳》版本探索之一，《陽山學刊》1988（1）：46—53。

范崇德（1988）《古本水滸傳》非出一人之手，《明清小説研究》1988（2）：229—234。

羅爾綱（1988）從《忠義水滸傳》與《忠義水滸全傳》對勘看出續加者對羅貫中《水滸傳》原本的盜改，《學術論壇》1988（6）：102—107。

夏夢菊（1988，1989，1990）水滸演變史新論（上、中、下），《新疆師範大學學報（哲學社會科學版）》1988（3）：7—14；1989（1）：34—40，封底；1990（1）：45—51。

高山節也（1988）佐賀鍋島藩諸文庫藏漢籍明版について—遺香堂繪像本忠義水滸傳—，《汲古》13：45—54。

馬幼垣（1988）嵌圖本水滸傳四種簡介，《漢學研究》6（1）：1—16。

劉世德（1989）鍾批本《水滸傳》的刊行年代和版本問題——《水滸傳》版本探索之一，《文獻》1989（2）：32—49。

汪遠平（1989）在不斷探索中獲取新的發現——《三國》《水滸》《西游》和《紅樓》研究近況綜述，《湖南師範大學社會科學學報》1989（2）：113—118。

阿部兼也（1989）《京本忠義傳》（水滸傳殘頁二葉）の性格，《集刊東洋學》62：143—148。

應堅（1990）《古本水滸傳》真僞問題研究述評，《龍岩師專學報（社會科學版）》1990（1）：58—61。

羅爾綱（1990）關於用羅貫中《三遂平妖傳》對勘《水滸傳》著者和原本的問題，《文史》33：365—378。

章培恒（1991）關於《水滸》的郭勛本與袁無涯本，《復旦學報（社會科學版）》1991（3）：97—105。

高島俊男（1991）《水滸傳と日本人》，東京：大修館書店。

笠井直美（1992）金陵世德堂刊《水滸記》について，《東方學》83：79—94。

張國光（1992）僞中之僞的120回《古本水滸傳》剖析，《湖北大學學報（哲學社會科學版）》1992（1）：45—50。

左東嶺（1992）中國小説藝術演進的一條綫索——從明代《水滸傳》的版本演變談起，《鄭州大學學報（哲學社會科學版）》1992（2）：81—87，102。

何根生（1992）考訂乎？“編輯”乎？——評羅爾綱先生考訂的《水滸傳原本》，《漢中師院學報（哲學社會科學版）》1992（3）：53—62，68。

馬幼垣（1992）《水滸論衡》，臺北：聯經出版事業公司；（2007）北京：三聯書店。

羅爾綱（1992）《水滸傳原本和著者研究》，南京：江蘇古籍出版社。

魯德才（1993）《水滸傳》七十一回本的形態，《明清小説研究》1993（2）：160—170。

劉世德（1993）談《水滸傳》雙峰堂刊本的引頭詩問題，《文獻》1993（3）：34—53。

曲家源（1993）《水滸》文本研究的重大進展——評馬幼垣教授的《水滸論衡》，《山西師大學報（社會科學版）》1993（4）：54—60。

大内田三郎（1993）《水滸傳》版本考：“容與堂本”について（2），《人文研究》45（5）：433—447。

王利器（1994）李卓吾評郭勛本《忠義水滸傳》之發現，《河北師院學報（社會科學版）》1994（3）：103—110，127。
羅爾綱（1994）一條《水滸傳》原本的新證，《廣西民族學院學報（哲學社會科學版）》1994（3）：1。
大內田三郎（1994）《水滸傳》版本考：《鍾伯敬先生批評水滸傳》について，《人文研究》46（9）：449—473。
植田渥雄（1994）岡嶋冠山編譯《通俗忠義水滸傳》考，《櫻美林大學中國文學論叢》19：119—131。
大內田三郎（1995）《水滸傳》版本考：《京本忠義傳》について，《人文研究》47（3）：159—181。
王珏（1996）《水滸傳》版本之謎，《固原師專學報（社會科學版）》1996（4）：1—6。
笠井直美（1996）李宗侗（玄伯）舊藏《忠義水滸傳》，《東洋文化研究所紀要》131：27—104。
朱德魁（1997）《水滸》詳校簡注例言，《貴州教育學院學報（社會科學版）》1997（1）：15—18。
竺青、李永祜（1997）《水滸傳》祖本及“郭武定本”問題新議，《文學遺產》1997（5）：81—92。
張傑（1998）初論《水滸傳》簡本與繁本的關係，《唐都學刊》1998（1）：53—58。
周繼仲（1998）容與堂刻百回本《水滸傳》應爲《水滸傳》祖本，《貴州師範大學學報（社會科學版）》1998（2）：74—76。
侯會（1998）《水滸傳》版本淺說，《古典文學知識》1998（4）：105—111。
苗懷明（1998）柳蔭成自無心間——《京本忠義傳》殘頁的發現與研究，《古典文學知識》1998（4）：112—117。
劉世德（2000）《水滸傳》無窮會藏本初論——《水滸傳》版本探索之一，《文學遺產》2000（1）：106—119。
談蓓芳（2000）也談無窮會藏本《水滸傳》——兼及《水滸傳》版本中的其他問題，《中國文學研究（輯刊）》2000（1）：234—293。
黄俶成（2000）《施耐庵與〈水滸〉》，上海：上海人民出版社。
黄俶成（2001）《水滸》版本衍變考論，《揚州大學學報（人文社會科學版）》2001（1）：36—44。
黄俶成（2001）20世紀《水滸》版本的研究，《文史知識》2001（4）：114—120。
王貴忱（2001）記明黄君蒨刻本《水滸牌》，《學術研究》2001（3）：113—115；《古籍研究》2001（2）：52—54。
魯德才（2001）《水滸傳》七十一回本的形態，《水滸爭鳴》6：210—222。
劉明遠（2002）《古本水滸傳》真僞優劣談，《河南圖書館學刊》2002（1）：86—87。
左漢林（2002）百回本《忠義水滸傳》後三十回應爲續書，《唐山師範學院學報》2002（4）：17—19。
小松謙（2002）《水滸傳》成立考—內容面からのアプローチ，《中國文學報》64：66—94。
談蓓芳（2002）試談海內外漢籍善本的綴合研究——以李贄評本《忠義水滸傳》爲例，《中國典籍與文化論叢》7：113—123。
馬幼垣（2003）繆荃孫未嘗購藏郭武定本《水滸傳》辨，《九州學林》1（1）：147—162。
陳宏祥（2003）二十餘年來關於《水滸傳》論爭的回顧，《水滸爭鳴》7：8—15。
紀德君（2004）百年來《水滸傳》成書及文本研究述要，《中華文化論壇》2004（3）：67—72。
李永祜（2006）《水滸傳》的文本研究與田王二傳的作者——與孟繁仁諸先生商榷，《廣西師範學院學報（哲學社會科學版）》2006（4）：66—74。
陳玉東（2006）袁無涯本《水滸傳》辨僞，《哈爾濱學院學報》2006（6）：70—75。
何紅梅（2006）新世紀《水滸傳》作者、成書與文本研究綜述，《蘇州大學學報（哲學社會科學版）》2006（6）：56—59。
陳松柏（2006）《水滸傳源流考論》，北京：人民文學出版社。
陳松柏（2007）也談《水滸傳》的祖本，《湖南社會科學》2007（1）：127—131。
氏岡真士（2007）影印插增乙本《水滸傳》缺葉補遺，信州大學《人文科學論集（文化コミュニケーション學科編）》41：59—80。
董寧（2007）《建陽刻本〈水滸志傳評林〉研究》，福建師範大學碩士論文。
謝衛平（2008）《水滸》文本研究在日本——兼談國内相關情況，《明清小說研究》2008（2）：205—213，274。
笠井直美（2009）北京大學圖書館藏《忠義水滸全傳》：“萬曆袁無涯原刊”情報の一人步き，《名古屋大學中國語學文學論集》21：1—21。
談蓓芳（2009）從《金瓶梅詞話》與《水滸》版本的關係看其成書時間，《復旦學報（社會科學版）》2009（3）：52—58。
李永祜（2009）《京本忠義傳》的斷代斷性與文本研究，《水滸爭鳴》11：1—32。
周文業（2009）《水滸傳》版本數字化及應用，《水滸爭鳴》11：127—168。
林彬暉（2009）簡論作爲漢語學習材料的《水滸傳》——以日本爲例，《水滸爭鳴》11：247—258。
閔寬東（2009）《水滸誌語録》과《西游記語録》研究，《中國小說論叢》29：105—125。
張石川、劉玉（2010）從《金瓶梅》襲用部分推測《水滸》原本面貌，《南京師範大學文學院學報》2010（3）：95—99。
何紅梅（2010）近十年來《水滸傳》作者、成書與文本研究述要，《現代語文（文學研究）》2010（11）：8—13。
氏岡真士（2010）兩種“出像”本《水滸》在百十五回諸本中的位置，《中國古典小說研究》15：89—106。
陽建雄（2010）《〈水滸傳〉研究》，南昌：江西人民出版社。
趙寬熙（2010）《古本水滸傳》의真僞論難에對한一考，《中國小說論叢》32：131—166。
氏岡真士（2011）試探百二十四回本《水滸》的底本，信州大學《人文科學論集（文化コミュニケーション學科編）》45：1—17。
齊裕焜（2011）《水滸傳》不同繁本系統之比較，《中國典籍與文化》2011（1）：53—62。
劉世德（2011）《水滸傳》牛津殘葉試論，《菏澤學院學報》2011（1）：29—35。

何紅梅（2011）十年來《水滸傳》作者、成書年代與文本研究述要，《菏澤學院學報》2011（3）：48—54。
劉天振，王輝（2011）新時期以來《水滸傳》簡本系統研究述略，《現代語文（學術綜合版）》2011（9）：43—49。
王麗傑（2011）《〈水滸傳〉容與堂本與貫華堂本差異考述》，曲阜師範大學碩士論文。
유춘동（2011）《水滸傳》의國內現存中國版本과語録解에對한硏究，《東亞人文學》20：277—304。
荒木達雄（2012）“嘉靖本”《水滸傳》と初期の《水滸傳》文繁本系統，《日本中國語學會》64：217—232。
曾曉娟（2013）《水滸》“古本”與容與堂本之關係，《文獻》2013（2）：138—142。
許勇強、李蕊芹（2013）近 20 年《水滸傳》文本研究述評，《南陽師範學院學報》2013（4）：22—26，32。

◎研究

何仲英（1921）《水滸傳》釋詞，《教育雜誌》13（6，8，10）。
汪善生（1921）讀何仲英先生的《水滸傳釋詞》，《教育雜誌》13（10）。
汪善生（1921）再讀何仲英先生的《水滸傳釋詞》，《教育雜誌》13（12）。
汪馥泉（1940）水滸辭典草稿，《學術》1，3，4 輯。
余嘉錫（1946）《水滸傳》之俗語，《經世日報讀書週刊》1946/10/9（9）。
相浦杲（1950）水滸傳の言葉，《中國語學研究會（關西）會報》1950（9）：1—3。
相浦杲（1952）水滸傳の言葉，《東方學》5：69—84。
許政揚（1953）評新出《水滸》的注解，《光明日報》1953/6/3；（1984）《許政揚文存》175—182，北京：中華書局。
香坂順一（1954）水滸のことば（1），大阪市立大學《人文研究》5（6）：481—504。
何心（1954）水滸傳中的土語諺語，《水滸研究》，上海：上海文藝聯合出版社。
何心（1954）《水滸研究》，上海：上海文藝聯合出版社；（1985）增訂再版，上海：上海古籍出版社【書評：白木直也（195?）《支那文學研究》15：56—58】。
陳中凡（1955）試論水滸傳的著者及其創作時代，《南京大學學報（自然科學版）》1955（1）：24—34。
湛盧（1955）對《水滸》運用語言的體會，《語文學習》1955（2）：15—22。
王綸（1955）解釋《水滸》中難懂詞語的幾種方法，《語文學習》1955（2）：22—28。
刀雲展（1955）從胡適的《水滸傳考證》到何心的《水滸研究》，《文史哲》1955（9）：2—12。
黄岳洲（1955）《水滸》中“但”字的用法，《語文學習》1955（9）：37—38。
王綸（1955）《水滸》詞語解釋的修正，《語文學習》1955（9）：38。
許紹早（1956）《水滸》中的“被”字句，東北人民大學《人文科學學報》1956（3）：21—34。
王綸（1957）《水滸》難解詞語注釋（一，二，三，四，五，續完），《語文知識》1957（3）：41—44；1957（4）：45—46；1957（5）：46—48；1957（6）：42—44；1957（8）：47—48；1957（9）：44—47。

楊丁（1957）評何心著“水滸研究”，《水滸研究論文集》1957：382—386，北京：作家出版社。

張友鸞（1957）“决撒”解——“水滸”注解的一個舉例，《水滸研究論文集》1957：387—390，北京：作家出版社。

Софронов М. (1957) Принципы глагольного словообразования в языке романа Шуйху чжуань, *Советское Востоковежение* 3: 160-168; *Восток. Афро-азиатские общества: история и современность* 3；ソフロノフ，川上久壽譯（1958，1959）水滸の言語における動詞の詞構成の原則（1，2），《中國語學》71：13—16；82：18—22；Sofronow, M. W. (1960) Die Methoden der Wortbildung in der Sprache des Romans Shuihuzhuan, Ratchnevsky, P. ed. *Beiträgen zum Problem des Wortes im Chinesischen* 71-94, Berlin: Akademie Verlag.

向熹（1958）《水滸》中的“把”字句、“將”字句和“被”字句，《語言學論叢》2：84—99。

黃伯榮（1958）《水滸傳》疑問句的特點，《蘭州大學學報》1958（2）：80—83。

胡竹安（1958）《水滸傳》裡的助詞“地”，《中國語文》1958（1）：33—34。

張衛經（1958）《水滸》裡幾個方言詞的意義，《中國語文》1958（10）：500。

香坂順一（1959）水滸のことば，《中國語學研究集刊》1：41—54。

陳登原（1962）水滸事語所知録，《文學遺產增刊》9：130—136。

相浦杲（1965）《水滸傳》の言語，大阪市立大學中國文學研究室編《中國の八大小說》147—156，東京：平凡社。

Herrfurth, H. (1964) Die Klassifikationsaffixe im Chinesischen, Ratchnevsky, P. ed. *Beiträgen zum Problem des Wortes im Chinesischen* 2: 1-44, Berlin: Akademie Verlag【論及《水滸傳》裡的量詞】.

大內田三郎（1965）水滸傳版本間にみられるコトバの相違—金聖嘆本を中心として，《中國語學》156：17—25。

駒田信二（1967）《水滸傳》に見える“踅”の譯語について，《東京支那學報》13：81—92。

阿部兼也（1968）水滸傳における“去”の用法について，東北大學《文化》31（4）：1—26。

相浦杲（1969）水滸（傳），《中國語學新辭典》274—275，東京：光生館。

大內田三郎（1970）《水滸傳》の言語：再び“在”について，天理大學《中文研究》11：8—16。

大內田三郎（1970）《水滸傳》の言語：“水滸志傳評林本”の用語を中心に，《天理大學學報》21（3）：252—265；佟金銘節譯（1984）《水滸傳》的語言—關於《水滸志傳評林》本的用語研究，《揚州師院學報（社會科學版）》1984（3）：64—69。

大內田三郎（1970）《水滸傳》の言語：助詞“de”の用法について，《天理大學學報》22（1）：100—109。

大內田三郎（1971）《水滸傳》の言語：“個”の用法について，《天理大學學報》22（5）：73—82。

大內田三郎（1972）《水滸傳》の言語：同義語における一考察，《中文研究》13：1—10。

古屋二夫（1973）水滸傳・水滸後傳集諺—中國諺語資料（3），《東邦學誌》5：25—35。

大内田三郎（1974）《水滸傳》の言語：單音節語と多音節語の同義語について，《天理大學學報》25（5）：12—26。

大内田三郎（1974）《水滸傳》の言語：動作動詞の同義語について，《天理大學學報》26（1）：1—12。

Пан, Ин. (1974) Ши Найань и его роль в формировании китайского литературного языка, *Филология и история стран зарубежной Азии и Африки: Тез. докл. иауч. конф., посвященной 120—летию основания восточного фак. ЛГУ (1854—1974 г.)*, 35-36, Л.: Изд-во Ленингр. ун-та.

大内田三郎（1975）《水滸傳》の言語：述語の後置成分について，《天理大學學報》96：68—76；佟金銘譯（1984）《水滸傳》的語言——關於謂語的後置成分，《徐州師範學院學報（哲學社會科學版）》1984（2）：26—29，36。

大内田三郎（1975）《水滸傳》の言語：再び“個”について，天理大學《中文研究》15：695—698。

聊城分院中文系《現代漢語成語詞典》編寫組（1975）《水滸》詞語評釋（1，2），《山東師院（社會科學版）》1975（5）：87—88；1975（6）：102—103。

梅因（1975）《水滸》名詞解釋，《山西師院》1975（3）：40—42.

傅才（1975）水滸詞語解釋，《青海師範學院學報》3—4 合刊。

上海人民出版社辭海編輯室（1975）《水滸》部分詞語簡釋，《語文戰綫》1975（6）。

河南大學（1975）水滸傳中的土話諺語，《開封師院學報（哲學社會科學版）》1975（S1）：88—95。

大内田三郎（1976）《水滸傳》の言語：簡本（百十五回本）の文章について，《天理大學學報》101：1—10；王齊洲譯（1986）《水滸傳》的語言——關於簡本（百十五回）的文章，《荆州師專學報（哲學社會科學版）》1986（1）：25—32。

大内田三郎（1976）《水滸傳》の言語：狀況語について，《天理大學學報》104：1—11。

Wei, Chiao (1977) Die Entwicklung des Wortes “Chiang” im Roman der Umgangssprache, besonders im “Shui-hu chuan”, *Oriens Extremus* 24(1, 2): 187-204.

馬蹄疾編（1977）《水滸資料彙編》，北京：中華書局；（1980）二版。

高島俊男（1979）水滸傳の稱呼（1）—自稱語—，《中國語研究》19：1—14。

楊天戈（1979）《水滸》語詞例釋，《中國語文》1979（6）：38—40。

徐震堮（1979）讀《水滸傳》札記，《上海師範大學學報（哲學社會科學版）》1979（3）：46—53。

胡竹安（1980）兩篇《水滸》課文詞語解釋，《中國語文教學》1980（10）。

成宜濟（1980）水滸傳俗談考，《中國文學報》4：131—153。

高島俊男（1981）水滸傳の稱呼（2）—對稱語—，《中國語研究》20：1—20。

大内田三郎（1981）《水滸傳》の言語：場所を示す介詞について，《天理大學學報》132：22—31。

李思明（1981）從《水滸全傳》、《紅樓夢》、《家》看“與”字的發展，《安徽師大學報（哲學社會科學版）》1981（4）：110—114，87。

李法白、劉鏡芙（1981）《水滸傳》“卻”的詞義初探，《中國語文》1981（1）：66—70。
范國（1981）水滸傳中的一些“親切”詞語，《語文雜誌》6：41—46。
高島俊男（1982）“小嘍囉”小考，《中哲文學會報》7：61—74。
植田均(1982)《水滸傳》にみえる文末の“在那里”について,《中國語學》229：12—21。
洪克夷（1982）《水滸》二論，《杭州大學學報（哲學社會科學版）》1982（1）：52—64。
許紹早（1982）《水滸傳》中的“是”字句，《語言研究》1982（1）：87—100。
王士毅（1982）《水滸》中“卻”字的用法，《黃石師院學報（哲學社會科學版）》1982（3）：144—150。
李法白、劉鏡芙（1982）《水滸傳》詞語彙釋選例，《水滸爭鳴》1：162—173。
李法白、劉鏡芙（1982）釋《水滸傳》中的“須”，《中國語文通訊》1982（5）：26—28。
何士龍（1982）談談《水滸》的語言藝術，《水滸爭鳴》1：174—184。
李思明（1982）《水滸全傳》中的選擇問句，《中國語文通訊》1982（5）：29—31。
鄭公盾（1983）《水滸傳論文集》（上），銀川：寧夏人民出版社。
吕劍萍（1983）談談《水滸》語言的節奏感，《上海師範大學學報（哲學社會科學版）》1983（1）：147—150。
徐金城（1983）論《水滸傳》的語言特色，《廣西師範學院學報（哲學社會科學版）》1983（2）：82—91。
胡竹安（1983）《水滸傳》事物雜考六則，《淮北煤師院學報（社會科學版）》1983（2）：70—73，125。
胡竹安（1983）《水滸》中的明代用語，《語文園地》1983（4）：21—22。
胡竹安（1983）《水滸傳》的太平車、海鰍船、兜子，《徽州師專學報》1983（1）。
方齡貴（1983）元明戲曲用語與《水滸傳》用語互證釋例，《思想戰綫》1983（6）：48—52，47。
大内田三郎（1983）《水滸傳》の言語：“容與堂本”の字句について，《人文研究》35（2）：61—73；佟金銘譯（1986）《水滸傳》的語言——關於“容與堂本”的字句研究，《揚州師院學報（社會科學版）》1986（3）：131—138。
陸鴻基（1983）從《水滸傳》及《三言》看明代平民識字概況，《明報月刊》18（1）：101—107。
李思明（1983）從變文、元雜劇、《水滸》、《紅樓夢》看選擇問句的發展，《語言研究》1983（2）：158—167。
江蘇、王林書、王同書（1983）《水滸》人物的個性化語言，《水滸爭鳴》2：270—277。
陳周昌（1983）論《水滸》韻文的藝術作用，《水滸爭鳴》2：278—290。
大内田三郎（1984）《水滸傳》の言語：動詞“與”について，《人文研究》36（3）：109—118。
香坂順一（1984，1985，1986）《水滸傳》に見られる副詞（1-4），《東洋研究》69：1—33；72：1—18；76：1—34；80：1—32。
王愷（1984）“老種”與“小種”是父子，而非弟兄——兼說《水滸》中的“相公”，《南京師大學報（社會科學版）》1984（1）：89—90。
夏業昌（1984）這個“卻”字怎講?，《四川師院學報（社會科學版）》1984（2）：93。
何紅一（1984）試談《水滸傳》中民間諺語在刻畫人物上的作用，《中南民族學院學報（哲學社會科學版)》1984(4):119—123。
汪遠平(1984)切象附意 聯類不常——漫說《水滸》裡的比喻,《杭州師院學報(社會科學版)》1984(3):71—76。
袁賓(1984)《智取生辰綱》詞語例釋,《山東師大學報(哲學社會科學版)》1984(3):95—97。
曲沐(1984)論《水滸傳》的文學語言,《貴州文史叢刊》1984(3):129—137。
汪遠平(1984)《水滸》對民間語言的運用,《陝西師大學報(哲學社會科學版)》1984(2):60—64。
楊占武(1984)《水滸傳》中的"了""著"和"將",《固原師專學報(社會科學版)》1984(2):69—73。
陳浩(1984)《水滸全傳》"得"的詞義初探,《語文研究》1984(2):38—42。
許政揚、周汝昌(1984)《水滸傳》簡注,《許政揚文存》83—130,北京:中華書局。
守屋宏則(1985)"喫"の用法から見た《水滸》,《中國俗文學研究》3:60—73。
植田均(1985)《水滸傳》にみえる受動表現について—"被""喫""乞"を中心に—,《奈良產業大學紀要》1:25—40。
大內田三郎(1985)《水滸傳》の言語:補語について,《人文研究》37(3):119—134。
李思明(1985)《水滸全傳》《紅樓夢》中人稱代詞複數表示法,《安慶師院學報(社會科學版)》1985(1):99—104。
林文山(1985)《水滸》的人物語言,《河北師院學報(哲學社會科學版)》1985(2):15—22,93。
李法白、劉鏡芙(1985)《水滸傳》詞語彙釋選例之二,《水滸爭鳴》4:427—443。
李慶榮(1985)千錘百煉 溢采流光——談《水滸》詞語的選擇與運用,《北京大學學報(哲學社會科學版)》1985(2):16—25。
熊飛(1985)"團頭"小考,《辭書研究》1985(3):140—142。
姚恩榮、王同書(1985)張士誠—張榮—宋江——白駒施耐庵即《水滸》作者雛論,《社會科學》1985(3):46—49,45。
張丙釗(1985)從《水滸傳》的語言看作者的籍貫問題,《明清小說研究》2:65—94。
李奇林(1985)通俗 粗獷 風趣——《水滸》語言的比喻特色,《鹽城師專學報(社會科學版)》1985(4):36—39。
李思明(1985)《水滸全傳》中"得""的""地"通用情況的考察,《安慶師院學報(社會科學版)》1985(4):100—105,64。
商振哲(1985)《水滸傳》裡"得"的意義和用法,《浙江師大學報》1985(3)。
丸山浩明(1986)《水滸傳》中の詩詞について一百回本から百二十回本への過程,《二松學舍大學人文論叢》34:21—33.
徐朔方(1986)再論《水滸》和《金瓶梅》不是個人創作——兼及《平妖傳》《西游記》《封神演義》成書的一個側面,《徐州師範學院學報》1986(1):96—108。
楊占武(1986)與《水滸傳》中"動詞+得+賓語"相關的幾個問題,《固原師專學報(社會科學版)》1986(1):48—56。

周暉（1986）《水滸》人物語言特色舉隅，《黃岡師專學報》1：47—51。
勝股高志（1986）從敘事觀點來看《水滸傳》的描寫手法，《明清小說研究》1：120—131。
李泉（1986）《水滸全傳》注釋選例，《明清小說研究》1：136—140。
李思明（1986）《水滸全傳》的指示代詞，《語文研究》1986（1）：6—12。
王利器（1986）水滸全傳注試筆，《徐州師範學院學報（哲學社會科學版）》1986（2）：99—103。
王利器（1986）《水滸全傳注》試筆（第二十四回上篇）——與《金瓶梅詞話》有關部分，《吉林大學社會科學學報》1986（4）：79—86。
王利器（1986）《〈水滸全傳〉注》試筆，《四川師範大學學報（社會科學版）》1986（3）：1—6。
王利器（1986）水滸全傳注試筆（續），《徐州師範學院學報（哲學社會科學版）》1986（3）：66—75，65。
植田均，王建譯（1986）從近代白話談特殊的“了”，《貴州教育學院學報（社會科學版）》1986（2）：83—90。
李思明（1986）《水滸全傳》中的疑問代詞，《安慶師院學報（社會科學版）》1986（4）：61—71。
俞光中（1986）《水滸全傳》句末的“在這（那）裡”考，《中國語文》1986（1）：63—69；蔣紹愚、江藍生編（1999）《近代漢語研究（二）》1—14，北京：商務印書館。
馬蹄疾（1986）《水滸書録》，上海：上海古籍出版社。
胡竹安（1986）《水滸》裏的“草篛兒”是什麼，《中學生文史》1986（7·8）。
鄧韶玉（1987）打開《水滸》研究之門的鑰匙——《水滸書録》漫評，《明清小說研究》6：422—425。
香坂順一（1987）《〈水滸〉語彙の研究》，東京：光生館；植田均譯，李思明校（1992）《水滸詞彙研究（虛詞部分）》，北京：文津出版社。
佐藤晴彥（1987）《水滸傳》研究方法論——香坂順一著《〈水滸〉語彙の研究》の書評を兼ねて，《神户外大論叢》38（7）：1—21。
大內田三郎（1987）《水滸傳》の言語：連詞“和、並、與、同”について，《人文研究》39（3）：117—132。
何華連（1987）《水滸》四處疏誤談，《浙江師範大學學報（哲學社會科學版）》1987（1）：93—95。
郭齊（1987）《水滸傳》的動詞情貌《四川大學學報（哲學社會科學版）》1987（1）：57—63。
汪遠平（1987）醉語·罵語——《水滸》語言藝術二題，《求是學刊》1987（3）：68—71，96。
陳君安（1987）《智取生辰綱》的語言特色，《五邑大學學報（人文社會科學版）》1987（3）：72—75。
李思明（1987）《水滸全傳》的否定詞，《安慶師院學報（社會科學版）》1987（3）：87—95。
李思明（1987）《水滸全傳》的因果句，《中國語文》1987（2）：120—124。
李思明（1987）通過語言比較來看《古本水滸傳》的作者，《文學遺產》1987（5）：85—94。

胡竹安（1987）《水滸詞典》樣條（men-mu），《語文研究》1987（3）：54—57。
胡竹安（1987）《水滸全傳》屬句關係詞的描寫和源流探索，《語言研究》1987（2）：30—45。
夏業昌（1987）“托地”辨釋，《語文學刊》1987（6）：37—38。
何阡陌（1987）《水滸傳》中的語言詞句和言語詞句，《語文研究》1987（4）：37—39。
香坂順一（1988）《水滸傳》に見られる能願動詞，大東文化大學《東洋研究》87：37—60。
王爾齡（1988）《水滸》名物制度與語言瑣談——見於中學課本的若干注釋榷疑，《西北師大學報（社會科學版）》1988（1）：103—105。
郭齊（1988）《水滸傳》雙音動詞的“等義並行”現象，《中國語文》1988（2）：146—155。
俞光中（1988）《水滸傳》句法的意合傾向，《上海教育學院學報》1988（2）：55—59。
李思明（1988）《水滸全傳》“得”字的初步考察，《語言學論叢》15：146—160。
李思明（1988）《水滸全傳》中的並列連詞，《安慶師院學報（社會科學版）》1988（3）。
党軍旗（1988）《水滸傳》中“卻”的副詞用法——兼補《辭海》等釋義的不足，《營口師專學報》1988（3）。
胡竹安（1988）《水滸全傳》所見現代吳語詞彙試析，《吳語論叢》：223—231。
劉冬（1988）“草莽失身憐赤子”——對《古本水滸傳》的一點看法，《明清小說研究》1988（1）：47—54。
丁正華（1988）《水滸》吳語一斑，《明清小說研究》1988（2）：101—114。
翟建波（1988）是“點金成鐵”還是“點鐵成金” ——也談金聖嘆對《水滸傳》文字修改，《寧夏社會科學》1988（3）：99—103。
許仰民（1988）《水滸全傳》的“喫”字句，《信陽師範學院學報（哲學社會科學版）》1988（3）：73—76。
阿部博幸（1989）“則個”考：《水滸傳》の用例をめぐって，《中國文化：研究と教育（漢文學會會報）》47：79—88。
加護谷春江（1989）《水滸傳》における文字表記—‘裏’と‘個’を中心にして—，《語學漫步》12【（2009）《語學漫步選》49—50，長久手：古代文字資料館】。
李思明（1989）《水滸全傳》的讓步複句，《中國語研究》31：79—89。
守屋宏則（1989）《水滸》に見られる“沒”，《中國俗文學研究》7：52—72。
大內田三郎（1989）《水滸傳》の言語：助詞“時”について，《人文研究》41（5）：261—278。
楊天戈（1989）《水滸》詞語解釋拾遺，《中國語研究》31：90—101。
應堅（1989）近幾年《水滸》研究綜述，《文史哲》1989（2）：99—102。
宣嘯東（1989）從語言上看《古本水滸傳》非梅寄鶴僞作——與王利器、李思明同志商榷，《明清小說研究》1989（3）：225—230。
胡竹安（1989）《水滸》詞語辨釋四則，《語言研究》1989（2）：105—108，94。
李大星（1989）《水滸傳》的重疊式形容詞，《吉林大學社會科學學報》1989（5）：76—84。
李思明（1989）《水滸全傳》的反問句，《安慶師院學報（社會科學版）》1989（3）：1—8。
譚枝宏（1989）《水滸傳》《紅樓夢》和《四世同堂》中的“動詞+在+處所”，《安慶師院學報（社會科學版）》1989（3）：9—15。
滬仁（1989）《水滸傳》回目中的“鬧”字，《無錫教育學院學報》1989（2）。

汪遠平（1989）論《水滸》語言的音樂美，《河北師院學報（哲學社會科學版）》1989（2）：20—27。
常強華（1989）《水滸傳》中的程度副詞，《四川大學學報叢刊》45：60—64。
李芷（1990）《金瓶梅》抄改《水滸傳》瑣談，《鹽城師專學報（社會科學版）》1990（1）：43—48。
劉寧生（1990）《水滸》中的"著"，《徐州師範學院學報（哲學社會科學版）》1990（1）：159—164。
許仰民（1990）論《水滸全傳》的被動句，《古漢語研究》1990（1）：74—77，90。
李思明（1990）《水滸》中的積極被動句—"蒙"字句，《安慶師院社會科學學報》1990（1）：68—70，63。
李思明（1990）《水滸》、《金瓶梅》、《紅樓夢》副詞"便"、"就"的考察，《語言研究》1990（2）：82—85。
王希傑（1990）《水滸傳》語言談，《語文月刊》1990（9）：8—9。
許紹早（1990）《水滸傳》的處所詞，《王力先生紀念論文集》210—221，北京：商務印書館。
盧甲文（1990）《水滸傳》詞語釋義（2），《河南師範大學學報（哲學社會科學版）》1990（4）：67—72。
佐藤晴彥（1991）《水滸傳》"嘉靖"殘卷について，《神户外大論叢》42（3）：23—47。
伊原大策（1991）《水滸傳》語彙計量分析試論：語彙・語法史研究におけるパソコン應用の試み，《筑波中國文化論叢》10：127—140。
井上泰山（1991）《水滸傳》補語小考，《中國俗文學研究》9：124—103；（2004）《中國近世戲曲小說論集》415—425，吹田：關西大學出版部。
李思明（1991）《水滸全傳》中的虛詞"便"與"就"，《安慶師院社會科學學報》1991（1）：47—53，89。
徐正考（1991）《〈水滸傳〉的動詞情貌》獻疑，《四川大學學報（哲學社會科學版）》1991（3）：73。
裴碧蘭（1991）《水滸傳》語法修辭審美效應析例，《中國文學研究》1991（2）：32—40，20。
劉鏡芙（1991）《水滸傳》中一組同義介詞，《暨南學報（哲學社會科學版）》1991（2）：113—118。
守屋宏則（1992）《水滸》にみられる可能補語の特徵，《中國俗文學研究》10：132—109。
大內田三郎（1992）《水滸傳》の言語："便"について，大阪市立大學《中國學志》7：1—12。
宮崎市定（1992）《宮崎市定全集》12 水滸傳，東京：岩波書店。
安源（1992）《水滸傳》在日本，《內蒙古電大學刊》1992（1）：5—8，37。
周正（1992）上海古籍出版社 1984 年印刷《水滸全傳》斷句糾繆二三例，《甘肅社會科學》1992（3）：57。
王明煊（1992）從敘述功能看《水滸》語言的審美品質，《浙江師大學報》1992（3）：74—78。

許仰民（1992）論《水滸全傳》的“被”字句，《南都學壇（社會科學版）》1992（3）：27—33。
李思明（1992）《水滸全傳》《金瓶梅》《紅樓夢》中動詞重叠式的比較，《安慶師院社會科學學報》1992（2）：99—104。
徐振輝（1992）於蕪雜處見神奇——《水滸傳》的非常規語言藝術，《明清小說研究》1992（Z1）：89—96。
許紹早（1992）《水滸傳》的主語問題，胡竹安、楊耐思、蔣紹愚編《近代漢語研究》307—324，北京：商務印書館。
胡竹安（1992）評鄭振鐸序本《水滸全傳》的校勘和句讀，胡竹安、楊耐思、蔣紹愚編《近代漢語研究》66—76，北京：商務印書館。
趙英明（1992）金評《水滸》的語用分析，《安徽師大學報（哲學社會科學版）》1992（3）：357—364。
許紹早（1992）《水滸傳》的處所詞，《漢語研究論集》1。
崔應賢（1993）《水滸傳》中的四字格，《中國語研究》35：61—71。
守屋宏則（1993）《水滸》中の“動詞+得+形容詞”形式，《明治大學教養論集》255：83—99。
管錫華、吳欣欣（1993）《水滸全傳》動詞重叠與重叠動詞的考察，《阜陽師範學院學報（社會科學版）》1993（1）：95—102。
申小龍（1993）《水滸傳》耦合句研究，《古漢語研究》1993（3）：9—15。
蔣冀騁（1993）讀《水滸詞典》札記，《語言研究》1993（2）：137—139。
香坂順一（1994）《水滸》の“相～”，《中國語研究》36：53—59。
盧甲文（1994）《水滸全傳》詞語彙釋，《信陽師範學院學報（哲學社會科學版）》1994（1）：87—91。
崔應賢、王永安、常月華（1994）談《水滸傳》中的“並列複語”現象，《河南師範大學學報（哲學社會科學版）》1994（4）：65—73。
曲家源（1994）《水滸傳》稱謂考證，《山西師大學報（社會科學版）》1994（3）：46—59。
席德之（1994）《水滸傳》中的數詞“一”，《六盤水師範高等專科學校學報》1994（3）：40—44。
張澤（1994）“三寸丁榖樹皮”詮釋，《文史知識》1994（11）：106—107。
蔣禮鴻（1994）說“旋”、“旋子”，《中國語文》1994（3）：200。
馬成生（1994）《水滸通論》，杭州：浙江古籍出版社。
沈伯俊編（1994）《水滸研究論文集》，北京：中華書局。
香坂順一（1995）《〈水滸〉語彙と現代語》，東京：光生館。
鈴木誠（1995）《近代漢語讀本》〈水滸傳〉部分の注釋について，麗澤大學《中國研究》4：27—36。
大島吉郎（1995）“動・到”と“動・着”の分布について（3）《水滸傳》を中心に，《大東文化大學紀要（人文科學）》33：101—119。
張海燕（1995）《水滸傳》個性化的人物語言，《渤海學刊》1995（1）：34—38。
劉鳳華、石巨文（1995）“兀”字及其組合比較——交城話與《水滸傳》“兀”字比較，

《雁北師院學報（文科版）》1995（1）：38—39，56。
張向東（1995）“從說話看出人來”——淺論《水滸傳》人物語言的性格化描寫，《荆門大學學報（哲學社會科學版）》1995（4）：39—44。
馮玉濤（1995）試說“旋”的本字，《中國語文》1995（2）：155。
龍仁（1995）也說“旋”、“旋子”，《中國語文》1995（2）：155—156。
謝質彬（1995）與蔣說商榷，《中國語文》1995（2）：156—157。
宿玉堂（1996）《水滸傳》《金瓶梅》和《西游記》里的AABB重疊式，《大阪外國語大學論集（言語編）》14：83—95。
守屋宏則（1996）中國近世白話語法の研究：《水滸》の補語に關する諸問題—能願動詞と可能補語の差異について，《明治大學人文科學研究所紀要》39：247—265。
王利器（1996）水滸全傳注序，《成都大學學報（社會科學版）》1996（1）：9—17。
王利器（1996）《水滸全傳》若干詞語釋義訓解，《文學遺產》1996（2）：85—90。
趙英明、王懋明（1996）《水滸》人稱指示語的語用——讀《水滸》“金評”札記，《安徽師大學報（哲學社會科學版）》1996（1）：55—58。
劉華亭（1996）從《水滸》行文本身談征田、征王兩段是後加的，《濟寧師專學報》1996（4）：58—60。
聶春艷（1997）重複的藝術——《水滸傳》故事類型的重複與詞語的重複，《安徽教育學院學報（哲學社會科學版）》1997（4）：38—40。
吳曉龍（1997）說“棧”與“鴨”，《文史知識》1997（11）：103—108。
蕭紅（1997）《水滸傳》中的是非問句——兼與《紅樓夢》中的是非問句比較，《江蘇社會科學（理論研究綜合版）》；（2013）《漢語歷史語法詞彙研究》136—143，北京：中國社會科學出版社。
盧甲文（1998）《水滸傳》詞語釋義，《周口師專學報》1998（1）：57—61。
葛成民（1998）中華民族文學語言的瑰寶——論《水滸傳》的文學語言，《臨沂師專學報》1998（2）：32—36，61。
孫煥英（1998）《水滸傳》中的“鳥”字解，《漢字文化》1998（2）：60。
張惠貞（1998）金聖嘆評點《水滸》改筆四例，《修辭學習》1998（3）：50。
史錫堯（1998）大碗喫酒，大塊喫肉——析《水滸傳》一句式，《修辭學習》1998（4）：41。
羅德榮（1998）新時期《水滸傳》研究概觀，《古典文學知識》1998（4）：25—29。
鋭聲（1998）“穀樹皮”小識，《辭書研究》1998（4）：156—158。
徐金城（1998）《水滸傳》中的“卻”，《廣西師範大學學報（哲學社會科學版）》1998（S3）：154—157。
蕭紅（1998）《水滸傳》與《紅樓夢》的特指問句，《咸寧師專學報》1998（4）：40—42；（2013）《漢語歷史語法詞彙研究》144—152，北京：中國社會科學出版社。
施發筆（1998）《水滸傳》中表所在的介詞研究，《南通教育學院學報》1998（1）。
郭齊（1998）《水滸傳》特殊動詞、助動詞、趨向動詞研究，《漢語史研究集刊》1下：446—471。
石雲孫（1998）《水滸傳》中“點眼”舉隅，《修辭學習》1998（3）：33。

杜愛英（1998）也談“炊餅”，《古典文學知識》1998（4）：89—94。

北村真由美（1998）《水滸傳》における作者介入文について，《早稲田大學大學院文學研究科紀要》第 2 分册 44：85—95。

金正起（1998）《水滸傳》詞性修辭，《東方學》4：311—330。

金正起（1998）《水滸傳》言語的音樂性，《中語中文學》23：219—237。

北村真由美（1999）《水滸傳》における文言と白話の融合，早稲田大學《中國文學研究》25：64—77。

鈴木誠（1999）水滸武松物語における“把與”について，麗澤大學《中國研究》7：33—39。

中村浩一（1999，2000）《普通話三千常用詞表》と《水滸》1 名詞，1 名詞（用例資料），《大東文化大學紀要（人文科學）》37：257—311；38：165—196。

大島吉郎（1999）動詞重疊型に關する通時的研究（1）《水滸傳》を中心に，《大東文化大學紀要（人文科學）》37：215—233。

佐藤晴彦（1999）容與堂本《水滸傳》成立の一側面，《神户外大論叢》50（5）：1—17。

福與真弓（1999）《水滸傳》と《金瓶梅》—“武十回”を中心に—，《常葉國文》24：49—61。

秦建軍（1999）水滸與檔案，《北京檔案》1999（1）：36。

才廣（1999）《水滸傳》中“病”字何意，《語文世界》1999（5）：39。

魏達純（1999）再證《古本水滸》後 50 回非施耐庵所作——前 70 回與後 50 回用語調查，《中山大學學報（社會科學版）》1999（3）：79—87。

王憶東（1999）試釋“三寸丁穀樹皮”，《咬文嚼字》1999（8）：36—37。

榮耀祥（1999）“病關索”沒病，《閱讀與寫作》1999（9）：31。

江津（1999）爛醉如泥“泥”何解?，《重慶師專學報》1999（1）：112。

于智榮（1999）談“鳥”字，《漢字文化》1999（2）：61—62，46。

金正起（1999）《水滸傳》語言的形象美，《中國語文論叢》16：269—290。

植田均（2000）注釋《水滸》精讀（1），《奈良產業大學紀要》16：149—183。

北村真由美（2000）《水滸傳》の表現—“容與堂本”と“金聖嘆本”の比較を通して，早稲田大學《中國文學研究》26：85—97。

守屋宏則（2000）中國語文法・語彙の歷史的研究—《水滸》中の可能補語の統語論的・意味論的考察，《明治大學人文科學研究所紀要》47：255—271。

王開文（2000）《水滸》武術用語詮釋（正續），《體育文史》2000（1）：58，62—63。

扎拉嘎（2000）清季蒙譯本《水滸傳》二種述略，《民族文學研究》2000（1）：59—63。

張雨生（2000）是士兵還是土兵?，《中國民兵》2000（3）：16。

白煥然（2000）炊餅是饅頭 饅頭是包子——談《水滸傳》的飲食稱謂轉義現象，《語文知識》2000（3）：23—25。

王麗娟（2000）90 年代《水滸》研究綜述，《湖北大學學報（哲學社會科學版）》2000（2）：42—44。

徐時儀、林源（2000）兩部水滸詞典的比較，《辭書研究》2000（3）：102—110。

榮耀祥（2000）“病尉遲”索解，《咬文嚼字》2000（9）：33—34。

栗君華（2007）試論《水滸傳》中的帶助詞“將”的補充結構，《現代語文（語言研究版）》2007（8）：43—44。
王瓊（2007）《水滸全傳》中被動句的特點，《現代語文（語言研究版）》2007（8）：45—47。
郭齊（2007）《水滸傳》動詞的句法功能特點，《漢語史研究集刊》10：463—479。
王建軍（2007）《水滸傳》中的存在句——兼議《水滸傳》的原本問題，《漢語史研究集刊》10：480—496。
王小敏（2007）《水滸傳》中量詞用法摭析，《青海社會科學》2007（6）：95—99。
常化濤（2007）淺談《水滸傳》的語言研究，《商業文化（學術版）》2007（11）：237，232。
李仕春（2007）《水滸傳》複音詞的統計，《殷都學刊》2007（4）：142—144。
鍾繼剛（2007）也談《水滸傳》中詩詞韻語的藝術功能，《西昌學院學報（社會科學版）》2007（4）：22—26。
宮爲菊（2007）試論《水滸傳》中的複調現象，《湖州師範學院學報》2007（4）：15—17，26。
馬顯慈（2007）從修辭格的運用看《三國》《水滸》之文藝特色，《新亞學報》25：357—384。
馬幼垣（2007）《水滸二論》，北京：三聯書店。
馬小成（2007）《〈水滸傳〉方位詞研究》，貴州大學碩士論文。
卞于靖（2007）《〈水滸傳〉程度副詞計量研究》，蘇州大學碩士論文。
王華（2007）《〈水滸傳〉助詞計量研究》，蘇州大學碩士論文。
馮芳（2007）《〈水滸傳〉代詞計量研究》，蘇州大學碩士論文。
吕思潔（2007）《〈水滸全傳〉“被”字句及“被”字結構研究》，四川師範大學碩士論文。
周孟戰（2007）《〈水滸傳〉動詞重叠研究》，湘潭大學碩士論文。
李洪偉（2007）《〈水滸傳〉狂歡言語研究》，山東大學碩士論文。
朴元基（2007）《〈水滸傳〉述補結構研究》，復旦大學博士論文。
佐藤晴彦（2007）國家圖諸館藏《水滸傳》殘卷出版時期考證及相關問題探討，復旦大學《中國文學研究》10：232—250。
守屋宏則（2008）中國語文法・語彙の歷史的研究—《水滸》に見られる“得”の用法，《明治大學人文科學研究所紀要》63：231—248。
阿部兼也（2008）“却”“只”（zhi 第三聲）の意味やはたらき—《水滸傳》の翻譯作業ではない原文讀解作業の場合，《東洋大學中國哲學文學科紀要》16：230—209。
楊國華、黄靜宇（2008）《水滸傳》中重叠式副詞的類型及語法功能，《井岡山學院學報（哲學社會科學版）》2008（3）：35—37。
時昌桂、吕泉（2008）《水滸傳》中“X+地”結構考察，《柳州師專學報》2008（2）：62—66。
林源、唐永寶（2008）《水滸詞典》補正，《廣西師範學院學報（哲學社會科學版）》2008（2）：65—68。
林源、唐永寶（2008）《水滸語詞詞典》補正，《安徽廣播電視大學學報》2008（2）：74—78。
胡益民（2008）從語詞運用看《天都外臣序》作者問題，《中國典籍與文化》2008（2）：37—41。

惠紅軍（2008）《水滸傳》中“一VV”的斷句及相關問題，《貴州民族學院學報（哲學社會科學版）》2008（3）：68—71。

鄭海濤（2008）論詞對明代章回小說叙事系統的建構——以《三國演義》、《水滸傳》、《西游記》爲中心，《明清小說研究》2008（2）：62—71。

李永祜（2008）《水滸傳》語言的地域色彩與南北文化融合，《明清小說研究》2008（2）：82—91。

劉洪強（2008）從唐伯虎一句詩看《水滸傳》的成書年代——《水滸傳》成書上限小考，《明清小說研究》2008（2）：92—97，139。

曾常紅、廖金波（2008）《水滸全傳》概數義數量結構，《湖南科技學院學報》2008（9）：190—193。

聶丹（2008）《水滸傳》裡的副詞“最”，《貴州大學學報（社會科學版）》2008（6）：81—84。

常化濤（2008）《〈水滸傳〉山東方言詞研究》，中央民族大學碩士論文。

趙彬（2008）《〈水滸傳〉數詞語法研究》，西北師範大學碩士論文。

趙念俊（2008）《〈水滸傳〉中的“把”字句考察》，吉林大學碩士論文。

何蘭（2008）《〈水滸傳〉方位詞研究》，四川師範大學碩士論文。

蘇立靜（2008）《〈水滸傳〉中雙音節三價動詞研究》，四川師範大學碩士論文。

幸亮（2008）《〈水滸傳〉男性描寫詞語研究》，西南大學碩士論文。

田霖（2008）《〈水滸傳〉民俗類俗語研究》，內蒙古大學碩士論文。

王烏蘭（2008）《〈水滸傳〉的敬謙詞語研究》，內蒙古大學碩士論文。

王靜（2008）《〈水滸全傳〉詞彙研究》，山東大學碩士論文。

朴元基（2008）《水滸傳》動結式，動趨式의否定式과圖像性，《中國語文論叢》38：115—137。

朴元基（2008）《水滸傳》“V得/將C”構造에나타나는圖像性과顯著性，《中國言語研究》26：146—165。

朴元基（2008）《水滸傳》中目的語와補語의意味關係가없는‘V得OC’構造에對한解釋，《中國語文學論集》51：235—252。

今村圭（2009）《水滸傳》に見られる兼語をともなわない使役表現について，麗澤大學《中國研究》17：69—82。

氏岡真士（2009）百二十四回本《水滸傳》について，《汲古》56：24—29。

曹煒等（2009）《〈水滸傳〉虛詞計量研究》，廣州：暨南大學出版社。

中村浩一（2009，2010，2011，2012）《普通話三千常用詞表》と《水滸》多音節動詞（1-4），《大東文化大學紀要（人文科學）》47：45—59；48：71—89；49：269—277；50：225—233。

李文學（2009）《水滸傳》中的稱謂習俗，《安徽文學》2009（1）：377—378。

錢寶（2009）《水滸傳》第一人稱單數指示語初探，《德州學院學報》2009（1）：24—29。

王華（2009）《水滸傳》動態助詞“得、的、地”用法分布計量研究，《文教資料》2009（8）：38—40。

崔山佳（2009）《〈水滸傳〉中約數的稱法》的補說《古籍整理研究學刊》2009（3）：78—82。

陽建雄（2009）《水滸傳》字詞勘誤，《名作欣賞》2009（1）2：29—31。
王智強（2009）《水滸傳》中的稱謂系統，《新余高專學報》2009（3）：74—78。
史慧（2009）《水滸傳》中稱謂的使用及其英譯，《魅力中國》2009（1）9：54。
郝文華、張亞明（2009）《水滸傳》中方位詞“前”“後”的用法，《鄖陽師範高等專科學校學報》2009（4）：50—54。
楊國華、周峰（2009）《水滸傳》中情態副詞的分類及其功能特徵，《萍鄉高等專科學校學報》2009（4）：62—65。
姚紅衛（2009）《水滸傳》被字句句法特徵考察，《上饒師範學院學報》2009（4）：44—47。
周臘生（2009）從元曲語詞的使用看《水滸》的作者與成書年代，《明清小說研究》2009（4）：148—158；《水滸爭鳴》11：63—74。
石麟（2009）金聖嘆對《水滸傳》語言藝術的批評，《水滸爭鳴》11：234—246。
張玉英（2009）“特犯不犯” ——《水滸傳》叙事技巧的現代修辭學解讀，《水滸爭鳴》11：383—391。
楊子華（2009）《金瓶梅》與《水滸傳》方言的繼承關係，《水滸爭鳴》11：834—850。
侯會（2009）《〈水滸〉〈西游〉探源——與德堂古典小說研究叢稿》，北京：學苑出版社。
陸澹安，陸康主編（2009）《說部卮言》，上海：上海錦綉文章出版社。
王豐（2009）《〈水滸傳〉疑問句研究》，山西師範大學碩士論文。
徐姍姍（2009）《〈水滸傳〉處置式研究》，福建師範大學碩士論文。
劉岩（2009）《〈水滸傳〉稱謂詞研究》，山東師範大學碩士論文。
高廸（2009）《〈水滸傳〉稱呼語研究》，東北師範大學碩士論文。
袁啟家（2009）《〈水滸傳〉及英譯本語法銜接手段對比研究》，貴州大學碩士論文。
佐藤晴彥（2010）《水滸傳》は何時ごろできたのか?—異體字の觀點からの試論，《アジア游學》131：16—24。
竹越孝（2010）《語録解》と《水滸傳》，《アジア游學》131：73—79。
岡田袈裟男（2010）異言語接觸と《水滸傳》注解書群，《アジア游學》131：80—92。
小田切文洋（2010）水滸語彙への關心と水滸辭書の成立，《アジア游學》131：93—98。
王昕（2010）從《林教頭風雪山神廟》看《水滸傳》的語言與藝術手法，《語文建設》2010（2）：52—55。
陽建雄（2010）《水滸傳》字詞勘誤補，《衡陽師範學院學報》2010（1）：92—94。
蔡美彪（2010）也談《水滸》中的“河漏子”、“大辣酥”及相關詞語，《文史知識》2010（4）：123—128。
龐佳（2010）《水滸傳》中量詞的修辭功能與表達效果，《商業文化（學術版）》2010（5）：229—230。
劉洪強（2010）《水滸傳》與宋元話本小說，《中國文學研究（輯刊）》2010（1）：342—357。
李靜（2010）《〈水滸全傳〉人物綽號研究》，山東大學碩士論文。
于海洋（2010）《從《水滸傳》到《金瓶梅》的演變》，青島大學碩士論文。
李慧（2010）《〈水滸傳〉親屬稱謂語研究》，河北大學碩士論文。
黃新（2010）《〈水滸傳〉語氣詞研究》，黑龍江大學碩士論文。

王紹玉（2010）《〈水滸傳〉否定詞研究》，淮北師範大學碩士論文。
劉灝（2010）《水滸文化熟語研究》，內蒙古大學碩士論文。
李春成（2010）《〈水滸傳〉詞頻分析》，廣西民族大學碩士論文。
鈴木誠（2011）水滸語法雜記（1）方向補語“開來/開去”，麗澤大學《中國研究》19：67—72。
要學棣、李紅強（2011）寧縣方言與《水滸》，《中國科教創新導刊》2011（5）：170。
張潔（2011）《水滸傳》中的蒙事型“被”字句考察，《現代語文（語言研究版）》2011（3）：36—37。
曾丹（2011）《水滸全傳》“被”字句的介詞賓語考察，《懷化學院學報》2011（3）：83—85。
陸雨（2011）淺析《水滸傳》動結式述補結構，《文學教育（上）》2011（4）：133—135。
曲建華（2011）《水滸傳》中常用動量詞探析，《語文學刊》2011（9）：60—61，73。
隋文娟（2011）《水滸傳》“喫”的語義考察，《劍南文學（經典教苑）》2011（5）：80—81。
鄧鵬（2011）簡論《水滸傳》的語言藝術，《四川文理學院學報》2011（4）：87—88。
周贊旗（2011）“托地”和“抄手”辨正，《文學教育（下）》2011（10）：30—31。
衣玉敏、欒芳（2011）《水滸傳》小說和電視劇中的核心親屬稱謂詞對比研究——以父、母、夫、妻爲例，《時代文學》2011（11）：202—205。
劉忠煥（2011）幾多《水滸傳》詞語遺落在客家話，《北海日報》2011/12/3（7）。
楊子華（2011）“沒脚蟹”、“沒巴臂”、“葫蘆提”及其他——《水滸》中富有地方特色的宋元杭州方言，《菏澤學院學報》2011（6）：67—71。
王紹玉（2011）《水滸傳》中否定性無定代詞構成的雙重否定句，《淮北師範大學學報（哲學社會科學版）》2011（6）：123—125。
劉蕙（2011）《淺析《水滸傳》中的駢體文》，遼寧大學碩士論文。
張冬（2011）《〈水滸傳〉、〈西游記〉、〈金瓶梅〉、〈紅樓夢〉語氣詞比較研究》，黑龍江大學碩士論文。
龐佳（2011）《〈水滸傳〉非自主動詞研究》，中南民族大學碩士論文。
王燦（2011）《特殊的〈水滸〉續書——〈古本水滸〉研究》，華東師範大學碩士論文。
周小娟（2011）《〈水滸傳〉〈紅樓夢〉處置式比較研究》，福建師範大學碩士論文。
今村圭（2012）《水滸傳》に見られる使役表現について—“教、叫、使、讓”を中心に—，麗澤大學《中國研究》20：51—63。
師爲公（2012）從《水滸傳》看近代漢語的詞類活用，《蘇州科技學院學報（社會科學版）》2012（1）：74—77。
王紹玉（2012）《水滸傳》中由否定副詞構成的雙重否定句，《湖北第二師範學院學報》2012（1）：37—40。
王紹玉、魏小紅（2012）《水滸傳》中由反詰句式構成的雙重否定句，《隴東學院學報》2012（2）：7—9。
楊來勝（2012）淺論《水滸傳》人物綽號的作用，《作家》2012（2）：131—132。
宋積良（2012）《水滸傳》中同義連用現象研究，《芒種》2012（4）：117—118。
劉洪強（2012）《水滸傳》中的“團魚”與“佛牙”，《菏澤學院學報》2012（1）：77—79。

蘇興（1990）現存世德堂本《西游記》是否即熊雲濱重刻本的探討，《文獻》1990（1）：260—265。
蔡鐵鷹（1990）關於百回本《西游記》作者之爭的思考與辯證，《明清小說研究》1990（Z1）：319—332。
劉蔭柏編（1990）《西游記研究資料》，上海：上海古籍出版社。
吳聖昔（1991）評《關於〈西游記〉的祖本和主旨問題》，《南都學壇（社會科學版）》1991（1）：37—44。
吳聖昔（1991）《西游記》陽本是吳本“雛型”嗎，《鹽城師專學報（社會科學版）》1991（2）：69—73。
吳聖昔（1991）回目對讀的發現和啟示——《西游記》文本研究之一，《明清小說研究》1991（2）：31—45。
吳聖昔（1992）世德堂本《西游記》的夾批及其版本意義，《淮陰師專學報》1992（4）：62—64。
나선희（1992）《西游記研究》，首爾大學校碩士論文。
王輝斌（1993）《西游記》祖本新探，《寧夏大學學報（社會科學版）》1993（4）：58—62。
蘇興、蘇鐵戈、蘇壯歌（1994）記味潛齋石印本《新說西游記圖像》——附記《古本小說集成》本《新說西游記》，《社會科學戰綫》1994（4）：261—272。
吳聖昔（1995）《西游記》周邸抄本探秘，《寧波師院學報（社會科學版）》1995（1）：24—28。
吳聖昔（1995）《證道書》白文是《西游記》祖本嗎——與王輝斌《〈西游記〉祖本新探》商榷，《寧夏大學學報（社會科學版）》1995（2）：57—64。
吳聖昔（1995）李評本二探——《西游記》版本探秘録之一，《明清小說研究》1995（2）：117—126。
吳聖昔（1995）世本陳《序》的信息價值和疑歧透視——《西游記》文本研究之一，《明清小說研究》1995（3）：62—74。
吳聖昔（1995）《西游記》世本三題，《古籍整理研究學刊》1995（5）：18—21。
磯部彰（1995）《〈西游記〉受容史の研究》，東京：多賀出版。
磯部彰（1995）《西游記》研究史，《東亞文化》33：135—172。
윤태순（1995）《西游記研究》，成均館大學校博士論文。
王輝斌（1996）再論《西游記》的祖本爲《西游釋厄傳》——對吳聖昔《商榷》一文的質疑，《寧夏大學學報（社會科學版）》1996（1）：106—112。
吳聖昔（1996）《西游記》札叢（之一、二），《文教資料》1996（3）：61—70；5：58—66。
吳聖昔（1996）評《再論〈西游記〉的祖本是〈西游釋厄傳〉》，《寧夏大學學報（社會科學版）》1996（3）：86—92。
侯會（1996）從“烏鷄國”的增插看《西游記》早期刊本的演變，《文學遺產》1996（4）：67—77。
侯會（1997）《西游記》“世補本”補說，《文學遺產》1997（2）：125。
吳聖昔（1997）《西游釋厄傳》綜考辨證録——兼談王輝斌的“西游釋厄傳”論，《寧夏大學學報（社會科學版）》1997（1）：86—90。

吳聖昔（1997）《西游記》三題，《文教資料》1997（1）：63—71，122。
吳聖昔（1997）論《西游記》的“前世本”，《臨沂師專學報》1997（5）：61—65。
王輝斌（1997）關於《西游記》祖本的再探討——吳聖昔《評》文駁論，《寧夏大學學報（社會科學版）》1997（1）：91—95，108。
張錦池（1997）說朱本是晚於世本和楊本的三綴本——《西游記》版本源流考論之二，《北方論叢》1997（1）：8—17。
陳洪（1997）《西游記》的宗教文字版本問題，《運城高專學報（哲學社會科學版）》1997（1）：19—23。
程毅中、程有慶（1997）《西游記》版本探索，《文學遺產》1997（3）：74—81。
李正民、宋俊玲（1997）關於《西游記平話》的幾點考辨，《晉陽學刊》1997（3）：74—77。
西孝二郎（1997）《〈西游記〉の構造》，國分寺：新風舍。
吳聖昔（1998）《西游記》小話，《明清小說研究》1998（2）：217—223。
唐松波（1998）談《聖教序》的竄改——兼論《西游記》的最後寫定者，《河東學刊》1998（3）：42—43。
秦嵐（1998）車王府舊藏說唱《西游記》に關する書誌學的考察，《學林》28・29：309—326。
井波律子（1998）《三言》と《西游記》，《ユリイカ》30（12）：84—89。
金文京（1998）《三國志演義》と《西游記》，《ユリイカ》30（12）：96—102。
唐松波（1998）《西游記》中的指代現象，《修辭學習》1998（3）：4—5。
中野美代子，王紅譯（1999）《〈西游記〉解說》補證，《河東學刊》1999（1）：20—24。
陳新（1999）關於吳承恩《西游記》祖本問題——兼與吳聖昔先生商榷，《文教資料》1999（4）：46—54。
吳聖昔（1999）評李安綱《西游記》論的版本基礎，《山西大學學報（哲學社會科學版）》1998（2）：1—7。
吳聖昔（1999）《西游記》烏鷄國故事“增插”說辨證，《明清小說研究》1999（2）：70—82。
吳聖昔（1999）《西游記》版本淺說，《古典文學知識》1999（4）：107—116。
吳聖昔（2000）《西游記》源流版本問題之我見——致陳新先生，《文教資料》2000（2）：70—81。
吳聖昔（2000）論《西游記》魯本和周本信息的異同性，《上海大學學報（社會科學版）》2000（2）：37—42。
吳聖昔（2000）《西游記》魯府本揭秘——兼談登州府本之真相，《明清小說研究》2000（2）：83—95。
吳聖昔（2000）“祖本”探討的演變與錯位——《西游記》版本問題世紀回眸之一，《中華文化論壇》2000（3）：73—79。
李安綱（2001）也談《西游記》的版本次第——評沈承慶先生《話說吳承恩》中的版本論述，《山西大學學報（哲學社會科學版）》2001（4）：16—20。
敦玉林（2001）《西游記》及其作者與盱眙，《明清小說研究》2001（4）：182—191。
蔡鐵鷹（2001）《〈西游記〉成書研究》，北京：中國文聯出版社。
나선희（2001）《〈西游記〉研究》，首爾大學校博士論文。

吴聖昔、吴惟（2002）《西游記》文本研究的共同座標——試以“詞話本→前世本→世本”三者關係爲基點，《南京師範大學文學院學報》2002（2）：92—99。

吴聖昔（2002）《西游記》詞話本問題追蹤和串述，《古典文學知識》2002（4）：86—93。

梅新林、崔小敬（2002）《西游記》百年研究：回視與超越，《文藝理論與批評》2002（2）：100—109。

朱一玄、劉毓忱（2002）《西游記資料彙編》（中國古典小說名著資料叢刊第 3 册），天津：南開大學出版社。

吴聖昔（2003）《西游記》佚本知多少，《古典文學知識》2003（2）：43—49。

崔小敬、梅新林（2003）《西游記》文獻學百年巡視，《文獻》2003（3）：245—254。

苗懷明（2004）二十世紀《西游記》文獻研究述略，《學術交流》2004（1）：141—147。

曹炳建、張彩麗（2004）《西游記》朱、楊二本關係論，《明清小說研究》2004（1）：177—180。

吴聖燮（2004，2005）楊閩齋《新鐫全像西游記傳》版本研考（上、下），《明清小說研究》2004（4）：15—23，135；2005（4）：93—107。

磯部彰（2005）世德堂刊西游記の文本研究：明代における完成體《西游記》の登場，《東北大學中國語學文學論集》10：17—29。

宮坂智美（2005）《西游記》評點本の研究，《金沢大學中國語學中國文學教室紀要》8：49—84。

楊俊（2005）關於百回本《西游記》作者研究回顧及我見（上），《淮海工學院學報（社會科學版）》2005（4）：44—47。

曹炳建、齊慧源（2005）《西游記》文本研究小史，《河南教育學院學報（哲學社會科學版）》2005（5）：26—33。

홍성초（2005）《〈西游記〉의形成過程研究》，高麗大學校碩士論文。

磯部彰編（2006）《慶應義塾圖書館所藏閩齋堂刊〈新刻增補批評全像西游記〉の研究と資料》（上、下），仙臺：東北大學東北アジア研究センター。

Yu, Anthony C. (2006) *The monkey & the monk: a revised abridgment of The journey to the west*, Chicago: University of Chicago Press.

閔寬東（2006）西游記의國內流入과板本研究，《中國小說論叢》23：215—240。

萬晴川（2007）以明清民間宗教寶卷考察《西游記》的版本演變，《中國文學研究（輯刊）》2007（1）：296—311。

寧稼雨（2007）塵故庵藏《西游記》版本述略，《淮海工學院學報（社會科學版）》2007（2）：24—26；《厦門教育學院學報》2007（3）：9—11。

吴聖燮（2007）清刻《西游真詮》版本研考——《西游記》版本史之一，《明清小說研究》2007（4）：104—123。

張曉英（2007）《唐三藏西游釋厄傳》《西游記傳》校點商兑，《綿陽師範學院學報》2007（12）：87—90。

蘇愛琴（2007）《建陽刻本——朱鼎臣〈唐三藏西游釋厄傳〉與楊致和〈西游記傳〉的研究》，福建師範大學碩士論文。

姚芝慶（2007）《西游記》作者之我見，《連雲港師範高等專科學校學報》2007（1）：33—37。

蔡鐵鷹（2007）《〈西游記〉的誕生》，北京：中華書局。

磯部彰（2007）《〈西游記〉資料の研究》，仙臺：東北大學出版會【書評：山下一夫（2008）《東方宗教》111：78—84】。

홍수진（2007）《西游記의板本및國內流入에對한硏究》，慶熙大學校碩士論文。

胡勝（2008）閩齋堂本《西游記》淵源初探，《文學遺產》2008（2）：152—155。

吳聖燮（2008）版眼：破解《西游記》版本承傳演變之秘的鑰匙——《〈西游記〉版本史》稿之一，《淮海工學院學報（社會科學版）》2008（1）：28—33。

吳聖燮（2008）關於閩齋堂本《西游記》的底本及其特徵——與（日）磯部彰先生商榷，《南京師範大學文學院學報》2008（2）：6—10。

曹炳建（2008）從“己巳”紀年錯誤看《西游記》唐傳的刪落與版本流變，《明清小說研究》2008（2）：98—110。

曹炳建（2009）《西游記》世德堂本研究二題，《東南大學學報（哲學社會科學版）》2009（2）：112—116。

侯會（2009）試論《西游記》“蓮花洞”故事之晚起，《明清小說研究》2009（1）：77—85。

李小龍（2009）從回目的比勘試探《西游記》版本問題，《明清小說研究》2009（1）：95—106。

李洪甫、李熙、沈海玲（2009）“人文本”《西游記》的疏失和訛誤初勘，《明清小說研究》2009（4）：159—173。

王志玉（2009）《西游記》前七回晚起考略，《文學前沿》2009（1）：285—292。

上原究一（2009）世德堂本《西游記》版本問題の再檢討初探：他の世德堂刊小說・戲曲との版式の比較を中心に，《東京大學中國語中國文學研究室紀要》12：1—28。

閔寬東（2009）《水滸誌語錄》과《西游記語錄》研究，《中國小說論叢》29：105—125。

上原究一（2010）世德堂刊本《西游記》傳本考述，《文學遺產》4：129—131。

萬明凡（2010）《〈李卓吾先生批評西游記〉研究》，福建師範大學碩士論文。

劉相雨（2010）關於《西游記》世德堂本的底本，《中國小說論叢》31：1—15。

上原究一（2011）《李卓吾先生批評西游記》の版本について，《日本中國學會報》63：110—126。

楊森（2011）《李卓吾先生批評西游記》插圖對版本考訂的價值，《藝術探索》2011（5）：23—25。

曹炳建（2011）《西游記》佚本探考，《明清小說研究》2011（2）：114—128。

王輝斌（2012）四論《西游記》的祖本問題——吳聖昔“兼談”、“錯位”二文批謬，《荊楚理工學院學報》2012（3）：17—22。

王輝斌（2012）五論《西游記》的祖本問題——兼評吳聖昔《論〈西游記〉的“前世本”》一文，《南陽師範學院學報》2012（10）：66—71。

王輝斌（2012）汪象旭與“西湖文人集團”——《西游記》祖本之“大略堂”古本再探討，《山西師大學報（社會科學版）》2012（6）：96—100。

北辰（2012）關於“全真本《西游記》”，《文史雜誌》2012（5）：57—58。

楊靜、徐習軍（2012）關於《西游記》中《聖教序》校勘的幾點看法——兼和封其燦先生商榷，《淮海工學院學報（人文社會科學版）》2012（21）：11—13。

張曉英、熊剛（2012）《西游記》校點商兑，《阿壩師範高等專科學校學報》2012（4）：78—81。
曹炳建（2012）《〈西游記〉版本源流考》，北京：人民出版社。
張曉英、譚文旗（2013）楊閩齋《新鐫全像西游記傳》的校勘價值，《綿陽師範學院學報》2013（1）：56—60。
曹炳建（2013）《西游記》世德堂本與李評丙本校勘的啟示，《現代語文（學術綜合版）》2013（6）：26—30。
封其燦（2013）“聖教序”在《西游記》中錯誤百出，《長江文化論叢》9：203—207。

◎研究

內田道夫（1965）《西游記》の言語，大阪市立大學中國文學研究室編《中國の八大小說》202—209，東京：平凡社。
鳥居久靖（1969）西游記，《中國語學新辭典》265，東京：光生館。
鳥居久靖（1973）西游記所見歇後語考釋，《天理大學學報》24（5）：306—331。
類書武、于蘊生（1980）談談《西游記》注釋中的問題，《淮陰師專學報》1980（1）。
張成材（1981）談《西游記》中的一種對偶句，《青海師範學院學報（哲學社會科學版）》1981（1）：51—52。
鈴木達也（1982）《西游記》における“把”字句について：《水滸傳》との比較において，《筑波中國文化論叢》2：1—10。
鈴木達也（1983）《紅樓夢》における“把”字句について—《水滸傳》《西游記》のそれと比較して，筑波大學《言語文化論集》15：339—351。
王開揚（1983）《西游記》方言詞注釋問題，《淮陰師專學報（社會科學版）》1983（1）：61—65，60。
周慎欽、力量（1983）《西游記》注釋訂補，《淮陰師專學報（社會科學版）》1983（3）：57—60。
花文齊（1983）《西游記》注釋淮安方言疑誤隅見，《淮陰師專學報（社會科學版）》1983（3）：60—61。
陳午樓（1983）《西游記》方言詩語釋例，《中國語文通訊》1983（3）：14—18。
太田辰夫（1984）《西游記の研究》，東京：研文出版。
古屋二夫（1984）西游記集諺：中國諺語資料（12），《中京大學教養論叢》25：861—876。
劉懷玉（1986）《西游記》中的淮安方言，《明清小說研究》1986（1）：168—190。
王愷（1986）《西游記》小說詞語補釋，《淮陽師專學報》1986（2）。
廖大谷、石汝杰（1987）《西游記》中蘇北方言詞語彙釋，《蘇州大學學報（哲學社會科學版）》1987（2）：76—78。
陳澈（1987）近幾年來《西游記》研究綜述，《文史哲》1987（3）：99—102。
任祖鏞（1987）試論《西游記》中吳方言的由來，《思茅師專學報》1987（1）。
李浚平（1988）《西游記》中主謂結構作補語的“得”字句，《昆明師專學報（哲學社會科學版）》1988（2）：51—55。

伊原大策（1989）いくつかの副詞から見た明代白話小說：合わせて《西游記》諸本の成立過程を探る，《言語文化論集》30：177—177。
胡明揚（1989）《西游記》的助詞，《語言研究》1989（1）：54—66。
章錫良（1989）《西游記》注釋補正，《鎮江師專學報（社會科學版）》1989（3）：47—49，64。
吳昌大（1989）《西游記》中見到的“者”字，《內蒙古民族師院學報（社會科學・漢文版）》1989（1）。
伊原大策（1990）“正在V”句型から見た《西游記》諸本，筑波大學《言語文化論集》31：57—67。
梅季（1990）《西游記》詞語補釋，《古漢語研究》1990（1）：32—34。
唐韻（1990）《西游記》中的“把”，《四川師範學院學報（哲學社會科學版）》1990（4）：78—85。
王臨惠（1990）簡論《西游記》中的動詞重疊式，《山西師大學報（社會科學版）》1990（4）：90—92。
徐傳武（1990）《西游記》中的“壓帖兒”，《語文月刊（華南師大）》1990（11—12）。
莊司格一（1991）《西游記》における悟空の呼稱，《東洋文化》67：8—22。
力量（1991）《西游記》中的“得”字句，《淮陰師專學報（哲學社會科學版）》1991（2）：68—74。
盧甲文（1991）《西游記》注釋訂誤，《中州學刊》1991（5）：92—94。
徐朔方（1992）論《西游記》的成書，《社會科學戰綫》1992（2）：256—265。
王希傑（1992）讀《西游記》漫語，《明清小說研究》1992（Z1）：126—143。
劉勇強（1992）《奇特的精神漫游：《西游記》新說》，北京：三聯書店。
顏景常（1992）《西游記》中淮海話色彩述要，胡竹安、楊耐思、蔣紹愚編《近代漢語研究》144—154，北京：商務印書館。
楊載武（1992）《西游記》韻文的用韻，《四川師範學院學報（哲學社會科學版）》1992（2）：40—44。
伊原大策（1993）《西游記》諸本の語彙・語法：言語から作品成立史の一端を覗く，筑波大學《言語文化論集》37：201—208。
姚政（1993）《西游記》方言詞的一詞異寫，《明清小說研究》1993（1）：77—86。
劉興漢（1993）新校《西游記》札記，《古籍整理研究學刊》1993（3）：22—27。
盧甲文（1993）《西游記》注釋勘誤，《南都學壇（哲學社會科學版）》1993（3）：33—39。
張訓（1993）《西游記》和海州方言，《明清小說研究》1993（3）：146—152。
楊載武（1994）《西游記》虛詞“卻”詞義探，《貴州教育學院學報（社會科學版）》1994（1）：28—34。
楊載武（1994）《西游記》擬聲詞研究，《畢節師專學報》1994（2）：70—73。
王愷（1994）《西游記》校注匡補，《南京師大學報（社會科學版）》1994（2）：116—119。
劉金（1995）《西游記》裡的別字，《咬文嚼字》1995（2）：8—9。
張成立（1995）《西游記》的作者吳承恩任過新野知縣——兼述《西游記》中的新野方言，

《南都學壇（哲學社會科學版）》1995（4）：85—87。
張成立（1995）吳承恩在河南新野做過知縣——兼述《西游記》與新野習俗方言，《中州今古》1995（6）：24—25。
王毅、朱德慈（1995）《西游記》中淮安方言臆札，《明清小說研究》1995（3）：75—82。
袁舫、王暉（1995）《西游記》中“卻”的意義和用法，《廣西師範大學學報（哲學社會科學版）》1995（S2）：87—92。
張成立（1996）《西游記》與河南新野習俗方言，《河南省情與統計》1996（9）：34—35。
宿玉堂（1996）《水滸傳》《金瓶梅》和《西游記》里的AABB重疊式，《大阪外國語大學論集（言語篇）》14：83—95。
曹小雲（1996）《西游記》中的人稱代詞前綴“是”，《古漢語研究》1996（4）：48—51；（2005）《中古近代漢語語法詞彙叢稿》94—103，合肥：安徽大學出版社。
鄒洪民、高萬雲（1997）簡說“復加”修辭格——以《西游記》爲例，《修辭學習》1997（1）：17—18。
蔡鐵鷹（1997）《西游記》作者確爲吳承恩辨，《晉陽學刊》1997（2）：69—77。
唐松波（1997）設象比喻 形神皆妙——《西游記》語言與藝術形象初探，《運城高專學報（哲學社會科學版）》1997（2）：20—23。
張錦池（1997）《西游記考論》，哈爾濱：黑龍江教育出版社。
章一鳴（1997）《西游記》的動詞重疊式，《〈金瓶梅詞話〉和明代口語詞彙話法研究》192—197，上海：上海古籍出版社。
王永場（1999）《西游記》的逗樂語言，《西南民族學院學報（哲學社會科學版）》1999（2）：79—84。
張成立（1999）《西游記》的作者吳承恩任過新野知縣——兼述《西游記》與新野方言，《南都學刊》1999（4）。
張強（1999）新時期《西游記》研究回顧，《古典文學知識》1999（4）：3—10。
馬臻榮（1999）《西游記辭典》尋疵，《河東學刊》1999（4）：17—18，32。
楊明義（2000）《西游記》中“被”“把”合用句略考，《漢語學習》2000（1）：33—35。
陳金枝（2000）九十年代《西游記》研究綜述，《運城高專學報》2000（2）：24—26。
陳金枝（2000）20世紀90年代《西游記》研究綜述，《湖北大學學報（哲學社會科學版）》2000（4）：106—107，110。
周繼聖（2000）《西游記》主要人物的言語個性化問題芻論，《青島海洋大學學報（社會科學版）》2000（3）：46—51。
蘇恩希（2000）論《西游記》中的“被”字句，《中國言語研究》12：131—152。
蘇恩希（2000）從歷時和共時比較看《西游記》並列選擇問句，《國際中國學研究》3：217—232。
大島吉郎（2001）動詞重疊型に關する通時的研究（3）《西游記》を中心に，《大東文化大學紀要（人文科學）》2001（3）9：1—16。
康金聲（2001）《西游記》中詩詞的使用，《運城高等專科學校學報》2001（2）：8—9。
譚錦（2001）《西游記》中的諺語，《語文知識》2001（7）：52—53。

程志兵、甄敬霞（2001）《西游記》中詞語對《漢語大詞典》的補正作用，《伊犂師範學院學報》2001（3）：44—47。
孫安（2001）《西游記》同詞異體方言例釋，《淮陰師範學院學報（哲學社會科學版）》2001（6）：830—831。
許評（2001）《〈西游記〉中的動補結構研究——從〈西游記〉與〈儒林外史〉的比較看〈西游記〉中的動補結構若干特點》，西北師範大學碩士論文。
蘇恩希（2001）《〈西游記〉句法研究》，北京大學博士論文。
程志兵（2002）《西游記》與漢語詞彙史研究，《克山師專學報》2002（1）：69—71。
王寶利、唐韻（2002）《西游記》單音節動詞重疊式VV與V一V的差異，《四川師範學院學報（哲學社會科學版）》2002（2）：50—54。
劉志生（2002）《西游記》中的選擇疑問句，《湖南社會科學》2002（3）：117—118。
雷明（2002）《西游記》中重疊式動詞詞語初探，《長江學術》2。
邵則遂（2003）《西游記》裡的“銷豬”，《方言》2003（2）：192。
張安祖（2003）《西游記》語詞考釋二則，《明清小說研究》2003（3）：97—98。
山述蘭、劉志生（2003）《西游記》中的是非問句，《成都師專學報》2003（3）：76—79。
張曉康（2003）再論《西游記》中的湘方言，《湖南廣播電視大學學報》2003（4）：42—44，49。
綦拯群（2003）《唐三藏西游釋厄傳》語言研究，《信陽師範學院學報（哲學社會科學版）》2003（1）：73—76。
王麗（2003）《〈西游記〉比較句式研究》，華南師範大學碩士論文。
김경림（2003）《〈水滸傳〉〈西游記〉〈金瓶梅詞話〉副詞研究》，北京大學博士論文。
김경림（2003）《水滸傳》、《西游記》、《金瓶梅詞話》中表强度的程度副詞淺談，《中國言語研究》17：251—273。
富永鐵平（2004）《西游記》の叙述法について，《待兼山論叢（文學篇）》38：33—47。
楊子華（2004）從“耍子兒”談《西游記》中的杭州方言，《運城學院學報》2004（1）：21—25。
王麗（2004）《西游記》中的“比”字句研究，《江西社會科學》2004（4）：100—102。
杜文曦、徐瑛（2004）天機織雲錦，奇韻構佳篇——《西游記》韻文探析，《江西廣播電視大學學報》2004（2）：31—33。
田同旭（2004）論《西游記》中俗語諺言，《運城學院學報》2004（4）：19—25。
王小敏（2004）繽紛多姿的語言藝術奇葩——評《西游記》中幾種特殊叠音詞的使用，《中國古代小說戲劇研究叢刊》2：297—307。
段珂（2004）《西游記》中表比較的“有”字句，《中國古代小說戲劇研究叢刊》2：308—310。
謝曉暉（2004）《西游記》虛詞“著”的詞義探析，《湖南第一師範學報》2004（4）：74—76。
黃進（2004）從“善哉”一詞的誤用淺談佛教的文化遷移，《武漢市經濟管理幹部學院學報》2004（S1）：154—155。
荒木典子（2005）起點を表す“在”—《西游記》の用例を中心に，《中國語學研究·開篇》24：166—168。

平塚順良（2005）猪八戒の武器とその譯語をめぐって，《學林》41：57—82。

暴拯群、鄧玲（2005）辨別《西游記》版本源流的語言依據，《中共鄭州市委党校學報》2005（2）：79—80。

邢福義（2005）《西游記》中的“起去”與相關問題思辨，《古漢語研究》2005（3）：2—10。

林鑫（2005）淺談《西游記》中的對聯，《對聯・民間對聯故事》10：14—16。

周志鋒（2005）《西游記》“柱料”當爲“柱科”，《中國語文》2005（6）：560。

謝曉暉（2005）《〈西游記〉體助詞研究》，湖南師範大學碩士論文。

張曉英（2005）《〈西游記〉語氣副詞研究》，四川師範大學碩士論文。

竺洪波（2005）《四百年〈西游記〉學術史》，華東師範大學博士論文。

蘇恩希（2005）論《西游記》動詞重疊式中的賓語——以與《水滸傳》、《金瓶梅詞話》等比較爲中心，《中國語文論叢》28：51—61。

王強（2006）《西游記》前兩回的言語行爲理論分析，《齊齊哈爾大學學報（哲學社會科學版）》2006（2）：95—98。

羅曉燕（2006）也說《西游記》中的“柱料”，《西昌學院學報（社會科學版）》2006（1）：27—28。

蔡鐵鷹（2006）《西游記》研究三題，《淮海工學院學報（社會科學版）》2006（1）：14—16。

王麗（2006）《西游記》中的比較句式研究，《五邑大學學報（社會科學版）》2006（2）：90—94。

王麗（2006）論《西游記》中“將”的語義與用法，《現代語文》2006（10）：67—68。

田同旭（2006）《西游記》俗語中的人物性格和時代特色，《淮海工學院學報（社會科學版）》2006（2）：17—21。

張愛卿、秦建文（2006）《西游記》中的俗語研究，《曲靖師範學院學報》2006（5）：104—109。

馬鐵軍（2006）《西游記》中的差比句研究，《遼寧師專學報（社會科學版）》2006（5）：30—32。

何曉麗、張穎（2006）《西游記》中“一則……二來……”式句型研究，《江蘇社會科學》S2：94—96。

韓亮、康華（2006）淺談《西游記》語言的世俗風格，《科技信息》2006（S3）：11—12。

柯曉蕾（2006）《〈西游記〉賦體語言初探》，中國海洋大學碩士論文。

竺洪波（2006）《四百年〈西游記〉學術史》，上海：復旦大學出版社。

蘇恩希（2006）論《西游記》“把/將”字句語法功能中的語義結構，《中國語文論叢》30：33—44。

王麗（2007）《西游記》中助詞“將”的使用，《廣州廣播電視大學學報》2007（1）：50—53。

何芳（2007）《西游記》中的是非問句及其作用，《黃山學院學報》2007（2）：129—132。

朱平（2007）《西游記》單音節動詞重疊現象探析，《時代文學（雙月版）》2007（4）：193—196。

潘國英（2007）《西游記》中的動詞重疊研究，《鄭州大學學報（哲學社會科學版）》2007（5）：147—150。

盧玉波（2007）《西游記》中的語氣詞“罷了”和“而已”，《現代語文（語言研究版）》2007（9）：32。
黄來明（2007）戲謔詼諧話“西游” 別樣視角顯童趣——兒童美學視野下《西游記》的語言藝術，《東華理工學院學報（社會科學版）》2007（4）：327—329。
張曉英（2007）也說《西游記》裡的“銷豬”，《明清小說研究》2007（4）：148。
馬啟紅（2007）《西游記》中的俗語探析，《忻州師範學院學報》2007（6）：36—40。
馬鐵軍（2007）《〈西游記〉介詞研究》，貴州大學碩士論文。
周志鋒（2008）《西游記辭典》訂正，《辭書研究》2008（2）：102—110。
王麗（2008）《西游記》中的“將”字句研究，《濰坊教育學院學報》2008（1）：50—52。
李嬌、李祖明（2008）淺談《西游記》虛詞“卻”詞義，《科教文彙》2008（3）：161—162。
王小敏（2008）論《西游記》中各類疊音詞的妙用，《西北民族大學學報（哲學社會科學版）》2008（2）：136—141。
陳紅萍、唐韻（2008）論《西游記》中“將”字的詞性，《安徽文學》2008（6）：309。
韓自波（2008）《西游記》人物的語言特色，《淮海工學院學報（社會科學版）》2008（3）：26—29。
曾曉光（2008）《西游記》各回開篇和結尾用語英漢功能語篇對比研究，《河北北方學院學報》2008（5）：25—28。
黄健（2008）《〈西游記〉詞彙研究》，山東大學碩士論文。
盧玉波（2008）《〈西游記〉語氣詞研究》，山東大學碩士論文。
龍江洪（2008）《〈西游記〉方位詞研究》，貴州大學碩士論文。
梅新林、崔小敬主編（2008）《20世紀〈西游記〉研究》（上卷），北京：文化藝術出版社。
于燕（2009）《西游記》中量詞使用的特點，《甘肅聯合大學學報（社會科學版）》2009（3）：54—57。
楊子華（2009）《西游記》中富有童趣的“兒尾”方言，《鄖陽師範高等專科學校學報》2009（4）：45—49。
謝丹（2009）《西游記》中的海屬地方特色淺探，《淮海工學院學報（社會科學版）》2009（4）：30—32。
余敏（2009）《〈西游記〉的量詞研究》，上海外國語大學碩士論文。
張瀟瀟（2009）《〈西游記〉量詞研究》，西南大學碩士論文。
白達奕（2009）《〈西游記〉語氣詞研究》，黑龍江大學碩士論文。
王志玉（2009）《〈西游記〉韻文探析》，首都師範大學碩士論文。
黄貞俊（2009）《〈西游記〉複音動詞研究》，貴州大學碩士論文。
晏維龍、姚東瑞主編（2009）《西游記文化論叢》第1輯，徐州：中國礦業大學出版社。
楊中發（2009）《西游記》與古交方言，《太原日報》2009/9/9。
杜道流（2010）“銷豬”又解，《學語文》2010（1）：45。
胡斌彬（2010）《西游記》“比”字句考察，《樂山師範學院學報》2010（2）：64—67。
李培濤（2010）《西游記》副詞札記，《語文學刊》2010（2）：74—75，79。
張成材（2010）商州方言中所見《紅樓夢》《西游記》詞語彙釋，《商洛學院學報》2010

（1）：28—35。
藺佳影（2010）《西游記》總括範圍副詞“都”“皆”比較研究，《通化師範學院學報》2010（5）：12—13，30。
袁步昌（2010）《西游記》詞語零拾，《科教導刊（中旬刊）》2010（12）：177—178。
林青松（2010）《〈西游記〉動詞重叠研究》，西北師範大學碩士論文。
張偉麗（2010）《〈西游記〉副詞研究》，安徽大學碩士論文。
西山猛（2011）《大唐三藏取經詩話》における主人公の呼稱，九州大學《言語文化論究》26：59—71。
張利明（2011）《西游記》回目的音韻分析，《青年文學家》2011（1）：122。
黄翠（2011）《西游記》雙音節詞構詞研究，《青年文學家》2011（4）：149—150。
房芳（2011）《西游記》中“被”“把”同現句說略，《臨沂大學學報》2011（2）：95—97。
張春泉（2011）從語用角度看《西游記》對話中諧音，《海南師範大學學報（社會科學版）》2011（3）：141—145。
楊娟（2011）《西游記》自稱詞研究，《揚州教育學院學報》2011（2）：1—4。
張美蘭、戴利（2011）《西游記》雙賓語句考察，《漢語史研究集刊》14：111—131。
薄潔（2011）《〈西游記〉與駢體文》，遼寧大學碩士論文。
付爽（2011）《〈西游記〉程度副詞研究》，西南大學碩士論文。
郭延華（2011）《〈西游記〉中的處置式研究》，延邊大學碩士論文。
李靜麗（2012）《西游記》中的模式詞語研究，《2012 西南地區語言學研究生論壇論文集》：133—138。
龔燕飛（2012）論漢語的空間性——以《西游記》爲例，《現代語文（語言研究版）》2012（1）：42—44。
黄晉卿（2012）試論《西游記》以駢入散的語言特點，《芒種》2012（2）：115—116。
晁瑞、楊柳（2012）《西游記》所見方言詞語流行區域調查，《淮陰師範學院學報（哲學社會科學版）》2012（2）：227—234。
朱紅偉（2012）《西游記》多音節時間副詞與《漢語大詞典》比較研究，《銅陵學院學報》2012（2）：79—81。
蘇騰（2012）《西游記》中的賦及其意義，《陝西理工學院學報（社會科學版）》2012（2）：54—58。
江蓉蓉（2012）《西游記》中的“V得O”結構研究，《常州工學院學報（社科版）》2012（3）：71—75。
楊森（2012）世德堂本《西游記》圖文互文現象研究，《徐州師範大學學報（哲學社會科學版）》2012（4）：35—40。
賈海建（2012）《西游記》詞語札記一則，《淮北師範大學學報（哲學社會科學版）》2012（4）：102—103。
沈慧琴（2012）《西游記》方言詞介詞演變研究，《經濟研究導刊》2012（31）：267—268。
顧勁松（2012）《西游記》中“築”字形義考辨，《鹽城師範學院學報（人文社會科學版）》2012（6）：70—72。

張彥紅（2012）試析《西游記》中的韻文——以人物自叙與打鬥場面爲例，《青年文學家》2012（26）：27，29。

劉英（2012）《〈西游記〉漢語被動式研究》，山東大學碩士論文。

楊娟（2012）《〈西游記〉神魔描寫詞語研究》，西南大學碩士論文。

跟鎖（2012）《托忒文〈西游記〉比較研究》，內蒙古大學碩士論文。

楊森（2012）《明代刊本〈西游記〉圖文關係研究》，上海大學博士論文。

王毅（2012）《〈西游記〉詞彙研究》，上海：上海三聯書店。

張曉英、郭衛文（2013）《西游記》疑難詞辨釋，《貴州民族大學學報（哲學社會科學版）》2013（1）：109—111。

董靜雪（2013）淺析《西游記》中的韻文，《安徽文學》2013（5）：21—22。

張曉英（2013）《西游記》宗教語詞辨正，《四川文理學院學報》2013（4）：92—95。

張曉英、吳敏（2013）《西游記》俗語詞辨釋，《阿壩師範高等專科學校學報》2013（3）：64—66。

周固成（2013）探究《西游記》中賦體的運用，《長治學院學報》2013（4）：37—40。

岑澤麗（2013）《西游記》幽默詼諧的語言風格及其審美內涵，《湖南第一師範學院學報》2013（4）：104—108。

吕玲娣（2013）《西游記》中的“把”字句研究，《安徽農業大學學報（社會科學版）》2013（5）：84—89。

金業焱（2013）論《西游記》的環境描寫，《南京師範大學文學院學報》2013（4）：81—87。

張曉英、譚文旗、吳敏（2013）《西游記》宗教用語辨釋，《漢語史研究集刊》16：382—391。

김경림（2013）《西游記》、《金瓶梅詞話》中方向前置詞小考，《人文科學研究》31：221—250。

3.4 《金瓶梅》

◎原始資料

・影印本

（1933）《新刻金瓶梅詞話》10 卷圖 1 卷，古佚小說刊行會【萬曆四十五年序刊本影印（繪圖用崇禎本）】。

（1957）《金瓶梅詞話》全 20 卷，北京：文學古籍刊行社。

（1960）《繪圖古本金瓶梅詞話》，臺北：啟明書局【崇禎本】。

（1963）《金瓶梅詞話（明萬曆本）》（新刻金瓶梅詞話 10 卷 100 回）全 5 卷，神户：大安【據日光山輪王寺堂藏本、德山毛利氏棲息堂所藏影印】。

（1975）《金瓶梅詞話（明萬曆丁巳刻本）》（中國通俗文學大系），臺北：祥生出版社。

（1978）《金瓶梅詞話（萬曆本）》，臺北：聯經出版事業公司【據明萬曆丁巳刻本影印】。

（1981）《第一奇書：康熙乙亥年張竹坡評在茲堂本〈金瓶梅〉》，臺北：里仁書局。

（1982）《全本金瓶梅詞話》，香港：太平書局【據舊北京圖書館藏明萬曆年間刊本】。

（1985）《金瓶梅》（明清善本小說叢刊初編第 10 輯），臺北：天一出版社。

（1988）《新刻綉像批評金瓶梅》全 10 册，北京：北京大學出版社。

大連圖書館藏孤稀本明清小説叢刊編委會（2000）《金瓶梅》（大連圖書館藏孤稀本明清小説叢刊 1），大連：大連出版社。

（2000）《臯鶴堂批評第一奇書金瓶梅》全 10 册，大連：大連出版社【據清康熙乙亥刊第一奇書金瓶梅】。

·排印本

（1935）《古本金瓶梅》，上海：新文化書社。

（1935）《真本金瓶梅》，上海：世界書局。

施蟄存校點（1935）《金瓶梅詞話》（中國文學珍本叢書第 1 輯第 7 種），上海：上海雜誌公司。

抱恨生句點（1936）《古本金瓶梅：新式標點名著小説》，上海：新文化書社。

湖上漁隱點、范叔寒校（1936）《古本金瓶梅》，上海：達文書店。

虞山沈亞公校訂（1936）《金瓶梅詞話》（國學珍本文庫第 1 集），上海：襟霞閣。

（1940）《古本金瓶梅：潘金蓮全傳》，上海：中央書店。

（1955）《金瓶梅詞話》，臺北：四維書屋。

（1956）《金瓶梅詞話》，臺北：文友書店。

（1957）《新刻金瓶梅詞話》，北京：文學古籍刊行社。

（1963）《金瓶梅詞話》，香港：香港文海出版社。

（1966）《古本金瓶梅》（中國古典文學名書），臺北：文化圖書。

（1974）《金瓶梅（真本）》（大字足本古典文學），臺北：臺灣文源書局。

（1980）《古本金瓶梅》（中國古典文學名著），臺北：大中國圖書公司。

魏子雲（1980，1981）《金瓶梅詞話注釋》，臺北：增你智文化事業公司；（1984）臺北：臺灣學生書局；（1987）鄭州：中州古籍出版社；（1988）增訂本，鄭州：中州古籍出版社。

（1985）《金瓶梅》（中國古典文學名著），臺南：利大出版社，國正書局（總經銷）。

戴鴻森校點（1986）《金瓶梅詞話（新校點本）》，香港：中國圖書刊行社。

梅節校點（1987）《金瓶梅詞話（校勘·標點·釋詞·全圖）》，香港：星海文化出版。

王汝梅、李昭恂、於鳳樹校點（1987，1991）《金瓶梅：張竹坡批評》（中國古典文學名著叢書），濟南：齊魯書社。

黄霖（1988）《新刻綉像批評金瓶梅》（全 3 册），杭州：浙江古籍出版社。

劉本棟校訂，繆天華校閲（1989）《金瓶梅》（中國古典名著），香港：文城出版社。

姚靈犀（1989）《瓶外卮言》，天津：天津市古籍書店。

齊煙、汝梅校點（1990）《金瓶梅（新刻綉像批評）》，臺北：曉園出版社；（1990）《新刻綉像批評金瓶梅》，香港：三聯書店。

毛德彪、朱俊亭標注（1990）《金瓶梅注評》，南寧：廣西人民出版社。

王汝梅、李昭恂、於鳳樹校點（1991）《金瓶梅：張竹坡批評第一奇書》（四大奇書），濟南：齊魯書社。

梅節校訂，陳詔、黄霖注釋（1993）《金瓶梅詞話（梅節重校本）》，香港：夢梅館。

白維國、卜鍵校注（1995）《金瓶梅詞話校注》，長沙：岳麓書社。

劉輝、吳敢輯校（1998）《會評會校金瓶梅》，香港：天地圖書、利通圖書【據康熙乙亥本《皋鶴堂批評第一奇書金瓶梅》】。

秦修容（1998）《金瓶梅（會評會校本）》（全 3 册），北京：中華書局。

陶慕寧校注，寧宗一審訂（2000）《金瓶梅詞話》（世界文學名著文庫），北京：人民文學出版社。

梅節校注（2007）《夢梅館校本金瓶梅詞話》，臺北：里仁書局；（2009）修訂版。

劉本棟校注，繆天華校閱（2007）《金瓶梅》（中國古典名著），臺北：三民書局。

王清和校點（2010）《金瓶梅詞話（最新校點足本）》（文化情理系列 33），Carle Place：明鏡出版社。

・日譯本

岡南閑喬《金瓶梅譯文》。

松村操（1882）《原本譯解金瓶梅》，東京：東京書肆。

夏金畏、山田正文譯（1925）《金瓶梅（全譯）》，東京：光林堂書店，文正堂書店。

尾坂德司譯（1948）《金瓶梅（全譯）》（もだん・らいぶらりい），東京：東西出版社；（1952）東京：千代田書房；（1953）東京：日籍出版部；（1958）東京：創人社。

小野忍、千田九一譯（1948）《金瓶梅（完譯）》，東京：東方書局；（1951）《金瓶梅》（世界文學選書 73-74），東京：三笠書房；（1956）世界風流文學全集 10 中國篇 1，東京：河出書房；（1959）中國古典文學全集 15-17，東京：平凡社；（1967）中國古典文學大系 33-35，東京：平凡社；（1972）奇書シリーズ 1，東京：平凡社；（1973）岩波文庫，東京：岩波書店。

泉修一郎譯（1948）《金瓶梅詞話（からうめごよみうたものがたり）》，東京：美珠書房。

富士正晴譯（1957）《金瓶梅》（世界大ロマン全集 25），東京：東京創元社。

上田學而譯（1967）《金瓶梅》，東京：人物往來社。

村上知行譯（1973）《金瓶梅》，東京：角川書店；（1984-85），東京：社會思想社；（1988）《ザ・金瓶梅》，東京：第三書館；（2006）愛藏版，東京：第三書館。

坂户みの虫（1999）《金瓶梅詞話：淫の世界》，東京：太平書屋。

土屋英明編譯（2007）《金瓶梅》（德間文庫），東京：德間書店。

・英譯本

Miall, B. (1939) *Chin p'ing mei: the adventurous history of Hsi Men and his six wives*, London: John Lane the Bodley Head; Bristol: Western Printing Services; (1967) A Perigee book, New York: G. P. Putnam.

Egerton, F. C. C. (1939) *The golden lotus: a translation, from the Chinese original, of the novel Chin P'ing Mei*, London: Routledge & Kegan Paul; (1954) New York: Grove Press; (1972) London: Routledge & Kegan Paul；（1974）臺北：文友書店；（1979）Singapore: Graham Brash；（2008）《金瓶梅》（大中華文庫：漢英對照），北京：人民文學出版社；（2011）North Clarendon: Tuttle Pub.

Kean, V. (1959) *Flower shadows behind the curtain: Ko lien hua ying, a sequel to Chin p'ing mei*, New York: Pantheon.

Roy, D. T. (1993) *The gathering, Princeton library of Asian translations, The plum in the golden vase, or, Chin P'ing Mei; v. 1*, Princeton: Princeton University Press.

Rushton, P. H. (1994) T*he Jin Ping Mei and the nonlinear dimensions of the traditional Chinese novel*, Lewiston: Mellen University Press.

Roy, D. T. (2001) T*he rivals, Princeton library of Asian translations, The plum in the golden vase, or, Chin P'ing Mei; v. 2*, Princeton: Princeton University Press.

Roy, D. T. (2006) *The aphrodisiac, Princeton library of Asian translations, The plum in the golden vase, or, Chin P'ing Mei; v. 3*, Princeton: Princeton University Press.

Roy, D. T. (2011) *The climax, Princeton library of Asian translations, The plum in the golden vase, or, Chin P'ing Mei; v. 4*, Princeton: Princeton University Press.

Roy, D. T. (2013) *The dissolution, Princeton library of Asian translations, The plum in the golden vase, or, Chin P'ing Mei; v. 5*, Princeton: Princeton University Press.

・德譯本

Kibat, A., Kibat, O. (1928) *Djin Ping Meh*, Gotha: Engelhard-Reyher.

Kuhn, F. (1952) *Kin ping meh: oder Die abenteuerliche Geschichte von Hsi Men und seinen sechs Frauen*, Wiesbaden: Erschienen Insel-Verlag.

Franke, H. (1967) *Djin Ping Meh = Schlebenblüten in goldener Vase: ein Sittenroman aus der Ming-Zeit mit 200 Holzschnitten einer Ausgabe von 1755*, Hamburg: Verlag die Waage.

Bischoff, F. A. (1997) *Djin Ping Meh: Epitome und analytischer Namenindex gemäss der Übersetzung der Brüder Kibat, Sitzungsberichte/Österreichische Akademie der Wissenschaften, Philosophisch—Historische Klasse, Bd. 641 . Beiträge zur Kultur—und Geistesgeschichte Asiens; Nr. 18*, Wien: Verlag der Österreichischen Akademie der Wissenschaften.

・法譯本

Lévy, André (1985) *Fleur en fiole d'or = Jin Ping Mei cihua*, Bibliothèque de la Pléiade 320-321, Paris: Gallimard.

・西班牙語譯本

Roca-Ferrer, X. (2010) *Flor de ciruelo en vasito de oro: jin ping mei*, Colección Áncora y delfín，v. 1092-1093, Barcelona: Destino.

・韓譯本

朴正陽譯（2013）《金瓶梅》，牡丹江：黑龍江朝鮮民族出版社。

・辭典、索引

姚霊犀、鳥居久靖（1960）《瓶外卮言語彙索引》（金瓶梅研究資料 1），天理：天理大學中國學科研究室。

明清文學言語研究會（1968）《金瓶梅詞話語彙索引》（明清文學言語研究會會報），大阪：明清文學言語研究會；（1972）名古屋：采華書林。

王利器主編（1988）《金瓶梅詞典》，長春：吉林文史出版社。

李布青（1988）《金瓶梅俚語俗諺》，北京：寶文堂書店。
白維國編（1991）《金瓶梅詞典》，北京：中華書局；（2005）修訂改版，北京：綫裝書局。
黃霖主編（1991）《金瓶梅大辭典》，成都：巴蜀書社。
李申（1992）《〈金瓶梅〉方言俗語彙釋》，北京：北京師院出版社。
張惠英（1992）《〈金瓶梅〉俚俗難詞訓釋》，北京：社會科學文獻出版社。
張鴻魁編著，閻俊傑参訂（1999）《金瓶梅字典》，北京：警官教育出版社。

・文本研究

吳晗（1934）《金瓶梅》的著作時代及其社會背景，《文學季刊》1。
周越然（1935）金瓶梅版本考，《新文學》1。
長澤規矩也（1939）我國における金瓶梅の流行，《書誌學》12（1）：9—10；（1985）《長澤規矩也著作集》5：362—363，東京：汲古書院。
姚靈犀（1940）《瓶外卮言》，天津：天津書局。
小野忍（1948）金瓶梅の歐譯本，《随筆中國》3。
長澤規矩也（1949）金瓶梅の版本，《金瓶梅》3；（1985）《長澤規矩也著作集》5：381—383，東京：汲古書院。
小野忍（1950）金瓶梅の版本について，《東京支那學會報》7（2）。
Bishop, J. L. (1954) A Colloquial Short Story in the Novel Chin P'ing Mei, *Harvard Journal of Asiatic Society* 17 (3-4): 394-402.
鳥居久靖（1955）京都大學藏《金瓶梅詞話》殘本について，《中國語學》37：7—9。
鳥居久靖（1955）金瓶梅版本考，《天理大學學報》18：335—366。
鳥居久靖（1956）綉像金瓶梅について—金瓶梅版本考補，《天理大學學報》21：131—138。
澤田瑞穗（1959）《金瓶梅書目稿》，油印。
澤田瑞穗（1961）《金瓶梅研究資料要覧》（天山雙書シリーズ 1），謄寫版。
Hanan, P. (1962) The Text of the *Chin P'ing Mei*, *Asia Major* 9(1): 1-57；丁貞婉譯（1987）《國文編譯館館刊》4（2）；（2008）《金瓶梅》探源，王秋桂等譯《韓南中國小說論集》161—222，北京：北京大學出版社。
Hanan, P. (1963) Sources of the *Chin P'ing Mei*, *Asia Major* 10(1): 23-67；徐朔方譯（1987）《金瓶梅西方論文集》，上海：上海古籍出版社；（2008）《金瓶梅》探源，王秋桂等譯《韓南中國小說論集》273—264，北京：北京大學出版社。
長澤規矩也（1963）《金瓶梅詞話》影印の經過，《大安》9（5）：1—3；（1985）《長澤規矩也著作集》5：447—452，東京：汲古書院。
澤田瑞穗（1965）《金瓶梅》の研究と資料，大阪市立大學中國文學研究室編《中國の八大小說》262—271，東京：平凡社。
朱星（1979）《金瓶梅》的版本問題，《社會科學戰綫》1979（2）：260—264。
朱星（1979）《金瓶梅》的作者究竟是誰，《社會科學戰綫》1979（3）：270—278。
朱星（1979）《金瓶梅》被竄僞的經過，《社會科學戰綫》1979（4）：263—266。
鄭逸梅（1979）補談《金瓶梅》的上海版本，《社會科學戰綫》1979（4）：342。
黃霖（1979）《金瓶梅》原本無穢語說質疑——與朱星先生商榷，《復旦學報（社會科學版)》1979（5）：105—107。
徐朔方（1980）《金瓶梅》的寫定者是李開先，《杭州大學學報（哲學社會科學版）》1980（1）：78—85。
朱星（1980）《〈金瓶梅》考證》，天津：百花文藝出版社。
朱星（1980）關於《金瓶梅考證》的一點聲明，《社會科學戰綫》1980（1）：332。
王麗娜（1980）《金瓶梅》在國外，《河北大學學報（哲學社會科學版）》1980（2）：63—70。
冀振武（1980）《金瓶梅》在日本，《社會科學輯刊》1980（3）：141—142。
趙景深（1980）評朱星同志金瓶梅三考，《上海師範大學學報（哲學社會科學版）》1980（4）：48—53。
戴不凡（1980）《金瓶梅》零札六題，《小說見聞録》，杭州：浙江人民出版社。
張遠芬（1981）也談《金瓶梅》作者的籍貫——對戴不凡“金華說”的考辨，《徐州師範學院學報（哲學社會科學版）》1981（2）：8—9。
張遠芬（1981）《金瓶梅》的作者是山東嶧縣人——再與朱星先生商榷，《徐州師範學院學報（哲學社會科學版）》1981（4）：78—83。
澤田瑞穗、寺村政男、堀誠（1981）《金瓶梅研究資料要覽》（中國文學研究特刊叢書 4），東京：早稻田大學中國文學會。
荒木猛（1983）新刻綉像批評金瓶梅（內閣文庫藏本）の出版書肆について，《東方》27：3—9。
李時人（1983）《金瓶梅》中“金華酒”非“蘭陵酒”考辨，《徐州師範學院學報（哲學社會科學版）》1983（2）：20—23。
李時人（1983）賈三近作《金瓶梅》說不能成立——兼談我們應該注意考證的態度和方法問題，《徐州師範學院學報（哲學社會科學版）》1983（4）：57—65。
川島郁夫（1984）《金瓶梅》作者の手法—原話の借用方法について—，《中國俗文學研究》2：63—69。
張遠芬（1984）也談《金瓶梅》中的一詩一文——與黃霖同志商榷，《復旦學報（社會科學版）》1984（3）：62—63。
黃霖（1984）《金瓶梅》作者屠隆考續，《復旦學報（社會科學版）》1984（4）：70—76。
徐朔方（1984）《金瓶梅作者屠隆考》質疑，《杭州大學學報（哲學社會科學版）》1984（3）：75—76，94。
滋陽（1985）《金瓶梅》的重要版本，《吉林大學社會科學學報》1985（2）：94—95。
滋陽（1985）《瓶外卮言》——《金瓶梅》研究的第一部論文集，《吉林大學社會科學學報》1985（3）：93—94。
滋陽（1985）《金瓶梅》刪節本，《吉林大學社會科學學報》1985（4）：95—96。
滋陽（1985）滿文《金瓶梅》，《吉林大學社會科學學報》1985（5）：96。
徐朔方（1985）《金瓶梅作者屠隆考》質疑之二，《杭州大學學報（哲學社會科學版）》1985（2）：55—57。
李時人（1985）談《金瓶梅》的初刻本，《文學遺產》1985（2）：115—118。
孫遜、陳詔（1985）《金瓶梅》作者非“大名士”說——從幾個方面“內證”看《金瓶梅》

作者，《上海師範大學學報（哲學社會科學版）》1985（3）：39—46。
魏子雲（1985）《金瓶梅原貌探索》，臺北：學生書局。
朱一玄（1985）《金瓶梅資料彙編》，天津：南開大學出版社；（2002）中國古典小說名著資料叢刊 4，天津：南開大學出版社。
侯忠義、王汝梅（1985）《金瓶梅資料彙編》，北京：北京大學出版社。
李時人（1986）《談〈金瓶梅〉的初刻本》補證，《文學遺產》1986（4）：125—126。
滋陽（1986）臺灣、香港的《金瓶梅》研究，《吉林大學社會科學學報》1986（1）：93—94。
王強（1986）小議《金瓶梅》的作者是河北籍人，《復旦學報（社會科學版）》1986（1）：107—108。
劉輝（1986）《金瓶梅》主要版本所見録，《復旦學報（社會科學版）》1986（2）：106—110。
劉輝（1986）《萬曆野獲編》與《金瓶梅》，《徐州師範學院學報（哲學社會科學版）》1986（1）：109—115。
劉輝（1986）《金瓶梅成書與文本研究》，瀋陽：遼寧人民出版社。
于盛庭（1986）《金瓶梅》令曲與《野獲編》，《徐州師範學院學報（哲學社會科學版）》1986（4）：48—52。
周鈞韜（1986）現代中國的《金瓶梅》研究，《明清小說研究》1986（2）：147—170。
王麗娜（1986）《金瓶梅》國外研究論著輯録，《河北大學學報（哲學社會科學版）》1986（3）：80—89。
包振南（1986）美國學者韓南的《金瓶梅》文本研究述略，《江海學刊（文史哲）》1986（3）：56—60。
胡文彬（1986）《金瓶梅書録》，瀋陽：遼寧人民出版社。
方銘（1986）《金瓶梅資料匯録》，合肥：黃山書社。
石昌渝、尹恭弘編（1986）《臺港〈金瓶梅〉研究論文選》，南京：江蘇古籍出版社。
陳遼（1986）《金瓶梅》原是評話說——兼談《金瓶梅》的作者問題，《社會科學研究》1986（5）：71—78。
上野恵司（1986）聯經版《金瓶梅詞話》影印本を評す，《中國語研究》26：55—56。
魏子雲（1987）《金瓶梅研究資料彙編》（中國古典小說戲曲研究叢刊），臺北：天一出版社。
王汝梅（1987）論張竹坡批評《金瓶梅》康熙本，《吉林大學社會科學學報》1987（1）：68—72。
田耒（1987）淺談《金瓶梅》對《水滸傳》的繼承與發展，《徐州師範學院學報（哲學社會科學版）》1987（1）：15—17。
劉輝（1987）論《新刻綉像批評金瓶梅》，《文學遺產》1987（3）：113—119。
金屏（1987）一九八六年《金瓶梅》研究綜述，《江漢論壇》1987（9）：57—60。
薛亮（1987）談《新刻綉像批評金瓶梅》，《徐州師範學院學報（哲學社會科學版）》1987（3）：40—41。
黃霖（1987）《金瓶梅資料彙編》（古典文學研究資料彙編），北京：中華書局。
胡文彬編（1987）《〈金瓶梅〉的世界》，哈爾濱：北方文藝出版社。

鄭慶山（1987）《金瓶梅論稿》，瀋陽：遼寧人民出版社。
張遠芬（1987）《〈金瓶梅〉新證》，濟南：齊魯書社。
黄霖（1988）關於上海圖書館藏兩種《新刻綉像批評金瓶梅》，《中國古典小說研究動態》2：13—22。
朱一玄（1988）對《金瓶梅》研究的新貢獻——評《張竹坡批評第一奇書金瓶梅》校點本，《吉林大學社會科學學報》1988（1）：35—36。
王汝梅（1988）《張竹坡批評第一奇書金瓶梅》校點後記，《吉林大學社會科學學報》1988（1）：37—42。
梅節（1988）全校本《金瓶梅詞話》前言，《吉林大學社會科學學報》1988（1）：43—45，36。
王毓林（1988）貴在補缺 妙在彙集——《金瓶梅書録》評議，《吉林大學社會科學學報》1988（1）：89—90。
張慶善（1988）《金瓶梅書録》評介，《徐州師範學院學報（哲學社會科學版）》1988（1）：21，18。
魯歌（1988）《金瓶梅》作者問題漫議，《西北大學學報（哲學社會科學版）》1988（1）：82—88。
馬力（1988）欲讀金瓶有善本——評梅節點校本《金瓶梅詞話》，《明報月刊》1988（3）：96—100。
吴敢（1988）張評本《金瓶梅》瑣考——張竹坡與《金瓶梅》研究之五，《學林漫録》12：119—129。
魏子雲（1988）《金瓶梅的幽隱探照》，臺北：臺灣學生書局。
葉桂桐等編（1988）《〈金瓶梅〉作者之謎》，銀川：寧夏人民出版社。
陳遼（1988）《金瓶梅》原是評話再論，《揚州師院學報（社會科學版）》1988（1）：14—19，26。
葉桂桐（1988）《金瓶梅》抄本考，《文學遺產》1988（3）：68—77。
魯歌、馬征（1988）中日所藏《金瓶梅詞話》應是同一刻本，《明清小說研究》1988（3）：114—118。
王汝梅（1989）《張竹坡批評第一奇書金瓶梅》（校點本）重印本跋——兼答魏子雲先生，《中國古典小說研究動態》3：1—3。
王汝梅（1989）《新刻綉像批評金瓶梅》初探（1），《吉林大學社會科學學報》1989（2）：84—89，96。
葉桂桐（1989）從《續金瓶梅》看《金瓶梅》的版本及作者，《吉林大學社會科學學報》1989（2）：90—96。
陳毓羆（1989）關於《金瓶梅》抄本的問題——敬復魏子雲先生，《中國古典小說研究動態》3：4—14。
楊曉玫（1989）國内《金瓶梅》版本知多少?，《中國圖書評論》1989（2）：185—186。
陳昌恒（1989）《金瓶梅》研究之歷史回顧，《中國文學研究》1989（2）：71—77，80。
一土（1989）全國第三届《金瓶梅》學術討論會綜述，《明清小說研究》1989（2）：82—88。

陳遼（1989）《金瓶梅》成書三階段說——兼談《金瓶梅》的作者問題，《東岳論叢》1989（4）：94—100。

孔繁華（1989）國際《金瓶梅》學術討論會綜述，《徐州師範學院學報（哲學社會科學版）》1989（4）：64—67。

金屏（1989）《金瓶梅》研究論著輯覽及其他，《社會科學戰綫》1989（4）：345。

劉孔伏、潘良熾（1989）現存《新刻金瓶梅詞話》爲原刻本考，《信陽師範學院學報（哲學社會科學版）》1989（3）：58—62。

徐仁（1989）《金瓶梅》研究形成新格局新浪潮——首屆國際金瓶梅學術討論會學術觀點綜述，《文學遺產》1989（5）：136—138。

吳曉鈴（1989）《金瓶梅詞話》最初刊本問題——《金瓶梅詞話》研究之一，《明報月刊》1989（4）：85—86。

張子敬（1989）一部值得閱讀的專著一談鄭慶山的《金瓶梅論稿》，《學習與探索》1989（1）：126—127。

黃霖、王國安編譯（1989）《日本研究〈金瓶梅〉論文集》，濟南：齊魯書社。

劉輝、楊楊主編（1989）《金瓶梅之謎》，北京：書目文獻出版社。

石昌渝主編（1989）《〈金瓶梅〉鑒賞辭典》，北京：北京師範大學出版社。

上海市紅樓夢學會、上海師範大學文學研究所編（1990）《金瓶梅鑒賞辭典》，上海：上海古籍出版社。

李芷（1990）《金瓶梅》抄改《水滸傳》瑣談，《鹽城師專學報（社會科學版）》1990（1）：43—48。

靳青萬（1990）《金瓶梅》作者新探，《許昌師專學報（社會科學版）》1990（1）：87—94。

陳詔（1990）代表當代中國金學研究水平的力作——評《金瓶梅考論》，《社會科學輯刊》1990（3）：152。

張文德（1990）第四屆全國《金瓶梅》學術討論會綜述，《徐州師範學院學報（哲學社會科學版）》1990（4）：39—40。

魯歌、馬征（1990）《金瓶梅》正誤舉要，《許昌師專學報（社會科學版）》1990（3）：56—63。

鄧瑞瓊（1990）再論《金瓶梅詞話》的成書，《明清小說研究》1990（Z1）：375—387。

孫立川（1990）從京都大學所藏《金瓶梅詞話》殘本談起，《海南師院學報》1990（4）：107—110。

孫立川（1990）京都大學所藏《金瓶梅詞話》殘本，《明報月刊》1990（9）：102—106。

周維衍（1990）關於《金瓶梅》的幾個問題，《復旦學報（社會科學版）》1990（2）：58—66。

劉輝（1990）《金瓶梅》研究十年，《中國社會科學》1990（1）：201—223。

王汝梅（1990）《金瓶梅探索》，長春：吉林大學出版社。

蔡敦勇（1991）散曲、劇曲與《金瓶梅》成書年代，《社會科學輯刊》1991（2）：143—145。

滋陽（1991）中華全國第五次《金瓶梅》學術討論會紀要，《吉林大學社會科學學報》1991（6）：56—59。

張家英（1991）由《金瓶梅》回前詩詞看其作者，《學習與探索》1991（3）：115—120。

張文德（1991）第五屆全國《金瓶梅》學術討論會綜述，《徐州師範學院學報（哲學社會科學版)》1991(3):71—72。

張天堡(1991)《金瓶梅詞話》刻本第九十一回錯誤辨正,《淮北煤師院學報(社會科學版)》1991(3):87—90,102。

戴鴻森(1991)《金瓶梅詞話》校餘札記,《學林漫録》13:183—192。

周鈞韜(1991)《金瓶梅資料續編:1919~1949》,北京:北京大學出版社。

康泰權(1991)《金瓶梅》研究(I):作者研究를中心으로,圓光大學校《論文集》25(1):55—72。

包振南、寇曉偉、張小影編選(1991)《〈金瓶梅〉及其他》,長春:吉林文史出版社。

吉林大學中國文化研究所編(1991)《金瓶梅藝術世界》,長春:吉林大學出版社。

楊春忠(1992)解讀與重構——讀王汝梅著《金瓶梅探索》,《社會科學輯刊》1992(1):153—155。

辛文(1992)第二屆國際《金瓶梅》學術討論會綜述,《徐州師範學院學報(哲學社會科學版)》1992(4):58—60。

魏子雲(1992)《金瓶梅研究必讀:明代金瓶梅史料詮釋》,臺北:貫雅文化事業有限公司。

魯歌、馬征(1992)《〈金瓶梅〉縱横談》,北京:北京燕山出版社。

周生(1992,1993)《新刻綉像批評金瓶梅評語》試校(正續),《甘肅社會科學》1992(6):81—88,98;1993(1):111—125。

康泰權(1992)《金瓶梅》研究(II):金瓶梅의成書背景,《中國小說論叢》1:135—153。

康泰權(1992)《金瓶梅研究》,延世大學校博士論文。

于鳳樹(1993)談《金瓶梅詞話》版本,《圖書館學研究》1993(6):63—69。

于天池(1993)影印《張竹坡批評第一奇書金瓶梅》緣起,《北京師範大學學報》1993(2):71。

嚴真(1993)小議《金瓶梅》出版之坎坷,《河南圖書館學刊》1993(2):58—59。

顧青(1993)談《金瓶梅》崇禎本,《文獻》1993(3):54—60。

魯歌、馬征(1993)關於《金瓶梅》的幾種版本,《貴州文史叢刊》1993(6):64—65。

魏子雲(1993)《金瓶梅研究二十年》,臺北:臺灣商務印書館股份有限公司。

井上泰山著,高階正巽譯(1993)《金瓶梅》覺書,《中國俗文學研究》11:72—81;(2004)《中國近世戲曲小說論集》351—363,吹田:關西大學出版部。

魯歌(1994)簡說《金瓶梅》的幾種版本,《棗莊師專學報》1994(1):15—20。

彭見明(1994)《金瓶梅》作者新考,《湖南師範大學社會科學學報》1994(3):86—90。

丁朗(1994)《金瓶梅》作者在北京考,《明清小說研究》1994(2):173—184。

王汝梅(1994)多倫多大學東亞圖書館藏《金瓶梅》版本考,《吉林大學社會科學學報》1994(4):92—93。

姬乃軍(1995)關於"金瓶梅"作者問題的重新思考,《延安大學學報(社會科學版)》1995(2):84—90。

蔣宗福(1995)《金瓶梅詞話》校補,《文獻》1995(3):45—52。

章一鳴（1995）對《金瓶梅詞話》幾處校改的意見，《湖州師專學報》1995（4）：7—8；（1997）《〈金瓶梅詞話〉和明代口語詞彙話法研究》137—141，上海：上海古籍出版社。
沈新林（1995）李漁評點《新刻綉像批評金瓶梅》考，《明清小說研究》1995（4）：38—50。
盧甲文（1996）《金瓶梅詞話》訂誤，《語文研究》1996（1）：34—37。
許建平（1996）新時期《金瓶梅》研究述評，《河北師院學報（社會科學版）》1996（2）：90—95。
馮保善（1996）《金瓶梅》研究的深化與拓展——《金瓶梅研究》1—4 輯綜評，《明清小說研究》1996（4）：224—230。
王汝濤（1997）把《金瓶梅》作者還給蒼山蘭陵（下），《臨沂師專學報》1997（1）：77—84。
王汝梅（1997）關於《金瓶梅》張評本的新發現，《吉林大學社會科學學報》1997（3）：29—31。
王汝梅（1998）《張竹坡批評第一奇書金瓶梅》校點本前言，《棗莊師專學報》1998（1）：5—10。
王汝梅（1998）《新刻綉像批評金瓶梅》會校本前言，《棗莊師專學報》1998（1）：10—15。
程極平（1998）也談《金瓶梅詞話》的作者問題，《徽州師專學報（哲學社會科學版）》1998（1）：39—44。
李申（1998）《金瓶梅詞話》校勘商兑，《中國語研究》40：108—110；（1999）《語言研究集刊》6：466—472；李申主編（2002）《近代漢語文獻整理與研究》65—71，石家莊：河北教育出版社。
彭見明（1999）《金瓶梅》作者新考，《書屋》1999（1）：52—54。
徐國鴻（1999）讀《〈金瓶梅〉作者新考》的一點想法，《書屋》1999（4）：73。
梅新林、葛永海（1999）《金瓶梅》文獻學百年巡視，《文獻》1999（4）：203—215。
王汝濤、劉家驥（1999，2000）《金瓶梅》作者考（1-7），《春秋》1999（4）：50—53；1999（5）：48—50；1999（6）：53—57；2000（1）：48—50；2000（2）：55—56；2000（3）：51—53；2000（4）：49。
許建平（1999）《金學考論》，石家莊：河北教育出版社。
潘承玉（1999）《金瓶梅新證》，合肥：黃山書社。
川島優子（2000）《金瓶梅》研究史—成立問題を中心として，廣島大學《中國學研究論集》6：93—124。
吴敢（2000，2001）20 世紀《金瓶梅》研究的回顧與思考（上、中、下），《棗莊師專學報》2000（1）：1—9；2000（6）：1—12；2001（1）：1—15。
吴敢（2000）新時期《金瓶梅》研究概述，《文教資料》2000（5）：60—70。
許建平（2000）《新刻金瓶梅詞話》是初刻抑或三刻，《棗莊師專學報》2000（1）：10—13。
梅節（2000）《金瓶梅詞話》札記，《徐州教育學院學報》2000（1）：29—31，33。
高坤讓（2000）《金瓶梅》作者與河東有緣，《運城高專學報》2000（2）：9—11。
李時人（2000）二十世紀《金瓶梅》研究的回顧——“中國古代小說研究史”之三，《零陵師範高等專科學校學報》2000（4）：7—10。

趙天爲（2000）第四届國際《金瓶梅》學術討論村綜述，《徐州教育學院學報》2000（4）：158—160。

荒木猛（2001）《金瓶梅》の成立に關する一考察：特に八十一回以降について，佛教大學《中國言語文化研究》1：58—71。

吳敢（2001）《金瓶梅》版本拾遺，《東南大學學報（哲學社會科學版）》2001（1）：114—118。

吳敢（2001）20 世紀《金瓶梅》研究的回顧與思考，《徐州師範大學學報（哲學社會科學版）》2001（2）：14—38。

吳敢（2001）《綜合學術本金瓶梅》序，《徐州教育學院學報》2001（3）：19—27。

黃霖（2001）再論《金瓶梅》崇禎本系統各本之間的關係，《上海師範大學學報（社會科學版）》2001（5）：39—46。

張傑（2001）《金瓶梅》版本關係新論，《人文雜誌》2001（6）：106—111。

苗懷明（2002）20 世紀以詞話本爲中心的《金瓶梅》研究綜述，《中華文化論壇》2002（1）：75—81。

許建平（2002）《金瓶梅詞話》"這五回"情節與作者探原，《河北師範大學學報（哲學社會科學版）》2002（2）：66—70。

葉桂桐（2002）中國文學史上的大騙局、大鬧劇、大悲劇——《金瓶梅》版本作者研究質疑，《煙臺師範學院學報（哲學社會科學版）》2002（1）：52—64。

王曉紅（2002）將善本書送入普通讀者手中——簡論梅節重校本《金瓶梅詞話》，《臨沂師範學院學報》2002（2）：101—104。

李雪菲（2002）對《金瓶梅》版本的鑒定，《徐州教育學院學報》2002（2）：18—20。

吳敢（2002）20 世紀《金瓶梅》研究史略，《古典文學知識》2002（5）：61—70。

王汝梅（2002）《金瓶梅》三種版本系統，《古典文學知識》2002（5）：83—89。

王麗娜（2002）《金瓶梅》在國外，《古典文學知識》2002（5）：90—95。

金宰民（2002）《金瓶梅》在韓國的流播、研究及影響，《明清小說研究》2002（4）：130—134。

Tian, Xiaofei (2002) A Preliminary Comparison of the Two Recensions of Jinpingmei, *Harvard Journal of Asiatic Studies* 62: 347-388.

梅新林、葛永海（2003）《金瓶梅》研究百年回顧，《文學評論》2003（1）：60—70。

梅節（2003）上海圖書館藏崇禎本《金瓶梅》觀後瑣記，《上海師範大學學報（哲學社會科學版）》2003（1）：58—64。

吳敢（2003）《20 世紀〈金瓶梅〉研究史長編》，上海：文彙出版社。

杜明德（2004）《金瓶梅》研究綜述，《聊城大學學報（社會科學版）》2004（1）：17—21。

靳青萬（2004）論《金瓶梅》中所見瓷器以及作者等相關問題，《漳州師範學院學報（哲學社會科學版）》2004（1）：47—52。

梅節（2004）《金瓶梅詞話》的版本與文本——《金瓶梅詞話校讀記》序，《明清小說研究》2004（1）：39—54。

梅節（2004）《金瓶梅詞話校讀記》，北京：北京圖書館出版社。

楊本祥（2004）《金瓶梅詞話》佚名校改集說，《江蘇教育學院學報（社會科學版）》2004（5）：95—99。

葉桂桐（2005）關於《金瓶梅》的版本與作者問題——兼致臺灣魏子雲先生，《保定師範專科學校學報》2005（3）：9—11。
荒木猛（2005）北京大學圖書館藏馬氏不登大雅文庫舊抄戲曲〈金瓶梅〉についての一所見，佛教大學《文學部論集》89：29—42。
孫遜主編（2005）《金瓶梅鑒賞辭典》，上海：漢語大詞典出版社。
荒木猛（2006）綉像本《金瓶梅》における53回より57回までについて，《中國古典小說研究》11：1—28。
黃霖（2006）《金瓶梅》詞話本與崇禎本刊印的幾個問題，《河南大學學報（社會科學版）》2006（1）：2—9。
楊緒容（2006）從素材來源看《金瓶梅》的成書，《河南大學學報（社會科學版）》2006（1）：17—21。
張進德（2006）《金瓶梅》研究的現狀與面臨的問題，《中國古典小說研究》11：29—34。
張進德、智清清（2006）《金瓶梅》研究史上的新起點——第五屆國際《金瓶梅》學術研討會綜述，《河南大學學報（社會科學版）》2006（1）：28—32。
劉宏（2006）《金瓶梅》書成麻城，《黃岡師範學院學報》2006（2）：6—10，20。
蔣朝軍（2006）《金瓶梅詞話》第五十三至五十七回真僞補證，《上海師範大學學報（哲學社會科學版）》2006（3）：59—65。
金兑坤（2006）《金瓶梅》小說構成에關한張竹坡의評點研究，《中國人文科學》34：365—388。
熊岩（2007）《〈金瓶梅〉詞話本與崇禎本比較研究》，華中師範大學碩士論文。
霍現俊（2007）《20世紀金瓶梅研究史長編》析讀，《徐州工程學院學報》2007（3）：23—24，43。
周文（2007）談《金瓶梅》“詞話本”、“說散本”的入話，《臨沂師範學院學報》2007（2）：42—45。
王平（2007）第七屆（嶧城）全國《金瓶梅》學術研討會綜述，《明清小說研究》2007（2）：294—300。
葉桂桐（2007）《金瓶梅》文本研究商榷——兼致梅節先生，《明清小說研究》2007（3）：234—241。
胡衍南（2007）兩部《金瓶梅》：詞話本與綉像本對照研究，《中國學術年刊》29：115—144。
章培恒、劉心武等（2007）《雪夜煮酒話金瓶：金瓶梅方家譚》，北京：團結出版社。
楊鴻儒（2007）《細述金瓶梅》，北京：東方出版社。
王汝梅（2007）《王汝梅解讀〈金瓶梅〉》，長春：時代文藝出版社。
魏子雲（2007）《〈金瓶梅〉餘穗》，臺北：里面仁書局。
宋真榮（2007）《金瓶梅》의主要版本에關한試論，水原大學校《論文集》25：65—74。
송진영（2007）梨花女大圖書館所藏《皋鶴堂批評第一奇書金瓶梅》에對하여，《韓國文化研究》13：155—184。
荒木猛（2008）關於崇禎本《金瓶梅》的補筆，《徐州師範大學學報（哲學社會科學版）》2008（3）：13—17。

葛永海（2008）營建“金學”巴比塔——域外《金瓶梅》研究的學術理路與發展走向，《文藝研究》2008（7）：67—76。
陳遼（2008）解《金瓶梅》作者和版本之謎——評梅節《瓶梅閑筆硯》，《博覽群書》2008（9）：33—36。
張進德（2008）《金瓶梅》研究的現狀與面臨的問題，《沈陽師範大學學報（社會科學版）》2008（6）：74—77。
黄霖（2008）《金瓶梅講演録》，桂林：廣西師範大學出版社。
黄霖、張兵、楊彬（2008）《金瓶梅鑒賞辭典》，上海：上海辭書出版社。
梅節（2008）《瓶梅閑筆硯：梅節金學文存》，北京：北京圖書館出版社。
荒木猛（2009）《金瓶梅研究》（佛教大學研究叢書 6），京都：佛教大學。
孫飛盈（2009）耐人尋味的金華酒——淺談《金瓶梅》之酒與作者之關係，《現代語文（文學研究版）》2009（1）：63—65。
談蓓芳（2009）從《金瓶梅詞話》與《水滸》版本的關係看其成書時間，《復旦學報（社會科學版）》2009（3）：52—58。
杜斌（2009）關於《新刻金瓶梅詞話》發現、購藏與影印，《河南教育學院學報（哲學社會科學版）》2009（4）：84—86。
徐仁達、陳明達、趙頌平、夏吟（2009）《〈金瓶梅〉作者蔡榮名說》，北京：國際作家書局；（2010），杭州：浙江大學出版社。
徐仁達、陳明達、趙頌平、夏吟（2010）《金瓶梅作者蔡榮名說立論依據》，北京：國際作家書局。
付善明（2010）關於《夢梅館校本金瓶梅詞話》的幾點思考——與梅節先生商榷，《保定學院學報》2010（1）：79—82。
宋真榮（2010）論韓國梨花女子大學所藏的《皋鶴堂批評第一奇書金瓶梅》，《徐州工程學院學報（社會科學版）》2010（5）：45—52。
王汝梅（2010）《金瓶梅》評點本的整理與出版，《讀書》2010（10）：156—163。
霍現俊（2010）第七屆國際（清河）《金瓶梅》研討會綜述，《明清小說研究》2010（4）：241—248。
周鈞韜（2010）《周鈞韜金瓶梅研究文集》，長春：吉林人民出版社。
金梅（2011）雜談《瓶外卮言》及其他，《文學自由談》2011（2）：135—142。
吳敢（2011）《金瓶梅奇書》版本考評，《明清小說研究》2011（2）：139—145。
王偉（2011）對傳統校勘學的承繼、宏揚和完善——談梅節的《金瓶梅詞話》校勘，《鄂州大學學報》2011（3）：40—44。
李開、王人恩（2011）2005－2010 年《金瓶梅》研究述評，《襄樊學院學報》2011（6）：63—72。
苗懷明（2011）從《周鈞韜金瓶梅研究文集》一書說起，《內江師範學院學報》2011（11）：142。
楊彬（2011）《崇禎本〈金瓶梅〉研究》，北京：文物出版社。
董定一（2012）綉像本與詞話本《金瓶梅》回目名稱比較談，《太原師範學院學報（社會科學版)》2012（4）：69—76。

潘健（2012）重校本《金瓶梅詞話》的民間文本特徵，《宜賓學院學報》2012（7）：50—51，79。

蘇騰（2012）《金瓶梅》詞話本與崇禎本中的辭賦成分比較，《遼東學院學報（社會科學版）》2012（4）：54—61。

張義宏（2012）日本《金瓶梅》譯介述評，《日本研究》2012（4）：117—121。

霍現俊（2012）第八屆國際（臺灣）《金瓶梅》研討會綜述，《中國文學研究》2012（2）：166—173。

鄭慶山（2012）《金瓶梅新考》，長春：吉林大學出版社。

楊驥（2013）雙紅堂文庫藏彈詞本《金瓶梅》初探，《古籍整理研究學刊》2013（1）：48—52。

王汝梅（2013）滿文譯本《金瓶梅》敘録（上篇），《現代語文（學術綜合版）》2013（2）：20—21。

王汝梅（2013）天津圖書館藏《金瓶梅》崇禎本探微，《河南教育學院學報（哲學社會科學版）》2013（6）：56—59。

邢慧玲（2013）《金瓶梅詞話》與明清通俗類書中的《別頭巾文》比勘考，《洛陽師範學院學報》2013（3）：47—51。

黃霖（2013）《金瓶梅》“初刊”辨僞記略——從“大安本”說起，《河南理工大學學報（社會科學版）》2013（2）：218—221。

吳敢（2013）明清《金瓶梅》研究概論，《河南理工大學學報（社會科學版）》2013（2）：222—235。

周鈞韜（2013）魯迅《金瓶梅》研究的成就與失誤，《河南理工大學學報（社會科學版）》2013（2）：236—241，256。

周鈞韜（2013）鄭振鐸《金瓶梅》研究的成就與失誤，《內江師範學院學報》2013（9）：1—7。

高淮生（2013）考辨張竹坡家世生平 撰述《金瓶梅》研究長編——吳敢金學研究綜論，《河南理工大學學報（社會科學版）》2013（3）：329—340。

霍現俊、張國培（2013）第九屆（五蓮）國際《金瓶梅》研討會綜述，《明清小說研究》2013（3）：42—49。

付善明（2013）讓《金瓶梅》研究閃耀哲學思辨的光輝——讀《周鈞韜金瓶梅研究文集》，《江西教育學院學報（綜合版）》2013（6）：175—177。

川島優子（2013）關於高階正巽《金瓶梅》訓注本考——兼論江户時代《金瓶梅》之接受，《中國文學研究》2013（2）：148—165。

崔溶澈（2013）《金瓶梅》翻譯本의類型分類와翻譯文分析，《中國小說論叢》39：157—176。

◎研究

高維先（1963）金瓶梅中的“與”“來”二字，《中文研究》3：6—10。

鳥居久靖（1963）私編・金瓶梅集諺初稿（1，2），《中文研究》1：22—30；3：11—19。

高維先（1964）關於金瓶梅中的“鬼”字，《中文研究》4：25—29。
鳥居久靖（1965）《金瓶梅》の言語，大阪市立大學中國文學研究室編《中國の八大小說》253—261，東京：平凡社。
鳥居久靖（1966，1967，1969，1970，1972）《金瓶梅》歇後語私釋 1，《天理大學學報》18（2）：57—71；2，《中文研究》7：9—17；3，《天理大學學報》19（1）：33—57；4，《天理大學學報》19（2）：35—56；5，《天理大學學報》21（2）：71—84；6，《天理大學學報》21（4）：48—64；7，《天理大學學報》22（1）：34—51；補訂，《中文研究》12：15—23。
鳥居久靖（1967）《金瓶梅》歇後語私釋，《明清文學言語研究會會報》9：27—46。
太田辰夫（1969）金瓶梅詞話，《中國語學新辭典》257—258，東京：光生館。
上野恵司（1970）《水滸傳》から《金瓶梅》へ—重複部分のことばの比較・付書き換え語句索引，《關西大學中國文學會紀要》3：119—140。
鳥居久靖（1972）《金瓶梅しゃれことばの研究》，東京：光生館。
大內田三郎（1973）《水滸傳》と《金瓶梅》，《天理大學學報》24（5）：90—107。
池本義男（1973）《金瓶梅詞話の飲食私釋稿》，名古屋：采華書林。
池本義男（1975）《金瓶梅詞話の罵語私釋稿》，名古屋：采華書林。
寺村政男（1975）《水滸傳》から《金瓶梅詞話》への變化—罵語を中心として—，《中國總合研究》1：48—64。
寺村政男（1975）罵語に付く“賊”から程度を表わす“賊”への變容について—《金瓶梅詞話》を中心として，《中國古典研究》20：172—179。
寺村政男（1976）《金瓶梅詞話》における作者介入文—看官聽說考—，《中國文學研究》2：19—31；（1989）《金瓶梅詞話》中的作者介入文——“看官聽說”考，《日本研究〈金瓶梅〉論文集》，濟南：齊魯書社。
宮田一郎（1977，1978）金瓶梅のことば（1，2），大阪市立大學《人文研究》29（7）：477—495；30（2）：43—53；（2005）《宮田一郎中國語學論集》361—392，東京：好文出版。
寺村政男（1978）《金瓶梅》詞話本より改訂本への改變をめぐって，早稻田大學《中國古典研究》23：74—89。
李思敬（1981）從《金瓶梅》的字裡行間考察十六世紀中葉漢語北方話中兒詞尾的“兒化”現象——爲漢語音韻學研究會成立大會和學術討論會作，《中國語研究》21：67—84。
白維國（1981）《金瓶梅詞話》特殊詞語例釋，《學習與思考（中國社會科學院研究生院學報）》1981（6）：68—73。
王強（1981）《金瓶梅》中的歇後語，《天津師院學報》1981（6）：72。
張遠芬（1981）《金瓶梅詞話》詞語選釋，《中國語文通訊》1981（2）：17—19。
朱星（1982）《金瓶梅》的詞彙、語彙札記，《河北大學學報（哲學社會科學版）》1982（1）：181—187。
古屋二夫（1983）金瓶梅詞話集諺：中國諺語資料（11），《中京大學教養論叢》23（4）：

725—759。
鈴木陽一(1983)《金瓶梅》の表現方法について—《水滸傳》との重複部分を中心に(1),神奈川大學《人文研究》84：67—96。
李思敬(1984)從《金瓶梅》考察十六世紀中葉北方話中的兒化現象,《語言學論叢》12：97—108。
張遠芬（1985）魏著《金瓶梅詞話注釋》辨正,《徐州師範學院學報（哲學社會科學版）》1985（2）：50—58。
張惠英（1985）《金瓶梅》用的是山東話嗎?,《中國語文》1985（4）：306—311。
劉鈞傑（1986）《〈金瓶梅〉用的是山東話嗎?》質疑,《中國語文》1986（3）：224—227。
張惠英(1986)《金瓶梅》中值得注意的語言現象,《語文研究》1986(3)：51—58;（1999）蔣紹愚、江藍生編《近代漢語研究（二）》35—47，北京：商務印書館。
張惠英（1986）《金瓶梅》中杭州一帶用語考,《中國語文》1986（3）：217—223。
張遠芬（1986）《金瓶梅》與魯南方言,《明清小說研究》1986（2）：171—187。
吳慧穎（1986）《金瓶梅詞話》詞語選釋,《雲夢學刊》1986（3）：134—138。
周中明（1986）青勝於藍——論《紅樓夢》的語言藝術對《金瓶梅》的繼承和發展,《紅樓夢學刊》1986（4）：121—142。
白維國（1986）《金瓶梅》所用方言討論綜述,《中國語文》1986（3）：228—229。
白維國（1986）《金瓶梅》和市語,《明清小說論叢》4：221—234。
蔡國梁選編（1986）《金瓶梅評注》，廣西：漓江出版社。
馬鳳如(1986，1987)〈金瓶梅〉中的山東方言詞彙研究(上、下),《下關市立大學論集》30（2）：443—465；30（3）：71—93。
植田均（1987）《金瓶梅詞話》に見える禁止否定について,《中國語學》234：83—92。
坂井健一(1987)金瓶梅詩詞用韻考,《日本大學人文科學研究所研究紀要》34：53—68；（1995）《中國語學研究》，442—461，東京：汲古書院。
李穆之、李文煥、李昭恂、王汝梅、徐波、于鳳樹（1987）《金瓶梅詞典》詞條選登,《吉林大學社會科學學報》1987（1）：77—82。
及巨濤等(1987)《金瓶梅詞典》詞條選登,《徐州師範學院學報(哲學社會科學版)》1987（3）：50—52，69。
周中明（1987）論《金瓶梅》的語言藝術,《文史哲》1987（5）：55—58，36。
董紹克（1987）《金瓶梅》所用方言的性質及考證,《山東師大學報（社會科學版）》1987（5）：85—89；葉桂桐等編（1988）《〈金瓶梅〉作者之謎》，銀川：寧夏人民出版社。
張鶴泉（1987）試談《金瓶梅》中的動詞後綴“子”,《聊城師範學院學報（哲學社會科學版）》1987（4）：62—66。
張鴻魁（1987）《金瓶梅》的方音特點,《中國語文》2：125—130。
植田均(1988)《金瓶梅詞話》語彙研究—“對象”“目的”を示すいくつかの介詞について,《中國語學》235：57—64。
小川陽一(1988)明代小說における相法—三國志演義と金瓶梅詞話を中心に,《東方學》

76：78—93。
張惠英（1988）關於《金瓶梅》的語言，《中國語學研究・開篇》5：97—108。
吳曉鈴（1988）《〈金瓶梅〉的修辭》評介，《吉林大學社會科學學報》1988（1）：31—34。
王邁（1988）讀《金瓶梅詞典》詞條選登，《蘇州大學學報（哲學社會科學版）》1988（2）：69—70，53。
謝國芳（1988）“由說話看出人來”——談《金瓶梅》的人物語言藝術，《益陽師專學報》1988（4）：43—46，112。
張天堡、王昌華（1988）試評魏子雲先生對《金瓶梅》語言的看法，《淮北煤師院學報（社會科學版）》1988（Z1）：161—166。
傅憎享（1988）《金瓶梅》用字流俗：是俚人耳録而非文人創作，《學習與探索》1988（6）：112—116。
李桐賢（1988）《金瓶梅》歇後語試析，《韶關師專學報》1988（4）：64—69。
趙興勤（1988）《金瓶梅》方言釋略，《鹽城師專學報（社會科學版）》1988（4）：45—49。
白維國（1988）《金瓶梅詞話》的若干俗語詞，《語言研究》1988（2）：56—62。
魏子雲（1988）《小說金瓶梅》，臺北：臺灣學生書局。
王螢（1988）從現山東臨清語看《金瓶梅》方言，葉桂桐等編（1988）《〈金瓶梅〉作者之謎》，銀川：寧夏人民出版社。
李申（1988）釋《金瓶梅》詞語三條——兼與臺灣魏子雲先生商榷，《人民日報海外版》1988/3/17（2）；（1995）《近代漢語釋詞叢稿》43—46，南京：江蘇教育出版社。
川島郁夫（1989）《水滸傳》と《金瓶梅》—共通部分における字句の相違とその意味について—，《神田外語大學紀要》1：55—70。
李之亮（1989）關於《金瓶梅》中數條語詞的詮釋，《中國語文》1989（3）：223—224。
張涌泉（1989）《金瓶梅》詞語考釋，《杭州大學學報（哲學社會科學版）》1989（4）：96—104。
周中明（1989）論《金瓶梅》中運用俗語的藝術，《徐州師範學院學報（哲學社會科學版）》1989（1）：11—15。
孟憲章（1989）對《魏著〈金瓶梅詞話注釋〉辨正》的辨正——與張遠芬同志商榷，《徐州師範學院學報（哲學社會科學版）》1989（1）：19—23。
王汝梅（1989）《金瓶梅》疑難詞語試釋，《徐州師範學院學報（哲學社會科學版）》1989（1）：24—26，31。
劉繼超（1989）自然美：《金瓶梅》詩詞的語言特色，《寶鷄師院學報（哲學社會科學版）》1989（1）：68—71。
彼得・拉什頓，宋立民譯（1989）《金瓶梅的修辭學》，《古籍整理研究學刊》1989（2）：49，45。
李一平（1989）《金瓶梅》詞語考釋訂補，《河南大學學報（哲學社會科學版）》1989（2）：91—94。
許仰民（1989）論《金瓶梅詞話》的“乞”字句，《信陽師範學院學報（哲學社會科學版）》1989（2）：79—82。
許仰民（1989）論《金瓶梅詞話》的“被”字句，《信陽師範學院學報（哲學社會科學版）》

1989（4）：70—76。
楊國學（1989）《瓶》内外村言芻議——兼論《金瓶梅》所用方言與作者之關係，《張掖師專學報（綜合版）》1989（2）：45—49。
張鴻魁（1989）試論《金瓶梅》的語言研究，《煙臺師範學院學報（哲學社會科學版）》1989（2）：63—68。
傅憎享（1989）《金瓶梅》詞語誤釋歸因，《社會科學輯刊》1989（4）：124—129。
傅憎享（1990）論《金瓶梅》的俗語與民俗，《瀋陽師範學院學報（社會科學版）》1990（3）：83—88。
周建民（1989）《金瓶梅》的量詞系統，《武漢教育學院學報（哲學社會科學版）》1989（4）：42—56。
潘攀（1989）《金瓶梅》中的“把”字句，《江漢學術》1989（3）：33—47。
董紹克（1989）讀《金瓶梅詞話》校點本札記（2），《山東師大學報（社會科學版）》1989（5）：33—40。
李申（1989）《金瓶梅》詞語例釋，《河北師院學報（哲學社會科學版）》1989（1）：95—100；（1995）《近代漢語釋詞叢稿》47—61，南京：江蘇教育出版社。
白維國（1989）《金瓶梅詞話》校點商兑，《徐州教育學院學報》1989（2）。
劉繼超（1989）《金瓶梅詞話》對一首民謠的兩處改動，《語文月刊》1989（9）。
侯友蘭（1989）《金瓶梅詞話》中對妻子的稱謂，《保定師專學報》1989（2）。
荒木猛（1990）“話本”と《金瓶梅》，《長崎大學教養部紀要（人文科學篇）》30（2）：1—26。
閻紅生（1990）《金瓶梅詞話》的副詞新解，《北陸大學紀要》14：169—181。
植田均（1990，1991）《金瓶梅詞話》中詞尾“子”“兒”—《金瓶梅詞話》において接尾辭“子”“兒”の両方とも付接しうる語（1，2），《中國語學》237：43—51；（1991）《中國語學研究・開篇》8：94—113。
李思明、植田均（1990）《水滸全傳》と《金瓶梅詞話》の言語—名詞の接頭辭と接尾辭—，《中國語學研究・開篇》7：87—103。
潘攀（1990）《金瓶梅》中的ABAC、ABCB結構，《武漢教育學院學報（哲學社會科學版）》1990（1）：42—50。
吳松貴（1990）《金瓶梅》中的“俏皮話”初探，《武漢教育學院學報（哲學社會科學版）》1990（1）：51—58。
何洪峰（1990）《金瓶梅》中有“是”作構詞語素的詞，《武漢教育學院學報（哲學社會科學版）》1990（2）：29—34。
周建民（1990）《金瓶梅》中的詞尾“兒”、“子”、“頭”，《武漢教育學院學報（哲學社會科學版）》1990（3）：34—55。
傅憎享（1990）《金瓶梅詞話》釋語論難，《中國圖書評論》1990（1）：74—77。
傅憎享（1990）論《金瓶梅》的駡語與駡俗，《學術交流》1990（2）：129—135。
傅憎享（1990）《金瓶梅》隱語揭祕，《社會科學輯刊》1990（5）：132—139。
董紹克（1990）《金瓶梅》中的“兒”尾不全是兒化音，《古漢語研究》1990（1）：94—95，

31。
孟守介、魯啟華（1990）從《金瓶梅詞話》中的兒化詞看其作者的籍貫，《鐵道師院學報》1990（1）：47—54。
許仰民（1990）論《金瓶梅詞話》的被動句，《殷都學刊》1990（2）：95—101。
許仰民（1990）論《金瓶梅詞話》的“把（將）”字句，《信陽師範學院學報（哲學社會科學版）》1990（4）：91—97。
孟憲章（1990）談《金瓶梅》中的歇後語，《徐州師範學院學報（哲學社會科學版）》1990（4）：25—30。
侯友蘭（1990）《金瓶梅》中對妻子的稱謂，《松遼學刊（社會科學版）》1990（4）：82—85。
王汝梅（1990）讀《金瓶梅詞話辭典》札記，《明清小說研究》1990（Z1）：421—430。
張炳森（1990）《金瓶梅》方言詞語注商榷，《明清小說研究》1990（Z1）：431—440。
欒于時（1990）《金瓶梅》語釋·三停，《河北師院學報》1990（1）。
張家英（1990）《金瓶梅》的語言藝術，《北方論叢》1990（5）：27—32。
李思明（1990）《水滸》、《金瓶梅》、《紅樓夢》副詞“便”、“就”的考察，《語言研究》1990（2）：82—85。
吳曉鈴（1990）《金瓶梅》“勉鈴”釋，《文獻》1990（4）：62—63。
隋文昭（1990）釋“丁香”，《中國語文》1990（1）：68—70。
毛德彪、朱俊亭評注（1990）《金瓶梅注評》，南寧：廣西人民出版社。
姜志信（1990）《金瓶梅詞話》注釋質疑，《保定師專學報》1990（1）。
吳延枚（1990，1991）《金瓶梅》中獨特的語法現象（續、續完），《淮陽教育學院學報》1990（1）；1991（2）。
荒木猛（1991）《金瓶梅》に見える明代の用語について，《長崎大學教養部紀要（人文科學篇）》32（1）：19—37。
閻紅生（1991）《金瓶梅詞話》的讓步連詞初探，《北陸大學紀要》15：177—184。
姜志信（1991）《金瓶梅詞話注釋》質疑，《河北師院學報（社科版）》1991（4）：116—122。
王邁（1991）《金瓶梅詞典》釋義商補，《中國語文》1991（3）：235—237。
周建民（1991）《金瓶梅》中的語氣助詞“著”，《武漢教育學院學報（哲學社會科學版）》1991（1）：49—53。
張惠英（1991）《紅樓夢》和《金瓶梅》的語言比較，《紅樓夢學刊》1991（1）：177—190。
李申（1991）《金瓶梅》詞語零札，《徐州師範學院學報（哲學社會科學版）》1991（2）：116—118，140；（1995）《近代漢語釋詞叢稿》62—73，南京：江蘇教育出版社。
李申（1991）辭書語釋《金瓶梅》詞語舉例，《北京師範大學學報》1991（10）增刊；（1995）《近代漢語釋詞叢稿》74—86，南京：江蘇教育出版社。
顧冠華（1991）《金瓶梅》詞語補釋，《徐州師範學院學報（哲學社會科學版）》1991（4）：78—81。
白水（1991）從動詞後綴“子”的運用推測《金瓶梅》的作者，《古籍整理研究學刊》1991（3）：1—2；張涌泉（2011）《著名中年語言學家自選集·張涌泉卷》308—312，上海：上海教育出版社。

王建（1991）《金瓶梅》中的歇後語分析，《六盤水師範高等專科學校學報（社會科學版）》1991（2）：34—37，62。

高福生（1991）《金瓶梅》裡的句尾“著”，《江西教育學院學報（綜合版）》1991（2）：44—49。

伊波（1991）《魏著〈金瓶梅詞話注釋〉辨正》之辨正，《甘肅社會科學》1991（4）：117。

何洪峰（1991）《金瓶梅》中的動詞性主謂謂語句，《武漢教育學院學報（哲學社會科學版）》1991（4）：68—75。

許仰民（1991）論《金瓶梅詞話》的因果句，《信陽師範學院學報（哲學社會科學版）》1991（3）：74—80。

許仰民（1991）論《金瓶梅詞話》的多音節狀態形容詞，《信陽師範學院學報（哲學社會科學版）》1991（4）：94—99，66。

許仰民（1991）論《金瓶梅詞話》的“喫”字句，《許昌師專學報（社會科學版）》1991（4）：90—94。

韓希明（1991）舌上有刀 話裡藏奸——淺論《金瓶梅》中潘金蓮的語言，《常州工業技術學院學報（社會科學版）》1991（3）：85—88，72。

孫占林（1991）《金瓶梅》“把”字句研究，《廣西師院學報（哲學社會科學版）》1991（3）：74—82。

孫占林（1991）《金瓶梅》的同形動補結構，《蒙自師專學報》1991（4）：1—8。

蔣禮鴻（1991）《金瓶梅詞話》詞語札記，《文獻》1991（3）：68—75；蔣禮鴻（1994）《蔣禮鴻語言文字學論叢》473—480，杭州：浙江古籍出版社；（2001）《蔣禮鴻集》3：529—537，杭州：浙江教育出版社。

隋文昭（1991）《金瓶梅詞話》語詞校釋，《天津師大學報（社會科學版）》1991（6）：69—75。

王學奇（1991）《金瓶梅方言俗語彙釋》序，《天津師大學報（社會科學版）》1991（6）：76—78。

魏聊（1991）《金瓶梅》中的“達達”考，《東岳論叢》1991（6）：2。

沈慧雲（1991）《金瓶梅》中俗語的運用，《語文研究》1991（4）：32—37。

吳曉鈴（1991）《金瓶梅詞話》的方言語音初探，《中華文史論叢》48：115—118。

彭國躍（1991）明代中國語の敬語とその語用論的方略—《金瓶梅詞話》の會話文分析，《中文研究集刊》3：29—52。

孟昭連（1991）《金瓶梅詩詞解析》，長春：吉林文史出版社。

曹煒（1991）論“非語言交際”在文學作品中的表現特徵和功能，中國文學語言研究會編《文學語言研究論文集》，上海：華東化工學院出版社。

沈慧雲（1991）《金瓶梅》中的俗語運用，《語文研究》1991（4）：32—37。

荒木猛（1992）崇禎本《金瓶梅》各回冒頭の詩詞について，《長崎大學教養部紀要（人文科學）》33（1）：1—16。

閻紅生（1992）《金瓶梅詞話》把字句的類型與結構成分，《北陸大學外國語學部紀要》1：105—114。

李思明、植田均（1992）《水滸傳》と《金瓶梅詞話》の言語—狀態を示す重疊型—，《中國語研究》34：6—30。

植田均、李思明（1992）《水滸傳》と《金瓶梅詞話》の言語—名量詞、動量詞—，《奈良產業大學紀要》8：17—53。

種衍璋（1992）對《金瓶梅詞典》幾條詞語詮釋的質疑，《内蒙古電大學刊》1992（1）：9—10。

孟昭連（1992）談《金瓶梅》中的人名諧音與成書，《徐州師範學院學報（哲學社會科學版）》1992（1）：34—35。

孫維張（1992）《金瓶梅》的語言多元系統及其形成的原因，《社會科學戰綫》1992（1）：278—284。

俞明芳（1992）對魏子雲《金瓶梅詞話注釋》的若干補訂，《上海師範大學學報（哲學社會科學版）》1992（1）：87—89。

李芳元（1992）《金瓶梅詞典》釋義補正，《棗莊師專學報》1992（1）：22—26。

孫天勝（1992）《金瓶梅》魯南方言俗語例釋，《棗莊師專學報》1992（1）：27—30。

張生漢（1992）《金瓶梅詞典》摘瑕，《古漢語研究》1992（1）：74—76。

劉文（1992）一部“金學”研究的力作——《金瓶梅注評》評介，《山東社會科學》1992（3）：96。

傅憎享（1992）詞話本·崇禎本兩個版本兩種文化：《金瓶梅》詞語俗與文的異向分化，《社會科學輯刊》1992（3）：131—136。

許仰民（1992）論《金瓶梅詞話》的助詞“著”與“來”，《信陽師範學院學報（哲學社會科學版）》1992（2）：93—99，105。

潘攀（1992）《金瓶梅詞話》語氣詞考察，《武漢教育學院學報（哲學社會科學版）》1992（4）：74—86。

吳聿明（1992）《金瓶梅》方言新證，《東南文化》1992（Z1）：161—173。

俞正貽、蔡永良、曹煒（1992）《金瓶梅》人物語言散論，《湖州師專學報》1992（4）：16—20。

黃寶生（1992）《金瓶梅》詞語札記——兼與《小說詞語匯釋》《金瓶梅詞典》訓釋商榷，《漢中師院學報（哲學社會科學版）》1992（3）：75—80。

汪維輝（1992）《〈金瓶梅詞話〉語詞札記》補正三則，《寧波師院學報（社會科學版）》1992（3）：45，52；蔣禮鴻（1994）《蔣禮鴻語言文字學論叢》481—482，杭州：浙江古籍出版社；（2001）《蔣禮鴻集》3：538—539，杭州：浙江教育出版社。

何洪峰（1992）《金瓶梅》中的“是”字句，《鄖陽師專學報（社會科學版）》1992（3）：56—69。

張鴻魁（1992）《金瓶梅》與近代漢字研究，《東岳論叢》1992（6）：79—84。

洗叡（1992）一部具有開拓意義的好書——《譯注評析金瓶梅詩選》芻議，《理論與創作》1992（6）：28—31。

李申（1992）《金瓶梅》詞語釋義訂補，《漢語研究論集》1，北京：語文出版社；（1995）《近代漢語釋詞叢稿》87—105，南京：江蘇教育出版社。

程娟（1992）《金瓶梅》動詞研究，程湘清主編《宋元明漢語研究》339—459，濟南：山東教育出版社。
張喆（1993）《金瓶梅》語詞短札，《中國語文》2：157—158。
地藏堂貞二（1993）《金瓶梅》の言語—その分布について，《中國語研究》35：81—91。
鮑延毅（1993）《金瓶梅》方言詞語零札，《徐州師範學院學報》1993（2）。
李思明、植田均（1993，1994）《水滸傳》と《金瓶梅詞話》の數量表現（上、下），奈良産業大學《產業と經濟》7（5）：29—49；8（5）：1—18。
李思明、植田均（1993）《水滸傳》と《金瓶梅詞話》の言語—動詞の態及びその變化形式—，《奈良產業大學紀要》9：3—32。
潘攀（1993）《金瓶梅詞話》的語氣詞"不是"，《中國語研究》35：72—77。
侯蘭笙（1993）《金瓶梅詞典》拾誤，《西北師大學報（社會科學版）》1993（2）：84—89。
孫占林（1993）《金瓶梅》的"被"字結構，《蒙自師專學報（社會科學版）》1993（1）：1—15。
劉鏡芙（1993）一部值得推薦的專書詞典——讀白維國《金瓶梅詞典》，《辭書研究》1993（2）：115—123。
李忠明（1993）"書帕"含義的演變與《金瓶梅詞話》的成書年代，《南京師大學報（社會科學版）》1993（2）：61—63。
張湧泉（1993）《金瓶梅》詞語校釋，《杭州師範學院學報》1993（4）：79—85。
魏連科（1993，1994）《金瓶梅》方言俗語臆釋（上、下），《河北學刊》1993（5）：64—71；1994（6）：61—66。
傅憎享（1993）《金瓶梅》詞語深層結構與文化內涵，《學習與探索》1993（5）：114—119。
傅憎享、楊愛群（1993）《金瓶梅》俗諺求因，《社會科學輯刊》1993（4）：123—130。
傅憎享（1993）《金瓶梅隱語揭秘》，天津：百花文藝出版社【書評：楊宇（1994）標新立異的金瓶梅語言解讀——評《金瓶梅隱語揭秘》，《中國圖書評論》1994（6）：63—66】。
伯辛（1993）洞微燭隱，後出轉精——《金瓶梅方言俗語彙釋》評介，《古漢語研究》1993（4）：94—96。
李申（1993）關於《金瓶梅》幾個詞語的解釋，《文獻》1993（4）：53—57；（1995）《近代漢語釋詞叢稿》110—115，南京：江蘇教育出版社。
張鴻魁（1993）《金瓶梅》某些詞語釋義和字形問題，《中國語文》1993（2）：153—156。
陸喆生（1993）《金瓶梅》語詞短札，《中國語文》1993（2）：157—158。
張鴻魁（1993）金瓶梅方音特點續說，《青島師專學報》1993（3）。
鄧韶玉、王弘達（1993）奇書導讀 金學攬勝——《金瓶梅鑒賞辭典》及其它，《陰山學刊》1993（4）：47—50。
許仰民（1993）論《金瓶梅詞話》的副詞"自"，《河北師院學報（社會科學版）》1993（2）：112—115，119。
張鴻魁（1993）《金瓶梅》某些詞語釋義和字形問題，《中國語文》1993（2）：153—156。
侯利民（1993）《金瓶梅》字音商榷一則，《中國語文》1993（5）：400。
何洪峰（1993）《金瓶梅》中的"V與"式雙賓結構，《武漢教育學院學報》1993（2）。

蔣宗福（1993）談《金瓶梅》方言俗語彙釋札記，《西南師範大學學報》7。
姜志信（1993，1996，1997，1998）《金瓶梅詞話注釋》質疑（續一、二、三、四），《河北師院學報（社科版）》1993（2）：104—111；《河北師院學報（社科版）》1996（1）：115—119；《河北師範大學學報（自然科學版）》1998（2）：86—90；《河北師院學報（社科版）》1997（4）：90—93。
植田均、李思明（1994）《水滸傳》と《金瓶梅詞話》の言語—助動詞（上、下）—，《奈良産業大學經濟學部創立10周年記念論文集》287—299；《奈良産業大學紀要》10：11—25。
寺村政男（1994）滿州旗人による近世漢語の繙譯の實態—金瓶梅と西厢記を中心に，《中國語學》241：39—48；（2008）《東アジアにおける言語接觸の研究》292—296，東京：竹林舍。
荒木猛（1994）《金瓶梅》執筆時代の推定，《長崎大學教養部紀要》人文科學篇35（1）：1—6。
劉鏡芙（1994）《金瓶梅詞話》中的選擇問句，《中國語文》1994（6）：454—457。
伊原大策（1994）《金瓶梅》における言語の同質性と異質性，筑波大學《言語文化論集》38：185—196。
傅憎享（1994）《金瓶梅》“反切”語趣，《棗莊師專學報》1994（1）：10—14。
譚秀東（1994）《金瓶梅詞話》校點商兑——兼及方言問題，《山東教育學院學報》1994（1）：37—44。
張簡（1994）對《金瓶梅詞典》一些注釋的質疑，《内蒙古電大學刊》1994（1）：41—45。
潘建國（1994）《金瓶梅》名帖考，《上海師範大學學報（哲學社會科學版）》1994（1）：16—22。
陳霞村（1994）《金瓶梅》詞語補釋，《文獻》1994（2）：36—44。
張鴻魁（1994）《金瓶梅》“扛”字音義及字形訛變——近代漢語詞語訓釋方法探討，《中國語文》1994（3）：221—225。
梁今知（1994）金瓶方言瑣屑，《青海師範大學學報（哲學社會科學版）》1994（2）：84—87。
劉運興（1994）關於《〈金瓶梅詞話〉語詞札記》的札記，《吉首大學學報（社會科學版）》1994（2）：81—82。
劉秉果（1994）圓社、圓情、蹴圓——《金瓶梅》中的足球術語，《文史知識》1994（7）：93—95。
蔣宗福（1994）《金瓶梅詞典》的成就與不足漫議，《辭書研究》1994（4）：86—96。
何睫（1994）晴空一鶴排雲上 便引詩情到碧霄——《譯注評析金瓶梅詩選》給人的啟示，《中國文學研究》1994（3）：88—89。
鮑延毅（1994）短了駡詈，成不的《金瓶梅》——“駡大會”瑣議，《棗莊師專學報》1994（3）：11—16。
曹煒、蔡永良（1994）潘金蓮語言的交際特徵和個性特徵，《齊齊哈爾師範學院學報（哲學社會科學版）》1994（4）：85—89。
劉瑞明（1994）《金瓶梅》辭書四種失誤評述，《武漢教育學院學報（哲學社會科學版）》

1994（4）：78—88。
王森（1994）《金瓶梅詞話》裡動詞的態，《古漢語研究》1994（3）：20—27，33。
王森（1994）《金瓶梅詞話》中所見蘭州方言詞語，《語言研究》1994（2）：90—93。
邵則遂（1994）讀“金瓶梅詞典”札記，《語言研究》1994（2）：139—144。
胡佑章（1994）令人會心一笑的“笑” ——讀《金瓶梅》修辭藝術一得，《修辭學習》1994（5）：34，32。
曹廣順（1994）《金瓶梅詞話》中的“是的”，《語文研究》1994（4）：20—24。
馬永勝、姚力藝（1994）《金瓶梅詞話》方言新證，《山西大學學報（哲學社會科學版）》1994（4）：59—65。
孟昭泉（1994）論《金瓶梅》中的諺語運用，《中州大學學報（綜合版）》1994（4）：34—39；《河南社會科學》1995（5）：39—42。
李思明、植田均（1995）《水滸傳》と《金瓶梅詞話》の言語—構造助詞—，《奈良產業大學紀要》11：41—59。
彭國躍（1995）《金瓶梅詩話》の“年齡質問”發話行爲と敬語表現：社會言語學的アプローチ，《言語研究》108：24—43，44—45。
張鴻魁、王大新（1995）從《金瓶梅》詞彙特點看文化因素的影響——“詞彙研究和文化”系列之一，《求是學刊》1995（1）：95—97。
張鴻魁（1995）《金瓶梅》中的動詞重叠及相關句式考察，《東岳論叢》1995（4）：105—109，40。
張鴻魁（1995）《金瓶梅》“扉”字的形音義——紀念吳曉鈴先生，《棗莊師專學報》1995（3）：45—48。
李申（1995）《金瓶梅方言俗語彙釋》補，《鎮江師專學報（社會科學版）》1995（1）：70—76；（1995）《近代漢語釋詞叢稿》116—129，南京：江蘇教育出版社。
李申（1995）《金瓶梅方言俗語彙釋》例證補，《近代漢語釋詞叢稿》130—156，南京：江蘇教育出版社。
李申（1995）丁八・辨嘴・東瓜花兒，《近代漢語釋詞叢稿》106—109，南京：江蘇教育出版社。
張子敬（1995）對《金瓶梅俚俗難詞解》一書的拾遺補缺，《大連大學學報》1995（1）：29—36。
鮑延毅（1995）《金瓶梅》逆序詞與中古詞彙變遷，《西南師範大學學報（哲學社會科學版）》1995（1）：115—116。
鮑延毅（1995）《金瓶梅詞話》中的“藏詞”，《湖南教育學院學報》1995（3）：52—53。
鮑延毅（1995）《金瓶梅詞話》中異彩紛呈的“死亡”用語，《衡陽師專學報（社會科學版）》1995（5）：96—98。
張在明（1995）《金瓶梅詞話》難解詞語試釋二例，《玉溪師專學報（社科版）》1995（1）：30—34。
張在明（1995）再談《金瓶梅詞話》中的一條語詞，《吉首大學學報（社會科學版）》1995（1）：114。

李鳳儀（1995）《金瓶梅》東北方言 100 例，《大慶高等專科學校學報》1995（1）：63—71。
侯蘭笙（1995）《金瓶梅詞話》語詞雜釋，《西北師大學報（社會科學版）》1995（1）：40—43。
郇則遂（1995）讀“金瓶梅詞典”續記，《湖北教育學院學報（哲社版）》1995（1）：80—82。
許超（1995）《金瓶梅》清河方言詮釋質疑——與魏子雲、王利器、黄霖諸先生商榷，《河北師院學報（社會科學版）》1995（2）：94—99，111。
潘建國（1995）《金瓶梅》請帖考，《上海師範大學學報（哲學社會科學版）》1995（2）：100—103。
馬世平（1995）保留在陝北方言裡的《金瓶梅》詞語，《榆林高專學報（綜合版）》1995（2）：40—42；《陝西教育學院學報》1996（1）：50—51。
李少丹（1995）談《金瓶梅》中的比喻，《語文知識》1995（5）：30—31。
張簡（1995）《金瓶梅》中的內蒙古西部方言、方音及習俗，《內蒙古電大學刊》1995（3）：6—11。
張簡（1995）《金瓶梅》中的蒙語詞彙和喇嘛教的法事活動，《內蒙古電大學刊》1995（5）：23—24。
蔣同林（1995）《金瓶梅》諧音技巧析，《修辭學習》1995（3）：42—43。
張惠英（1995）《金瓶梅》人稱代詞的特點，《語言研究》1995（1）：12—14；（2001）《漢語方言代詞研究》，北京：語文出版社。
趙光智（1995）《金瓶梅》所用濰坊方言詞選釋，《昌濰師專學報（社會科學版）》1995（3）：36—38。
毛德彪（1995）也談《金瓶梅》的方言，《臨沂師專學報》1995（4）：73—77。
劉繼超（1995）從《金瓶梅詞話》的一種動賓結構式看北方話人稱代詞賓語語序的發展，《陝西師大學報（哲學社會科學版）》1995（3）：129—132。
許仰民、韓偉（1995）論《金瓶梅詞話》的判斷句，《信陽師範學院學報（哲學社會科學版）》1995（4）：92—96。
蕭泰芳（1995）《金瓶梅》詞語源流考，《文獻》1995（4）：61—69。
何洪峰、程明安（1995）《金瓶梅》中的數 A 數 B 四字結構，《江漢大學學報》1995（5）：47—52。
傅憎享（1995）《金瓶梅》美語審美，《社會科學輯刊》1995（6）：132—137。
鄭澤宇（1995）《金瓶梅》中的對聯，《對聯・民間對聯故事》1995（6）：18—19，12。
劉秉果（1995）《金瓶梅》中的體育詞語，《徐州師範學院學報（哲學社會科學版）》1995（4）：146—149。
白維國（1995）《金瓶梅詞話》切口語的構成，《語言研究》1995（2）：128—132。
孟昭泉（1995）論《金瓶梅》中的諺語運用，《中國語研究》37：81—85。
宿玉堂（1996）《水滸傳》《金瓶梅》和《西游記》里的 AABB 重叠式，《大阪外國語大學論集（言語篇）》14：83—95。
鮑延毅（1996）《〈金瓶梅〉語詞溯源》，北京：華夏出版社【書評：王鍈（2000）品書隨感録——讀《〈金瓶梅〉語詞溯源》，《中國語研究》42：109—110，（2004）《近代漢語詞彙語法散論》203—207，北京：商務印書館】。

魯沂（1996）《金瓶梅》難解歇後語匡釋，《山東教育學院學報》1996（1）：59—61。
張鴻魁（1996）《金瓶梅》詞語訓釋和俗字辨識，《濟寧師專學報》1996（1）：72—76。
李雪（1996）《〈金瓶梅〉東北方言100例》指誤，《大慶高等專科學校學報》1996（1）：41—42。
方綱（1996）《金瓶梅》詩詞漫評，《內蒙古民族師院學報（哲社版）》1996（1）：51—53。
種衍璋（1996）《金瓶梅詞典》詞釋小議，《文獻》1996（2）：278—281。
種衍璋（1996）鍊字鑄詞 寫人狀物——《金瓶梅》創造性詞語探析，《內蒙古電大學刊》1996（3）：24—26。
傅憎享（1996）收驚（《金瓶梅》語釋之一），《學習與探索》1996（2）：105。
傅憎享（1996）開光明（《金瓶梅》語釋之二），《學習與探索》1996（2）：118。
悠悠（1996）隔海說“瓶”——魏注《〈金瓶梅詞話〉注釋》試補，《上海師範大學學報（哲學社會科學版）》1996（2）：82—85。
章一鳴（1996）《金瓶梅詞話》的回首與回末——詞話定式言語研究之一，《電大教學》1996（3）：23—26，35；（1997）《〈金瓶梅詞話〉和明代口語詞彙話法研究》17—26，上海：上海古籍出版社。
群一（1996）《金瓶梅》與雲南方言集序，《昆明師專學報（哲學社會科學版）》1996（3）：21—24。
聶志平（1996）《金瓶梅詞話》中的東北方言詞話，《大慶高等專科學校學報》1996（3）：43—48。
潘攀（1996）《金瓶梅詞話》中的同素反序詞，《江漢大學學報》1996（4）：50—54，103。
潘攀（1996）《金瓶梅詞話》俗語簡論，《武漢教育學院學報》1996（4）：22—35。
潘攀（1996）《金瓶梅詞話》的“兒”尾，《語言研究》1996（2）：135—145。
何洪峰（1996）《金瓶梅》中S_1與S_2沒有施受關係的動詞句，《武漢教育學院學報》1996（4）：36—43；《古漢語研究》1996（4）：52—57。
宋德慈、王毅（1996）《金瓶梅》中江淮次方言臆札，《徐州師範學院學報（哲學社會科學版）》1996（3）：102—104。
鮑延毅（1996）人稱代詞的“錯位”用法——《金瓶梅》易代辭格說略，《徐州師範學院學報（哲學社會科學版）》1996（3）：105—107。
鮑延毅（1996）《〈金瓶梅〉語詞溯源》，北京：華夏出版社。
劉成蔭（1996）《金瓶梅》中的內蒙古西部方言，《陰山學刊（社會科學版）》1996（3）：21—23，32。
趙景波（1996）《金瓶梅詞話》難解詞語釋義校補拾遺，《丹東師專學報》1996（4）：56—63。
姜麗珍（1996）《金瓶梅》的市井語言特色，《浙江師大學報（社會科學版）》1996（6）：65—70。
李申（1996）釋“丁八”“東瓜花兒”，《古漢語研究》1996（1）：54—55。
葛占嶺（1996）“漫地里栽桑……”小考，《中國語文》1996（4）：272。
日下翠（1997）《金瓶梅》における戲曲的表現，《九州中國學會報》35：53—70。
土屋英明（1997，1997，1997）《金瓶梅》譯の疑問點（上、中、下），《東方》190：16—17；

191：14—19；192：18—21。

大島吉郎（1997）“動・到”と“動・着”の分布について（5）〈金瓶梅詞話〉を中心に，《大東文化大學紀要（人文科學）》35：319—346。

章一鳴（1997）《〈金瓶梅詞話〉和明代口語詞彙話法研究》，上海：上海古籍出版社。

曹煒（1997）《〈金瓶梅〉文學語言研究》，南京：江蘇教育出版社；（2004）修訂版，廣州：暨南大學出版社。

盧甲文（1997）《金瓶梅詞話》難解詞語選釋，《中國語言學報》8：116—122。

蔣宗福（1997）《金瓶梅詞話》語詞札記，《文獻》1997（2）：54—70。

許仰民（1997）論《金瓶梅詞話》的疑問句及疑問詞，《信陽師範學院學報（哲學社會科學版）》1997（1）：98—103。

鮑延毅（1997）一字之奇 千古矚目——《金瓶梅》中“臉打緑了”的“緑”，《臨沂師專學報》1997（1）：61—63。

劉瑞明（1997）《金瓶梅》詞語校釋，《徐州師範大學學報（哲學社會科學版）》1997（1）：98—101。

章一鳴（1997）《金瓶梅詞話》細節描寫中的程式化語言——詞話定式言語研究之二，《電大教學》1997（2）：20—24，32；（1997）《〈金瓶梅詞話〉和明代口語詞彙話法研究》37—47，上海：上海古籍出版社。

章一鳴（1997）《金瓶梅詞話》和《寶劍記》語言風格的差異——兼論詞話寫定者不是李開先，《中國語文》1997（5）：361—366；（1997）《〈金瓶梅詞話〉和明代口語詞彙話法研究》142—158，上海：上海古籍出版社。

楊琳（1997）《金瓶梅》詞語拾詁，《煙臺大學學報（哲學社會科學版）》1997（2）：89—92。

高培華、楊清蓮（1997）《金瓶梅》與懷慶府方言俗語，《尋根》1997（2）：42—43。

潘攀（1997）《金瓶梅》罵語的藝術功能，《武漢教育學院學報》1997（2）：22—27。

潘攀（1997）《金瓶梅詞話》ABB、AABB構詞格，《華中師範大學學報（哲學社會科學版）》1997（4）：105—110。

曹煒（1997）《金瓶梅》人物語言中的稱謂語，《鎮江師專學報（社會科學版）》1997（2）：46—49。

曹煒（1997）試論《金瓶梅》人物語言的總體特色，《蘇州大學學報（哲學社會科學版）》1997（3）：50—55；（1997）《〈金瓶梅〉文學語言研究》12—31，南京：江蘇教育出版社。

曹煒（1997）《金瓶梅》敘述語言的構成和特色，《齊齊哈爾師範學院學報（哲學社會科學版）》1997（6）：69—73；（1997）《〈金瓶梅〉文學語言研究》131—148，南京：江蘇教育出版社。

何亞南（1997）《金瓶梅》中“扛”字音義再議，《中國語文》1997（4）：313。

王紹良（1997）《金瓶梅》《紅樓夢》《儒林外史》諧音寓意比較，《上饒師專學報》1997（4）：41—44。

夏齊富（1997）《金瓶梅》中“得”字句（述補結構）分析，《古漢語研究》1997（3）：38—42。

何洪峰（1997）《金瓶梅》中的單動雙賓結構，《古漢語研究》1997（3）：89—93。
何洪峰（1997）近代漢語專書研究的新收獲——評潘攀先生的新著《金瓶梅語言研究》，《社會科學動態》1997（12）：30—31。
張文澍（1997）《金瓶梅》與《紅樓夢》的語詞繼承及其他，《中國典籍與文化》1997（4）：20—25。
張克哲（1997）《金瓶梅》方言詞語散記，《淮北煤師院學報（社會科學版）》1997（4）：94—96。
趙景波（1997）《金瓶梅詞話》難解詞語釋義校補拾遺（續），《丹東師專學報》1997（4）：33—38。
傅憎享（1997）《金瓶梅語詞溯源》閑評，《社會科學輯刊》1997（6）：149—150。
江流（1997）《金瓶梅詞話校注》失誤舉隅，《河北科技圖苑》1997（4）：63—64。
潘攀（1997）《金瓶梅語言研究》，武漢：武漢出版社。
鮑延毅（1998，1999）語詞研究（4）《金瓶梅》中的“同素異序”詞與“逆序結構”詞，《中國語研究》40：105—107；（5）《金瓶梅詞話》嶧縣方言語詞舉隅，《中國語研究》41：102—105。
孟昭泉（1998）《金瓶梅》中的歇後語札記，《中國語研究》40：99—101。
孟慶泰（1998）《金瓶梅詞話》《醒世姻緣傳》《聊齋俚曲集》“VOV”結構比較研究，《中國語學研究・開篇》17：97—104。
吕東蘭（1998）從《史記》、《金瓶梅》等看漢語“觀看”語義場的歷史演變，《語言學論叢》21：143—173。
曲文軍（1998）《金瓶梅》魯南民俗考證六題，《民俗研究》1998（1）：64—66。
盧甲文（1998）《金瓶梅詞話》難解詞語彙釋，《平原大學學報》1998（1）：23—29，38。
楊萍、曲文軍（1998）《金瓶梅方言俗語彙釋》辨正，《臨沂師專學報》1998（1）：60—63，85。
傅憎享（1998）《金瓶梅》語釋，《保定師專學報》1998（1）：22。
周建民（1998）《金瓶梅》語言的諷刺效果與諧趣特色，《徐州師範大學學報（哲學社會科學版）》1998（1）：89—92。
王毅（1998）《金瓶梅》方言俗語臆釋，《明清小說研究》1998（1）：123—129。
章一鳴（1998）試論《清平山堂話本》對《金瓶梅詞話》的影響，《電大教學》1998（2）：21—23；（1997）《〈金瓶梅詞話〉和明代口語詞彙話法研究》159—166，上海：上海古籍出版社。
吴英才（1998）《金瓶梅》是正定方言——兼談其方言研究，《雲南師範大學學報（哲學社會科學版）》1998（2）：58—64。
許建平、曾慶雨（1998）《金瓶梅》研究中幾個問題的思考，《雲南社會科學》1998（3）：81—88。
蔣宗福（1998）《金瓶梅詞話校注》拾補，《古漢語研究》1998（2）：72—73。
徐慧文、蔡曉光、閆永利（1998）《金瓶梅》方言詞語注釋指例，《濱州教育學院學報》1998（1）：4—5。

潘攀（1998）元雜劇和《金瓶梅》中 ABB 詞的內部組造，《武漢教育學院學報》1998（4）：35—40。

汪如東（1998）《金瓶梅》中的“證”不是“扛”的訛變《文教資料》1998（6）：105—107。

李申、羅立新（1998）《“漫地里栽桑……”小考》補議，《中國語文》1998（4）：312；李申主編（2002）《近代漢語文獻整理與研究》1—20，石家莊：河北教育出版社

陳東有（1998）語詞探源的文化意味——評鮑延毅的《金瓶梅語詞探源》，《中國小說研究會報》34：7—8。

張遠芬（1998）發人所未發，言人所未言——鮑延毅先生《金瓶梅語詞溯源》讀後，《中國小說研究會報》34：5—6。

隋文昭（1999）《金瓶梅》歇後語七則解詁，《中國語文》1999（1）：54—57。

孟昭連（1999）“搞”字的造字者及其他——讀《金瓶梅語詞溯源》，《中國語文》1999（1）：58—59。

蔣宗福（1999）《金瓶梅詞話》詞語探源，《文獻》1999（1）：52—67。

傅憎享（1999）解語與讀書——《〈金瓶梅〉妙語解說》書後，《社會科學輯刊》1999（1）：151—152。

吳英才（1999）從當今正定方言看《金瓶梅》方言釋義和處理上的若干失誤之處，《北京市總工會職工大學學報》1999（1）：50—56。

李征康、王子陽（1999）《金瓶梅詞話》中的方言俗語與伍家溝民間土語比較研究（之一、二），《十堰職業技術學院學報》1999（1）：77—81；1999（3）：56—59。

王明華（1999）《金瓶梅》中的 AABB 式詞——兼談 AABB 式詞的發展變化，《浙江大學學報（人文社會科學版）》1999（2）：55—59。

程娟（1999）試論《金瓶梅》單音形容詞的構詞特徵，《古漢語研究》1999（2）：85—89。

程娟（1999）《金瓶梅》複音形容詞結構特徵初探，《中國語文》1999（5）：360—369。

梅桐生（1999）試論《金瓶梅》與《紅樓夢》對民間詞語的運用，《貴州師範大學學報（社會科學版）》1999（3）：72—75。

周建民（1999）《金瓶梅詞話》《紅樓夢》的選擇問句與反復問句，《武漢教育學院學報》1999（4）：74—78。

吳慶峰（1999）《金瓶梅》詞語補釋，《古漢語研究》1999（3）：89；（2002）《音韻訓詁研究》215—232，濟南：齊魯書社。

黃謨軍（1999）《金瓶梅》與《紅樓夢》比較，《贛南師範學院學報》1999（5）：29—32。

鍾如雄（1999）《金瓶梅》V_1+N+V_1式述賓結構鉤沉，《西南民族學院學報（哲學社會科學版）》1999（5）：126—128。

徐慧文、蔡曉光（1999）《金瓶梅》方言詞語釋義辨正舉隅，《濱州教育學院學報》1999（4）：14—16。

徐新華（1999）臨川方言與《金瓶梅》部分詞語對應拾零，《撫州師專學報》1999（4）：23—25，37。

徐時儀（1999）兩部《金瓶梅詞典》的比較，《書品》1999（3）。

許仰民、韓偉（1999）論《金瓶梅詞話》的副詞，《天中學刊》1999（6）：46—51。

김태곤（1999）《金瓶梅》諷刺技法研究，《人文科學研究》21：233—266。

鮑延毅（2000）《金瓶梅》辭書釋義補正，《中國語研究》42：104—108。

馬鳳如（2000）《金瓶梅》における山東方言の語彙の考證，《山口縣立大學大學院論集》1：19—37。

顧春芳（2000）崇禎本《金瓶梅》的回前詞與回中內容之關係，大阪府立大學《人文學論集》18：15—34。

喬秋穎（2000）《金瓶梅》中的“豈有此理”和“多”，《湛江師範學院學報（哲學社會科學版）》2000（1）：79—82；李申主編（2002）《近代漢語文獻整理與研究》149—157，石家莊：河北教育出版社。

吳慶峰（2000）《金瓶梅》詞語補釋，《徐州師範大學學報（哲學社會科學版）》2000（1）：90—93。

李文山（2000）兼具考據與思辨之長——評《金瓶梅妙語》，《中國圖書評論》2000（4）：54—56。

張志（2000）沒時運的人兒——漫地裡栽桑——關於《金瓶梅》一句歇後語的解讀，《成都教育學院學報》2000（4）：16，22。

許仰民（2000）論《金瓶梅詞話》中的介詞，《中州大學學報》2000（3）：23—26。

劉文婷（2000）《金瓶梅》中詈語的文化蘊含與明代市民文化，《寧夏大學學報（人文社會科學版）》2000（3）：23—27。

于江（2000）《金瓶梅詞話》的單音節動詞重疊，《上海大學學報（社會科學版）》2000（5）：70—75。

王森、王毅（2000）《金瓶梅詞話》中字序對換的雙音詞，《蘭州大學學報（社會科學版）》2000（6）：125—135。

鮑成城、鮑延毅（2001）笑於“敝棋兒”——《金瓶梅詞話》語詞零札，《中國語研究》43：19—23。

馬鳳如（2001）《金瓶梅》的方言音與魯西南方音，《中國語研究》43：10—18。

馮蘊澤（2001）近世中國語における“得”の意味，機能と用法：《金瓶梅（崇禎本）》をテキストに，《熊本學園大學論集（總合科學）》7（2）：133—160。

吳建偉（2001）從《金瓶梅》看補語演變的向心趨勢，《山東師大學報（人文社會科學版）》2001（1）：64—67。

王毅（2001）《金瓶梅》方言俗語摭評，《明清小說研究》2001（1）：185—194。

王毅（2001）《金瓶梅》“V（不）得”句式淺探，《阜陽師範學院學報（社會科學版）》2001（5）：43—46。

吳錫根（2001）《金瓶梅詞話》中的歇後語，《紹興文理學院學報（哲學社會科學版）》2001（4）：52—55。

吳錫根（2001）《金瓶梅詞話》中的“起來”句，《杭州師範學院學報（人文社會科學版）》2001（4）：66—70。

張本忠（2001）《金瓶梅詞話》與淮上方言，《棗莊師專學報》2001（1）：16—26。

傅惠鈞（2001）《金瓶梅詞話》中的授與動詞“給”，《中國語文》2001（3）：275。

李愛民（2001）《金瓶梅詞話》專用動量詞研究，《山東教育學院學報》2001（2）：42—43，55。
劉世德（2001）《金瓶梅》與《水滸傳》：文字的比勘，《上海師範大學學報（社會科學版）》2001（5）：32—38。
龔常木（2001）也談《金瓶梅》中的句末“著”，《九江師專學報（哲學社會科學版）》2001（3）：74—75。
曹煒（2001）《金瓶梅詞話》中的結構助詞和語氣助詞，《蘇州大學學報（哲學社會科學版）》2001（3）：79—82。
周生（2001）《金瓶梅》俗語二三條試解，《廣西師院學報（哲學社會科學版）》2001（4）：118—120。
王明華（2001）《金瓶梅詞話》中的被字句，《杭州師範學院學報（人文社會科學版）》2001（6）：112—116。
吴錫根（2001）《金瓶梅詞話特殊句式研究》，銀川：寧夏人民教育出版社。
傅惠鈞（2001）《金瓶梅詞話》中的授予動詞“給”，《中國語文》2001（3）：275。
孟子敏（2002）再剪金瓶梅幾枝——《金瓶梅詞話》詞語例釋（2），《中國語學研究・開篇》21：99—106，東京：好文出版。
孟子敏（2002）三剪金瓶梅幾枝——《金瓶梅詞話》詞語例釋（3），松山大學《言語文化研究》22（1）：129—135。
地藏堂貞二（2002）《醒世姻緣傳》に見られる“吴語”—《金瓶梅》作者再考，《中國語學》249：72—88。
地藏堂貞二（2002）《續金瓶梅》の言語—明清山東方言小考，《北陸大學紀要》26：49—62。
大島吉郎（2002）動詞重疊型に關する通時的研究（4）《金瓶梅詩話》を中心に，《大東文化大學紀要（人文科學）》40：363—382。
户田聖子（2002）《金瓶梅詞話》考：羅列表現を手がかりとして，《東北大學中國語學文學論集》6・7：47—70。
川浩二（2002）門と閨の語り—《水滸傳》・《金瓶梅》における駢語の叙述機能，早稻田大學《中國文學研究》28：28—44。
宋慧曼、張和友（2002）《金瓶梅》中述補帶賓句式考察，《四川大學學報》2002（3）：81—85。
許進（2002）《金瓶梅俚俗難詞解》拾零，《濟寧師專學報》2002（1）：77—79。
羅潤鋒（2002）《金瓶梅》中的“大官（兒）”，《紹興文理學院學報（哲學社會科學版）》2002（4）：104—108。
宋慧曼、張和友（2002）《金瓶梅》中述補帶賓句式考察，《四川大學學報（哲學社會科學版）》2002（3）：81—85。
王明華（2002）《金瓶梅詞話》中的可能補語，《漢語史學報》2：108—113。
吴錫根（2002）《金瓶梅詞話》的婉曲表達及其成因，《修辭學習》2002（4）：24—25，37。
黄森學（2002）論《金瓶梅詞話》女性人稱代詞，《明清小說研究》2002（3）：67—75。

葉建軍（2002）《金瓶梅詞話》中的反問副詞，《安慶師範學院學報（社會科學版）》2002（5）：56—58。

李愛民（2002）《金瓶梅》詞語選釋，《古漢語研究》2002（3）：43。

曹煒（2002）《金瓶梅詞話》中的動態助詞，《古漢語研究》2002（3）：75—79。

沈慧雲（2002）山西方言所見《金瓶梅》詞語選釋，《語文研究》2002（4）：54—56。

張一舟（2002）《〈金瓶梅〉方言俗語彙釋》商補，《漢語史研究集刊》5：238—245。

鮑延毅（2002）《金瓶梅》辭書釋義補正，《語海新探》5：271—279。

葉建軍（2002）《〈金瓶梅詞話〉反問句研究》，西北師範大學碩士論文。

小山澄夫（2003）《金瓶梅》の言葉あそび—王十九考，《中國21》15：183—204。

川島優子（2003）《金瓶梅》罵語考—吳月娘の罵語について，《中國古典小說研究》8：59—73。

笹倉一廣（2003）《金瓶梅詞話》の金錢表現についての一考察—銀兩表現と合理性を求めての書き換え，《中國古典小說研究》8：74—81。

結城佐織（2003）《滿州語譯金瓶梅》における接辭の母音調和に關する資料，《アジア・アフリカ文法研究》32：135—156。

福澤知史、早田輝洋（2003）一人稱代名詞の包括形・除外形について—滿文譯と對比した《崇禎本金瓶梅》に於ける"咱"を中心に，《滿族史研究》2：41—70。

孟子敏（2003）从山東方言看《金瓶梅詞話》的詞語，《中國語研究》45：38—44。

鮑延毅（2003）《金瓶梅詞話》俚俗語詞零扎（四則），《中國語研究》45：45—49。

葉建軍（2002）表祈使義的反問句"VP不是?"，《甘肅社會科學》2002（2）：26—28。

程明安（2003）《〈金瓶梅〉方言與伍家溝民間土語之比較》一文的研究方法指瑕，《水滸爭鳴》7：229—237。

程明安（2003）《金瓶梅》方言與伍家溝民間土語之比較獻疑，《改革與戰略》2003（10）：82—84。

方經民（2003）《金瓶梅詞話》和近代漢語被動式的發展，《漢語被動表述問題研究新拓展：漢語被動表述問題國際學術檢討會論文集》127—142。

翟建波（2003）《金瓶梅俚語俗諺》疑義淺析，《廣西師範學院學報（哲學社會科學版）》2003（4）：115—121。

雷漢卿（2003）《金瓶梅詞話》方俗詞臆解，《漢語史研究集刊》6：275—288。

張慶梅（2003）淺談《金瓶梅》的作者與方言，《連雲港職業技術學院學報》2003（3）：49—50，59。

張玉萍（2003）《金瓶梅》方言問題研究綜述，《明清小說研究》2003（4）：72—83。

許仰民（2003）論《金瓶梅詞話》的趨向動詞，《河南教育學院學報（哲學社會科學版）》2003（2）：80—82。

許仰民（2003）論《金瓶梅詞話》的象聲詞，《河南大學學報（社會科學版）》2003（6）：98—101。

許仰民、許東曉（2003）論《金瓶梅詞話》的代詞，《信陽師範學院學報（哲學社會科學版）》2003（1）：77—81。

李錦山（2003）《金瓶梅詞話》中的江淮方言，《棗莊師範專科學校學報》2003（6）：56—63。
張本忠（2003）《金瓶梅詞話》詞條拾遺，《棗莊師範專科學校學報》2003（6）：64—66。
徐復嶺（2003）《金瓶梅詞話》注釋、校勘拾誤，《濟寧師範專科學校學報》2003（1）：97—102，109。
徐陽春（2003）複雜與特殊“把”字句語義結構及語用功能——《金瓶梅》《紅樓夢》《兒女英雄傳》“把”字句例析，《紹興文理學院學報（哲學社會科學版）》2003（3）：40—46。
馬理（2003）文本間的諷刺摹擬——《金瓶梅》與《水滸傳》《西厢記》對話的修辭藝術管窺，《浙江學刊》2003（2）：214—219。
吴錫根（2003）“常言（道）……”和“正是……”表達式的構成特點及其話語功能——也談《金瓶梅詞話》中的程式化表達，《浙江教育學院學報》2003（6）：43—49。
劉敬林（2003）《漢語大詞典》之《金瓶梅詞話》詞語釋義商兑，《隴東學院學報（社會科學版）》2003（1）：47—51。
張鴻魁（2003）《金瓶梅》的語言特色，《徐州教育學院學報》2003（2）：54—56。
張鴻魁（2003）談《金瓶梅》的語言特色，《古典文學知識》2003（5）：54—58。
于江（2003）《金瓶梅詞話》中的語氣短語詞，《上海大學學報（社會科學版）》2003（4）：59—64。
黄森學（2003）《金瓶梅詞話》駡語詈詞裸露人欲的藝術價值，《黄石教育學院學報》2003（3）：56—59。
陳新（2003）《金瓶梅》歇後語的民俗文化色彩，《閱讀與寫作》2003（9）：26—28。
劉世傑（2003，2004，2005）《金瓶梅詞話》校讀拾零（1-6），《泉州師範學院學報（社會科學版）》2003（5）：8；2004（1）：37；2004（3）：97；2004（5）：62；2005（3）：123；2005（5）：154。
劉世傑（2003，2004）《金瓶梅詞話》校讀拾零（1，2），《泉州師範學院學報（社會科學版）》2003（5）：8；2004（1）：37。
曹煒（2003）《金瓶梅詞話》中的時間、處所、方向類介詞初探，《蘇州大學學報（哲學社會科學版）》2003（4）：51—55。
鄭劍平（2003）《金瓶梅》的“被”字句考察，《西南民族學院學報（哲學社會科學版）》2003（3）：250—255；（2003）《金瓶梅》“被”字句考察，《〈金瓶梅〉語法研究》234—250，成都：巴蜀書社。
鄭劍平（2003）論《金瓶梅》的“連”字句，《四川教育學院學報》2003（7）：27—28，30；（2003）《金瓶梅》“連”字句考察，《〈金瓶梅〉語法研究》220—233，成都：巴蜀書社。
鄭劍平（2003）試析《金瓶梅》的“好生”，《西昌師範高等專科學校學報》2003（1）：5—7；（2003）論《金瓶梅》的“好生”，《〈金瓶梅〉語法研究》15—21，成都：巴蜀書社。
鄭劍平（2003）《〈金瓶梅〉語法研究》，成都：巴蜀書社。
福澤知史、早田輝洋（2003）一人稱代名詞の包括形・除外形について，《滿族史研究》

2：41—70。
김경림（2003）《〈水滸傳〉〈西游記〉〈金瓶梅詞話〉副詞研究》，北京大學博士論文。
김경림（2003）《水滸傳》、《西游記》、《金瓶梅詞話》中表强度的程度副詞淺談，《中國言語研究》17：251—273。
早田輝洋（2004）一人稱代名詞の包括形・除外形の體系—《崇禎本金瓶梅》に於ける“俺”“我們”“咱”とその滿州語譯，《言語研究》125：145—171。
劉敬林（2004）《金瓶梅詞話》“張眼露睛”及其相關詞語辨釋，《中國語研究》46：59—62。
荒木典子（2004）《金瓶梅詞話》の“向”について，《中國語學研究・開篇》23：31—40。
荒木典子（2004）《金瓶梅詞話》の兼語式と處置式—“VO在L”と“把OV在L”を中心に，早稻田大學《中國文學研究》30：75—89。
川島郁夫（2004）《金瓶梅》中の可能表現の諸相：“V不得”句を中心に，《中國俗文學研究》18：80—97。
劉敬林（2004）《漢語大詞典》之《金瓶梅詞話》詞語疑詁，《青海師專學報（教育科學）》2004（1）：28—30。
群一（2004）《金瓶梅》與雲南方言詞彙，《昆明師範高等專科學校學報》2004（1）：36—45。
許仰民（2004）論《金瓶梅詞話》的複合動詞，《信陽師範學院學報（哲學社會科學版）》2004（1）：80—82。
許仰民（2004）論《金瓶梅詞話》疊音動詞，《周口師範學院學報》2004（4）：103—104。
陳新（2004）《金瓶梅》歇後語的修辭特徵，《閱讀與寫作》2004（3）：33—34。
張慶梅（2004）對《金瓶梅詞話》反問句的考察，《連雲港職業技術學院學報》2004（1）：32—34。
張慶梅（2004）《金瓶梅詞話》選擇問句與現代漢語的異同，《彭城職業大學學報》2004（3）：53—55。
吳錫根（2004）《金瓶梅詞話》與《駱駝祥子》《圍城》中“使”字句比較研究，《浙江樹人大學學報》2004（2）：64—69。
吳錫根（2004）《金瓶梅詞話》“比”字句研究，《語言研究》2004（4）：54—60。
王平（2004）從《金瓶梅》的民俗與語言看其故事發生地，《泰山學院學報》2004（2）：31—35。
力量、解正明（2004）《金瓶梅》中會話之語境規約，《江蘇社會科學》2004（3）：165—167。
程志兵（2004）《金瓶梅》和《漢語大詞典》書證，《克山師專學報》2004（2）：62—65。
鄭劍平（2004）《金瓶梅》中帶“教”字的兼語結構考察，《西昌師範高等專科學校學報》2004（2）：12—15。
宗廷虎（2004）既有繼承又有開拓的著作——《〈金瓶梅〉文學語言研究》再版序言，《蘇州大學學報（哲學社會科學版）》2004（5）：128—129。
李錦山（2004）《金瓶梅詞話》中“黃梅”與“淮洪”考證，《棗莊師範專科學校學報》2004（5）：11—15。
張志成（2004）《金瓶梅詞話》“使”字句研究，《江西社會科學》2004（10）：156—164。

雷漢卿（2004）《金瓶梅詞話》方俗詞札記，《西南民族大學學報（人文社科版）》2004（12）：453—455。

劉森（2004）《金瓶梅》中兒化韻的使用與人物性格，《成都理工大學學報（社會科學版）》2004（4）：46—49。

胡習之（2004）張竹坡評點《金瓶梅》修辭探微，《古漢語研究》2004（2）：99—101。

徐望駕（2004）“白”有“勃起”義，《古漢語研究》2004（3）：104。

方經民、孟子敏、增野仁（2005）明清漢語を中心としての通時的研究《金瓶梅詞話》和近代漢語的嬗變，《松山大學總合研究所所報》46：1—193，卷頭1p。

董紹克（2005）《金瓶梅》誤字舉例，《中國語研究》47：42—47。

戚曉杰（2005）《金瓶梅詞話》“比”字句研究，《中國語研究》47：35—41。

荒木典子（2005）“VO在L”の動詞賓語と數量詞—《金瓶梅詞話》と現代中國語の對比を中心に，《中國文學研究》31：242—254。

褚半農（2005）《〈金瓶梅〉中的上海方言研究》，上海：上海古籍出版社。

劉敬林（2005）《金瓶梅詞話》詞語釋義二則，《古漢語研究》2005（3）：95—96。

雷漢卿（2005）西北方言詞語在近代俗語詞考釋中的價值略論——以《金瓶梅詞話》、《醒世姻緣傳》和《聊齋俚曲集》爲例，《西北民族研究》2005（3）：108—118。

雷漢卿（2005）《金瓶梅詞話》方俗詞拾零，《方言》2005（1）：84—86。

洪濤（2005）論《金瓶梅詞話》的雙關語和跨文化翻譯問題，《國際譯聯第四届亞洲翻譯家論壇論文集》：98—106。

孟昭連（2005）《金瓶梅》方言研究及其他，《南開學報（哲學社會科學版）》2005（1）：43—52。

孫秋克（2005）《金瓶梅詞話》二考，《昆明師範高等專科學校學報》2005（1）：42—44，50。

許仰民（2005）論《金瓶梅詞話》的物量詞，《信陽師範學院學報（哲學社會科學版）》2005（1）：54—60。

許仰民（2005）論《金瓶梅詞話》的能願動詞，《天中學刊》2005（1）：90—91。

許仰民（2005）論《金瓶梅詞話》的數詞成語與熟語，《河南教育學院學報（哲學社會科學版）》2005（6）：100—102。

孫緒武（2005）《金瓶梅》中的聊城俚語俗語例釋，《廣東技術師範學院學報》2005（1）：60—63。

楊子華（2005）《金瓶梅》用“兒尾”方言來描寫人物，《鄖陽師範高等專科學校學報》2005（1）：32—36。

馮媛媛（2005）《金瓶梅》話語特點解析，《陝西師範大學繼續教育學報》2005（1）：76—80。

崔山佳（2005）《金瓶梅詞話》中的“兒”作動詞詞尾分析，《寧波廣播電視大學學報》2005（1）：30—32，55。

孔慶水（2005）《金瓶梅》之魯南方言考釋辨正四例，《臨沂師範學院學報》2005（2）：39—41。

郭作飛（2005）《金瓶梅》中俗語的文化蘊含與明代社會，《求索》2005（4）：152—154；

（2012）《近代漢語詞彙語法論稿》35—44，北京：中國社會科學出版社。
陶慕寧（2005）論《金瓶梅》中稱謂的叙事功能，《中國古代小說研究》1：284—292。
聶志平（2005）《金瓶梅詞話》中指人他稱的語用功能，《修辭學習》2005（3）：54—55。
增野仁、孟子敏（2005）從“甚麼”、“什麼”的使用看《金瓶梅詞話》的著録者，《中國文化研究》2005（2）：37—47。
葉建軍（2005）《金瓶梅詞話》中反問句的語用含義，《安慶師範學院學報（社會科學版）》2005（4）：92—94。
鄭劍平（2005）《金瓶梅》中帶“使”字的兼語結構考察，《西昌學院學報（社會科學版）》2005（3）：1—4。
荒木典子（2006）《金瓶梅詞話》基礎方言研究概況，早稻田大學《中國古籍文化研究》4：14—17。
譚蘭芳（2006）《金瓶梅詞話》中的吴語詞，《語言研究集刊》3：66—82。
譚蘭芳（2006，2007）《金瓶梅詞話》詞語語用的吴越地方色彩（1，2）——兼與崇本及校記的若干商榷，《修辭學習》2006（3）：69—71，80；2007（1）：58—61。
許仰民（2006）論《金瓶梅詞話》的複合名詞，《信陽師範學院學報（哲學社會科學版）》2006（1）：89—92。
許仰民（2006）《〈金瓶梅詞話〉語法研究》，北京：中華書局。
許仰民（2006）論《金瓶梅詞話》表方向的方位名詞，《周口師範學院學報》2006（3）：94—97。
許仰民（2006）《金瓶梅詞話》名詞的前綴“老”，《洛陽師範學院學報》2006（3）：101—103。
許仰民（2006）論《金瓶梅詞話》名詞的後綴，《湖州師範學院學報》2006（4）：20—23。
許仰民（2006）論《金瓶梅詞話》的動量詞，《天中學刊》2006（6）：89—90。
雷漢卿（2006）《金瓶梅詞話》方言詞補釋，《南京師範大學文學院學報》2006（1）：163—167。
雷漢卿（2006）釋“天吊客忤”，《中國語文》2006（5）：475—477。
劉敬林（2006）《金瓶梅詞話》校點拾補，《中國語文》2006（3）：262—264。
劉敬林（2006）《金瓶梅詞話》校點再補，《古籍研究》2006（卷下）：138—144。
劉敬林（2006）《漢語大詞典》之《金瓶梅詞話》詞語釋義補正，《安慶師範學院學報（社會科學版）》2006（5）：99—101，128。
賀衛國（2006）“它們”是刊刻有誤所致嗎?——淺談《金瓶梅》中的“VV+趨向補語”格式，《時代文學（雙月版）》2006（6）：81—82。
張慶梅（2006）《金瓶梅詞話》正反問句式、語義考察，《南京工程學院學報（社會科學版）》2006（4）：12—15。
張玉萍（2006）《金瓶梅詞話》詞法問題研究綜述，《河南大學學報（社會科學版）》2006（6）：10—15。
張玉萍（2006）《金瓶梅詞話》句法問題研究綜述，《洛陽師範學院學報》2006（6）：146—149。

杜艷青（2006）《金瓶梅》稱謂語的語用特點及其文化內涵，《安陽師範學院學報》2006（6）：92—94。
周惠珍（2006）《金瓶梅》魯南方音解讀，《棗莊學院學報》2006（3）：99—101。
劉小林（2006）《金瓶梅》指示代詞“這樣、那樣”用法分析，《文教資料》2006（21）：104—105。
周四貴（2006）《金瓶梅》零主語“被”字句初探，《滁州學院學報》2006（4）：70—73。
吳曉龍（2006）《金瓶梅詞話》“頭腦”考，《上海師範大學學報（哲學社會科學版）》2006（5）：72—75。
李永剛（2006）《金瓶梅》方言詞語釋補，《語文學刊》2006（11）：134—136。
曹煒（2006）近代漢語中被忽視的“和”類虛詞成員“並”——以《金瓶梅詞話》中“並”的用法及分布爲例，《古漢語研究》2006（4）：16—20。
菅永梅（2006）《〈金瓶梅〉詞話本和綉像本的比較研究》，山東師範大學碩士論文。
何來（2006）《〈金瓶梅〉文學語言初探》，廣西大學碩士論文。
吕文科（2006）《〈金瓶梅詞話〉語氣詞研究》，西北師範大學碩士論文。
史在宏（2006）《〈金瓶梅〉被動句研究》，四川師範大學碩士論文。
廖大國（2007）《金瓶梅》中的江淮方言，《中國語研究》49：67—84。
佐藤晴彥（2007，2008）《金瓶海詞話》をめぐって（1，2），《神户外大論叢》58（3）：73—92；59（4）：1—21。
渡邊博文（2007）《金瓶梅詞話》における西門慶の罵倒語の研究，《神奈川大學大學院言語と文化論集》13：57—91。
荒木典子（2007）《金瓶梅詞話》における疑問副詞“可”，《中國語學》254：181—198。
荒木典子（2007）《金瓶梅詞話》における否定副詞，《早稻田大學大學院文學研究科紀要》53：273—281。
渡邊博文（2007）《金瓶梅詞話》における罵倒語の研究：その構造と運用實態について，神奈川大學《人文研究》160：A77—104。
荒木典子（2007）《金瓶梅詞話》の“沒曾”について，早稻田大學《中國文學研究》33：60—68。
譚蘭芳（2007）《金瓶梅詞話》中的吳語詞（續），《語言研究集刊》4：66—83。
汪凱瓊（2007）《金瓶梅》中的數字，《林區教學》2007（1）：35—36。
劉敬林（2007）《金瓶梅詞話》中“黃猫黑尾”釋，《安慶師範學院學報（社會科學版）》2007（1）：43—45，118。
許仰民（2007）論《金瓶梅詞話》的數詞，《河南大學學報（社會科學版）》2007（1）：129—133。
戚曉傑（2007）《金瓶梅詞話》“比”字句研究，《雲夢學刊》2007（2）：140—143。
張海濤（2007）淺析《金瓶梅》中“將”的用法，《焦作師範高等專科學校學報》2007（1）：32—35。
曹煒（2007）《金瓶梅詞話》中“和”類虛詞用法差異計量考察，《江蘇大學學報（社會科學版）》2007（2）：71—79。

趙伯義（2007）專書語法研究領域的一朵奇葩——評許仰民先生的《〈金瓶梅詞話〉語法研究》，《信陽師範學院學報（哲學社會科學版）》2007（3）：126—128。
劉新春（2007）《金瓶梅詞話》方俗詞例釋，《社會科學家》2007（4）：197—199。
霍現俊（2007）論《金瓶梅》語言的多層寓意，《商丘師範學院學報》2007（10）：1—4。
吳錫根（2007）《金瓶梅詞話》“與”字句的句法語義分析，《江西社會科學》2007（11）：173—177。
張鴻魁（2007）“啜哄”探源兼論“趍”字——《金瓶梅》俗字訛字例釋，《東岳論叢》2007（6）：66—68。
戴娜（2007）試論《金瓶梅》中的“簾子”意象，《文教資料》2007（34）：40—43。
錢韻然（2007）《金瓶梅》詬詞詈語現象考察，《文教資料》2007（34）：49—54。
鄭劍平（2007）《金瓶梅》中帶“叫”字的兼語結構考察，《西昌學院學報（社會科學版）》2007（4）：1—3，19。
杜道流（2007）《金瓶梅詞話》中助詞“的”的用法，《淮北煤炭師範學院學報（哲學社會科學版）》2007（6）：119—122。
王麗玲（2007）《〈金瓶梅〉存在句研究》，浙江師範大學碩士論文。
周四貴（2007）《〈金瓶梅〉介詞研究》，貴州大學碩士論文。
李霞（2007）《〈金瓶梅詞話〉動詞語法研究》，復旦大學博士論文。
中里見敬（2008）《金瓶梅における話法・引用の文體論研究》，2006—2007年度科學研究費補助金研究成果報告書。
孟子敏（2008）《金瓶梅詞話》における語氣助詞“也”，松山大學《言語文化研究》28（1）：1—22。
孟子敏（2008）《金瓶梅詞話》における“把”・“將”についての考察，《松山大學論集》20（2）：143—164。
地藏堂貞二（2008）金瓶梅“萬曆本”と“崇禎本”の言語上の異同について，《滋賀縣立大學國際教育センター研究紀要》13：123—135。
李霞（2008）《金瓶梅詞話》中的複雜“有”字句，《語言研究集刊》5：175—181。
劉敬林（2008）《金瓶梅方俗難詞辨釋》（當代語言學叢書3）北京：綫裝書局。
殷曉傑（2008）再談“人客”，《中國語文》2008（6）：551—558。
張文國（2008）《金瓶梅詞話》“放小鴨兒”義釋，《中國語文》2008（1）：91。
惠紅軍（2008）《金瓶梅》詞綴的突顯功能和標示功能，《寧夏大學學報（人文社會科學版）》2008（3）：41—43。
易花萍（2008）《金瓶梅》名詞性詞語述謂性探析，《寧波廣播電視大學學報》2008（2）：26—32。
蔣宗福（2008）《金瓶梅》第一人稱代詞探微，《漢語史研究集刊》11：141—169。
惠紅軍（2008）《金瓶梅》量詞句法功能的語法等級，《漢語史研究集刊》11：170—184。
周四貴（2008）《金瓶梅》中“把/將”字句計量分析，《漢語史研究集刊》11：185—195。
周四貴（2008）《金瓶梅詞話》中介詞短語的句法分布情況，《學術交流》2008（9）：127—130。

徐復嶺（2008）《金瓶梅詞話》與《醒世姻緣傳》中的指示代詞“你”，《濟寧學院學報》2008（4）：64—68。
任連明（2008）《金瓶梅》中的俗語研究，《廣州廣播電視大學學報》2008（4）：71—75，102。
任連明、林源（2008）《金瓶梅》俗語中的佛教意識，《遼東學院學報（社會科學版）》2008（6）：109—112。
張翠翠（2008）評《〈金瓶梅詞話〉語法研究》副詞部分，《現代語文（語言研究版）》2008（11）：156—157。
楊文惠（2008）從《金瓶梅》看現代陝西方言的語法特點，《咸陽師範學院學報》2008（5）：46—49。
吳曉龍（2008）《金瓶梅詞話》“棧”考釋，《南昌大學學報（人文社會科學版）》2008（6）：129—132。
孫懷芳（2008）《〈金瓶梅〉連詞研究》，山東大學碩士論文。
周忠元（2008）《〈金瓶梅詞話〉詞彙研究》，山東大學碩士論文。
傅來兮（2009）《金瓶梅詞話》中的“擡”與晉陝蒙區域“擡”的延用，《榆林學院學報》2009（1）：44—45。
許仰民（2009）《金瓶梅詞話》的“然”尾詞，《信陽師範學院學報（哲學社會科學版）》2009（2）：80—82。
余麗梅（2009）論《金瓶梅》中程度副詞“十分”，《綿陽師範學院學報》2009（4）：54—56，64。
康振棟（2009）《金瓶梅》用字通假二則，《語文學刊》2009（7）：42—43。
康振棟（2009）《金瓶梅》詞語釋義二則，《語文學刊》2009（11）：89—90。
康振棟（2009）《金瓶梅》中的“把攔”和“把攬”，《華南理工大學學報（社會科學版）》2009（3）：67—69。
甘振波（2009）與褚半農先生商榷《金瓶梅詞話》中的吳語問題，《徐州工程學院學報（社會科學版）》2009（3）：75—77。
劉敬林（2009）陶慕寧校本《金瓶梅詞話》補校，《安慶師範學院學報（社會科學版）》2009（5）：12—18。
張鴻魁（2009）釋“虛簀”並論俗字“嚚”——《金瓶梅》俗字訛字例釋，《中國語文》2009（4）：378—382。
史大豐（2009）《金瓶梅詞話》中的棗莊方言詞例釋，《棗莊學院學報》2009（4）：61—64。
曹煒（2009）《金瓶梅詞話》中的人稱代詞系統，《蘇州科技學院學報（社會科學版）》2009（3）：24—35。
王群（2009）《金瓶梅詞話》“會勝”探詁，《現代語文（語言研究版）》2009（9）：147。
張俊閣（2009）《金瓶梅詞話》中“（S）+VP+也+怎的”選擇複句的語義特徵及來源考證，《西華大學學報（哲學社會科學版）》2009（6）：65—67。
楊子華（2009）《金瓶梅》與《水滸傳》方言的繼承關係，《水滸爭鳴》11：834—850。
高軍（2009）《〈金瓶梅詞話〉詞綴計量研究》，蘇州大學碩士論文。

董孝一（2009）《〈金瓶梅詞話〉方位詞研究》，貴州大學碩士論文。
佐藤晴彥（2010）說《金瓶海詞話》——主要以影印本爲主，《歷史語言學研究》3：204—214。
劉瑞明（2010）《金瓶梅》校釋補正，《青海民族大學學報（教育科學版）》2010（1）：16—27。
宮欽第（2010）《金瓶梅》語言中見系精組字同讀現象試釋，《廣西師範大學學報（哲學社會科學版）》2010（1）：45—48。
肖同姓（2010）《金瓶梅》中“可”的用法及“可以”的成詞，《現代語文（語言研究版）》2010（2）：26—28。
楊曉芳（2010）《金瓶梅詞話》中動態助詞“著”的用法，《信陽農業高等專科學校學報》2010（1）：66—68，89。
李映忠（2010）《金瓶梅詞話》中的“是的”用法考察，《綿陽師範學院學報》2010（4）：48—51。
賀衛國（2010）淺談近代吳語與官話動詞重叠發展的不平衡性——《金瓶梅》《紅樓夢》與《鼓掌絶塵》《型世言》動詞重叠之比較，《百色學院學報》2010（2）：78—82。
林亞莉（2010）《金瓶梅》《紅樓夢》本文相似性的詮釋，《小說評論》2010（S1）：101—104。
蔣信（2010）《〈金瓶梅詞話〉校點拾補》獻疑，《中國俗文化研究》6：114—117。
余麗梅（2010）論《金瓶梅》中程度副詞“略”，《湖南第一師範學院學報》2010（3）：120—122。
王麗玲（2010）《金瓶梅》行爲動詞存在句研究，《漢語史研究集刊》13：179—195。
王琳、鄭劍平（2010）對《金瓶梅》中“怪+人物詞語”結構的研究，《江漢大學學報（人文科學版）》2010（4）：87—90。
傅來兮（2010）《金瓶梅詞話》語詞釋補——以陝北方言爲據兼與《漢語大詞典》相較（1，2），《湖北社會科學》2010（8）：145—148；《西北大學學報（哲學社會科學版）》2010（5）：107—112。
陸書偉（2010）《金瓶梅詞話》“方俗詞”商榷二則，《方言》2010（3）：283—285。
莫婷（2010）淺談《金瓶梅》中“被”字句的語用分析，《價值工程》2010（28）：221—222。
冀芳（2010）《金瓶梅詞話》中句末助詞“來”的時體意義，《齊魯學刊》2010（6）：136—140。
何自勝（2010）《金瓶梅》的基礎方言探析，《福建論壇（人文社會科學版）》2010（S1）：145—146。
張鑫平（2010）《〈金瓶梅〉趨向動詞研究》，山東師範大學碩士論文。
宋媛媛（2010）《〈金瓶梅〉程度副詞研究》，山東師範大學碩士論文。
李明敏（2010）《〈金瓶梅〉稱謂詞研究》，山東師範大學碩士論文。
段虹宇（2010）《〈金瓶梅詞話〉“教、叫、交”兼語結構研究》，山東師範大學碩士論文。
楊曉芳（2010）《〈金瓶梅詞話〉動態助詞研究》，山東大學碩士論文。
趙安香（2010）《〈金瓶梅〉熟語研究》，内蒙古大學碩士論文。
吳惠敏（2010）《〈金瓶梅詞話〉稱數法研究》，浙江財經學院碩士論文。
孫志剛（2010）《〈金瓶梅〉叙事形態研究》，哈爾濱師範大學博士論文。

楊子華（2010）《金瓶梅文化新解》，北京：金城出版社。
모진석（2010）《金瓶梅詞話》의“V+將+（O）+（X）”構造分析，《中國學論叢》27：91—116。
曹煒（2011）《〈金瓶梅詞話〉虛詞計量研究》，廣州：暨南大學出版社。
孟子敏（2011）《金瓶梅詞話》における“被動文”についての考察，《松山大學論集》23（5）：73—94。
殷曉傑（2011）《明清山東方言詞彙研究：以〈金瓶梅詞話〉、〈醒世姻緣傳〉、〈聊齋俚曲〉爲中心》（浙江師範大學語言學書系），北京：中國社會科學出版社。
劉敬林（2011）陶慕寧校本《金瓶梅詞話》補校，《安慶師範學院學報（社會科學版）》2011（1）：23—29。
陳思（2011）《金瓶梅詞話》的判斷句和“乞”字句研究綜述，《湖南工業職業技術學院學報》2011（1）：76—78。
要學棣、李紅強（2011）《金瓶梅》的語言特色，《中國科教創新導刊》2011（7）：78。
鄭勇（2011）略談《金瓶梅》中的“鮒魚”來源——與張惠英教授商榷，《黑河學刊》2011（4）：28，31。
崔山佳（2011）《金瓶梅詞話》注釋商榷，《漢語史研究集刊》14：393—407。
楊保文（2011）《金瓶梅》歇後語連用的藝術妙用，《大衆文藝》2011（16）：172。
許仰民（2011）論《金瓶梅詞話》的“已”及其語法屬性，《信陽師範學院學報（哲學社會科學版）》2011（5）：73—76。
趙安香（2011）《金瓶梅》熟語所反映的時代特色，《語文學刊》2011（17）：85—86，94。
趙安香（2011）《金瓶梅》熟語的運用特色和修辭作用，《新課程導學》2011（29）：36—37。
曹守平（2011）《金瓶梅詞話》動結式述補結構計量考察，《蘇州教育學院學報》2011（5）：51—54。
李寶成、要學棣、李紅強（2011）透過《金瓶梅》與《紅樓夢》看莊浪方言，《湘潮（下半月）》2011（10）：20。
陳娟、張天堡（2011）“鑾”與《金瓶梅》作者，《現代語文（語言研究版）》2011（11）：41—42。
惠紅軍（2011）論漢語詞綴功能形成和分化的動因——以《金瓶梅》的詞綴爲緣起，《古漢語研究》2011（4）：37—42。
劉雯（2011）《〈金瓶梅〉詞話本和崇禎本語言比較研究》，南京大學碩士論文。
張冬（2011）《〈水滸傳〉、〈西游記〉、〈金瓶梅〉、〈紅樓夢〉語氣詞比較研究》，黑龍江大學碩士論文。
모진석（2011）《〈金瓶梅詞話〉“V+將+C”式과“V+了+C”式，《中國言語研究》35：375—393。
崔宰榮、안연진（2011）《〈金瓶梅詞話〉心理動詞研究—“意志、願望類”心理動詞를中心으로—，《中國言語研究》35：395—428。
모진석（2011）《金瓶梅詞話》“將”字句，《中國言語研究》34：157—175。
地藏堂貞二（2012）《金瓶梅詞話》の吳語をめぐって：53—57回を中心に，《中國語研究》54：46—60。
劉香環、王猛（2012）古典小說的方言研究述論——兼談《金瓶梅》的作者問題，《遵義師範學院學報》2012（1）：31—34。
劉繼虎（2012）《金瓶梅詞話》中的表事態和語氣的助詞“來”，《語文建設》2012（8）：43—44。
徐復嶺（2012）《金瓶梅詞話》語詞釋義辨正，《濟寧學院學報》2012（2）：57—62。
蘇騰（2012）《金瓶梅詞話》中的插入賦及其意義，《昆明學院學報》2012（2）：50—54。
谷向偉（2012）《金瓶梅詞話》詞語釋義商榷——以“狢剌兒”“先不先”“攛掇”“緊著”爲例，《語文研究》2012（2）：38—41。
于銀如、張惠葉（2012）《金瓶梅詞話》詞語釋義考辨四則，《語文研究》2012（2）：42—44。
劉敬林（2012）就《金瓶梅詞話》“濡伋、單光、掐”校勘答蔣信，《中國俗文化研究》7：46—53。
劉洪強（2012）《金瓶梅詞話》“不如不年下”等詞的文學闡釋，《濟寧學院學報》2012（4）：5—8。
李洪偉（2012）《金瓶梅》中罵語的體式及文學特徵，《濟寧學院學報》2012（4）：9—14。
楊琳（2012）“金學”基礎有待夯實——以《金瓶梅詞話》第一回校釋爲例，《文學與文化》2012（4）：23—40。
苗瑋（2011）略析《金瓶梅》中的動詞後綴“子”，《現代語文（語言研究版）》2012（11）：52—53。
王煥彪（2012）也說《金瓶梅詞話》中的“歪剌骨”，《邢臺學院學報》2012（4）：96—97。
曹守平（2012）《〈金瓶梅詞話〉述補結構研究》，蘇州大學碩士論文。
丁艷芳（2012）《〈金瓶梅詞話〉的明代服飾詞彙訓詁》，南昌大學碩士論文。
王夕河（2012）《〈金瓶梅〉原版文字揭秘》，桂林：漓江出版社。
陳秉榮（2012）《金瓶梅晉語淺釋》，太原：三晉出版社。
모진석（2012）《〈金瓶梅詞話〉“將”字結構研究》，高麗大學校博士論文。
孟子敏（2013）《金瓶梅詞話》における疑問代名詞について，《言語文化研究》32（2）：1—29。
玄幸子（2013）《金瓶梅詞話》における“有”構文，《木村英樹教授還暦記念中國語文法論叢》：297—314。
吕文科（2013）《金瓶梅詞話》中語氣詞“哩”的用法考察，《語文建設》2013（2）：71—72。
吕文科（2013）《金瓶梅詞話》中語氣詞“著哩”用法考察，《青海師範大學學報（哲學社會科學版）》2013（6）：101—103。
李卓文（2013）論《金瓶梅》人物語言個性化——從潘金蓮的罵語說開去，《學術問題研究（綜合版）》2013（1）：72—77，87。
王繼青（2013）論《金瓶梅詞話》中的時間副詞，《德州學院學報》2013（S1）：127—128。
李申、陳超（2013）《金瓶梅詞話》詞語羨余現象研究，《河南理工大學學報（社會科學版）》2013（3）：346—355。
劉敬林、吳義江（2013）慕寧校本《金瓶梅詞話》第41回至第60回補校，《安慶師範學院學報（社會科學版）》2013（4）：1—7。

蔣瑩（2013）《金瓶梅詞話》“老”的詞綴研究，《山西大同大學學報（社會科學版）》2013（4）：52—55。

高菁菁（2013）《金瓶梅詞話》中泰州方言通假考，《新疆師範大學學報（哲學社會科學版）》2013（5）：117—120。

閆春慧（2013）從《金瓶梅》、《紅樓夢》等看宋元明清漢語“洗滌”語義場，《陰山學刊》2013（5）：65—69。

都興宙（2013）《金瓶梅》詞語雜釋，《寧波大學學報（人文科學版）》2013（6）：43—48。

王召妍（2013）《金瓶梅》中白描修辭的倫理闡釋，《畢節學院學報》2013（12）：7—11。

張北霞（2013）《金瓶梅詞話》中的酒器研究，《絲綢之路》2013（24）：15—17。

王焕彪（2013）《〈金瓶梅詞話〉三音詞研究》，浙江師範大學碩士論文。

陳嘉（2013）《〈金瓶梅〉稱呼語研究》，浙江師範大學碩士論文。

李申（2013）“虚簣”訓釋商榷，《漢語史研究集刊》16：92—98。

김경림（2013）《西游記》、《金瓶梅詞話》中方向前置詞小考，《人文科學研究》31：221—250。

于銀如、張惠葉（2014）《金瓶梅詞話》疑難俗語考辨三例，《語文研究》2014（1）：51—55。

姚桂珍、王瑶（2014）《金瓶梅詞話》中的汗巾兒考證，《浙江紡織服裝職業技術學院學報》2014（1）：63—69。

王森（2014）綉像本《金瓶梅》回目字詞特點淺析，《語文學刊》2014（6）：25—26，33。

조동매（2014）談《金瓶梅》歇後語的語用功能與人物形象塑造，《中國研究》61：117—127。

4. 短篇小説

4.1 《三言二拍》

◎原始資料

・影印本

（1947）《全像古今小説》，上海：商務印書館【上海涵芬樓藏版據明天許齋原本】。

李田意蒐集編校（1958）《古今小説》（景印珍本宋明話本叢刊 1），臺北：世界書局【天許齋本影印】。

李田意攝校（1958）《警世通言》（世界文庫），臺北：世界書局。

李田意攝校（1959）《醒世恒言》（世界文庫），臺北：世界書局。

（1962）《初刻拍案驚奇》（中國學術名著第 1 輯第 13-14 册），臺北：世界書局。

（1962）《二刻拍案驚奇》（中國學術名著第 1 輯第 15-16 册），臺北：世界書局。

（1985）《全像古今小說》（白話小說三言二拍 1），東京：ゆまに書房。
（1985）《警世通言》（白話小說三言二拍 2），東京：ゆまに書房。
（1985）《醒世恒言》（白話小說三言二拍 3），東京：ゆまに書房。
（1985）《二刻拍案驚奇》（白話小說三言二拍 4），東京：ゆまに書房。
（1986）《初刻拍案驚奇》（白話小說三言二拍 5），東京：ゆまに書房。
臺灣政治大學古典小說研究中心（1985）《醒世恒言》（明清善本小說叢刊初編第 1 輯：短篇白話小說），臺北：天一出版社。
臺灣政治大學古典小說研究中心（1985）《二刻拍案驚奇》（明清善本小說叢刊初編第 1 輯：短篇白話小說），臺北：天一出版社。
臺灣政治大學古典小說研究中心（1985）《別本二刻拍案驚奇》（明清善本小說叢刊初編第 1 輯：短篇白話小說），臺北：天一出版社。
（1985）《拍案驚奇》，上海：上海古籍出版社【據日本廣島大學所藏三十九卷本《初刻拍案驚奇》影印】。
（1985）《二刻拍案驚奇》，上海：上海古籍出版社【據日本內閣文庫所藏本影印】。
（1991）《醒世恒言》（古本小說叢刊第 30 輯 1-5 册），北京：中華書局。
（1991）《古今小說》（古本小說叢刊第 31 輯 1-4 册），北京：中華書局【據內閣文庫藏天啟年間天許齋刊本】。
（1991）《警世通言》（古本小說叢刊第 32 輯 1-4 册），北京：中華書局。
（1991）《拍案驚奇》（古本小說叢刊第 13 輯 1-4 册），北京：中華書局。
（1991）《二刻拍案驚奇》（古本小說叢刊第 14 輯 1-4），北京：中華書局。
李田意蒐集編校（1991）《警世通言》（景印珍本宋明話本叢刊 1），臺北：世界書局。
（1992）《古今小說》（古本小說集成），上海：上海古籍出版社【據日本內閣文庫藏明天許齋刊本影印】。
（1992）《警世通言》全 3 册，上海：上海古籍出版社【據金陵兼善堂刊本】。
（1992）《醒世恒言》全 4 册，上海：上海古籍出版社【據內閣文庫藏明金閶葉敬池刊本，闞葉衍慶堂刊本】。
（1994）《拍案驚奇》全 2 册，上海：上海古籍出版社【據日本日光輪王寺慈眼堂藏尚友堂刊本】。
（1994）《二刻拍案驚奇》全 2 册，上海：上海古籍出版社【據內閣文庫藏尚友堂刊本】。
（2003）《拍案驚奇》，揚州：廣陵書社。
（2003）《二刻拍案驚奇》，揚州：廣陵書社。
哈佛燕京圖書館、國家圖書館出版社（2011）《拍案驚奇》（哈佛燕京圖書館文獻叢刊第 6 種，哈佛燕京圖書館藏齊如山小說戲曲文獻彙刊第 3-4 册），北京：國家圖書館出版社。

・排印本

張靜廬校點，施蟄存主編（1935）《拍案驚奇》（中國文學珍本叢書第 1 輯 4），上海：上海雜誌公司【據萬元樓刻本排印貝葉山房張氏藏版】。
（1936）《警世通言》（世界文庫），上海：生活書店。

（1936）《醒世恒言》（世界文庫），上海：生活書店。
（1955）《古今小說》，北京：文學古籍刊行社。
嚴敦易校注（1956）《警世通言》，北京：人民文學出版社；（1956）北京：作家出版社。
顧學頡校注（1956）《醒世恒言》，北京：人民文學出版社；（1956）北京：作家出版社。
王古魯蒐録編注（1957）《初刻拍案驚奇》，上海：古典文學出版社。
王古魯蒐録編注（1957）《二刻拍案驚奇》，上海：古典文學出版社。
顧學頡校注（1958）《醒世恒言》，香港：中華書局。
（1958）《警世通言》，香港：中華書局。
許政楊校注（1958）《古今小說》，北京：人民文學出版社。
李田意校閱（1960）《拍案驚奇》，臺北：正中書局。
（1961，1965）《喻世明言》，香港：中華書局。
李田意輯校（1966）《拍案驚奇》（中國典籍輯要），香港：友聯出版社。
（1966）《警世通言》（中國古典文學名著），臺南：大東書局。
（1974）《古今小說》（中國學術類編），臺北：鼎文書局。
（1974）《警世通言》（中國學術類編），臺北：鼎文書局。
（1978）《喻世明言》（中國學術類編），臺北：鼎文書局。
（1978）《醒世恒言》（中國學術類編），臺北：鼎文書局。
（1980）《全像古今小說》，福州：福建人民出版社。
李田意輯校（1982）《古今小說》（宋明話本叢刊），香港：龍門書店。
章培恒整理，王古鲁注释（1982）《拍案驚奇》，上海：上海古籍出版社。
章培恒整理，王古鲁注释（1983）《二刻拍案驚奇》，上海：上海古籍出版社。
趙俊玠、文飛（1985）《喻世明言》，西安：陝西人民出版社。
鍾仁校注（1985）《警世通言》，西安：陝西人民出版社。
鍾仁校注（1985）《醒世恒言》，西安：陝西人民出版社。
許政楊校注（1987）《喻世明言》，北京：人民文學出版社。
（1987）《古今小說》（馮夢龍全集 7），上海：上海古籍出版社。
（1987）《警世通言》（馮夢龍全集 8），上海：上海古籍出版社。
（1987）《醒世恒言》（馮夢龍全集 9），上海：上海古籍出版社。
秦旭卿標點（1988）《初刻二刻拍案驚奇》（古典名著普及文庫），長沙：岳麓書社。
龍華標點（1989）《喻世明言；警世通言；醒世恒言》（古典名著普及文庫），長沙：岳麓書社。
廖吉郎校訂，繆天華校閱（1989）《醒世恒言》（中國古典名著），臺北：三民書局。
石昌渝校點（1990）《二刻拍案驚奇》（中國話本大系），南京：江蘇古籍出版社。
石昌渝校點（1990）《拍案驚奇》（中國話本大系），南京：江蘇古籍出版社。
魏同賢校點（1991）《古今小說》（中國話本大系），南京：江蘇古籍出版社。
魏同賢校點（1991）《警世通言》（中國話本大系），南京：江蘇古籍出版社。
魏同賢校點（1991）《醒世恒言》（中國話本大系），南京：江蘇古籍出版社。
陳邇冬、郭雋傑校注（1991）《拍案驚奇》，北京：人民文學出版社。

葉桂剛、王貴元主編（1991）《白話醒世恒言賞析》（中國古代文學史賞析叢書），北京：中央廣播電視大學出版社。
曹光甫標校（1992）《警世通言》（十大古典白話短篇小說叢書），上海：上海古籍出版社。
恒鶴等標校（1992）《古今小說》（十大古典白話短篇小說叢書），上海：上海古籍出版社。
丁如明標校（1992）《醒世恒言》（十大古典白話短篇小說叢書），上海：上海古籍出版社。
王根林評校（1992）《二刻拍案驚奇》（十大古典白話短篇小說叢書），上海：上海古籍出版社。
冷時峻評校（1992）《拍案驚奇》（十大古典白話短篇小說叢書），上海：上海古籍出版社。
錢伯城評點（1992）《新評警世通言》，上海：上海古籍出版社。
苗壯、柳舒校注（1992）《別本拍案驚奇》，南寧：廣西人民出版社。
任鐸點校（1993）《醒世恒言》，西安：陝西人民出版社。
魏同賢校點（1992）《古今小說》（馮夢龍全集），南京：江蘇古籍出版社。
魏同賢校點（1993）《古今小說》（馮夢龍全集 20，21），上海：上海古籍出版社。
魏同賢校點（1993）《警世通言》（馮夢龍全集 22，23），上海：上海古籍出版社。
魏同賢主編（1993）《醒世恒言》（馮夢龍全集 24，25），上海：上海古籍出版社。
魏同賢校標（1993）《警世通言》（馮夢龍全集 3），南京：江蘇古籍出版社。
魏同賢校標（1993）《醒世恒言》（馮夢龍全集 4），南京：江蘇古籍出版社。
寧宗一校注（1993）《喻世明言》，天津：百花文藝出版社。
羅郢校注（1993）《醒世恒言》，天津：百花文藝出版社。
朱一玄、宋常立校注（1993）《警世通言》，天津：百花文藝出版社。
卜鍵等校注（1993）《初刻拍案驚奇》，天津：百花文藝出版社。
辛澤校注（1993）《二刻拍案驚奇》，天津：百花文藝出版社。
任鐸點校（1993）《喻世明言》，西安：陝西人民出版社。
任鐸點校（1993）《警世通言》，西安：陝西人民出版社。
陳偉點校（1993）《初刻拍案驚奇》，西安：陝西人民出版社。
陳偉點校（1993）《二刻拍案驚奇》，西安：陝西人民出版社。
（1993）《喻世明言》，海口：海南出版社。
（1993）《警世通言》，海口：海南出版社。
（1993）《醒世恒言》，海口：海南出版社。
（1993）《拍案驚奇》，海口：海南出版社。
（1993）《二刻拍案驚奇》，海口：海南出版社。
龍華標點（1993）《喻世明言（足本）》，長沙：岳麓書社。
龍華標點（1993）《警世通言（足本）》，長沙：岳麓書社。
龍華標點（1993）《醒世恒言（足本）》，長沙：岳麓書社。
秦旭卿標點（1993）《初刻拍案驚奇（足本）》，長沙：岳麓書社。
秦旭卿標點（1993）《二刻拍案驚奇（足本）》，長沙：岳麓書社。
蕭相豈點校（1993）《別本二刻拍案驚奇》（明清孤本稀本小說選刊），杭州：浙江古籍出版社。

司徒江河編譯（1994）《喻世明言（白話全本）》，哈爾濱：黑龍江人民出版社。
司徒江河編譯（1994）《警世通言（白話全本）》，哈爾濱：黑龍江人民出版社。
司徒江河編譯（1994）《醒世恒言（白話全本）》，哈爾濱：黑龍江人民出版社。
司徒江河編譯（1994）《初刻拍案驚奇（白話全本）》，哈爾濱：黑龍江人民出版社。
司徒江河編譯（1994）《二刻拍案驚奇（白話全本）》，哈爾濱：黑龍江人民出版社。
（1994）《喻世明言》（自強文庫），北京：華夏出版社。
（1994）《警世通言》（自強文庫），北京：華夏出版社。
（1994）《醒世恒言》（自強文庫），北京：華夏出版社。
（1994）《初刻拍案驚奇》（自強文庫），北京：華夏出版社。
（1994）《二刻拍案驚奇》（自強文庫），北京：華夏出版社。
陳曦鐘校注（1994）《喻世明言（新注全本）》，北京：北京十月文藝出版社。
吳書蔭校注（1994）《警世通言（新注全本）》，北京：北京十月文藝出版社。
張明高校注（1994）《醒世恒言（新注全本）》，北京：北京十月文藝出版社。
石樹人校點（1994）《拍案驚奇》，北京：北京十月文藝出版社。
楊恵文注（1994）《喻世明言》（中國古典文學名著），北京：同心出版社。
楊恵文注（1994）《警世通言》（中國古典文學名著），北京：同心出版社。
楊恵文注（1994）《醒世恒言》（中國古典文學名著），北京：同心出版社。
魏同賢校點（1995）《喻世明言》（中國話本大系），南京：江蘇古籍出版社。
魏同賢校點（1995）《警世通言》（中國話本大系），南京：江蘇古籍出版社。
魏同賢校點（1995）《醒世恒言》（中國話本大系），南京：江蘇古籍出版社。
尚乾、文古校點（1995）《三言二拍拍案驚奇》，濟南：齊魯書社。
秋谷校點（1996）《警世通言》（名家繪圖珍藏全本三言二拍），上海：上海古籍出版社。
冷時峻校點（1996）《拍案驚奇》（名家繪圖珍藏全本三言二拍），上海：上海古籍出版社。
王根林校點（1996）《二刻拍案驚奇》（名家繪圖珍藏全本三言二拍），上海：上海古籍出版社。
陳邇冬、郭雋傑校注（1995）《拍案驚奇》，北京：人民文學出版社。
陳邇冬、郭雋傑校注（1996）《二刻拍案驚奇》，北京：人民文學出版社。
（1997）《初刻拍案驚奇》（名家導讀小説經典：二拍上），北京：文化藝術出版社。
（1997）《二刻拍案驚奇》（名家導讀小説經典：二拍下），北京：文化藝術出版社。
傅成校點（1998）《喻世明言》（中國古典小説名著叢書），上海：上海古籍出版社。
秋谷校點（1998）《警世通言》（中國古典小説名著叢書），上海：上海古籍出版社。
陽羨生校點（1998）《醒世恒言》（中國古典小説名著叢書），上海：上海古籍出版社。
冷時峻校點（1998）《拍案驚奇》（中國古典小説名著叢書），上海：上海古籍出版社。
王根林校點（1998）《二刻拍案驚奇》（中國古典小説名著叢書），上海：上海古籍出版社。
（1998）《喻世明言》（中國古典小説名著百部大字本），北京：華夏出版社。
（1998）《警世通言》（中國古典小説名著百部大字本），北京：華夏出版社。
（1998）《醒世恒言》（中國古典小説名著百部大字本），北京：華夏出版社。
（1998）《初刻拍案驚奇》（中國古典小説名著百部大字本），北京：華夏出版社。

（1998）《二刻拍案驚奇》（中國古典小說名著百部大字本），北京：華夏出版社。
張樹天、王槐茂主編（2000）《喻世明言》，呼和浩特：內蒙古文化出版社。
張樹天、王槐茂主編（2000）《警世通言》，呼和浩特：內蒙古文化出版社。
張樹天、王槐茂主編（2000）《醒世恒言》，呼和浩特：內蒙古文化出版社。
（2001）《喻世明言》，南京：江蘇古籍出版社。
（2001）《警世通言》，南京：江蘇古籍出版社。
（2001）《醒世恒言》，南京：江蘇古籍出版社。
李景光校點（2003）《古今小說》（馮夢龍文學全集 1），瀋陽：遼海出版社。
李春林校點（2003）《警世通言》（馮夢龍文學全集 2），瀋陽：遼海出版社。
李春林校點（2003）《醒世恒言》（馮夢龍文學全集 3，4），瀋陽：遼海出版社。
魏同賢主編（2007）《古今小說》（馮夢龍全集），南京：鳳凰出版社。
魏同賢主編（2007）《警世通言》（馮夢龍全集），南京：鳳凰出版社。
魏同賢主編（2007）《醒世恒言》（馮夢龍全集），南京：鳳凰出版社。
（2008）《三言二拍》，北京：北京出版社。
魏同賢、安平秋主編（2010）《凌濛初全集》，南京：鳳凰出版社。

・日譯本

塩谷溫監修，辛島驍譯注（1958）《拍案驚奇》（全譯中國文學大系第 1 集 15-17），東京：東洋文化協會。
辛島驍、塩谷溫（1959）《警世通言》（全譯中國文學大系第 1 集 6），東京：東洋文化協會。
辛島驍（1958）《醒世恒言》（全譯中國文學大系第 1 集 10-14），東京：東洋文化協會。
松枝茂夫、入矢義高、今西凱夫（1970）《宋・元・明通俗小說選》（中國古典文學大系 25），東京：平凡社。
中國俗文學研究會（2000）《沈小官鳥害七命》語釋，《中國俗文學研究》16：49—60。
古田敬一（2003）《唐賽兒の亂始末記》（拍案驚奇譯注第 1 册），東京：汲古書院。
古田敬一（2006）《不倫夫婦の因果応報》（拍案驚奇譯注第 2 册），東京：汲古書院。
中國俗文學研究會（2007）《警世通言》第 31《趙春兒重旺曹家莊》語釋，《中國俗文學研究》19：48—59。
早稻田大學岡崎研究室（2008，2010）譯注《二刻拍案驚奇》卷 4（上、下），《中國古典小說研究》13：1—63；15：1—42。
古田敬一（2012）《包公の證文裁き》（拍案驚奇譯注第 3 册），東京：汲古書院。

・英譯本

Birch, C. (1958) *Stories from a Ming collection: translations of Chinese short stories published in the seventeenth century*, UNESCO collection of representative works, Chinese series, London: Bodley Head.
Shuhui Y., Yunqin Y. (2000) *Stories old and new*, a Ming dynasty collection, Seattle: University of Washington Press.
Shuhui Y., Yunqin Y. (2005) *Stories to caution the world*, A Ming dynasty collection v. 2,

Seattle: University of Washington Press.

Acton, H. M. M., Li, Y. (1941) *Glue and lacquer: four cautionary tales*, London: Golden Cockerell Press.

溫晉根、馬文謙譯（2005）*Amazing tales*, Panda books, Beijing: Foeign Language Press.

溫晉根、陳海燕譯（2006）《拍案驚奇》（大中華文庫：漢英對照），北京：高等教育出版社。

楊曙輝、楊韻琴譯（2007）《喻世明言》（大中華文庫：漢英對照），長沙：岳麓書社。

李子亮譯（2008）《二刻拍案驚奇》（大中華文庫：漢英對照），北京：高等教育出版社。

楊曙輝、楊韻琴譯（2009）《警世通言》（大中華文庫：漢英對照），長沙：岳麓書社。

楊曙輝、楊韻琴英譯（2011）《醒世恒言》（大中華文庫：漢英對照），長沙：岳麓書社。

・德譯本

Chang, Tsung-tung (1964) *Chinesischer Liebesgarten: der Abt und die geborene Wu und andere Ezählungen aus der Ming-Zeit*, Herrenalb, Schwarzwald: Horst Erdmann.

Rogosky, W. D. (1966) *Der Ölhändler und die Kurtisane: chinesische Geschichten aus der Ming-Zeit*, München: Herbig.

・辭典、索引

荀春生（1983）《醒世恒言詞語匯釋》（大東文化大學中國語大辭典編纂室資料單刊 4），東京：大東文化大學中國語大辭典編纂室。

荀春生（1984）《古今小說詞語匯釋》（大東文化大學中國語大辭典編纂室資料單刊 9），東京：大東文化大學中國語大辭典編纂室。

陳可淼（1984）《警世通言詞語匯釋》（大東文化大學中國語大辭典編纂室資料單刊 8），東京：大東文化大學中國語大辭典編纂室。

・文本研究

狩野直喜（1916）支那俗文學史研究の資料（下），《藝文》7（3）：95—102；（1927）《支那學文藪》，京都：弘文堂書房；周先民譯（2011）《中國學文薮》，北京：中華書局。

鹽谷溫（1926）明の小說《三言》に就て（1-3），《斯文》8（5）：5—15；8（6）：7—28；8（7）：24—35。

馬廉（1926）明代之通俗短篇小說，《孔德月刊》1，2。

馬廉（1926）關於白話短篇小說《三言》《二拍》，《語絲》111：1—6；（1927）《斯文》9（4）：34—40。

鄭振鐸（1926）序言，《中國短篇小說集》第 2 集上，上海：商務印書館。

長澤規矩也（1926）宋明通俗小說傳流表，《斯文》8（9）附録：1—16；（1985）《長澤規矩也著作集》5：10—26，東京：汲古書院。

鄭振鐸（1927）巴黎國家圖書館中之中國小說與戲曲，《小說月報》18（11）。

辛島驍（1927）警世通言三種，《斯文》9（1）：43—47。

胡懷琛（1927）中國小說研究（7）（9），《小說世界》16（23）；16（25）；（1933）《中國小說研究》（百科小叢書），上海：商務印書館。

長澤規矩也（1928，1929）《三言》《二拍》について（1，2），《斯文》10（9）：12—36；11（5）：21—29；（1985）《長澤規矩也著作集》5：39—68，東京：汲古書院。

孫楷第（1931）三言二拍源流考，《國立北平圖書館館刊》5（2）。

長澤規矩也（1937）最近十年間に我國で發見された支那戲曲小說研究の資料，《安井先生頌壽記念書誌學論考》，東京：松雲堂書店；（1982）《長澤規矩成著作集》1：161—169，東京：汲古書院。

長澤規矩也（1939）《三言》書名板本續考，《書誌學》13（3）：8；（1985）《長澤規矩也著作集》5：69—76，東京：汲古書院。

Bishop, J. L. (1956) *The Colloquial Short Story in China, a Study of the San—Yen Collections*, Cambridge: Harvard-Yenching Institute【書評：小川環樹（1956）ビショップ《三言の研究》評，《中國文學報》5: 151—160;（1997）《小川環樹著作集》4: 336—346，東京：岩波書店；D'Elia, P. (1958) *Rivista degli Studi Orientali* 33(1, 2): 166-167; Gaspardone, É (1958) *Sinologica* 5(1): 47-49; Liu，James J. Y. (1960) *Journal of Oriental Studies* 4(1, 2): 281-285】.

長澤規矩也（1958）《拍案驚奇》考，《中國文學研究》，愛知：愛知大學；（1985）《長澤規矩也著作集》5：422—425，東京：汲古書院。

稻田尹（1958，1959，1960，1964）宋元話本類型考（1-4），《鹿兒島大學文科報告》7：73—94；8：131—160；9：97—133；13：1—32。

小西昇（1958）宋元話本の構造，《中國文藝座談會ノート》11：18—32。

許政揚（1958）校注《古今小說》前言，《古今小說》，北京：人民文學出版社；（1984）《許政揚文存》233—248，北京：中華書局。

周妙中（1959）和嚴敦易先生商榷《古今小說》四十篇的撰述時代問題，《明清小說研究論文集》：8—16。

小野四平（1961）馮夢龍の小說觀—“三言”成立の背景ノート—，《集刊東洋學》6：49—63。

陸樹崙（1963）《三言》的版本及其他，《復旦大學學報（哲學社會科學版）》1963（1）：83—90。

小野四平（1966）內閣文庫本《許仙鐵樹記》について—“三言”成立の背景ノート—，《集刊東洋學》15：74—82。

Hanan, P. (1967) The Early Chinese Short Story — A Critical Theory in Outline, *Harvard Journal of Asiatic Studies* 27；（1979）早期的中國短篇小說，王秋桂編《韓南中國古典小說論集》1—47，臺北：聯經出版事業公司；（2008）早期的中國短篇小說，王秋桂等譯《韓南中國小說論集》1—38，北京：北京大學出版社。

尾上兼英（1967）明代白話小說ノート—短篇小說・三言（1）—，《東洋文化研究所紀要》44：1—68。

小野四平（1968，1969）中國近世の短篇白話小說における戀愛：馮夢龍《三言》研究（その一）；中國近世の短篇白話小說における裁判：馮夢龍編《三言》研究（その二），《宮城教育大學紀要》3：255—280；4：162—184。

Hanan, P. (1969) Authorship of Some Ku-chin Hsiao-shuo Stories, *Harvard Journal of Asiatic Studies* 29；（1979）《古今小說》中某些故事的作者問題，王秋桂編《韓南中國古典小說論集》49—65，臺北：聯經出版事業公司；（2008）《古今小說》中某些故事的作者問題，王秋桂等譯《韓南中國小說論集》62—75，北京：北京大學出版社。

Hanan, P. (1970) Sung and Yüan Vernacular Fiction: A Critique of Modern Method of Dating, *Harvard Journal of Asiatic Studies* 30；（1979）宋元白話小說：評近代繫年法，王秋桂編《韓南中國古典小說論集》67—96，臺北：聯經出版事業公司；（2008）宋元白話小說：評近代繫年法，王秋桂等譯《韓南中國小說論集》39—61，北京：北京大學出版社。

白木直也（1972）大學藏"三十九卷本拍案驚奇"について，《廣島大學文學部紀要》20：171—206。

Hanan, P. (1973) *The Chinese Short Story: Studies in Dating, Arthorship and Compisition*, Cambridge: Harvard University Press.

小川陽一（1977，1979）三言成立論考集録（上）古今小說の部，《山形大學紀要（人文科學）》8（4）：81—122；三言成立論考集録（中）警世通言の部—前—，《東北大學教養部紀要》31：164—143。

黄永年（1979）記元刻《新編紅白蜘蛛小說》殘頁，《中華文史論叢》1982（1）。

小川陽一（1980）三言二拍と善書，《日本中國學會報》32：183—195。

譚正璧（1980）《三言兩拍資料》（上、下），上海：上海古籍出版社。

胡士瑩（1980）《話本小說概論》，北京：中華書局。

小川陽一（1981）《三言二拍本事論考集成》，東京：新典社【書評：尾上兼英（1982）《集刊東洋學》47：91—97；阿部泰記（1982）九州大學《中國文學論集》11：181—203】。

福滿正博（1981）《古今小說》の編纂方法—その對偶構成について，《中國文學論集》10：95—120。

Hanan, P (1981) *The Chinese Vernacular Story*. Cambridge: Harvard University Press; 韓南著，尹慧珉譯（1989）《中國白話小說史》，杭州：浙江古籍出版社。

尾上兼英（1981）明代白話小說ノート—短篇小說・三言（2—1），《東洋文化研究所紀要》86：367—402。

柳無忌（1983）關於淩濛初的《拍案驚奇》，《讀書》1983（6）：133—136。

王麗娜（1984）《三言二拍》與《今古奇觀》海外藏本、外文翻譯及研究著作，《中華文史論叢》29：177—215。

김정욱（1984）《喻世明言》研究，《中國學》1：11—40。

허근배（1984）《兩拍研究》，忠南大學校碩士論文。

大木康（1985）馮夢龍《三言》の編纂意圖について—特に勧善懲悪の意義をめぐって，《東方學》69：105—118。

福滿正博，馬振方譯，曦鐘校（1985）《古今小說》的編纂方法—關於它的對偶結構，《文藝論叢》22：372—385。

大塚秀高（1986）警世通言の版本について—佐伯文庫本と都立中央圖書館本を中心に，《中國：社會と文化》1：134—141；黃霖譯（1989）關於《警世通言》的版本——以佐伯文庫本和都立中央圖書館本爲中心，《明清小說研究》1989（1）：91—101，76。
胡萬川（1988）巴黎國家圖書館藏本《醒世恒言》，《小說戲曲研究》1：323—328。
大塚秀高（1987）警世通言の版本について（補），《中國古典小說研究動態》1：51—58。
金映植（1987）《拍案驚奇》研究，《中國文學》15：239—284。
이진국（1987）馮夢龍小說觀小考：《三言》編纂과公用性，《中國語文學》13：187—208。
金映植（1988）《〈拍案驚奇〉研究》，首爾大學校碩士論文。
李金泉（1991）談世界文庫《醒世恒言》的底本，《明清小說研究》1991（3）：179—182。
鄭東補（1991）《二拍》的取材運用研究，《語學研究》3：209—224。
村田和弘（1992）《耳談》と《拍案驚奇》：《二拍》の來源問題について，《筑波中國文化論叢》12：19—43。
王立言、人民（1992）三言二拍研究綜述（1949—1989）（上、下），《中國文學研究》1992（4）：48—54；《中國文學研究》1993（1）：39—44。
吳小如（1994）新注本《三言》題記，《中國文化研究》1994（1）：94—96。
王峰（1996）《三言》校注的新成果，《中國圖書評論》1996（3）：59—60。
大塚秀高，張大爲譯（1996）關於《警世通言》的版本（補），《明清小說研究》1996（2）：107—111。
哥舒（1996）譬如積薪 後來居上——讀陳曦鐘《喻世明言》新注本，《北京大學學報（哲學社會科學版）》1996（1）：122—123。
章培恒（1996）關於現存的所謂“宋話本”，《上海大學學報》1996（1）：5—20。
劉興漢（1997）《型世言》與“三言”的比較研究，《社會科學戰綫》1997（4）：120—127。
勝山稔（1998）中國白話小說研究における一展望（I）：明代短編白話小說集《三言》の研究とその分析を手掛かりとして；（II）：三言各篇の制作年代特定の研究を中心として，東北大學《國際文化研究科論集》6：174—160；6：158—144。
河井陽子（1998）《三言》の編纂方法について，《東京大學中國語中國文學研究室紀要》1：35—62。
유미경（1998）《中國近代短篇小說研究》，北京師範大學博士論文。
馬美信（2000）論《啖蔗》與“三言兩拍”和《今古奇觀》的關係，《明清小說研究》2000（3）：106—120。
金敏鎬（2000）馮夢龍과淩蒙初，그같음과다름，《中國小說論叢》11：77—102。
勝山稔（2002）明代短篇白話小說集《三言》の編纂について—中國白話小說研究における一展望（4），《中央大學アジア史研究》26：159—180。
吳光正、溫孟孚（2002）“三言”、“二拍”在國外的傳播、接受、研究狀況，《文史知識》2002（7）：112—115。
莎日娜（2002）日本學者的版本發現與20世紀的“三言”研究，《國際關係學院學報》2002（6）：30—33。

黄大宏（2002）譚正璧《三言二拍資料》札記，《古籍整理研究學刊》2002（4）：8—14。
趙紅娟（2002）“兩拍”版本考述，《湖州師範學院學報》2002（1）：97—102。
程國賦（2003）論《三言二拍》遷變過程中所體現的文人化創作傾向，《中國小說論叢》18：1—12。
大塚秀高（2004）《古今小說》の版本について，《中國古典小説研究》9：75—98。
程國賦（2004）三言二拍選本與原作的比較研究，《明清小說研究》2004（2）：179—188。
韓結根（2004）《亘史》與“兩拍”——“兩拍”藍本考之一，《復旦學報（社會科學版）》2004（1）：8—21。
井玉貴（2005）別本《二刻拍案驚奇》與《型世言》關係考論，《中國古代小說研究》1：293—301。
韓結根（2005）《廣艷異編》與“兩拍”——“兩拍”藍本考之二，《復旦學報（社會科學版）》2005（5）：88—97。
程國賦、周彩虹（2005）三言二拍選本研究，《暨南學報（哲學社會科學版）》2005（2）：51—55。
程國賦（2006）《三言二拍傳播研究》，北京：中國社會科學出版社【書評：楊林夕（2007）以新的視角開拓新的研究領域——評程國賦教授的《三言二拍傳播研究》，《暨南學報（哲學社會科學版）》2007（6）：148—150】。
廣澤裕介（2007）《古今小說》諸版本の成立問題，《中國古典小說研究》12：33—56。
伴俊典（2007）早稻田大學圖書館藏《警世通言》について，《中國文學研究》33：58—70。
大塚秀高，劉珊珊譯（2007）關於《古今小說》的版本問題，《保定師範專科學校學報》2007（3）：1—17。
李金泉（2007）關於《二刻拍案驚奇》的版本，《中國文學研究（輯刊）》2007（1）：342—349。
李時燦（2008）宋元小說家話本文獻傳承研究，《中國小說研究會報》70·71：118—123。
劉永鑫（2011）《〈三言二拍〉與擬話本》（中國文化知識讀本），長春：吉林文史出版社。
大塚秀高（2012）《警世通言》版本新考，《日本アジア研究：埼玉大學大學院文化科學研究科博士後期課程紀要》9：1—43。
楊兆貴、趙殷尚（2014）馮夢龍輯録話本小說集的編纂方式及其寄意試探——以《古今小說》爲主，《中國語文論叢》61（1）：251—274。

◎研究

香阪順一（1962）明代の吳語—據《拍案驚奇》附注，《清末文學言語研究會會報》1：39—55。
香坂順一（1968，1969）《三言》のことば（1，2），大阪市立大學《人文研究》19（10）：1—11；20（10）：1—13；（1983）《白話語彙の研究》398—420；東京：光生館。
香坂順一（1969）三言，《中國語學新辭典》267—268，東京：光生館。
香坂順一（1969）拍案驚奇，《中國語學新辭典》287—289，東京：光生館。
香坂順一（1971）《拍案驚奇》のことば，《人文研究》22（11）：1—16；（1983）《白話語彙の研究》421—436；東京：光生館。

荒木猛（1978）短編白話小說における新舊諸相の辨別:《三言》中の固有名詞を中心として，《集刊東洋學》39：64—82。

張家茂（1981）《三言》中蘇州方言詞語彙釋，《方言》1981（3）：219—224。

陸鴻基（1983）從《水滸傳》及《三言》看明代平民識字概況，《明報月刊》18（1）：101—107.

坂井健一（1985）《拍案驚奇》に見える吳語について，《日本大學人文科學研究所研究紀要》30：45—78。

植田渥雄（1985）《三言》の中の宋人小說—内容・體裁・語彙・文體からの考察—，《櫻美林大學中國文學論叢》10：104—121。

佐藤晴彥（1986）《古今小說》における馮夢龍の創作—言語的特徵からのアプローチ，《東方學》72：81—96；胡昌合譯，毛茂臣校（1988）從語言角度看《古今小說》中馮夢龍的創作，《雲南教育學院學報》1988（1）：39—48；張志合譯（1990）《古今小說》與馮夢龍的創作——從語言特徵方面進行探討，《青海民族學院學報（社會科學版）》1990（3）：54—63。

佐藤晴彥（1986）《清平山堂話本》《熊龍峰小說》と《三言》—馮夢龍の言語的特徵を探る，《神户外大論叢》37（4）：37—61。

徐靜茜（1986）“兩拍”所見方言詞語及句式，《湖州師專學報》1986（4）：6—17。

中村博保、雷定平（1986，1987）《警世通言》〈白娘子永鎮雷峯塔〉試譯（1，2），《靜岡大學教育學部研究報告（人文・社會科學篇）》37：1—20；38：1—30。

佐藤晴彥（1988，1990）《醒世恒言》における馮夢龍の創作（1，2）言語的特徵からのアプローチ，《神户外大論叢》39（6）：19—40；41（4）：1—23；王欣譯（1992）《醒世恒言》中的馮夢龍創作——來自語言特徵的研究，《河北師院學報（社會科學版）》1992（2）：66—73，102。

中村浩一（1988）《古今小說》の語法的特徵—現代中國語と比較して，《大東文化大學紀要（人文科學）》26：15—29。

徐靜茜（1988）“三言二拍”中的“把”和“將”，《湖州師專學報》1988（1）：48—55，122。

徐靜茜（1988）“三言二拍”中的“在”“向”“從”“去”，《湖州師專學報》1988（3）：35—43。

陳遼（1988）《三言》中的明話本和明擬話本辨，《鹽城師專學報（社會科學版）》1988（1）：64—70。

盧甲文（1988）從《二拍》看成語的繼承和發展，《駐馬店師專學報（社會科學版）》1988（3）：38—44。

凌培、錢嘉猷（1989）《二拍》中湖州方言詞語彙釋，《方言》1989（4）：307—315。

馮保善（1989）論“二拍”的藝術特色，《社會科學輯刊》1989（6）：125—130。

楊鼎夫（1990）“三言”裡的“兒”尾，《暨南大學研究生學刊》1990（2）。

佐藤晴彥（1990）《警世通言》第四卷の成立をめぐって，《中文研究集刊》2：41—48。

中村浩一（1991）《古今小說》にみられる量詞，《大東文化大學紀要（人文科學）》29：57—70。

宿玉堂（1991）《三言》《二拍》里的 AABB 重叠式，《大阪外國語大學論集（言語編）》5：49—67。
周中明（1991）論《醒世恒言》在思想和藝術上的新發展，《明清小說研究》1991（4）：103—113。
平松圭子（1991）《拍案驚奇》の介詞“在”（1，2），《お茶の水女子大學中國文學會報》10：1—9；《東洋研究》101：21—32。
佐藤晴彦（1992）《警世通言》における馮夢龍の創作—言語的特徵からのアプローチ，《神户外大論叢》43（2）：1—17。
佐藤晴彦（1992）對《警世通言》中馮夢龍作品的窺測——從語言學的角度看《三言》，胡竹安、楊耐思、蔣紹愚編《近代漢語研究》173—186，北京：商務印書館。
周志鋒（1992）《三言》詞語札記，《寧波師院學報（社會科學版）》1992（3）：38—44。
王樹民（1992）標點本《三言》、《二拍》注釋正誤，《古籍整理與研究》1992（7）：233—238。
佐藤晴彦（1993）《古今小說》における馮夢龍の創作（改稿）—言語的特徵からのアプローチ，《神户外大論叢》44（1）：1—19。
佐藤晴彦（1994）《醒世恒言》と《石點頭》—Hanan 氏說の檢討—，高田時雄編《中國語史の資料と方法》225—253，京都：京都大學人文科學研究所。
川本榮三郎（1993）中國白話短編小說《古今小說》の文體についての試論，岩手大學《言語と文化》287—295。
中村浩一（1993）古今小說にあらわれる狀語，《大東文化大學紀要（人文科學）》31：339—350。
陳遼（1993）《二拍》中也有話本，《益陽師專學報》1993（2）：15—16，14。
周志鋒（1993）《二拍》語詞札記，《古漢語研究》1993（1）：34—37。
汪維輝（1993）《兩拍》詞語札記，《語言研究》1993（1）：108—113。
中村浩一（1994）《古今小說》の動詞 1—五官の動作をあらわす動詞，《大東文化大學紀要（人文科學）》32：259—270。
晏均平（1994）《拍案驚奇》與遵義方言，《貴州文史叢刊》1994（2）：81—84。
曦鐘（1994）《喻世明言》校注札記，《國學研究》2：211—225。
地藏堂貞二（1995）明代の南方語（II）：《拍案驚奇》の疑問文について，《北陸大學紀要》19：191—199。
平松圭子（1995）《拍案驚奇》の介詞“在”について（2），《東洋研究》101：21—32。
中村浩一（1995）《古今小說》の動詞—手の動作をあらわす動詞（1），《大東文化大學紀要（人文科學）》33：85—99。
郭芹納（1995）《三言》中所見的陝西方言詞語，《西安教育學院學報》1995（4）：9—14。
崔山佳（1995）《三言》中的“數一數二”，《辭書研究》1995（6）：142；（2006）《近代漢語詞彙論稿》103—107 社。
汪維輝（1996）《兩拍》釋詞，《寧波師院學報（社會科學版）》1996（1）：21—25。
佐藤晴彦（1996）《古今小說》各巻の成立をめぐって—Hanan 氏說の檢討，《神户外大論叢》47（1-4）：227—241。

佐藤晴彦（1997）《警世通言》各巻の成立をめぐって—Hanan 氏説の檢討，《古田教授頌壽記念中國學論集》240—257，東京：汲古書院。

曦鐘（1997）《喻世明言》注釋補正（二則），《北京大學學報（哲學社會科學版）》1997（2）：152。

宋遠凌（1998）《三言》鑲嵌格的透視，《古漢語研究》1998（1）：16—19。

石汝杰（1998）“三言二拍”中的“做”，《俗語言研究》1998（5）：149—159。

危磚黄（1998）試論“三言”的入話，《福建論壇（文史哲版）》1998（3）：30—33。

王心歡（1999）“三言二拍”中的俗諺語，《明清小說研究》1999（3）：58—73。

彭小玲（1999）《拍案驚奇》“把”字句研究，《西南民族學院學報（哲學社會科學版）》1999（S2）：72—75。

譚耀炬（2000）《拍案驚奇》的“幾時”，《紹興文理學院學報（哲學社會科學版）》2000（3）：55—59；《古籍整理研究學刊》2000（6）：54—59。

羅立新（2000）明小說詞語今證三例，《鎮江師專學報（社會科學版）》2000（2）：98—99。

郭建花（2001）“三言”古今同形複音詞初探，《勝利油田師範專科學校學報》2001（1）：26—29。

王明煊（2001）論“三言”在敘事方式上的成就，《雲南社會科學》2001（6）：91—94。

張洪超（2001）“二拍”被動句研究，《徐州師範大學學報（哲學社會科學版）》2001（3）：76—79；李申主編（2002）《近代漢語文獻整理與研究》158—171，石家莊：河北教育出版社。

孫鵬飛（2001）《馮夢龍“三言”小說的吳語成分研究》，暨南大學碩士論文。

匡鵬飛（2001）《〈拍案驚奇〉與現代漢語詞彙比較研究》，華中師範大學碩士論文。

中村浩一（2002）《古今小說》の動詞—足の動作をあらわす動詞（1），《大東文化大學紀要（人文科學）》40：417—429。

鈴木陽一（2002）明清の短編小說における“語り”について—《三言》、《二拍》を中心に，《中國古典小說研究》7：39—51。

李懷芝（2002）通俗自然 形象生動——摭談《醒世恒言》中的諺語，《語文知識》2002（7）：10—11。

杜文華、安志偉（2002）淺談《兩拍》中的正文訓詁，《晉中師範高等專科學校學報》2002（4）：285—288。

鮮麗霞（2002）《拍案驚奇》中的動態助詞“將”，《語文學刊》2002（1）：48—50。

鮮麗霞（2002）《“二拍”中的助詞“得”》，四川師範大學碩士論文。

김정욱（2002）話本의叙述技巧考，《人文論叢》15：177—191。

郭建花（2003）從色彩意義的變化看“三言”古今同形複音詞，《井岡山師範學院學報（哲學社會科學版）》2003（3）：47—48。

王紅梅（2003）形容詞、動詞 AABB 重疊式構成的語義條件——以“三言”、“二拍”爲例，《學術交流》2003（7）：129—131。

王敏紅（2003）《醒世恒言》被動句式考察，《紹興文理學院學報（哲學社會科學版）》2003（3）：52—55，113。

向志柱（2003）“三言”的叙事視角模式，《社會科學研究》2003（4）：148—151。
김미정（2003）《馮夢龍〈情史〉와〈三言〉의書寫特徵比較研究》，忠南大學校碩士論文。
中村浩一（2004）《普通話三千常用詞表》と《古今小說》：1 多音節形容詞，《大東文化大學紀要（人文科學）》42：185—200。
辛志成（2004）從“三言二拍”看昆明方言中的江浙古吴語，《昆明冶金高等專科學校學報》2004（4）：83—88。
賴江（2004）《醒世恒言》中的“卻”字，《九江師專學報》2004（2）：69—70。
匡鵬飛（2004）從《拍案驚奇》到現代漢語詞義演變的考察，《江漢大學學報（人文科學版）》2004（2）：26—32。
林倫倫（2004）“三言二拍”中與粤東閩語詞義相同詞語考釋（名詞篇），《華學》7：285—292。
鄧雅娜（2004）《〈三言〉中的能性述補結構》，吉林大學碩士論文。
王周明（2005）《三言》における“V 有 NP/V 得有（NP）”，《中國語學研究・開篇》24：169—177。
武振玉（2005）試論《三言二拍》中的雙音程度副詞，《延邊大學學報（社會科學版）》2005（2）：87—91。
康健（2005）“二拍”中動態助詞“著”的句法分布及特殊句式的考察，《樂山師範學院學報》2005（9）：48—51。
王娟（2005）《初刻拍案驚奇》虚詞“並”之用法小議，《福建論壇（社會教育版）》2005（S1）：194—196。
楊曉敏（2005）《“三言”存在句研究》，山東師範大學碩士論文。
劉嫒嫒（2005）《“三言”被動式的考察與研究》，華南師範大學碩士論文。
于相風（2005）《〈拍案驚奇〉雙音動詞研究》，山東大學碩士論文。
郝耀偉（2005）《〈二刻拍案驚奇〉代詞研究》，西北大學碩士論文。
譚耀炬（2005）《三言二拍語言研究》，成都：巴蜀書社。
이소영（2005）《傳統時期中國의書面語와글쓰기의相關性研究：白話의發生과小說의變化를中心으로》，首爾大學校博士論文。
大島吉郎（2006）動詞重疊型に關する通時的研究（8）：《三言》を中心に，《大東文化大學紀要（人文科學）》44：159—181。
朱全紅（2006）“三言”“二拍”俗語詞釋義，《紹興文理學院學報（哲學社會科學版）》2006（2）：51—57。
蘇愛民（2006）試論“三言”作品的語言特色，《名作欣賞》2006（16）：14—16。
楊洪軍、曹曉紅（2006）“三言”中的“被”字句，《文教資料》2006（35）：106—108。
王華（2006）試析《三言》中“這樣”的用法，《衡水學院學報》2006（4）：45—48。
賈君芳（2006）《醒世恒言》中的“把”字句，《哈爾濱學院學報》2006（7）：98—100，115。
鄧雅娜（2006）《三言》中能性述補結構的複雜形式，《齊齊哈爾大學學報（哲學社會科學版)》2006(6):96—98。
董蕾(2006)《喻世明言》經濟詞彙分析,《山東省青年管理幹部學院學報》2006(4):150—152。
康健(2006)"二拍"中動態助詞"著"的功能探析,《內江師範學院學報》2006(3):61—64。
李存周(2006)《拍案驚奇》中的同形動量詞,《四川教育學院學報》2006(3):61—63。
董爲光(2006)從《初刻拍案驚奇》看概數詞"把"的來源,《語言研究》2006(2):46—52。
劉敬婷(2006)"先花後果"並非比喻"先生女後生男",《現代語文》2006(2):22—24。
馮娟(2006)說"多"字的特殊義項,《漢字文化》2006(4):76。
劉勇強、楊慶茹(2006)"三言"與《十日談》敘述語式與語體比較,《北方論叢》2006(4):53—55。
蔡梅(2006)《〈三言〉稱謂研究》,華東師範大學碩士論文。
謝婷(2006)《〈三言〉、〈二拍〉中的"得"字句》,華中科技大學碩士論文。
王娟(2006)《"二拍"的介詞研究》,福建師範大學碩士論文。
施文志(2007)《三言》與雲南方言中"著"的詞語考釋,《雲南民族大學學報(哲學社會科學版)》2007(4):147—149。
宗丹(2007)"三言二拍"中關於"喫食"義場的熟語、俗語研究,《文教資料》2007(7):67—69。
劉雨過(2007)論"三言二拍"中"三姑六婆"的語言藝術,《河池學院學報》2007(6):23—26。
李玲玲(2007)試析《喻世明言》中的"把"字句,《菏澤學院學報》2007(1):109—112。
匡鵬飛(2007)論《二拍》和現代漢語"從來"的語法差異,《華中語學論庫——多視角語法比較研究》4。
魯彬楠(2007)淺析《二刻拍案驚奇》中的"動+將"結構,《安康學院學報)》2007(1):60—62。
曹貴山(2007)《"三言二拍"法律詞語研究》,廈門大學碩士論文。
黃志輝(2007)《論"三言"地域特徵描寫的作用》,南昌大學碩士論文。
劉果(2007)《"三言"性別話語研究》,華中師範大學博士論文。
金明求(2007)明話本小說"入話體制"的"典雅化"現象研究,《中國語文論叢》34:229—250。
劉果(2008)《"三言"性別話語研究:以話本小說的文獻比勘爲基礎》(中華文史新刊),北京:中華書局。
楊曉敏、李澤昊(2008)"三言"中存在句的句法功能和語用類型,《長春大學學報》2008(9):31—33,37。
劉鳳(2008)"三言二拍"中的"比"字句研究《信陽師範學院學報(哲學社會科學版)》2008(5):104—107。
李長麗(2008)《警世通言》中"將"的用法,《安康學院學報》2008(5):39—41。
張仲謀(2008)明代話本小說中的詞作考論,《明清小說研究》2008(1):202—216。

李金星（2008）《醒世恒言》中詞素“了”的構詞分析，《中北大學學報（社會科學版）》2008（S1）：85—87。

周璐（2008）《二拍》中的被動句式研究，《楚雄師範學院學報》2008（10）：27—33。

任永輝（2008）“二拍”中所見的陝西方言詞彙，《語文學刊》2008（14）：146—147。

羅丹（2008）《二刻拍案驚奇》外形特徵類名量詞研究，《現代語文（語言研究版）》2008（7）：75—77。

羅丹（2008）析《二刻拍案驚奇》名量詞的語法特徵和語法功能，《安徽文學》2008（7）：288—289。

王仕平（2008）《初刻拍案驚奇》帶助詞的述補結構，《安徽文學》2008（11）：286。

林倫倫（2008）“三言二拍”中與粵東閩語詞義相同詞語考釋（非名詞篇），《華學》9—10：1213—1222。

榮雪（2008）《“三言”“把”字類處置式研究》，山東師範大學碩士論文。

徐晶晶（2008）《〈三言〉量詞研究》，華東師範大學碩士論文。

黄皇（2008）《“三言”否定句否定標記研究》，湘潭大學碩士論文。

高成建（2008）《“二拍”被動式研究》，福建師範大學碩士論文。

金明求（2008）“典雅化”的叙事趨向：明話本小說“入話故事”之“簡叙”、“略叙”、“鋪叙”叙事藝術，《中國語文學論集》51：409—437。

金明求（2008）“詩文兼用”的規範定型與有機調和：明話本小說“入話叙事”的“典雅化”研究，《中國語文論叢》37：117—143。

地藏堂貞二（2009）《拍案驚奇》と《型世言》の言語—明代吳語の言語的特徵を探る，《滋賀縣立大學國際教育センター研究紀要》14：135—147。

高明（2009）論佛教文化對“三言”語言藝術的滲透，《安徽職業技術學院學報》2009（1）：46—49。

劉鳳（2009）“三言二拍”中的“比”字比較句研究，《長江學術》2009（3）：98—102。

劉鳳（2009）“三言二拍”比較句式考察，《信陽師範學院學報（哲學社會科學版）》2009（5）：102—105。

劉小玲（2009）《警世通言》中的“把”字句研究，《長春理工大學學報（高教版）》2009（4）：71—72。

祝東（2009）“三言二拍”多用《西江月》詞原因探析，《内蒙古大學學報（哲學社會科學版）》2009（2）：105—110。

紀瑩（2009）《醒世恒言》否定關係的比字句，《安徽文學》2009（10）：331。

李曉靜（2009）“二拍”中的自稱詞研究，《九江學院學報》2009（1）：101—103。

李長麗（2009）《“三言”動態助詞研究》，福建師範大學碩士論文。

王曉麗（2009）《“二拍”稱謂語研究》，浙江財經學院碩士論文。

楊琳（2009）《“二拍”量詞研究》，華東師範大學碩士論文。

張振羽（2010）《三言》吳語副詞“大分”和“終不然”的來源，《鹽城師範學院學報（人文社會科學版）》2010（2）：116—120。

管雯（2010）論馮夢龍“三言”對聯藝術的運用，《常州工學院學報（社科版）》2010（5）：

33—37。
魏勝元（2010）《三言》詞語札記，《青年文學家》2010（19）：159，161。
王曉麗（2010）“二拍”稱謂語產生方式芻議，《現代語文（語言研究版）》2010（1）：57—61。
王曉麗（2010）“二拍”稱謂與詞典編纂，《漢字文化》2010（2）：51—56。
周文娟（2010）《拍案驚奇》的趨向補語，《改革與開放》2010（6）：191—192。
司新艷（2010）《“三言二拍”中的俗諺語研究》，山西師範大學碩士論文。
紀瑩（2010）《〈醒世恒言〉“比”字句研究》，山東師範大學碩士論文。
李利坤（2010）《〈二拍〉稱謂語研究》，河北大學碩士論文。
馬笑乾（2010）《“二拍”處置式研究》，山東師範大學碩士論文。
韓笑（2010）《〈初刻拍案驚奇〉〈二刻拍案驚奇〉量詞研究》，山西師範大學碩士論文。
張振羽（2010）《〈三言〉副詞研究》，湖南師範大學博士論文。
吳金梅（2011）《型世言》與“三言二拍”藝術之比較，《大連海事大學學報（社會科學版）》2011（6）：110—113。
趙靜蓮（2011）《三言》正反疑問句初探，《河北北方學院學報（社會科學版）》2011（6）：32—35。
石曉博（2011）《警世通言》中關中方言詞語舉隅解析，《咸陽師範學院學報》2011（3）：55—59。
石曉博（2011）《喻世明言》中的關中方言詞語舉要解析，《西安建築科技大學學報（社會科學版）》2011（5）：82—87。
董海茹（2011）《警世通言》動結式初探，《現代語文（語言研究版）》2011（1）：29—30。
吳娟（2011）《警世通言》中的是非問句，《語文學刊》2011（16）：41—42。
楊艷芳、楊超（2011）《警世通言》中“更”作評注性副詞的用法，《宜賓學院學報》2011（8）：79—81。
尹銀（2011）《醒世恒言》“妻子”稱謂詞淺探，《劍南文學（經典教苑）》2011（12）：119—120。
劉鳳（2011）《醒世恒言》被動句研究，《信陽師範學院學報（哲學社會科學版）》2011（5）：77—80。
倪永澤（2011）關於《喻世明言》中複合型複音詞的研究，《西南農業大學學報（社會科學版）》2011（5）：93—97。
潘志剛(2011)《拍案驚奇》口語詞雜釋《成都大學學報(社會科學版)》2011(5)：71—73。
王蘇波（2011）《拍案驚奇》名代式同位短語研究，《北方文學（下半月）》2011（10）：132。
王蘇波（2011）試論《拍案驚奇》類標式同位短語，《時代文學（下半月）》2011（12）：218。
牟景姍（2011）《“二拍”敘事學視覺的考察》，延邊大學碩士論文。
林軻紅（2011）離合詞的歷時研究——以“二拍”和《現代漢語詞典》爲例，《現代語文（語言研究版）》2011（8）：51—53。

何雯（2011）《〈三言〉疑問代詞研究》，山東大學碩士論文。

尉春艷、何青霞、王春艷（2012）試析“三言二拍”中的“見 Vt”結構，《河北民族師範學院學報》2012（1）：70—73。

柳苗苗（2012）近二十年“三言二拍”的語言學研究，《現代語文（語言研究版）》2012（8）：4—5。

黎蕾（2012）《喻世明言》中的民俗語彙研究，《現代語文（語言研究版）》2012（3）：57—60。

匡鵬飛（2012）俗文學視角下的《二拍》用字研究，《黄石理工學院學報（人文社會科學版）》2012（1）：19—23。

崔山佳（2012）人民文學版“二拍”注釋商榷，《漢語史研究集刊》15：282—304。

何青霞、尉春艷（2012）論“二拍”中的動量詞“次”和“回”，《現代語文（語言研究版）》2012（2）：21—24。

陳晶（2012）《〈三言〉語氣詞研究》，福建師範大學碩士論文。

沈夢婷（2012）《“三言”稱謂詞語研究》，華東師範大學碩士論文。

李雪（2012）《馮夢龍“三言”語音研究》，溫州大學碩士論文。

周飛（2012）《“三言”詞彙統計研究》，廣西師範學院碩士論文。

李楊（2012）《“三言”時間副詞系統研究》，浙江財經學院碩士論文。

杜貝（2012）《“三言”三音詞研究》，鄭州大學碩士論文。

高綏苑（2012）《〈喻世明言〉疑問句研究》，蘇州大學碩士論文。

許玲淋（2012）《〈醒世恒言〉疑問句研究》，蘇州大學碩士論文。

吴娟（2012）《〈警世通言〉疑問句研究》，曲阜師範大學碩士論文。

林軻紅（2012）《“二拍”名詞語義類别研究》，廣西師範學院碩士論文。

葉晨（2012）《“二拍”述補結構研究》，浙江財經學院碩士論文。

王蘇波（2012）《〈拍案驚奇〉同位短語研究》，山東師範大學碩士論文。

張振羽（2012）《〈三言〉副詞研究》，長沙：湖南師範大學出版社【書評：何亮（2013）漢語副詞研究的又一力作——《〈三言〉副詞研究》讀後，《桂林航天工業學院學報》2013（1）：121—122】。

王罂（2013）“三言”第二人稱代詞用法分布計量考察，《現代語文（語言研究版）》2013（2）：54—57。

王麗偉（2013）淺析“三言二拍”中的同源重言詞，《青年文學家》2013（13）：161。

何瑜群（2013）《醒世恒言》程度副詞計量研究，《桂林航天工業學院學報》2013（2）：225—228。

姜良存（2013）佛教與三言二拍的文體構成，《齊魯學刊》2013（4）：128—132。

王藝娜（2013）“二拍”形容詞及其重叠式作狀語的比較《鄖陽師範高等專科學校學報》2013（5）：44—46。

吕春暉（2013）《“三言”研究述論》，渤海大學碩士論文。

譚安萍（2013）《〈醒世恒言〉俗語詞研究》，華中師範大學碩士論文。

陳茉（2013）《“二拍”詞綴研究》，山東大學碩士論文。

鄭嬌燕（2014）試談《拍案驚奇》中“量詞+把”，《吉林省教育學院學報（下旬）》2014

(1)：131—132。

4.2 《今古奇觀》

◎原始資料

・影印本

(1980)《繪圖四續今古奇觀》(中國近代小說史料彙編 19)，臺北：廣文書局。

(1985)《繪圖今古奇觀》(上、下)，濟南：齊魯書社。

(1988)《全圖今古奇觀》，北京：中國書店【據掃葉山房 1929 年版影印】。

(1992)《今古奇觀》(古本小說集成)，上海：上海古籍出版社【上海圖書館藏明刊本】。

(2005)《今古奇觀(圖文本)》，上海：上海古籍出版社。

・排印本

(1895)《今古奇觀》，上海：上海書局。

金國璞(1904)《北京官話今古奇觀》，東京：文求堂書店；(1933)再版。

(1906)《改良繪圖今古奇觀》，上海：上海書局。

(1917)《繪圖今古奇觀》，上海：廣益書局。

(1922)《改良今古奇觀》，上海：錦章圖書局。

(1923)《今古奇觀》，上海：鑄記書局。

許嘯天句讀(1923)《今古奇觀(新式標點)》，上海：羣學社。

許嘯天句讀、胡翼雲校閱(1924)《今古奇觀》，上海：羣學社。

李菊廬標點、張繼良校對(1925)《今古奇觀(新式標點)》，上海：中央編譯局。

大東書局編輯所(1925)《今古奇觀(新式標點)》，上海：大東書局。

抱恨生標點，鑒湖漁隱校閱(1926)《今古奇觀(新式標點)》，上海：新文化書社；(1931)再版。

汪乃剛句讀(1933)《今古奇觀》，上海：亞東圖書館。

朱太忙標點，胡協寅校閱(1934)《今古奇觀(新式標點)》，上海：大達圖書供應社。

潘公昭標點，沈世榮校閱(1934)《續今古奇觀(新式標點)》，上海：大達圖書供應社。

(1935)《今古奇觀(足本)》，文藝出版社，上海：世界書局。

胡協寅校閱(1937)《今古奇觀(新式標點)》，上海：廣益書局。

(1955)《今古奇觀》，北京：寶文堂書店。

顧學頡校注(1957)《今古奇觀》，北京：人民文學出版社。

世界書局編輯部(1962)《今古奇觀(足本)》(中國學術名著第 1 輯第 1 集第 17 册)，臺北：世界書局。

(1966)《今古奇觀(足本)》，香港：崇明出版社。

(1973)《今古奇觀》(大字足本古典文學)，臺北：臺灣文源書局。

林梓宗校點(1981)《今古奇觀》，廣州：廣東人民出版社。

馮裳標校(1992)《今古奇觀》(十大古典白話短篇小說叢書)，上海：上海古籍出版社。

(1993)《今古奇觀》(中國古典文學叢書 1)，臺南：世一文化事業。

汪乃剛標點（1995）《今古奇觀》【胡適主編亞東圖書館本】，海口：海南出版社。
王太原、劉一萍校點（1997）《今古奇觀》（珍圖古典小說名著叢書），長沙：湖南文藝出版社。
林冠夫評選（1998）《今古奇觀》，鄭州：河南人民出版社。

・日譯本

佐藤春夫、伊藤貴麿、今東光譯，宮原民平注（1926）《今古奇觀》（支那文學大觀），東京：支那文學大觀刊行會；（1930）東京：北隆堂書店。
佐藤春夫譯（1936）《百花村物語》（山本文庫 14），東京：山本書店。
魚返善雄譯（1952）《中國千一夜》，東京：日本出版協同。
駒田信二、松枝茂夫譯（1958）《今古奇觀：三言二拍抄》（中國古典文學全集 19），東京：平凡社。
千田九一、駒田信二、立間祥介譯（1958）《今古奇觀》（中國古典文學全集 18），東京：平凡社。
千田九一、駒田信二譯（1965-1975）《今古奇觀》（明代短篇小說選集）全 5 册（平凡社東洋文庫），東京：平凡社；（1970，1973）中國古典文學大系 37，38，東京：平凡社。
那須田稔編著（1969）《楊八のさいなん：今古奇觀上》（中國・インドの古典童話 3），東京：小峰書店。
那須田稔編著（1971）《大金持ちのひみつ：今古奇觀下》（中國・インドの古典童話 4），東京：小峰書店。

・英譯本

Howell, E. B. (1926) *The restitution of the bride, and other stories from the Chinese*, London: Werner Laurie.

・法譯本

Schlegel, G. (1877) *Le vendeur-d'huile qui seul possède la reine-de-beauté, ou, Splendeurs et misères des courtisanes chinoises*, Leyde, Paris: E.J. Brill, Maisonneuve.
Lanselle, R. (1996) *Spectacles curieux d'aujourd'hui et d'autrefois: jingu qiguan*, Bibliothèque de la Pléiade 430, Paris: Gallimard.

・德譯本

Kuhn, Franz (1952) *Kin Ku Ki Kwan: Wundersame Geschichten aus Alter und neuer Zeit*, Manesse Bibliothek der Weltliteratur, Zürich, Manesse.

・俄譯本

T͡Siperovich, I. Ė, Konrad, Nikolaĭ Iosifovich (1954) *Удивительные истории нашего времени и древности: избранные рассказы из сборника XVII в. "Цзинь гу цигуань"*, Литературные памятники, Москва: Изд-во академии наук.
Vel'gus, V. A., T͡Siperovich, I. Ė. (1962) *Удивительные истории нашего времени и древности*, Москва: Изд-во Восточной литературы.

・蒙古語譯本

(1980) *Erten edüge-yin ġayiqamsiġtu üjegdel*, Beijing: ündüsüten-ü Keblel-ün Qoriy-a.

・文本研究

P. Pelliot (1926) Le Kin Kou Ki Kouan, *T'oung Pao* 24; 樋口龍太郎譯（1927）《斯文》9（4）: 29—34。

千田九一（1936）今古奇觀に就いて，《中國文學月報》19：108—111。

劉修業（1958）《古典小說戲曲叢考》，北京：作家出版社。

王樹偉（1961）記最近所見幾本珍本戲曲小說，《文物》1961（3）：8—10。

桑山龍平、大村梅雄（1965）《今古奇觀》の研究と資料，大阪市立大學中國文學研究室編《中國の八大小說》412—427，東京：平凡社。

王麗娜（1984）"三言二拍"與《今古奇觀》海外藏本、外文翻譯及研究著作，《中華文史論叢》29：177—215。

임명옥（1994）《三言二拍與今古奇觀比較研究》，中國文化大學碩士論文。

馬美信（2000）論《啖蔗》與"三言兩拍"和《今古奇觀》的關係，《明清小說研究》2000（3）：106—120。

陳國軍（2005）輝煌與式微：《今古奇觀》的歷史沉浮，《武警學院學報》2005（3）：72—75。

連俊彬（2005）國內《今古奇觀》研究綜述，《零陵學院學報》2005（3）：221—223。

李程（2009）《今古奇觀》選輯者"抱甕老人"續考，《明清小說研究》2009（3）：150—160。

조은상、오학충（2012）《今古奇觀》的編纂模式與編纂特色，《中國語文論叢》52：179—202。

◎研究

望月八十吉（1965）近世短篇小說の世界—《今古奇觀》の言語，大阪市立大學中國文學研究室編《中國の八大小說》403—411，東京：平凡社。

山田忠司（2004）《北京官話 今古奇觀》の言語について，文教大學《文學部紀要》18（1）：101—114。

4.3 《清平山堂話本》

◎原始資料

・影印本

（1929）《清平山堂話本》，北平：古今小品書籍印行會【據日本內閣文庫藏明嘉靖洪氏刻本影印】。

（1958）《清平山堂話本廿七篇：日本內閣文庫及寧波天一閣藏明嘉靖間刊》（珍本宋明話本叢刊，世界文庫 1），臺北：世界書局；（1982）景印珍本宋明話本叢刊之一，臺北：世界書局。

古本小說集成編輯委員會（1990）《清平山堂話本；新編紅白蜘蛛小說》（古本小說集成），上海：上海古籍出版社。

・排印本

（1955）《清平山堂話本》，北京：文學古籍刊行社。

譚正璧校注（1957）《清平山堂話本》，上海：古典文學出版社；（1987）上海：上海古籍出版社；（1971）再印，名古屋：采華書林。

石昌渝校點（1990）《清平山堂話本》（中國話本大系），南京：江蘇古籍出版社。

王一工評校（1992）《清平山堂話本》（十大古典白話短篇小說叢書），上海：上海古籍出版社。

（1995）《清平山堂話本；熊龍峰四種小說》（自強文庫，中國古典小說名著百部），北京：華夏出版社。

曾昭聰、劉玉紅校注（2011）《清平山堂話本校注》，合肥：黃山書社。

裘佳點注（2012）《清平山堂話本》（中國古代通俗短篇小說集成：注釋本第 1 輯），北京：華夏出版社。

程毅中校注（2012）《清平山堂話本校注》，北京：中華書局。

・日譯本

吉川幸次郎、入矢義高、神谷衡平譯（1958）《京本通俗小說；雨窗欹枕集；清平山堂話本；大宋宣和遺事》（中國古典文學全集 7），東京：平凡社。

・索引

太田辰夫（1964）《京本通俗小說・清平山堂話本語彙索引》（明清文學言語研究會會報單刊 5），大阪：明清文學言語研究會。

・文本研究

陳雲路（1919）讀清平山堂話本筆記，《國語旬刊》1（13）。

馬廉（1934）清平山堂話本與雨窗欹枕集，《大公報圖書副刊》22；《國立北平圖書館館刊》8（2）。

長澤規矩也（1937）“清平山堂”“熊龍峯”刊行の話本について，《安井先生頌壽記念書誌學論考》，東京：松雲堂書店；（1982）《長澤規矩也著作集》1：141—156，東京：汲古書院。

許政揚（1984）話本徵時，《許政揚文存》256—273，北京：中華書局【原載《南開大學學報（哲學社會科學版）》4（1）】。

신진아（2001）《〈清平山堂話本〉研究：새로운장르形成을中心으로》，延世大學校碩士論文。

井上泰山（2004）《六十家小說》刻字考，《關西大學文學論集》53（3）：23—43；426—449（2004）《中國近世戲曲小說論集》367—399，吹田：關西大學出版部。

羅勇珍（2007）20 世紀 80 年代以來宋元話本小說研究綜述，《廣東農工商職業技術學院學報》2007（3）：65—68。

리시찬（2008）《清平山堂話本》을둘러싼몇가지問題에關한考察，《中國文學研究》36：59—78。

曾昭聰、劉玉紅（2009）古籍修補工作中值得注意的問題——以文學古籍版《清平山堂話本》影印本對古籍的改動爲例，《圖書館工作與研究》2009（8）：55—57。

◎研究

服部昌之（1963）〈清平山堂話本〉に見られる形容詞的修飾語を導く“之”と“的”，《(北九州大學外國語學部）紀要》Ⅰ：25—30。

服部昌之（1969）清平山堂話本にみられる“就”の特殊用法，《北九州大學開學二十周年記念論文集》，北九州：北九州大學。

香坂順一（1969）清平山堂話本，《中國語學新辭典》277，東京：光生館。

佐藤晴彥（1986）《清平山堂話本》《熊龍峰小說》と《三言》—馮夢龍の言語的特徵を探る，《神户外大論叢》37（4）：37—61。

佐藤晴彥（1986）互いに補い合う《清平山堂話本》の排印本と影印本，《東方》96：18—22。

張錫德（1989）《清平山堂話本》校點商兑，《古漢語研究》1989（3）：74—78，70。

汪維輝（1993）《清平山堂話本》校點獻疑，《古籍整理研究學刊》1993（2）：40—43。

王文暉（1997）《清平山堂話本》校點拾遺，《古籍整理研究學刊》1997（3）：45—47；李申主編（2002）《近代漢語文獻整理與研究》53—56，石家莊：河北教育出版社。

王文暉（1997）《清平山堂話本》校點拾遺，《文教資料》1997（3）：116—120。

曾昭聰（1997）《清平山堂話本》三家校點商補，《貴州文史叢刊》1997（1）：53—56；（2004）《中古近代漢語詞彙論稿》315—321，北京：中央文獻出版社。

曾昭聰（1997）《清平山堂話本》詞語札記，《貴州大學學報（社會科學版）》1997（4）：71—74；（2004）《中古近代漢語詞彙論稿》138—148，北京：中央文獻出版社。

曾昭聰（1998）《清平山堂話本》補校，《古籍整理研究學刊》1998（1）：25—28；（2004）《中古近代漢語詞彙論稿》322—327，北京：中央文獻出版社。

章一鳴（1998）試論《清平山堂話本》對《金瓶梅詞話》的影響，《電大教學》1998（2）：21—23；（1997）《〈金瓶梅詞話〉和明代口語詞彙話法研究》159—166，上海：上海古籍出版社。

高雲海（1999）《清平山堂話本》校議（續），《白城師範高等專科學校學報》1999（2）：17—20。

曾昭聰（1999）《清平山堂話本》補校，《文教資料》1999（1）：113—115。

任曉燕（1999）談“三言”對《清平山堂話本》中詩詞的改動，《明清小說研究》1999（3）：51—57。

俞香順（1999）讀《清平山堂話本》札記，《文教資料》1999（1）：106—112。

劉瑞明（1999）《張子房慕道記》的校勘及時代討論，《文教資料》1999（4）。

백승엽（2000）《〈清平山堂話本〉의口演體制및言述構造研究》，首爾大學校博士論文。

中國俗文學研究會（2001）《清平山堂話本》陳巡檢梅嶺失妻記語釋，《中國俗文學研究》17：35—44。

王文暉（2001）《清平山堂話本》語詞瑣記，《南京師範大學文學院學報》2001（4）：67—72，66。

金桂桃（2002）《清平山堂話本》中的個體量詞，《嘉應大學學報》2002（2）：80—82。

曾昭聰（2002）《清平山堂話本》詞語選釋，《汕頭大學學報（人文版）》2002（2）：37—44，

52；(2004)《中古近代漢語詞彙論稿》149—158，北京：中央文獻出版社。

王文暉（2003）《清平山堂話本》校點拾補，《古漢語研究》2003（4）：86—88。

金桂桃（2003）《〈清平山堂話本〉量詞研究》，武漢大學博士論文。

高雲海、劉志軍（2003）《清平山堂話本》校議，《古籍整理研究學刊》2003（5）：95—97，11。

曾昭聰（2004）《清平山堂話本》詞語例釋，《漢語史學報》4：168—177；（2004）《中古近代漢語詞彙論稿》159—172，北京：中央文獻出版社。

曾昭聰（2004）《清平山堂話本》釋詞，《中古近代漢語詞彙論稿》173—176，北京：中央文獻出版社。

曾昭聰（2004）“牽驢”小考，《中古近代漢語詞彙論稿》212—215，北京：中央文獻出版社。

曾昭聰（2004）讀《〈清平山堂話本〉校議，《中古近代漢語詞彙論稿》328—333，北京：中央文獻出版社。

李淑霞（2005）《〈清平山堂話本〉動態助詞研究》，四川師範大學碩士論文。

高玉潔（2007）《〈清平山堂話本〉介詞研究》，安徽師範大學碩士論文。

李淑霞（2007）《清平山堂話本》中的動態助詞“卻”，《佳木斯大學社會科學學報》2007（2）：66—67。

高玉潔（2008）《清平山堂話本》中的時間、處所、方向類介詞初探，《宿州學院學報》2008（6）：63—66，52。

李淑霞（2008）《清平山堂話本》中的動態助詞“得”，《佳木斯大學社會科學學報》2008（3）：51—52。

張小芳、王新顏（2008）《清平山堂話本》中的“將”字句研究，《語文知識》2008（3）：91—93。

曹小雲、曾昭聰（2009）《清平山堂話本》中的“支手”與“白藍”，《語言研究》2009（1）：112—113。

高玉潔（2009）《清平山堂話本》中的“和”類虛詞，《西昌學院學報（社會科學版）》2009（1）：1—5。

高玉潔（2009）《清平山堂話本》中的處置式，《安康學院學報》2009（2）：35—38。

王慧（2009）《清平山堂話本》中的“這”、“那”係指示代詞，《齊齊哈爾師範高等專科學校學報》2009（4）：33—34。

米林林（2009）《清平山堂話本》被字句研究，《魅力中國》2009（16）：58，49。

勾俊濤（2009）《清平山堂話本》宋元作品中的人稱代詞，《南陽師範學院學報》2009（10）：48—53。

陳敏（2009）明清小說詞語選釋，《黎明職業大學學報》2009（4）：76—79。

徐巍（2010）《〈清平山堂話本〉副詞研究》，東北師範大學碩士論文。

崔顯麗（2010）《〈清平山堂話本〉連詞研究》，遼寧師範大學碩士論文。

周曉飛（2010）《清平山堂話本》中語義臨摹性對“動+了+[賓]+補”和“動+補+了+[賓]”語序形成的影響，《寧德師專學報（哲學社會科學版）》2010（1）：75—78。

周君（2010）明清小說俗語詞方言證詁，《漢字文化》2010（1）：72—74。
王海龍（2010）《清平山堂話本》“何”系特指問句特徵，《宜賓學院學報》2010（7）：96—99。
曾昭聰、劉玉紅（2010）《清平山堂話本》詞彙研究綜論，《廣東廣播電視大學學報》2010（5）：68—73。
曾昭聰、王博（2010）古籍整理應注意境外研究成果——以入矢義高所譯《雨窗欹枕集》《清平山堂話本》爲例，《圖書館理論與實踐》2010（12）：48—51。
曾昭聰、劉玉紅（2010）近代漢語詞彙研究的基礎工作——以《清平山堂話本》爲例，《燕趙學術》2010（2）：8—12。
曾昭聰、劉慧（2010）《清平山堂話本》校讀記，《圖書館理論與實踐》2010（5）：51—54，109。
曾昭聰、劉玉紅（2011）《清平山堂話本》校讀記（續），《圖書館理論與實踐》2011（12）：45—48。
王莉（2011）《日本內閣文庫藏〈清平山堂話本〉俗字研究》，上海師範大學碩士論文。
華德仁、張帥（2011）論《清平山堂話本》中的被動句，《現代語文（語言研究版）》2011（4）：24—25。

4.4 《京本通俗小說》

◎原始資料

・影印本

（1994）《京本通俗小說》（古本小說集成），上海：上海古籍出版社。

・排印本

黎烈文標點（1925）《京本通俗小說》（標點宋人平話），上海：商務印書館。
汪乃剛句讀（1928）《宋人話本八種》，上海：亞東圖書館。
黎烈文標點（1939）《京本通俗小說》（萬有文庫 12），上海：商務印書館。
（1954）《京本通俗小說》，上海：中國古典文學出版社。
黎烈文標點（1968）《京本通俗小說》（國學基本叢書四百種 243），臺北：臺灣商務印書館；（1970）人人文庫 1518，臺北：臺灣商務印書館。
劉雅農總校（1973）《京本通俗小說：殘存七卷》（世界文庫），臺北：世界書局。
（1987）《京本通俗小說》，北京：文學古籍刊行社。
（1988）《京本通俗小說》，上海：上海古籍出版社。
程毅中、程有慶校點（1991）《京本通俗小說等五種》（中國話本大系），南京：江蘇古籍出版社。
楊長山點注（2012）《京本通俗小說、貪欣誤、西湖佳話》（中國古代通俗短篇小說集成，注釋本第 1 輯），北京：華夏出版社。

・日譯本

村松暎譯（1951）《杭州綺譚：京本通俗小說》（學生文庫），東京：酣燈社。

吉川幸次郎譯（1956）《西山一窟鬼：京本通俗小說》，東京：筑摩書房。
吉川幸次郎、入矢義高、神谷衡平譯（1958）《京本通俗小說、雨窗欹枕集、清平山堂話本、大宋宣和遺事》（中國古典文學全集 7），東京：平凡社。
金丸邦三編（2013）《錯斬崔寧（注譯）》（中國俗文學研究會單刊 2），東京：中國俗文學研究會。

・索引

太田辰夫（1964）《京本通俗小說・清平山堂話本語彙索引》（明清文學言語研究會會報單刊 5），大阪：明清文學言語研究會。
閻崇璩（1983）《京本通俗小說詞語匯釋》（大東文化大學中國語大辭典編纂室資料單刊 1），東京：大東文化大學中國語大辭典編纂室。

・文本研究

黎劭西（1919）京本通俗小說考評，《努力學報》1。
長澤規矩也（1928）京本通俗小說と清平山堂，《東洋學報》17（2）：253—281。
鄭振鐸（1931）明清二代的平話集，《小說月報》22（7，8）。
鄭振鐸（1932）《插圖本中國文學史》3：724，北平：樸社；（1957）北京：作家出版社；（1982）北京：人民文學出版社；劉英民、李艷明責編（1998）《鄭振鐸全集》8—9，石家莊：花山文藝出版社。
李家瑞（1935）從俗字的演變上證明京本通俗小說不是元鈔本，《大公報圖書副刊》86；（1936）《圖書季刊》2（2）。
長澤規矩也（1937）京本通俗小說の真僞，《安井先生頌壽記念書誌學論考》，東京：松雲堂書店；（1982）《長澤規矩也著作集》1：131—140，東京：汲古書院。
Průšek, J. (1938) Popular Novels in the Collection of Ch'ien Tseng, *Archiv Orientální* 10: 292—293.
Bishop, J. L. (1956) *The Colloquial Short Story in China, a Study of the San-Yen Collections*, Cambridge: Harvard-Yenching Institute.
馬幼垣、馬泰來（1965）京本通俗小說各篇的年代及其真僞問題，《清華學報新》5（1）：14—29。
李漢祚（1969）京本通俗小說의編輯年代에對하여，首爾大學校《論文集》1：165—178。
蘇興（1978）《京本通俗小說》辨疑，《文物》1978（3）：71—74。
이영구（1979）《京本通俗小說研究》，首爾大學校碩士論文。
那宗訓（1985）《京本通俗小說新論及其他》（文史哲學集成 116），臺北：文史哲出版社。
張暎（1985）《京本通俗小說研究》，成均館大學校碩士論文。
유한미（1992）《〈京本通俗小說〉研究》，延世大學校碩士論文。
김수연（1992）《初期話本小說研究》，淑明女子大學校碩士論文。
張暎（1993）《京本通俗小說》의字句比較를通한版本考，《中國人文科學》12：331—365。
張暎（1993）《京本通俗小說研究》，成均館大學校博士論文。
張暎（1995）《京本通俗小說》의編輯時期에關한再考，《中國學論叢》4：163—184。
이량현（2009）《〈京本通俗小說〉研究》，慶熙大學校碩士論文。

◎研究

吉川幸次郎（1949）《志誠張主管》評，《中國散文論》，東京：弘文堂；（1966）（筑摩叢書 48）199—229；（1968）《吉川幸次郎全集》13—525—548，東京：筑摩書房。

Зограф, И.Т. (1962) Сравнение языка памятника XII-XIII вв. “Популярные рассказы и зданные в столице” (Цзин бэнь тунсу сяошо) с языком произведений художественной прозы XIV-XVIII вв., *Дальний Восток*, 36-57, Москва: Издательство Восточной Литературы.

Зограф, И.Т. (1962) *Очерк грамматики среднекитайского языка (по памятнику «Цзин бэнь тунсу сяошо»)*, Москва: Издательство Восточной Литературы【Review: Kratochvíl, P. (1969) *Revue Bibliographique de Sinologie 1962* 8: 251】.

Торопов, А.А. (1971) Сегментация китайского средневекового текста (На материале “Цзин бэнь тунсу сяошо”), *Страны и народы Востока* 2：247-251.

那宗訓（1984）從俗字看《京本通俗小說》是否僞作，《大陸雜誌》1984（69）6：43—46。

張暎（1993）《京本通俗小說》에나타난韻文成分에關한考察，《中國文學研究》11：187—214。

石麟（1997）論馮夢龍對舊話本小說的改造——兼談《京本通俗小說》的成書時間，《湖北師範學院學報（哲學社會科學版）》1997（1）：20—25。

劉海琪（2009）淺析《京本通俗小說》中的“動+將”結構，《安徽文學》2009（2）：298。

劉海琪（2010）《〈京本通俗小說〉副詞研究》，四川師範大學碩士論文。

4.5 《石點頭》

◎原始資料

・影印本

臺灣政治大學古典小說研究中心（1985）《石點頭》（明清善本小說叢刊初編第 1 輯 短篇白話小說：話本總集 9），臺北：天一出版社。

（1994）《石點頭》14 卷（古本小說集成），上海：上海古籍出版社。

（2000）《石點頭》（大連圖書館藏孤稀本明清小說叢刊 7），大連：大連出版社。

・排印本

（1935）《石點頭》（中國文學珍本叢書第 1 輯第 17 種），上海：上海雜誌公司【據崇禎葉敬池原本排印，貝葉山房張氏藏版】。

（1957）《石點頭》，上海：古典文學出版社。

（1962）《石點頭；西湖佳話》（中國學術名著第 1 輯），臺北：世界書局；（1974）《石點頭》（中國通俗小說名著 1），臺北：世界書局。

（1980）《石點頭；十二樓》（中國近代小說史料彙編 1），臺北：廣文書局

王鴻蘆校點（1985）《石點頭》，鄭州：中州古籍出版社。

（1985）《石點頭》（中國古典小說研究資料叢書）上海：上海古籍出版社。

（1986）《石點頭》，長春：吉林文史出版社
（1993）《石點頭：醒世第二奇書》，長沙：岳麓書社。
弦聲校點（1994）《石點頭等三種》（中國話本大系），南京：江蘇古籍出版社。
（1995）《醉醒石；石點頭》（自強文庫，中國古典小說名著百部），北京：華夏出版社。
（2000）《石點頭》（傳世孤本經典小說 20），北京：金城出版社【據明代葉敬池刊本排印】。
（2002）《石點頭》（明清秘本小說集），北京：大衆文藝出版社。

◎研究

徐志平（1991）《晚明話本小說石點頭研究》（中國小說研究叢刊 12），臺北：臺灣學生書局。
佐藤晴彦（1994）《醒世恒言》と《石點頭》—Hanan 氏說の檢討—，高田時雄編《中國語史の資料と方法》225—253，京都：京都大學人文科學研究所。
紀德君（2009）由《石點頭》的一則本事推測其成書時間，《文獻》2009（2）：188—189。
송현정（2003）《〈石點頭〉研究》，淑明女子大學校碩士論文。
毛向櫻（2012）《〈石點頭〉複音詞研究》，廣州大學碩士論文。
毛向櫻（2013）明清白話小說與大型語文辭書編撰——以《石點頭》詞語對《漢語大詞典》補正爲例，《重慶三峽學院學報》2013（4）：75—78。
毛向櫻（2013）明清時期聯合式複音詞構成特點研究——以擬話本小說《石點頭》爲例，《語文建設》2013（14）：67—69。
毛向櫻（2013）《石點頭》幾小類複音詞研究，《江西教育學院學報》2013（5）：109—111，121。

4.6 其他

官桂銓（1989）《熊龍峰四種小說》是建陽刻本，《文獻》1989（3）：286—287。
陳美林（1998）擬話本《西湖二集》淺探，《江海學刊》1998（6）：167—172。

5. 其他作品

5.1 《平妖傳》

◎原始資料

・影印本

（1981）《三遂平妖傳》（天理圖書館善本叢書漢籍之部 12），天理：天理大學出版部。

張榮起整理（1983）《三遂平妖傳》（北京大學圖書館館藏善本叢書），北京：北京大學出版社。

臺灣政治大學古典小說研究中心（1985）《三遂平妖傳》《新平妖傳》（明清善本小說叢刊初編 4），臺北：天一出版社。

（1991）《天許齋批點平妖傳》，北京：中華書局【明泰昌元年刊本】。

張無咎校（1991）《平妖傳》（古本小說叢刊第 33 輯第 1-4 册），北京：中華書局【據天理圖書館藏明王慎修重刊本複製】。

（1992）《三遂平妖傳》（古本小說集成），上海：上海古籍出版社。

（1993）《新平妖傳》（馮夢龍全集 29），南京：江蘇古籍出版社【據明崇禎金閶嘉會堂陳氏刊本影印】。

・排印本

何銘標點（1934）《平妖傳（新式標點）》，上海：新文化書社。

上海古籍出版社編集部（1955）《平妖傳》，上海：上海古籍出版社。

（1957）《平妖傳》，香港：百新圖書文具公司。

（1958）《平妖傳》（中國史學名著 1），臺北：世界書局。

（1960）《平妖傳》，香港：香港藝美圖書公司。

（1980）《平妖傳》，香港：香港青年出版社。

（1981）《平妖傳》，南昌：豫章書社。

（1981）《平妖傳》（古典通俗小說文庫），長沙：岳麓書社。

歐陽健校點（1995）《包龍圖判百家公案、五鼠鬧東京包公收妖傳、北宋三遂平妖傳》（明代小說輯刊第 2 輯 3），成都：巴蜀書社。

（1995）《三遂平妖傳；鐵冠圖；歸蓮夢》（自強文庫，中國古典小說名著百部），北京：華夏出版社。

鐘夫标點（1996）《平妖傳》（十大古典神怪小說叢書），上海：上海古籍出版社。

李景光校點（2003）《新平妖傳》（馮夢龍文學全集 7），瀋陽：遼海出版社。

劉紫栴點校（2004）《三遂平妖傳》（中華古典小說名著普及文庫），北京：中華書局。

・日譯本

佐藤春夫譯（1929）《平妖傳》（世界大衆文學全集 25），東京：改造社；（1932）改造文庫第 2 部第 197、198 篇，東京：改造社；（1951）東京：世紀書房；（1993）ちくま文庫，東京：筑摩書房。

太田辰夫譯（1967）《平妖傳》（中國古典文學大系 36），東京：平凡社。

上田學而譯（1970）《平妖傳》（1970）東京：新人物往來社。

・文本研究

長澤規矩也（1957）馬琴舊藏《平妖傳》について，《ビブリア》8：19—20；（1985）《長澤規矩也著作集》5：412—414，東京：汲古書院。

Hanan, P. (1971) The Composition of the Ping-yao chuan, *Harvard Journal of Asiatic Studies* 31;（1979）平妖傳著作問題之研究，王秋桂編《韓南中國古典小說論集》193—214，臺北：聯經出版事業公司；（2008）《平妖傳》著作問題之研究，王秋桂等譯《韓南

中國小說論集》143—160，北京：北京大學出版社。
堀誠（1982）《平妖傳》に見える《水滸傳》の影—馮夢龍による增補改作をめぐって，早稻田大學《中國文學研究》8：285—302。
堀誠（1983）《平妖傳》四十回本考—前身・轉生の關係を軸として，早稻田大學《中國文學研究》9：99—113。
歐陽健（1985）《三遂平妖傳》原本考辨，《中華文史論叢》35：149—166。
徐朔方（1986）《平妖傳》的版本以及《水滸傳》原本七十回說辨正，《浙江學刊》1986（3）：56—59。
胡萬川（1984）《平妖傳研究》，臺北：華正書局。
横山弘（1988）北京大學出版社版《三遂平妖傳》，《ビブリア》90：2—14。
朴在淵（1991）《平妖傳》翻譯本에對하여，《中國學研究》6：217—240。
정규복（1991）《平妖傳》의韓國翻譯文學的受容，《亞細亞研究》34（1）：307—344。
新枝奈苗（1994）聖姑姑から九天玄女へ：《三遂平妖傳》の改作をめぐって，《中國中世文學研究》26：48—62。
朴明真（2001）《平妖傳》二十回本與四十回本的先後問題，《明清小說研究》2001（4）：192—203。
堀誠（2002）《平妖傳》四十回本所見佛教故事小考，早稻田大學《中國文學研究》28：61—72。
林嵩（2005）《平妖傳》版本考，《中國典籍與文化》2005（2）：25—33。
劉彥彥、陳洪（2009）萬曆刻二十回本《三遂平妖傳》之形成探源，《鄭州大學學報（哲學社會科學版）》2009（3）：129—133。
劉彥彥（2009）再論二十回本《三遂平妖傳》之時代問題，《明清小說研究》2009（3）：277—286。
林嵩（2012）《平妖傳》異體字與文本研究叢札——兼談古籍整理研究中的異體字問題，《文獻》2012（4）：38—46。
譚紅（2013）《〈三遂平妖傳〉世德堂本與嘉會堂本比較研究》，山東師範大學碩士論文。

◎研究

佐藤晴彥（1985，1986）《平妖傳》新探—馮夢龍の言語的特徵を探る（1，2），《神户外大論叢》36（1）：1—21；37（1-3）：159—181。
地藏堂貞二（1993）明代の南方語（Ⅰ）：《平妖傳》の言語，《北陸大學外國語學部紀要》2：95—106。
程毅中（1996）從語言風格看《三遂平妖傳》確爲舊本，《中華文史論叢》55：291—296。
黄福爲（2001）《三遂平妖傳》“得”字句數量及特徵考察，《勝利油田師範專科學校學報》2001（3）：14—19。
佐藤晴彥（2002）《三遂平妖傳》は何時出版されたか?：文字表記からのアプローチ，《神户外大論叢》53（1）：1—16。
曾昭聰（2002）“有請的”、“經紀人”的稱謂義，《辭書研究》2002（4）：148—152；

（2004）《中古近代漢語詞彙論稿》177—181，北京：中央文獻出版社。
張澤寧（2003）淺析《三遂平妖傳》中語氣助詞“時”，《甘肅廣播電視大學學報》2003（4）：22—23，28。
馬予超（2004）《三遂平妖傳》中的“把”字句，《樂山師範學院學報》2004（7）：71—73。
程毅中（2004）再談二十回本《三遂平妖傳》——《宋元小說研究》訂補之三，《文學遺產》2004（6）：111—116。
巢穎（2005）《〈三遂平妖傳〉助詞研究》，華東師範大學碩士論文。
謝燕琳（2006）《三遂平妖傳》“被”字句研究，《社科縱横》2006（1）：106—107，114。
馮雪冬（2006）《平妖傳》表將來時間副詞考察，《宜賓學院學報》2006（2）：109—111。
馮雪冬（2006）《平妖傳》中時間副詞的界定，《鞍山師範學院學報》2006（5）：83—86。
馮雪冬（2006）《平妖傳》“在”字考察，《西華師範大學學報（哲學社會科學版）》2006（5）：7—9。
冀運魯（2006）二十世紀《平妖傳》研究綜述，《語文學刊》2006（13）：18—21。
冷豔青（2007）《〈三遂平妖傳〉疑問句研究》，曲阜師範大學碩士論文。
馮雪冬（2007）《平妖傳》表“最初”的時間副詞系統考察，《樂山師範學院學報》2007（1）：69—70。
馮雪冬（2007）從《平妖傳》時間副詞使用情況看近代漢語時間副詞發展的特點及原因，《宜賓學院學報》2007（3）：86—88。
高曉（2008）《〈三遂平妖傳〉述補結構淺論》，曲阜師範大學碩士論文。
汪禕（2008）《三遂平妖傳》校勘札記二則，《明清小說研究》2008（1）：270—272。
馮雪冬（2008）《平妖傳》時間副詞的分類，《鞍山師範學院學報》2008（3）：63—64。
汪禕（2008）《三遂平妖傳》詞語札記二則，《語言研究》2008（3）：103—105。
馬國峰（2009）《〈三遂平妖傳〉的一些語法現象》，山東大學碩士論文。
地藏堂貞二（2010）馮夢龍の言語から見る明末の吳語—《新平妖傳》と《山歌》を中心に，《滋賀縣立大學國際教育センター研究紀要》15：135—145。
李先宏（2010）《〈三遂平妖傳〉詞彙研究》，廣州大學碩士論文。
闞潔（2010）《三遂平妖傳》因果複句研究，《安康學院學報》2010（2）：73—75。
謝剛、唐韻（2010）《三遂平妖傳》方位詞“上”的語法功能，《宜春學院學報》2010（9）：91—93。
舒韶雄、曹青妮（2010）《三遂平妖傳》札記二則——《三遂平妖傳》語言研究系列之一，《黄石理工學院學報（人文社會科學版）》2010（4）：43—45。
馮雪冬（2010）《平妖傳》時間副詞概貌，《鞍山師範學院學報》2010（5）：48—50。
周娟（2011）《〈平妖傳〉研究》，湖南師範大學碩士論文。
李晰（2011）《三遂平妖傳》詞語考釋三則，《吉林師範大學學報（人文社會科學版）》2011（2）：59—61。
田敬麗、唐韻（2011）《三遂平妖傳》裡的比擬式，《齊齊哈爾大學學報（哲學社會科學版）》2011（2）：111—113。
李先宏（2011）從《三遂平妖傳》看《漢語大詞典》的書證滯後，《嘉應學院學報》2011

(7)：88—93。
舒韶雄（2011）《三遂平妖傳》未被收録新詞例釋——《三遂平妖傳》語言研究系列之三，《萍鄉高等專科學校學報》2011（5）：70—72。
李先宏（2011）《三遂平妖傳》複音詞中的詞語新義，《吕梁學院學報》2011（6）：19—21。
舒韶雄（2011）《三遂平妖傳》未被收録新義例釋，《湖北第二師範學院學報》2011（12）：43—45。
曾麗（2011）《〈三遂平妖傳〉"在"字研究》，四川師範大學碩士論文。
傅小莉（2011）《〈三遂平妖傳〉語氣副詞研究》，四川師範大學碩士論文。
李先宏（2013）《三遂平妖傳》複音詞中的新詞研究，《吕梁學院學報》2013（1）：18—20。
趙紅興（2013）《三遂平妖傳》附加式三音詞探析，《清遠職業技術學院學報》2013（4）：97—99。
王陳（2013）《三遂平妖傳》詞語考釋四則，《青春歲月》2013（10）：130—131。

5.2 《封神演義》

◎原始資料

・影印本

臺灣政治大學古典小說研究中心（1985）《新刻鍾伯敬先生批評封神演義、封神真形圖》（明清善本小說叢刊初編 4），臺北：天一出版社。
（1992）《封神演義》（古本小說集成），上海：上海古籍出版社【據日本內閣文庫本影印】。
哈佛燕京圖書館、國家圖書館出版社（2011）《新刻鍾伯敬先生批評封神演義》（哈佛燕京圖書館文獻叢刊第 6 種，第 12—14 册），北京：國家圖書館出版社。

・排印本

朱學裕標點（1936）《封神演義：新式標點》，上海：廣益書局。
（1955）《封神演義》，北京：作家出版社。
（1973）《封神演義》，北京：人民文學出版社。
（1974）《封神演義》（大字足本古典文學），臺北：臺灣文源書局；（1982）《封神演義》（大字足本古典文學，中國古典文學名著），臺南：利大出版社、第一書店。
（1977）《白話本封神演義》（白話本中國古典小說叢刊 8），臺北：河洛圖書出版社。
李國慶點校（1980）《封神演義》，北京：北京圖書館。
（1980）《封神演義》，廣州：廣東人民出版社。
（1981）《封神演義》，杭州：西湖書社。
曹曼民點校（1989）《封神演義》，上海：上海古籍出版社。
（1990）《封神演義》，北京：中國書店。
楊宗瑩校訂，繆天華校閱（1991）《封神演義》（中國古典名著），臺北：三民書局。
（1991）《封神演義》（中國古典文學叢書 13），臺南：世一文化事業。
（1991）《封神演義》（中國古典小說名著叢書），上海：上海古籍出版社。
（1994）《封神演義》（自強文庫，中國古典小說名著百部），北京：華夏出版社。

（1994）《封神演義》，長沙：岳麓書社。
劉蔭柏、彭萬隆導讀，儲泰松、趙紅校點（1997）《封神演義》（名家導讀小說經典），北京：文化藝術出版社。
（1997）《封神演義》（中國古典小說名著百部大字本），北京：華夏出版社。
（1998）《封神演義》（中國古典神魔小說精品），北京：中國文聯出版。
王維堤標點（2000）《封神演義》（中國古典小說名著叢書），上海：上海古籍出版社。
（2009）《封神演義》（中華十大暢銷古典小說），北京：中華書局。

・日譯本

木嶋清道譯（1977）《封神演義》，東京：謙光社。
安能務譯（1988）《封神演義》（講談社文庫），東京：講談社。
矢野真弓、川合章子譯（1995）《封神演義（完譯）》，横浜：光榮。

・英譯本

顧執中譯（1992）*Creation of the gods*, Beijing: New World Press；（2000）《封神演義：Creation of the Gods》（大中華文庫：漢英對照），北京：新世界出版社。

・德譯本

Grube, W., Müller, H. (1912) *Fêng-shên-yên-i: Die Metamorphosen der Götter: historisch-mythologischer Roman aus dem Chinesischen*, Leiden: E.J. Brill; (1970) Taipei: Ch'eng Wen Publishing.

・文本研究

李光璧（1940）封神演義考證，《中和月刊》3（12）。
三浦義臣（1942）封神演義考證（1，2）：李光璧氏の研究紹介，《滿蒙》23（9，10）。
方勝（1985）《西游記》《封神演義》“因襲”說證實，《光明日報》1985/8/27。
方勝（1988）再論《封神演義》因襲《西游記》——與徐朔方同志商榷，《徐州師範學院學報（哲學社會科學版）》1988（4）：55—59。
尾崎勤（2007）《封神演義》の簡本について，《汲古》51：15—21，27。
李恩英（2007）《封神演義》의成書過程에影響을준또하나의作品《列國志傳》，《中國小說論叢》26：213—231。
李建武、尹桂香（2007）百年來《封神演義》研究評論，《中南民族大學學報（人文社會科學版）》2007（4）：159—163。
李亦輝（2012）從詞話本到刊本——論《封神演義》的成書、版本及編者問題，《蘇州大學學報（哲學社會科學版）》2012（5）：110—116。
민지은（2013）《小說〈封神演義〉研究》，東國大學校碩士論文。

◎研究

李建武（2008）道佛典籍與《封神演義》“闡教”詞語關係考，《宗教學研究》2008（2）：194—197。
孔燕（2010）《〈封神演義〉處所介詞研究》，福建師範大學碩士論文。
陳莉、曾鋒（2010）《封神演義》中的語言巫術，《宜賓學院學報》2010（9）：35—38。

武麗聰（2013）《〈封神演義〉語氣詞研究》，青海師範大學碩士論文。

5.3 《西洋記》

◎原始資料

・影印本

（1957）《三寶太監西洋記通俗演義》，上海：上海古籍出版社【明萬曆二十五年刊本】。

（1994）《三寶太監西洋記通俗演義》（古本小說集成），上海：上海古籍出版社【明萬曆二十五年刊本影印】。

・排印本

臺灣政治大學古典小說研究中心（1985）《三寶太監西洋記通俗演義》（明清善本小說叢刊初編 4），臺北：天一出版社。

陸樹崙、竺少華校點（1985）《三寶太監西洋記通俗演義》（中國古典小說研究資料叢書），上海：上海古籍出版社。

（1995）《三寶太監西洋記》（自強文庫，中國古典小說名著百部），北京：華夏出版社。

◎研究

Duyvendak, J. J. L. (1953) Desultory Notes on the “Hsi-yang chi”, *T'oung Pao* 42(1, 2): 1-35。

莊爲璣（1985）論明版《三寶太監西洋記通俗演義》，《海交史研究》1985（1）：66—69，39。

伊原大策（1991）明代白話作品に見られる“在Ｖ”：《三寶太監西洋記》を中心に，筑波大學《中國文化：研究と教育（漢文學會會報）》49：14—23。

王飛華（2002）《〈三寶太監西洋記通俗演義〉中的語氣詞研究》，四川師範大學碩士論文。

王艷芳、王開生（2003）《三寶太監西洋記通俗演義》中的語氣詞“麽”，《青島科技大學學報（社會科學版）》2003（1）：95—98。

王祖霞（2004）《西洋記》詞語拾零，《淮北煤炭師範學院學報（哲學社會科學版）》2004（2）：88—90。

王飛華（2006）《三寶太監西洋記通俗演義》中的語氣詞“來”，《廣西民族大學學報（哲學社會科學版）》2006（S2）：118—120。

王祖霞（2006）《西洋記》方俗語詞札記二則，《古漢語研究》2006（3）：26。

王飛華（2007）《西洋記》中的語氣詞“著、個、則個、些”，《寧波教育學院學報》2007（4）：35—39。

趙秀文（2008）《西洋記》“被”字句研究，《湖北第二師範學院學報》2008（5）：20—22，36。

趙秀文（2009）《西洋記》“被”字句的語義分析，《湖北第二師範學院學報》2009（4）：20—22。

張麗（2009）《〈三寶太監西洋記通俗演義〉程度副詞研究》，四川師範大學碩士論文。

王瑞梅(2010)《西洋記》“把”字句句法結構分析,《湖北第二師範學院學報》2010(7):29—34。

王瑞梅(2010)《西洋記》中介詞“把”的用法初探,《現代語文(語言研究版)》2010(1):30—32。

王瑞梅(2011)《西洋記》“把”字句意義類型分析,《湖北第二師範學院學報》2011(1):34—36。

程志兵(2011)《西洋記》詞語考釋,《合肥師範學院學報》2011(4):25—28。

趙秀文(2011)《西洋記》“被”字句的語用分析,《湖北第二師範學院學報》2011(10):26—29。

羅國強(2012)《西洋記》詞語拾零,《河池學院學報》2012(6):52—54。

翟佔國(2012)明清小說中的海洋類詞彙研究—以《三寶太監西洋記》爲例,《現代語文(語言研究版)》2012(5):19—21。

홍상훈(2014)《三寶太監西洋記通俗演義》의詩文引用및變容様相,《中國文學》79:53—79。

5.4 《型世言》

◎原始資料

・影印本

(1992)《型世言》(中研院中國文哲研究所珍本古籍叢刊 1),臺北:中研院中國文哲研究所。

(1994)《型世言》(古本小說集成)全 3 册,上海:上海古籍出版社【據陳慶浩影印本】。

・排印本

陳慶浩校點(1993)《型世言》(中國話本大系),南京:江蘇古籍出版社。

朴在淵校注(1993)《型世言》,春川:江原大學校出版部。

覃君點校(1993)《型世言》,北京:中華書局。

於潤琦校訂(1993)《型世言:崢霄館評定通俗演義》,北京:作家出版社。

孫一珍校(1993)《型世言》,成都:四川文藝出版社。

蕭欣橋點校(1993)《型世言》,杭州:浙江古籍出版社。

雷茂齊、王欣校點(1993)《型世言;一片情;八段錦》(明代小說輯刊第 1 輯 2),成都:巴蜀書社。

李文焕校點(1997)《奎章閣藏本型世言》(韓國藏中國稀見珍本小說 5),北京:中國大百科全書出版社。

陳慶浩校點,王鍈、吳書蔭注釋(1999)《型世言評注》(名家評點名著),北京:新華出版社。

・文本研究

朴在淵(1992)[資料發掘]奎章閣本《型世言》(1-3),《中國小說研究會報》10:33—51;11:31—59;12:64—92。

金榮華（1993）《型世言》及《三刻拍案驚奇》等書考略，《華岡文科學報》19：235—254。
권영애（1993）《型世言研究》，東吳大學博士論文。
朴在淵（1995）《型世言》研究，《中國學論叢》4：95—161。
郭豫適（1994）讀臺北版漢城奎章閣藏本《型世言》札記，《中華文史論叢》53：200—214。
金榮華（1995）《型世言》考略補述，《華岡文科學報》20：143—151。
劉美源（1996）《型世言研究》，誠信女子大學校碩士論文。
崔溶澈（1996）韓國所藏中國小說資料의發掘과研究，《中國語文論叢》10：213—234。
徐之明（1997）中華書局版《型世言》標點商兑，《貴州文史叢刊》1997（3）：80—84。
徐之明、張仁明（1998）海峽版《型世言》標點辨誤，《畢節師範高等專科學校學報》1998（4）：21—24。
張啟成（1999）首部《型世言》校注本述評，《貴州文史叢刊》1999（4）：66—70。
徐之明（2000）四川版《型世言》標點舉誤，《遵義師範高等專科學校學報》2000（4）：17—18。
劉美源（2000）《明末白話短篇小說集〈型世言〉研究》，南京大學博士論文。
이현정（2000）《〈型世言〉題材研究》，嶺南大學校博士論文。
張明高、陳曦鐘（2000）《型世言評注》的啟示，《明清小說研究》2000（1）：239—242。
진은주（2001）《〈型世言〉研究》，濟州大學校碩士論文。
石汝杰（2002）關於中華書局本《型世言》的校點問題，九州大學《言語科學》37：35—47。
井玉貴（2005）別本《二刻拍案驚奇》與《型世言》關係考論，《中國古代小說研究》1：293—301。
최용철（2012）《型世言》의評者와評點批評에關한研究，《中國學論叢》35：121—152。

◎研究

권영애（1993）《型世言》의問題詞彙와俗語小考，《中國小說論叢》2：183—198。
董志翹（1995）明代擬話本小說《型世言》語詞例釋，《古漢語研究》1995（4）：84—89，83。
歐陽代發（1995）《型世言》與明末擬話本的走向，《社會科學研究》1995（4）：115—121。
張克哲（1995）《型世言》詞語例釋，《淮北煤師院學報（社會科學版）》1995（1）：118—124，105。
徐之明（1996）《型世言》俗語詞考釋，《古漢語研究》1996（2）：61—64。
徐之明（1996）《型世言》詞語札記，《貴州文史叢刊》1996（2）：69—72，48。
丁曉山（1996）《型世言》詞語札記，《首都師範大學學報（社會科學版）》1996（4）：67—69。
崔山佳（1996）釋“積賭”，《辭書研究》1996（6）：149—150。
劉興漢（1997）《型世言》與“三言”的比較研究，《社會科學戰綫》1997（4）：120—127。
趙紅梅、程志兵（1997）《型世言》在近代漢語研究中的價值，《綏化師專學報》1997（4）：96—99。
趙紅梅、程志兵（1997）《型世言》在近代漢語研究中的作用，《伊犁師範學院學報（社會科學版）》1997（3）：38—42。

艾爾麗（1999）《醒世姻緣傳》和《型世言》中“把”由動詞向“授與介詞”的轉化，《山東社會科學》1999（2）：81—82。

曹小雲（1999）《型世言》標點商議，《滁州師專學報》1999（1）：17—18；（2005）《中古近代漢語語法詞彙叢稿》251—254，合肥：安徽大學出版社。

王文暉（1999）《型世言》詞語解釋四則，《古漢語研究》1999（2）：41—42。

王鍈、吳書蔭（1999）《型世言評注》注釋訂正，《貴州文史叢刊》1999（4）：71—72。

曹小雲（2000，2001）《型世言》語詞札記（1，2），《古漢語研究》2000（1）：73—74；《安徽教育學院學報》2001（1）：79—81；（2005）《中古近代漢語語法詞彙叢稿》164—179，合肥：安徽大學出版社。

曹小雲（2000）《型世言》中的“VO過”，《語文研究》2000（2）：65；（2005）《中古近代漢語語法詞彙叢稿》130—131，合肥：安徽大學出版社。

丁喜霞（2000）《型世言》語詞例釋，《洛陽師專學報》2000（1）：83—84。

程志兵（2000）《型世言》中早於《漢語大詞典》所引書證舉例，《克山師專學報》2000（2）：67—71。

康國章（2000）《型世言》人物語言藝術，《殷都學刊》2000（4）：87—91。

姚美玲、郭芹納（2000）釋“水手”，《古漢語研究》2000（3）：51—52。

桑野弘美（2001）《型世言》の研究について，《中國俗文學研究》17：79—95。

曹小雲（2001）《型世言》語詞札記，《安徽教育學院學報》2001（1）：79—81。

曲文軍（2001）《漢語大詞典》漏收《型世言》詞目研究，《石河子大學學報（哲學社會科學版）》2001（4）：61—65。

程志兵（2001）《型世言》與《漢語大詞典》書證，《伊犁教育學院學報》2001（3）：30—32。

邵丹（2002）《型世言》詞語拾零，《古漢語研究》2002（2）：73—75。

程志兵（2002）讀《〈型世言〉評注》札記，《貴州文史叢刊》2002（3）：38—39，37。

王言鋒（2002）論《型世言》對話本體制的突破，《瀋陽教育學院學報》2002（1）：17—19。

張雲峰（2003）《〈型世言〉介詞研究》，蘇州大學碩士論文。

吕傳峰（2003）《〈型世言〉助詞研究》，蘇州大學碩士論文。

施建平（2003）《〈型世言〉代詞研究》，蘇州大學碩士論文。

崔雪梅（2004）《型世言》重疊動詞研究，《西南民族大學學報（人文社科版）》2004（3）：424—427。

崔雪梅（2004）《型世言》中的結果式“得”字句研究——《型世言》語法考察之二，《西南民族大學學報（人文社科版）》2004（12）：438—440。

黃英（2004）《型世言》語詞例釋，《武漢市經濟管理幹部學院學報》2004（S1）：152—153。

黃英（2004）《型世言》俗語詞札記，《漢語史研究集刊》7：328—336。

陳國華（2004）釋“貼肉揌”，《集美大學學報（哲學社會科學版）》2004（2）：71—73。

中國俗文學研究會（2004）型世言第12回《寶釵歸仕女 奇藥起忠臣》語釋，《中國俗文學研究》18：48—61。

陳國華（2004）《型世言》語詞札記，《古籍整理研究學刊》2004（6）：73—76。

劉琳莉（2005）《型世言》詞語札記，《漢語史研究集刊》8：484—489。

盛曉楠（2005）《〈型世言〉疑問句研究》，山東師範大學碩士論文。
賀衛國（2005）《型世言》動詞重叠的格式與特點，《河池學院學報（社會科學版）》2005（3）：83—86。
吉玉萍（2005）《型世言》通俗性散論，《西南民族大學學報（人文社科版）》2005（11）：347—349。
胡蓮玉（2005）《型世言》研究述評，《西南民族大學學報（人文社科版）》，2005（12）：371—374。
張雲峰（2005）《型世言》中的語言現象，《阜陽師範學院學報（社會科學版）》2005（1）：100—102。
陳群（2005）《型世言》中的比況助詞考察，《綿陽師範學院學報》2005（6）：92—96。
崔雪梅（2006）《型世言》重叠形容詞考察，《成都大學學報（社會科學版）》2006（3）：91—93。
大塚秀高、閻家仁、董皓（2006）《型世言》研究評述，《保定師範專科學校學報》2006（3）：1—7。
張雲峰（2006）《型世言》特殊“被”字句研究，《阜陽師範學院學報（社會科學版）》2006（5）：42—44。
黄宜鳳（2006）試析《型世言》中帶“著”的存在句，《西昌學院學報（社會科學版）》2006（3）：37—39，51。
陳群（2006）《型世言》中的“VP+在+NP”結構，《綿陽師範學院學報》2006（6）：68—71。
陳群（2006）《型世言》中的AABB式重叠詞，《語文學刊》2006（1）：85—87。
施建平、蔣育君（2007）從代詞的運用論《型世言》非陸人龍一人獨撰，《常熟理工學院學報》2007（1）：68—70，97。
陳群（2007）《型世言》中的“畢竟”，《語文學刊》2007（9）：89—91。
鄭燕萍（2007）《型世言》程度副詞句法語義分析，《學術交流》2007（4）：162—165。
儲誠發（2007）《型世言》語詞札記，《安慶師範學院學報（社會科學版）》2007（3）：26—28。
鄭燕萍（2007）《型世言》“極”組程度副詞使用情況考察，《莆田學院學報》2007（3）：44—48。
朱同理（2007）從陸人龍的《型世言》管窺小説勸懲論的影響，《殷都學刊》2007（2）：95—98。
王月婷（2007）《型世言》中不定時類時間副詞初探，《安徽文學》2007（10）：149—151。
王麗潔（2007）《〈型世言〉程度副詞研究》，山東大學碩士論文。
張錦文（2007）《〈型世言〉親屬稱謂研究》，南京師範大學碩士論文。
胡飛君（2007）《〈型世言〉詞語重叠研究》，四川大學碩士論文。
鄭燕萍、曹煒（2007）《型世言》程度副詞計量研究，《勵耘學刊（語言卷）》2007（1）：206—215。
鄭秋娟（2008）《型世言》多義程度副詞計量考察，《蘇州科技學院學報（社會科學版）》2008（1）：76—80。
陸曉華（2008）《型世言》“VO過”“V得O過”研究，《滁州學院學報》2008（2）：21—24。

鄭燕萍（2008）《型世言》“甚”組程度副詞計量考察，《懷化學院學報》2008（4）：88—89。
趙紅梅（2008）《型世言》詞語補釋，《伊犁師範學院學報（社會科學版）》2008（3）：115—118。
蔣燦燦、陳福迎（2008）讀《〈型世言〉評注》札記，《呼倫貝爾學院學報》2008（3）：39—41。
郭才正、曹煒（2008）《型世言》中“和”類虛詞用法分布計量考察，《安徽電子信息職業技術學院學報》2008（5）：75—78，96。
鄭燕萍、曹煒（2008）《型世言》程度副詞計量研究，《漢語學報》2008（1）：27—32，95。
張仙珠（2008）《型世言程度副詞研究》，蔚山大學碩士論文。
楊正超（2009）《〈型世言〉中的處置式研究》，福建師範大學碩士論文。
曾美海、楊嫻（2009）《型世言》成書時間考辨，《四川職業技術學院學報》2009（2）：43—45。
曾美海、楊嫻（2009）《型世言》成書時間新探，《蘭州教育學院學報》2009（2）：23—25。
劉麗（2009）《型世言》表將來時間副詞考察，《安徽文學》2009（10）：349，364。
程志兵（2009）《型世言評注》再補，《山東理工大學學報（社會科學版）》2009（6）：65—68。
宿丹萍（2009）《型世言》介詞“以”用法分析，《語文學刊》2009（15）：82—84。
崔山佳（2009）也說“騷銅”，《漢字文化》2009（4）：50—53。
地藏堂貞二（2009）《拍案驚奇》と《型世言》の言語—明代吳語の言語的特徵を探る，《滋賀縣立大學國際教育センター研究紀要》14：135—147。
賀衛國（2010）淺談近代吳語與官話動詞重疊發展的不平衡性——《金瓶梅》《紅樓夢》與《鼓掌絕塵》《型世言》動詞重疊之比較，《百色學院學報》2010（2）：78—82。
楊正超（2010）《型世言》中“來”字的一種特殊用法，《平頂山學院學報》2010（4）：113—117。
徐虹（2010）《型世言》雅俗兼收的語言特色探析，《語文學刊》2010（13）：24—25。
劉麗（2010）《〈型世言〉時間副詞研究》，河南大學碩士論文。
王桂峰（2010）《〈型世言〉語氣詞研究》，山東師範大學碩士論文。
胡玉國（2010）《〈型世言〉處置式研究》，湘潭大學碩士論文。
王鍈（2010）《型世言評注》補正，《漢語史學報》10：10—16。
孟美菊（2010）《三刻拍案驚奇》俗語詞札記，《語文學刊》2010（3）：20，42—43。
王麗潔（2011）談《型世言》中的一些語言現象，《科技致富嚮導》2011（18）：142，93。
宿丹萍（2011）《型世言》連詞“以”用法初探，《語文學刊》2011（13）：3—5，7。
楊艷華（2011）《〈型世言〉範圍副詞研究》，河南大學碩士論文。
陸曉華（2011）《型世言》的語料價值，《滁州學院學報》2011（1）：87—89。
施建平（2011）《型世言》與《兒女英雄傳》中的方位詞“上下”計量比較研究，《江蘇經貿職業技術學院學報》2011（2）：54—56。
施建平、譚芳芳（2011）《型世言》《兒女英雄傳》反身代詞計量比較研究，《銅陵學院學報》2011（1）：78—80。

施建平、譚芳芳（2011）《兒女英雄傳》《型世言》第一人稱代詞比較，《學術交流》2011（7）：166—169。

施建平、譚芳芳（2011）《型世言》《兒女英雄傳》統稱代詞計量比較研究，《滁州職業技術學院學報》2011（2）：30—32。

施建平（2011）《型世言》《兒女英雄傳》方位詞“左右”計量比較研究，《淮海工學院學報（社會科學版）》2011（12）：89—91。

施建平、譚芳芳（2011）《兒女英雄傳》、《型世言》第二人稱代詞比較研究，《蘇州科技學院學報（社會科學版）》2011（4）：32—37。

劉曉臻（2011）《型世言》詞語考釋，《昆明學院學報》2011（5）：37—39，45。

曹煒（2011）《〈型世言〉虛詞計量研究》，廣州：暨南大學出版社。

張仙珠（2011）《型世言》의程度副詞‘甚’字의語法的特徵考察，《東亞人文學》20：206—230。

施建平（2011）《〈型世言〉代詞計量研究》（文史哲學集成 612），臺北：文史哲出版社。

張文冠（2012）《型世言》校讀札記，《漢語史學報》12：123—131。

宗海芹（2012）《型世言》反詰語氣副詞計量考察，《蘇州教育學院學報》2012（6）：43—47。

丁潤麗（2012）《〈型世言校注〉訂補》，江蘇師範大學碩士論文。

王月婷（2012）《型世言》中暫且類時間副詞初探，《科技創新與應用》2012（9）：266—267。

丁潤麗（2012）《型世言》詞語例釋八則，《昆明學院學報》2012（2）：55—57。

王美雨（2012）《型世言》詞語補遺，《大慶師範學院學報》2012（4）：104—107。

穆冬霞（2012）《型世言》心理動詞程度量的表現形式研究，《科教導刊》2012（7）：116—117。

穆冬霞（2012）《〈型世言〉心理動詞研究》，蘭州大學碩士論文。

李穎（2012）江蘇古籍版《型世言》校點商榷，《現代語文（語言研究版）》2012（3）：159—160。

施建平（2013）明清“下”類雙音節方位詞比較研究——以《型世言》《兒女英雄傳》爲例，《常州大學學報（社會科學版）》2013（6）：78—82。

王月婷（2013）《型世言》中進行類時間副詞初探，《成功（教育）》2013（11）：280。

李森森（2013）《〈型世言〉被動式研究》，山東師範大學碩士論文。

陳緒霞（2013）《〈型世言〉同素逆序詞研究》，山東大學碩士論文。

文俊威（2013）《〈型世言〉語詞考釋》，江西師範大學碩士論文。

5.5 其他

Hanan, P. (1990) *The carnal prayer mat = Rou putuan* / Li Yu, translation with an introduction and notes, New York : Ballantine Books.

錢乃榮（1994）《肉蒲團》、《綉榻野史》、《浪史奇觀》三書中的吳語，《語言研究》1994（1）：136—159。

段穎玲（2000）《〈十二樓〉的動詞研究》，山東大學博士論文。

王文暉（2000）李漁小說詞語選釋，《古漢語研究》2000（3）：78—79。
崔山佳（2006）《東度記》詞語考源，《近代漢語詞彙論稿》200—217，成都：巴蜀書社。
崔山佳（2006）《遼海丹忠録》詞語札記，《近代漢語詞彙論稿》224—235，成都：巴蜀書社。
李鳳啟、耿言海、闞潔（2007）《玉嬌梨》因果複句研究，《宿州教育學院學報》2007（6）：79—81。
劉偉（2007）李漁小說詞語例釋，《宿州教育學院學報》2007（2）：94，109。
闞潔、丁婷（2009）《玉嬌梨》中副詞“尚”的研究，《齊齊哈爾師範高等專科學校學報》2009（1）：54—56
曾海萍（2010）《〈連城璧〉複音詞研究》，廣州大學碩士論文。
殷曉傑、張家合（2011）李漁小說詞語選釋五則，《語文學刊》2011（6）。
沈夢婷（2012）《連城璧》與《十二樓》詞彙選釋，《甘肅高師學報》2012（3）：33—35。

詞彙語法・歷史、其他

竹越孝 編

<研究文獻參考書目>

佐藤喜之（1990）モンゴル關係中國近世語研究論著目録稿，《中國語學研究・開篇》7：152—155。

船田善之（1999）《元典章》讀解のために—工具書・研究文獻一覽を兼ねて—，《中國語學研究・開篇》18：113—128；曉克譯（2000）關於解讀《元典章》——兼談有關工具書、研究文獻，《蒙古學信息》2000（3）：35—42；2000（4）：20—25。

額爾德尼（1997）《蒙古學論著索引》（中國蒙古學文庫），瀋陽：遼寧民族出版社。

1. 白話碑類

◎原始資料

・影印本

Bonaparte, P. R. (1895) *Documents de l' éoque mongole des XIIIe et XIVe siécles*, Paris.

常盤大定、關野貞（1976）《中國文化史迹》8，京都：法藏館。

北京圖書館金石組（1990）《北京圖書館藏中國歷代拓本彙編》48—50（元），鄭州：中州古籍出版社。

・排印本

馮承鈞（1933）《元代白話碑》，上海：商務印書館。

蔡美彪（1955）《元代白話碑集録》，北京：科學出版社。

北京圖書館善本組輯（1983）《析津志輯佚》，北京：北京古籍出版社。

劉堅（1985）《近代漢語讀本》310—312，上海：上海教育出版社【部分】。

陳垣、陳智超編（1988）《道家金石略》，北京：文物出版社；陳垣（1993）《陳援菴先生全集》8，臺北：新文豐出版。

照那斯圖（1991）《八思巴字和蒙古語文獻 II・文獻彙集》，東京：東京外國語大學アジア・アフリカ言語文化研究所。

劉堅、蔣紹愚（1996）《近代漢語語法資料彙編・元代明代卷》，北京：商務印書館【部分】。
劉堅（1999）《古代白話文獻選讀》360—364，北京：商務印書館【部分】。
王宗昱編（2005）《金元全真教石刻新編》，北京：北京大學出版社。
蔡美彪（2011）《八思巴字碑刻文物集釋》，北京：中國社會科學出版社。

・校釋本

Chavannes, E. (1904, 1905, 1908) Inscriptions et pièces de chancellerie chinoise de l'époque mongole, *T'oung Pao* 5: 357-447; 6: 1-42; 9: 297-428+30pls.
Haenisch, E. (1940) *Steuergerechtsame der chinesischen Klöster unter der Mongolenherrschaft*, Leipzig: Verlag von S. Hirzel.
山崎忠（1954）一三一八年の八思巴字蒙古語碑文解讀：陜西郃陽縣光國寺碑，《言語研究》26・27：111—119。
Poppe, N. N. tr. by Krueger, J. R. (1957) *The Mongolian Monument in h'Pags-pa Script*, Wiesbaden: Otto Harrasowitz.
村上正二（1960）蒙古來牒の翻譯，《朝鮮學報》17：81—86。
小澤重男（1962）山西省交城縣石壁山玄中寺の八思巴文字蒙古語碑文の解讀，《東京外國語大學論集》9：9—33。
Ligeti, L. (1972) *Monuments préclassiques 1, XIIIe et XVIe siècles*, Monumenta Linguae Mongolicae Collecta II, Budapest: Akadémiai Kiadó.
何洛（1973）一三一六年北京福壽興元觀白話聖旨碑，《明報》8（2）：104。
照那斯圖、道布（1984）天寶宮八思巴字蒙古語聖旨碑，《民族語文》1984（6）：49—52；照那斯圖（1990）《八思巴字和蒙古語文獻Ⅰ・研究文集》81—86，東京：東京外國語大學アジア・アフリカ言語文化研究所。
常鳳玄（1984）元代法旨碑四種，翁獨健主編《中國民族關係史研究》501—524，北京：中國社會科學出版社。
蔡美彪（1988）元氏開化寺碑譯釋，《考古》1988（9）：842—845。
劉建華（1988）河北蔚縣玉泉寺至元十七年聖旨碑考略，《考古》1988（4）：337—341，317。
杉山正明（1990）草堂寺闊端太子令旨碑の譯注，《史窗》47：87—106；（2004）《モンゴル帝國と大元ウルス》（東洋史研究叢刊65），京都：京都大學學術出版會。
高橋文治（1991）太宗オゴデイ癸巳年皇帝聖旨譯注，《追手門學院大學文學部紀要》25：1—18；（2011）太宗オゴデイ癸巳年皇帝聖旨をめぐって，《モンゴル時代道教文書の研究》33—67，東京：汲古書院。
中村淳、松川節（1993）新發現の蒙漢合璧少林寺聖旨碑，《内陸アジア言語の研究》8：1—92。
道布、照那斯圖（1993，1994）河南登封少林寺出土的回鶻式蒙古文和八思巴字聖旨碑考釋，《民族語文》1993（5）：1—3；1993（6）：59—71；1994（1）：32—40。
方齡貴（1994）雲南元代白話碑校證，《雲南民族學院學報（哲學社會科學版）》1994（4）：71—77；（2004）《元史叢考》291—307，北京：民族出版社。

蔡美彪（1995）林州寶嚴寺八思巴字聖旨碑譯釋，《考古》1995（4）：376—380，360。
丁辛（1996）《金山嘉祐禪寺元代聖旨碑》釋讀，《文物天地》1996（3）：25。
蔡美彪（1997）元代道觀八思巴字刻石集釋，《蒙古史研究》5：55—114+8pls，呼和浩特：内蒙古人民出版社。
賈成惠（2001）内丘梵雲寺元代聖旨碑，《文物春秋》2001（2）：63—65+1pl。
松川節（2002）新發表のモンゴル語命令文碑 3 件，松田孝一編《碑刻等史料の總合的分析によるモンゴル帝國・元朝の政治・經濟システムの基礎的研究》（平成十二—十三年度科學研究費補助金報告書）55—67。
蔡美彪（2006）平谷元興隆寺聖旨碑譯釋，《考古學報》2006（3）：333—350。
陳高華（2007）杭州慧因寺的元代白話碑，《浙江社會科學》2007（1）：169—173；（2010）《元朝史事新證》161—170，蘭州：蘭州大學出版社。
蔡美彪（2010）長安竹林寺碑譯釋，方鐵、鄒建達主編《中國蒙元史學術研討會暨方齡貴教授九十華誕慶祝會文集》15—24，北京：民族出版社。
姚美玲（2011）山西芮城清凉寺現存元代白話碑録釋，《中國文字研究》2011（2）：145—151。
徐慶康、馮培林（2011）煙臺昆嵛山哈魯罕大王令旨考，《聊城大學學報（社會科學版）》2011（2）：297—298。
元朝～明朝初期の言語接觸に關する文獻學的研究班（2012）漢文・モンゴル文對譯《達魯花赤竹君之碑》（1338 年）譯注稿，《大谷大學真宗總合研究所研究紀要》28：107—238。

◎研究

長田夏樹（1949）元仁宗皇帝聖旨碑の白話について，《神户外大論叢》1（1）：21—30；（2000）《長田夏樹論述集（上）》4—14，京都：ナカニシヤ出版【書評：竹越孝（2011）《長田夏樹先生追悼集》95—97，東京：好文出版】。
山崎忠（1955）道教保護に關する元代白話碑：パスパ字モンゴル語を並存する二・三の資料，《東方宗教》7：79—80。
入矢義高（1956）蔡美彪氏編《元代白話碑集録》を讀む，《東方學報（京都）》26：186—228。
長田夏樹（1969）元代白話碑，《中國語學新辭典》259—261，東京：光生館；（2011）《長田夏樹先生追悼集》95—97，東京：好文出版。
傅于堯（1980）元代白話碑，《民族文化》2：22—23。
官桂銓（1985）文字最多的元代白話碑，《學林漫録》11：154—157。
寺村政男（1988）《元代白話碑文》に見られる胡語考，大東文化大學教養課程委員會編《20 周年記念論文集》，東京：大東文化大學。
杉山正明（1990，1991）元代蒙漢合璧命令文の研究（1，2），《内陸アジア言語の研究》5：1—31，6：35—55【含影印及校釋】。
松川節（1995）大元ウルス命令文の書式，《待兼山論叢・史學篇》29：25—52。
高橋文治（1995，1997，1998）モンゴル時代全真教文書の研究（1-3），《追手門學院大

學文學部紀要》31：1—19，32：19—38，33：19—41。

胡其德（1998）《蒙古白話碑新探》（蒙藏委員會專題研究叢書之八十八），臺北：蒙藏委員會。

宮紀子（1999）大德十一年《加封孔子制誥》をめぐる諸問題，《中國—社會と文化》14：135—154；（2006）《モンゴル時代の出版文化》271—301，名古屋：名古屋大學出版會。

祖生利（2000）《元代白話碑文研究》，中國社會科學院博士論文。

高橋文治（2001）元の白話碑 チンギス汗たちの發令文，《しにか》2001（3）：69—73。

長谷部幽蹊（2001，2002）勅修百丈清規の纂輯をめぐる政治的背景（I，II），《禪研究所紀要》29：211—228；30：278—298。

祖生利（2001）元代白話碑文中方位詞的格標記作用，《語言研究》2001（4）：62—75。

祖生利（2001）元代白話碑文中代詞的特殊用法，《民族語文》2001（5）：48—62。

祖生利（2002）元代白話碑文中助詞的特殊用法，《中國語文》2002（5）：459—472；遇笑容、曹廣順、祖生利編（2010）《漢語史中的語言接觸問題研究》256—278，北京：語文出版社。

張帆（2002）元朝詔敕制度研究，《國學研究》10：107—158。

祖生利（2002）元代白話碑文中詞尾“每”的特殊用法，《中國語研究》44：19—31；《語言研究》2002（4）：72—80。

船田善之（2003）蒙元時代公文制度初探——以蒙文直譯體的形成與石刻上的公文爲中心，《蒙古史研究》7：125—137。

梁伍鎮（2004）蒙文直譯體의特徵과韓國譯學書의漢語，《中語中文學》34：79—103。

船田善之（2005）《靈巖寺執照碑》碑陽所刻文書を通してみた元代文書行政の一斷面，《アジア・アフリカ言語文化研究》70：81—105。

船田善之（2005）《靈巖寺執照碑》碑陽所刻公牘的價值，《元史論叢》10：420—427。

船田善之（2005）元代の命令文書の開讀について，《東洋史研究》63（4）：36—67。

祖生利、船田善之（2006）元代白話碑文的體例初探，《中國史研究》2006（3）：117—135。

船田善之（2007）蒙文直譯體の展開—《霊巖寺聖旨碑》の事例研究—，《内陸アジア史研究》22：1—20；宮海峰譯（2009）蒙元時期硬譯公牘文體的格式化，《元史論叢》11：354—368，天津：天津古籍出版社。

李慧賢（2008）見於鄂爾多斯方言中的元代白話碑語詞，《内蒙古師範大學學報》2008（5）：93—96。

劉玉紅（2008）《金元全真教石刻新編》釋詞，《漢語史研究集刊》11：352—361。

船田善之著，彭向前譯（2009）元代漢文公文書（文書原件）的現狀及其研究文獻，《西夏學》4：84—89。

祖生利（2009）元代白話碑文的直譯體特徵，李崇興等編《元代漢語語法研究》136—237，上海：上海教育出版社。

船田善之（2010）元代開讀詔旨考——基於黑城文書的探討，聶鴻音、孫伯君編《中國多文字時代的歷史文獻研究》309—316，北京：社會科學文獻出版社。

楊耐思（2010）蒙古時期的一道白話碑，《吕叔湘先生百年誕辰紀念文集》356—359，北京：商務印書館。

劉曉（2010）元代公文起首語初探——兼論《全元文》所收順帝詔書等相關問題，方鐵、鄒建達主編（2010）《中國蒙元史學術研討會暨方齡貴教授九十華誕慶祝會文集》274—286，北京：民族出版社。

薩茹拉（2010）《蒙元時期蒙古式漢譯裏關於蒙古文數詞範疇的研究》，内蒙古師範大學碩士論文。

朴英緑（2011）元代白話碑一般特徵과特異事例考察，《中國文學研究》45：317—353。

高橋文治（2011）《モンゴル時代道教文書の研究》，東京：汲古書院【含 55 種碑文校釋】。

敖玲玲（2012）《元代白話碑同名異譯詞研究》，西南大學碩士論文。

宮紀子（2012）Mongol baqši と Bičikči たち，窪田順平編《ユーラシアの東西を眺める—歷史學と環境學の間》37—64，京都：總合地球環境學研究所。

朴英緑（2013）《高麗史》蒙古直譯體白話牒文二篇的解釋的研究，《中國言語研究》44：187—213。

朴英緑（2013）八思巴字公牘의蒙古語와白話直譯에對한對照研究，《大東文化研究》82：239—277。

朴英緑（2014）元代直譯體公文의構造및常套語一考，《大東文化研究》86：123—164。

朴英緑（2014）《高麗史》에收録된蒙元公文의用語와翻譯에對한檢討，《大東文化研究》85：421—460。

2. 公文書類

2.1 《元典章》

◎原始資料

·現存文本

元刊本：臺灣故宮博物院藏。

清光緒三十四年【1908】北京法律學堂刊本【沈刻本】。

巴陵方氏藏鈔本。

藝風堂藏知聖道齋鈔本。

涵芬樓藏綉谷亭影鈔元本【存前集】。

闕里孔氏藏影鈔元本【存新集】。

威妥瑪舊藏鈔本。

内藤湖南舊藏鈔本。

·影印本

（1964）《大元聖政國朝元典章》，臺北：文海出版社【沈刻本】。
（1974）《景印元本大元聖政國朝典章》，臺北：國風出版社【元刊本】。
（1976）《景印元本大元聖政國朝典章》（善本叢書），臺北：臺灣故宮博物院【元刊本】。
（1990）《元典章》，北京：中國書店【沈刻本】。
（1998）《大元聖政國朝典章》，北京：中國廣播電視臺出版社【元刊本】。
・排印本
岩村忍、田中謙二（1964，1972）《校定本元典章刑部》全 2 冊，京都：京都大學人文科學研究所。
寺田隆信他（1986，1988，1990）校定元典章兵部（上、中、下），《東北大學東洋史論集》2：173—208；3：116—187；4：121—196。
劉堅（1985）《近代漢語讀本》314—316，上海：上海教育出版社【部分】。
劉堅、蔣紹愚（1996）《近代漢語語法資料彙編・元代明代卷》62—71，北京：商務印書館【部分】。
劉堅（1999）《古代白話文獻選讀》365—367，北京：商務印書館【部分】。
祖生利、李崇興（2003）《大元聖政國朝典章・刑部》，太原：山西古籍出版社。
"元代の法制"研究班（2007，2008）《元典章禮部》校定と譯注（1-3），《東方學報（京都）》81：137—189；82：169—211；83：219—294。
陳高華等（2004）《元典章・户部・禄廪》校釋，《中國社會科學院歷史研究所學刊》3：329—367。
陳高華等（2007）《元典章・户部・分例》校釋，《中國社會科學院歷史研究所學刊》4：439—485。
陳高華等（2008）《元典章・户部・婚姻》校釋，《中國社會科學院歷史研究所學刊》5：243—336。
陳高華等（2008）《元典章・户部・田宅》校釋，《燕京學報》24：27—114。
陳高華等（2009）《元典章・户部・租税》校釋，《文史》2009（3）：195—219。
陳高華等（2011）《元典章》全 4 册，北京：中華書局、天津：天津古籍出版社。
張金銑（2011）《元典章校注》，合肥：黃山書社。
陳高華等（2012）《元典章・户部・差發》校釋，《元代文獻與文化研究》1：18—35。
・索引
元典章研究班（1954，1957，1959，1961）《元典章索引稿》（初篇、續編、三篇、四篇），京都：京都大學人文科學研究所【油印】。
植松正（1980）《元典章年代索引》（東洋史研究資料叢刊），京都：同朋舍出版。
・文本研究
陳垣（1931）《沈刻元典章校補》十卷，北京：北京大學研究所國學門；（1967）臺北：文海出版社【影印】；（1993）臺北：新文豐出版【陳援菴先生全集，影印】；（2009）合肥：安徽大學出版社【陳垣全集，排印】。
胡適（1935）校勘學方法論：序陳垣先生的元典章校補釋例，《國學季刊》4（3）：14。
仁井田陞（1940）元典章の成立と大德典章，《史學雜誌》51（9）：17。

倉田淳之助（1954）元典章の流傳，《東方學報（京都）》24：443—460。
島田正郎（1963）元典章の一舊鈔本について，《岩井博士古稀記念典籍論集》277—283。
岩村忍（1964）序，《校定本元典章刑部》1：1—18，京都：京都大學人文科學研究所。
舩田善之（1999）《元典章》讀解のために—工具書、研究文獻一覽を兼ねて—，《中國語學研究 開篇》18：113—128；曉克譯（2000）關於解讀《元典章》——兼談有關工具書、研究文獻，《蒙古學信息》2000（3）：35—42；2000（4）：20—25。
丁華東（2001）《元典章》的編纂評略，《档案管理》2001（2）：43。
牛繼清（2001）正史時誤補校例釋：紀念《元典章校補釋例》成書七十周年，《文獻》2001（4）：273—287。
張帆（2003）讀《元典章》校《元史》，《文史》2003（3）：154—169。
洪金富（2005）《元典章》點校釋例，《中國史研究》2005（2）：113—118。
張帆（2008）《元典章》整理的回顧與展望，《中國史學》18：57—67。
陳冬冬（2011）西方校勘學中的“理校”初探——兼評胡適《元典章校補釋例序》對西方校勘學的介紹，《述往而通古今，知史以明大道：第七届北京大學史學論壇論文集》。

◎研究

瀧川政治郎（1944）蒙古慣習法と元典章，《北窗》5（5—6）：7。
翁獨健（1946）元典章譯語集釋，《燕京學報》30：279—288。
岩村忍（1954）元典章刑部の研究，《東方學報（京都）》24：1—114。
宮崎市定（1954）宋元時代の法制と裁判機構—元典章成立の時代的・社會的背景—，《東方學報（京都）》24：115—226；（1964）《アジア史研究》4：170—305，京都：東洋史研究會；（1972）《宮崎市定全集》11：137—258，東京：岩波書店。
吉川幸次郎（1954）元典章に見えた漢文吏牘の文體，《東方學報（京都）》24：367—396；吉川幸次郎、田中謙二（1964）《元典章の文體》1—45，京都：京都大學人文科學研究所；（1969）《吉川幸次郎全集》15：333—363，東京：筑摩書房。
山崎忠（1954）別里哥文字考：元典章研究の一齣，《東方學報（京都）》24：394—442。
Yang, Liensheng (1956) Marginalia to the Yüan Tien-Chang, *Harvard Journal of Asiatic Studies* 19: 42-51.
安部健夫（1958）讀元典章札記三則，關西大學文學部東洋史研究室編《石濱先生古稀記念東洋學論叢》1—17，大阪：石濱先生古稀記念會。
田中謙二（1961）蒙文直譯體における白話について—元典章おぼえがき—，《東洋史研究》19（4）：51—69。
田中謙二（1962）元典章における蒙文直譯體の文章，《東方學報（京都）》32：187—224；吉川幸次郎、田中謙二（1964）《元典章の文體》47—161，京都：京都大學人文科學研究所；（2000）《田中謙二著作集》2：275—370，東京：汲古書院。
吉川幸次郎、田中謙二（1964）《元典章の文體》（《校定本元典章刑部》第1册附録），京都：京都大學人文科學研究所。
田中謙二（1965）元典章文書の構成，《東洋史研究》23（4）：92—117；（2000）《田中謙二著作集》2：371—396，428—444，東京：汲古書院。
田中謙二（1969）元典章，《中國語學新辭典》261—262，東京：光生館。
海老澤哲雄（1976）《元典章》の聖旨に關する一問題，《木村正雄先生退官記念東洋史論集》209—222。
李淑娥（1986）《元典章》試析，《史學月刊》1986（1）：33—43。
田衛疆（1992）《元典章》中有關畏兀兒喪事體例詮釋，《西域研究》1992（4）：81—85。
植松正（1993）元典章・通制條格：附遼・金・西夏法，滋賀秀三編（1993）《中國法制史—基本資料の研究》409—433，東京：東京大學出版會。
舒炳麟（1995）試析《元典章》的特色，《法學》1995（1）：33—35。
曹廣順（1998）《元典章・刑部》中的“訖”和“到”，《漢語史研究集刊》1 下：483—497。
李崇興（1999）《元典章・刑部》中的結構助詞，《語言研究》1999（2）：41—44。
李崇興（1999）《元典章・刑部》中的人稱代詞，《華中理工大學學學報（社會科學版）》1999（4）：109—111，116。
李崇興（2000）《元典章・刑部》的語料價值，《語言研究》2000（3）：83—87。
李崇興（2002）《元典章・刑部》中的“了”和“訖”，《語言研究》2002（4）：66—71。
田中謙二（2000）元典章文書の研究，《田中謙二著作集》2：275—457，東京：汲古書院。
杉山志郎（2002）《元典章》蒙文直譯體の助詞“來”および“了”の統語構造，《中國語學》249：61—71。
王啟濤（2003）《中古及近代法制文書語言研究》，成都：巴蜀書社。
李崇興（2003）《元典章・刑部》中的動補結構，《漢語史學報》3：211—219。
屈文軍（2003）《元典章》的史料價值和通讀要領，《內蒙古社會科學（漢文版）》2003（6）：10—13。
祖生利（2003）《元典章・刑部》直譯體文字中的特殊語法現象，《蒙古史研究》7：138—190。
洪金富（2005）《元典章》點校釋例，《中國史研究》2005（2）：113—118。
四日市康博（2006）元朝斡脱政策にみる交易活動と宗教活動の諸相—附《元典章》斡脱關連條文譯注，《東アジアと日本：交流と變容》3：11—32。
小野裕子（2006）《元典章》市舶則法前文譯注，《東アジアと日本：交流と變容》3：1—9。
丁勇（2006）《元典章》的被字句，《孝感學院學報》2006（1）：26—31。
四日市康博（2007）《元典章》斡脱關連條文譯注（2），《東アジアと日本：交流と變容》4：11—19。
陳高華（2008）《元典章・户部》簡論，《中華文史論叢》2008（2）：27—47；（2010）《元朝史事新證》36—51，蘭州：蘭州大學出版社。
김기선（2008）中世蒙古帝國의法令集研究，《國際地域研究》12（3）：57—76。
阮剣豪（2009）《〈元典章〉詞語研究》，浙江大學博士論文。
張帆（2010）《元典章・新集》一條文書看元朝中後期的御前奏聞决策機制——兼析《新元史》等書的相關繆誤，方鐵、鄒建達主編《中國蒙元史學術研討會暨方齡貴教授九十華誕慶祝會文集》262—273，北京：民族出版社。

張金銑（2010）《元典章》研究綜述，《古籍整理研究學刊》2010（4）：26—29。
陳丹丹著（2010）從《元典章》和《經世大典》的異同看元白話的性質，《歷史語言學研究》3：167—176。
李崇興、祖生利（2011）《〈元典章・刑部〉語法研究》（漢語史專書語法研究叢書），開封：河南大學出版社。
田原（2011）《元典章》詞語考釋三則，《語文知識》2011（4）：94—95，110。
田原（2012）《〈元典章・刑部〉詞語釋證》，華東師範大學碩士論文。
洪金富（2012）《元典章》點校釋例續，《元史及民族與邊疆研究集刊》。
于文靜（2013）《〈元典章・刑部〉法律詞語研究》，華中師範大學碩士論文。
田金瑞（2013）《〈元典章・刑部〉動詞研究》，華中師範大學碩士論文。
李丹丹（2013）《〈元典章・刑部〉連詞研究》，華中師範大學碩士論文。

2.2 《通制條格》

◎原始資料

・影印本

（1930）《通制條格》，北平：國立北平圖書館內珍本書籍刊行會。
（1970）《大元通制條格》，京都：中文出版社。

・排印本

小林高四郎、岡本敬二（1964）《通制條格の研究譯注》第1册，東京：中國刑法志研究會；岡本敬二（1975，1976）《通制條格の研究譯注》第2、3册，東京：國書刊行會【書評：牧野修二（1977）《東洋史研究》36（1）：136—140】。
黄時鑑（1986）《通制條格》（元代資料叢刊），杭州：浙江古籍出版社。
郭成偉（2000）《大元通制條格》，北京：法律出版社
方齡貴（2001）《通制條格校注》，北京：中華書局。

・索引

京都大學東洋史研究室（1954）《通制條格・憲臺通紀目次索引》，京都：京都大學東洋史研究室【油印】。

◎研究

安部健夫（1931）大元通制解說—新刊本《通制條格》の紹介に代へて—，《東方學報（京都）》1：249—284；（1972）《元代史の研究》277—318，東京：創文社。
岡本敬二（1969）《通制條格》と《元典章》，《鎌田先生還曆記念歷史學論叢》247—258，天理：鎌田先生還曆記念會。
黄時鑑（1987）《大元通制》考辨，《中國社會科學》1987（2）；（1988）《元代法律資料輯存》（元代史料叢刊）253—278，杭州：浙江古籍出版社；（2001）柳立言編《宋元時代的法律思想和社會》37—61，臺北：臺灣編譯館。
山川英彥（1988）《通制條格》に見える"蒙文直譯體"の文末成分について，《神户外

大論叢》39（6）：1—17。
植松正（1993）元典章・通制條格—附遼・金・西夏法，滋賀秀三編（1993）《中國法制史—基本資料の研究》409—433，東京：東京大學出版會。
方齡貴（1993）《通制條格》新探，《歷史研究》1993（3）：14—29；（2004）《元史叢考》119—142，北京：民族出版社。
方齡貴（1994）《通制條格》札記，南開大學歷史系《中國史論集——祝賀楊志玖教授八十壽誕》，天津：天津古籍出版社；（2004）《元史叢考》177—191，北京：民族出版社。
方齡貴（1994）《通制條格》人名考異，北京師範大學史學研究所編《歷史科學與歷史前途一祝賀白壽彝教授八十五華誕》，鄭州：河南人民出版社；（2004）《元史叢考》143—162，北京：民族出版社。
方齡貴（1996）《通制條格》釋詞五例，南京大學元史研究室編《內陸亞洲歷史文化研究——韓儒林先生紀念集》，南京：南京大學出版社；（2004）《元史叢考》163—176，北京：民族出版社。
劉曉（2000）《大元通制》斷例小考——從《五服圖解》中的兩件《通制》斷例說起，韓延龍編（2000）《法律史論集》3：549—555，北京：法律出版社。
方齡貴（2004）《通制條格》行文體例初探，《元史叢考》201—221，北京：民族出版社。
川澄哲也（2011）《通制條格》蒙文直譯體部分のテキスト，《福岡大學研究部論集（人文科學編）》11（2）：81—112。

2.3 《至元條格》

植松正（1972）彙集《至元新格》並びに解說，《東洋史研究》30（4）：1—29。
Ch'en, Paul, Heng-chao (1979) *Chinese Legal Tradition under the Mongols — The Code of 1291 as Reconstructed —*, Princeton: Princeton University Press【書評：植松正（1980）《東洋史研究》39（3）：130—134】.

2.4 《至正條格》

◎原始資料

・現存文本

元刊本：韓國學中央研究院【存 2 册】。

・影印排印本

韓國學中央研究院（2007）《至正條格（校注本・影印本）》全 2 册，首爾：휴머니스트。

◎研究

金文京（2007）元刊本《至正條格》에對한基礎的考察，《至正條格（校注本）》414—430，首爾：휴머니스트【中譯：有關慶州發現元刊本《至正條格》的若干問題，同 471—484】。

植松正（2007）《至正條格》出現の意義と課題，《法史學研究會會報》12：105—113。
陳高華（2008）《至正條格・條格》初探，《中國史研究》2008（2）：135—158；（2010）《元朝史事新證》1—35，蘭州：蘭州大學出版社。
金文京（2008）韓國發現元刊本《至正條格》殘卷簡介，《域外漢籍研究集刊》4：263—282。
梁伍鎮（2008）吏文과《至正條格》의言語，《中國言語研究》27：293—319。
張帆（2008）評韓國學中央研究院《〈至正條格〉校注本》，《文史》2008（1）：211—242。
정긍식（2009）朝鮮前期中國法書의受容과活用，《首爾大學校法學》50（4）：35—80。
宿曉娟（2010）《至正條格》（校注本）補正十六則，《元史及民族與邊疆研究集刊》22：159—161。
劉曉著（2012）《大元通制》到《至正條格》——論元代的法典編纂體系，《文史哲》2012（1）：64—78。
宮海峰（2013）《至正條格》文書解讀研究，《內蒙古大學學報（哲學社會科學版）》2013（4）：98—107；《蒙古史研究》11：71—86。

2.5 《憲臺通紀》、《南臺備要》

◎原始資料

・排印本

王曉欣點校（2002）《憲臺通紀（外三種）》（元代史料叢刊），杭州：浙江古籍出版社。
洪金富點校（2003）《元代臺憲文書彙編》（中研院歷史語言研究所專刊 104），臺北：中研院歷史語言研究所。
丹羽友三郎（1968，1969）《憲臺通紀》の校訂・譯注（1—3），《三重法經》19・20：163—187；21：1—20；22：1—15。

・索引

京都大學東洋史研究室（1954）《通制條格憲臺通紀目次索引》，京都：京都大學東洋史研究室【油印本】。

2.6 《廟學典禮》

◎原始資料

・排印本

王頲點校（1992）《廟學典禮；元婚禮貢舉考；元統元年進士録》（元代史料叢刊），杭州：浙江古籍出版社。

◎研究

森田憲司（1992）《廟學典禮》成立考，《奈良史學》10：64—76。
石渡克彥（2001）《廟學典禮》にみる元代の學田經營，《立正史學》90：63—78。
宮紀子（2002）《廟學典禮》劄記，《東方學》104：50—63；（2006）《モンゴル時代の出版文化》302—325，名古屋：名古屋大學出版會。

涂冰（2008）從《廟學典禮·丁酉詔令》看戊戌選試，《圖書館研究與工作》2008（2）：76，79。

2.7 王士點《秘書監志》

◎原始資料

·影印本

（1976）《秘書志》（元明宮廷史），臺北：偉文圖書出版社。

（1984）《秘書監志》（元明史料叢編第1輯4），臺北：文海出版社。

·排印本

高榮盛點校（1992）《秘書監志》（元代史料叢刊），杭州：浙江古籍出版社。

◎研究

韓李敏（1996）論元秘書監對檔案的收藏和管理，《檔案學研究》1996（4）：18—21。

陳矩弘（2007）元代秘書監藏書論略，《圖書與情報》2007（3）：118—121。

孫曉英（2012）《元〈秘書監志〉所載文獻與文獻工作研究》遼寧大學碩士論文。

洪一麟（2012）《秘書監志》版本流傳及整理略論，《元史及民族與邊疆研究集刊》24。

2.8 王惲《烏臺筆補》

◎原始資料

·現存文本

《秋澗先生大全文集》卷84-87。

·排印本

王曉欣點校（2002）《憲臺通紀（外三種）》（元代史料叢刊），杭州：浙江古籍出版社。

淺見洋二等（2002）《烏臺筆補》譯注稿，《中國研究集刊》30：3331—3360。

沖田道成等（2003—06）《烏臺筆補》譯注稿（1—4），《內陸アジア言語の研究》18：97—142；19：109—155；20：77—122；21：129—181。

◎研究

高橋文治編、沖田道成等著（2007）《烏臺筆補の研究》，東京：汲古書院【書評：植松正（2008）《法制史研究》58：306—312】。

郭曉燕（2012）《王惲著述研究》，安徽大學博士論文。

2.9 其他

Ratchnevsky, P. (1937) *Un code des Yuan*, Bibliothèque de l'Institut des hautes études chinoises, Ernest Leroux, (1972-1985) Collège de France, Institut des hautes études

chinoises.
方齡貴（1994）讀《黑城出土文書》，《內蒙古社會科學》1994（6）；（2004）《元史叢考》222—231，北京：民族出版社。
晏一立（2005）《明清檔案》中與打劫相關的詞語，《漢語史研究集刊》7：343—347。
儲小旵、周小鳳（2011）徽州契約文書語詞例釋，《安慶師範學院學報（社會科學版）》2011（9）：24—29。
儲小旵、張麗（2011）徽州契約文書語詞例釋，《黄山學院學報》2011（6）：10—13。

3. 詔令類

3.1 《皇明詔令》

◎原始資料

・現存文本

明嘉靖十八年【1539】傅鳳翔刊本：安徽省圖書館。
嘉靖二十七年【1548】浙江布政使司刊本：內閣文庫。
朝鮮活字本：日本京都大學人文科學研究所。

・影印本

（1967）《皇明詔令》，臺北：成文出版社。
（1984）《皇明詔令》（元明史料叢編），臺北：文海出版社。

・排印本

楊一凡、田禾點校（1994）《皇明詔令》（中國珍稀法律典籍集成乙編第 3 册），北京：科學出版社。
劉堅、蔣紹愚（1995）《近代漢語語法資料彙編・元代明代卷》246—259，北京：商務印書館【部分】。

◎研究

江藍生（1988）《皇明詔令》里的白話敕令，《語文研究》1988（4）：9—12；（2000）《近代漢語探源》338—345，北京：商務印書館。
陳學霖（2004）關於《明太祖皇帝欽録》的史料，《明史研究論叢》6：85—107。
嚴璽（2006）《〈皇明詔令〉白話敕令詞彙語法研究》，四川師範大學碩士論文。
萬明（2010）明代詔令文書研究——以洪武朝爲中心的初步考察，《明史研究論叢》8：9—43。

3.2 《高皇帝御製文集》

◎原始資料

・現存文本

明洪武七年【1374】刊本。

明嘉靖十四年【1535】序刊本。

明萬曆十年【1582】序刊本。

・排印本

劉堅、蔣紹愚（1995）《近代漢語語法資料彙編・元代明代卷》260，北京：商務印書館【部分】。

3.3 其他

山川英彦（1986）《弇山堂別集》所引白話詔令考，《神户外大論叢》37（4）：23—35。

寺村政男（1998）《高麗史》に記録された明太祖の言語の研究（その1），《語學教育研究論叢》15：211—231；（2008）《東アジアにおける言語接觸の研究》150—163，東京：竹林舍。

黃時鑑（2001）元高昌偰氏入東遺事，蕭啟慶主編《蒙元的歷史與文化：蒙元史學術檢討會論文集下》，臺北：學生書局。

張全真（2007）朝鮮文獻中明初白話聖旨語言研究，《言語文化研究》26（2）：149—164。

汪維輝（2010）《高麗史》和《李朝實録》中的漢語研究資料，嚴翼相、遠藤光曉主編《韓漢語言探索》119—162，首爾：學古房；（2010）《漢語史學報》9：221—242。

4. 直解類

4.1 總論

劉暢（2011）《元白話講章的語言學價值》，華中師範大學碩士論文。

李福唐（2012）元代直解文獻校録失誤舉例，《江西省語言學會2011年年會論文集》2—9。

徐大軍（2012）元代的直説作品與書面白話著述的自覺，《中華文史論叢》2012（4）：307—334，392。

李福唐（2013）元代直解文獻校録失誤芻議，《西華師範大學學報（哲學社會科學版）》2013（1）：35—40。

李福唐、鄧建玲（2013）略論元代直解文獻中的新詞新義——以單音詞爲例，《現代婦女（下旬）》2013（11）：185—187。

4.2 貫雲石《孝經直解》

◎原始資料

・現存文本

元至大元年【1308】序刊本：林秀一氏舊藏。

黑城出土元刊本殘葉。

・影印本

（1938）《新刊全相成齋孝經直解》，北京：來薰閣書店。

太田辰夫、佐藤晴彥（1996）《元版孝經直解》，東京：汲古書院。

・排印本

太田辰夫（1957）孝經直解，《中國歷代口語文》70—73，東京：江南書院；新訂第 1 版（1998）京都：朋友書店。

劉堅（1985）《近代漢語讀本》307—309，上海：上海教育出版社【部分】。

劉堅（1999）《古代白話文獻選讀》357—360，北京：商務印書館【部分】。

劉堅、蔣紹愚（1996）《近代漢語語法資料彙編・元代明代卷》49—61，北京：商務印書館。

佐藤晴彥（1995）《孝經直解》校訂と試譯，《神户外大論叢》46（6）：1—24。

太田辰夫、佐藤晴彥（1996）《元版孝經直解》51—60，東京：汲古書院。

・文本研究

林秀一、長澤規矩也（1933）元刊本成齋孝經直解に關して，《書誌學》1（5）：19—21；（1983）《長澤規矩也著作集》3：90—92，東京：汲古書院；太田辰夫、佐藤晴彥（1996）《元版孝經直解》7—9，東京：汲古書院。

阿部隆一（1982）新刊全相成齋孝經直解，《斯道文庫論集》18：100—101【日本國見在宋元版本志經部】；（1993）《阿部隆一遺稿集》1：344—345，東京：汲古書院；太田辰夫、佐藤晴彥（1996）《元版孝經直解》11—12，東京：汲古書院。

◎研究

吉川幸次郎（1965）貫酸齋《孝經直解》の前後—金元明の口語の經解について—，《石田博士頌壽記念東洋史論叢》535—550，東京：石田博士古希記念事業會；（1969）《吉川幸次郎全集》15：319—332，東京：筑摩書房。

太田辰夫（1969）孝經直解，《中國語學新辭典》261—262，東京：光生館。

山川英彥（1981）孝經直解語法札記，《神户外大論叢》32（3）：1—13。

饒尚寬（1986）試論貫雲石《孝經直解》的語言及其價值，《新疆師範大學學報（社會科學版）》1986（2）：91—98。

吕雅賢（1993）《孝經直解》語法特點，《語文研究》1993（3）：1—4。

矢野賀子、劉一之（1994）《孝經直解》語法札記，《聖德學園岐阜教育大學紀要》27：167—186。

太田辰夫（1995）孝經直解釋詞，《中國語研究》37：23—38；太田辰夫、佐藤晴彥（1996）

《元版孝經直解》1—21，東京：汲古書院。
方齡貴（1994）讀《黑城出土文書》，《內蒙古社會科學》1994（6）；（2004）《元史叢考》222—231，北京：民族出版社【論及黑城出土殘葉】。
佐藤晴彥（1996）解說，《元版孝經直解》61—74，東京：汲古書院。
宮紀子（1998）《孝經直解》の插繪をめぐって，《東方學》95：79—93；（2006）《モンゴル時代の出版文化》23—78，名古屋：名古屋大學出版會。
宮紀子（1998）《孝經直解》の出版とその時代，《中國文學報》56：20—57；（2006）《モンゴル時代の出版文化》23—78，名古屋：名古屋大學出版會。
梁伍鎮（2001）《孝經直解》의言語研究，《中語中文學》29：686—722。
鄭丞惠、南權熙、梁伍鎮（2001）《原刊老乞大》와《直解孝經》의言語，《國語史研究》2：5—38。
馬慧（2006）從《孝經直解》看元代訓詁學的發展，《固原師專學報》2006（5）：38—40。
梁伍鎮（2007）朝鮮時代直解類漢學書에對하여，《中國語文論叢》35：21—47。
曹瑞炯（2013）《孝經直解》와《原本老乞大》의言語研究，《譯學과譯學書》4：181—210。

4.3 許衡《大學要略》、《大學直解》、《中庸直解》

◎原始資料

・現存文本

明正德十二年【1517】跋《魯齋全書》所收本。
明嘉靖四年【1525】序《魯齋遺書》所收本。
明萬曆二十四年【1596】刊《魯齋遺書》所收本。
清乾隆五十五年【1790】刊《許文正公遺書》所收本。
四庫全書《魯齋遺書》所收本。
正誼堂叢書《許魯齋先生集》所收本。

・排印本

劉堅、蔣紹愚（1995）《近代漢語語法資料彙編・元代明代卷》11—46，北京：商務印書館【大學要略、大學直解】。
竹越孝（1995）經書口語解資料輯覽（2—7），《語學漫步》24—29；（2008）《語學漫步選》92—158，愛知：古代文字資料館。
淮建利、陳朝雲（2009）《許衡集》，鄭州：中州古籍出版社。
毛端方、謝輝、周少川（2010）《許衡集》（元代別集叢刊），長春：吉林文史出版社。

・文本研究

毛瑞方（2013）《許衡集》版本考，《歷史文獻研究》32：54—64。

◎研究

竹越孝（1996）許衡の經書口語解資料について，《東洋學報》78（3）：1—25。

張濤（2000）解讀中國傳統思想文化的成功之作——讀《大學直解・中庸直解》，《濟南大學學報》2000（1）：92。

劉微（2005）《〈大學直解〉〈中庸直解〉口語詞語研究》，吉林大學碩士論文。

張玉霞（2007）許衡《大學直解》與《中庸直解》的口語注釋初探，《重慶郵電大學學報（社會科學版）》2007（2）：108—112。

佟曉彤（2007）《許衡直解作品詞彙研究》，暨南大學碩士論文。

佟曉彤（2009）許衡直解作品詞語方言例釋，《現代語文（語言研究版）》2009（8）：64—66。

佟曉彤（2010）許衡直解作品兩種版本的差異比較，《湖南人文科技學院學報》2010（1）：63—65。

李明龍、張春雷（2010）《大學直解》校補，《湖北社會科學》2010（7）：121—123。

張春雷（2010）《直說大學要略》點校拾補，《漢語史研究集刊》13：360—370。

4.4 吳澄《經筵講義》

◎原始資料

・現存文本

明永樂四年【1406】刊《臨川吳文正公草廬先生集》所收本：宮內廳書陵部。

明成化二十年【1474】刊《臨川吳文正公集》所收本：內閣文庫。

清乾隆二十一年【1756】刊《草廬吳文正公集》所收本：東京大學東洋文化研究所。

四庫全書《吳文正集》所收本。

・排印本

吉川幸次郎（1946）元雜劇の文章，《東方學報（京都）》15（1）：35—82；（1948）《元雜劇研究》393—514，東京：岩波書店；（1968）《吉川幸次郎全集》14：273—355，東京：筑摩書房。

劉堅、蔣紹愚（1995）《近代漢語語法資料彙編・元代明代卷》47—48，北京：商務印書館

竹越孝（1995）經書口語解資料輯覧（1），《語學漫步》23；（2007）《語學漫步選》88—91，愛知：古代文字資料館。

◎研究

竹越孝（1994）吳澄《經筵講義》について，《語學漫步》20。

竹越孝（1996）吳澄《經筵講義》考，東京都立大學《人文學報》273：59—73。

4.5 鄭鎮孫《直說通略》

◎原始資料

・現存文本

刊本：中國國家圖書館。

◎研究

宮紀子（1999）鄭鎮孫と《直說通略》（上、下），《中國文學報》58：46—74，59：99—132；（2006）《モンゴル時代の出版文化》79—141，名古屋：名古屋大學出版會。
劉曉玲（2004）《〈直說通略〉中的助詞》，華中科技大學碩士論文。
劉金勤（2004）《〈直說通略〉的副詞研究》，華中科技大學碩士論文。
葉華利（2005）《〈直說通略〉的介詞研究》，華中科技大學碩士論文。
李崇興（2005）《直說通略》三詞釋，《漢語學報》2005（1）：19—20。
劉曉玲（2005）《直說通略》中的結構助詞，《孝感學院學報》2005（5）：17—19。
祖生利（2008）《直說通略》和它的語言特色，《語言學論叢》38：335—352；（2009）《直說通略》的語言特色，李崇興等編《元代漢語語法研究》268—283，上海：上海教育出版社。
劉曉玲（2008）《直說通略》中的助詞"得"，《孝感學院學報》2008（1）：71—75。
葉華利（2010）《直說通略》中的處置式，《文學教育（下）》2010（11）：140—141。

4.6 其他

古屋昭弘（1998）明代知識人の言語生活—萬曆年間を中心に—，《現代中國語學への視座—新シノロジー・言語編—》147—165，東京：東方書店【張居正《四書直解》】。
竹越孝（1999）《今文孝經直解》考，鹿兒島大學《人文學科論集》49：109—137。
竹越孝（1999）《今文孝經直解》校譯稿，鹿兒島大學《人文學科論集》50：59—96。

5. 史傳類

5.1 楊銘《正統臨戎録》

◎原始資料

・現存文本

紀録彙編卷十九所收本。

國朝典故卷一百十所收本。

・排印本

劉堅（1985）《近代漢語讀本》354—367，上海：上海教育出版社【部分】。
薄音湖、王雄（1993）《明代蒙古漢籍史料彙編》1：97—112，呼和浩特：內蒙古大學出版社。
劉堅、蔣紹愚（1995）《近代漢語語法資料彙編・元代明代卷》373—391，北京：商務印書館。
劉堅（1999）《古代白話文獻選讀》415—428，北京：商務印書館【部分】。

◎研究

寺村政男（2000）明代歷史資料に見える近世漢語《正統臨戎録》，《荒屋勤教授古希記念中國語論集》，東京：白帝社；（2008）《東アジアにおける言語接觸の研究》135—149，東京：竹林舍。

5.2 劉仲璟《遇恩録》

◎原始資料

・現存文本

紀録彙編卷十五所收本。

說郛續編弓第十二所收本。

五朝小說明第二十六册所收本。

五朝紀事正續太平廣記明人百家第四十册所收本。

四部叢刊《誠意伯文集》卷一所收本。

筆記小說大觀十九編第七册所收本。

・排印本

劉堅（1985）《近代漢語讀本》347—353，上海：上海教育出版社【部分】。

劉堅、蔣紹愚（1995）《近代漢語語法資料彙編・元代明代卷》231—236，北京：商務印書館。

劉堅（1999）《古代白話文獻選讀》408—414，北京：商務印書館【部分】。

5.3 《李善長獄辭》

◎原始資料

・現存文本

四部叢刊《牧齋初學集》卷 104 所收本。

・排印本

劉堅（1985）《近代漢語讀本》340—346，上海：上海教育出版社【部分】。

劉堅、蔣紹愚（1995）《近代漢語語法資料彙編・元代明代卷》237—245，北京：商務印書館。

劉堅（1999）《古代白話文獻選讀》401—407，北京：商務印書館【部分】。

◎研究

張健（1997）朱元璋與李善長，《明史研究》5：106—111。

5.4 《逆臣録》

◎原始資料

・現存文本

明鈔本：北京大學圖書館藏。

・排印本

王天有、張何清點校（1991）《逆臣録》，北京：北京大學出版社。

◎研究

川越泰博（1995）《逆臣録》と《藍玉黨供狀》，《中央大學紀要・史學科》40：33—108。

張美蘭（2001）《逆臣録》的語料價值，《語言研究》2001 增刊：177—183；（2004）《近代漢語論稿》106—120，南昌：江西教育出版社。

川越泰博（2002）《明代中國の疑獄事件：藍玉の獄と連座の人々》，東京：風響社。

張美蘭（2002）簡論《逆臣録》在明代詞彙研究中的價值，《漢語史學報》2：89—101；（2004）《近代漢語論稿》80—105，南昌：江西教育出版社。

槇美貴江（2005）《逆臣録》における供述の形式について，《人文學報》363：87—102。

槇美貴江（2007）《逆臣録》における複數を表す一人稱代名詞について，《佐藤進教授還曆記念中國語學論集》174—185，東京：好文出版。

劉君敬（2009）《逆臣録》詞語考釋四則，《語言研究》2009（2）：93—95。

楊帆（2008）《逆臣録》中"是"字用法淺析，《萍鄉高等專科學校學報》2008（4）：88—92。

丁媛媛（2012）《逆臣録》中的江淮方言人稱前綴"是"，《淮陰師範學院教育科學論壇》2012（Z1）：23—30。

李春梅（2012）《逆臣録》助詞"着、了、過"功能探究，《淮陰師範學院教育科學論壇》2012（Z1）：16—22。

陳迎娣（2012）《逆臣録》範圍副詞研究，《西南地區語言學研究生論壇論文集》143—153；（2012）《逆臣録》範圍副詞研究，《淮陰師範學院教育科學論壇》2012（Z2）：80—86。

陳夢瑶（2012）《逆臣録》疑問句研究，《淮陰師範學院教育科學論壇》2012（Z2）：51—57。

晁瑞、丁媛媛（2013）《逆臣録》江淮方言詞主語前"是"的語法性質，《廣西民族師範學院學報》2013（5）：84—87。

5.5 其他

山川英彦（2000）忠傳語法札記—白話資料としての忠傳—，《神户外大論叢》51（6）：17—31。

邢永革（2012）明代前期漢語詞彙特點分析——基於史部類白話語料，《浙江師範大學學報（社會科學版）》2012（4）：77—82。

6. 筆記類

6.1 總論

彭占清（1992）宋元筆記標點勘誤，《古漢語研究》1992（1）：77—82。
段觀宋（1993）《文言小說詞語通釋》，廣西人民出版社。
王祖霞（2005）從明清筆記看《漢語大詞典》詞語遡源，《鄂州大學學報》2005（2）：68—70。
黄宜鳳（2007）明代筆記小說所見辭書未收俗語詞例釋《漢語史研究集刊》10：241—248。
黄宜鳳（2007）明代筆記小說名物考辨三則，《四川師範大學學報》2007（3）：144。
楊繼光（2008）金元明筆記詞語例释，《兵團教育學院學報》2008（4）：11—14。
楊繼光（2008，2009，2010）明代史料筆記詞語拾零（1-5），《泉州師範學院學報》2008（3）：132；2008（5）：19；2009（3）：6；2009（5）：91；2010（1）：136。
黄宜鳳（2009）明代筆記小說俗語詞的構詞法考察，《漢語史研究集刊》12：171—184。
黄宜鳳（2010）明代筆記小說中的隱語探析，《漢語史研究集刊》13：248—260。
王祖霞（2010）明清筆記的詞語特點及釋義，《安順學院學報》2010（6）：12—14。
王祖霞（2011）明清筆記詞語札記九則，《集美大學學報（哲學社會科學版）》2011（2）：90—93，99。
王祖霞（2011）明代筆記詞語“回殘”考釋，《常熟理工學院學報》2011（11）：99—101。
王祖霞（2011）明清史料筆記的語料價值，《蘭臺世界》2011（22）：9—10。
王恩建（2013）《漢語大词典》釋義補正——基於宋元筆記語料之分析，《東南大學學報（哲學社會科學版）》2013（4）：106—109，136。
黄宜鳳（2013）《明代筆記小說俗語詞研究》，成都：巴蜀書社。

6.2 陶宗儀《南村輟耕録》

◎原始資料

・排印本

（1958）《南村輟耕録》，北京：中華書局。
劉堅（1985）《近代漢語讀本》336—339，上海：上海教育出版社【中書鬼案】。
（1997）《南村輟耕録》（歷代史料筆記叢刊）北京：中華書局。
王雪玲校點（1998）《南村輟耕録》（新世紀萬有文庫2），瀋陽：遼寧教育出版社。
劉堅（1999）《古代白話文獻選讀》397—400，北京：商務印書館【中書鬼案】。
李夢生校點（2012）《南村輟耕録》（歷代筆記小說大觀），上海：上海古籍出版社。

・文本研究

王嬌（2011）陶宗儀《南村輟耕録》之成書考，《現代語文（文學研究）》2011（4）：15—16。

◎研究

魯國堯（1996）陶宗儀《南村輟耕録》等著作與元代語言，《南京大學學報（哲學社會科學版）》1996（4）：150—165；（2003）《魯國堯語言學論文集》481—507，南京：江蘇教育出版社。
胡正武（2002）陶宗儀的語言研究——讀《南村輟耕録》札記，《台州學院學報》2002（2）：34—38。
侯水霞、曾昭聰（2006）《南村輟耕録》與漢語史研究，《漢語史研究集刊》9：79—90。
侯水霞（2007）《南村輟耕録》詞語札記，《浙江萬里學院學報》2007（1）：20—22。
徐朝暉（2013）《南村輟耕録》中詞的音節結構和新詞新義分析，《語言與翻譯》2013（3）：13—16。
王靜（2013）《〈南村輟耕録〉述補結構研究》，南京師範大學碩士論文。

6.3 沈榜《宛署雜記》

◎原始資料

・現存文本

明萬曆二十一年【1593】刊本。

・影印本

中國科學院圖書館（1992）《稀見中國地方志彙刊》1，北京：中國書店。

・排印本

（1961）《宛署雜記》，北京：北京出版社。

（1980）《宛署雜記》，北京：北京古籍出版社。

◎研究

傅芸子（1942）沈榜宛署雜記之發見，《中和月刊》3（5）；（1943）《白川集》，東京：文求堂。
波多野太郎（1957）宛署雜記覺え書，《大安》3（7）：15—18。
徐苹芳（1959）“宛署雜記”中的北京史料，《文物》1959（9）：21—24。
波多野太郎（1969）宛署雜記・燕山叢録，《中國語學新辭典》225—226，東京：光生館。
吉鶴輯（1982）宛署雜記，《學習與研究》1982（3）：45。
王灿熾（1995）《宛署雜記》考略，《北京社會科學》1995（1）：83—86。

6.4 徐昌祚《燕山叢録》

◎原始資料

・現存文本

明萬曆三十年【1602】刊本。

◎研究

波多野太郎（1969）宛署雜記·燕山叢録，《中國語學新辭典》225—226，東京：光生館。
太田辰夫（1994）《燕山叢録》に見る明代北京語，《中國語研究》36：60—67。

6.5 其他

山川英彦（1983）《戒庵老人漫筆》に見える白話資料，《神户外大論叢》34（3）：27—38。
董慧敏（2001）陸容《菽園雜記》中的語言學史料述評，《宿州教育學院學報》2001（2）：28—30。
曾昭聰（2007）《杜騙新書》詞語札記，《漢語史研究集刊》10：203—210。
楊繼光（2009）《萬曆野獲編》歷史名詞雜考，《五邑大學學報（社會科學版）》2009（3）。
楊繼光（2010）辭書誤釋《萬曆野獲編》詞語舉隅，《廊坊師範學院學報（社會科學版）》2010（5）。
楊繼光（2011）《萬曆野獲編》歷史詞語續釋，《五邑大學學報（社會科學版）》2011（2）。
趙紅梅、程志兵（2011）《杜騙新書》詞語補釋，《古漢語研究》2011（1）：77—81。
黃宜鳳（2011）《湧幢小品》俗語詞札記，《漢語史研究集刊》14：384—392。
郭作飛（2011）明正德《夔州府志》點校讀補，《重慶三峽學院學報》2011（4）；（2012）《近代漢語詞彙語法論稿》91—99，北京：中國社會科學出版社。
楊繼光（2014）《〈萬曆野獲編〉詞彙研究》，厦門：厦門大學出版社。

7. 辭典類

7.1 總論

◎原始資料

·影印本

長澤規矩也編（1974-1990）《明清俗語辭書集成》全5輯，東京：汲古書院；（1989）全3册，上海：上海古籍出版社。
佐藤晴彦他編（2005）《明清俗語辭書集成·總索引》，東京：汲古書院。

◎研究

船津富彦（1964）明代の俗字書—明版海篇類管見—，《中國語學》144：1—9。
曲彦斌（1984）日本出版的《明清俗語辭書集成》，《辭書研究》1984（3）：121—124。
曾昭聰（2003）當代權威辭典應重視明清俗語辭書，《語文建設通訊》76；（2004）《中古近代漢語詞彙論稿》216—230，北京：中央文獻出版社。
曾昭聰（2003）讀明清俗語辭書札記，《古籍整理研究學刊》2003（5）：90—94；《中古近代漢語詞彙論稿》231—238，北京：中央文獻出版社。
曾昭聰（2003）談明清俗語辭書在当代大型語文辭書編纂方面的作用，《貴州文史叢刊》2003（1）：32—34。
周志鋒（2004）明清俗語詞考釋，《古漢語研究》2004（3）：98—101。
曾昭聰（2008）明清俗語辭書研究的現狀與展望，《中國俗文化研究》5：181—187。
曾昭聰（2009）明清俗語辭書研究的回顧與展望，《辭書研究》2009（4）：129—135。
曾昭聰（2011）論明清俗語辭書的釋詞特點，《湛江師範學院學報》2011（5）：131—136。
曾昭聰（2011）論明清俗書辭書的編纂目的，《合肥師範學院學報》2011（5）：11—15。
曾昭聰（2012）明清俗語辭書與同義詞研究，《綿陽師範學院學報》2012（12）：1—8。
曾昭聰(2012)論明清俗語辭書的收詞特點——兼論辭書編纂中的“語詞分立”觀與“語詞收”觀，《暨南學報（哲學社會科學版）》2012（6）：139—146，164。
曾昭聰（2012）明清俗語辭書的範圍及其所録俗語詞的特點與研究意義，《烟臺大學學報（哲學社會科學版）》2012（1）：114—118。
曾昭聰（2012）明清俗語辭書與方言詞研究，《賀州學院學報》2012（3）：55—61。
曾昭聰（2012）論明清俗語辭書的編排方式，《伊犁師範學院學報（社會科學版）》2012（2）：94—99。
劉玉紅（2013）明清俗語辭書在文獻書證方面的不足，《圖書館工作與研究》2013（2）：84—86。
曾昭聰（2013）近代漢語異形詞的來源，《安徽理工大學學報（社會科學版）》2013（2）：76—82。
曾昭聰（2013）長澤規矩也《明清俗語辭書集成》解題補正，《圖書館理論與實践》2013（9）：58—60。
曾昭聰（2013）近代漢語異形詞理據研究論略，《綿陽師範學院學報》2013（7）：1—5，30。
李登橋（2013）《明清俗語辭書集成》因聲求義例說，《漢語史研究集刊》16：495—507。

7.2 盧以緯《助語辭》（《語助》）

◎原始資料

・現存文本

奚囊廣要叢書所收本【語助】。

格致叢書所收本。

日本天和三年【1683】京都文林梅村彌右衛門刊本。

・排印本

劉長桂、鄭濤（1985）《助語辭》，合肥：黃山書社。

王克仲（1988）《助語辭集注》，北京：中華書局。

・文本研究

王寶平（1992）《助語辭》及び江户時代におけるその流布と影響に關する書誌研究（1，

2)，《汲古》21：47—58；22：24—39，16。

◎研究

劉長桂（1982）《助語辭》，《阜陽師範學院學報（社會科學版）》1982（1）：129—132。

劉長桂、鄭濤（1983）一組漢語史上的重要著作——《助語辭》、《助語辭補義》、《助語辭補》和《助語辭補義附録》簡介，《淮北煤師院學報（社會科學版）》1983（1）：110—121，109。

劉長桂（1984）從《語助》到《音釋助語辭補義》——關於我國系統研究文言虛詞最早年代的考辨，《淮北煤師院學報（社會科學版）》1984（Z1）：103—106，134。

王克仲（1984）我國第一部虛詞彙釋專著——爲盧以緯《助語辭》問世660周年而作，《遼寧大學學報（哲學社會科學版）》1984（5）：92—96。

何九盈（1985）《語助》述評，《辭書研究》1985（1）：111—118。

王克仲（1986）《助語辭》“豈”“焉也、曾”詞條分合辨正，《遼寧大學學報（哲學社會科學版）》1986（2）：43—44。

顧漢松（1988）《助語詞》和我國語法學，《上海師範大學學報（哲學社會科學版）》1988（3）：107—113。

闞緒良（1991）讀《助語辭》偶記，《淮北煤師院學報（社會科學版）》1991（3）：119—120，80。

顧旻（1991）《助語辭》研究，《淮北煤師院學報（社會科學版）》1991（3）：114—118。

李開（1991）元・盧以緯《助語辭》評介，《大陸雜誌》82（3）：46—48。

王克仲（1994）關於盧以緯《助語辭》的兩個問題，《古漢語研究》1994（2）：28—30。

周定一（1994）關於盧以緯和他的《助語辭》的一點說明，《古漢語研究》1994（2）：31—32。

吳禮權（1996）《語助》與漢語虛詞研究，《平原大學學報》1996（4）：64—68。

范俊軍（1998）《助語辭》及《虛字說》的虛字學說比較，《暨南學報（哲學社會科學）》1998（2）：102—107。

文平（2003）《〈助語辭〉研究》，湖南師範大學碩士論文。

李潤桃（2004）《助語辭》的語法價值，《廣州大學學報（社會科學版）》2004（2）：24—26，42。

彭再新、邱凌（2004）《助語辭》以“俗語”爲釋的訓詁特色，《南華大學學報（社會科學版）》2004（3）：94—96，100。

單輝（2004）《語助》研究綜述，《山東省納涼管理幹部學院學報》2004（4）：129—131。

單輝（2004）《語助》於漢語語法學發展之管見，《聊城大學學報（社會科學版）》2004（2）：129—131，137。

彭再新、邱凌（2005）《助語辭》訓釋的修辭特色，《南華大學學報（社會科學版）》2005（6）：75—77。

單秀麗（2006）《〈助語辭〉與〈虛字說〉比較研究》，曲阜師範大學碩士論文。

王增斌（2006）盧以緯《語助》研究綜述，《商丘師範學院學報》2006（1）146—148：。

彭再新、甘斐哲（2006）從《助語辭》考察盧以緯的語法觀，《湖南科技學院學報》2006

（8）：140—141。
彭再新（2008）《助語辭》的成就和闕失，《南華大學學報（社會科學版）》2008（5）：81—83，106。
盧偉偉、王靖宇（2012）也說盧以緯《語助》的成書時代，《遼寧工業大學學報（社會科學版）》2012（1）：45—47，59。

7.3 陳士元《俚言解》

◎原始資料

・現存文本

明萬曆刊《歸雲外集》所收本。

・影印本

長澤規矩也編（1974）《明清俗語辭書集成》第1卷，東京：汲古書院；（1989）第1卷，上海：上海古籍出版社。

◎研究

韓佳琦（2008）《俚言解》研究，《文化學刊》2008（4）：109—114。
劉玉紅（2010）《俚言解》中的民俗，《文史雜誌》2010（3）：76—78。
曾昭聰、劉玉紅（2010）明清俗語辭書的語料價值與闕失——以《俚言解》爲例，《漢語史研究集刊》13：307—318。
王新生（2013）《〈俚言解〉整理與研究》，上海師範大學碩士論文。

7.4 陸噓雲《世事通考》

◎原始資料

・現存文本

明萬曆間潭城余雲坡刊本。

・影印本

長澤規矩也編（1974）《明清俗語辭書集成》第1卷，東京：汲古書院；（1989）第1卷，上海：上海古籍出版社。

◎研究

曾昭聰（2011）明代漢語俗語詞與當代大型語文辭書編纂——以《世事通考》所録俗語詞對《漢語大詞典》的補正爲例，《廣東廣播電視大學學報》2011（4）：26—31。
曾昭聰（2011）明代俗語辭書《世事通考》在辭書編纂方面的價值與不足，《綿陽師範學院學報》2011（7）：1—12。
曾昭聰、孫清忠（2012）明代漢語俗語詞的基本面貌與來源——以《世事通考》及其“俗語類”所録俗語詞爲例，《煙臺大學學報（哲學社會科學版）》2012（4）：111—115。

7.5 張存紳《雅俗稽言》

◎原始資料

・現存文本

明天啟元年【1621】序刊本。

・影印本

長澤規矩也編（1977）《明清俗語辭書集成》第 4 卷，東京：汲古書院；（1989）第 2 卷，上海：上海古籍出版社。

◎研究

儲玲玲（1997）《雅俗稽言》芻議，《上海師範大學學報（哲學社會科學版）》1997（3）：84—90。

李明佳（2010）《增訂雅俗稽言》民俗語彙概論，《文化學刊》2010（2）：85—89。

7.6 《目前集》

◎原始資料

・現存文本

明刊本。

・影印本

長澤規矩也編（1977）《明清俗語辭書集成》第 5 卷，東京：汲古書院；（1989）第 3 卷，上海：上海古籍出版社。

◎研究

劉家佶（2008）關於《目前集》的民俗語言學研究，《文化學刊》2008（4）：103—108。

7.7 周夢暘《常談考誤》

◎原始資料

・現存文本

明萬曆刊《青谿山人文集》所收本。

・影印本

長澤規矩也編（1977）《明清俗語辭書集成》第 5 卷，東京：汲古書院；（1989）第 3 卷，上海：上海古籍出版社。

◎研究

李陽（2006，2007）《常談考誤》芻議——明代民俗語彙正本清源的一部重要專著（正續），

《文化學刊》2006（2）：103—111；2007（1）：189—203。
李陽（2007）《〈常談考誤〉中的民俗語彙研究》，遼寧師範大學碩士論文。

8. 佛經類

《佛說目連救母經》

◎原始資料

・現存文本

日本京都金光寺藏元刊本。

・文本研究

宮次男（1968）目連救母說話とその繪畫—目連救母經繪の出現に因んで〔付永禄元年奥書《目連救母經》翻刻〕，《美術研究》255：1—24。
吉川良和（1991）關於在日本發現的元刊《佛說目連救母經》，《戲曲研究》37。
朱建明（1992）元刊《佛說目連救母經》考論，《民俗曲藝》77：23—47。
劉禎（1997）關於《救母經》刊印時間，《中國民間目連文化》242—244，成都：巴蜀書社。
澀谷誉一郎（2002，2004）《慈悲道場目連報本懺法》と《佛說目連救母經》について（上、下），《藝文研究》83：61—76；86：49—64。
戴雲（2002）《佛說目連救母經》研究，《佛學研究》2002：286—293。
吉川良和（2003）《救母經》と《救母寶卷》の目連物に關する說唱藝能的試論，《社會學研究》41：61—135。
澀谷誉一郎（2004）敦煌變文所見目連說話と《佛說目連救母經》について—そのモチーフとディテールを中心として，《藝文研究》87：149—161。
吉川良和（2005）《救母經》と《生天寶卷》の成書年代商榷，神奈川大學《人文研究》155：9—43。

◎研究

砂岡（鈴木）和子（1995）元刊《佛說目連救母經》の口語特徵，《駒澤女子大學研究紀要》2：105—130【含校録】；（2000）《元刊目連救母經》的口語特色，《1994 年敦煌學國際研討會文集——紀念敦煌研究院成立 50 周年（宗教文史卷下）》181—187，蘭州：甘肅人民出版社。

9. 市語類

波多野太郎（1976）“市語”について—錢南揚教授の《市語彙鈔》，《横濱市立大學論叢》28（1）：39—63。

錢南揚（1980）市語彙鈔，《漢上宧文存》，上海：上海文藝出版社。

張永綿（1988）宋元市語初探，《浙江師範大學學報》1988（1）：47—52。

支康鑫（1991）宋元飲食市語漫談，《中國食品》1991（10）：38—39。

王鍈（1992）元明市語疏證，《文史》1992：201—211。

王鍈（1995）宋元明市語略論，《語言研究》1995（1）：1—6；（2004）《近代漢語詞彙語法散論》92—103，北京：商務印書館。

王鍈（1995）宋元明市語續證，《貴州文史叢刊》1995（1）：19—22。

王鍈（1997）《宋元明市語彙釋》，貴陽：貴州人民出版社；（2008）修訂增補本，北京：中華書局。

劉瑞明（1999）讀《宋元明市語彙釋》，《貴州大學學報（社會科學版）》1999（6）：87—89，86。

曾昭聰（2001）市語研究的碩果——王鍈先生《宋元明市語彙釋》述評，《古漢語研究》2001（1）：18—19；（2004）《中古近代漢語詞彙論稿》254—257，北京：中央文獻出版社。

袁津琥（2002）《宋元明市語彙釋》商補，《古籍研究》2002（3）：32—33。

袁津琥（2005）宋元明市語柬釋，《漢語史研究集刊》7：310—318。

劉靜（2006）宋元市語“海猴兒”、“海鶴兒”新解，《語言學論叢》34：69—75。

王寧（2008）“市語”與宋元戲劇研究，《戲曲藝術》2008（1）37—41。

王鍈（2008）市語續考，《漢語史學報》7：15—27。

高國藩（2009）市語的文化内涵及其現實意義——《江湖市語》序，《鹽城師範學院學報（人文社會科學版）》2009（1）：79—82。

劉玉紅（2012）宋元明市語與社會語言學研究，《綿陽師範學院學報》2012（4）：63—65，77。

孫曉玄（2012）宋代市語分布特徵初探，《濰坊學院學報》2012（1）：48—51。

汪維輝（2013）近代漢語中的“～老”系列詞，《古漢語研究》2013（3）：42—50，96。

10. 自然科學類

長澤規矩也（1940）明嘉靖版農書の二種，《書誌學》15（2）：2—3。

Lao, Yan-shuan (1969) Notes on Non-Chinese Terms in the Yüan Imperial Dietary Compendium Yin-shan Cheng-yao, *The Bulletin of the Institute of History and Philology,*

Academia Sinica 39: 399-416.

盛九疇（1993）《本草綱目》中“釋名”的詞源學價值，《語文研究》1993（3）：7—11。

張顯成（1998）論中醫文獻對語文辭書編纂的價值，《漢語史研究集刊》1：132—159。

張妮（2004）《本草綱目》音注所反映的明代湖北蘄春濁音清化，《青島職業技術學院學報》2004（1）：17—20。

曹小雲(2005)《四元玉鑒》中的授與動詞“給”，《中古近代漢語語法詞彙叢稿》119—121，合肥：安徽大學出版社；（2006）《古漢語研究》2006（3）：55—56。

顧亞芹（2010）《本草綱目》長度單位量詞“圍”字考，《語文學刊》2010（23）。

曾令香（2011）從《農桑輯要》所輯農書看《漢語大詞典》的闕失，《吉林省教育學院學報（學科版）》2011（11）：24—25。

曾令香（2011）王禎《農書》農具名物詞一器多名現象，《求索》2011（11）：191—193。

顧亞芹（2011）《〈本草綱目〉量詞研究》，南京師範大學碩士論文。

曾令香（2011）王禎《農器圖譜》中單音節農具名物詞詞源義探析，《甘肅聯合大學學報（社會科學版）》2011（6）：77—81。

曾令香(2011)語言學視角下的古代農書研究，《安徽農業科學》2011(20)：12225—12226。

韓宇（2012）《〈天工開物〉飲食制作類詞語研究》，內蒙古師範大學碩士論文。

曾令香（2012）《元代農書農業詞彙研究》，山東師範大學博士論文。

曾令香（2012）元代農書中農作物名物詞的同實異名現象，《中南林業科技大學學報（社會科學版）》2012（1）：94—96。

涂海強(2013)醫籍文獻中“菖蒲”的語義結構及異名理據辨析，《漢語史研究集刊》16：177—192。

駱琳（2014）《王禎農書》詞語札記，《語言研究》2014（3）：104—106。

西洋資料

千葉謙悟 編

<原始資料参考書目>

Müller, Andreas (1683) *Catalogus Librorum Bibliothecae Electoralis Brandenburgicae*, Berlin.

Couplet, Philippe (1686) *Catalogus Patrum S.J. qui post obitum Sti Francisci Xaverii ab anno 1581 ad annum 1681, in imperio Sinarum*, Jesu Christi fidem propagarunt; (1687) vedlegg til Ferdinand Verbiests verk, Astronomia Europæa.

Fourmont, Etienne (1742) *Catalogus librorum Bibliothecæ Regiæ Sinicorum, Linguae Sinarum Mandarinicae hieroglyphicae grammatica duplex, Latinè, et cum characteribus Sinensium*, Lutetiae Parisiorum: Chez Hippolyte-Louis Guerin.

Klaproth, J. H. (1822) *Verzeichniss der chinesischen und mandchurischen Büchern und Handschriften der kgl. Bibliothek zu Berlin.*

Kidd, Samuel (1838) *Catalogue of the Chinese Library of the Royal Asiatic Society*, London: John W. Parker.

Pfister, Louis (sans date) N*otices Biographiques et Bibliographiques sur les Jesuites de l'ancienne mission de Chine 1552-1773*; (1897) 4ème. éd. Académie Royale des Sciences, des Lettres et des Beaux-Arts de Belgique; (1909) 5ème. éd.; (1934) Variétés sinologiques; no 59-60, Chang-hai: Imprimerie de la Mission catholique;【影印本】（1971）Nendeln: Kraus;【微縮膠卷】（刊年不明）Zug: IDC Punblishing;【中譯本】馮承鈞譯，中華教育文化基金董事會編譯委員會編輯（1936）《入華耶穌會士列傳》，上海：商務印書館;【臺一版】（1960）；費頼之著，馮承鈞譯（1995）《在華耶蘇會士列傳及書目》（中外關係史名著譯叢），北京：中華書局。

Cordier, Henri (1872) *A Catalogue of the Library of the North China Branch of the Royal Asiatic Society,* Shanghai: Printed at the 'Ching-Foong' General Printing Office;【影印】(2010) Charleston, SC.: Bibliobazaar.

Cordier, Henri (1878-85) *Bibliotheca Sinica: Dictionnaire bibliographique des ouvrages relatifs à l'empire chinois*, Publications de l'École des Langues Orientales Vivantes, Paris: La Leroux;（1893-1895）【suppléments】;（1904-1924）Paris: Librairie orientale & américaine【2.ed., revue, corrigée et considérablement augmentée】; Paris: Guilmoto 【v.1-v.4】; Paris: G. Geuthner【supplément et index】; 考狄編（1938）《西人論中國書目》，北平：文殿閣書莊【據第二版影印】;（1963）Bruxelles: Culture et Civilisation【據第二版影印】;（1966）T'ai-pei: Ch'eng-Wen【據第二版影印】; East Asiatic Library compiled (1968) Burt Franklin bibliography & reference series 250, New York: Burt Franklin【據第二版影印】;（1971）Hildesheim, Zürich, New York: Georg Olms Verlag【據第二版影印】;（2010）La Vergne, TN: Nabu Press【據 Columbia University 藏本影印】.

Anonymous (1882) *Trübner's catalogue of dictionaries and grammars of the principal languages and dialects of the world*, London: Trübner; (1904) Fourth Edition;【影印】（2008）Charleston, SC.: Bibliobazaar..

Cordier, Henri (1883) *Essai d'une bibliographie des ouvrages publiés en Chine par les européens au XVIIe et au XVIIIe siècle*, Paris: Ernest Leroux.

Cordier, Henri (1883) *La France en Chine au dix-huitième siècle：documents inédits publiés sur les manuscrits conservés au dépôt des affaires étrangères*, Paris: Ernest Leroux.

Courant, Maurice (1900-12) *Catalogue des Livres Chinois, Coréens, Japonais, etc*, Paris: E. Leroux;【復刻】モーリス・クーラン（1993-94）《パリ國立圖書館所藏漢籍解題目録》，東京：霞ヶ關出版;（2001）首爾：景仁文化社。

Cordier, Henri (1901) *L'imprimerie sino-européenne en Chine: bibliographie des ouvrages publiés en Chine par les Européens au XVIIe et au XVIIIe siècle*, Publications de l'École des Langues Orientales Vivantes, 5e sér. t.3, Paris: Imprimerie nationale; (1977) Classica Japonica: facsimile series in the Tenri Central Library, Section11, Varia; III, 5, Tenri: Tenri Central Library; (1979) Chinese Materials Center Reprint series No. 89, San Francisco: Chinese Materials Center; (2002) Mansfield Centre, CT: Martino Pub.

Henri Cordier (1926) *A Rough Index to the Bibliotheca Sinica*, Tokyo: Toyo Bunko.

Duyvendak (1936) J. J., L. Early Chinese Studies in Holland, *T'oung pao* Sér. 2. 32: 293-344.

徐宗澤（1949）《明清耶蘇會士譯著提要》，上海：慈母堂。

Anonymous (1949) *Catalogue de la bibliothèque du Pe-T'ang*, Imprimerie des Lazaristes; (1969) Les Belles Lettres;（2009）《北堂圖書館藏西文善本目録》，北京：國家圖書館出版社。

Cordier, Henri (1953) *Author index to the Bibliotheca Sinica of Henri Cordier*, New York: East Asiatic Library, Columbia University Libraries【for the 2nd edition (1904-08) and Supplement (1924)】.

鳥井克之（1970）天理圖書館藏歐文中國語文法書，《鳥居久靖教授華甲記念論文集》163—175，天理：天理時報社。

榎一雄（1974）スペイン・ポルトガル・イギリスの圖書館・古文書館を訪ねて，《東洋文庫書報》5：22—57；（1994）《榎一雄著作集》9：415—447，東京：汲古書院。

慶應義塾大學附屬研究所斯道文庫編（1979）*A Classified Catalogue of Books of the Henri Cordier Collection*（コルデイエ文庫分類目録），東京：慶應義塾大學附屬研究所斯道文庫。

Walravens, Hartmut (1982) *Preliminary Checklist of Christian and Western Material in Chinese in Three Major Collections*, Hamburg: C. Bell Verlag.

吉田忠（1988）《イエズス會士關係著譯書の基礎的研究》，科學研究費補助金研究成果報告書。

著者不詳（1988）北堂藏書十六、十七世紀兩種珍本書録及書影，《圖書館學通訊》4：97。

Zürcher, Eilk, Nicolas Standaert & Adrianus Dudink eds. (1991) *Bibliography of the Jesuit Mission in China, ca.1580-ca.1680*, CWNS Publications No.5, Leiden: Leiden University.

上海圖書館編（1992）《上海圖書館西文珍本書目》，上海：上海社會科學院出版社。

劉羡冰（1994）澳門開埠前後的語言狀況與中外的語言溝通，《中國語文》1：53—56.

Folch, Dolors (1995) Sinological Materials in some Spanish libraries, *Europe Studies China: Papers from an International Conference on the history of European Sinology* 149-160, London: Han-shan Tang Books.

Takata, Tokio (1995) *Inventaire Sommaire des Manuscrits et Imprimés Chinois de la Bibliothèque Vaticane, par Paul Pelliot*, Italian School of East Asian Studies Reference Series 1, Roma: Istituto italiano di cultura, Scuola di studi sull'Asia orientale；（法）伯希和編，（日）高田時雄校訂補編，郭可譯（2006）《梵蒂岡圖書館所藏漢籍目録》，北京：中華書局。

Battaglini, Marina (1996) The Jesuit Manuscripts Concerning China, Preserved in Biblioteca Nazionale Centrale-Vittorio Emanuele II in Rome, in: Federico Masini ed., *Western Humanistic Culture presented to China by Jesuit Missionaries (XVII-XVIII centuries): Proceedings of the Conference Held in Rome, October 25-27, 1993* (Bibliotheca Instituti Historici S.I. vol. XLIX) 11-100, Roma: Institutum Historicum Societatis Iesu.

Yu, Dong (1996) *Catalogo delle opere cinesi missionarie della Biblioteca apostolica vaticana* 梵蒂岡圖書館館藏早期傳教士中文文獻目録（十六至十八世紀），Città del Vaticano: Biblioteca apostolica vaticana.

高田時雄（1997）《梵蒂岡圖書館所藏漢籍目録補編 Supplément à l'Inventaire sommaire des livres chinois de la Bibliothèque Vaticane》（京都大學人文科學研究所東洋學文獻センター叢刊 7）；（法）伯希和編，（日）高田時雄校訂補編，郭可譯（2006）《梵蒂岡圖書館所藏漢籍目録》，北京：中華書局。

Andrew C. West (1998) *Catalogue of the Morrison Collection of Chinese Books*, London: School of Oriental and African Studies, University of London.

Albert Chan, S. J (2002) *Chinese books and documents in the Jesuit Archives in Rome, a descriptive catalogue: Japonica-Sinica I-IV*, London: M. E. Sharpe.

姚小平（2006）梵蒂岡圖書館所藏若干明清語言文字書，《語言科學》6：96—105。

倉田明子（2006）バーゼル傳道會所藏の中國關連コレクションについて 附中國語文獻

コレクション目録，《アジア文化研究》32：217—289。

井上泰山（2008）《漢籍西游記》，吹田：關西大學出版部。

楊慧玲（2009）羅馬 Lincei 和 Corsiniana 圖書館收藏的中文基督教文獻，《世界宗教文化》3：40—43。

馬德里自治大學東亞研究中心編（2010）《西班牙圖書館中國古籍書誌》，上海：上海古籍出版社。

楊慧玲（2011）世界漢外双語辭典史的緣起，《辭書研究》（2011）3：164—177。

中砂明德（2011）イエズス會の極東關係史料—“大發見の時代”とその後，大澤顯浩編《東アジア書誌學への招待》第二卷 195—230，東京：東方書店。

大澤顯浩（2012）從瑞典皇家圖書館館藏漢籍看東西交流，《西學東漸與東亞近代知識的形成和交流》183—193，上海：上海人民出版社。

楊慧玲（2012）中國國家圖書館藏漢葡辭典抄本及其史料價值，《史學史研究》4：118—119，123。

張西平（2012）羅明堅和利瑪竇《葡漢辭典》中的散頁文獻研究，《世界漢語教育史研究學會第四屆年會：漢語與亞洲歐洲語言的接觸與交流》37—53，首爾：韓國外國語大學。

楊慧玲（2013）耶穌會檔案館藏《漢葡辭典》研究，《國際漢學》23：325—331。

<研究文獻参考書目>

計翔翔（2002）《十七世紀中期漢學著作研究》，上海：上海古籍出版社。

榎一雄（1980）ボクサー教授の業績[含著作目録（1926—1979）]，《東方學》60：137—166；（1994）《榎一雄著作集》11：30—80，東京：汲古書院。

榎一雄（1984）訃報二篇（一九八四），《東方學》68：127—154；（1994）ディヴィス教授の訃，《榎一雄著作集》11：30—80，東京：汲古書院；（1994）トゥッチィ教授の訃，《榎一雄著作集》11：30—80，東京：汲古書院。

榎一雄（1985）ボクサー教授著作目録，《東方學》70：163—174；（1994）《榎一雄著作集》11：81—102，東京：汲古書院。

1. 總論

Duret, Claude (1613) *Thresor de l'histoire des langues de cest (sic) univers: contenant les origines, beautés, perfections, décadences mutations, changements conversion et ruines des langues*; (1619) A Yverdon: De l'imprimerie de la Société Helvetiale Caldoresque, Orléans, Bibliothèque municipale, Fonds ancien D25; (1972) Edition de Cologny, Genève: Slatkine reprints.

石田幹之助（1932）《歐人の支那研究》（現代史學大系第 8 巻），東京：共立社；【中譯本】朱滋萃譯（1934）《歐人之漢學研究》（文學院叢刊第 1 號），北平：中法大學；（1942）《歐米に於ける支那研究》，東京：創元社【第二版】；（1946）東京：日本圖書【增補再版】；（1997）《歐米・ロシア・日本における中國研究》，東京：科學書院。

Szcesniak, Boleslaw (1947) The beginnings of Chinese lexicography in Europe with particular reference to the work of Michael Boym (1612-1659), *Journal of the American Oriental Society* 67(3): 160-165.

Boxer, Charles R. (1953) *South China in the Sixteenth Century: Being the narratives of Galeote Pereira, Fr. Gaspar da Cruz, Fr. Matín de Rada, 1550-1575*, London: Hakluyt Society.

Gonzalez, José-Maria (1955) Apuntes acerca de la fililigía misional dominicana de Oriente, *España Misionera* 46(12): 143-179.

Grootaers, Willem A.，小川環樹（1957）ヨーロッパの中國語研究，《中國語學事典》20—27，東京：江南書院。

Yang, Paul Fu-mien (1960) The Catholic missionary contribution to the study of Chinese dialects, *Bulletin International de Documentation Linguistique* 9(1): 158-185.

van der Loon, Piet (1966, 1967) The Manila Incunabula and early Hokkien studies (I, II), *Asia Major* 12: 1-43; 13: 95-186.

方豪（1969）《方豪六十自定稿》，臺灣：臺灣學生書局。

平川祐弘（1969-1997）《マッテオ・リッチ傳》3 巻，東京：平凡社。

Dehergne, Joseph (1973) *Letouzey & Ané. Répertoire des jésuites de Chine de 1552 à 1800*, Roma: Institutum historicum S.I.;【中譯本】（法）榮振華，耿昇譯（1995）《在華耶穌會士列傳及書目補編》，北京：中華書局。

張奉箴（1983）利瑪竇和金尼閣的中文拉丁注音，《紀念利瑪竇來華四百週年中西文化交流國際學術會議論文集》257—260，新北：輔仁大學出版社。

魯國堯（1985）明代官話及其基礎方言問題——讀利瑪竇《中國札記》，《南京大學學報（哲學社會科學）》4：47—52；（1994）《魯國堯自選集》（著名中年語言學家自選集）292—304，鄭州：河南教育出版社；（2003）《魯國堯語言學論文集》508—521，揚州：江蘇教育出版社。

古屋昭弘（1988）《賓主問答私擬》の音系，《中國語學研究・開篇》6：38—56；劉麗川譯《賓主問答解義》的音系，《音韻學研究通訊》17：26—40。

Lundbæk, Knud (1988) *The Traditional History of the Chinese Script from a Seventeenth Century Jesuit Manuscript*, Aarhus: Aarhus University Press.

フリッツ・フォス（1989）ヨーロッパの東洋語學事始，《日本文化研究所研究報告》25：1—18。

古屋昭弘（1989）宣教師資料に見る明代の官話，《早稻田大學大學院文學研究科紀要》35：69—79。

古屋昭弘（1989）明代官話の一資料—リッチ・ルッジェーリの《賓主問答私擬》，《東洋學報》70（3・4）：1—25。

Schreyer, Rüdiger (1992) *The European discovery of Chinese, 1550-1615, or: The mystery of Chinese unveiled, Cahier voor taalkunde*, Amsterdam: Stichting Neerlandistiek VU.

Chan, Albert, S. J. (1993) Michele Ruggieri, S. J. (1543-1607) and his Chinese Poems, *Monumenta Serica* 41: 129-176.

金薰鎬（1994）從利瑪竇、金尼閣的漢語拼音看明代晚期的官話音系，《語言研究》增刊394—404。

Harbsmeier, Christoph (1995) John Webb and the early history of the study of the classical Chinese language in the West, *Europe Studies China, Papers from an International Conference on the history of European Sinology* 297-338, London: Han-shan Tang Books.

Pulleyblank, Edwin G. (1995) European studies on Chinese phonology: the first phase, *Europe Studies China, Papers from an International Conference on the history of European Sinology* 339-367, London: Han-shan Tang Books.

Bertuccioli, Giuliano (1995) Sinology in Italy 1600-1950, *Europe Studies China, Papers from an International Conference on the history of European Sinology* 67-78, London: Han-shan Tang Books.

計翔翔（1995）明末在華天主教士金尼閣事迹考，《世界歷史》1：72—78。

尹斌庸（1995）利瑪竇等創制漢語拼音方案考證，《學術集林》4：341—353。

Masini, Federico (1996) Some preliminary remarks on the study of Chinese lexicographic material prepared by the Jesuit missionaries in China in the seventeenth century, in: Federico Masini ed., *Western Humanistic Culture presented to China by Jesuit Missionaries (XVII-XVIII centuries): Proceedings of the Conference Held in Rome, October 25-27, 1993* (Bibliotheca Instituti Historici S.I. vol. XLIX) 235-245, Roma: Institutum Historicum Societatis Iesu.

董明（1996）明代來華傳教士的漢語學習及其影響，《北京師範大學學報（社會科學版）》6：90—95。

黄笑山（1996）利瑪竇所記的明末官話聲母系統，《新疆大學學報（哲學社會科學版）》3：100—107。

姚小平（1997）17—19世紀的德國語言學與中國語言學：中西語言學史断代比較研究，《外語教學與研究》3：74—76。

Coblin, South. W. (1997) Notes on the sound system of late Ming Guanhua, *Monumenta Serica* 45: 261-307.

Coblin, South W. (1997) Contact, Drift, and Convergence in Nanking Guanhua，《漢語史研究集刊》2：379—431。

康志傑（1998）耶蘇會士與辭書編纂，《辭書研究》1998（1）：126—129。

古屋昭弘（1998）明代知識人の言語生活—萬曆年間を中心に—，《神奈川大學中國語學

科創設十周年記念論文集：現代中國語學への視座—新シノロジー・言語編》146—165，東京：東方書店。

Jimérez, José Antonio (1998) Spanish friars in the Far East: Fray Juan Cobo and his book Shi Lu, *Historia Scientarium: International Journal of the History of Science Society of Japan* 7(3): 181-198.

金薰鎬（1998）西洋宣教師音韻資料에反映된明清官話，《中國人文科學》17：39—56。

Hashimoto, Anne O. (1999) The Min translation of Doctrina Christiana, Ting Pang-Hsin ed. *Contemporary studies on the Min dialects* (Journal of Chinese Linguistics Monograph Series 14) 42-76, Berkeley: Project on Linguistic Analysis.

何群雄（2000）《中國語文法學事始》，東京：三元社。

許光華（2000）16至18世紀傳教士與漢語研究，《國際漢學》2：456—490。

鈴木廣光（2000）鄉談—Codices Reginensis Latini. 459の解釋から，《古典學の再構築》8：76—77。

吴孟雪（2000）歐人對中國語言文字的研究，《歐洲人眼中的中國》1—38，北京：中華書局。

Coblin, South. W. (2000) A Diachronic Study of Míng Guānhuà phonology, *Monumenta Serica* 48: 267-335.

Manisi, Federico (2000) Materiali Lessicografici sulla lingua Cinese redatti dagli Occidentali fra '500 e '600: i dialetti del Fujian, *Cina* 28: 53-79.

Honey, David B. (2001) *Incense at the Altar: Pioneering Sinologists and the Development of Classical Chinese Philology*, New Haven: American Oriental Society.

張國剛等（2001）《明清傳教士與歐州漢學》，北京：中國社會科學出版社。

內田慶市（2001）《近代における東西言語文化接觸の研究》，吹田：關西大學出版部。

高田時雄（2001）カトリック・ミッションの言語戰略と中國，《文學》2—5：1—7。

フェデリコ・マジーニ（2001）宣教師が中國語に與えた影響について，《西洋近代文明と中華世界》94—110，京都：京都大學學術出版會。

內田慶市（2001）歐米人の學んだ中國語，《西洋近代文明と中華世界》143—161，京都：京都大學學術出版會。

馬西尼，孟偉根譯（2001）艾儒略對漢語的貢獻，《語文建設通訊》68：49—63；張西平、楊慧玲編（2013）《近代西方漢語研究論集》199—224，北京：商務印書館。

高田時雄（2001）イタリアにおける漢籍の蒐集（上、下），《東方》244：2—6；245：2—6。

高田時雄（2001）ジュゼッペ・ロスとロス文庫，《文學》2-3：1—10。

Porter, David (2001) *Ideographia: The Chinese Cipher in Early Modern Europe*, Stanford: Stanford University Press.

Ramsey, Rachel (2001) China and the ideal of order in John Webb's'An Historical Essay', *Journal of the History of Ideas* 62(3): 483-503.

金薰鎬（2001）西洋傳教士的漢語拼音所反映的明代官話音系，《古漢語研究》1：33—39。

張西平（2001）西方漢學的奠基人羅明堅，《歷史研究》3：101—115；（2012）《國際漢學》23：157—176。

高田時雄（2002）國際漢學の出現と漢學の變容，《中國—社會と文化》17：18—24。

張西平（2002）應重視對西方早期漢學的研究，《國際漢學》7：1—7。

張西平（2002）明清時期漢語教學概况——兼論漢語教學史的研究，《世界漢語教學》1：93—103。

Takata, Tokio（2002）A note on a 16th century manuscript of the "Chinese Alphabet", Antonino Forte & Federico Masini eds., *A Life Journey to the East, Sinological Studies in Memory of Giuliano Bertuccioli (1923-2001)* 165-183, Kyoto: ISEAS.

白雪【Sandra Breitenbach】（2003）在中國的西方語言學傳統，《明末清初中西文化交流國際學術研討會論文集：相遇與對話》259—274，北京：宗教文化出版社。

馬西尼【Federico Masini】（2003）十七、十八世紀西方傳教士編撰的漢語字典，《明末清初中西文化交流國際學術研討會論文集：相遇與對話》334—347，北京：宗教文化出版社；張西平、楊慧玲編（2013）《近代西方漢語研究論集》225—260，北京：商務印書館。

鄧恩，余三樂、石蓉譯（2003）《從利瑪竇到湯若望：晚明的耶蘇會傳教士》，上海：上海古籍出版社。

張西平等（2003）《西方人早期漢語學習史調查》，北京：中國大百科全書出版社。

張西平（2003）16—19 世紀西方人的中國語言觀，《漢學研究通迅》85：7—17。

馮天瑜（2003）利瑪竇翻譯西洋術語的首創之功，《中西文化研究》4：83—88。

黃河清（2003）利瑪竇對漢語的貢獻，《語文建設通訊》74：30—37。

內田慶市（2003）近代歐米人の中國語語法研究と品詞名稱の變遷初探，《關西大學中國文學會紀要》24：43—52。

宮坂彌代生（2003）批評と紹介　蘇精著《馬禮遜與中文印刷出版》，《東洋學報》85（2）：273—280。

董海櫻（2003）16—17 世紀中期西方漢語研究的歷史分析，《浙江學刊》6：140—144；（2011）《16 世紀至 19 世紀初西人漢語研究》（國際漢語教育史研究叢書），北京：商務印書館。

高田時雄（2004）明末官話調值小考，《語言學論叢》29：145—50。

王松木（2005）從明末官話記音資料管窺西儒中介話音系，《高雄師大學報》19：35—50。

張西平（2005）《傳教士漢學研究》，鄭州：大象出版社。

張美蘭（2005）掌握漢語的金鑰匙——元明清東西方漢語教材特點比較，《國際漢學》12：226—241；（2005）《世界漢語教育史研究：第一屆世界漢語教育史國際學術研討會論文集》90—100，澳門：澳門理工學院出版。

（德）賈騰、史笑艷譯（2005）德國漢學和語言學的分裂關係，《德國漢學：歷史、發展、人物與視角》343—356，鄭州：大象出版社。

古屋昭弘（2006）"官話"と"南京"についてのメモ—"近代官話音系國際學術研討會"に參加して—，《中國語學研究・開篇》25：119—123。

張西平等（2006）《歐美漢學研究的歷史與現狀》，鄭州：大象出版社。

張美蘭（2006）傳教士利瑪竇的漢語學習與漢語研究，《21 世紀的中國語言學》2：515—536，北京：商務印書館。

崔維孝（2006）《明清之際西班牙方濟會在華傳教研究（1959—1732）》，北京：中華書局。

陳義海（2006）基督教在中國的傳播與漢語研究的科學化——明清際基督教文化對中國文化的影響，《鹽城師範學院學報（人文社會科學版）》6：80—84。

内田慶市（2007）近代西洋人的漢語研究的定位和可能性：以“官話”研究爲中心，《關西大學中國文學會紀要》28：181—192。

内田慶市、冰野善寛（2007）“近代漢語文獻データベース”の構築，《東方》318：2—6。

魯國堯（2007）研究明末清初官話基礎方言的廿三年歷程——“從字縫裡看”到“字面上看”，耿振生主編《近代官話語音研究》122—142，北京：語文出版社。

尹群（2007）晚明和清朝前期中歐交往的語言媒介，《學海》5：104—109。

保羅（2007）17 世紀耶穌會士著作中的地名在中國的傳播，《國際漢學》15：238—261；張西平、楊慧玲編（2013）《近代西方漢語研究論集》225—260，北京：商務印書館。

Coblin, South. W. (2007) *Modern Chinese phonology: from Guānhuà to Mandarin*, with an introduction by Sagart, L. and two discussion papers by Norman, J. & Simmons, R. V., Paris: Ecole des Hautes Etudes en Science Sociales.

Klöter, Henning (2007) “ay sinco lenguas algo diferentes”: Chinese vernaculars in early missionary sources, in Otto Zwartjes, Gregory James and Emilio Ridruejo ed. *Missionary Linguistics* III: 191-210, Amsterdam / Philadelphia: John Benjamins.

Rusk, Bruce (2007) Old scripts, new actors: European encounters with Chinese writing, 1550-1700, *East Asian Science, Technology and Medicin*e 26: 68-116.

陳輝（2007）《論早期東亞與歐洲的語言接觸》，北京：中國社會科學出版社。

古屋昭弘（2008）《老乞大》與《賓主問答》，《韓漢語言研究》101—109，首爾：學古房。

姚小平（2008）歐洲漢語教育史之緣起——早期傳教士的漢語學習和研究，《長江學術》1：114—120。

朱志瑜（2008）《天主實義》：利瑪竇天主教詞彙的翻譯策略，《中國翻譯》6：27—29。

高永安（2008）明末西方人學習中文的理念和方法探析，《語言教學與研究》2：9—16。

薛志霞（2008）明末傳教士漢語羅馬字注音方案性質考，《晉中學院學報》4：1—9。

王顯雲、孫坤（2008）歐洲歷史上的“漢語教育熱”，《中國民營科技與經濟》10：87—88。

Breitenbach, Sandra (2008) *Missionary Linguistics in East Asia: The Origins of Religious Language in the Shaping of Christianity?*, Frankfurt am Main: Peter Lang Publishing.

Klöter, Henning and Otto Zwartjes (2008) The Chinese Language through the Eyes of Western Missionaries: A Hokkien Grammar of the 17th Century，《漢學研究集刊》7：95—118.

Klöter, Henning (2008) Chinese in the grammars of Tagalog and Japanese of the Franciscan Melchor Oyanguren de Santa Inés (1688-1747), *Histoire, épistémologie, langage* 30(2): 177-197.

安奇燮、金恩希（2008）西洋宣教師資料가傳하는明代官話의實體：葡漢辭典・西儒耳

目資·中國札記를中心으로，《中國人文科學》40：53—79。
張西平（2009）《歐洲早期漢學史——中西文化交流與西方漢學的興起》，鄭州：大象出版社。
曲偉新（2009）明末傳教士的中文教學對漢語發展的影響，《長春教育學院學報》4：46—47。
張西平（2009）《世界漢語教育史》，鄭州：大象出版社。
魏思齊（2009）西方早期（1552—1814 年間）漢語學習和研究：若干思考，《漢學研究集刊》8：89—93，95—121。
卞浩宇、嚴佳（2010）從《葡漢詞典》到《西儒耳目資》——來華耶穌會士與早期漢語拼音方案的歷史演變，《科技信息》1：223—224。
曹保平（2010）利瑪竇與漢語國際傳播，《蘭臺世界》10：39—40。
張莉（2010）明清學人與漢語拼音的形成，《中州學刊》4：256—258。
岳峰（2010）西方漢學先驅羅明堅的生平與著譯成就考察，《東方論壇》3：26—32。
董海櫻（2011）《16 世紀至 19 世紀初西人漢語研究》（國際漢語教育史研究叢書），北京：商務印書館。
卡薩齊、莎麗達（2011）《漢語流傳歐洲史》，北京：學林出版社。
楊慧玲（2011）利瑪竇與在華耶穌會漢外詞典學傳統，《北京行政學院學報》6：124—126。
耿軍（2011）早期傳教士的漢語語音學習，《重慶理工大學學報（社會科學版）》5：107—111，120。
王松木（2011）調適與轉化：晚明入華耶穌會士對漢語的學習、研究與指導，魏思齊編《輔仁大學第六屆漢學國際研討會“西方早期（1552—1814 年間）漢語學習和研究”論文集》47—87，新北：輔仁大學出版社。
Wang, Song-mu (2011) Adaption and Transformation: Jesuits' Acquisition, Research and Demonstration of Chinese in Late Ming China, Wesołowski, Zbigniew ed. *The Sixth Fu Jen University International Sinological Symposium: "Early European (1552-1814) Acquisition and Research on Chinese Languages" Symposium Papers* 89-150, New Taipei: Fu Jen University Press.
Klöter, Henning (2011) Philippines or Mainland China: Where did first Europeans begin to learn and study Chinese languages? Is there a need for a paradigm shift?, Wesołowski, Zbigniew ed. *The Sixth Fu Jen University International Sinological Symposium: "Early European (1552-1814) Acquisition and Research on Chinese Languages" Symposium Papers* 215-239, New Taipei: Fu Jen University Press.
韓可龍（2011）菲律賓或中國大陸：第一批歐洲人於何處開始學習與研究漢語?是否需要典範轉移?，魏思齊編《輔仁大學第六屆漢學國際研討會“西方早期（1552—1814 年間）漢語學習和研究”論文集》241—262，新北：輔仁大學出版社。
柳若梅（2011）中國大陸學術界對“西方早期（1552—1814）漢語學習與研究”的關注，魏思齊編《輔仁大學第六屆漢學國際研討會“西方早期（1552—1814 年間）漢語學習和研究”論文集》265—282，新北：輔仁大學出版社。

Liu, Ruomei (2011) Mainland-China's Interest in Early Western (1552-1814) Acquisition and Study of Chinese, Wesołowski, Zbigniew ed. *The Sixth Fu Jen University International Sinological Symposium: "Early European (1552-1814) Acquisition and Research on Chinese Languages" Symposium Papers* 283-303, New Taipei: Fu Jen University Press.

Honey, David (2011) Philology, Philosophy, and Science: Intellectual Background of the Reception of the Knowledge of China in the 16th-18th Europe, Wesołowski, Zbigniew ed. *The Sixth Fu Jen University International Sinological Symposium: "Early European (1552-1814) Acquisition and Research on Chinese Languages" Symposium Papers* 435-461, New Taipei: Fu Jen University Press.

韓大偉（2011）語文學、哲學和科學：16—18世紀歐洲接受中國知識的精神背景，魏思齊編《輔仁大學第六屆漢學國際研討會“西方早期（1552—1814年間）漢語學習和研究”論文集》463—486，新北：輔仁大學出版社。

姚小平（2011）漢語的單音節性——西方早期漢語認知史的一個命題，魏思齊編《輔仁大學第六屆漢學國際研討會“西方早期（1552—1814年間）漢語學習和研究”論文集》489—511，新北：輔仁大學出版社。

Yao, Xiaoping (2011) Monosyllability of Chinese: A Thesis of the Western Knowledge of Chinese in Early Modern Europe, Wesołowski, Zbigniew ed. *The Sixth Fu Jen University International Sinological Symposium: "Early European (1552-1814) Acquisition and Research on Chinese Languages" Symposium Papers* 513-544, New Taipei: Fu Jen University Press.

沈啟元（2011）臺灣第一所爲外國人設立的國語學校，魏思齊編《輔仁大學第六屆漢學國際研討會“西方早期（1552—1814年間）漢語學習和研究”論文集》647—653，新北：輔仁大學出版社。

Mateos, Fernando (2011) The First Mandarin School for Foreigners in Taiwan, Wesołowski, Zbigniew ed. *The Sixth Fu Jen University International Sinological Symposium: "Early European (1552-1814) Acquisition and Research on Chinese Languages" Symposium Papers* 655-663, New Taipei: Fu Jen University Press.

王碩豐、張西平（2011）淺談《聖經直解》在譯解中的儒家色彩，魏思齊編《輔仁大學第六屆漢學國際研討會“西方早期（1552—1814 年間）漢語學習和研究”論文集》667—676，新北：輔仁大學出版社。

Wang, Shuofeng, Zhang, Xiping (2011) Research on Confucian Influence in the Shing Jing Shi Jie, Wesołowski, Zbigniew ed. *The Sixth Fu Jen University International Sinological Symposium: "Early European (1552-1814) Acquisition and Research on Chinese Languages" Symposium Papers* 677-693, New Taipei: Fu Jen University Press.

張西平（2012）國外對明末清初天主教中文文獻的收集和整理，《中西文化初識：北京與羅馬》210—233，上海：華東師範大學出版社。

王銘宇（2012）“天主”詞源考《語文研究》3：49—53。

韓可龍，諸穎政譯（2012）早期西文文獻中的官話與方言，復旦大學文史研究院編《西文文獻中的中國》29—49，北京：中華書局。

張西平（2013）簡論羅明堅和利瑪竇對近代漢語術語的貢獻——以漢語神學與哲學外來詞研究爲中心，《貴州社會科學》7：121—130。

張西平（2013）西方近代以來漢語研究的成就，張西平、楊慧玲編《近代西方漢語研究論集》5—32，北京：商務印書館。

李真（2014）從耶穌會士書簡看早期來華西方人的漢語學習，張西平、柳若梅編《國際漢語教育史研究》28—44，北京：商務印書館。

2. 詞典、韻書

2.1 Ruggieri, Ricci *Dicionário PortuguêsChinês*

◎原始資料

・現存文本

【1600年代】：Archivum Romanum Societatis Iesu 耶穌會羅馬檔案館（Japonica-Sinica I, 198, ff. 32r-169r.）.

・影印

John W.Witek, S. J. ed. (2001) *Dicionário Português-Chinês* 葡漢辭典 Biblioteca National Portugal, Instituto Português do oriente, San Francisco: Ricci Institute for Chinese-Western cultural history, University of San Francisco.

◎研究

Yang, Paul Fu-mien (1985) Introducao histórico linguística, *Chinese Lexicology and Lexicography*, Hong Kong: Chinese University Press.

唯唐（1987）楊福綿教授介紹研究利用利瑪竇及其漢語拼音方案的新成果，《語文建設》5：62。

Yang, Paul Fu-mien (1989) The Portuguese-Chinese Dictionary of Matteo Ricci; A Historical and Linguistic Introduction,《中研院第二屆國際漢學會議論文集》2：191—242，Taipei: Academia Sinica.

Levi, Joseph Abraham (1998) *O Dictionario Portugues-Chines de Padre Matteo Ricci, S.J. (1552-1610) Una Abordagem Historico-Linguistica,* New Orleans: University Press of the South.

楊福綿（1995）羅明堅、利瑪竇《葡漢辭典》所記録的明代官話，《中國語言學報》5：35—81；張西平、楊慧玲編（2013）《近代西方漢語研究論集》（國際漢語教育史研究叢書）87—148，北京：商務印書館。

王初慶（1994）利瑪竇《葡華字典》中文部份初探，《輔仁雜誌（文學院之部）》23：17—26。

古屋昭弘（1997）明代の“V 倒”について，《中國語學研究・開篇》16：99—102，東京：好文出版。

康華倫（2011）羅明堅和利瑪竇編輯的所謂《葡漢辭典》（Dicionário Português-Chinês）中的一些不一致，魏思齊編《輔仁大學第六屆漢學國際研討會“西方早期（1552-1814年間）漢語學習和研究”論文集》153—179，新北：輔仁大學出版社。

Castellazzi, Valentino (2011) Some Discrepancies about the So-called Portuguese-Chinese Dictionary of Matteo Ricci and Antonio Ruggieri, Wesołowski, Zbigniew ed. *The Sixth Fu Jen University International Sinological Symposium: "Early European (1552-1814) Acquisition and Research on Chinese Languages" Symposium Papers* 181-212, New Taipei: Fu Jen University Press.

董海櫻（2011）用拉丁字母拼寫漢字的最早嘗試——羅明堅、利瑪竇《葡漢辭典》，《16世紀至19世紀初西人漢語研究》61—72，北京：商務印書館。

內田慶市（2014）近代西方人的漢語文體觀，張西平、柳若梅編《國際漢語教育史研究》9—27，北京：商務印書館。

2.2 Ricci, Matteo 《西字奇迹》

◎原始資料

・現存文本

1605年《程氏墨苑》。

・影印本

Laufer, Berthold (1910) Christian Art in China, *Mitteilungen des Seminars für Orientalischen Sprachen an der Königlichen Friedlich-Wilhelms-Universität zu Berlin* 13: 100-118.

大村西崖校輯（1923）東京：圖本叢刊會【2卷】。

Schüller Sepp (1936) *Die Katholischen Misionen* 3-8.

（1957）《明末羅馬字注音文章》（拼音文字史料叢書），北京：文字改革出版社。

山田鴻一郎編（1979）奈良：吳竹精昇堂【據東京藝術大學圖書館藏本影印】。

中田勇次郎解說（1980）《文房精粹》同朋社【2帙】。

（1990）東京：中國書店【2帙】。

（1994）《中國古代版畫叢》二編第6輯，上海：上海古籍出版社【2册】【據明萬曆間程氏滋蘭堂刻彩色套印本影印】。

（1995）《四庫全書存目叢書》子部譜録類 79，臺南：莊嚴文化出版公司【據北京大學圖書館藏明萬曆程氏滋蘭堂刻本影印】。

（1996）《四庫全書存目叢書》子部譜録類 79，濟南：齊魯書社【據北京大學圖書館藏明萬曆程氏滋蘭堂刻本影印】。

（1996）《中國古代版畫精品系列叢書》，石家莊：河北美術出版社。

古道編委會（2006）《墨譜集成》第二卷，西安：三秦出版社【據明萬曆間程氏滋蘭堂刻彩色套印本影印】。

・排印本

朱維錚主編（2001）《利瑪竇中文著譯集》247—292，上海：復旦大學出版社。

◎研究

羅常培（1930）耶穌會士在音韻學上的貢獻，《中研院歷史語言研究所集刊》1（3）：267—338；（2004）《羅常培語言學論文集》251—358，北京：商務印書館；（2008）《羅常培文集》8：187—280，濟南：山東教育出版社；（2009）《中研院歷史語言研究所集刊論文類編》（語言文字編・音韻卷）1：59—130，北京：中華書局。

羅常培（1934—1937）《域外中國聲韻論著述評》；（2008）《羅常培文集》6：429—432，濟南：山東教育出版社。

D'Elia, Pasquale M. (1939) *Le Origini dell'Arte Cristiana Cinese (1583-1640),* Roma: Reale Academia d'Italia；柏木治譯（2012）パスクワーレ・M・デリア 中國キリスト教美術の起源（1583 年－1640 年），內田慶市、柏木治編譯《東西文化の翻譯 《聖像畫》における中國同化のみちすじ》9—142，吹田：關西大學出版部。

尹斌庸（1986）《西字奇迹》考，《中國語文天地》2。

黃渼婷（2011）由西方早期傳教士的傳教策略來看《程氏墨苑》四幅教理圖："天國/新天新地"概念之傳遞，《輔仁外語學報》8：127—149。

董海櫻（2011）第一份用拉丁字母拼寫漢字的注音讀物——利瑪竇《西字奇迹》，《16 世紀至 19 世紀初西人漢語研究》72—79，北京：商務印書館。

2.3 Nicolas Trigault（金尼閣）《西儒耳目資》

◎原始資料

・現存文本

明天啟五年【1625】杭州：ARSI (Jap-Sin II, 127).

天啟六年【1626】秦涇王徵校刊本【2 册】：中國國家圖書館；傅斯年圖書館；臺灣圖書館（110.3101161，110.31 01162）【存列邊正譜】；故宮博物院圖書館。

天啟間了一道人良甫刊本【8 册】【十二行二十字】：美國國會圖書館。

天啟間了一道人良甫刊本【2 册】（徐家匯藏書樓明清天主教文獻）【十二行二十字首有明天啟六年（癸亥）張問達序，明天啟丙寅年王徵序】：中華耶穌會神哲學院圖書館。

刊年不明明景風館刊本【2 册】（徐家匯藏書樓明清天主教文獻）【九行二十字首有明天啟六（癸亥）年張問達序，韓雲序】。

刊年不明【抄本】：東洋文庫（I-9-C-1）。

・影印本

（1933）文奎堂刊【據景風館藏版影印】。

（1933）國立北京大學、國立北平圖書館【天啟六年張鍾芳刊本同影印】【3 册】。
（1957）《拼音文字史料叢書》，北京：文字改革出版社【天啟六年刊本影印】【3 册】。
（1975）臺灣圖書館【縮影卷片，明天啟丙寅秦涇王徵校刊本】。
（1995）《續修四庫全書》經部 259，上海：上海古籍出版社。
（1997）《四庫全書存目叢書》經部 213，臺南：莊嚴文化事業有限公司。
（1997）《四庫全書存目叢書》經部 213，濟南：齊魯書社。
刊年不詳，臺北：天一出版社【據北京大學國立北平圖書館影印本再影印出版（國立北平圖書館藏本）】。

◎研究

張蔭麟（1924）明清之際西學輸入中國考略，《清華大學學報》1：38—69。
羅常培（1930）耶穌會士在音韻學上的貢獻，《中研院歷史語言研究所集刊》1（3）：267—338；（1967）再版；（2004）《羅常培語言學論文集》251—358，北京：商務印書館；（2008）《羅常培文集》8：187—280，濟南：山東教育出版社；（2009）《中研院歷史語言研究所集刊論文類編》（語言文字編・音韻卷）1：59—130，北京：中華書局。
奥中孝三（1936）《西儒耳目資》と其の表音法，《音聲學協會會報》41：11—13。
服部四郎（1946）《元朝秘史の蒙古語を表はす漢字音の研究》，東京：龍文書局。
陸志韋（1947）金尼閣西儒耳目資所記的音，《燕京學報》33：115—128；（1971）《漢語音韻學論集》2：231—244，香港：崇文出版社；（1988）《陸志韋近代漢語音韻論集》94—108，北京：商務印書館。
藤堂明保（1952）官話の成立過程から見た西儒耳目資，《東方學》5：99—122；（1987）《藤堂明保中國語學論集》117—153，東京：汲古書院。
楊道經（1957）談《西儒耳目資》，《中國語文》4：封 4；楊耐思編（1997）《近代漢語語音論》213—215，北京：商務印書館。
魯深（1962）一部最早的羅馬字拼音漢語詞典——《西儒耳目資》原刻於陝西考，《文匯報》5（9）：3。
森川久次郎（1969）西儒耳目資，《中國語學新辭典》217—218，東京：光生館。
謝雲飛（1974-1975）金尼閣西儒耳目資析論，《南洋大學學報》8-9（1）：66—83。
太田齋（1978）《西儒耳目資の音系について—入聲の特質をめぐって》，東京都立大學碩士論文。
杜松壽（1979）羅馬化漢語拼音的歷史淵源——簡介明季在西安出版的《西儒耳目資》，《陝西師大學報（哲學社會科學版）》4：64—70。
李思敬（1981）漢語音韻學史文獻上的兒化音記録考，《語文研究》1：83—88。
劉埜（1982）西儒耳目資與中法文化交流，《河北師院學報》1：51—55。
李新魁（1982）記表現山西方音的《西儒耳目資》，《語文研究》1：126—129。
李思敬（1986）西儒耳目資的列音韻譜中的兒化音辨，《漢語兒音史研究》，北京：商務印書館。

Chen, Liang-chi (1987) *Eine funktionell-strukturelle und historisch-vergleichende Untersuchung des XI RU ER MU ZI (1626, Hangzhou): Eine vergleichende Studie zur traditionellen chinesischen Lexikographie*, Ph. D diss., Universität Trier.

金薰鎬（1989）《西儒耳目資》研究，《中國人文科學》8：119—151。

曾曉渝（1991）《〈西儒耳目資〉音系研究》，西南師範大學碩士論文。

曾曉渝（1991）《西儒耳目資》的調值擬測，袁曉園主編《漢字漢語學術研討會論文集（下）》189—199，吉林：吉林教育出版社；（1992）《語言研究》2：132—136；（2004）《語音歷史探索：曾曉渝自選集》45—57，天津：南開大學出版社。

曾曉渝（1991）試論《西儒耳目資》的語音基礎及明代官話的標準音，《西南師範大學學報（人文社會科學版）》1：66—74；（2004）論《西儒耳目資》的語音基礎及明代官話的標準音，《語音歷史探索：曾曉渝自選集》58—74，天津：南開大學出版社。

張衛東（1991）論《西儒耳目資》的記音性質，《紀念王力先生九十誕辰文集》224—242，濟南：山東教育出版社。

金薰鎬（1991）《西儒耳目資》의聲母體系，《中國人文科學》10：219—254。

耿振生（1992）《明清等韻學通論》，北京：語文出版社。

金薰鎬（1992）《西儒耳目資》의韻母體系，《中國人文科學》11：51—83。

金薰鎬（1992）《西儒耳目資》의韻調體系，《語學研究》4：103—121。

金薰鎬（1992）西儒耳目資基礎音系考察，《中語中文學》14：189—218。

王松木（1993）論《西儒耳目資》的“甚”、“次”、“中”，《中國語言學論文集：第一屆全國研究生語言學研討會》15—41，高雄：復文圖書出版社。

金薰鎬（1993）《〈西儒耳目資〉研究》，全南大學校博士論文。

金薰鎬（1994）《西儒耳目資》的成書及其體制，《河北學刊》4：76—82。

王松木（1994）《〈西儒耳目資〉所反映的明末官話音系》，中正大學碩士論文。

金薰鎬（1994）從利瑪竇、金尼閣的漢語拼音看明代晚期的官話音系，《語言研究》1994增刊：394—404。

計翔翔（1994）金尼閣與中西文化交流，《杭州大學學報（哲學社會科學版）》3：51—57。

曾曉渝（1995）《西儒耳目資》的聲韻系統研究，西南師範大學中文系漢語史研究室編《漢語史論文集》11—49，重慶：西南師範大學出版社；（2004）《語音歷史探索：曾曉渝自選集》1—44，天津：南開大學出版社。

計翔翔（1995）明末在華天主教士金尼閣事迹考，《世界歷史》1：72—78。

麥耘（1996）《西儒耳目資》沒有兒化音的紀録，《語文研究》4：49—51，14。

金薰鎬（1996）《西儒耳目資》非山西方言辨析，《語文研究》2：44—49。

太田齋（1997）《西儒耳目資》編纂過程推測の手がかり（正續），《神户外大論叢》48（2）：61—72；48（5）：41—51。

太田齋（1997）漢語方言の常用語彙に見られる例外的對應形式について—‘明’の場合—，《中國語學研究・開篇》15：114—149。

太田齋（1997）《西儒耳目資》に見る先行韻書の利用のされ方，《中國語學研究・開篇》16：76—80。

葉寶奎（2001）《明清官話音系》厦門：厦門大學出版社。
蔣翼騁（2002）《西儒耳目資》中的“u 次”爲舌尖前高元音說質疑，《雲夢學刊》6：103—106。
이종구（2003）《洪武正韻》과《西儒耳目資》의關係및音韻變化，《中語中文學》33：103—118。
宋洪民（2004）《西儒耳目資》在辭書編纂史上的貢獻，《德州學院學報（哲學社會科學版）》3：73—75。
高田時雄（2004）明末官話調值小考，《語言學論叢》29：145—150。
喬全生（2004）《西儒耳目資》與山西方言及其音系基礎，《音韻論叢》430—443，濟南：齊魯書社。
王松木（2005）從明末官話記音資料管窺西儒中介語音系，《高雄師大學報（人文與藝術類)》19：35—50。
譚慧穎（2006）《西儒耳目資》概念術語辨源，《暨南學報（社會科學版）》1：95—100。
譚慧穎（2006）關於《西儒耳目資》的著者問題，《國際漢語教學動態與研究》4：87—95。
郭書林（2006）《〈西儒耳目資〉異讀研究》，北京語言大學碩士論文。
許莉莉（2007）《西儒耳目資》中的聲調符號與昆曲字腔，《戲曲藝術》2：59—61。
張苗（2007）《〈西儒耳目資〉音系問題研究》，蘇州大學碩士論文。
蔡瑛純（2007）關於明代漢語共同語基礎方言的幾點意見，耿振生主編《近代官話語音研究》143—160，北京：語文出版社。
簡宏逸（2009）金尼閣的音韻活圖，《有鳳初鳴年刊》435—450。
李智瑛（2009）《西儒耳目資의音韻體系研究》，延世大學碩士論文。
丁鋒（2010）《西儒耳目資》重出小韻反映的明末語音狀況《歷史語言學研究》3：233—241；（2010）《如斯齋漢語史叢稿》215—225，貴陽：貴州大學出版社。
丁鋒（2010）解剖《西儒耳目資》：移植《洪武正韻》小韻與韻系重構，《民俗典籍文字研究》6；（2010）《如斯齋漢語史叢稿》貴陽：貴州大學出版社 192—214。
孫宜志（2010）從知莊章的分合看《西儒耳目資》音系的性質，《中國語文》5：438—450，480；（2011）浙江師範大學人文學院《語言學研究論集》339—354，上海：上海古籍出版社。
孫宜志（2010）從知莊章讀音的主體類型看《西儒耳目資》音系的性質，《中國音韻學：中國音韻學研究會南昌國際研討會論文集·2008》202—210，南昌：江西人民出版社。
王松木（2010）談音說韻：明末中西音韻學的相遇與對話，《國際漢學》19：250—271。
譚慧穎（2010）《〈西儒耳目資〉源流辨析》，北京：外語教學與研究出版社。
簡宏逸（2010）《場所、影像、詞書編纂：金尼閣的教育背景如何影響〈西儒耳目資〉》，臺灣師範大學碩士論文。
孫宜志（2011）《西儒耳目資》音系研究的幾個主要問題，《古籍整理研究學刊》4：17，81—83。
毛瑞方（2011）王徵與《西儒耳目資》，《淮北師範大學學報（社會科學版)》6：23—29。
王松木（2011）《〈西儒耳目資〉所反映的明末官話音系》（中國語言文字研究輯刊 20）

臺北：花木蘭文化出版社。

董海櫻（2011）西人第一部分析漢語語音的韻書——金尼閣《西儒耳目資》，《16 世紀至 19 世紀初西人漢語研究》79—88，北京：商務印書館。

孫宜志（2012）從入聲韻論《西儒耳目資》音系的方言背景，《語言學論叢》46：311—323。

孫宜志（2014）也談《西儒耳目資》“甚”“次”“中”的含義，《語言研究》2014（2）：90—94。

艾紅娟（2014）《西儒耳目資》“兒”的音值探析，厦門大學中文系、中國音韻學會編《中國音韻學暨黃典誠學術思想國際學術研討會論文集》288—295，厦門：厦門大學出版社。

2.4 其他

◎原始資料

Anonymous *Arte de la Lengua Chio Chiu*

1620 年：Barcelona University (Ms.1027).

17 世紀：British Library (Add. Ms.25317).

Anonymous *Dictionario Hispanico Sinicum*

17 世紀：University of Santo Tomas Archives, Manila (Ms.216).

Anonymous *Vocabulario de la lengua Española y China*

17 世紀：University of Santo Tomas Archives, Manila (Ms.214).

Chirino, Pedro *Dictionarium Sino-Hispanicum*

1604 年：Biblioteca Angelica (Ms.60); Bibliotèque Nationale (Ms. Chinois 9276).

Heurnius, Justus *Dictionarium Cinense*

1628 年前後：Oxford University Bodlean Library (Marsh 678, Marsh 456); British Library (Sloane 2764); Leiden University(Acad. 224, Acad. 225)【MS】.

Juan Cobo《辯正教真傳實録》

影印：Santamaria, Alberto (1986) *El autor: Juan Cobo, misionero y embajador. In Pien cheng-chiao chen-ch'uan shih-lu / Apologia de la verdadera religion*, Manila: Universidad de Santo Tomás.

◎研究

徐文堪（2004）談西方傳教士與辭書編纂，《辭書研究》2004（5）：121—141。

Kuiper, Koos (2005) The earliest monument of Dutch Sinological Studies: Justus Heurnius's manuscript Dutch-Chinese dictionary and Chinese-Latin Compendium Doctrinae Christianae (Batavia 1628) *Quaerendo* 35(1, 2): 109-139;（荷）高柏，楊慧玲譯（2012）荷蘭漢學研究的首座豐碑赫爾尼俄斯的手稿荷－漢詞典與漢－拉《基督教概要》，《國際漢學》22：165—190。

石崎博志（2006）翻刻資料 Barcelona 大學藏“Arte de la lengua chin cheu”，琉球大學《日

本東洋文化論集》12：151—206。

高田時雄（2009）SANGLEY 語研究的一種資料——彼得・齊瑞諾的《漢西辭典》，陳益源主編《2009 閩南文化國際學術研討會論文集》663—671，臺南：成功大學中國文學系・金門縣文化局。

Klöter, Henning (2011) *The Language of the Sangleys A Chinese Vernacular in Missionary Sources of the Seventeenth Century*, Sinica Leidensia, Leiden: Brill.

張嘉星（2013）歐洲人漢語辭書編纂始於閩南語辭書說，《福州大學學報（哲學社會科學版）》3：12—15。

3. 語法

◎原始資料

Rada, Martin de *Arte y vocabulario de la lengua China*【1575-1578?】.

Cobo, Juan *Arte de la lengua China*【1592?】.

Keng Yong *Doctrina Christiana en la letra y lengua china*【*Doctrina Christiana en la letra y lengua china, compuesta por los padres ministros de los Sangleyes, de la Orden de sancto Domingo. Con licencia, par Keng Yong, china, en el parian de Manila. ca. 1605*】: Manila, Vatican Library.

Cobo, Juan *Arte de las letras Chinas e Lingua sinica ad certam revocata methodam*【刊年不明】.

Morales, Juan Bautista de (Jesus, Juan Bautista de) *Arte de la lengua mandarina*【刊年不明】.

4. 漢字

◎原始資料

Anonymous *Voyage d'Italie*: British Library (Lansdowne MS.720).

◎研究

Lach, Donald F. (1977) *Asia in the Making of Europe*, Vol. II Book 3. Chicago:The University of Chicago Press.

榎一雄（1978）漢字の西方傳播，《月刊シルクロード》4（6）：19—24；4（7）：83—89；4（8）：28—33；4（10）5—12；（1983）《ヨーロッパとアジア》（大東名著選 2），

東京：大東出版社；（1993）《榎一雄著作集》4：193—245，東京：汲古書院。

高田時雄（2001）《西儒耳目資》以前—中國のアルファベット—，《明清時代の音韻學》123—136，京都：京都大學人文科學研究所；Antonino Forte & Federico Masini eds. (2002), *A Life Journey to the East, Sinological Studies in Memory of Giuliano Bertuccioli (1923-2001)*, 1-15 (Italian School of East Asian Studies, Essays, Vol. II).

姚小平（2003）16-19 世紀西方人眼中的漢語漢字，《語言科學》1：99—103。

張美蘭（2005）掌握漢語的金鑰匙——論明清時期國外漢語教材的特點，《國際漢學》12：226—241。

何莫邪、陳怡譯（2005）中國文字系世界原初文字?——19 世紀及此前的西方漢字與漢語研究，《國際漢學》13：131—163。

陶德文、李雪濤譯（2005）圖像與文字——漢字是以何種方式而成爲象徵符號的?，《國際漢學》13：164—186。

陳輝（2007）耶蘇會士對漢字的解析與認知，《浙江大學學報（人文社會科學版）》4：77—84。

高田時雄（2007）非漢字から見た漢字文化，《月刊言語》36（10）：1—5。

5. 中西初識

◎原始資料

Mendoza, Juan Gonzáles de *Historia de las cosas mas notables, ritos y costumbres del Gran Reyno de la China.*

1585 年 Roma: Bartholome Grassi：慶應大學日吉圖書館（KV0@292.2@Go1@1)；【微缩】（1986）Zug: IDC.；【微缩】刊年不明：京都外國語大學（910.4||Con 202574)；Félix García ed. (1944) España Misionera, 2, Madrid: M. Aguilar：京都大學東南アジア研究所（IV Fo||0922 02020799）.

1596 年 En Anvers: en casa de Pedro Bellero：京都大學東南アジア研究所（Oc-R||II As 4||002 01110410)；【微缩】刊年不明；京都大學東南アジア研究所（MF-M||Ph||036||Oc 03009191）.

意大利語版：M. Francesco Avanzo tr. (1586) *Dell'historia della China,* Roma: Appresso Bartolomeo Grassi：關西大學圖書館（pt. 2 204507120)【第 1 册缺】;【微缩】(1986) Zug: IDC.

法語版：Luc de La Porte tr. (1588) *Histoire du grand royaume de la Chine, situé aux Indes Orientales, divisée en deux parties*, Paris: Ieremie Perier.；【微缩】（1986）Zug: IDC.

拉丁語版：Joachim Bruel tr. (1655) *Rerum morumque in Regno Chinensi maxime notabilium historia : ex ipsis Chinensium libris & religiosorum, qui in illo primi fuerunt literis ac relatione concinnata. Item pp. augustinianorum & franciscanorum in illud ingressus*, Antverpiæ: Apud viduam & hæredes Francisci Fickaert;【微缩】(1986) Zug: IDC.

荷蘭語版：Delf. (1656) *Histoire, ofte beschryvinge van 't groote Ryck van China. Welcke vertoont, diens gelehentheyt ende groote, Ryckdommen, Regeerders, wetten, Kloeckheyt der Inwoond'ren, Vrugtbaarheydt ende Zeden des Wijdtstreckende Rijck China, Eerst, in't Spaans beschreven door M. Ian. Gonzales van Mendoza, monnick van'd Oorden van St. Augaustijn, ende nu nieuws in 't Nederduyts vertaalt, door C. T.*;【微缩】(1984) Zug: IDC.

英譯本：(1588) *The historie of the kingdome of China*, Printed by I. Wolfe for E. White; R. Parke tr. (1854) *The historie of the great and mightie kingdome of China, and the situation thereof.*; (1970)【2 冊】Works issued by the Hakluyt Society, 1st ser.; no. 14-15, B. Franklin; (1973) The English experience, its record in early printed books published in facsimile, no. 522, Theatrum Orbis Terrarum, Da Capo Press; (2010) Cambridge library collection, Travel and exploration, Cambridge University Press.

日譯本：長南實、矢澤利彥譯（1965）《シナ大王國誌》（大航海時代叢書 6），東京：岩波書店。

中譯本：（西）門多薩，何高濟譯（1998）《中華大帝國史》（中外關係史名著譯叢），北京：中華書局；（西）胡安・岡薩雷斯・德・門多薩編撰，孫家堃譯（2009）《中華大帝國史》，北京：中央編譯出版社。

Pires, Tomé *Suma Oriental que trata do Maar Roxo ate os Chins.*

1512-1515 年 Lisboa：Bibliothèque de la chambre des députés, Paris.

Armando Cortesão leitura e notas (1978) *A suma oriental de Tomé Pires, e o Livro de Francisco Rodrigues*, Acta Universitatis Conimbrigensis, Coimbra: Ordem da Universidade.

英語版：Cortesao, Armando, ed. (1944) *The Suma Oriental of Tomé Pires: an account of the East, from the Red Sea to Japan, written in Malacca and India in 1512-1515, and, The book of Francisco Rodrigues: rutter of a voyage in the Red Sea, nautical rules, almanack and maps, written and drawn in the East before 1515 / translated from the Portuguese MS in the Bibliothèque de la chambre des députés, Paris, and edited by Armando Cortesão*, Works issued by the Hakluyt Society. 2nd ser.; no. 89-90, London: Printed for the Hakluyt Society【2 冊】; (1967) Nendeln: Kraus Reprint【2 冊】; Cortesao, Armando, ed. (1990) *The Suma Oriental of Tome Pires: An account of the East, from the Red Sea to Japan, written in Malacca and India in 1512-1515. Rutter of a voyage in the Red Sea, nautical rules, almanack and maps, written and drawn in the East before 1515*, New Delhi: Asian Educational Services【再版，2 冊】：東洋文庫（II-2-B-205）；京都大學地域研究統合情報センター（v.1 IY||I||230 200016178938, v.2 IY||I||231 200016178947）；京都大學東南アジア研究所（v.1 III 420||027.5a1||Da 97062218, v.2 III 420||027.5a2||Da 97062219）。

日譯本：生田滋等譯（1966）《東方諸國記》（大航海時代叢書 5），東京：岩波書店.

中譯本：（葡）多默・皮列士、何高濟譯（2005）《東方志——從紅海到中國》（西方文庫學術譯叢），南京：江蘇教育出版社.

Cruz, Gaspar da *Tractado em que se contam muito por estenso as cousas da China, com suas particularidades, e assi do Reyno Dormuz.*

1569-1570 年 Lisboa: Andre de Burgos.

1829 年 Lisboa, 2nd. ed.

校訂本：Luís de Albuquelque (1989) *Primeiros Escritos Portugueses sobre a China*, Lisboa: Publicações Alfa; Raffaella D'Intino (1989) *Enformação das Cousas da China. Textos do Século XVI*, Lisboa: Imprensa Nacional/Casa da Moeda; Rui Manuel Loureiro (1997) *Tractado das Coisas da China (Évora, 1569-70)*, Lisboa: Cotovia / Comissão Nacional para as Comemorações dos Descobrimentos Portugueses.

英譯本：Sauel Purchas tr. (1625) *A Treatise of China and the adioyning Regions, written by Gaspar da Crvz, a Dominican Friar, and dedicated to Sebastian King of Portugall: here abbreuiated*; Charles Ralph Boxer ed. and tr. (1953) *South China in the sixteenth century : being the narratives of Galeote Pereira, Fr. Gaspar da Cruz, O.P. and Fr. Martín de Rada, O.E.S.A. (1550-1575)*. London: Printed for the Hakluyt Society; (2004) Bibliotheca Orientalis, Bangkok: Orchid Press；何高濟譯（2002）《十六世紀中國南部行紀》，北京：中華書局。

中譯本：伯來拉、克路士等著，何高濟譯（2003）《南明行紀》（域外叢書），臺北：臺灣古籍出版。

日譯本：日埜博司譯（1987）《十六世紀華南事物誌：ヨーロッパ最初の中國專著》，東京：明石書店；日埜博司譯（1996）《クルス〈中國誌〉》，東京：新人物往來社；日埜博司譯（2002）《クルス〈中國誌〉ポルトガル宣教師が見た大明帝國》（講談社學術文庫 1555），東京：講談社.

1837 年 Barcelos.

Linschoten, Jan Huygen van *Itinerario, voyage ofte schipvaert naer Oost ofte Portugaels Indien.*

1596 年 Amstelredam：東洋文庫（貴重書 O-9-48）；'s-Gravenhage (1910-1939)：東洋文庫（I-2-F-a-43）.

法語版：(1638) *Histoire de la navigation de Iean Hvgves de Linschot hollandois: aux Indes orientales*, Amstelredam【3ème éd. augm】：東洋文庫（貴重書 O-9-50; O-9-49）.

日譯本：岩生成一等譯（1968）《東方案內記》（大航海時代叢書 8），東京：岩波書店。

Barros, Joao de *Segunda Decada da Asia de Joã de Barros dos feitos que os Portugueses fizeram no descobrimẽto e cõquista dos mares e terras do Oriente.*

荷蘭語版：Mello, Jorge de. Aguiar, Jorge d'. tr. (1706) *Twee ongelukkige scheeps-togten na Oost-Indien, van Jorge de Mello, in het jaar 1507 en Jorge d'Aguiar, in het jaar 1508, beyde in het Portugys beschreeven*. Leyden: Pieter Vander Aa：東洋文庫

（E290.9-BA03-001; E225.04-BA01-001）.

德語版：Soltau, Dietrich Wilhelm. tr. (1821) *Geschichte der Entdeckungen und Eroberungen der Portugiesen im Orient vom Jahr 1415 bis 1539 nach Anleitung der Asia des Joaõ de Barros*. Braunschweig: F. Bieweg【2 册】: 東洋文庫（E236.9-BA01-002）.

(1932) *Asia de Joam de Barros: dos feitos que os portugueses fizeram no descobrimento e conquista dos mares e terras do Oriente, primeira década*, Scriptores Rerum Lusitanarum. Sér. A, Coimbra: Imprensa da Universidade【4. ed.】: 東洋文庫（E220-BA03-001）; (1945-1946)【6. ed. actualizada】Lisboa: Divisão de Publicaçoes e Biblioteca, Agência Geral das Colónias.

日譯本：生田滋、池上岑夫譯（1980-81）《アジア史 1，2》（大航海時代叢書第二期 2，3），東京：岩波書店。

Ricci, Metteo and Nicolas Trigault (1615) *De Christiana expeditione apud Sinas suscepta ab Societate Jesu.*

法譯本：(1978) *Histoire de l'expédition chrétienne au royaume de la Chine: 1582-1610*, Montréal: Bellarmin.

日譯本：川名公平、矢澤利彥譯（1982-83）《中國キリスト教布教史 1，2》（大航海時代叢書第二期 8，9），東京：岩波書店。

中譯本：利瑪竇、金尼閣，何高濟、王遵仲、李申譯，何兆武校（1983）《利瑪竇中國札記》（中外關係史名著叢譯），北京：中華書局；上海博物館編（2010）《利瑪竇行旅中國記》，北京：北京大學出版社；耿昇、何高濟譯（2002）《柏朗嘉賓蒙古行紀・魯布魯克東行紀》，北京：中華書局。

◎研究

Baião, António (1917) *Documentos inéditos sôbre João de Barros, sôbre o escritor seu homónimo contemporâneo, sôbre a família do historiador e sôbre os continuadores das suas "Decadas"*, Separata do "Boletim da segunda classe", volume XI", Coimbra: Academia das Sciências de Lisboa.

Braga, J. M. (1948) *Macao in 1515: remarks on Dr. Armando Cortesão's edition of the "Suma oriental" of Tomé Pires*, Macau: Imprensa Nacional.

Boxer, Charles Ralph (1948) *Three historians of Portuguese Asia: Barros, Couto and Bocarro*, Macau: Imprensa Nacional.

Boxer, Charles Ralph (1953) *South China in the sixteenth century : being the narratives of Galeote Pereira, Fr. Gaspar da Cruz, O.P. and Fr. Martín de Rada, O. E. S. A. (1550-1575)*, London: Printed for the Hakluyt Society, (2004) Bibliotheca Orientalis, Bangkok: Orchid Press；何高濟譯（2002）《十六世紀中國南部行紀》，北京：中華書局.

Boxer, Charles Ralph (1980) *João de Barros, Portuguese humanist and historian of Asia*, XCHR studies series no.1, New Delhi: Concept.

謝方（1984）利瑪竇及其《中國札記》，《文史知識》6：102—107。

Armando Cortesão (1990) *Primeira embaixada europeia à China: o boticário e embaixador Tomé Pires e a sua "Suma oriental"*, Macao: Instituto Cultural de Macau.

德永聰子（2009）日吉メディアセンター所藏の西洋初期刊本—HRP2008 貴重書展解題再録，《慶應義塾大學日吉紀要・英語英米文學》54：59—80。

夏伯嘉（2012）《利瑪竇中國札記》Scielou 人名考，《中研院歷史語言研究所集刊》83（1）：97—120。

方言資料

三木夏華 編

＜原始資料参考書目＞

吳守禮（1943）臺灣語文獻小記，《民俗臺灣》3（5）：18—21。

吳守禮（1946）臺灣方言研究文獻目録，《臺北文獻》6：67—89。

吳語研究班（1953）吳語研究書目解說，《神户外大論叢》3（4）：56—103；（1991）《中國語文資料彙刊》1（1）：347—371，東京：不二出版。

吳守禮（1955）福客方言文獻目録，《近五十年來臺語研究之總成績》1—6；（1997）《福客方言綜誌》（閩灣方言史料研究叢刊 12）335—440，臺北：國家文化藝術基金會。

廣東省中山圖書館，汕頭圖書館學會編（1994）《潮汕文獻書目》，廣州：廣東人民出版社。

石汝杰（1996）吳語文獻資料書目，《吳語讀本》159—171，東京：好文出版。

石汝杰（2004）吳語文獻書目札記，《吳語讀本，音聲データの作成と公開》（平成十四—十五年度科學研究費補助金研究成果報告書）85—170。

張嘉星（2004）《閩方言研究專題文獻輯目索引》，北京：社會科學文獻出版社。

石汝杰、宮田一郎（2005）《明清吳語詞典》，上海：上海辭書出版社。

石汝杰（2006）明清時代吳語的歷史和文獻，《明清吳語和現代方言研究》141—163，上海：上海辭書出版社。

石汝杰（2009）《吳語文獻資料研究》，東京：好文出版。

1. 總論

朱德熙（1985）漢語方言裡的兩種反復問句，《中國語文》1985（1）：10—20；（1999）《朱德熙文集》3：66—85182—199，北京：北京大學出版社；（2010）《朱德熙文選》182—199，北京：北京大學出版社。

劉京偉（1994）宋元明語詞方言例釋，《黔南民族師專學報》1994（4）：33—35，50。

李葆嘉（1995）論明清官話的市民社會內涵，《南京社會科學》1995（6）：63—66。

宋莉華（1999）方言與明清小說及其傳播，《明清小說研究》1999（4）：36—49。
雷漢卿（2006）《近代方俗詞叢考》，成都：巴蜀書社。
周阿根（2006）《漢語大詞典》近代漢語方言詞誤釋例說，《學術界》2006（3）：114—119。
鄭宏（2006）近代漢語"著"字被動句及其在現代漢語方言中的分布，《語文研究》2006（2）：40—44。
趙紅梅（2007）利用方言考證近代漢語詞義商兌三則，《方言》2007（4）：282—283。
劉玉紅（2008）方俗詞語考釋與方言證詁——以《近代方俗詞叢考》爲例，《重慶工商大學學報（社會科學版）》2008（3）：123—126。
晁瑞（2008）近代漢語方言詞研究在訓詁上的價值，《淮陰師範學院學報（哲學社會科學版）》2008（3）：401—405。
闞緒良（2009）《近代方俗詞叢考》評，《南京師範大學文學院學報》2009（3）：186—189。
曾昭聰（2012）明清俗語辭書與方言研究，《賀州學院學報》2012（3）：55—61。
鄭宏（2012）近代漢語"把"字被動句及其在現代漢語方言中的地域分布，《西北大學學報（哲學社會科學版）》2012（3）：198—200。
劉寶霞、張美蘭（2013）近代漢語"丢棄"義常用詞的歷時演變與地域分布，《古漢語研究》2013（2）：55—63，96。

2. 北方方言

2.1 總論

2.1.1 綜合研究、研究史

曹正義（1984）近代文獻與方言研究，《文史哲》1984（3）：43，48—68。
魯國堯（1985）明代官話及基礎方言問題——讀《利瑪竇中國札記》，《南京大學學報》4：47—52；（1993）《魯國堯自選集》292—304；鄭州：大象出版社；（2003）《魯國堯語言學論文集》508—521，南京：江蘇教育出版社。
古屋昭弘（1989）明代官話の一資料—リッチ・ルッジェーリの《賓主問答私擬》，《東洋學報》70（3—4）：360—384。
古屋昭弘（1989）宣教師資料に見る明代の官話，《早稲田大學大學院文學研究科紀要（文學・藝術學編）》35：69—79。
鄧興鋒（1992）明代官話基礎新論，《南京社會科學》1992（2）：112—115。
張樹錚（1996）山東方言歷史鳥瞰（上、下），《古漢語研究》1996（2）：72—77；1996（3）：86—90。
古屋昭弘（1998）明代知識人の言語生活—萬曆年間を中心に—，《神奈川大學中國語學科創設十周年記念論集—現代中國語學への視座—新シノロジー・言語篇》

145—165，東京：東方書店。
張衛東（1998）試論近代南方官話的形成及其地位，《深圳大學學報（人文社會科學版）》1998（3）：73—78。
South Coblin, W. (2000) Contact, Drift, and Convergence in Nanking Guanhua，《漢語史研究集刊》2：379—431。
川澄哲也（2003）元代の“擬蒙漢語”と現代の青海・甘肅方言，《京都大學言語學研究》22：301—324。
祖生利（2005）元代蒙古語同北方漢語語言接觸的文獻學考察，《蒙古史研究》8：52—79；（2009）元代蒙漢語言接觸的文獻學考察，李崇興等編《元代漢語語法研究》105—135，上海：上海教育出版社。
陳雲龍（2005）從“舊時正話”看明代官話，《語文研究》2005（1）：61—65。
魯國堯（2007）研究明末清初官話基礎方言的廿三年歷程——“從字縫裏看”到“從字面上看”，《語言科學》2007（2）：3—22；耿振生（2007）《近代官話語音研究》122—142，北京：語文出版社。
黎新第（2007）對元代官话基礎方言問題的再探討，耿振生《近代官話語音研究》75—89，北京：語文出版社。
蔡瑛純（2007）關於明代漢語共同語基礎方言的幾點意見，耿振生《近代官話語音研究》143—160，北京：語文出版社。
張竹梅（2007）試論明代前期南京话的語言地位，耿振生《近代官話語音研究》184—203，北京：語文出版社。
趙錦華（2009）明代雲南地方文獻中的語言文獻考述，《思想戰綫》2009（S1）：122—124。
麥耘、朱曉農（2012）南京方言不是明代官話的基礎，《語言科學》2012（4）：337—358。

2.1.2 音韻

王力（1927）三百年前河南寧陵方音考，《國學論叢》1（2）：287—292；（1991）《王力文集》18：588—597，濟南：山東教育出版社。
藤堂明保（1966）北方話音系的演變，《中國語學》169：1—11。
坂井健一（1973）問奇集・各地鄉音について—現代方音研究資料として，日本大學《漢學研究》10：33—60。
丁邦新（1978）《問奇集》所記之明代方音，《中央研究院成立五十周年紀念論文集》577—592，南港：中央研究院；丁邦新（2008）《中國語言學論文集》100—115，北京：中華書局。
李新魁（1980）論近代漢語共同語的標準音，《語文研究》1980（1）：44—52；（1999）《李新魁自選集》150—167，鄭州：大象出版社。
劉靜（1984）試論《洪武正韻》的語音基礎，《陝西師大學報（哲學社會科學版）》1984（4）：113—115。
李愛平（1985）金元山東詞人用韻考，《語言研究》1985（2）：49—67。
龍晦（1986）大足石刻韻文與四川方音，《四川文物》1986（S1）：110—114，118。

甯忌浮（1987）試談近代漢語語音下限，《語言研究》1987（2）：52—56；（2010）《甯忌浮文集》494—502，長春：吉林人民出版社。

群一（1989）從《徐霞客滇游日記》中地名古今異讀論雲南方音，《玉溪師專學報》1989（2）：12—19。

肖所、涂良軍（1994）雲南明代的音韻學研究，《雲南師範大學學報（哲學社會科學版）》1994（5）：70—75。

黎新第（1995）南方系官話方言的提出及其在宋元時期的語音特點，《重慶師院學報》1995（1）：115—123，87。

黎新第（1995）近代漢語共同語語音的構成、演進與量化分析，《語言研究》1995（2）：1—23。

黎新第（1995）明清時期的南方系官話方言及其語音特點，《重慶師院學報》1995（4）：81—87，117。

李新魁（1997）近代漢語南北音之大界，《中國語言學報》8：75—93；（1997）《李新魁音韻學論集》228—266，汕頭：汕頭大學出版社。

群一（1997—2000）雲南漢語方音史稿（1-4），《昆明師專學報》1997（3）：43—53；1998（2）38—45，66；1999（1）50—54；1999（2）42—47。

張衛東（1998）北京音何時成爲官話標準音，《深圳大學學報（人文社會科學版）》1998（4）：93—98。

張玉來（1998）明代官話標准音問題，《中國語研究》40：14—19。

葉寶奎（2001）《明清官話音系》，厦門：厦門大學出版社。

張渭毅（2003）魏晉至元代重紐的南北區別和標準音的轉變，《語言學論叢》27：99—171。

黎新第（2003）明清官話語音及其基礎方音的定性與檢測，《語言科學》2003（1）：51—59。

張衛東（2003）近代漢語語音史研究的現狀與展望，《語言科學》2003（3）：91—99。

李子君（2003）十七世紀北京話聲母系統，《古漢語研究》2003（3）：35—37。

高田時雄（2004）明末官話調值小考，《語言學論叢》29：145—150。

謝榮娥（2004）《明清竟陵代表詩文用韻與現代天門方音》，華東師範大學碩士論文。

黎新第（2005）近百年來元代漢語共同語語音研究述略，《重慶師範大學學報（哲學社會科學版）》2005（1）：91—95。

黎新第（2005）近百年來明代漢語共同語語音研究述略，《重慶師範大學學報（哲學社會科學版）》2005（5）：103—108，118。

劉雪霞（2006）《河南方言語音的演變與層次》，復旦大學博士論文。

薛鳳生（2007）有關官話音系研究的幾個理論問題，耿振生編《近代官話語音研究》1—6，北京：語文出版社。

張玉來（2007）近代漢語官話語音研究焦點問題，耿振生編《近代官話語音研究》16—41，北京：語文出版社。

張鴻魁（2007）語音規範化的歷史經驗和“官話音”研究，耿振生編《近代官話語音研究》7—15，北京：語文出版社。

張衛東（2007）論近代漢語官話史下限，耿振生編《近代官話語音研究》204—219，北京：語文出版社。
平田昌司(2007)“中原雅音”與宋元明江南儒學，耿振生編《近代官話語音研究》51—74，北京：語文出版社。
汪銀峰（2007）《明末以來內丘、堯山語音的演變研究》，吉林大學博士論文。
董建交（2007）《明代官話語音演變研究》，復旦大學博士論文。
陳長祚（2007）《雲南漢語方音學史》，昆明：雲南大學出版社。
王慶（2007）明代人口重建地區方言的知照系聲母與南系官話，《重慶師範大學學報（哲學社會科學版）》2007（5）：115—119。
耿振生（2007）再談近代官話“標準音”，《古漢語研究》2007（1）：16—22。
葉寶奎（2008）也談近代官話“標準音”，《古漢語研究》2008（4）：54—60。
高永安（2008）明末宣城詩人用韻考，《語言科學》2008（4）：415—424。
劉鎮發（2009）從音系的角度看官話方言在元明以後增生的濁聲母和次濁聲母，《語言研究》2009（1）：16—20。
王慶(2010)元明清北系官話的知照系聲母與明代移民，《四川省幹部函授學院學報》2010（2）：44—47。
陳雪竹（2010）《明清北音介音研究》，北京：中國社會科學出版社。
具賢娥（2011）《明清官話語音專題研究》，復旦大學博士學位論文。
劉錚（2011）《明〈萬密齋醫學全書〉中詩詞用韻研究與現代羅田方言》，中南民族大學碩士論文。
陳輝(2011)泰西、海東文獻所見洪武韻以及明清官話，《浙江社會科學》2011(1)：130—136，161。
李軍（2012）明代湖北羅田方言語音的若干特徵，《語言科學》2012（2）：184—196。
孫強（2012）明代北京詩人王嘉謨古體詩用韻的幾個特點，《蘇州大學學報（哲學社會科學版）》2012（2）：139—144，197。
唐七元（2013）《問奇集》“各地鄉音”考辨，《蘭臺世界》2013（18）：76—77。
馮蒸（2013）桓歡（-on）類韻爲近代漢語北方方言普遍特徵說，《語言研究》2013（4）：20—36。
曾曉渝（2013）明代南直隸轄區官話方言考察分析，《古漢語研究》2013（4）：40—50。

2.1.3 語法

橋本萬太郎（1983）北方漢語的結構發展，《語言研究》1983（1）：88—99；遇笑容、曹廣順、祖生利編（2010）《漢語史中的語言接觸問題研究》66—80，北京：語文出版社。
董遵章（1985）《元明清白話著作中山東方言例釋》，濟南：山東教育出版社。
橋本萬太郎（1987）漢語被動式的歷史·區域發展，《中國語文》1987（1）：36—49；蔣紹愚、江藍生編（1999）《近代漢語研究（二）》75—101，北京：商務印書館；遇笑容、曹廣順、祖生利編（2010）《漢語史中的語言接觸問題研究》81—101，北京：語文出版社。

李行健、折敷瀨興（1987）現代漢語方言詞語的研究與近代漢語詞語的考釋，《中國語文》1987（3）；蔣紹愚、江藍生編（1999）《近代漢語研究（二）》109—126，北京：商務印書館。
林燾（1987）北京官話溯源，《中國語文》1987（3）：161—169；遇笑容、曹廣順、祖生利編（2010）《漢語史中的語言接觸問題研究》102—114，北京：語文出版社。
梅祖麟（1988）北方方言中第一人稱代詞複數包括式和排除式對立的來源，《語言學論叢》15：141—145；（2000）《梅祖麟語言學論文集》150—154，北京：商務印書館；遇笑容、曹廣順、祖生利編（2010）《漢語史中的語言接觸問題研究》115—118，北京：語文出版社。
徐復嶺、劉秀棣（1996）近代山東方言的假設語氣助詞——兼及相關文獻的標點、校注問題，《濟寧師專學報》1996（1）：77—80。
羅福騰（1998）山東方言“V他V”結構的歷史與現狀，《語言研究》1998（1）：118—126。
任雙平（2005）《明清山東方言附加式構詞法初探》，山東大學碩士論文。
殷曉杰（2006）明清山東方言“X+VP+比較標記+Y”式差比句研究，《語言科學》2006（5）：52—61。
張俊閣（2006）明清山東方言複數詞尾“們（每）”，《荷澤學院學報》2006（4）：108—111，115。
張俊閣（2006）明清山東方言三身代詞的組合式稱謂，《西華大學學報（哲學社會科學版）》2006（5）：11—13，33。
張俊閣（2006）明清山東方言指示代詞回指的特殊句法位置及其功能，《四川理工學院學報（社會科學版）》2006（6）：95—98，111。
張俊閣（2006）明清山東方言指示代詞“這”“那”單獨表處所略說，《山東社會科學》2006（12）：93—94。
魏紅（2007）明清山東方言文獻語法研究的意義和價值，《山東社會科學》2007（5）：153—155。
戚曉杰（2007）《明清山東方言背景白話文獻特殊句式研究》，北京：中國社會科學出版社。
張俊閣（2007）明清山東方言人稱代詞的換用，《河海大學學報（哲學社會科學版）》2007（3）：78—81，92。
張俊閣（2007）明清山東方言第一人稱代詞複數包括式與排除式，《蘭州學刊》2007（8）：87，207—208。
宋開玉（2007）明清山東方言前綴“阿”研究，《齊魯學刊》2007（6）：78—82。
李艷（2007）《明清山東方言俗語研究》，山東大學碩士論文。
張莉（2007）《明清時期山東方言假設連詞及相關研究》，山東大學碩士論文。
翟燕（2008）《明清山東方言助詞研究》，濟南：齊魯書社。
黃伯榮（2008）《明清山東方言背景白話文獻特殊句式研究》評介，《東方論壇》2008（5）：126—127。
宋開玉（2008）明清山東方言中後綴“巴”，《山東大學學報（哲學社會科學版）》2008

（4）：30—33。
宋開玉（2008）《明清山東方言詞綴研究》，濟南：齊魯書社。
王桂龍（2008）《明清山東方言概數表示法研究》，山東大學碩士論文。
魏紅（2008）明清山東方言詞彙化形成的方言詞探析，《昆明理工大學學報》2008（4）：62—66。
魏紅（2009）從《聊齋俚曲》看明清山東方言里的介詞“着”，《青島師範學院學報》2009（2）：107—110。
謝洪欣、張建（2009）從擬聲到言說——明清山東方言中一類詞詞義來源探析，《湖南人文科技學院學報》2009（6）：97—99。
馮春田（2010）明清山東方言裏值得注意的語法問題，《東岳論叢》2010（10）：184—187。
王群（2010）《明清山東方言背景白話文獻副詞研究》，青島：中國海洋大學出版社。
戚曉杰（2011）明清山東方言句式特點，《漢語學報》2011（4）：66—71，96。
王群（2011）明清山東方言特殊程度副詞試析，《中國語研究》53：1—9。
張俊閣（2011）《明清山東方言代詞研究》，濟南：齊魯書社。
張俊閣（2011）明清山東方言代詞重叠和同義代詞並列連用，《聊城大學學報（社會科學版）》2011（6）：123—126。
孫劍藝（2012）《明清山東方言代詞研究》書評，《聊城大學學報（社會科學版）》2012（1）：128。
馮春田等（2012）《明清山東方言語法研究》，濟南：山東教育出版社。
魏紅（2012）《明清山東方言特殊語法詞研究》，濟南：齊魯書社。
徐君善（2012）江蘇邳州方言副詞在古白話中的應用例析，《長江師範學院學報》2012（3）：105—108
張福通（2012）明清山東方言能性述補結構“VO不C”句式消失管窺，《泰安教育學院學報岱宗學刊》2012（1）：60—62。
丁媛媛（2012）《逆臣録》中的江淮方言人稱前綴“是”，《淮陰師範學院教育科學論壇》2012（Z1）：23—30。

2.1.4 詞彙

董遵章（1981）關於山東方言詞注釋異議，《山東師院學報（哲學社會科學版）》1981（2）：31—34。
佐藤晴彦（1983）宋元語法史試論：“～里地”“～里路”“田地”“地面”をめぐって，《神户外大論叢》34（3）：7—26。
佐藤晴彦（1984）元明語法史試論：“～里地”“～里路”“田地”“地面”をめぐって，《神户外大論叢》35（2）：23—44。
陳慶延（1981）山西稷山話所見元明白話詞語選釋，《語言學論叢》7。
陳慶延（1984）山西稷山話所見宋元明白話詞語選釋，《語文研究》1984（4）：59—60，65。
王希文（1991）元明清白話著作中的棗莊方言詞彙，《方言》1991（4）：278—282。

潘耀武（1992）清徐方言中所見早期白話詞語選釋，《山西大學學報（哲學社會科學版）》1992（4）：1—14。
馮春田（2002）明清山東方言俗語詞試析，《語文研究》2002（1）：36—39。
劉瑞明（2003）近代漢語及方言趣難詞“兔子”辨釋，《成都大學學報（社會科學版）》2003（3）：59—62。
佐藤晴彥（2005）同義語の變遷：“田地”“地面”“地方”“地步”をめぐって，《神户外大論叢》56（7）：1—14。
張俊閣（2006）從明清山東方言看“豈有此理”，《聊城大學學報（社會科學版）》2006（2）：101—103。
徐之明（2006）貴州方言所見元明清白話詞語例釋，《中華傳統文化貴州地域文化研究論叢》2006：214—225。
林青松（2009）淺談“俺”在近代漢語和山東方言中的使用，《華章》2009（6）：38，52。
范曉林（2009）宋元明時期白話詞彙在山陰方言中的保留，《山西大同大學學報（社會科學版）》2009（2）：67—69。
盧烈紅（2009）近代漢語書面文獻與現代方言詞語的考釋——以黄梅方言爲例，《湖北大學學報（哲學社會科學版）》2009（6）：86—89。
劉君敬（2009）《逆臣録》詞語考釋四則，《語言研究》2009（2）：93—95。
張楠（2010）《古文獻中所見山西方言歷史詞彙研究》，山西大學博士論文。
喬全生、張楠（2010）晉方言所見近代漢語詞彙選釋，《山西大學學報（哲學社會科學版）》2010（1）：46—49。
龔梅（2011）指代詞“人家”在近代漢語和鳳岡方言中的幾種用法，《現代語文（語言研究版）》2011（6）：19—21。

2.2 戲曲

徐嘉瑞（1956）《金元戲曲方言考》，上海：商務印書館。
朱居易（1956）《元劇俗語方言例釋》，北京：商務印書館。
馬少波（1959）戲曲語言與普通話，《中國語文》1959（10）：483—485。
田仲一成（1967）元曲の聲調について，《中國語學》169：12—29。
喬天（1980）元曲用語與旅大方言徵實，《社會科學輯刊》1980（4—6）。
曹正義（1981）元代山東戲曲用韻析略，《山東大學文科論文集刊》2。
林昭德（1981）詩詞曲中四川方言例釋（2），《西南師範大學學報》1981（1）。
李守業（1983）山西文水話所見元曲詞語釋例，《語文研究》1983（3）：55—58。
安清躍（1989）元曲語詞河南方言今證，《許昌學院學報》1989（1）：35—40。
邢文英、趙小茂（1991）就《西厢記》中方言注釋與王季思先生商榷，《河北大學學報（哲學社會科學版）》1991（3）：40—45，65。
張簡（1992）元曲中的巴盟方言舉例，《内蒙古電大學刊》1992（1）：15—20。
吴振清（1997）河北、天津方言中元曲詞語例釋，《語文研究》1997（1）：37—41。

劉勳寧（1998）中原官話與北方官話的區别及《中原音韻》的語言基礎，《中國語文》1998（6）：436—469。
王永炳（1998）古典戲曲中的方言口語詞，《方言》1998（1）：75—80。
張洪超（1999）保留在邳州話中的元劇白話詞語例舉，《徐州師範大學學報》1999（2）；李申主編（2002）《近代漢語文獻整理與研究》129—137，石家莊：河北教育出版社。
李廣明（2001）“兀的”、“阿的”元曲天水方言考，《天水師範學院學報》2001（3）。
王焕玲、劉偉萍（2003）南陽方言里保留的元曲語詞，《南陽師範學院學報（社會科學版）》2003（2）：41—43，55。
敏春芳（2004）元雜劇方言詞考釋，《西北民族大學學報（哲學社會科學版）》1：132—136。
楊希英（2005）元曲中的聊城方言例釋，《廣東技術師範學院學報》2005（5）：65—66。
王秀玲（2006）元雜劇中的方言俗語在二人臺及内蒙古中西部地區方言中的遺存，《内蒙古藝術》2006（2）：121—123。
褚福俠（2006）全元曲齊方言語詞例釋，《管子學刊》2006（4）：33—36。
焦磊（2007）《崑曲音韻與明代官話》，浙江大學碩士論文。
孫艷芳（2007）《明代河北作曲家薛論道散曲用韻考》，陝西師範大學碩士論文。
王曦（2007）明代南京作家南曲用韻研究，《泉州師範學院學報》2007（5）：59—63。
許巧雲（2008）元曲中所見的晉語並州片壽陽話詞語例釋，《漢語史研究集刊》11：362—370。
許巧雲（2008）元曲方言語詞例釋——以晉語並州片壽陽話爲例，《西南民族大學學報（人文社科版）》2008（5）：254—256。
韓莎莎（2008）元曲裏的“呆”字音在昌邑方言中的積淀，《語文學刊》16：159。
陶曉娟（2008）《元代山西人戲曲用韻研究》，遼寧師範大學碩士論文。
李治軍（2009）元雜劇方言詞例釋，《語文學刊》2009（18）：162—163。
王進（2009）丹江方言與《元曲選》釋詞，《鄖陽師範高等專科學校學報》2009（1）：38—39。
晁瑞（2009）《元刊雜劇三十種》整理校勘與方言詞研究，《語文知識》2009（3）：45—47。
王衍軍（2010）元明清山東戲曲疑難詞語考釋，《漢語史研究集刊》13：230—240。
王曦（2011）明代陳鐸南曲作品用韻研究，《泉州師範學院學報》2011（5）：91—95。
李長雲（2011）活躍在南陽方言中的元曲詞語，《洛陽理工學院學報（社會科學版）》2011（5）：13—16。
李蕊（2012）元代河北人北曲用韻研究，《保定學院學報》2012（1）：78—80。
鄧萌（2012）《〈金元戲曲方言考〉研究》，雲南大學碩士論文。
劉金勤（2012）元曲詞語方言今證，《語文知識》2012（4）：41—43。
張向真（2012）關漢卿《竇娥冤》中河東方言口語詞彙論析，《山西大學學報（哲學社會科學版）》2012（6）：51—55。

2.3 小說

2.3.1 《型世言》、《三刻拍案驚奇》

徐之明（1996）《型世言》詞語札記，《貴州文史叢刊》1996（2）：48，69—72。
徐之明（1996）《型世言》詞語詞考釋，《古漢語研究》1996（2）：61—64。
丁曉山（1996）《型世言》詞語札記《首都師範大學學報（社會科學版）》1996（4）：67—69。
伊原大策（1999）《型世言》における北方方言と創作—明末白話の“咱”“這咱”“己（＝給）”“怪（副詞）”など—，《筑波大學東西言語文化の類型論特別プロジェクト研究報告書》623—635。
孟美菊（2010）《三刻拍案驚奇》俗語詞札記，《語文學刊》2010（3）：20，42—43。

2.3.2 《三言二拍》

晏均平（1994）《拍案驚奇》與遵義方言，《貴州文史叢刊》1994（2）：81—84。
郭芹納（1995）《三言》中所見的陝西方言詞語，《西安教育學院學報》1995（4）：9—14。
施文志（2007）《三言》與雲南方言中“着”的詞語考釋，《雲南民族大學學報（哲學社會科學版）》2007（4）：147—149。
任永輝（2008）《二拍》中所見的陝西方言詞彙，《語文學刊》2008（14）：146—147。
石曉博（2011）《喻世明言》中的關中方言詞語舉要解析，《西安建築科技大學學報（社會科學版）》2011（5）：82—87。
石曉博（2011）《警世通言》中關中方言詞語舉隅解析，《咸陽師範學院學報》2011（3）：55—59。

2.3.3 《西游記》

王開揚（1983）《西游記》方言詞注釋問題，《淮陰師專學報（社會科學版）》1983（1）：60—65。
花文齋（1983）《西游記》注釋淮安方言疑誤隅見，《淮陰師專學報（社會科學版）》1983（3）：60—61。
劉懷玉（1986）《西游記》中的淮安方言，《明清小說研究》1986（1）：168—190。
顔景常（1992）《西游記》中淮海話色彩述要，胡竹安、楊耐思、蔣紹愚編《近代漢語研究》144—154，北京：商務印書館。
姚政（1993）《西游記》方言詞的一詞異寫，《明清小說研究》1993（1）：77—86。
張訓（1993）《西游記》和海州方言，《明清小說研究》1993（1）：146—152。
張成立（1995）《西游記》的作者吳承恩任過新野知縣——兼述《西游記》中的新野方言，《南都學壇（哲學社會科學版）》1995（4）：85—87。
張成立（1995）吳承恩在河南新野做過知縣——兼述《西游記》與新野習俗方言，《中州今古》1995（6）：24—25。
王毅、朱德慈（1995）《西游記》中淮安方言臆札，《明清小說研究》1995（3）：75—82。
張成立（1996）《西游記》與河南新野習俗方言，《河南省情與統計》1996（9）：34—35。
孫安（2001）《西游記》同詞異體方言例釋，《淮陰師範學院學報（哲學社會科學版）》2001（6）：830—831。

張成材（2010）商州方言中所見《紅樓夢》《西游記》詞語彙釋，《商洛學院學報》2001（1）：28—35。
沈慧琴（2012）《西游記》方言詞介詞演變研究，《經濟研究導刊》31：267—268。
晁瑞、揚柳（2012）《西游記》所見方言詞語流行區域調查，《淮陰師範學院學報（哲學社會科學版）》2012（2）：227—234，280。

2.3.4 《水滸傳》

張衛經（1958）《水滸》裡幾個方言詞的意義，《中國語文》1958（10）：500。
河南大學（1975）水滸傳中的土話諺語，《開封師院學報（哲學社會科學版）》1975（S1）：88—95。
植田均（1982）《水滸傳》にみえる文末の“在那里”について，《中國語學》229：12—21。
楊子華（2004）《水滸傳》方言趣談，《鄖陽師範高等專科學校學報》2004（1）：102—107。
楊子華（2007）《水滸》中宋元時期的夫妻稱謂方言，《菏澤學院學報》2007（3）：50—55。
李永祜（2008）《水滸傳》語言的地域色彩與南北文化融合，《明清小說研究》2008（2）：82—91。
常化濤（2008）《〈水滸傳〉山東方言詞研究》，中央民族大學碩士論文。
王靜（2008）《〈水滸傳〉詞彙研究》，山東大學碩士論文。
要學棣、李紅強（2011）寧縣方言與《水滸》，《中國科教創新導刊》2011（5）：170。
狄馬（2013）《水滸傳》裡的陝北方言，《延安文學》2013（3）：160—169。

2.3.5 《金瓶梅》

宮田一郎（1977—78）金瓶梅のことば（1，2），大阪市立大學《人文研究》29（7）：477—495，30（2）：43—53；（2005）《宮田一郎中國語學論集》361—392，東京：好文出版。
白維國（1981）《金瓶梅詞話》特殊詞語例釋，《學習與思考》1981（6）：68—73。
朱星（1982）《金瓶梅》的詞彙、語彙札記，《河北大學學報（哲學社會科學版）》1982（1）：181—187。
黃霖（1984）《金瓶梅》作者屠隆續考，《復旦學報》1984（4）。
李思敬（1984）從《金瓶梅》考察十六世紀中葉北方話中的兒化現象，《語言學論叢》12：97—108。
張惠英（1985）《金瓶梅》用的是山東話嗎?，《中國語文》1985（4）：306—311。
劉鈞傑（1986）《〈金瓶梅〉用的是山東話嗎?》質疑，《中國語文》1986（3）：224—227。
張遠芬（1986）《金瓶梅》與魯南方言，《明清小說研究》1986（2）：171—187。
白維國（1986）《金瓶梅》所用方言討論綜述，《中國語文》1986（3）：228—229。
馬鳳如（1986—87）《金瓶梅》的山東方言語彙研究（上、下），《下關市立大學論集》30（2）：443—465，30（3）：71—93。
植田均（1987）《金瓶梅詞話》に見える禁止否定について，《中國語學》234：83—92。
董紹克（1987）《金瓶梅》所用方言的性質及考證，《山東師大學學報》1987（5）：85—89；葉桂桐等編（1988）《〈金瓶梅〉作者之謎》，銀川：寧夏人民出版社。

張鴻魁（1987）《金瓶梅》的方音特點，《中國語文》2：125—130。
趙興勤（1988）《金瓶梅》方言釋略，《鹽城師專學報（社會科學版）》1988（4）：45—49。
王螢（1988）從現山東臨清語看《金瓶梅》方言，葉桂桐等編（1988）《〈金瓶梅〉作者之謎》，銀川：寧夏人民出版社。
楊國學（1989）“瓶”内外村言芻議——兼論《金瓶梅》所用方言與作者之關係，《張掖師專學報（綜合版）》1989（2）：45—49。
張鴻魁（1989）試論《金瓶梅》的語言研究，《煙臺師範學院學報》1989（2）：63—68。
張炳森（1990）《金瓶梅》方言詞語注商榷，《明清小說研究》1990（Z1）：431—440。
吳曉鈴（1991）《金瓶梅詞話》的方言語音初探，《中華文史論叢》48：115—116。
王學奇（1991）《金瓶梅方言俗語彙釋》序，《天津師大學報（社會科學版）》1991（6）：76—78。
李申（1992）《〈金瓶梅〉方言俗語彙釋》，北京：北京師範學院出版社。
魏連科（1993—1994）《金瓶梅》方言俗詞臆釋（上、下），《河北學刊》1993（5）：64—71，1994（6）：61—66。
王森（1994）《金瓶梅詞話》所見蘭州方言詞語，《語言研究》1994（2）：90—93。
李申（1995）《〈金瓶梅〉方言俗詞彙釋》補，《鎮江師專學報（社會科學版）》1995（1）：70—76。
毛德彪（1995）也談《金瓶梅》的方言，《臨沂師專學報》1995（4）：73—77。
張簡（1995）《金瓶梅》中的內蒙古西部方言、方音、及習俗，《內蒙古電大學刊》1995（3）：6—11。
李鳳儀（1995）《金瓶梅》東北方言100例，《大慶高等專科學校學報》1995（1）：63—71。
李雪（1996）《〈金瓶梅〉東北方言100例》指誤，《大慶高等專科學校學報》1996（1）：41—42。
聶志平（1996）《金瓶梅詞話》中的東北方言詞話，《大慶高等專科學校學報》1996（3）：43—48。
劉成蔭（1996）《金瓶梅》中的內蒙古西部方言，《陰山學刊》1996（3）：21—23，32。
馬世平（1996）保留在陝北方言的《金瓶梅》詞語，《陝西教育學院學報》1996（1）：50—51。
宋德慈、王毅（1996）《金瓶梅》中江淮方言臆札，《徐州師範大學學報（哲學社會科學版）》1996（3）：102—104。
群一（1996）《金瓶梅》與雲南方言集序，《昆明師專學報》1996（1）：21—24。
蔣宗福（1997）《金瓶梅詞話》語詞札記，《文獻》1997（2）：54—70。
高培華、楊清蓮（1997）《金瓶梅》與懷慶府方言俗語，《尋根》1997（2）：39—40。
張克哲（1997）《金瓶梅》方言詞語散記，《淮北煤師院學報（社會科學版）》1997（4）：94—96。
王毅（1998）《金瓶梅》方言俗語臆釋，《明清小說研究》1998（1）：123—129。
徐慧文、蔡曉光、閆永利（1998）《金瓶梅》方言詞語注釋指例，《濱州教育學院學報》1998（1）：4—5。
李大川（1999）《金瓶梅》中的山東方言選注，《中國語研究》30：40—63。

徐新華（1999）臨川方言與《金瓶梅》部分詞語對應拾零，《撫州師專學報》1999（4）：23—25，37。

李征康、王子陽（1999）《金瓶梅詞話》中的方言俗語與伍家溝民間土語比較研究（1，2），《十堰職業技術學院學報》1999（1）：77—81，1999（3）：56—59。

鮑延毅（1999）語詞研究（5）《金瓶梅詞話》嶧縣方言語詞舉隅，《中國語研究》41：102—105。

馬鳳如（2000）《金瓶梅》における山東方言の語彙の考證，《山口縣立大學大學院論集》1：19—37。

馬鳳如（2001）《金瓶梅》的方言音與魯西南方音，《中國語研究》43：10—18。

張本忠（2001）《金瓶梅詞話》與淮上方言，《棗莊師專學報》2001（1）：16—26。

王毅（2001）《金瓶梅》方言俗語摭評，《明清小說研究》2001（1）：185—194。

沈慧雲（2002）山西方言所見《金瓶梅》詞語選釋，《語文研究》2002（4）：54—56。

地藏堂貞二（2002）《續金瓶梅》の言語—明清山東方言小考，《北陸大學紀要》26：49—62。

張一舟（2002）《〈金瓶梅〉方言俗詞彙釋》商補，《漢語史研究集刊》5：238—245。

李愛民（2002）《金瓶梅》語詞選釋，《古漢語研究》2002（3）：43。

張鴻魁（2003）《金瓶梅》的語言特色，《徐州教育學院學報》2003（2）：54—56。

張鴻魁（2003）談《金瓶梅》的語言特色，《古典文學知識》2003（5）：54—58。

李錦山（2003）《金瓶梅詞話》中的江淮方言，《棗莊師範專科學校學報》2003（6）：56—63。

張本忠（2003）《金瓶梅詞話》詞條拾遺，《棗莊師範專科學校學報》2003（6）：64—66。

孟子敏（2003）從山東方言看《金瓶梅詞話》的詞語，《中國語研究》45：38—44。

鮑延毅（2003）《金瓶梅詞話》俚俗語詞零札（四則），《中國語研究》45：45—49。

張玉萍（2003）《金瓶梅》方言問題研究綜述，《明清小說研究》2003（4）：72—83。

程明安（2003）《金瓶梅》方言與伍家溝民間土語之比較獻疑，《改革與戰略》2003（10）：82—84。

群一（2004）《金瓶梅詞話》與雲南方言詞彙，《昆明師範高等專科學校學報》2004（1）：36—45。

雷漢卿（2004）《金瓶梅詞話》方俗詞札記，《西南民族大學學報（人文社科版）》2004（12）：453—455。

雷漢卿（2005）《金瓶梅詞話》方俗詞拾零，《方言》2005（1）：84—86。

孔慶水（2005）《金瓶梅》之魯南方言考釋辨正四例，《臨沂師範學院學報》2005（2）：39—41。

孟昭連（2005）《金瓶梅》方言研究及其他，《南開學報》2005（1）：43—52。

雷漢卿（2006）《金瓶梅詞話》方俗詞補釋，《南京師範大學文學院學報》2006（1）：163—167。

許超（2006）《〈金瓶梅〉清河方言考》，北京：中國文聯出版社。

荒木典子（2006）《金瓶梅詞話》基礎方言研究概況（中國の地域言語とテキスト），《中國古籍文化研究》4：14—17。

荒木典子（2007）《金瓶梅詞話》における疑問副詞“可”，《中國語學》254：181—198。

廖大國（2007）《金瓶梅詞話》中的江淮方言，《中國語研究》49：67—84。
劉新春（2007）《金瓶梅詞話》方俗詞例釋，《社會科學家》2007（4）：197—199。
史大豐（2009）《金瓶梅詞話》中的棗莊方言例釋，《棗莊學院學報》2009（4）：61—64。
傳來兮（2009）《金瓶梅詞話》中的“抬”與晉陝蒙區域“抬”的延用，《榆林學院學報》2009（1）：44—45。
傳來兮（2010）《金瓶梅詞話》語詞釋補——以陝北方言爲據兼與《漢語大辭典》相較（1，2），《湖北社會科學》2010（8）：145—148，《西北大學學報（哲學社會科學版）》2010（5）：107—112。
陸書偉（2010）《金瓶梅詞話》“方俗詞” 商榷二則，《方言》2010（3）：283—285。
陳秉榮（2012）《〈金瓶梅〉晉語淺釋》太原：三晉出版社。

2.3.6 其他

萬幼斌（1987）鄂州方言詞語舉例，《方言》1999（1）：81—85。
太田辰夫（1994）《燕山叢録》に見る明代北京語，《中國語研究》36：60—67。
徐之明（1999）明清白話小說俗語詞考釋，《貴州大學學報（社會科學版）》1999（1）：81—85。
王毅（2002）明清小說的江淮方言例釋，《古漢語研究》2002（4）：78—80。
荊亞玲（2007）明清白話小說中的大同方言詞語，《語文知識》2007（3）：54—55。
張振羽（2011）明清小說方言副詞探源二則，《鹽城師範學院學報（人文社會科學版）》2011（6）：92—96。
孔超（2012）“我把你這個 NP”駡詈句式新探——明清小說與棗莊方言對照分析，《新余學院學報》2012（3）：50—52。

2.4 韻書、辭典、詞彙集

2.4.1 李實《蜀語》

◎原始資料

・現存文本

清乾隆間李調元輯刊《函海》原刻本所收：四川省圖書館；安縣圖書館。
清光緒八年【1882】《函海》廣漢鍾登甲樂道齋重刊本所收：中國國家圖書館（字 215，28）；東京大學東洋文化研究所（雜叢：27）。

・影印本

嚴一萍編（1968）《函海》（百部叢書集成 37），臺北：藝文印書館。

・排印本

黃仁壽（1990）《蜀語校注》，成都：巴蜀書社。

・文本研究

傅定淼（1987）《蜀語》成書年代考，《辭書研究》1987（5）：62，91—92。

◎研究

坂井健一（1983）《蜀語》の語音研究—聲類を中心に，《漢學研究》20：121—136；（1995）《中國語學研究》538—550，東京：汲古書院。

坂井健一（1983）《蜀語》の語音研究—韻類を中心に，《日本大學人文科學研究所研究紀要》27：37—57；（1995）《中國語學研究》551—584，東京：汲古書院。

近世中國方言語彙資料研究會（1984）《蜀語の研究》。

黎新第（1987）《蜀語》——“斷域爲書”的方言詞典，《辭書研究》1987（5）：84—90。

坂井健一、王昌平（1991）《蜀語》聲類之研究，《川北教育學院學報》1991（2）：15—20。

甄尚靈、張一舟（1992）《蜀語》詞語的記録方式，《方言》1992（1）：23—30。

黄尚軍（1995）《蜀語》所反映的明代四川方音的兩個特徵，《方言》1995（4）：296—297。

劉川民（1996）《蜀語》引《方言》考，《川北教育學院學報》1996（1）：30—35，43。

遂寧市文化局（1996）《李實學術研討會文集》，北京：語文出版社。

張美蘭（1997）《蜀語校注》補證，《古籍整理研究學刊》1997（2）：18—21；（2004）《近代漢語論稿》38—46，南昌：江西教育出版社。

杜克華、陳靜（2002）《蜀語》——中國現存第一部斷域方言詞典，《文史雜誌》2002（5）：18—21。

繆樹晟、繆鋼珠、陳玉清（2002）談談四川人編四川方言辭書，《辭書研究》2002（4）：116—120。

向學春（2007）《〈蜀語〉與四川方言詞彙研究》，四川大學碩士論文。

向學春、徐薇（2007）《蜀語》所反映的明代四川方言的結構特徵，《重慶三峽學院學報》2007（5）：87—89。

向學春（2008）從《蜀語》詞彙看明代四川方言的基本概貌，《電影評介》2008（13）：106—107。

向學春（2008）試論四川方言的官話性質及其成因——以《蜀語》詞彙爲例，《時代文學（下半月）》2008（11）：77—79。

彭金祥（2009）從《蜀語》看明代西蜀方音，《宜賓學院學報》2009（1）：106—108。

向學春（2010）《蜀語》所見古方言詞研究——兼論移民與四川方言的關係，《語言科學》2010（3）：317—323。

蔣宗福（2010）《蜀語》校讀札記，《漢語史研究集刊》13：319—333。

蔣宗福（2011）《蜀語》名物續考，《漢語史研究集刊》14：328—348。

汪大明（2010）論李實《蜀語》的方言研究，《皖西學院學報》2010（4）：129—132。

2.4.2 其他

永島榮一郎（1941）近世支那語特に北方語系統に於ける音韻史研究資料に就いて，《言語研究》7・8：147—161；9：17—79。

船津富彦（1964）明代の俗字書——明版海篇類管見，《中國語學》144：1—9。

鄭錦全（1980）明清韻書字母的介音與北音顎化源流的探討，《書目季刊》14（2）：77—88。

陳炳迢（1983）簡介幾種明、清方言詞典，《辭書研究》1983（5）：166—169。

楊秀芳（1987）論《交泰韻》所反映的一種明代方言，《漢學研究》5（2）：329—374。
葉寶奎（1994）《洪武正韻》與明初官話音系，《厦門大學學報（哲學社會科學版）》1994（1）：89—93。
楊福綿（1995）羅明堅、利瑪竇《葡漢辭典》所記録的明代官話，《中國語言學報》5：35—81；張西平、楊慧玲編（2013）《近代西方漢語研究論集》（國際漢語教育史研究叢書）87—148，北京：商務印書館。
黃笑山（1996）利瑪竇所記的明末官話聲母系統，《新疆大學學報（哲學社會科學版）》1996（3）：100—107。
李啟文（1996）近代漢語共同語入聲字的演變，《中國語文》1996（1）：50—58。
太田齋（1997）漢語方言の常用語彙に見られる例外的對應形式について—“明”の場合—，《中國語學研究・開篇》15：114—149。
邵榮芬（1998）《韻法橫圖》與明末南京方音，《漢字文化》1998（3）：25—37，47。
王松木（2003）明清韻圖所顯現的語音逆流——論河南方音入聲分陰陽，《第八屆國際暨第廿一屆全國聲韻學學術研討會論文集》31—61，高雄：高雄師範大學。
張妮（2004）《本草綱目》音注所反映的明代湖北蕲春濁音清化，《青島職業技術學院學報》 2004（1）：17—20。
王松木（2005）從明末官話記音資料管窺西儒中介話音系，《高雄師大學報》19：35—50。
張鴻魁（2005）《明清山東韻書研究》，濟南：齊魯書社。
張鴻魁（2005）韻書發展史和山東，《東岳論叢》2005（6）：124—128。
孫宜志（2005）方以智《切韻聲原》與桐城方音，《中國語文》2005（1）：67—76。
忌浮（2005）明末湖北京山方言音系——讀郝敬《讀書通》，《語言研究》2005（4）：13—15。
孫強、謝龍（2005）明代北京話音系的不對稱研究序論，《江南大學學報（人文社會科學版）》2005（4）：80—82，90。
劉曉英（2005）從《字學元元》俗音看明末郴州方音聲母特點，《古漢語研究》2005（4）：21—27。
劉曉英（2006）從《字學元元》俗音看明末郴州方音韻母聲調特點，《語言研究》2006（4）：51—54。
劉曉英（2007）《字學元元》中各地方音考辨，《古漢語研究》2007（2）：47—51。
劉曉南（2007）從《四聲通解》今俗音看明代前期官話入聲，耿振生《近代官話語音研究》161—183，北京：語文出版社。
劉曉英（2008）《近代湘南官話語音研究》，湖南師範大學博士論文。
張金發（2009）《〈馬氏等音〉音系研究》，福建師範大學碩士論文。

2.5 日漢對音资料

《使琉球録》

坂井健一（1971）《使琉球録夷語夷字附》考，《漢學研究》8：17—64。
宮田俊彥（1975）陳侃の《使琉球録》，《歷史地理》312：83—87。

胤森弘（1985）《使琉球録》における《夷字附》と《夷語附》の表記音の矛盾について，《國文學考》107：1—13。

和田正彥（1996）原田禹雄譯注《陳侃〈使琉球録〉》，《南島史學》47：104—107。

夫馬進（1998）《使琉球録解題及び研究》，京都：京都大學文學部東洋史研究室。

丁鋒（2006）陳侃《使琉球録·夷字》所記琉球假名對音反映的明代吳語寧波音，周碧香編《語言學探索：竺家寧先生六秩壽慶論文集》5—10，臺中：竺家寧先生六秩壽慶籌備會。

上村忠昌（2010）地域情報：16世紀の《海篇》類《夷字音釋》と《使琉球録》の《夷字》—ゴンザとバイエルの“いろは”をさかのぼる，《地域綜合研究》37（2）：115—134。

3. 吳方言

3.1 總論

3.1.1 綜合研究、研究史

吳必虎（1987）明初蘇州向蘇北的移民及其影響，《東南文化》1987（2）：47—52。

范曉（1992）近代漢語與吳語，《荊州師專學報》1992（1）：34—39。

鄭張尚芳（1996）吳語在文學上的影響及方言文學，《溫州師範學院學報（哲學社會科學版）》1996（5）：20—32。

周志鋒（2004）吳方言與明清白話著作語言研究芻議，《漢語史學報》2004：185—191。

3.1.2 音韻

古屋昭弘（1982）《度曲須知》に見る明末の吳方音，東京都立大學《人文學報》156：65—82。

尉遲治平（1994）明末吳語聲母系統，《第三屆國際暨第十二屆全國聲韻學學術研討會論文集》368—370，新竹：清華大學。

張咏梅（2004）《〈諧聲品字箋〉的音系研究》，首都師範大學博士論文。

朴柔宣（2005）從宋元時期用韻材料看吳語中的-n、-ŋ 韻尾相押，《紹興文理學院學報（哲學社會科學版）》2005（4）：67—70。

張咏梅（2006）《諧聲品字箋》所反映的明末清初杭州讀書音的聲調特點，中國音韻學研究會、汕頭大學文學院《音韻論集》148—155，北京：中華書局。

張咏梅（2007）《諧聲品字箋》音系性質的研究，金克中等編《漢語新探：慶祝祝敏徹教授從事學術活動五十週年學術論文集》356—374，武漢：崇文書局。

漆凡（2007）《明代浙江詩人用韻研究》，廣西師範大學碩士論文。

岳婕（2007）《明代浙江詞人用韻研究》，福建師範大學碩士論文。
錢芳（2007）《明代江蘇詞人用韻研究》，安徽師範大學碩士論文。
王杰立（2007）《元代楊維楨等浙江詩人古體詩用韻研究》，重慶師範大學碩士論文。
秦傳庫（2008）《元代紹興路詩人用韻研究》，山東師範大學碩士論文。
李桂香（2008）《元代浙江古體詩用韻研究》，新疆大學碩士論文。
陳衛蘭（2009）《元代台州詩人陳孚用韻研究》，《台州學院學報》2009（4）：28—32，53。
歐文艷（2009）《沈寵綏音韻學研究》，寧波大學碩士論文。
歐文艷（2009）《度曲須知》明末吳方言探析，《安徽文學》8：110。
王杰立（2010）元代浙江詩人古體詩所反映的通語音變現象，《文學界（理論版）》2010（8）：173—174。
唐七元（2012）從《度曲須知》看明末吳方言的語音特點，《河北電力大學學報（社會科學版）》2012（6）：97—101。

3.1.3 語法

宮田一郎（1964）白話文における吳語系語彙の研究，《高志高等學校研究集録》4；（2005）《宮田一郎中國語學論集》91—188，東京：好文出版。
宮田一郎（1989）吳語、近世語をめぐって，《中國語研究》31：1—14；（2005）《宮田一郎中國語學論集》429—443，東京：好文出版。
石汝杰（1995）明清小說和吳語的歷史語法，《語言研究》1995（2）：177—185。
三木夏華（2002）蘇州方言における隨伴介詞の文法化，《鹿大史學》51：9—19。
蔣冀騁（2003）論明代吳方言的介詞“捉”，《古漢語研究》2003（3）：36—40。
石汝杰（2003）明清時代吳語動詞選釋，九州大學《言語科學》38：117—140。
石汝杰（2005）明清時代吳語形容詞選釋，《吳語研究：第三屆國際吳方言學術研討會》205—213，上海：上海教育出版社。
鄭偉（2007）吳語早期文獻所見的“等”字句，《中國語文研究》2007（2）：33—41。
石汝杰（2008）The grammatical particle DE 得 as used in the Wu dialect at the end of the Ming period，《神户市外國語大學外國學研究》69：13—28。
鄭偉（2010）現代和早期吳語中“上”的完成體用法，《方言》2010（1）：45—52。
三木夏華（2011）明清代吳語資料に見られる擬聲語について，《鹿大史學》60：23—28。
張振羽、申鳳英（2012）明清方言副詞探源二則，《湖南科技大學學報（社會科學版）》2012（1）：129—131。

3.1.4 詞彙

周志鋒（1995）近代漢語詞語選釋——方言佐證詞義舉例，《語言研究》1995（2）：156—160。
周志鋒（1999）元明清白話著作釋詞，《古漢語研究》1999（3）：85—88。
周志鋒、崔山佳（2001）寧波方言詞語溯源，《寧波大學學報（人文科學版）》2001（4）：52—56。

周志鋒（2002）吳方言與明清白話著作語言互證研究，《語言研究》2002（3）：90—93。
周志鋒（2007）《明清吳語詞典》釋義探討，《中國語學研究 開篇》26：98—104。
褚半農（2008）《明清文學中的吳語詞研究》，上海：上海辭書出版社。
徐時儀（2009）吳方言詞語考釋，《漢語史研究集刊》12：270—284。
趙川兵(2010)試從“句位擴散”看吳語連詞“搭”的來源《語言學論叢》41：167—185。
李申（2011）《明清吳語詞典》訂補，《辭書研究》2011（6）：118—124。
張建國（2012）《明清吳語詞典》——漢語方言詞彙研究的一部佳作，《喀什師範學院學報》2012（2）：54—56。

3.2 詞話、戲曲

3.2.1 《白兔記》【限於吳本系統版本】

◎原始資料

a. 《新編劉知遠還鄉白兔記》

・現存文本

明成化年間北京永順堂刻本：上海博物館。

・影印本

（1973）《明成化說唱詞話叢刊十六種：附白兔記傳奇一種》，北京：文物出版社。

・排印本

（1980）《成化新編劉知遠還鄉白兔記》，南京：江蘇廣陵古籍印社。
俞爲民（1986）明成化本《劉知遠還鄉白兔記》校注，《藝術研究》3。
俞爲民（1987）《宋元四大南戲讀本校注》，南京：江蘇古籍出版社。

・翻譯

加藤聰等（2003-05）成化本《白兔記》譯注稿（1—4），《中國研究集刊》32：52—98；35：84—138；37：94—111；39：151—193；大阪大學中國文學研究室（2006）《成化本〈白兔記〉の研究》121—364，東京：汲古書院。

・文本研究

趙景深（1973）明成化本南戲《白兔記》的新發現，《文物》1973（1）：44—47。
彭飛（1983）略論成化本《白兔記》，《文學遺產》1983（3）。
孫崇濤（1983）成化本《白兔記》與元傳奇《劉知遠》——關於成化本《白兔記》戲文的淵源與性質問題，《文史》20；（2001）《南戲論叢》251—268，北京：中華書局。
孫崇濤（1984）成化本《白兔記》刊行背景與刊本的性質問題，《戲曲研究》11：163—175；（2001）《南戲論叢》238—250，北京：中華書局。
胡竹安（1984）廣陵刻印校補本《成化新編劉知遠還鄉白兔記》補正，《中國語文》1984（4）：301—305。
劉湘如（1984）福建發現的古抄本《白兔記》，《福建論壇（文史哲）》1984（2）：58—60。
俞爲民（1987）南戲《白兔記》的版本及其流變，《文獻》1987（1）：39—63。
林昭德（1988）廣陵刻印校補本《成化新編白兔記》再補正，《西南師範大學學報（哲學社會科學版)》1988（4）：24，106—111。
金文京（1989）《成化本說唱詞話》發見の經緯，井上泰山等《〈花關索傳〉の研究》82—98，東京：汲古書院。
田仲一成（1998）明清間《白兔記》の流轉と分化，《金澤大學中國語學中國文學教室紀要》2：25—43。
苗懷明（2003）明成化刊本《白兔記》的發現、整理與研究，中央戲劇學院《戲劇》2003（3）：93—100。
西尾俊（2005）《白兔記》のテキスト，《待兼山論叢（文學篇）》39：37—52。
趙興勤（2008）《白兔記》版本探疑，《商丘師範學院學報》11：34—36。

b. 《白兔記》

・現存文本

明天啟年間長樂鄭氏藏毛晉汲古閣刊本。

・影印本

古本戲曲叢刊編刊委員會（1954）《古本戲曲叢刊》初集 11 第 2 函，上海：上海商務印書館。

・文本研究

葉開沅（1983）《白兔記》的版本問題（2 汲本系统），《蘭州大學學報》2：76—84。

◎研究

古屋昭弘（1987）明・成化本《劉知遠還鄉白兔記》の言語，早稻田大學《中國文學研究》13：13—30。
袁賓（1987）明代成化本詞話語詞考釋《鎮江師專學報(社會科學版)》1987(1)：37—41。
游汝杰（1998）明成化本南戲《白兔記》中的吳語成分，《杭州師範學院學報》1998（5）：25—33。
陳練軍（2008）《劉知遠諸宮調》與明成化本《白兔記》詞語比較，《忻州師範學院學報》24（3）：48—51。
姚偉嘉（2011）《明刊〈白兔記〉詞彙語法專題研究》，南京大學博士論文。
福滿正博（2011）劉知遠諸宮調と戲曲白兔記の研究と安徽省の青陽腔白兔記の可能性，《明治大學教養論集》462：85—101。
李占鵬（2013）明成化南戲刻本《白兔記》整理研究述評，《興義民族師範學院學報》2013（2）：47—52。

3.2.2 《缽中蓮》

◎原始資料

・現存文本

明萬曆四十七年【1619】玉霜簃藏鈔本。

清嘉慶年間鈔本。

・影印本

孟繁樹、周傳家編校（1985）《明清戲曲珍本輯選（上）》1—105，北京：中國戲劇出版社【底本：萬曆、嘉慶本】。

・排印本

太田辰夫（1972）《缽中蓮》吳語注稿（吳語研究叢刊 4）；（1991）《中國語文資料彙刊》1（1）：316—327，東京：不二出版【底本：萬曆本】。

3.2.3 其他

大島正二（1972）《琵琶記》の用韻に反映した元末吳方言—その音韻體系の一端について—，《東洋學報》54（4）：1—32。

黃麗貞（1972）《南劇六十種曲情節俗典諺語方言研究》，臺北：臺灣商務印書館。

李曉（1984）南戲曲韻研究，《南京大學學報》3：76—81。

古屋昭弘（1984）說唱詞話《花關索傳》と明代の方言，早稻田大學《中國文學研究》10：29—50；井上泰山等（1989）《〈花關索傳〉の研究》350—326，東京：汲古書院。

古屋昭弘（1986）明刊說唱詞話 12 種と吳語，早稻田大學《中國文學研究》12：1—18。

馬重奇（1995）《南音三籟》曲韻研究，《福建師範大學學報（哲學社會科學版）》1995（1）：68—78。

馬重奇（1998）明末上海松江韻母系統研究——晚明施紹莘南曲用韻研究，《福建師範大學學報（哲學社會科學版）》1998（3）：67—73；（1998）《漢語音韻學論稿》339—360，成都：巴蜀書社。

李惠芬（1999）浙江元人散曲用韻研究——與《中原音韻》比較研究，《福建師範大學學報（哲學社會科學版）》1999（2）：77—82。

李超（2004）《元浙江曲家散曲、雜劇用韻研究》，廣西師範大學碩士論文。

王曦（2005）明代江浙南曲用韻考研究綜述，《福建師範大學學報》2005（4）：93—96。

黃亮（2005）《〈太霞新奏〉用韻研究》，蘇州大學碩士論文。

高航（2008）《南曲九宮正始》入聲樂字考察，《渤海大學學報（哲學社會科學版）》2008（5）：143—146。

邢永革（2009）從《永樂大典戲文三種》看宋元時期南北方言的交融與滲透，《船山學刊》2009（1）：166—170。

李小凡（2009）吳語的“清音濁流”和南曲的“陰出陽收”，《語文研究》2009（3）：37—44。

范俊敏（2011）《〈張協狀元〉韻部研究》，寧波大學碩士論文。

郭作飛（2011）南戲發生地源的語言學考察——以《張協狀元》方言詞的運用爲例，《寧夏大學學報（人文社會科學版）》2011（3）：17—22。

武曄卿（2011）《南曲九宮正始》看元代南戲曲韻的特點——《南曲九宮正始》所見“元傳奇”用韻考之一，《語言科學》2011（5）：528—538。

武曄卿（2012）《南曲九宮正始》所反映的南戲陰陽通協現象辨析，《漢語史學報》2012：

202—212。
尤寅靈（2012）《明代浙江作家南曲用韻考》，福建師範大學碩士論文。

3.3 歌謠

3.3.1 馮夢龍《山歌》

◎原始資料

·現存文本

明刊本：中國國家圖書館（善本 15678）。

·影印本

魏同賢編（1993）《馮夢龍全集》42：1—246，上海：上海古籍出版社。

·排印本

顧頡剛校點（1935）《山歌》，上海：朱氏傳經堂。
盧山沈亞公校點（1936）《黃山謎》，上海：中央書店。
關德棟校點（1962）《山歌》（明清民歌時調叢書 1），上海：中華書局。
陸國斌校點（1993）《山歌》（馮夢龍全集 18），南京：江蘇古籍出版社。
梁國輔等編校（1994）《中國艷歌大觀》，長春：吉林文史出版社。
花子金編著（1995）《清經明清艷情詞曲全編》，廣州：廣州出版社。
馮保善校點（2000）《山歌》，南京：江蘇古籍出版社。

·索引

石汝杰、陳榴競（1989）《山歌索引》，東京：好文出版。

·文本研究

顧頡剛（1935）序，《山歌》，上海：朱氏傳經堂排印本。
鄭振鐸（1935）跋，《山歌》，上海：朱氏傳經堂排印本。
錢南楊（1935）跋，《山歌》，上海：朱氏傳經堂排印本。
汪雲蓀（1935）跋，《山歌》，上海：朱氏傳經堂排印本。
朱瑞軒（1935）後記，《山歌》，上海：朱氏傳經堂排印本。

◎研究

胡適（1935）胡適之先生來信，《山歌》，上海：朱氏傳經堂排印本。
周作人（1935）山歌跋，《山歌》，上海：朱氏傳經堂排印本。
阿英（1935）介紹一首咏山人的山歌，《太白》2（4）；（1936）《海市集》31—35，上海：北新書局。
李素英（1936）吳歌的特質，《歌謠》2（2）：3—6。
容肇祖（1936）說山歌的起源，《歌謠》2（3）：3。
魏建功（1936）從如皋山歌與馮夢龍山歌見到採録歌謠應該注意的事，《歌謠》2（5）：1—7。
李素（1936）一夜西風水倒流（讀馮夢龍編的山歌），《宇宙風》18。
顧頡剛（1936）吳歌小史，《歌謠》2（23）：1—8。

武田泰淳（1936）山歌，《中國文學月報》11：125—126；（1971）《武田泰淳全集》11：163—165，東京：筑摩書房。

足立原八束（1953）山歌と掛枝兒，昭和女子大學《學苑》15（2）：6—13 。

關德棟（1962）序，《山歌》，上海：中華書局。

McCoy, John (1969) The Linguistic and Literary Value of the Ming Dynasty 'Mountain Songs', *The Journal of the Hong Kong Branch of the Royal Asiatic Society* 9: 101-112.

Töpelmann, Cornelia (1973) *Shan-ko von Feng Meng-lung: Eine Volksliedersammlung aus der Ming-Zeit*, *Münchener Ostasiatische Studien* 9, Wiesbaden: Franz Steiner Verlag GMBH.

胡明揚（1981）三百五十年前蘇州一帶吳語一斑——《山歌》和《掛枝兒》所見的吳語，《語文研究》1981（2）：93—110。

路工（1981）馮夢龍及其對民間文學的貢獻，《民間文學論叢》177—188，北京：中國民間文藝出版社。

李平（1982）馮夢龍與明代民歌，《民間文藝集刊》3：207—221。

蘇州市文藝聯合會（1984）《吳歌》，北京：中國民間文藝出版社。

天鷹（姜彬）(1985)《論吳歌及其他》，上海：上海文藝出版社。

鹿憶鹿（1985）《馮夢龍所輯民歌研究》，東吳大學博士論文。

鹿憶鹿（1986）《馮夢龍所輯民歌研究》，臺北：學海出版社。

朱健（1986）試論馮夢龍對我國民歌搜集整理的貢獻，《民間文藝季刊》1：87—95。

李寧（1986）論馮夢龍的《山歌》，《民間文藝季刊》1：75—86。

鹿憶鹿（1986）《馮夢龍所輯民歌研究》，臺北：學海出版社。

章一鳴（1986）《山歌》所見若干吳語語彙試釋，《語文研究》1986（2）：34—35；（1997）《〈金瓶梅詞話〉和明代口語詞彙語法研究》179—181，上海：上海古籍出版社。

錢小柏（1987）吳歌的格律，段寶林、過偉編《民間詩律》，北京：北京大學出版社。

大木康（1988）馮夢龍《山歌》の研究，《東洋文化研究所紀要》105：57—241。

石汝杰（1989）馮夢龍編《山歌》的虛詞札記，《花園大學研究紀要》20：69—79。

肖雅（1989）馮夢龍與《山歌》，《南京藝術學院學報（音樂與表演版）》1989（2）：47—48。

大木康（1990）馮夢龍敘山歌考—詩經學と民間歌謡—，《東洋文化》71：121—145。

姜彬（1990）長江下游地區民歌的生成和流變，長江中下游地區民歌的差異與一致性，長篇吳歌的形成及其他，《區域文化與民間文藝學》，北京：中國民間文藝出版社。

孟守介（1991）明代蘇州《山歌》與當代《蘇州歌謠》舒聲韻部的比較，《鐵道師院學報》1991（3）：61—65。

張惠英（1992—96）《山歌》注（1-4），《中國語學研究 開篇》10：1—10；11：16—21；12：99—104；13：68—83。

張洪年（1993）馮夢龍山歌中“個”字的用法，《九州學刊》5（3）：113—128。

Lowry, Kathryn (1993) Excess and Restraint: Feng Menglong's Prefaces on Currently Popular Songs, *Papers on Chinese History* 2.

石汝杰（1996）《山歌》的語言分析，《北陸大學紀要》19：201—209。

石汝杰（1996）《山歌》詞語考釋，《中國語學研究・開篇》14：35—41。

楊劍橋（1997）《〈山歌〉注》補，《中國語學研究・開篇》16：103—105。

Schimmelpenninck, Antoinet (1997) *Chinese folk songs and folk singers: Shan'ge traditions in southern Jiangsu,* Leiden: CHIME Foundation.

Oki，Yasushi (1997) Women in Feng Menglong's Mountain Songs, E, Widmer and Kang-i Sun Chang eds, *Writing Women in Late Imperial China* 131-143，Stanford: Stanford University Press.

肖燕芳（2002）馮夢龍《山歌》的女性話語解析，《齊齊哈爾大學學報（哲學社會科學版）》2002（1）：105—107。

大木康（2003）《馮夢龍〈山歌〉の研究—中國明代の通俗歌謡》，東京：勁草書房。

章一鳴（2005）從《山歌》所見明代吳語指代詞，《廣播電視大學學報（哲學社會科學版）》2005（1）：73—76。

吳林娟（2005）《山歌》中的人稱代詞，《安慶師範學院學報（社會科學版）》2005（4）：89—91。

吳林娟（2005）《山歌》吳語詞彙試釋，《安康師專學報》2005（5）：23—26。

石汝杰（2006）馮夢龍編《山歌》的校注問題，《海外事情研究》34（1）：111—128。

徐宇紅（2007）《明清民歌時調集・山歌》中“捉”字句法特點，《阜陽師範學院學報（社會科學版）》2007（6）：67—69，87。

石汝杰、黃明明（2007，2008）馮夢龍編《山歌》校注（1）（3）（5）（7），《熊本學園大學文學・言語學論集》14（1）：185—213；14（2）：147—174；15（1）：177—204；15（2）：345—358。

石汝杰、黃明明（2007，2008）馮夢龍編《山歌》校注（2）（4），《海外事情研究》35（1）：1—24；35（2）：109—134。

王麗坤（2009）《明清民歌時調集》俗語詞釋例，《文化學刊》2009（4）：96—102。

羅業永（2010）《芻議〈山歌〉中的明清吳語副詞》，湖南師範大學碩士論文。

地藏堂貞二（2010）馮夢龍の言語から見る明末の吳語—《新平妖傳》と《山歌》を中心に，《滋賀縣立大學國際教育センター研究紀要》15：135—145。

Oki，Yasushi, Paolo Santangelo (2011) *Shan'ge, the 'Mountain Songs',* Leiden, Boston: Brill.

樊強（2011）明代山歌時調產生的社會文化結構，《北方文學》2011（8）：189—190。

3.3.2 馮夢龍《掛枝兒》

◎原始資料

・現存文本

明刊本浮白主人《破愁一夕話》原刻本所收【41 首】：中國國家圖書館。

明刊本《掛枝兒》【存 9 卷，395 首】：上海圖書館。

清鈔本姚梅伯《今樂府選》原刻本所收：浙江省圖書館。

・影印本

魏同賢編（1993）《馮夢龍全集》42：1—276，上海：上海古籍出版社。

・排印本

關德棟校點（1962）《山歌》（明清民歌時調叢書 1），上海：中華書局。

・文本研究

大木康（1988）俗曲集《掛枝兒》について—馮夢龍《山歌》の研究・補說，《東洋文化研究所紀要》107：89—118。

田華（2011）馮夢龍《掛枝兒》成書時間考，《淮北師範大學學報（哲學社會科學版）》2011（2）：126—128。

◎研究

吳章勝（1984）讀馮夢龍的《掛枝兒》《山歌》，《文學評論叢刊》22：325—338。

游友基（1986）《掛枝兒》《山歌》淺論，《民間文藝季刊》3：171—183。

趙一鶴（2004）任性而發 風情萬種——《掛枝兒》《山歌》初探，《九江師專學報》2004（1）：42—45。

姚文艷（2005）《〈掛枝兒〉〈山歌〉研究》，中央民族大學碩士論文。

何曉端（2011）解讀《掛枝兒》與《山歌》中的成語，《河南農業》2011（2）：61。

3.4 小說、筆記

3.4.1 姜准《岐海瑣談》

◎原始資料

・現存文本

民國二十五年【1936】浙江省永嘉區徵輯鄉先哲遺著委員會鉛印本：溫州圖書館（14470）；京都大學文學部（中哲文 B||XIe||12—2）。

・排印本

蔡克驕校點（2002）《岐海瑣談》（溫州文獻叢書），上海：上海社會科學出版社。

3.4.2 其他

香阪順一（1962）明代の吳語—據《拍案驚奇》附注，《清末文學言語研究會會報》1：39—55。

香阪順一（1971）《拍案驚奇》のことば，《人文研究》22（11）：1—16；（1983）《白話語彙の研究》421—436，東京：光生館。

張家茂（1981）《三言》中蘇州方言詞語彙釋，《方言》1989（3）：219—224。

坂井健一（1985）《拍案驚奇》に見える吳語について，《日本大學人文科學研究所研究紀要》30：45—78。

張惠英（1986）《金瓶梅》中杭州一帶用語考，《中國語文》1986（3）：217—223。

徐靜茜（1986）《兩拍》所見方言詞語及句式，《湖州師專學報》1986（4）：6—17。

廖大谷、石汝杰（1987）《西游記》中蘇北方言詞語彙釋，《蘇州大學學報》1987（2）：80—82。

任祖鏞（1987）試論《西游記》中吳方言的由來，《思茅師專學報》1987（1）。

魯國堯（1988）《南村輟耕録》與元代吳方言，《中國語言學報》3：107—134；（1994）《魯國堯自選集》250—291，鄭州：河南教育出版社；（2003）《魯國堯語言學論文集》508—521，南京：江蘇教育出版社。

胡竹安（1988）《水滸全傳》所見現代吳語詞彙試析，《吳語論叢》223—231，上海：上海教育出版社。

丁正華（1988）《水滸》吳語一斑，《明清小說研究》1988（2）：101—114。

淩培、錢嘉猷（1989）《二拍》中湖州方言詞語彙釋，《方言》1989（4）：307—315。

石汝杰（1991）明末蘇州方言音系資料研究，《鐵道師院學報》1991（3）：66—71。

石汝杰（1991）《笑府》中所見的明末吳語，《中文研究集刊》3：53—72。

周志鋒（1993）《二拍》語詞札記，《古漢語研究》1993（2）：34—37。

地藏堂貞二（1993）明代の南方語（1）：《平妖傳》の言語，《北陸大學外國語學部紀要》2：95—106。

地藏堂貞二（1995）明代の南方語（2）：《拍案驚奇》の疑問文について，《北陸大學紀要》19：191—199。

魯國堯（1996）陶宗儀《南村輟耕録》等著作與元代語言，《南京大學學報（哲學社會科學版）》1996（4）：150—165；（2003）《魯國堯語言學論文集》481—507，南京：江蘇教育出版社。

楊子華（2003）《水滸》人物綽號與杭州方言民俗，《鄖陽師範高等專科學校學報》2003（4）：67—71。

楊子華（2004）從“耍子兒”談《西游記》中的杭州方言，《運城學院學報》2004（1）：21—25。

辛志成（2004）從《三言二拍》看昆明方言中的江浙古吳語，《昆明冶金高等專科學校學報》2004（4）：83—88。

潘國英（2005）明清言情小說中的湖州方言語法，《麗水學院學報》2005（3）：52—54，71。

楊子華（2005）《金瓶梅》用“兒尾”方言來描寫人物，《鄖陽師範高等專科學校學報》2005（1）：32—36。

褚半農（2005）《〈金瓶梅〉中的上海方言研究》，上海：上海古籍出版社。

譚蘭芳（2006）《金瓶梅詞話》中的吳語詞，《語言研究集刊》3：66—82。

譚蘭芳（2006，2007）《金瓶梅詞話》詞語語用的吳越地方色彩（1，2）——兼與崇本及校記的若干商榷，《修辭學習》2006（3）：69—71，80；2007（1）：58—61。

譚蘭芳（2007）《金瓶梅詞話》中的吳語詞（續），《語言研究集刊》4：66—83。

褚半農（2008）明清吳語小說難詞例解，《明清小說研究》2008（1）：300—310。

地藏堂貞二（2009）《拍案驚奇》と《型世言》の言語—明代吳語の言語的特徵を探る，《滋賀縣立大學國際教育センター研究紀要》14：135—147。

地藏堂貞二（2010）馮夢龍の言語から見る明末の吳語—《新平妖傳》と《山歌》を中心に，《滋賀縣立大學國際教育センター研究紀要》15：135—145。

張振羽（2010）《三言》吳語副詞“大分”和“終不然”的來源，《鹽城師範學院學報（人文社會科學版)》2010（2）：116—120。
賀衛國（2010）淺談近代吳語與官話動詞重疊發展的不平衡性——《金瓶梅》《紅樓夢》與《鼓掌絕塵》《型世言》動詞重疊之比較，《百色學院學報》2010（2）：78—82。
陳福迎（2011）《型世言》方言量詞和特殊量詞研究，《河池學院學報》2011（6）：51—55。
楊子華（2011）"沒脚蟹"、"沒巴臂"、"葫蘆提"及其他——《水滸》中富有地方特色的宋元杭州方言，《菏澤學院學報》2011（6）：67—71。
地藏堂貞二（2012）《金瓶梅詞話》の吳語をめぐって：53—57 回を中心に，《中國語研究》54：46—60。
崔爾勝（2012）《禪真逸史》吳方言詞語二則，《池州學院學報》2012（1）：100—102，110。

3.5 韻書、辭典、課本

3.5.1 孫耀《音韻正訛》

◎原始資料

・現存文本

明崇禎十七年【1644】九如堂刻本：清華大學圖書館。
清乾隆五十四年【1789】金閶書業堂本：北京大學圖書館。
清嘉慶二年【1797】刊本：中國科學院圖書館。
清光緒十一年【1885】道生堂刻本。
光緒二十六年【1900】刻本：中國國家圖書館（字 158）。
清宣統三年【1911】上海匯海石印本。
清間掃葉山房刻本。

・影印本

顧廷龍（2002）《續修四庫全書》259 册，上海：上海古籍出版社。

◎研究

王恩保（2004）略論《音韻正訛》的語音和詞彙，《語言與文化論叢》，北京：華語教學出版社。
甯繼福（2005）讀明末安徽方言韻書《音韻正訛》《安徽師範大學學報（人文社會科學版）》，2005（6）：713—717；（2010）《甯忌浮文集》572—584，長春：吉林人民出版社。
王恩保（2006）《音韻正訛》與明末宣城方言，中國音韻學研究會第十四屆學術討論會論文。
樋口靖（2006）《音韻正訛》音韻體系の基礎的研究—音節構造と聲母音系，《語學研究所論集》11：103—123。
高永安（2006）《音韻正訛》聲母系統，《語言研究》2006（4）：43—46。
高永安（2006）從中古山咸攝在《音韻正訛》中的演變看聲調對聲母的影響，《中國語學研究 開篇》25：109—118。

高永安（2007）《音韻正訛》韻母系統的特點，《中國語學研究・開篇》26：129—135。
洪梅（2010）《音韻正訛》入聲韻研究，《莆田學院學報》2010（1）：44—47。

3.5.2 王應電《同文備考》

◎原始資料

・現存文本

明嘉靖三十六年【1557】王宗沐刻本【附《聲韻會通》1卷《韻要粗釋》1卷】：北京大學圖書館；上海圖書館；中國科學院圖書館【缺《同文備考》第七植物卷】【鈔本：日本靜嘉堂文庫】。

明萬曆三十年【1602】張鼎思重刻本【附《聲韻會通》1卷《韻要粗釋》1卷】：北京大學圖書館；山東省圖書館。

明間寫殘本【附《聲韻會通》1卷《韻要粗釋》1卷】：中國科學院圖書館【缺卷1，2，8】。

◎研究

耿振生（2000）明代音韻改革家王應電及其《聲韻會通》，《漢語史研究集刊》3：284—300。
丁鋒（2001）《〈同文備考〉音系》，福岡：中國書店。
丁鋒（2002）《六書精蘊》字音所見明代吳方言音韻——與《同文備考》比較，熊本學園大學附屬海外事情研究所《海外事情研究》30（1）：191—228；（2012）《如斯齋漢語史續稿》140—181，貴陽：貴州大學出版社。
徐時儀（2004）王應電《同文備考》述略，《辭書研究》2004（3）：115—122。
蔡麗華（2012）《王應電〈聲韻會通〉與〈韻要粗釋〉研究》，福建師範大學博士論文。

3.5.3 其他

河野六郎（1979）吳方言における咸攝一等重韻の扱い方について，大東文化大學《東洋研究》53：39—63。
李新魁（1985）《射字法》聲類考——元代吳語的聲母系統，《古漢語論集》1：70—85，長沙：湖南教育出版社。
望月真澄（1994）《洪武正韻》依據方言，筑波大學《文藝言語研究（言語篇）》26：73—81。
古屋昭弘（1998）字彙與明代吳方言，《語言學論叢》20：129—148。
路建彩（2000）《〈元聲韻學大成〉與明代吳語》，山東師範大學碩士論文。
望月真澄（2004）《洪武正韻》依據方音は溫州音である，《中國文化》62：11—30。
林慶勳（2006）論《字彙》的韻母特色，《聲韻論叢》14：67—90。
林慶勳（2006）論《字彙》的聲母特色，《潘重規教授百歲冥誕紀念學術研討會論文集》111—129，臺北：臺灣師範大學國文學系。
林慶勳（2006）明清韻書韻圖反映吳語音韻特點觀察，《聲韻論叢》14：91—112。
林一鳴（2010）《〈字學指南〉音系研究》，福建師範大學碩士論文。
林敏欽（2011）《〈字學指南〉異讀研究》，福建師範大學碩士論文。

3.6 日漢對音資料

3.6.1 綜合研究

秋山謙藏（1933）明代に於ける支那人の日本語研究，《國語と國文學》10（1）：1—38。

濱田敦（1940）國語を記載せる明代支那文獻，京都帝國大學國文學會《國語國文》10（7）：7—45；（1986）《國語史の諸問題》385—419，大阪：和泉書院。

渡邊三男（1962）明人による日本語文理解の經過，《鶴見女子短期大學紀要》2：98—114。

大友信一（1963）《室町時代の國語音聲の研究：中國資料による》，東京：至文堂。

坂井健一（1971）《明代日本語資料集成（1，2）》，東京：汲古書院。

坂井健一、木村晟（1975）《〈日本風土記〉・〈日本寄語〉・〈日本館譯語〉・〈琉球館譯語〉・〈朝鮮館譯語〉・〈日本一鑒〉寄語對照手册》，近世中國における日本語研究會。

丁鋒（1998）日漢對音資料及其價值，《語言研究》1998增刊：381—396。

蔣垂東（2003）日本語研究史料としての中國資料，《當代日本語學研究—北原保雄博士業績紀念論文集》138—155，北京：高等教育出版社。

丁鋒（2005）日漢對音漢語音韻研究的理論和方法，《漢語史學報》5：196—206；（2010）《如斯齋漢語史叢稿》114—130，貴陽：貴州大學出版社。

趙志剛（2012）中日文化交流史中對音資料的作用及意義——清代之前的對音資料，《學理論》24：122—123，135。

3.6.2 陶宗儀《書史會要・外域・日本國》

◎原始資料

・現存文本

明洪武九年【1376】刻本。

洪武九年【1376】刻本：南京圖書館（GJ/EB/110261）。

洪武九年【1376】盧祥林應麟刻本：中國國家圖書館（11327/善本）。

明崇禎三年【1630】朱謀垔刻本。

清順治十六年【1659】朱統重刊本【附《書史會要續編》1卷】。

清乾隆年間《四庫全書》所收：中國國家圖書館；臺灣故宫博物院。

・影印本

民國十八年【1929】武進陶氏逸園影印本；王雲五（1980）《四庫全書珍本十集》377—379册，臺北：臺灣商務印書館。

（1983-1986）景印文淵閣四庫全書814册，臺北：臺灣商務印書館。

徐蜀編（2004）國家圖書館藏古籍藝術類編15，北京：北京圖書館出版社。

◎研究

小川環樹（1947）《書史會要》に見える“いろは”の漢字對音について，京都大學《國語國文》16（5）311—320：55—64；（1977）《中國語學研究》152—162，東京：

創文社。
有坂秀世（1950）《書史會要》の“いろは”の音注について，《言語研究》16：1—13；（1957）《國語音韻史の研究 增補新版》571—589，東京：三省堂。
渡邊三男（1957）中國古文獻に見える日本語：《鶴林玉露》と《書史會要》について，《駒澤大學研究紀要》15：155—163。
立石廣男（1982）四聲による音注の一考察—《花嚴經音義私記》と《書史會要》について，《日本大學人文科學研究所研究紀要》26：58—67。
丁鋒（2000）《書史會要》所記日語假名歌對音反映的十四世紀吳語音韻，《中國音韻學研究會第十一屆學術研討會及漢語音韻學第六屆國際研討會論文集》245—253，香港：香港文化教育出版社。
中村雅之（2012）書史會要“いろは”漢字音注札記，《KOTONOHA》121：1—2。
馬之濤（2013）《書史會要》與《日本考略》中所見吳方言的舌葉音，葉寶奎、李無未編《黃典誠教授百年誕辰紀念文集》399—410，厦門：厦門大學出版社；（2014）厦門大學中文系、中國音韻學會編《中國音韻學暨黃典誠學術思想國際學術研討會論文集》418—431，厦門：厦門大學出版社。

3.6.3 薛俊《日本國考略・寄語略》

◎原始資料

・現存文本

明嘉靖九年【1530】重刊本：東洋文庫。
嘉靖二十二年【1543】序鈔本，《國朝典故》所收：中國國家圖書館。
嘉靖四十四年【1565】鈔本：內閣文庫（286-0172）。
嘉靖四十四年【1565】跋鈔本：早稻田大學圖書館（ル 03 03352）。
明萬曆年間鄧士龍刊本，《國朝典故》所收：北京大學圖書館。
清道光年間榮譽輯刊《得月簃叢書》所收。
鈔本：東京大學資料編纂所。

・影印本

京都大學文學部國語學國文學研究室編（1965）《日本寄語の研究》1—101，京都：京都大學國文學會【底本：東洋文庫本】。
坂井健一（1971）《明代日本語資料集成・語彙篇》，東京：汲古書院【底本：得月簃叢書本】。
（1997）《四庫全書存目叢書》史部・地理類 255 册，濟南：齊魯書社。

・排印本

許大齡、王天有（1993）《國朝典故》，北京：北京大學出版社。

・膠片

姜亞沙、經莉、陳湛綺（2004）《日本史料彙編》1（中國文獻珍本叢書），北京：全國圖書館文獻縮微復制中心。

・彩色照片

早稻田大學古典籍總合データベース（http://www.wul.waseda.ac.jp/kotenseki/）【早大藏本（ル 03 03352）】；國立公文書館デジタルアーカイブ（http://www.digital.archives.go.jp/index.html）【内閣文庫藏本（286-0172）】.

◎研究

濱田敦（1951）《日本寄語》解讀試案，大阪市立大學《人文研究》2（1）：19—59；（1965）《日本寄語の研究》79—142，京都：京都大學國文學會。

福島邦道（1959）《日本寄語》語解，《國語學》36：69—78。

中野美代子（1964）《日本寄語》による 16 世紀定海音系の推定—および室町末期國語音に關する若干の問題，《東方學》28：120—101。

福島邦道（1965）《日本考略・日本圖纂》解題，《日本寄語の研究》1—75，京都：京都大學國文學會。

谷峰夫（1987）《日本寄語》音韻研究のために，《海上保安大學校研究報告 第 1 部》33（2）：156—116。

木津祐子（1994）《日本寄語》所反映的明代吳語聲調，《中國境内語言暨語言學》2：139—171。

丁鋒（2004）《日本考略・寄語略》反映的十六世紀吳語音韻，熊本學園大學《海外事情研究》32（1）：197—211。

蔣垂東（2010）《國朝典故》本《日本國考略》について：音譯日本語《寄語譯》の校異を中心に，文教大學《言語と文化》23：316—290。

馬之濤（2012）《日本考略》に見る“ガ”行音について，《早稻田日本語研究》21：63—74。

馬之濤（2013）《日本考略》に見られる寄語のアクセント—一二拍語を中心に—，早稻田大學文學學術院アクセント史資料研究會《論集》9：55—71。

3.6.4 鄭若曾《日本圖纂・寄語雜類》

◎原始資料

・現存文本

清康熙三十年【1691】重刊本：靜嘉堂文庫。

清康熙年間鄭若曾《鄭開陽雜著》所收：南京圖書館。

《鄭開陽雜著》、清乾隆年間《四庫全書》所收：中國國家圖書館；臺灣故宮博物院。

・影印本

（1932）《鄭開陽雜著》陶風樓【底本：江蘇省立第一圖書館本】。

京都大學文學部國語學國文學研究室（1965）《日本寄語の研究》：27—65，京都：京都大學國文學會【底本：靜嘉堂文庫本】。

（1983-86）《景印文淵閣四庫全書》第 584 册，臺北：臺灣商務印書館。

（2005）《文津閣四庫全書》第 194 册，北京：商務印書館。

・膠片

姜亞沙、經莉、陳湛綺（2004）《日本史料彙編》1（中國文獻珍本叢書），北京：全國圖書館文獻縮微複製中心。

・文本研究

今西春秋（1936）《日本圖纂》中の《日本寄語》，《東洋史研究》1（6）：44，95。

大友信一（1959）《日本圖纂》《籌海圖篇》の諸本とその成立事情，日本歷史地理研究會《日本歷史》132：91—100。

福島邦道（1965）《日本考略・日本圖纂》解題，《日本寄語の研究》：1—75，京都：京都大學國文學會。

3.6.5 鄭舜功《日本一鑒・窮河話海》

◎原始資料

・現存文本

明刊本：内閣文庫（172-0038）。

清乾隆年間彭文勤鈔本：山田忠雄舊藏。

民國十年【1921】鈔本【底本：山田本】：京都大學附屬圖書館。

三浦周行鈔本【底本：中山大學所藏本】：京都大學國史研究室。

民國二十六年【1937】三之尻浩油印本【底本：富岡本、三浦本】。

鈔本【底本：元北京人文科學研究所本】：中國國家圖書館。

民國二十八年【1939】北京文殿閣影印本【底本：元北京人文科學研究所本】。

・影印本

坂井健一（1971）《明代日本語資料集成 語彙篇》，東京：汲古書院【底本：北京文殿閣影印本】。

大友信一、木村晟（1974）《日本一鑒：本文と索引》（笠間索引叢刊 41），東京：笠間書院【底本：文殿閣本】。

木村晟等（1996）《〈日本一鑒〉の綜合的研究：大本山總持寺貫首梅田信隆禪師退董記念》，大阪：棱伽林【底本：文殿閣本】。

・注譯

片山晴賢、木村晟（1997）《日本一鑒・器用門》の注釋的研究，《駒澤短大國文》27：48—66。

片山晴賢、木村晟（1998）《日本一鑒・事説門》の注釋的研究，《駒澤短大國文》28：62—75。

近藤良一（1998）《日本一鑒・名彙》の注釋的研究，《駒澤大學北海道教養部研究紀要》33：1—23。

片山晴賢（2000）《日本一鑒・窮河話海》卷六の注釋的研究（上），《駒澤短大國文》30：88—98。

片山晴賢（2005）《日本一鑒》の注釋的研究，《駒澤國文》42：147—183。

・文本研究

富岡謙藏（1914）《日本一鑒》解題，《藝文》5（9）：256—259。

渡邊三男（1955）《日本一鑒》について一明末の日本介紹書一，《駒澤大學研究紀要》

13：144—169。

◎研究

大友信一（1961）《日本一鑒》の音注表記，《言語研究》40：83—84。
福島邦道（1967）《日本一鑒》所引の古辭書，《本邦辭書史論叢：山田孝雄追憶》771—827，東京：三省堂。
木村晟（1973）《日本一鑒・寄語》の語彙，《駒澤國文》10：65—122。
片山晴賢（1974）《日本一鑒》の基礎的研究其之一，《駒澤短期大學研究紀要》24：63—77。
木村晟（1979）《日本一鑒》名彙の“草木”について，《渡邊三男博士古稀記念日中語文交涉史論叢》157—185，東京：櫻楓社。
李俊生（1979）日本一鑒寄語語音考，《渡邊三男博士古稀記念日中語文交涉史論叢》187—208，東京：櫻楓社。
神户輝夫（2000）鄭舜功著《日本一鑒》について（續）：《窮河話海》，《大分大學教育福祉科學部研究紀要》22（1）：33—49。
徐興慶（2007）《日本一鑒》的歷史意義及其漢日對音詞彙之價值，《アジア文化交流研究》2：365—394。

3.6.6 《日本風土記》

a. 侯繼高《全浙兵制考》所附《日本風土記》

◎原始資料

・現存文本

明刊本：內閣文庫（172-0038）。
延寶五年【1677】鈔本：內閣文庫（292-0153）。
（1915）珍書同好會油印本。

・影印本

京都大學文學部國語學國文學研究室（1961）《全浙兵制考日本風土記》，京都：京都大學國文學會【底本：內閣明刊本】。
坂井健一（1971）《明代日本語資料集成・語彙篇》，東京：汲古書院【底本：內閣明刊本】。
（1997）《四庫全書存目叢書》子部兵家類31册，濟南：齊魯書社。

・彩色照片

國立公文書館デジタルアーカイブ（http://www.digital.archives.go.jp/index.html）【內閣文庫藏本：292-0153】.

・文本研究

安田章（1961）《日本風土記》解題，《全浙兵制考日本風土記》1—23，京都：京都大學國文學會。

◎研究

濱田敦（1956）《日本風土記・山歌》注解，《京都大學文學部研究紀要》4：787—810；（1956）《五十周年記念論集》787—810，京都：京都大學文學部。

福島邦道（1961）《日本風土記・山歌三首》，《未定稿》8：5—12。

大友信一（1961）《日本風土記・山歌考》，《文藝研究》40：36—49。

福島邦道（1962）《日本風土記・山歌二首》，《未定稿》11：1—4。

長田夏樹（1965）《日本風土記》における日本語のアクセント表記について，《中國研究：經濟・文學・語學》117—133，神户：久重福三郎先生阪本一郎先生還曆記念行事準備委員會；（2000）《長田夏樹論述集（上）》392—412，京都：ナカニシヤ出版【書評：遠藤光曉（2011）《長田夏樹先生追悼集》145，東京：好文出版】。

福島邦道（1979）音韻資料としての全浙兵制考日本風土記，《渡邊三男博士古稀記念日中語文交涉史論叢》125—155，東京：櫻楓社。

赤松祐子（1988）《日本風土記》の基礎音系，京都大學文學部《國語國文》57（12）：1—44。

松本丁俊、丁鋒（1998）《日本風土記・語音》中日對音考釋，駒澤大學《論集》47：183—219。

董國英（2002）《日本風土記》に音譯表記された日本語の濁音，《久留米大學大學院比較文化研究論集》12：181—195。

丁鋒（2007）《日本風土記》所記日語對音反映的十六世紀吳語語音，《佐藤進教授還曆記念中國語學論集》204—214 ，東京：好文出版。

b. 李言恭、郝杰《日本考》

◎原始資料

・現存文本

明萬曆刊本：中國國家圖書館。

・影印本

（1937）國立北平圖書館善本叢書第一集，上海：商務印書館。

渡邊三男（1955）《譯注〈日本考〉》（大東選書 1），東京：大東出版社；（1985）《新修譯注《日本考》》(新典社叢書 13)，東京：新典社。

・排印本

汪向榮、嚴大中（1983）《日本考》（中外交通史籍叢刊），北京：中華書局。

◎研究

福田益和（1991）中國資料《日本考》研究序說，長崎大學《國語と教育》16：12—20；（1998）《日本語研究の新視點》64—78，東京：風間書房。

福田益和（1993）《日本考》本文と語彙，長崎大學《國語と教育》17：25—33；（1998）《日本語研究の新視點》79—93，東京：風間書房。

福田益和（1993）《日本考》小考：卷四を中心に，《香椎潟》38：145—156；（1998）《日本語研究の新視點》94—111，東京：風間書房。

福田益和（1994）《日本考》の研究—語彙の性格 1—，《熊本女子大學學術紀要》46：92—79。

3.6.7 其他

Joseph Edkins (1882) A Chinese and Japanese Vocabulary of the Fifteenth Century, with Notes, Chiefly of Pronunciation, *Transactions of the Asiatic Society of Japan* 10: 1-14.

Ernest Mason Satow (1882) Notes on Dr. Edkins' Paper "A Chinese-Japanese Vocabulary of the Fifteenth Century" *Transactions of the Asiatic Society of Japan* 10: 15-38; (2001) *Collected Works of Ernest Mason Satow* 2(3), London: Ganesha；（2001）《アーネスト・サトウ著作集第 2 期：新聞記事・雜誌論文集成》3，東京：日本シノップス。

蔣垂東（2001）《皇明馭倭録》の《寄語略》について，文教大學《文學部紀要》15（1）：38—54。

蔣垂東（2002）日本語を記載する《倭情考略》《籌海重編》，文教大學《文學部紀要》16（1）：27—41。

4. 閩方言

4.1 總論

4.1.1 綜合研究、研究史

沈昌焕（1959）四百年來中國與西班牙的文化關係，《中央日報》5。

Loon, P. van der (1966) The Manila incunabula and early Hokkien studies Part 1,2, *Asia Major* 12: 1-43; 13: 95-186.

許穎穎（2000）明末泉州方言與現代泉州方言比較研究，馬重奇、林玉山主編《編輯和語言——慶賀張斌先生八十華誕文集》91—106，厦門：厦門大學出版社。

Klöter, H, (2008) The Chinese language through the eyes of Western missionaries: A Hokkien grammar of the 17th century，雲林科技大學《漢學研究集刊》7：95—118。

張雙慶（2009）《金瓶梅》所見的泉州方言詞彙，《臺灣語文研究》3：51—63。

Klöter, H. (2010) *The language of the Sangleys: A Chinese vernacular in missionary sources of the seventeenth century,* Leiden: Brill.

Lien, Chinfa (2011) East-West Encounter: Comparing Earlier Romanized and Chinese-character Southern Min Texts: The Development of Interrogative Words in Southern Min, Wesołowski, Zbigniew ed. *The Sixth Fu Jen University International Sinological Symposium: "Early European (1552-1814) Acquisition and Research on Chinese Languages" Symposium Papers* 385-409, New Taipei: Fu Jen University Press.

連金發（2011）東西交通：早期羅馬字文獻，漢字閩南語文獻和現代閩南語語料的比較疑問詞演變初探，魏思齊編《輔仁大學第六屆漢學國際研討會“西方早期

（1552—1814年間）漢語學習和研究”論文集》411—432，新北：輔仁大學出版社。

4.1.2 音韻

李春曉（2000）明末泉州南音用韻初探，馬重奇、林玉山主編《編輯和語言—慶賀張斌先生八十華誕文集》78—90，厦門：厦門大學出版社。
黄文川（2001）《明代漳州詩人古體詩用韻研究》，福建師範大學碩士論文。
陸元兵（2008）《明代福建詩人詩歌用韻研究》，廣西師範大學碩士論文。
Chen, Richie L. C. (2011) Spanish As The Kana For Taiwan Southern Min, *Journal of Language Studies* 12(1): 235-255.

4.2 戲曲

4.2.1 總論

曾憲通（1991）明本潮州戲文所見潮州方言述略，《方言》1：10—29；（2002）《曾憲通學術文集》467—499，汕頭：汕頭大學出版社。
曾憲通（1992）明本潮州戲文疑難字試釋，《方言》2：138—144。
曾憲通（1992）明本潮州戲文所見潮州方言綴述，《第二屆閩方言學術研討會論文集》172—185，廣州：暨南大學出版社。
林道祥（1995）《明本潮州戲文五種》零札，《潮學研究》4：175—183。
連金發（1997）臺灣閩南語的趨向補語——方言類型和歷史的研究，鄭秋豫編《中國境内語言暨語言學研究》4：379—404。
黄文傑（1998）明本潮州戲文俗字探源，《李新魁教授紀念文集》274—278，北京：中華書局。
鄭國權（1999）泉州明清戲曲古本中的閩南方言，《第五屆國際閩方言研討會論文集》211—216，廣州：暨南大學出版社。
林倫倫（2000）潮汕方言與潮劇的形成，《語言文字應用》4：73—78。
王建設（2000）談明刊閩南方言戲文校注，《華僑大學學報（人文社會科學版）》2：76—84。
鄭國權（2001）《泉州明清戲曲與方言》，北京：中國戲曲出版社。
陳歷明、林淳鈞（2001）《明本潮州戲文論文集》，香港：藝苑出版社。
王建設（2002）《明刊閩南方言戲文中的語言研究》，暨南大學博士論文。
連金發（2003）十六世紀及現代閩南語指示動詞的語法化，《國際中國學研究》6：379—410。
鄭國權（2008）《考辨泉州話——以明清戲文曲詞爲對象》，北京：中國戲曲出版社。
康保成、詹雙暉（2008）從南戲到正字戲、白字戲——潮州戲劇形成軌迹初探，《中山大學學報（社會科學版）》1：27—31，203。
吳國欽（2009—10）潮劇溯源（1-3），《廣東藝術》2009（6）：14—18，2010（1）：18—23，2010（2）：34—36。
王建設（2010）明刊閩南方言戲文中的“賜”有致使義用法嗎——與曾茜蕾、貝羅貝先生商榷，《南方語言學》2：185—187，廣州：暨南大學出版社。

詹雙暉（2011）從明本《荔鏡記》《金花女》看白字戲的形成——兼談外來劇種在鄉社祭祀小戲衍變成地方劇種過程中的作用，《汕頭大學學報（人文社會科學版）》5：33—42，94—95。

鄭守治（2012）明代潮調劇本的版本及其遺存，《韓山師範學院學報》1：29—34。

鄭守治（2012）四百多年前的潮州話韻母系統——明代潮調劇本韻部研究，《海南師範大學學報（社會科學版）》3：121—125。

王建設（2013）明刊閩南方言戲文中的詞綴，張嘉星主編《第十一屆閩方言國際學術研討會論文集》127—142，厦門：厦門大學出版社。

4.2.2 《金釵記》【《新編全像南北插科忠孝正字劉希必金釵記》】

◎原始資料

·現存文本

明宣德年間抄本：潮州市博物館。

·影印本

吳南生、楊越（1985）《明本潮州戲文五種》，廣州：廣東人民出版社。

朱傳譽主編（1996）《金釵記》（中國戲劇研究資料第3輯），臺北：天一出版社。

·排印本

劉念茲（1985）《金釵記：宣德寫本》，廣州：廣東人民出版社。

陳歷明（1992）《〈金釵記〉及其研究》（潮汕歷史文化研究叢書）。

·文本研究

陳歷明（1981）一個出土的南戲演出本《劉希必金釵記》，《廣東省戲劇年鑒》115—116，廣州：廣東省戲劇研究所。

陳歷明（1982）明初南戲演出本《劉希必金釵記》，《文物》11：43—45，104。

趙景深、陳歷明、曹騰騑（1985）戲曲文物的新發現，《民俗曲藝》38：4—23。

侯百朋（1988）《宣德寫本金釵記》校注補，《溫州師範學院學報（哲學社會科學版）》4：66—72。

林立（1992）宣德寫本《金釵記》與潮劇淵源，《韓山師範學院學報（社會科學版）》1：69—77。

康保成（1992）潮州出土《劉希必金釵記》述考，《文獻》3：50—60。

福滿正博（2008）南戲《劉希必金釵記》明宣德鈔本校議（1，2），《明治大學教養論集》429：85—92；430：1—8。

李占鵬（2012）《劉希必金釵記》的發現、整理及研究，《遵義師範學院學報》1：1—5。

◎研究

袁東華（1987）《金釵記》的方音特點——明初汕頭方言聲母初探，《韓山師範學院學報》2：88—92。

吳國欽（1996）潮泉腔、潮劇與《劉希必金釵記》，《廣東藝術》3：44—50。

吳國欽（1997）論明本潮州戲文《劉希必金釵記》，《中山大學學報（社會科學版）》5：114—124。

陳歷明（1998）《金釵記》與潮州戲，《岭南文史》4：36—38。

吳真（2002）劉文龍故事述考——以潮州出土《劉希必金釵記》爲中心，《汕頭大學學報》4：88—92。

4.2.3 《荔鏡記》

◎原始資料

a. 《重刊五色潮泉插科增入詩詞北曲句欄荔鏡記》【附《顏臣》】

·現存文本

明嘉靖四十五年【1566】建陽痲沙書坊余氏新安堂重刊本：天理圖書館；Oxford University（BOD Sinica 34）。

·影印本

吳守禮、林宗毅編（1975）《明清閩南戲曲四種》（定靜堂叢書第3函），東京：定靜堂。

天理圖書館善本叢書漢籍之部編集委員會編（1980）《三分事略·剪燈餘話·荔鏡記》（天理圖書館善本叢書漢籍之部第10卷），天理：天理大學出版部。

《重刊五色潮泉插科增入詩詞北曲勾欄荔鏡記戲文一卷》（中國戲劇研究資料第一輯，全明傳奇），臺北：天一出版社。

吳南生、楊越（1985）《明本潮州戲文五種》，廣州：廣東人民出版社。

吳守禮校注（2001）《明嘉靖刊荔鏡記戲文校理》（閩臺方言史資料研究叢刊1-2），臺北：從宜工作室。

泉州市文化局，泉州地方戲曲研究社編（2010）《明代嘉靖刊本〈荔鏡記〉書影及校訂本又附〈新增勾欄〉》（荔鏡記荔枝記四種 第一種），北京：中國戲劇出版社。

·文本研究

吳守禮（1957）現存最早的閩南語文荔鏡記戲文研究序說，神田博士還曆記念會編《書誌學論集：神田博士還曆記念》587—598，東京：平凡社。

吳守禮（1957）荔鏡記戲文全集解題，《中央日報·學人》50。

林頌（1960）《陳三五娘》文獻初探，《福建戲劇》8。

吳守禮（1960）《荔鏡記戲文研究》序說，《臺灣風物》10（2·3）：5—18。

吳守禮（1961，1962）《荔鏡記戲文研究：校勘篇，韻字篇》，臺北：國家長期發展科學委員會甲種研究報告；（1970）《荔鏡記戲文研究》，臺北：東方文化供應社。

南玉（1963）荔鏡記戲文的“覔”字解——對吳守禮教授“釋覓”的商榷，《華僑生活》2（1·2）：17。

吳守禮（1966）《荔鏡記戲文》之刊刻地點，《臺灣風物》16（3）：23—26。

彭飛（1990）新發現的宋元南戲——《顏臣》，《上海戲劇》1：47—48。

吳榕青（2007）明代前本《荔枝記》戲文探微，《泉州師範學院學報》1：84—92。

鄭國權（2009）一脉相承五百年——《荔鏡記荔枝記四種》明清刊本彙編出版概述，《戲曲學報》6：17—34；《福建藝術》2010（4）：8—10。

王文章（2010）序《荔鏡記荔枝記四種》，《福建藝術》4：4—5。
曾永義（2010）極其貴重的民族文化資產——爲《荔鏡記荔枝記四種》序，《福建藝術》4：6—7。
鄭國權（2011）《明萬曆荔枝記校讀：試以嘉靖本荔鏡記與之比較》（泉州戲曲文化研究叢書），北京：中國戲劇出版社。

b. 《新刊增補全像鄉讀荔枝記》

・現存文本

明萬曆九年【1581】朱氏與畊堂刊本：Österreichische Nationalbibliothek.

・影印本

吴守禮、林宗毅編（1975）《明清閩南戲曲四種》（定靜堂叢書第 3 函），東京：定靜堂。
吴南生、楊越（1985）《明本潮州戲文五種》，廣州：廣東人民出版社。
饒宗頤、龍彼得（1999）《新刻增補全像鄉談：荔枝記》，臺北：新文豐出版公司。
吴守禮（2001）《明萬曆刊荔枝記戲文校理》（閩臺方言史資料研究叢刊），臺北：從宜工作室。

c. 《新刊時興泉潮雅調陳伯卿荔枝記大全》

・現存文本

清順治八年【1651】刊本，署《書林人文居梓行》：神田喜一郎舊藏。

・影印本

吴守禮（1968）《順治刊本荔枝記研究・校勘篇：附方言詞彙》，個人出版。
吴守禮、林宗毅編（1975）《明清閩南戲曲四種》（定靜堂叢書第 3 函），東京：定靜堂。
吴守禮（2001）《清順治刊荔枝記戲文校理》（閩臺方言史資料研究叢刊），臺北：從宜工作室。
泉州市文化局，泉州地方戲曲研究社編（2010）《清代順治刊本《荔枝記》書影及校訂本》（荔鏡記荔枝記四種・第二種），北京：中國戲劇出版社。

・文本研究

吴守禮（1966）順治本荔枝記校研，《臺灣風物》16（2）：17—62。

d. 《陳伯卿新調綉像荔枝記全本》

・現存文本

清道光十一年【1831】泉州見古堂刊本：個人藏。

・影印本

泉州市文化局，泉州地方戲曲研究社編（2010）《清代道光刊本〈荔枝記〉書影及校訂本》（荔鏡記荔枝記四種・第三種），北京：中國戲劇出版社。

e. 《新刊時興泉潮雅調陳伯卿荔枝記大全》

・現存文本

清光緒十年【1884】三益堂刊本：泉州梨園戲實驗劇團所藏。
清宣統三年【1911】泉州綺文居石印本。

·影印本

吳守禮（2001）《清光緒刊荔枝記戲文校理》（閩臺方言史資料研究叢刊8），臺北：從宜工作室。

泉州市文化局，泉州地方戲曲研究社編（2010）《清代光緒刊本〈荔枝記〉書影及校訂本》（荔鏡記荔枝記四種·第四種），北京：中國戲劇出版社。

◎研究

吳守禮（1958）釋“掞”—閩南方言研究札記之一，《大陸雜誌》16（4）：2—4；（1998）《閩臺方言研究集（2）》（閩臺方言史資料研究叢刊14）41—49，臺北：南天書局。

吳守禮（1959）釋“翁”、“公”、“ㄙ”—閩南方言研究札記，《大陸雜誌》18（1）：17—23；（1998）《閩臺方言研究集（2）》（閩臺方言史資料研究叢刊 14）65—82，臺北：南天書局。

吳守禮（1959）閩南方言的“咀”字及其周邊，《大陸雜誌》18（7）：4—10；（1998）《閩臺方言研究集（2）》（閩臺方言史資料研究叢刊14）83—104，臺北：南天書局。

吳守禮（1960）釋“娘〇”——閩南方言研究札記之一，《大陸雜誌》21（3）：21—24；（1998）《閩臺方言研究集（2）》（閩臺方言史資料研究叢刊14）141—153，臺北：南天書局。

吳守禮（1961）釋“〇”及〇、擦、娶、引、惹，《大陸雜誌》23（3）：13—16；（1998）《閩臺方言研究集（2）》（閩臺方言史資料研究叢刊 14）191—200，臺北：南天書局。

吳守禮（1962）釋“覓”——荔鏡記戲文研究，《大陸雜誌》25（3）：5—16；（1998）《閩臺方言研究集（2）》（閩臺方言史資料研究叢刊14）201—206，臺北：南天書局。

蔡鐵民（1979）明傳奇《荔枝記》演變初探——兼談南戲在福建的影響，《厦門大學學報》3：31—48；（1986）《泉州地方戲曲》，福建：泉州地方戲曲研究社。

陳香（1985）《陳三五娘研究》，臺北：臺灣商務印書館。

林豔枝（1987）《嘉靖本荔枝記研究》，中國文化大學碩士論文。

劉美芳（1993）《陳三五娘研究》，東吳大學碩士論文。

施炳華（1997）談《荔鏡記》與萬曆本《荔枝記》之潮州方言，《成大中文學報》5：67—108。

施炳華（1997）《荔鏡記匯釋》，國科會補助研究計劃報告。

施炳華（1997）《荔鏡記音樂與語言之研究》，臺南：臺江出版社；（2000）臺北：文史哲出版社。

鍾美蓮（2001）《荔鏡記中的多義詞“著”》，臺灣清華大學碩士論文。

連金發（2002）Grammatical Function Words 乞，度，共，甲，將 and 力 in *Li4 Jing4 Ji4* 荔鏡記 and their Development in Southern Min, *Third International Conference on Sinology, Linguistics:* 何大安《第三屆國漢學會議論文集：語言組—南北是非：方言的差異與變化—》179—216，臺北：中研院語言學研究所。

曹小雲（2004）《荔鏡記》中所見明代閩南方言詞例釋，《皖西學院學報》1：104—107；（2005）《中古近代漢語語法詞彙叢稿》210—222，合肥：安徽大學出版社。

蔡玉仙（2005）《閩南語詞彙演變之探究——以陳三五娘故事文本爲例》，臺南大學碩士論文。

連金發（2005）《荔鏡記》中的時相與時貌標記，丁邦新、余靄芹主編《漢語史研究：紀念李方桂先生百年冥誕論文集》393—420，臺北：中研院語言學研究所。

Lien, Chinfa (2005) Families of Ditransitive Constructions in *Li Jing Ji*, *Language and Linguistics* 6(4): 707-737.

連金發（2006）《荔鏡記》動詞分類和動相、格式，《語言暨語言學》7（1）：27—61。

連金發（2006）《荔鏡記》趨向式探索，《語言暨語言學》7（4）：755—789。

連金發、趙靜雅（2007）《順治刊荔枝記》肯定祈使句家族初探，《漢學研究》25（2）：245—263。

黃漢君、連金發（2007）萬曆本荔枝記指示詞研究，《清華學報》新 37（2）：561—577。

吳守禮（2007）《明嘉靖刊荔鏡記戲文分類詞彙》（閩臺方言史資料研究叢刊 15），臺北：從宜工作室。

王建設（2009）略談明刊戲文《荔鏡記》的方言歸屬，《南方語言學》1：240—244。

陳麗雪（2009）十六世紀閩南語指示詞的語法化現象，《漢學研究》27（4）：179—195。

陳麗雪（2009）《荔鏡記》指示詞的語法、語義特點，《臺灣文學研究集刊》5：191—202。

連金發、趙靜雅（2009）《明嘉靖刊荔鏡記》的方位成分探索，《臺灣語文研究》3：93—108。

連金發、趙靜雅（2009）在《荔鏡記》的感嘆與疑問之間，《中國語言學集刊》3（2）：45—68。

Lien, Chinfa (2009) The Focus Marker *Si* 是 and Lexicalization of *Si Mih* 是乜 into What Wh-words in Earlier Southern Min Texts, *Language and Linguistics* 10(4): 745-764.

Lien, Chinfa (2010) The dual function of *liah8* 力 in *Li Jing Ji* 荔鏡記, *Journal of Chinese Linguistics* 38(1): 45-69.

Lien, Chinfa (2011) Interface of Modality and the *tit4* 得 Constructions in Southern Min: A Case Study of Their Developments from Earlier Southern Min in the Ming and Qing to Modern Taiwanese Southern Min, *Language and Linguistics* 12(4): 723-752.

Lien, Chinfa (2011) Verbs of Saying *Seh*^{4}, *Tann*^{3} and *Kong*^{2} in Lì Jìng Jì: A Constructional Approach, *Cahiers de linguistique Asie Orientale* 11(2): 3-36.

連金發（2011）閩南語趨向式歷時演變探索，《語言暨語言學》12（2）：427—475。

曾南逸（2012）《荔鏡記》的方言歸屬，《中國語學研究・開篇》31：4—10。

連金發（2013）明清閩南戲文代指構式初探，《臺灣語文研究》8（1）：1—15。

Lien, Chinfa（2013) The polyfunctionality of *kio3* 叫 in *Niri7 Kiann3 Khi3* 荔鏡記: A framenet — based approach, *Journal of Chinese Linguistics* 41(1): 170-196.

4.2.4 《蔡伯皆》

◎原始資料

a. 《蔡伯皆》

·現存文本

明嘉靖間抄本【殘本2册】：廣東省博物館。

·影印本

吳南生、楊越（1985）《明本潮州戲文五種》，廣州：廣東人民出版社。

·文本研究

趙景深、陳歷明、曹騰騑（1985）戲曲文物的新發現，《民俗曲藝》38：4—23。

曹騰騑（1985）廣東揭陽出土明抄戲曲《蔡伯皆》略談，《文獻》11：46—48，104。

金英淑（2002）嘉靖抄本《蔡伯皆》考論，《中華戲劇》1：170—183。

b. 《新刊摘匯奇妙戲式全家錦囊伯喈》

·現存文本

明嘉靖二十三年【1544】詹氏進賢堂重刊本（徐文昭編《風月錦囊》）：Real Biblioteca de San Lorenzo del Escorial.

·影印本

王秋桂主編（1987）《風月錦囊》（善本戲曲叢刊37），臺北：臺灣學生書局。

·排印本

孫崇濤、黃仕忠（2000）《風月錦囊箋校》，北京：中華書局。

·文本研究

劉若愚（1958）西班牙藏明板風月錦囊考，《東方文化》4：79—107。

林曦（1961）廣東揭陽明墓發現"蔡伯喈"戲曲抄本，《文物》1961（1）：54—55。

黃仕忠（1996）《風月錦囊》摘匯本《蔡伯皆》考，《文獻》4：18—28。

孫崇濤（2000）《風月錦囊考釋》，北京：中華書局。

◎研究

鄭智勇（1996）從《蔡伯皆》看四百年前的揭陽話，《語林採薪》，汕頭：汕頭大學出版社。

馬華祥（2006）明嘉靖錦本《伯皆》聲腔考，中央戲劇學院《戲劇》1：5—13。

4.2.5 《金花女》【《重補摘錦潮調金花女大全》附：《蘇六娘》】

◎原始資料

·現存文本

明萬曆間刊本：東京大學東洋文化研究所。

·影印本

婁子匡編（1972）《吳守禮〈金花女·蘇六娘〉》（國立北京大學中國民俗學會民俗叢書79—80卷），臺北：東方文化書局。

吳守禮、林宗毅編（1975）《明清閩南戲曲四種》（定靜堂叢書第3函），東京：定靜堂；（1985）《明本潮州戲文五種》，廣州：廣東人民出版社。

吳守禮校注（2002）《明萬曆刊金花女戲文校理》（閩臺方言史資料研究叢刊 4），臺北：從宜工作室。

吳守禮校注（2002）《明萬曆刊蘇六娘戲文校理》（閩臺方言史資料研究叢刊 5），臺北：從宜工作室。

・文本研究

周純一（1988）從萬曆刊本金花女到歌仔簿金姑看羊——金花女故事探討，《民俗曲藝》54：24—56。

曾憲通（1993）明本潮州戲文《蘇六娘》人文背景考察，黃天驥主編《王季思從教七十周年紀念文集》，廣州：中山大學出版社；（2002）《曾憲通學術文集》501—521，汕頭：汕頭大學出版社。

吳奎信（2004）《蘇六娘》的戲文與歌册，潮汕歷史文化中心、揭陽市研究會編《潮學》2，汕頭：汕頭大學出版社。

◎研究

曾憲通（2005）明本潮州戲文《金花女》之語言學考察，《方言》1：71—76。

4.2.6 明刊三種：《滿天春》《鈺妍麗錦》《百花賽錦》

4.2.6.1 《新刻增補戲隊錦曲大全滿天春》

◎原始資料

・現存文本

明萬曆三十二年【1604】翰海書林李碧峰、陳我含刊本：Cambridge University.

・影印本

Loon, P. van der（1992）《明刊閩南戲曲弦管選本三種》，臺北：南天書局；（1995）北京：中國戲劇出版社。

・排印本

泉州地方戲曲研究社編（2003）《明刊戲曲弦管選集》，北京：中國戲劇出版社。

4.2.6.2 《集芳居主人精選新曲鈺妍麗錦》【別題：精選時尚新錦曲摘隊】

◎原始資料

・現存文本

明萬曆間漳州林景最氏刊本：Sächsische Landesbibliothek-Staats-und Universitätsbibliothek Dresden.

・影印本

Loon, P. van der（1992）《明刊閩南戲曲弦管選本三種》，臺北：南天書局；（1995）北京：中國戲劇出版社。

・排印本

泉州地方戲曲研究社編（2003）《明刊戲曲弦管選集》，北京：中國戲劇出版社。

4.2.6.3 玩月趣主人《新刊時尚雅調百花賽錦》【別題 新刊弦管時尚摘要集】

◎原始資料

・現存文本

萬曆間漳州洪秩衡氏刊本：Sächsische Landesbibliothek-Staats-und Universitätsbibliothek Dresden.

・影印本

Loon, P. van der（1992）《明刊閩南戲曲弦管選本三種》，臺北：南天書局；（1995）北京：中國戲劇出版社。

・排印本

泉州地方戲曲研究社編（2003）《明刊戲曲弦管選集》，北京：中國戲劇出版社。

◎研究

泉州地方戲曲研究社編《明刊三種之研究》，泉州：泉州地方戲曲研究社。

吳捷秋（1995）《三種選本弦管戲曲閩南明刊》，北京：中國戲曲出版社。

曾經（1996）《明刊閩南戲曲弦管選本三種》出版發行，《福建藝術》1：12。

鄭國權（1998）研究中國戲曲文化史的重要文獻——簡介《明刊閩南戲曲弦管選本三種》，《戲曲藝術》2：89—94。

王建設（1999）明刊閩南戲曲選集《滿天春》部分方言詞語考釋，《第五屆國際閩方言研討會論文集》217—222，廣州：暨南大學出版社。

許穎穎（1999）十七世紀初閩南韻母系統初探——明刊閩南戲曲《滿天春》用韻研究，《福建論壇（文史哲版）》6：93—94。

王建設（2002）明刊閩南戲曲《滿天春》疑難詞句試釋，陳世興主編《泉州學研究》，福州：福建教育出版社。

王建設（2002）《明刊閩南方言戲文中的語言研究》，暨南大學博士論文。

許穎穎（2003）《滿天春》上欄用韻研究，《閩南文化研究：第二屆閩南文化研討會論文集（下)》73—90，福州：海峽文藝出版社。

許穎穎（2004）《〈明刊閩南戲曲弦管選本三種〉用韻研究》，福建師範大學碩士論文。

張星群（2004）四百年前福建南音刊本的發掘：讀《滿天春》《鈺妍麗錦》《百花賽錦》，《音樂研究》2：58—64。

鄭娜（2006）《從〈滿天春〉看泉州方言詞彙400餘年的演變》，厦門大學碩士論文。

王建設（2006）《明弦錦曲覓知音——〈明刊閩南戲曲弦管選本三種〉校注》，哈爾濱：北方文藝出版社。

李占鵬（2009）英國漢學家龍彼得發現的三種戲曲文獻，《甘肅廣播電視大學學報》1：1—4。

張兆穎（2010）論明代南音刊本的曲牌和曲牌類別，《中國音樂學》2：80—86。

王建設（2010）明刊閩南方言戲文校注之得失，《泉州師範學院學報》1：6—9。

朱芳（2011）《〈明刊閩南戲曲弦管選本三種〉考釋》，華僑大學碩士論文。

李寄萍、張詩意（2012）《明刊三種》指套萌芽考析——首以《滿天春》爲例，《樂府新聲》30（1）：183—187。

王建設（2013）《明弦之音：明刊閩南方言戲文中的語言研究》，北京：中國社會科學出版社。

4.3 韻書、辭典、課本

4.3.1 閩東方言：蔡士泮《戚參將八音字義便覽》

◎原始資料

·現存文本

明嘉靖間刊本。

清光緒二年【1876】重刻本：臺灣圖書館（802，49 4443）。

4.3.2 閩中方言：鄧原岳《閩中正聲》

◎原始資料

·現存文本

明代抄本。

·膠片

福建省圖書館（1996）《閩中正聲》，福州：福建省圖書館。

4.3.3 閩北方言：陳相《六音字典》

◎原始資料

·現存文本

明正德乙亥（1515）陳相手抄本：個人藏。

◎研究

韓哲夫（2009）論閩北方言弱化聲母的歷史來源，《語言暨語言學》1：1—16。

馬重奇（2009）明閩北韻書抄本《六音字典》音系性質及其聲韻調配合表，《福建師範大學學報（哲學社會科學版）》2009（6）：79—84。

馬重奇（2010）新發現閩北方言韻書《六音字典》音系研究，《中國語文》2010（5）：461，468—480。

馬重奇（2011）明代閩北政和方言韻書《六音字典》的平聲調，《方言》2011（4）：332—340。

馬重奇（2011）明代閩北政和方言韻書《六音字典》上聲調研究，《福建論壇（人文社會科學版）》2011（11）：125—132。

馬重奇（2011）明代閩北政和方言韻書《六音字典》去聲調研究，《古漢語研究》2011（3）：7，15—95。

馬重奇（2011）明代閩北政和方言韻書《六音字典》入聲調研究——兼論《廣韻》入聲調在《六音字典》聲調中的變異，《福建師範大學學報（哲學社會科學版）》2011（6）：98，104—111。

馬重奇（2012）五百年來閩北政和方言去聲調研究，《福建師範大學學報（哲學社會科學版)》2012（5）：88—94。

馬重奇（2012，2013）明正德本《六音字典》“土音”研究（1，2）——十六世紀初葉閩北政和方言土音考證，《古漢語研究》2012（4）：18，25—95；2013（1）：2—10。

馬重奇（2013）明正德本《六音字典》“十五音”的歷史層次研究，《東南學術》2013（1）：232—242。

馬重奇（2013）明清以來福建閩北政和方言平聲調演變研究，葉寶奎、李無未編《黃典誠教授百年誕辰紀念文集》419—430，厦門：厦門大學出版社。

馬重奇（2013）明代中葉閩北方言韻書手抄本《六音字典》聲調系統研究，《中國方言學報》3：1—12。

馬重奇（2014）五百年來福建閩北政和方言平聲調演變研究，厦門大學中文系、中國音韻學會編《中國音韻學暨黃典誠學術思想國際學術研討會論文集》342—354，厦門：厦門大學出版社。

馬重奇（2014）《明清閩北方言韻書手抄本音系研究》，北京：商務印書館。

4.3.4 閩南方言

4.3.4.1 《什音全書》

◎原始資料

a. 《新刻增校切用正音鄉談雜字大全》

・現存文本

明刊本：Harvard University.

清嘉慶九年【1804】木村兼葭堂抄本：國立公文書館（369-0053）。

田安家舊藏本：早稻田大學圖書館（ホ 04 00460）。

・影印本

哈佛大學哈佛燕京圖書館編（2003）《新刻增校切用正音鄉談雜字大全二卷》（美國哈佛大學哈佛燕京圖書館藏中文善本彙刊第 32 册），北京：商務印書館，桂林：廣西師範大學出版社。

吳守禮（2006）《什音全書中的閩南語資料研究》（閩臺方言史資料研究叢刊 9），臺北：從宜工作室。

商傳主編（2011）《新刻增校切用正音鄉談雜字大全二卷》（明代通俗日用類書集刊），重慶：西南師範大學出版社，北京：東方出版社。

b. 《什音全書》

・現存文本

豐後佐伯藩主毛利高標獻上本：國立公文書館（369-0054）。

4.3.4.2 Juan Cobo *Beng Sim Po Cam*【明心寶鑒】

◎原始資料

・現存文本

1592 年 Manila：Biblioteca Nacional de España（182391）.

・影印本

(1924) Impr, del Asilo de Huérfanos del S, C, de Jesús, Madrid: Library of Congress（BJ117，L5）.

(1959) Carlos Sanz, Madrid: Librería General.

◎研究

陳慶浩（1990）第一部翻譯成西方文字的中國書——《明心寶鑒》，《中外文學》21（4）：73—87。

王三慶（1991）第一部中國西譯書《明心寶鑒》中載存的閩南語譯音研究【附《明心寶鑒》載録的閩南語譯音索引表】，《華岡文科學報》18：193—227。

Liu, Limei (2003) *La traducción castellana del libro chino Beng Sim Po Cam / Espejo rico del claro corazón, realizada por Juan Cobo c, 1590 Estudio crítico y bio-bibliográfico,* Tesis Doctoral, Universidad Complutense de Madrid。

劉莉美（2005）當西方遇見東方——從《明心寶鑒》兩本西班牙黄金時期譯本看宗教理解下的偏見與對話，《中外文學》33（10）：121—131。

4.3.4.3 其他

◎原始資料

《中文西譯閩南語西班牙對譯字典》

明萬曆三年【1575】。

Martin de Rada《華語韻編》

1575 年 Rome.

Doctrina Christiana en lengua china

1593 年 Manila: Primes libro Impreso en Filipines Parian de Manila;【影印本】(1951) Manila: la Real y Pontificia Universidad de Santo Tomás.

契林諾《閩南方言與西班牙卡斯蒂利亞語的對照字典》

明萬曆三十二年【1604】Filipin: Biblioteca Angelica.

尚德會編纂，陳荊和注釋《加嚠吧總論》

明代抄本；（1943）田中萃一郎抄本，《三田學會雜誌》22（1）。

◎研究

Masini, Federico (2000) A Minnan Chinese-Castilian Spanish dictionary of 1602 preserved in manuscript in Rome: an early case of Sino-western language contact，“語言接觸”國際圓桌學術會議論文；馬西尼，游汝杰譯（2004）羅馬所藏 1602 年手稿本閩南話・西班牙語詞典——中國與西方早期語言接觸一例，鄒嘉彥、游汝杰編《語言接觸論集》211—234，上海：上海教育出版社；游汝杰、周振鶴（2014）《耦耕集》283—303，南寧：廣西師範大學出版社。

張嘉星（2013）歐洲人漢語辭書編纂始於閩南語辭書說，《福州大學學報（哲學社會科學版）》3：12—15。

5. 客家方言

5.1 綜合研究、研究史

包國滔（2012）東江中上游本地話方言系屬的歷史考察——以明代歸善縣爲中心，《惠州學院學報（社會科學版）》2012（1）：21—26。

5.2 音韻

古屋昭弘（1995）魏際瑞の《切字訓》—17 世紀江西客家方音の資料—，《中國語學研究・開篇》13：135—139。

古屋昭弘（1997）魏際瑞と 17 世紀の江西客家方音，余靄芹、遠藤光曉編《橋本萬太郎紀念中國語學論集》265—274，東京：內山書店。

周賽華（2014）《正韻竊取》所記載的明末寧都客家話音系，厦門大學中文系、中國音韻學會編《中國音韻學暨黃典誠學術思想國際學術研討會論文集》311—317，厦門：厦門大學出版社。

6. 粵方言

郭必之（2005）語言接觸與規律改變——論中古全濁聲母在粵北土話中的表現，《語言暨語言學》1：43—73。

周賽紅（2012）明代東莞方言的若干特點，《語言研究》32（4）：85—88。

7. 贛方言

7.1 音韻

李紅（2002）元代吉安籍文人詩用韻中的陽聲韻尾混協問題，《古籍整理研究學刊》2002（4）：58—63。

田業政（2005）《元代江西詩人古體詩用韻研究》，重慶師範大學碩士論文。

田業政（2006）元代江西詩人古體詩的入聲韻系，《宜賓學院學報》2006（4）：88—92。

李軍（2006）從龔廷賢醫籍歌用韻看明代贛方言的若干特點，《語言研究》2006（1）：62—66。

李莎莉（2006）《明代江西詩人用韻研究》，廣西師範大學碩士論文。

許國永（2006）明初江西泰和詩人古體詩用韻考，中國音韻學研究會、汕頭大學文學院《音韻論集》118—127，北京：中華書局。

田業政（2007）元代江西詩人古體詩用韻研究，《南陽師範學院學報》2007（11）：57—62。

王建新（2007）《明代吉安文士古體詩用韻研究》，吉林大學碩士論文。

李無未、李紅（2008）《宋元吉安方音研究》，北京：中華書局。

李莎莉（2008）明代江西詩人用韻入聲合韻研究，《九江學院學報》2008（2）：88—90。

忌浮（2008）《類聚音韻》與十六世紀贛方言，《中國語言學》1：85—95；（2010）《甯忌浮文集》514—532，長春：吉林人民出版社。

龍安隆、饒小青（2008）江西明代詞人用韻研究，《井岡山學院學報》2008（4）：36—41。

李紅（2009）元代吉安籍文人古體詩用韻的陽入相配問題，《西華大學學報（哲學社會科學版）》2009（2）：53—57。

7.2 韻書、辭典

7.2.1 《正字通》

◎原始資料

・影印本

（1996）《正字通》，東京：東豐書店。

（1996）《正字通》，北京：國際文化出版公司。

（1996）《正字通》，北京：中國工人出版社。

・文本研究

古屋昭弘（2009）《正字通》の版本について，《張自烈〈正字通〉字音研究》31—45，東京：好文出版。

◎研究

古屋昭弘（1992）《正字通》和十七世紀的贛方言，《中國語文》1992（5）：339—351。

古屋昭弘（1993）張自烈と《字彙辨》—《正字通》の成書過程—，《東洋學報》74（3・4）：323—350。

古屋昭弘（1993）張自烈の《增補字彙》，早稻田大學《中國文學研究》19：97—108。

Furuya, Akihiro (1993) Chang Tzu-lieh (張自烈) and His Tzu-hui-pien Dictionary, *Toyo Gakuho* 74 (3-4): 97-124, iv-v.

古屋昭弘（1994）張自烈年譜稿（明代篇），《早稻田大學大學院文學研究科紀要》39：93—104。

古屋昭弘（1995）《正字通》版本及作者考，《中國語文》1995（4）：306—311。

古屋昭弘（1996）張自烈年譜稿（遺民篇），《早稻田大學大學院文學研究科紀要》41：91—106。

董琨（1996）《正字通》及其作者，《正字通》，北京：中國工人出版社；（1996）《辭書研究》1996（3）；（2012）《述學集》394—413，北京：商務印書館。

古屋昭弘（2004）白鹿書院本《正字通》最初期の音注，早稻田大學《中國文學研究》30：56—74。

古屋昭弘（2005）白鹿書院本《正字通》聲韻調の分析，早稻田大學《中國文學研究》31：209—225。

王海霞（2005）《〈正字通〉研究》，内蒙古師範大學碩士論文。

古屋昭弘（2006）《正字通》における中古全濁上聲字の扱い，《松浦友久博士追悼記念中國古典文學論集》925—108，東京：研文出版。

華建勝（2007）《〈正字通〉音注的音系探析》，厦門大學碩士論文。

古屋昭弘（2007）張自烈《芑山詩集》について，《佐藤進教授還暦記念中國語學論集》215—223，東京：好文出版。

古屋昭弘（2007）《芑山詩集》《正字通》與中古全濁上聲字，《語苑擷英》2：280—290，北京：中國大百科全書出版社。

古屋昭弘（2008）《芑山詩集》と張自烈の友人たち，早稻田大學中國文學會《中國文學研究》34：32—46。

古屋昭弘（2009）《張自烈〈正字通〉字音研究》，東京：好文出版。

7.2.2 《韻會定正》

鄧強（2010）《韻會定正》所反映的元末明初江西方音，《寧夏大學學报（人文社會科學版）》2010（2）：16—20。

8. 徽方言

8.1 音韻

高永安（2006）明清宣城話聲調構擬，中國音韻學研究會、汕頭大學文學院《音韻論集》136—147，北京：中華書局。

高永安（2007）《明清皖南方音研究》，北京：商務印書館。
高永安（2008）談明末徽州方音，《中國語文》2008（3）：208—215，287。
江石（2010）《宋元時期徽州文人用韻研究》，安徽師範大學碩士論文。

8.2 詞彙

儲小旵、周小鳳（2011）徽州契約文書語詞例釋，《安慶師範學院學報（社會科學版）》2011（9）：24—29。
儲小旵、張麗（2011）徽州契約文書方言俗語詞輯釋，《合肥師範學院學報（社會科學版）》2011（5）：1—5。
儲小旵、張麗（2011）徽州契約文書語詞例釋，《黄山學院學報》2011（6）：10—13。

9. 湘方言

張曉康（2003）再論《西游記》中的湘方言，《湖南廣播電視大學學報》2003（4）：42—44，49。

日本江戶時代元明漢語資料[1]

奥村佳代子 編

<原始資料参考書目>

長澤規矩也（1936）家藏江戶時代編纂支那語關係書籍解題，《支那語學報》2，東京：文求堂；（1987）《長澤規矩也著作集》7：314—327。

長澤規矩也（1938）靜嘉堂所藏江戶時代編纂支那語關係書籍解題，《書誌學》10（2）；（1985）《長澤規矩也著作集》5：349—354。

石崎又造（1940）《近世日本に於ける支那俗語文學史》，東京：弘文堂書房。

天理圖書館（1960）天理圖書館叢書第 25 輯《天理圖書館稀書目録・和漢書之部第三》，天理：天理大學出版部。

古典研究會編（1969-1976）《唐話辭書類集》1-20，東京：汲古書院。

古典研究會編輯（1977）《唐話辭書類集》別卷，東京：汲古書院。

國書研究室（1989-1991）《補訂國書總目録》，東京：岩波書店。

國文學研究資料館（1990）《古典籍總合目録》，東京：岩波書店。

岡田袈裟男（1991）《江戶異言語接觸—蘭語・唐話と近代日本語》，東京：笠間書院。

六角恒廣（1994）《中國語書誌》，東京：不二出版。

六角恒廣（2001）《中國語關係書書目（增補版）》，東京：不二出版。

小田切文洋（2008）《江戶明治唐話用例辭典》，東京：笠間書院。

天理圖書館（2010）《天理圖書館稀書目録・和漢書之部第五》（天理圖書館叢書第 26 輯），天理：天理大學出版部。

靜嘉堂文庫（1930）《靜嘉堂文庫漢籍分類目録》，東京：靜嘉堂文庫。

國文學研究資料館日本古典籍總合目録データベース【日本古典籍總合目録數據庫】（http://base1.nijl.ac.jp/）

NACSIS Webcat（http://webcat.nii.ac.jp/）

國立情報學研究所 CiNii（http://ci.nii.ac.jp/cinii/servlet/CiNiiTop）

全國漢籍データベース【日本所藏中文古籍數據庫】（http://kanji.zinbun.kyoto-u.ac.jp/kanseki）。

[1] 各種原始資料的所藏單位、圖書號碼等信息主要載於日本古典籍總合目錄數據庫、日本所藏中文古籍數據庫、NACSIS Webcat 與 CiNii 等，此章節僅表示參考網頁的名稱。

<研究文獻参考書目>

岡田袈裟男（1991）《江戸異言語接觸—蘭語・唐話と近代日本語》，東京：笠間書院。

奥村佳代子（2007）《江戸時代の唐話に關する基礎研究》11—17，359—361，大阪：關西大學出版部。

1. 總論

中村久四郎（1914）近世支那の日本文化に及ぼしたる勢力影響，《史學雜誌》25（4）：42—75。

武藤長平（1926）《西南文運史論》，東京：岡書店。

青木正兒（1927）水滸傳の日本文學史上に布いてゐる影，《支那文藝論藪》，東京：弘文堂；（1970）《青木正兒全集》2，東京：春秋社。

武藤長平（1930）支那學東漸私考，《桑原博士還曆記念東洋史論叢》，京都：弘文堂書房。

青木正兒（1932）國文學と支那文學 江戸期 俗文學の影響，《支那文學藝術考》，東京：弘文堂書房；（1970）《青木正兒全集》2，東京：春秋社。

長澤規矩也（1933）江戸時代に於ける支那小說流行の一斑，《書誌學》；（1985）《長澤規矩也著作集》5：131—147，東京：汲古書院。

岡井慎吾（1934）《日本漢字學史》，東京：明治書院。

長澤規矩也（1935）日本文學に影響を及ぼした支那小說—江戸時代を主として—，《翻譯江戸文學叢書 9 讀本傑作集》東京：講談社；（1985）《長澤規矩也著作集》5：275—306，東京：汲古書院。

長澤規矩也（1938）江戸時代に於ける水滸傳の流行（上），《書誌學》11（6）：4—11；（1985）《長澤規矩也著作集》5：355—361，東京：汲古書院。

長澤規矩也（1939）我國に於ける金瓶梅の流行，《書誌學》12（1）：9—10；（1985）《長澤規矩也著作集》5：362—363，東京：汲古書院。

石崎又造（1940）《近世日本に於ける支那俗語文學史》，東京：弘文堂書房。

麻生磯次（1946）《江戸文學と支那文學—近世文學の支那的原據と讀本の研究—》，東京：三省堂。

麻生磯次（1946）《江戸文學と中國文學》，東京：三省堂。

鳥居久靖（1957）日本における中國語學遺産の整理について—語彙資料を中心として—，《中國語學》61：8—11。

鳥居久靖（1957）日人編纂中國語俗語辭書の若干について—近世日本中國語學史稿の四，《天理大學學報》23：107—113。

林雪光（1958）日本の中國語研究（明治以前），《中國語學事典》302—306，東京：江南書院。
長澤規矩也（1961）江戶文學に及ぼした支那文學の影響—特に怪談を中心に初期作品に—，《國語と國文學》38—4；（1985）《長澤規矩也著作集》5：430—446。
諏訪春雄、日野龍夫（1977）《江戶文學と中國》（江戶シリーズ 4），東京：每日新聞社。
宗政五十緒（1977）《日本近世文苑の研究》，東京：未來社。
荒尾禎秀（1982）唐話辭書の語彙，《講座日本語學》5：258—278，東京：明治書院。
中村幸彥（1984）《近世比較文學考》（中村幸彥著述集 7），東京：中央公論社。
澑沼誠二（1984）《儒學と國學—“正統”と“異端”の生成史的考察》，東京：櫻楓社。
德田武（1987）《日本近世小說と中國小說》（日本書誌學大系 51），東京：青裳堂書店。
藁科勝之（1989）まえがき、あとがきにみる辭書の理想と現實—唐話辭書を例にして，《國文學解釋と鑒賞》54（1）：108—114。
岡田袈裟男（1991）《江戶異言語接觸—蘭語・唐話と近代日本語》，東京：笠間書院。
岡田袈裟男（1991）《江戶の翻譯空間》，東京：笠間書院；（2006）新訂。
西原大輔（1992）江戶時代の中國語研究：岡島冠山と荻生徂徠，東京大學《比較文學・文化論集》9：13—19。
和漢比較文學會編（1993）《江戶小說と漢文學》（和漢比較文學叢書 17），東京：汲古書院。
六角恒廣（1999）《漢語師家傳—中國語教育の先人たち》，東京：東方書店。
岡田袈裟男（2001）豐子凱譯《源氏物語》の發想と江戶白話小說翻譯の發想：母語と翻譯の文體をめぐって，《立正大學文學部論叢》114：63A—73A。
岡田袈裟男（2003）唐話の受容と江戶の言語文化，《國語學》54（3）：44—54。
岡田袈裟男（2004）唐話辭書，《日本語學》23（12）：252—258。
德田武（2004）《近世近代小說と中國白話小說》，東京：汲古書院。
若木太一（2005）唐話會と江戶文學，《江戶文學》32，東京：ぺりかん社。
奧村佳代子（2007）《江戶時代の唐話に關する基礎研究》，大阪：關西大學出版部。
何曉麗（2007）唐話資料における句讀法—冠山の唐話辭書を中心に，《岡山大學大學院社會文化科學研究科紀要》24：1—15。
近衛典子（2008）日本近世小說における白話小說研究の今後，《江戶文學》38：18—21。
小田切文洋（2008）《江戶明治唐話用例辭典》，東京：笠間書院。
加藤徹（2008）社會階層から見た日中文化交流—漢文脉と唐話派，《大航海》66：41—49。
德田武（2010）朱舜水と水戶の唐話學，《江戶風雅》3：16—28。
荒木達雄（2011）岡島冠山《太平記演義》に見る“水滸傳”の影響，《東方學》121：102—119。
三宅宏幸（2011）馬琴の白話小說批評と讀本：《半閑窻談》から《俠客傳》へ，《日本文學》60（12）13—23。
磯部彰（2011）《旅行く孫悟空—東アジアの西游記》，東京：塙書房。
中村綾（2011）《日本近世白話小說受容の研究》，東京：汲古書院。

于增輝（2012）江戸時代における中國白話語彙の流入とその受容，大東文化大學《指向》9：223—232。
德田武（2012）《秋成前後の中國白話小說》，東京：勉誠出版。

2. 譯解

2.1 小說

2.1.1 《水滸傳》

◎原始資料

岡白駒《水滸傳譯解》

鈔本：日本古典籍總合目録；Webcat。

影印：古典研究會編（1973）《唐話辭書類集》13，東京：汲古書院。

陶山冕《忠義水滸傳解》

寶曆七年【1757】刊本：日本古典籍總合目録；Webcat。

寶曆七年刊本【井贊子襄校】：Webcat。

影印：古典研究會編（1970）《唐話辭書類集》3，東京：汲古書院。

鳥山輔昌《忠義水滸傳抄譯》

天明四年【1784】刊本：日本古典籍總合目録；Webcat。

影印：古典研究會編（1970）《唐話辭書類集》3，東京：汲古書院。

高知平山《水滸譯文》

文久三年【1863】鈔本：日本古典籍總合目録。

明治期寫本：日本古典籍總合目録。

陶山冕《忠義水滸傳鈔譯》

鈔本：日本古典籍總合目録；Webcat。

影印：古典研究會編（1970）《唐話辭書類集》3，東京：汲古書院。

清田儋叟《水滸傳批評解》

鈔本：日本古典籍總合目録；Webcat。

影印：古典研究會編（1970）《唐話辭書類集》3，東京：汲古書院。

穗積以貫編半唐師口授《忠義水滸傳》【語解】

鈔本：日本古典籍總合目録；Webcat。

影印：古典研究會編（1973）《唐話辭書類集》13，東京：汲古書院。

《忠義水滸傳》【語釋】

鈔本。

影印：古典研究會編（1973）《唐話辭書類集》13，東京：汲古書院。

《水滸傳字彙外集》

鈔本：日本古典籍總合目録；Webcat。

影印：古典研究會編（1973）《唐話辭書類集》13，東京：汲古書院。

《水滸傳記聞》

鈔本：Webcat。

影印：古典研究會編（1977）《唐話辭書類集》20，東京：汲古書院。

穗積以貫《忠義水滸傳抄解》

鈔本：日本古典籍總合目録；Webcat。

《水滸傳抄解》

鈔本：Webcat。

影印：古典研究會編（1977）《唐話辭書類集》20，東京：汲古書院。

《忠義水滸傳考》

鈔本：Webcat。

《水滸傳字句解》

鈔本：日本古典籍總合目録。

《水滸傳音義》

鈔本：日本古典籍總合目録。

《水滸傳解》

鈔本：日本古典籍總合目録。

《水滸傳解說》

鈔本：日本古典籍總合目録。

岡島冠山《水滸傳語譯》

鈔本：日本古典籍總合目録。

東陽先生《水滸傳鈔譯》

鈔本：日本古典籍總合目録。

《水滸傳鈔譯》

鈔本：日本古典籍總合目録。

北村靜盧《水滸傳新譯》

鈔本：日本古典籍總合目録。

《水滸傳難語質問》

鈔本：日本古典籍總合目録。

◎研究

鳥居久靖（1969）水滸傳語釋，《中國語學新辭典》275—276，東京：光生館。

高島俊男（1991）《水滸傳と日本人》，東京：大修館書店；（2006）ちくま文庫，東京：筑摩書房。

小屋本るみ子（2000）唐話辭書《忠義水滸傳解》について，《高知大國文》31：21—37。

小田切文洋（2007）陶山南濤《忠義水滸傳解》（第一回～第五回）被注語[ホウ]音順一

覽，日本大學《国際関係學部研究年報》28：15—35。

小田切文洋（2008）陶山南濤《忠義水滸傳解》（第一回～第五回）被注語[ホウ]音順一覧（承前），日本大學《国際関係學部研究年報》29：31—50。

稲田篤信（2010）平賀中南—《水滸傳譯序》注解，《アジア游學》131：105—112。

岡田袈裟男（2010）異言語接觸と《水滸傳》注釋書群，《アジア游學》131：80—92。

小田切文洋（2010）水滸語彙への關心と水滸辭書の成立，《アジア游學》131：93—98。

中村綾（2010）陶山南濤《忠義水滸傳解》とその後—近世における金聖嘆本受容の一端をめぐって，《和漢語文研究》8：91—111。

中村綾（2010）《水滸傳》和刻本と通俗本—《忠義水滸傳解》凡例と金聖嘆本をめぐって，《アジア游學》131：113—124。

于增輝（2011）江戶時代の《水滸傳》の注釋書類について，大東文化大學《指向》8：159—168。

于增輝（2013）日本における《水滸伝》に関する唐話辞書：《水滸伝譯解》、《忠義水滸伝鈔譯》を中心に，大東文化大學《語學教育研究》30：1—22。

2.1.2 其他作品

◎原始資料

松忠敦《雞窻解頤》【譯解開口新話】

寶曆二年【1752】刊本：SOAS（DBC.665.71625）；日本古典籍總合目録；Webcat。

谷村葭州《譯解開口新話》

寬政九年【1797】刊本：日本古典籍總合目録；Webcat。

弘化三年【1846】刊本：Webcat。

譯者不詳【岡白駒、西田維則】《雜纂譯解》

寶曆十二年【1762】刊本：日本古典籍總合目録；Webcat。

影印：古典研究會編（1972）《唐話辭書類集》8，東京：汲古書院。

金井角助譯解《譯解尺牘奇賞》

江戶期刊本【長野慶林堂刊】：日本古典籍總合目録。

明治十三年【1880】刊本：Webcat。

影印：金程宇編（2012）《尺牘奇賞・盛明七子尺牘注解・文章一貫 附録文章一貫集解》（和刻本中國古逸書叢刊），江蘇：鳳凰出版社【貞享四年（1687）京都柳枝軒茨木多左衛門刊本影印】。

春風居士【松村操】譯述《原本譯解金瓶梅》

明治十五至十八年【1882—1885】東京兔屋誠刊本：Webcat。

翻印：德田武、黑川桃子、長田和也等（2013）翻刻原本譯解金瓶梅，《江戶風雅》7：219—349。

松村操《原本訳解酔菩提全伝》

明治十六年【1883】滑稽堂刊本：Webcat。

《小說俗語抄金翹傳》

鈔本：日本古典籍總合目録。

馬場讓得他《支那小說譯解》

明治三十一年【1898】東京東海義塾刊本：Webcat。

◎研究

川島優子（2007）江戸時代の《金瓶梅》，《アジア游學》105：19—29。

川島優子（2009）江戸時代における白話小說の讀まれ方—鹿兒島大學附屬圖書館玉里文庫藏《金瓶梅》を中心として，《中國中世文學研究》56：59—79。

川島優子（2010）江戸時代における《金瓶梅》の受容（1）—辭書、隨筆、洒落本を中心として，《龍谷紀要》32（1）：1—20。

川島優子（2011）江戸時代における《金瓶梅》の受容（2）—曲亭馬琴の記述を中心として，《龍谷紀要》32（2）：35—57。

2.2 戲曲

◎原始資料

《譯琵琶記》

鈔本：日本古典籍總合目録。

影印：古典研究會編（1977）《唐話辭書類集》別卷，東京：汲古書院。

《諺解校注古本西厢記》

影印：古典研究會編（1977）《唐話辭書類集》別卷，東京：汲古書院。

《劇語審譯》

謄寫版【昭和15年東方文化研究所借倉石氏臥雲書庫藏寫本覆印】：Webcat。

謄寫版【京都大學東洋史研究室】：Webcat。

鈔本：日本古典籍總合目録。

影印：古典研究會編輯（1971）《唐話辭書類集》4，東京：汲古書院。

◎研究

森槐南演（不詳）西厢記讀方，《支那文學》【藏於東大東京大學總合圖書館（W3-B1-し）】。

田中參述（不詳）《西厢記講義》【藏於東京大學東洋文化研究所（倉石922：17）】。

金文京（2013）東アジアの《西厢記》，《圖書》770：6—11。

3. 詞語彙釋

◎原始資料

濫吹子《語録字義》【寛文十一年序】
　元禄七年【1674】刊本：日本古典籍總合目録；Webcat。
　鈔本：日本古典籍總合目録。
　影印：古典研究會編（1972）《唐話辭書類集》8，東京：汲古書院。
　翻印：片山晴賢（1988）語録字義並素讀一助，《駒澤短大國文》18：76—106。
伊藤東涯《名物六帖》
　享保十年【1725】刊本：日本古典籍總合目録；Webcat。
　寶暦二年【1752】刊本：日本古典籍總合目録。
　寶暦五年【1755】刊本：日本古典籍總合目録；Webcat。
　安永七年【1777】刊本：日本古典籍總合目録；Webcat。
　文政七年【1824】刊本：日本古典籍總合目録。
　安政六年【1859】刊本：日本古典籍總合目録；Webcat。
　刊本：日本古典籍總合目録；Webcat。
　鈔本：日本古典籍總合目録；Webcat。
　影印：（1969）《古典叢書》1，京都：朋友書店。
岡島冠山《字海便覽》
　享保十年【1725】刊本：日本古典籍總合目録；Webcat。
　鈔本：日本古典籍總合目録；Webcat。
　影印：古典研究會編（1974）《唐話辭書類集》14，東京：汲古書院；六角恒廣編（1998）《中國教本類集成》補集 5，東京：不二出版。
　謄寫版：楠木正繼（1956）《經學字海便覽》。
龍公美《詞略》
　明和六年【1769】刊本：Webcat。
　影印：古典研究會編（1973）《唐話辭書類集》14，東京：汲古書院。
留守希齋《語録譯義》【《俗語譯義》《語録釋義》《俗語釋義》，延享元年自序】
　鈔本：日本古典籍總合目録；Webcat。
　影印：古典研究會編（1970）《唐話辭書類集》2，東京：汲古書院。
淺見安正絅齋編《常話方語》
　安永六年【1777】寫本：日本古典籍總合目録；Webcat。
　影印：古典研究會編（1971）《唐話辭書類集》5，東京：汲古書院。
秋水園主人《畫引小說字彙》【天明四年序】
　寛政三年【1791】刊本：日本古典籍總合目録；Webcat。
　天保十四年【1843】刊本：日本古典籍總合目録。
　明治期刊本：日本古典籍總合目録；Webcat。
　刊本：日本古典籍總合目録。
　影印：古典研究會編（1973）《唐話辭書類集》15，東京：汲古書院。
岡崎元軌《中夏俗語藪》
　天明三年【1783】刊本：日本古典籍總合目録；Webcat。

享和二年【1802】刊本：日本古典籍總合目録；Webcat。

市川清流編《雅俗漢語譯解》

文政元年【1818】刊本：日本古典籍總合目録。

明治十一年【1878】刊本：日本古典籍總合目録；Webcat。

影印：松井榮一其他編（1996）《明治期漢語辭書大系》65，東京：大空社。

謄寫版：京都大學文學部東洋史研究室（1951）《雅俗漢語譯解》，京都：京都大學。

翻印【按照平假名改編】佐伯富編（1976）《雅俗漢語譯解》，京都：同朋舍。

桑野鋭《小說字林》【《支那俗語》】

明治十四年【1881】刊本：Webcat。

明治十七年【1884】刊本：Webcat。

明治三十九年【1906】刊本：Webcat。

林羅山《語録解義》

鈔本：日本古典籍總合目録。

伊藤東涯《名物六帖》

鈔本：日本古典籍總合目録；Webcat。

岡島冠山《小說讀法》

鈔本：日本古典籍總合目録。

遠山荷塘《胡言漢語》

鈔本：日本古典籍總合目録；Webcat。

影印：古典研究會編輯（1969）《唐話辭書類集》1，東京：汲古書院。

陶山冕《怯里馬赤》

鈔本：日本古典籍總合目録。

《怯里馬赤》

鈔本：Webcat。

影印：古典研究會編輯（1969）《唐話辭書類集》1，東京：汲古書院。

桂川中良【森島中良】《俗語解》

鈔本：日本古典籍總合目録；Webcat。

影印：古典研究會編（1974）《唐話辭書類集》11，東京：汲古書院。

司馬勝《俗語解》

鈔本：日本古典籍總合目録。

立原翠軒《俗語解》

鈔本：日本古典籍總合目録。

《俗語解》

鈔本：日本古典籍總合目録；Webcat。

影印：古典研究會編輯（1972）《唐話辭書類集》10，東京：汲古書院。

《便蒙俗語解》

鈔本：日本古典籍總合目録。

留守希齋《俗語譯義》

鈔本：日本古典籍總合目録；Webcat。

影印：古典研究會編輯（1974）《唐話辭書類集》17，東京：汲古書院。

《雜字類譯》

鈔本：Webcat。

影印：古典研究會編輯（1975）《唐話辭書類集》19，東京：汲古書院。

《小說字書》

刊本：日本古典籍總合目録。

《小說字林》

鈔本：日本古典籍總合目録。

市野靖（市野天籟）《小說字類》

鈔本：日本古典籍總合目録。

《支那小說字類》

鈔本：日本古典籍總合目録。

《小說譯語》

鈔本：日本古典籍總合目録。

《爾言解》

鈔本：日本古典籍總合目録。

影印：古典研究會編輯（1971）《唐話辭書類集》4，東京：汲古書院。

◎研究

花房英樹（1948）《名物六帖》の引用書籍について，《東方學報（京都）》16：161—175。

鳥居久靖（1952）留守希齋《語録譯義》について—近世日本中國語學史稿一，《天理大學學報》3（2）：45—68。

鳥居久靖（1954）秋水園主人《小說字彙》をめぐって—日本中國語學史稿之二，《天理大學學報》16：85—194。

鳥居久靖（1957）日人編纂中國俗語辭書の若干について，《天理大學學報》8（3）：107—113。

中村幸彥（1960）《名物六帖》の成立と刊行，《ビブリア天理圖書館報》17。

荒尾禎秀（1974）《雜字類編》と《名物六帖》—人事門（箋）を中心に，《東京學藝大學紀要（第二部門人文科學）》25：199—211。

藁科勝之（1982）《字海便覽》における注釋の方法とその日本語—岡島冠山の唐話辭書の考察，《武藏野女子大學紀要》17：97—110。

木村晟（1988）語録訳義，《駒澤大學文學部研究紀要》46：130—234。

近藤尚子（1993）《應氏六帖》と《名物六帖》—器用箋、器財箋を中心に，《文化女子大學紀要（人文・社會科學研究）》1：1—11。

村上雅孝（1995）唐話資料《語録解義》の二字漢語，《文藝研究》139：64—73。

近藤尚子（1997）《名物六帖》と《學語編》と，《文化女子大學紀要（人文・社會科學研究）》5：19—29。

神林裕子（1997）江戸時代における中國近世語の受容—留守希齋撰《語録釋義》を通

じて，《中國研究集刊》19：1726—1771。

村上雅孝（1997）《俗語解》と《雅俗漢語譯解》—近世唐話學の行方，《文藝研究》143：65—75。

大橋敦（2004）立正大學圖書館藏《俗語解》について—森島中良改編本との比較を中心に，立正大學國語國文學會《立正大學國語國文》43：47—54。

大橋敦（2005）《俗語解》の傳本と《雅俗漢語譯解》—森島中良・太田全齋・蒲阪青莊との關わりから，立正大學國語國文學會《立正大學國語國文》44：47—59。

川上陽介（2008）《小說字彙》“援引書目”に見える中國白話文學作品について—《覺世名言》《春燈鬧》《燈月緣》ほか，《江戶文學》38：117—142。

王佳璐（2011）明治期中国白話語辞書《小說字林》の援引書目について（其の 1）《海外奇談》を中心に，大東文化大學《語學教育研究論叢》28：403—427。

王佳璐（2011）明治期中国白話語辞書《小說字林》の援引書目について（其の 2）《肉蒲團》を中心に，《外國語研究》12：121—134。

竹越孝（2011）《語録解》と唐話辭書—《語録解義》との比較を通じて—，《KOTONOHA 百号記念論集》55—72，愛知：古代文字資料館。

竹越孝（2011，2013）《語録解義》と《語録解》（一字語の部，二・三・四字語の部），《神戶外大論叢》61（2）：17—37；63（4）1—19。

4. 唐話

4.1 岡島冠山

◎原始資料

《唐話纂要》

享保元年【1716】刊本：日本古典籍總合目録。

享保三年【1718】刊本：日本古典籍總合目録；Webcat。

寬政十年【1798】刊本：日本古典籍總合目録；Webcat。

鈔本：日本古典籍總合目録。

影印：古典研究會編（1972）《唐話辭書類集》6，東京：汲古書院；六角恒廣編（1998）《中國語教本類集成》補集 1，東京：不二出版；ことわざ研究會編（2013）《ことわざ資料叢書》4-10，東京：クレス出版。

翻刻：王三慶主編（2003）《日本漢文小說叢刊》1（5）：13—21，臺北：臺灣學生書局。

《唐音和解》

享保元年【1716】刊本：Webcat。

寬延三年【1750】刊本：日本古典籍總合目録；Webcat。

影印：古典研究會編（1972）《唐話辭書類集》8，東京：汲古書院。

《唐音雅俗語類》

享保十一年【1726】刊本：日本古典籍總合目録；Webcat。

影印：古典研究會編（1972）《唐話辭書類集》6，東京：汲古書院；六角恒廣編（1998）《中國語教本類集成》補集 1，東京：不二出版。

《唐譯便覽》

享保二年【1717】刊本：日本古典籍總合目録。

享保十一年【1726】刊本：日本古典籍總合目録；Webcat。

享保十二年【1727】刊本：日本古典籍總合目録。

享保二十年【1735】刊本：日本古典籍總合目録。

刊本：日本古典籍總合目録；Webcat。

影印：古典研究會編輯（1972）《唐話辭書類集》7，東京：汲古書院；六角恒廣編（1998）《中國語教本類集成》補集 2，東京：不二出版。

《唐語便用》【唐話便用】【享保十年序】

享保二十年【1735】刊本：日本古典籍總合目録；Webcat。

弘化三年【1846】刊本：日本古典籍總合目録；Webcat。

明治二十八年【1895】京都開益堂刊本：國會（YDM82293）【藤懸永治編輯《雅俗清韓通語集》】。

影印：古典研究會編輯（1972）《唐話辭書類集》7，東京：汲古書院；六角恒廣編（1998）《中國語教本類集成》補集 3，東京：不二出版。

【岡島冠山】《唐話類纂》【寬政三年】

鈔本：日本古典籍總合目録；Webcat。

影印：古典研究會編（1969）《唐話辭書類集》1，東京：汲古書院。

◎研究

青木正兒（1927）岡島冠山と支那白話文學，《支那文藝論藪》，東京：弘文堂；（1970）《青木正兒全集》2，東京：春秋社。

鳥居久靖（1969）唐話纂要，《中國語學新辭典》286—287，東京：光生館。

藁科勝之（1984）唐話辭書とその國語語彙—岡嶋冠山の作品を中心として—，《文經論叢》19（3）：113—142。

岡田袈裟男（1985）蘭語・唐話・蘐園そして冠山—江戶言語學の地層，《國文學解釋と鑒賞》50（3）：135—140。

福田益和（1989）岡嶋冠山編《唐話纂要》本文覚え書き，《國語學論叢：奥村三雄教授退官記念》511—531，東京：桜楓社；（1998）《日本語研究の新視點》，東京：風間書房。

奥村佳代子（1996）岡島冠山《唐話纂要》考，《關西大學中國文學會紀要》17：19—31。

奥村佳代子（1997）《唐話纂要》編纂の意圖，《中國語學》244：104—113。

岡田袈裟男（1999）《唐話纂要》〈二字話〉部の語彙構造—ピンイン順索引・唐音別單漢字音表，《立正大學文學部研究紀要》15；（2006）《江戶異言語接觸—蘭語・唐話と近代日本語》，東京：笠間書院。

岩本真理（2004）唐話辭書收録語彙の一側面：《唐話纂要》と《南山俗語考》の見出し語の比較を通じて，大阪市立大學《人文研究》55—4：21—45。

若木太一（2004）唐話纂要，岡田尚弘、若木太一編《辭書游步—長崎で辭書を讀む—》135，福岡：九州大學出版會。

何曉麗（2007）唐話資料における句讀法—冠山の唐話辭書を中心に，《岡山大學大學院社會文化科學研究科紀要》24：1—15。

劉繼紅（2008）《唐話纂要》等唐話教材中的処置式分析，《名古屋外國語大學外國語學部紀要》34：213—220。

奧村佳代子（2009）《唐話類纂》考—他資料との關係から，關西大學《アジア文化交流研究》4：251—261。

紅粉芳惠（2009）近代以前の日中語學學習書から見る中國語教授法，關西大學《アジア文化交流研究》4：263—275。

魯寶元、吳麗君編（2009）《日本漢語教育史研究江戶時代唐話五種》，北京：外語教育與研究出版社。

王佳璐（2009）岡嶋冠山の漢文小說に見る白話語彙の性格—《太平記演義》と《唐話纂要》卷六の比較を中心に—，大東文化大學《指向》6。

奧村佳代子（2010）岡島冠山の唐話資料と《忠義水滸傳》—《水滸傳》讀解に與えた見えない影響，アジア游學131《水滸傳の衝擊》99—104。

武內眞弓（2010）《唐話類纂》語彙索引（1）二字話“態藝”門，廣島大學《中國古典文學研究》8：9—55。

4.2 島津重豪

◎原始資料

《南山俗語考》

文化十年【1813】刊本：日本古典籍總合目録；Webcat。

文化九年【1812】序刊本：日本古典籍總合目録；Webcat。

鈔本：日本古典籍總合目録；Webcat。

《南山考講記》

明和四年【1767】刊本：Webcat。

鈔本：日本古典籍總合目録；Webcat。

《南山俗語》

鈔本：日本古典籍總合目録。

◎研究

鳥居久靖（1969）南山俗語考，《中國語學新辭典》287，東京：光生館。
中田喜勝（1970）南山俗語考の音韻について，九州大學《中國文學論集》1：50—59。
矢放昭文（1982）《南山俗語考》初探，《鹿兒島經大論集》23（1）：67—84。
日下恒夫（1982）資料紹介《南山俗語考》，關西大學圖書館報《籍苑》14。
矢放昭文（1984）南山俗語考再探，《地域研究》13（2）：43—57。
岩本眞理（1989）《南山俗語考》のことば，《鹿兒島經大論集》30（1）：81—107。
岩本眞理（1990）《南山俗語考》の語彙的特徵，大阪市立大學《人文研究》41（6）：279—291。
岩本眞理（1991—93）《南山俗語考》の唐音について（1-3），大阪市立大學《人文研究》43（11）：945—971；44（5）：225—258；45（5）：471—500。
藤井茂利（1996）《南山俗語考》付録の本文校異，《福岡大學總合研究所報》179：21—39。
山形欣哉（1996）《南山俗語考》の〈船部〉について，《尚古集成館紀要》8。
岩本眞理（1998）現存する《南山俗語考》数種について，大阪市立大學《人文研究》50（8）：563—575。
岩本眞理（1999）《漢語跬步》と《南山俗語考》，大阪市立大學《人文研究》51（6）：547—557。
岩本眞理（2001）筑波大學圖書館藏《南山考講記》について（1，2），大阪市立大學《人文研究》52（4）：421—432；53（4）：19—31。
藤井茂利（2001）《南山俗語考》の語彙：十八世紀の中國南方語（1，2），《福岡大學人文論叢》32（4）：2763—2799，33（1）：593—622。
岩本眞理（2002）明治以降における《南山俗語考》の受容について，大阪市立大學《人文研究》54（4）：21—34。
岩本眞理（2004）唐話辭書収録語彙の一側面：《唐話纂要》と《南山俗語考》の見出し語の比較を通じて，大阪市立大學《人文研究》55（4）：21—45。
常盤智子（2004）、J・リギンズ《英和日用句集》の成立過程—《南山俗語考》との關連を中心に，《國語と國文學》81—10：55—69。
藤井茂利（2005）薩摩藩の中國南方語學習—《南山俗語考》をめぐって，《東アジア日本語教育・日本文化研究》8：27—36。
奥村佳代子（2014）唐話資料史における《唐韻三字話》—《唐話纂要》及び《南山俗語考》の三字話との比較，《關西大學東西學術研究所紀要》47：1—17。

4.3 其他

◎原始資料

井澤長秀《漢字和訓》

享保三年【1718】刊本：日本古典籍總合目録；Webcat。

影印：古典研究會編（1974）《唐話辭書類集》16，東京：汲古書院。

《兩國譯通》

刊本：日本古典籍總合目録；Webcat。

影印：古典研究會編（1972）《唐話辭書類集》8，東京：汲古書院。

《唐音世語》

寶曆四年【1754】刊本：日本古典籍總合目録；Webcat。

影印：古典研究會編（1972）《唐話辭書類集》8，東京：汲古書院。

山西金右衛門《八遷卓燕式》

寶曆十一年【1761】刊本：Webcat。

影印：古典研究會編（1972）《唐話辭書類集》8，東京：汲古書院；吉井始子編（1978）《江戶時代料理本集成》1，京都；臨川書店。

翻印：長谷川鑄太郎編（1915）《校注料理大鑒》6，東京料理珍書刊行會；吉井始子編（1979）《江戶時代料理本集成翻印》4，京都：臨川書店。

石川金谷《游焉社常談》

明和七年【1770】刊本：日本古典籍總合目録；Webcat。

弘化三年【1846】刊本：日本古典籍總合目録。

刊本：日本古典籍總合目録；Webcat。

鈔本：日本古典籍總合目録；Webcat。

影印：古典研究會編（1974）《唐話辭書類集》17，東京：汲古書院。

釋顯常《學語編》

明和九年【1772】刊本：日本古典籍總合目録；Webcat。

文化十一年【1814】刊本：日本古典籍總合目録。

萬延元年【1860】刊本：日本古典籍總合目録；Webcat。

刊本：日本古典籍總合目録；CiNii。

影印：古典研究會編（1974）《唐話辭書類集》16，東京：汲古書院。

岡孝祖《譯通類略》

鈔本：日本古典籍總合目録；Webcat。

影印：古典研究會編（1970）《唐話辭書類集》18，東京：汲古書院；古典研究會編（1970）《唐話辭書類集》19，東京：汲古書院。

遠山荷塘《胡言漢語》

鈔本：日本古典籍總合目録；Webcat。

影印：古典研究會編（1969）《唐話辭書類集》1，東京：汲古書院。

服蘇門《碧巖録方語解》

明和八年【1771】刊本：Webcat。

明治十六年【1883】刊本：CiNii。

影印：古典研究會編（1972）《唐話辭書類集》8，東京：汲古書院。

◎研究

近藤尚子（1996）訓の表記からみた《學語編》—辭書の編集方針との關わり，《文化女子大學紀要（人文・社會科學研究）》4：1—10。

近藤尚子（1997）《名物六帖》と《學語編》と，《文化女子大學紀要（人文・社會科學研究)》5：19—29。
近藤尚子（1999）《學語編》の訂正をめぐって，《文化女子大學紀要（人文・社會科學研究)》7：1—12。
奥村佳代子（2014）《游焉社常談》の構成—江戸中期唐話資料の研究，《東アジア文化交涉研究》7：53—64。

5. 翻譯

5.1 訓譯

5.1.1 《水滸傳》

◎原始資料

【岡島冠山訓譯】《忠義水滸傳》初集
享保十三年【1728】京都林九兵衛刊本：天理圖書館（923-179）；日本所藏中文古籍數據庫；Webcat。
【岡島冠山訓譯】《忠義水滸傳》二集
寶曆九年【1759】京都林九兵衛林權兵衛刊本：靜嘉堂文庫（47-70）；日本所藏中文古籍數據庫；Webcat。
【高知平山訓譯】《聖歎外書水滸傳》
文政十二年【1829】刊本：Webcat。

◎研究

白木直也（1968）水滸傳の渡來と文簡本，《東方學》36：86—101。
白木直也（1969）和刻本水滸傳の研究—所謂無窮會本との關係，《日本中國國會報》20：203—215。
白木直也（1969）和刻本水滸傳の研究—諸本間に占める妥當な位置を求めて，《廣島大學文學部紀要》28：277—304。
白木直也（1969）和刻本水滸傳の刊行と其の周邊—訓點者姓名の不刻をつまに，《東方學》38：72—89。
白木直也（1970）和刻本水滸傳研究—承前—，《廣島大學文學部紀要》29：120—144。
中村綾（2007）和刻本《忠義水滸傳》と《通俗忠義水滸傳》—その依據テキストをめぐって，《近世文藝》86：27—40。

5.1.2 《三言》

◎原始資料

岡白駒訓譯《小說精言》

寬保三年【1743】刊本：日本古典籍總合目録；Webcat。

影印：尾形仂解說（1976）《小說三言》，東京：ゆまに書房。

岡白駒訓譯《小說奇言》

寶曆三年【1753】刊本：日本古典籍總合目録；Webcat。

鈔本：Webcat。

影印：尾形仂解說（1976）《小說三言》，東京：ゆまに書房。

澤田一齋【奚疑主人】《小說粹言》【寶曆 7 年自序】

寶曆八年【1758】刊本：日本古典籍總合目録；Webcat。

明治二年【1869】刊本：Webcat。

明治十三年【1880】刊本：Webcat。

明治期刊本：Webcat。

鈔本：天理圖書館（923-イ 107）。

影印：尾形仂解說（1976）《小說三言》，東京：ゆまに書房。

◎研究

及川茜（2008）都賀庭鐘《英草紙》の文體意識：中國短篇白話小說《三言》との關係から，東京外國語大學《言語・地域文化研究》14：334—361。

岡田袈裟男（2013）白話小說《賣油郎獨占花魁》翻譯とその翻案史をめぐって，《立正大學人文科學研究所年報》51，19—33。

村上雅孝（2014）訓譯と澤田一齋，《國語學研究》53：150—136。

5.1.3 笑話

◎原始資料

都賀庭鐘【鹿鳴野人】《開卷一笑》

寶曆五年【1755】刊本：日本古典籍總合目録；Webcat。

鈔本：Webcat。

譯者不詳《笑府》

明和九年【1772】刊本：日本古典籍總合目録；Webcat。

影印：武藤禎夫編（2006）《笑府集成》，東京。

懞憧主人《笑府》【付全文譯】

明和五年序刊本：日本古典籍總合目録；Webcat。

影印：武藤禎夫編（2006）《笑府集成》，東京：太平書屋；（1965）《笑府四種》，東京：松雲堂書店。

風來山人【平賀源內】《刪笑府》

安永五年【1776】刊本：日本古典籍總合目録；Webcat。

影印：武藤禎夫編（2006）《笑府集成》，東京：太平書屋；（1965）《笑府四種》，東京：松雲堂書店。

◎研究

川上陽介（1999）《開卷一笑》小考，《京都大學國文學論叢》2：15—33。
川上陽介（1999）《笑府》三種比較考（上、下），《國語國文》68（1）：17—34；68（2）：17—35。
近世庶民文化研究所《笑府研究》，東京：近世庶民文化研究所。
荒尾禎秀編（2008）和刻小本《笑府》翻譯文の文體，《東京學藝大學紀要（人文社會科學系）》I59：147—157。
荒尾禎秀編（2008）和刻本《笑府》の書誌と諸本，《清泉女子大學紀要》56：1—25。
荒尾禎秀編（2008）《和刻小本〈笑府〉三種總合索引》，東京：東京學藝大學日本語・日本文學研究講座。

5.1.4 其他

◎原始資料

清田儋叟《照世杯》
　明和二年【1765】刊本：日本古典籍總合目録；Webcat。
　影印：德田武解説（1976）《照世盃付中世二傳奇》，東京：ゆまに書房。
清田儋叟《中世二傳奇》
　安永二年【1773】刊本：日本古典籍總合目録；Webcat。
　影印：德田武解説（1976）《照世盃付中世二傳奇》，東京：ゆまに書房。

◎研究

川上陽介（2004）《照世盃》の施訓者について，京都大學《國文學論叢》11：23—38。

5.2 日語翻譯

5.2.1 《三國演義》

◎原始資料

中江藤樹《賊臣董卓之弁》、《孔明之智謀至高之弁》【苦甜齋守株《爲人鈔》所收】
　寛文二年【1662】刊本：日本古典籍總合目録；Webcat。
　寛政元年【1789】刊本：Webcat。
　文政十一年【1828】刊本：日本古典籍總合目録。
　鈔本：日本古典籍總合目録。
湖南文山《通俗三國志》【元祿二年序】
　元祿四年【1691】刊本：日本古典籍總合目録。
　元祿五年【1692】刊本：日本古典籍總合目録；Webcat。
　正德六年【1716】刊本：日本古典籍總合目録。
　寛延三年【1750】刊本：日本古典籍總合目録；Webcat。

天明三年【1783】刊本：日本古典籍總合目録。

天明五年【1785】刊本：日本古典籍總合目録；Webcat。

天明七年【1787】刊本：日本古典籍總合目録。

明治期刊本：日本古典籍總合目録。

刊本：日本古典籍總合目録；Webcat。

鈔本：佛教大學圖書館【土屋幸重安永七年寫本】；日本古典籍總合目録。

影印：德田武編（1984）《對譯中國歷史小說選集》4，東京：ゆまに書房。

湖南文山譯清水市次郎和解《繪本通俗三國志》

明治十六年刊本：【1883】Webcat。

刊本：Webcat。

馬場信武【尾田玄古】《通俗續後三國志》

正德二年【1712】刊本：日本古典籍總合目録；Webcat。

享保三年【1718】刊本：日本古典籍總合目録。

文政六年【1823】刊本：日本古典籍總合目録；Webcat。

刊本：日本古典籍總合目録。

中村昂然、馬場信武《通俗續三國志》

寶永元年【1704】刊本：日本古典籍總合目録。

正德六年【1716】刊本：日本古典籍總合目録；Webcat。

刊本：日本古典籍總合目録。

鈔本：日本古典籍總合目録。

◎研究

長尾直茂（1991）“前期通俗物”小考：《通俗三國志》《通俗漢楚軍談》をめぐって，《上智大學國文學論集》24：37—54。

長尾直茂（1993）《通俗三國志》述作に關する二、三の問題，《上智大學國文學論集》26：117—134。

長尾直茂（1997）江戶時代元祿期における《三國志演義》翻譯の一樣相—《通俗三國志》の俗語翻譯を中心として，《國語國文》66（8）：38—56。

長尾直茂（1998）通俗物研究史略—附《通俗三國志》解題，《漢文學解釋與研究》1：45—69。

長尾直茂（1998）江戶時代元祿期における《三國志演義》翻譯の一樣相續稿，《國語國文》67（10）：1—23。

長尾直茂（2001）近世における《三國志演義》—その翻譯と本邦への傳播をめぐって，《國文學解釋と教材の研究》46（7）：65—73。

德田武（2001）本邦最初の《三國演義》の翻譯—《爲人鈔》に就いて，《明治大學教養論集》340：1—13。

長尾直茂（2006）朝鮮版《三國志演義》管見—《通俗三國志》との關聯をめぐる試論，《漢文學解釋與研究》9：33—58。

上田望（2006）日本における《三國演義》の受容（前篇）：翻譯と插圖を中心に，《金澤大學中國語學中國文學教室紀要》9：1—43。

5.2.2 《水滸傳》

◎原始資料

岡島冠山譯丟甩道人補《通俗忠義水滸傳上編》

寶曆七年【1757】刊本：日本古典籍總合目録；Webcat。

岡島冠山譯丟甩道人補《通俗忠義水滸傳中編》

安永元年【1772】刊本：日本古典籍總合目録；Webcat。

岡島冠山譯丟甩道人補《通俗忠義水滸傳下編》

天明四年【1784】刊本：日本古典籍總合目録；Webcat。

岡島冠山譯丟甩道人補《通俗忠義水滸傳拾遺》

寬政二年【1790】刊本：日本古典籍總合目録；Webcat。

岡島冠山譯丟甩道人補《通俗忠義水滸傳》

文政元年【1818】刊本：日本古典籍總合目録。

文政七年【1824】刊本：日本古典籍總合目録。

享保十九至天明八年【1734—1788】刊本：Webcat。

刊本：日本古典籍總合目録；Webcat。

鈔本：國文學研究資料館（ナ 4/719/1-210，W）【初編卷一至五編卷三十】；酒田光丘圖書館（873，M）【1 册】

影印：中村幸彦編（1987）《近世白話小說翻譯集》6-11，東京：汲古書院。

岡島冠山譯《忠義水滸傳》【譯忠義水滸傳】

鈔本：Webcat。

◎研究

白木直也（1958）通俗忠義水滸傳の編譯者は誰か，《廣島大學文學部紀要》13。

桑山龍平（1973）ほんやくについて—稗史水滸傳を中心として—，天理大學《中文研究》14：37—43。

徐惠芳（1985）《忠臣水滸轉》の文體について—《通俗忠義水滸傳》の影響を中心に—，《文藝研究》53：62—89。

植田渥雄（1994）岡嶋冠山編譯《通俗忠義水滸傳》考，《桜美林大學中國文學論叢》19。

中村綾（2003）岡嶋冠山の白話語彙をめぐって—《通俗皇明英烈傳》《太平記演義》《通俗忠義水滸傳》を中心に，《和漢語文研究》1：55—83。

中村綾（2007）和刻本《忠義水滸傳》と《通俗忠義水滸傳》—その依據テキストをめぐって，《近世文藝》86：27—40。

中村綾（2008）《通俗忠義水滸傳》翻譯者の問題—正編、拾遺編の相違點を通じて，《國語國文》77（1）：19—436。

5.2.3 《西游記》

◎原始資料

《通俗西游記》

鈔本：鹿兒島大學玉里文庫；關西大學圖書館【石塚某文政六年鈔本】；日本古典籍總合目録；Webcat。

影印：中村幸彥編（1987，1988）《近世白話小說翻譯集》12-13，東京：汲古書院。

西田維則（口木山人）譯《通俗西游記初編》

寶曆八年【1758】刊本：日本古典籍總合目録；Webcat。

文政六年【1823】刊本：日本古典籍總合目録。

寬政三年【1791】刊本：日本古典籍總合目録。

石磨呂山人譯《通俗西游記後編（二編）》

天明四年【1784】刊本：日本古典籍總合目録；Webcat。

石磨呂山人譯《通俗西游記三編（後編）》

天明六年【1786】刊本：日本古典籍總合目録；Webcat。

尾形貞齋芳洲譯《通俗西游記四編（續後編）》

寬政十一年【1799】刊本：日本古典籍總合目録；Webcat。

岳亭丘山譯《通俗西游記五編》

天保二年【1831】刊本：日本古典籍總合目録；Webcat。

口木山人【西田維則】譯《繪本西游全傳初編》

文化三年【1806】刊本：日本古典籍總合目録；Webcat。

刊本：日本古典籍總合目録；Webcat。

口木山人【西田維則】譯《繪本西游全傳二編》

文化三年【1806】刊本：日本古典籍總合目録；Webcat。

文化十一年【1814】刊本：日本古典籍總合目録；Webcat。

文政十年【1827】刊本：Webcat。

文政十一年【1828】刊本：Webcat。

刊本：Webcat。

山珪士【山田野亭】譯《繪本西游全傳二編》【文政十年序】

文政十年【1827】刊本：Webcat。

刊本：日本古典籍總合目録；Webcat。

岳亭丘山譯《繪本西游全傳三編》

天保四年【1833】刊本：日本古典籍總合目録；Webcat。

天保六年【1835】刊本：日本古典籍總合目録；Webcat。

刊本：日本古典籍總合目録；Webcat。

岳亭丘山譯《繪本西游全傳四編》

天保六年【1835】刊本：日本古典籍總合目録。

天保八年【1837】刊本：日本古典籍總合目録；Webcat。

明治十六年【1883】刊本：日本古典籍總合目録。

刊本：日本古典籍總合目録；Webcat。
原田正巽《通俗後西游記》
鈔本：日本古典籍總合目録。

5.2.4 其他軍記小說

◎原始資料

夢梅軒章夆【湖南文山】、稱好軒徽庵譯《通俗漢楚軍談》【元祿三年序同七年跋】
元祿八年【1695】刊本：日本古典籍總合目録；Webcat。
正德五年【1715】刊本：日本古典籍總合目録；Webcat。
刊本：日本古典籍總合目録。
影印：德田武編（1983）《對譯中國歷史小說選集》3，東京：ゆまに書房。
夢梅軒章夆【湖南文山】《通俗唐太宗軍艦》【元祿四年自跋】
元祿九年【1696】刊本：日本古典籍總合目録；Webcat。
正德四年【1714】刊本：日本古典籍總合目録。
刊本：日本古典籍總合目録。
影印：德田武編（1984）《對譯中國歷史小說選集》6，東京：ゆまに書房。
清地以立《通俗吳越軍談》
元祿十六年【1703】刊本：日本古典籍總合目録；Webcat。
明治期刊本：Webcat。
鈔本：日本古典籍總合目録。
中村昂然《通俗續三國志》
寶永元年【1704】刊本：日本古典籍總合目録；Webcat。
正德六年【1716】刊本：日本古典籍總合目録；Webcat。
刊本：日本古典籍總合目録；Webcat。
毛利真齋【瑚珀】《通俗戰國策》
寶永元年【1704】刊本：日本古典籍總合目録；Webcat。
鈔本：日本古典籍總合目録。
稱好軒徽庵譯《通俗兩漢紀事》【《通俗西漢紀事》《通俗東漢紀事》，元祿十二年序】
寶永二年【1705】刊本：日本古典籍總合目録；Webcat。
享和二年【1802】刊本：日本古典籍總合目録 Webcat。
刊本：日本古典籍總合目録；Webcat。
清地以立《通俗列國志》【前後卷，《通俗武王軍談》】
寶永二年【1705】刊本：日本古典籍總合目録；Webcat。
嘉永四年【1851】刊本：日本古典籍總合目録。
刊本：日本古典籍總合目録。
影印：德田武編（1983）《對譯中國歷史小說選集》2，東京：ゆまに書房。
毛利貞齋《通俗五代軍談》【《通俗通鑒五代軍談》】
寶永二年【1705】刊本：日本古典籍總合目録；Webcat。

長崎一鶚《通俗南北朝梁武帝軍談》

寶永二年【1705】刊本：日本古典籍總合目録；Webcat。

影印：德田武編（1984）《對譯中國歷史小說選集》5，東京：ゆまに書房。

長崎一鶚《通俗北魏南梁軍談》

寶永二年【1705】刊本：日本古典籍總合目録；Webcat。

安永三年【1774】刊本：日本古典籍總合目録；Webcat。

刊本：日本古典籍總合目録。

影印：德田武編（1984）《對譯中國歷史小說選集》5，東京：ゆまに書房。

中村昂然《通俗唐玄宗軍談》

寶永二年【1705】刊本：日本古典籍總合目録；Webcat。

岡島冠山【玉成】《通俗皇明英烈傳》【《通俗元明軍談》】

寶永二年【1705】刊本：日本古典籍總合目録；Webcat。

刊本：Webcat。

尾田玄古【馬場信武】《通俗續後三國志》

正德二年【1712】刊本：日本古典籍總合目録；Webcat。

享保三年【1718】刊本：日本古典籍總合目録；Webcat。

文政六年【1823】刊本：日本古典籍總合目録；Webcat。

刊本：日本古典籍總合目録；Webcat。

李下散人《通俗列國志十二朝軍談》

正德二年【1712】刊本：日本古典籍總合目録；Webcat。

鈔本：日本古典籍總合目録。

影印：德田武編（1984）《對譯中國歷史小說選集》1，東京：ゆまに書房。

鵜飼石齋《國姓爺忠義傳》【《通俗明清軍談》，寬文元年序】

享保二年【1717】刊本：日本古典籍總合目録；Webcat。

享保十年【1725】刊本：日本古典籍總合目録；Webcat。

刊本：日本古典籍總合目録。

松下瑞亨《通俗宋史太祖軍談》

享保二年【1719】刊本：日本古典籍總合目録。

寶曆十年【1760】刊本：日本古典籍總合目録；Webcat。

刊本：日本古典籍總合目録；Webcat。

影印：德田武編（1983）《對譯中國歷史小說選集》7，東京：ゆまに書房。

入江兼通《通俗兩國誌》

享保六年【1721】刊本：日本古典籍總合目録；Webcat。

文政六年【1823】刊本：日本古典籍總合目録。

刊本：日本古典籍總合目録；Webcat。

影印：德田武編（1983）《對譯中國歷史小說選集》8，東京：ゆまに書房。

上坂兼勝【萍水散人】《通俗臺灣軍談》【包括翻案部分】

享保八年【1723】刊本：日本古典籍總合目録；Webcat。

岡崎良梁著《通俗漢楚秘訣評林》

寶曆六年【1756】刊本：日本古典籍總合目録；Webcat。

寶曆十二年【1762】刊本：Webcat。

煙水散人【西田維則】《通俗隋煬帝外史》

寶曆十年【1760】刊本：日本古典籍總合目録；Webcat。

寬政七年【1795】刊本：日本古典籍總合目録；Webcat。

刊本：日本古典籍總合目録。

影印：中村幸彦編（1984）《近世白話小說翻譯集》1，東京：汲古書院。

源忠孚《通俗宋元軍談》【寬政10年序】

文化十三年【1816】刊本：日本古典籍總合目録；Webcat。

文政六年【1823】刊本：日本古典籍總合目録。

刊本：日本古典籍總合目録。

◎研究

德田武（1983）通俗軍談研究1《通俗臺灣軍談》《通俗元明軍談》，《明治大學教養論集》165：201—220。

德田武（1987）新刻續編三國志後轉《通俗續三國志》，《文學》55（1）：40—59。

長尾直茂（1991）"前期通俗物"小考：《通俗三國志》《通俗漢楚軍談》をめぐって，《上智大學國文學論集》24：37—54。

熊慧蘇（2002）《採之於唐書、質之於通鑒》考：《通俗唐玄宗軍談》の原本について，《二松學舍大學人文論叢》69：83—103。

熊慧蘇（2003）《通俗五代軍談》の典據と構成法—《通鑒に載傳へたる所を拔萃和譯す》考，《近世文藝》78：1—14。

中村綾（2003）岡嶋冠山の白話語彙をめぐって—《通俗皇明英烈傳》《太平記演義》《通俗忠義水滸傳》を中心に，《和漢語文研究》1：55—83。

川浩二（2005）《通俗皇明英烈傳》の《通俗》—歷史小說《英烈傳》の日本における受容から，早稻田大學《中國文學研究》31：55—71。

川浩二（2007）《通俗皇明英烈傳》と和刻本《晚笑堂竹莊畫傳》，《アジア游學》105：51—62。

中村綾（2008）《通俗皇明英烈傳》依據テキストと冠山の譯解態度，《汲古》53：49—54。

5.2.5 其他小說作品

◎原始資料

倚翠楼主人譯《肉蒲團》【覺悟禪】

寶永二年【1705】刊本：日本古典籍總合目録；Webcat。

鈔本：Webcat。

影印：太田辰夫、飯田吉郎編（1987）《中國秘籍叢刊》，東京：汲古書院。

碧玉江散人【三宅嘯山】譯《通俗醉菩提全傳》

寶曆九年【1759】刊本：日本古典籍總合目録；Webcat。
影印：中村幸彥編（1984）《近世白話小說翻譯集》1，東京：汲古書院。
栗原主膳《通俗好逑傳》
寶曆九年【1759】刊本：日本古典籍總合目録（所藏不詳）。
風流快史【西田維則】譯《通俗赤繩奇緣》
寶曆十一年【1761】刊本：日本古典籍總合目録；Webcat。
影印：中村幸彥編（1984）《近世白話小說翻譯集》2，東京：汲古書院。
西田維則譯《通俗金翹傳》
寶曆十三年【1763】刊本：日本古典籍總合目録；Webcat。
影印：中村幸彥編（1984）《近世白話小說翻譯集》2，東京：汲古書院。
鹿鳴野人【都賀庭鐘】譯《通俗醫王耆婆傳》【國字演義醫王耆婆傳】
寶曆十三年【1763】刊本：日本古典籍總合目録；Webcat。
刊本：日本古典籍總合目録；Webcat。
鈔本：日本古典籍總合目録。
逆旅主人【石川雅望】譯《通俗醒世恒言》【《通俗小說奇事》】
寬政元年【1769】跋刊本：日本古典籍總合目録。
寬政二年【1770】刊本：日本古典籍總合目録；Webcat。
影印：中村幸彥編（1985）《近世白話小說翻譯集》4，東京：汲古書院。
紀龍淵譯《通俗孝肅傳》
明和七年【1770】刊本：日本古典籍總合目録；Webcat。
影印：中村幸彥編（1984）《近世白話小說翻譯集》2，東京：汲古書院。
自辭矛齋蒙陸校著《通俗如意君傳》【《武薛傳》】
明和四年【1767】刊本：日本古典籍總合目録；Webcat。
刊本：日本古典籍總合目録；Webcat。
影印：太田辰夫、飯田吉郎編（1987）《中國秘籍叢刊》，東京：汲古書院。
滄浪居主人【三宅嘯山】譯《通俗大明女仙傳》【安永九年序】
寬政元年【1789】刊本：日本古典籍總合目録；Webcat。
影印：中村幸彥編（1985）《近世白話小說翻譯集》3，東京：汲古書院。
本城維芳譯《通俗平妖傳》【寬政九年序】
寬政十一年【1799】刊本：Webcat。
享和二年【1802】刊本：日本古典籍總合目録；Webcat。
影印：中村幸彥編（1985）《近世白話小說翻譯集》5，東京：汲古書院。
睡雲庵主譯《通俗綉像新裁綺史》
寬政十一年【1799】刊本：日本古典籍總合目録。
鈔本：靜嘉堂文庫（47-79）。
影印：中村幸彥編（1985）《近世白話小說翻譯集》4，東京：汲古書院。
十時賜【梅厓】譯《通俗西湖佳話》
文化二年【1805】刊本：日本古典籍總合目録；Webcat。

明治期刊本：日本古典籍總合目録；Webcat。
刊本：日本古典籍總合目録；Webcat。
影印：中村幸彥編（1985）《近世白話小説翻譯集》5，東京：汲古書院。
淡齋主人【佐羽芳】譯《通俗古今奇觀》
文化十一年【1814】刊本：日本古典籍總合目録；Webcat。
刊本：日本古典籍總合目録；Webcat。
鈔本：日本古典籍總合目録；Webcat。
影印：中村幸彥編（1985）《近世白話小説翻譯集》5，東京：汲古書院。
萩原廣道譯《通俗好逑傳》【《翻譯好逑傳》】
鈔本：日本古典籍總合目録。
鉛汞山人譯《通俗浪史》
鈔本：Webcat。

◎研究

桑山龍平（1978）萩原廣道と好逑傳翻譯，《ビブリア》69：22—31。
荒尾禎秀（1993）《通俗赤繩奇緣》の熟字：原典との比較を通して，《東京學藝大學紀要》第2部門人文科學44：275—290。
荒尾禎秀（1994）《通俗赤繩奇緣》の熟字（承前）：原典によらない熟字の性格，《東京學藝大學紀要（第2部門人文科學）》45：289—298。
吳川（2005）《女仙外史》におけるオノマトペ（含重ね型形容詞）の特徵—《通俗大明女仙傳》の譯例と比較して，《國際文化表現研究》1：92—119。
阿部泰記（2009）關於《通俗孝肅傳》的底本，《山口大學文學會志》59：97—113。
天野聰一（2009）芍藥亭長根《坂東奇聞濡衣雙紙》考—《通俗金翹傳》の利用法を中心に，神戶大學《國文論叢》41：1—14。
金昌哲（2010）《通俗西湖佳話》の翻譯方法について，大阪大學《語文》95：23—35。
荒木典子（2011）江戶期の文獻における漢語語彙の段階的定着：《通俗赤繩奇緣》の例，《中國語學研究・開篇》30：137—141。

6. 其他有關論文

白木直也（1969）諸本研究の立場より見たる龍澤馬琴の水滸觀—水滸畫傳校定原本を中心として，《日本中國學會報》21：250—264。
小林祥浩（1978）白話小説の珍訓《范巨卿雞黍死生交》，《樟蔭國文學》16：91—103。
小林祥浩（1978）《八犬傳》の白話をめぐって—《八犬傳》の一つの讀み方，《日本中國學會報》30：219—234。

藁科勝之（1979）《增補俚言集覽》《小說語》の出典考察—國語辭書と唐話辭書との一交涉，早稻田大學《國文學研究》67：109—121。
小林祥浩（1981）《忠臣水滸傳》の文體，《東方學》61：132—145。
道井登（1984）俚言集覽の小說語について—唐話との關係を中心にして，《金澤大學語學文學研究》13：10—16。
井上啓治（1984）式亭三馬と白話小說—《阿古義物語》をめぐって，《近世文藝》41：27—39。
井上啓治（1987）馬琴への對抗と默阿彌への影響：續續式亭三馬と白話小說—《板東太郎》《杜騙新書》《辯天小僧》，《近世文藝》46：1—14。
德田武（1989）《北里懲毖録》白話出典考—特に《名物六帖》との關連において，《國語と國文學》66（11）：54—67。
長尾直茂（1995）山東京傳の中國通俗小說受容—通俗物の介在を論ず，《國語國文》64（12）：38—54。
藁科勝之（1997）《佛蘭西法律書刑法》における唐話語彙，《國文學研究》123：1—10。
小田切文洋（2000）古典中國語とその訓讀情報を媒介とした現代日中兩語の對照研究（ディジタル文書技術を利用した），《情報處理學會研究報告》105：9—14。
岡田袈裟男（2002）唐話、オランダ語、日本語對照辭典としての《改正增補蠻語箋》：德川日本における唐話學、蘭語學、日本學の交涉を探る，《立正大學人文科學研究所年報》39：15—29。
小田切文洋（2003—2005）白話小說語彙辭典（1-3），日本大學《國際關係學部年報》24：49—60；25：47—60；26：51—62。
小田切文洋（2004）《一國の首都》白話語彙考，《融合文化研究》3：2—9。
勝山稔（2004）短篇白話小說集から見た中國通俗文學の日本への傳播，《アジア游學》70：123—136。
川上陽介（2005）《四鳴蟬》の作詞法について：《玉簪記》との關係，京都大學《國文學論叢》13：1—16。
呼斯楞（2005）白話語彙の日本漢語への影響についての考察—《容與堂本水滸傳》第六回から第十回の語彙の研究を通して，《言語と交流》8：77—86。
石井忠則（2005）《忠臣水滸傳》考—白話語彙をめぐって—，《千葉大學日本文化論叢》6：1—16。
小田切文洋（2005）明清白話文學の近代日本における翻譯法の變遷について，《國際文化表現研究》1：76—91。
石井忠則（2005）《忠臣水滸傳》考—白話語彙をめぐって，《千葉大學日本文化論叢》6：1—16。
何曉麗（2007）江戸時代における中國語受容の一考察—洒落本《和唐珍解》本文の唐音を通して，《岡大國文論稿》35：94—84。
及川茜（2008）繁野話における《三言》の受容，《中國言語文化論叢》10：101—76。
及川茜（2009）都賀庭鐘《四鳴蟬》の白話，《中國俗文學研究》20：170—120。

及川茜（2011）翻譯論としての《四鳴蟬》：中國戲曲における雅俗意識，《中國俗文學研究》21：74—99。

中村綾（2011）《日本近世白話小說受容の研究》，東京：汲古書院。

于增輝（2012）《海外奇談》における漢語考：傍譯を手掛かりとして，《語學教育研究論叢》29：1—19。

于增輝（2012）《海外奇談》における漢語考（2）：傍譯を手掛かりとして，《外國語學研究》13：189—197。

于增輝（2013）《海外奇談》における漢語考：唐話辭書における解釋を中心に，《外國語學研究》14：159—167。

荒尾禎秀（2012）漢文戲作の語彙：唐話語彙受容と創造，《日本語の研究》8（2）：70—72【日本語學會 2011 年度秋季大會研討會報告】。

小田切文洋（2012）日本語語彙中に占める唐話語彙の位置について，日本大學《国際関係學部研究年報》33：1—9。

村上雅孝（2014）訓讀と澤田一齋，《國語學研究》53：150—136。

張海燕（2014）《古今奇談英草紙》唐話語彙檢証—江戶中期小說における受容の樣相を探る，立正大學《大學院年報》31：67—83。

附録：華夷譯語文獻目録[1]

遠藤光曉、竹越孝、更科慎一、馮蒸 編

1. 原始資料

1.1 甲種本

洪武刊本

東洋文庫所藏本（1 册，XI-3-A-a-14）

臺灣故宫博物院所藏北平圖書館舊藏本（1 册，平圖 009496）【據 Library of Congress 膠卷 No. 2691 的東洋文庫影照本，1 册，II-15-C-804】

涵芬樓秘笈第四所收本【據明經廠本影印】

四部叢刊三編所收本

明初刊本

上海圖書館所藏本（不分卷）【《中國古籍善本書目》經部 4785】

鈔本

京都大學人文科學研究所所藏松本文三郎氏舊藏本（1 册，松本 1546）

天理圖書館所藏本（1 册，823-タ 15）【山崎忠（1951d）甲種本華夷譯語の音譯漢字の研究—語彙の部，《天理大學學報》5：55-80 有記載】

福島邦道氏所藏本【據福島邦道（1993）《日本館譯語考》，東京：笠間書房，68，434】

中國國家圖書館所藏本（不分卷，明鈔本）【《中國古籍善本書目》經部 4788】影印：中華再造善本《華夷譯語》，北京：國家圖書館出版社，2011 年

復旦大學圖書館所藏本（不分卷，明鈔本）【《中國古籍善本書目》經部 4789】

中研院傅斯年圖書館所藏舊北京人文科學研究所鈔明鈔本（4 册，A 422.5 030）

國朝典故本【卷 110 所收，只收雜字】影印：新竹：新興書局，1984；北京：北京大學出版社，1993

[1] 本目録以北村甫、西義郎（1969）《華夷譯語のテキストと研究書》，油印本 10 頁，昭和 44（1969）年度・總合研究（資料），東洋文庫爲基礎進行增補。增補時承蒙太田齋、丁鋒、齋藤純男、蔣垂東、烏雲高娃、曲曉雲、舩田善之、林慶勳、石崎博志、鈴木博之諸位先生指教，謹致謝忱。

永樂大典本

1.2 乙種本：女真、韃靼、高昌、暹羅、百夷、八百、緬甸、西番、西天、回回

Die Ostasienabteilung der Staatsbibliothek zu Berlin【雜字、來文】（24 卷 6 册，Libri sin. Hirth Ms. 1.）

柯劭忞氏所藏明鈔本【雜字】

〔韃靼〕東洋文庫影照本（1 册，M02-B3-1）

〔韃靼、高昌、女真〕東洋文庫影照本（1 册，M02-B3-2）

東洋文庫所藏明鈔本【雜字、來文】

〔韃靼、女直、高昌、回回、西番、暹羅、緬甸、百夷、八百〕東洋文庫所藏本（18 册，XI-5-2）；東洋文庫影照本（18 册，XI-5-3）；京都大學人文科學研究所影照本（18 册，史 XIII-11-123）；京都大學文學部影照本（18 册，言語 2B-65）；中研院傅斯年圖書館影照本（18 册，A 429 046/170539-56）

〔高昌〕東洋文庫影照本（1 册，XI-5-3）

內閣文庫所藏鈔本《西域同文表》【來文】

〔西番、西天、八百、百夷、暹羅、回回、高昌、緬甸〕國立公文書館內閣文庫所藏本（8 册，278-0138）【昌平坂學問所舊藏】；東洋文庫影照本及鈔本（8 册，VIII-1）；京都大學文學部影照本及鈔本（8 册，言語 2B-60）

劍橋大學圖書館所藏 Wade 舊藏書《譯字》【雜字】

〔蘇祿譯字【丁種?】、高昌館譯書、西天譯字、西番譯語、暹羅譯字、緬甸譯書〕劍橋大學圖書館所藏本【據池上二良（1962，64）ヨーロッパにある滿洲語文獻について，《東洋學報》45（3）：105—121；47（3）：144—146；（1999）《滿洲語研究》359—385，東京：汲古書院】

內藤湖南氏舊藏本【雜字、來文】

〔西番館譯語雜字、回回館來文、八百館譯語雜字、百夷館譯語雜字、緬甸館譯語雜字來文、暹羅館來文【對譯本，参看西田龍雄（2000）《東アジア諸言語の研究 I》，京都：京都大學學術出版會：194-195】、女真館來文〕武田科學振興財團杏雨書屋所藏本

Amiot 神父將來法國國立圖書館所藏清代鈔本【雜字、來文】

〔西番、西天、高昌、回回、八百、百夷、緬甸、暹羅〕京都大學文學部影照本（8 册，言語 2B-109）

巴黎亞洲協會所藏清康熙年間鈔本【雜字】

〔百夷、緬甸、西天、回回、八百、暹羅、西番、高昌〕東洋文庫影照本（8 册，洋 III-12-D-a-57）；〔除了上記 8 種外還有韃靼、女真〕京都大學人文科學研究所影照本（12 册，史 XIII-11-125）；京都大學文學部影照本（12 册，言語 2B-65）

Edkins 氏舊藏英國圖書館所藏本【雜字】

〔回回、高昌、緬甸、西番、百夷、八百〕東洋文庫所藏照片殘葉（12 枚，洋 III-12-D-a-58）

〔緬甸〕東洋文庫所藏照片（39 張，洋 III-12-D-a-61）；石濱純太郎氏將來照片（39 張）【大阪外國語大學圖書館、京都大學人文科學研究所內藤文庫、今西春秋氏所藏。據西田龍雄（1972）《緬甸館譯語の研究—ビルマ言語學序說—》，京都：松香堂（華夷譯語研究叢書 II）：12】

Edkins 舊藏另一本【雜字】

〔西番、暹羅〕

今西春秋氏舊藏本【雜字】

〔禮部會同四譯館暹羅譯語〕【據西田龍雄（2000）《東アジア諸言語の研究 I》，京都：京都大學學術出版會：100-101】

臺灣故宮博物院所藏北平圖書館舊藏明鈔本【雜字】

〔高昌〕（1 册，平圖 000801）【據 Library of Congress 膠卷 No. 492 的東洋文庫影照本，1 册，II-15-C-236】

臺灣故宮博物院所藏刊本

〔回回、高昌、百夷、緬甸〕（不分卷 4 册，故殿 016083-016086）

中研院傅斯年圖書館所藏本

〔華夷譯語〕明同文堂朱絲欄鈔本（不分卷 7 册，A 429 046/170557-63）【雜字，西天、西番、百譯、暹羅、緬甸、八百、高昌】

〔百夷〕清刊本（不分卷 1 册，A 429 046/170564）

清刊本【雜字】

〔西番、暹羅〕東洋文庫所藏本（2 册，VIII-2）；京都大學所藏本；神田喜一郎氏舊藏本

G. Ros(e) 氏所藏本【雜字、來文】

〔緬甸館譯語及來文二册、暹羅館譯語及來文二册、西天館譯語二册、百夷館來文二册、西番館來文一册、高昌館來文一册、回回館來文一册、八百館來文一册〕【據神田喜一郎（1947b）ロス文庫について，《典籍劄記》65—74；《東洋學文獻叢說》61—68；《神田喜一郎全集》3：76—87 說，版心刻有“同文館”的白紙寫本 12 册，與清瞿中溶《古泉山館跋》著録的《同文堂翻譯館課》記載一致，因此推測爲同一系統本。高田時雄（2001）ジュゼッペ、ロスとロス文庫，《文學》2（3）：2—10 說，現在收藏單位不明。】

匈牙利科學院圖書館所藏清鈔本【雜字】

〔高昌、西番〕（2 册，Tör. O. 391）【據 Ligeti, L. (1966) Un Vocabulaire sino-ouigour des Ming, Le Kao-Tch'ang-Kouan Yi-Chou du Bureau des Traducteurs, *Acta Orientalia Hungarica* 19(2): 121，同書 289—316 頁有《高昌館譯書》照片。】

School of Oriental and African Studies, London University 舊藏〔大明本〕寫本（殘本）【雜字】

〔暹羅〕William Lockhart Library 現藏，*Chinese and Arabic Dictionary*, N3/32（舊號碼）

【Davidson, J. H. C. S. (1987) Another Source for Information on Ayutthayā Thai. J. H. C. S. Davidson (ed.), *Laī Sū' Thai, Essays in honour of E. H. S. Simmonds*, 63-72, London: School of Oriental and African Studies 有介紹，現在的號碼是 CWML N157】

天一閣所藏本

〔暹羅館中、高昌館中下、西番館中下、百夷館中下、女真館中下〕明刻本（存九卷）【《中國古籍善本書目》經部 4786】

中國國家圖書館所藏本【《北京圖書館古籍珍本叢刊》6 影印?】

〔西天館一、韃靼館下〕明刊本（存二卷）【《中國古籍善本書目》經部 4787】

〔回回館譯語〕清初刻本（一卷）《中國古籍善本書目》經部 4791】影印：中華再造善本《回回館譯語》，北京：國家圖書館出版社，2009 年

〔回回館雜字〕清初同文堂鈔本（一卷）【《中國古籍善本書目》經部 4792】

〔西番譯語〕清初刻本（一卷）【《中國古籍善本書目》經部 4793】影印：中華再造善本《西番譯語》，北京：國家圖書館出版社

〔高昌館課〕明鈔本（不分卷）【《中國古籍善本書目》經部 4794】

〔高昌館譯書〕清初刻本（一卷）【《中國古籍善本書目》經部 4795】

〔高昌館雜字〕清初同文堂鈔本（一卷）【《中國古籍善本書目》經部 4796】

〔暹羅館譯語〕清初同文堂鈔本（一卷）【《中國古籍善本書目》經部 4797】

〔百譯館譯語〕清初同文堂鈔本（一卷）【《中國古籍善本書目》經部 4798】

〔西天館譯語〕清初刻本（一卷）【《中國古籍善本書目》經部 4799】

中國科學院圖書館所藏本

〔暹羅〕【羅振玉舊藏內閣秘籍，登記號碼 2270571，僅存天文、地理、時令、花木、人物、人事、身體各門】

〔暹羅〕【據馬鴻賓藏明寫本景抄，登記號碼 1570921，有碧藻館藏印】

復旦大學圖書館所藏本

〔高昌館來文一卷、譯文備覽一卷〕明鈔本【《中國古籍善本書目》經部 4789;《續修四庫全書》經部小學類所收】

北京愛如生數字化技術研究中心制作電子版《全四庫系列、四庫存目書》所收本

〔八百（雜字）、緬甸（雜字）、緬甸館譯書考異、百夷（雜字 2 種）、回回（雜字 2 種）、高昌（來文 2 種）、西番（來文）〕明鈔本【有復旦大學圖書館圖章，“古香樓”、“休寧汪季青家藏書籍”圖章】

南京圖書館所藏本

清立雪舊廬鈔本（十卷）【《中國古籍善本書目》經部 4790】

俄羅斯科學院東方學研究所聖彼得堡分所所藏本

〔西天館二册、百夷館雜字、百夷館來文、八百館雜字、八百館來文、回回館雜字、暹羅館來文、西番館來文、緬甸館雜字、緬甸館來文〕鈔本【據西田龍雄（1972）《緬甸館譯語の研究—ビルマ言語學序說—》，京都：松香堂（華夷譯語研究叢書 II）】

龍威祕書本【收在叢書集成初編 1261】

〔西番譯語〕【西田龍雄（1970）《西番館譯語の研究—チベット言語學序說—》，京都：松香堂（華夷譯語研究叢書 I）說，内容與巴黎亞洲協會本大致相同。】

〔緬甸國書〕【譯史紀餘卷二所收，據西田龍雄（1972）《緬甸館譯語の研究—ビルマ言語學序說—》，京都：松香堂（華夷譯語研究叢書 II）：9】

1.3 丙種本：日本、琉球、朝鮮、女真、韃靼、畏兀兒、安南、暹羅、百夷、占城、滿剌加、西番、回回

倫敦大學圖書館所藏 R. Morrison 舊藏書明鈔本《各國譯語》

〔朝鮮、琉球、日本、安南、占城、暹羅、畏兀兒、回回、滿剌加、百夷〕School of Oriental and African Studies 所藏本（10 册，SOAS MS 48363）

河内法國遠東學院所藏楊守敬舊藏日本鈔本

〔琉球、日本、安南、占城、暹羅、韃靼、畏兀兒、西番、回回、滿剌加、百夷〕（5 册）【據神田喜一郎（1947a）遠東博古學院觀書記，《典籍剳記》43—64，東京：高桐書院；（1969）《東洋學文獻叢說》39—60，東京：二玄社；（1984）《神田喜一郎全集》3：48—69，缺朝鮮、女真?】

Hoa di dịch ngữ, 11 vol. Cornell University Library, Kroch Library Asia, Shelved in Olin Library, Film 5069【Microfilm of the original in the L'École française d'Extrême-Orient. Saigon : [Refilmed by] Viện Khảo Cổ, 1973. 1 microfilm reel; 35 mm】.

稻葉君山氏舊藏本【原本在終戰時喪失】

〔朝鮮、琉球、日本、安南、暹羅、韃靼、畏兀兒、滿剌加〕京都大學文學部所藏副本（8 册，言語 2B-65）；京都大學人文科學研究所所藏内藤湖南氏舊藏副本（8 册，内藤 220）；首爾大學校中央圖書館所藏鈔本；臺灣珪庭出版社有限公司 1979 年影印本

〔日本、琉球〕東京大學國語研究室副本

〔朝鮮〕東京大學言語學科所藏小倉進平舊藏照片（L175520）

水户彰考館舊藏本【《彰考館圖書目録》1228 頁，因戰災燒毀】

〔朝鮮、琉球、日本〕【據福島邦道（1993）《日本館譯語考》，東京：笠間書房。小倉進平（1941）《朝鮮館譯語》語釋（上、下），《東洋學報》28（3）：361—421，28（4）：511—576；（1975）《小倉進平博士著作集》2：133—260，京都：京都大學國文學會用朝鮮館譯語進行校對，新村出（1928）本邦滿洲語學史料斷片，《東方言語史叢考》93—106，東京：岩波書店；（1944）《新村出選集 3・史傳篇典籍篇》202—212，京都：養德社；（1971）《新村出全集》1：65—73，東京：筑摩書房說還有安南譯語】

靜嘉堂文庫所藏本

〔第 1 册：日本、安南，第 2 册：占城、暹羅，第 3 册：女直，第 4 册：韃靼、畏兀兒，第 5 册：西番、回回，第 6 册：百夷、滿剌加〕靜嘉堂文庫所藏明治八年【1875】

以後日本鈔本（6 册，登録名稱是《譯語》，83-51）
阿波國文庫所藏本【原本已燒毀】
〔朝鮮、琉球、日本、安南、占城、暹羅、韃靼、畏兀兒、西番、回回、滿剌加、女直、百夷〕東洋文庫影照本（13 册，II-15-C-1291）；京都大學人文科學研究所影照本（6 册，史 XIII-11-124）；京都大學文學部影照本（13 册，言語 2B-64）；京都大學文學部影照本（14 册，東洋史 B-XIII-K-7）
中國國家圖書館所藏本
〔譯語〕清袁氏貞節堂鈔本（不分卷）【含韃靼、委兀兒、河西、回回。沈節甫輯《紀録彙編》，長沙：商務印書館，1938 年；《叢書集成初編》3177；《中國古籍善本書目》經部 4800，《北京圖書館古籍珍本叢刊》6 收録影印本；中華再造善本《譯語》，北京：國家圖書館出版社，2012 年】
天理圖書館所藏本
〔朝鮮〕鈔本（1 册，829.1-タ 355）
近藤守重《正齋書籍考》著録本
松澤老泉《彙刻書目外集》著録本
王聞遠《孝慈堂書目》所載"十國譯語"
慎懋賞《四夷廣記》所收"安南國譯語"【鄭振鐸《玄覽堂叢書續集》第 20-22 册所收，陳荊和氏用到。《四夷廣記》還包括《朝鮮寄語》、《日本寄語》、《日本譯語》、《琉球國字》（平假名）、《琉球寄語》、《蒙古文》（八思巴字百家姓）、《韃靼書》、《韃靼譯語》、《女直書》、《女直譯語》、乙種本《回回館譯語》天文門和地理門、《竺書》、《西天書》、《榜葛剌譯語》、《象語》（占語?）、《滿剌加寄語》、《真臘象語》等收載異族詞彙和文字的部分，還有似乎轉抄乙種和丙種《華夷譯語》的部分。】

1.4 丁種本

故宮博物院圖書館所藏清乾隆鈔本
〔耿馬譯語、鎮康譯語、猛卯譯語、潞江譯語、南甸譯語、僰夷譯語、車里譯語、灣甸譯語、芒市譯語、猛麻譯語、猛連譯語、干崖譯語、猛緬譯語、蘇祿譯語、琉球語、暹羅番書、緬甸番書、慶遠府屬土州縣司譯語、太平府屬土州縣司譯語、鎮安府屬土州縣司譯語、猓羅譯語（猓一）、猓羅譯語（猓二）、猓羅譯語（猓三）、猓羅譯語（猓四）、猓羅譯語（猓五）、西番館譯語、西番譯語（川一）、西番譯語（川二）、西番譯語（川三）、西番譯語（川四）、西番譯語（川五）、西番譯語（川六）、西番譯語（川七）、西番譯語（川八）、西番譯語（川九）、西天真實名經、暎咭利國譯語、弗喇安西雅話、額呼馬尼雅話、伊達禮雅話、播呼都噶禮雅話、拉氏諾話〕
【據 Fuchs Walter（1931）Remarks on a new "HUA-I-I-Yu", *Bulletin of the Catholic University* 8: 91-97 和馮蒸（1981）《華夷譯語》調查記，《文物》1981（2）：57—68】
中研院傅斯年圖書館藏鈔本
〔西番〕綠格舊鈔本（不分卷 2 册，A 429 046/135579-80）

〔西番〕晒藍印本（不分卷 9 册，A 429 046/80225-33）

〔緬甸番書〕（不分卷 4 册，A 437 774/170529-32）

〔松藩屬色子寺等各西番譯語〕（不分卷 2 册，A 429 110/170510-1）

〔永昌府屬猛猛同灣甸譯語〕（不分卷 2 册，A 437 988/170527-8）

聞宥氏舊藏鈔本【現藏於中國國家圖書館?】

〔慶遠府屬土州縣司譯語、太平府屬土州縣司譯語、鎮安府屬土州縣司譯語〕【據聞宥（1936）廣西太平府屬土州縣司譯語考，《中研院歷史語言研究所集刊》6（4）：497—552】

河内法國遠東學院舊藏清鈔本

〔猓羅譯語（東川府屬）、猛麻譯語（永昌府屬）、孟連譯語（永昌府屬）、潞江譯語（永昌府屬）、南甸譯語（永昌府屬）、干崖譯語（永昌府屬）、猛卯譯語（永昌府屬）、芒市譯語（永昌府屬）〕（9 册）【據神田喜一郎（1947a）遠東博古學院觀書記，《典籍剳記》43—64，東京：高桐書院；（1969）《東洋學文獻叢說》39—60，東京：二玄社；（1984）《神田喜一郎全集》3：48—69】

〔猓羅譯語（四川永寧協）、猓羅譯語（四川建昌鎮）、西番譯語（四川松藩鎮）、西番譯語（四川松藩鎮）、西番譯語（四川松藩鎮）、西番譯語（四川松藩鎮）、西番譯語（四川泰寧協）、西番譯語（四川建昌鎮）、西番譯語（四川建昌鎮）〕（5 册）【神田喜一郎（1947a）遠東博古學院觀書記，《典籍剳記》43—64，東京：高桐書院；（1969）《東洋學文獻叢說》39—60，東京：二玄社；（1984）《神田喜一郎全集》3：48—69】

北京大學圖書館所藏王靜如書寫本

〔九種西番譯語對照〕（2 册）【西田龍雄、孫宏開（1990）《白馬譯語の研究—白馬語の構造と系統—》，京都：松香堂（華夷譯語研究叢書 VII）登載照片。】

中央民族大學圖書館所藏本

〔潞江譯語〕【補修本，《中國民族古文字圖録》153 頁照片，參看 373 頁說明】

天理圖書館所藏本

〔西番譯語（四川松潘鎮）〕（1 册，829-イ 1）【西田龍雄、孫宏開（1990）《白馬譯語の研究—白馬語の構造と系統—》，京都：松香堂（華夷譯語研究叢書 VII）：23 說，相當於川一】

羽田明氏所藏清鈔卷子本

〔西番〕【西田龍雄（1970）《西番館譯語の研究—チベット言語學序說—》，京都：松香堂（華夷譯語研究叢書 I）說，内容與天理圖書館所藏本大致相同】

大谷大學所藏神田喜一郎氏舊藏本

〔猓羅譯語、西番譯語（川五，泰寧屬沈邊冷邊西番譯語）、西番譯語（川六，木坪各村寨西番譯語）、西番譯語（川七，泰寧屬明正司所管口外各西番譯語）、西番譯語（川九，木裡瓜別各西番譯語）〕【據西田龍雄、孫宏開（1990）《白馬譯語の研究—白馬語の構造と系統—》，京都：松香堂（華夷譯語研究叢書 VII）】

今西春秋氏舊藏本【參看西田龍雄（1973）《多續譯語の研究—新言語トス語の構造と系

統一》，京都：松香堂（華夷譯語研究叢書 VI）、西田龍雄（1980）女真文字―その成立と發展，《言語》1980（1）1：96—103；1980（12）：97—103；（1982）女真文字の成立と發展，西田龍雄《アジアの未解讀文字》127—155，東京：大修館書店；（2002）西田龍雄《アジア古代文字の解讀》151—181，東京：中央公論社、西田龍雄、孫宏開（1990）《白馬譯語の研究―白馬語の構造と系統―》，京都：松香堂（華夷譯語研究叢書 VII））】

〔松潘屬象鼻高山西番譯語〕【西田龍雄、孫宏開（1990）《白馬譯語の研究―白馬語の構造と系統―》，京都：松香堂（華夷譯語研究叢書 VII）說，相當於川二，但內容略有異】

〔松潘屬瓦沃雜梭大小金川各西番譯語〕【西田龍雄、孫宏開（1990）《白馬譯語の研究―白馬語の構造と系統―》，京都：松香堂（華夷譯語研究叢書 VII）說，相當於川三】

〔永寧屬水潦猓羅譯語〕【西田龍雄（1980）女真文字―その成立と發展，《言語》1980（1）1：96—103；1980（12）：97—103；（1982）女真文字の成立と發展，西田龍雄《アジアの未解讀文字》127—155，東京：大修館書店；（2002）西田龍雄《アジア古代文字の解讀》151—181，東京：中央公論社說，相當於河內本永寧協猓羅譯語，同書有照片】

〔無題〕【相當於川八，即西田龍雄（1973）《多續譯語の研究―新言語トス語の構造と系統―》，京都：松香堂（華夷譯語研究叢書 VI）所說《多續譯語》。同書有照片】

1.5 其他

《八館館考》

中國國家圖書館所藏清初同文堂鈔本（一卷）【《中國古籍善本書目》經部 4801，影印在《北京圖書館古籍珍本叢刊》6】

明王宗載撰《四夷館考》

甲子（1924）夏六月羅振玉東方學會印明鈔本

清江蘩撰《四譯館考》

清康熙刊本（東洋文庫所藏，XI-3-A-e-3；京都大學人文科學研究所所藏，史 XII-1-21）【羅振玉 1908 年題記；影印在《北京圖書館古籍珍本叢刊》59，《四庫全書存目叢書》史部政書類 272】

明呂維祺撰《四譯館增訂館則》、《新增館則》

清康熙刻本（鄭振鐸輯《玄覽堂叢書》三集，國立中央圖書館，1948 年）

清余棟撰《四譯館館則》

清康熙刻本（中國國家圖書館藏）

清撰人未詳《四譯館則》

昭和三年（1928）京都帝國大學文學部東洋史研究室重刊本【書評：藏雲《大公報》圖書副刊 1935 年 12 月 12 日】

清傅恒等撰《欽定西域同文志》二十四卷【參看落合守和（1983）《西域同文志》三合切音の性格，《靜岡大學教養部研究報告（人文社會科學篇）》19（2）：85—132】

清乾隆內府鈔本（故宫博物院所藏）【《中國古籍善本書目》經部 4802】

清乾隆二十年內府刻本（故宫博物院、遼寧省圖書館所藏）【《中國古籍善本書目》經部 4803】

武英殿刊本（東洋文庫所藏，M02—B4—9；臺灣故宫博物院所藏，故殿 031489—031496；中研院傅斯年圖書館所藏，A 429 547）【東洋文庫叢刊《欽定西域同文志》所收，第二次本】

臺灣故宫博物院所藏文淵閣四庫全書本（故庫 005343—005352）【《四庫全書珍本三集》118—120 册所收，第二次本】

臺灣故宫博物院所藏清乾隆間寫四庫全書薈要本（故薈 004230—004245）

大英博物館所藏殘缺鈔本【東洋文庫叢刊《欽定西域同文志》所收，第一次本】

故宫博物院所藏本【中央民族學院《民族古籍叢書 西域同文志》】

中央民族大學圖書館所藏影鈔本

欽定四庫全書薈要影印本，長春：吉林出版集團，2005 年

《登壇必究》《北虜譯語》

Manuscript: Hungarian Academy of Sciences, Oriental Collection. Mong. No. 44，影印：Apatóczky, Ákos B. (2009) *Yiyu: An Indexed Critical Edition of a Sixteenth-century Sino-Mongolian Glossary*, Kent: Global Oriental: 229-244。

刊本：內閣文庫；北京大學圖書館善本特藏閲覽室 9060；影印：Apatóczky, Ákos B. (2009) *Yiyu: An Indexed Critical Edition of a Sixteenth-century Sino-Mongolian Glossary*, Kent: Global Oriental: 245-258.

高休乾編（1989）《中國兵書集成》22：3067—3092，北京：解放軍出版社。

《至元譯語・蒙古譯語》

元禄十二年【1699】翻元泰定乙丑年【1325】刊《新編羣書類要事林廣記》庚集卷 10 所收本【至元譯語，影印：（1976）《和刻本類書集成》1，東京：汲古書院；（1999）《事林廣記》，北京：中華書局】。

元至順間【1330-1333】椿莊書院刊《新編纂圖增類羣書類要事林廣記》續集卷 8 文藝類所收本：臺灣故宫博物院【蒙古譯語，影印：（1963）《事林廣記》，北京：中華書局；（1988）《事林廣記》，京都：中文出版社】。

元後至元庚辰年【1340】鄭氏積誠堂刊《纂圖增新羣書類要事林廣記》庚集卷下文藝類所收本：北京大學圖書館【蒙古譯語，影印：（1999）《事林廣記》，北京：中華書局】。

明洪武壬申年【1392】梅溪書院刊《新編纂圖增類羣書類要事林廣記》新集卷 6 伎術類所收本：慶應義塾大學圖書館【蒙古譯語】。

明弘治丙辰年【1496】詹氏進德精舍刊《纂圖增新羣書類要事林廣記》新集卷下伎術類所收本：內閣文庫【蒙古譯語】。

明刊本《纂圖增新羣書類要事林廣記》新集卷下伎術類所收本：尊經閣文庫【蒙古譯

語】。

清袁氏貞節堂鈔本《譯語》所收本：中國國家圖書館【蒙古譯語，影印：（1987）《北京圖書館古籍珍本叢刊》6，北京：書目文獻出版社】。

2. 研究著作

2.1 一般

Amiot, P. (1789) Introduction à la connaissance des peuples qui ont été ou qui sont actuellement tributaires de la Chine, *Mémoires concernant l'histoire : les sciences, les arts, les mœurs, les usages. etc. des Chinois* 14: 1-238.

Baron von Canstadt, S. (1820?)【Pelliot, P. (1929) 四譯館則 Sseu yi kouan tsö ("Règlements du Bureau des traducteurs"), par 吕維祺 Lu Wei-k'i, édité par la Faculté des Lettres de L'Université de Kyôto, 2 pen, 20 ch., 1928, in-8, *T'oung Pao* s. II, 26: 53）說，他在聖彼得堡石印"15 封維吾爾語請願信的選集"（recueil des quinze suppliques ouigoures）】

Hirth, F. (1887) The Chinese Oriental College, *Journal of the North-China Branch of the Royal Asiatic Society* 22: 203-224.

Devéria, G. (1896) Histoire du Collège des Interprètes de Pékin, *Mélanges Charles de Harlez,* 94-102, Leiden: E. Brill.

Giles. H. A. (1898) *A Catalogue of the Wade Collection of Chinese and Manchu Books in the Library of the University of Cambridge,* Cambridge.【p. 147】

Douglas, R. K. (1903) *Supplementary Catalogue of Chinese Books and Manuscripts in the British Museum*, London【Review: P. Pelliot (1914) *Journal Asiatique* juil.-août: 184】

澤井常四郎編（1903）《佛領印度支那——名佛國日南の新領土》，文明堂【介紹河内法國遠東學院所藏本】。

Ross, E. D. (1908) New Light on the History of the Chinese Oriental College, and 16th Century Vocabulary of the Luchuan Language, *T'oung Pao* 2(9): 689-695.

羅振玉（1908）［江虆］四譯館考十卷［梁谿顧氏］讀畫齋藏原刻本跋，《大雲書庫藏書題識》卷二 14b；（1943）《貞松老人遺稿》乙集卷二 14b；國家圖書館編（2002）《國家圖書館藏古籍題跋叢刊》24：278，北京：北京圖書館出版社。

Aurousseau, L. (1912) Note sur le houa-yi yi-yu, *Bulletin de l'Ecole Française d'Extrême-Orient* 12(9): 198-201.

Francke, O. & B. Laufer (1914) *Epigraphische Denkmäler aus China. Teil I. Lamaistische Kloster- Inschriften aus Peking, Johol und Si-ngan,* Berlin【Review: P. Pelliot (1914) *Journal Asiatique* Sér. XI, Tome 4: 180-182】.

内藤虎次郎（1917）華夷譯語の發見，《大阪每日新聞》1917/6/13；（1948）《目睹書譚》366；（1970）《内藤湖南全集》12：276—277，東京：筑摩書房【華夷譯語的概說及其明末鈔本的介紹】。

羽田亨（1917）華夷譯語の編者馬沙亦黑，《東洋學報》7（3）：437—446；（1958）《羽田博士史學論文集（下）》435—444，京都：東洋史研究會。

Ross, E. D. (1919) Note on a School of Oriental Language in China, *The China Review* 1(1): 38-46【Review: P. Pelliot (1909) *Bulletin de l'Ecole Française d'Extrême-Orient* 9(1) (janvier-mars)】.

羅振玉（1924）四夷館考二卷鈔本跋，《大雲書庫藏書題識》卷二 14b；（2010）《羅振玉學術論著集》7：291，上海：上海古籍出版社；（1943）《貞松老人遺稿》乙集卷二 14b；（2002）《國家圖書館藏古籍題跋叢刊》24：278，北京：北京圖書館出版社。

桑田六郎（1926）禮拜寺巡り，《東洋學報》16（1）：110—136【談及四夷館】。

神田喜一郎（1927）明の四夷館に就いて，《史林》12（4）：519—534；（1948）《東洋學說林》1—22，東京：弘文堂；（1986）《神田喜一郎全集》1：7—28，京都：同朋舍。

羽田亨（1928）四譯館則解題，京都帝國大學重刊《四譯館則》附載；（1957）《羽田博士史學論文集（上）》630—633，京都：同朋舍【紹介：那波利貞（1928）《史林》13（3）：487—488】。

矢野仁一（1928）《支那近代外國關係研究—ポルトガルを中心とする明清外交貿易—》，京都【論及會同館】。

Pelliot, P. (1929) 四譯館則 Sseu yi kouan tsö ("Règlements du Bureau des traducteurs"), par 吕維祺 Lu Wei-k'i, édité par la Faculté des Lettres de L'Université de Kyôto, 2 pen, 20 ch., 1928, in-8, *T'oung Pao* s. II, 26: 53-61.

Fuchs, W. (1931) Remarks on a new "HUA-I-I-Yu", *Bulletin of the Catholic University* 8: 91-97【鴛淵一、村上嘉實共譯（1932）新《華夷譯語》に就いて，《史林》17（2）：288—295；楊鼎甫譯（1935）新《華夷譯語》，《大公報、圖書副刊》1935/12/12】.

Biggerstaff, K. (1934) The T'ung Wen Kuan, *China Social and Political Science Review* 18: 307-340.

藏雲（1935）論京都帝大重刊《四譯館則》，《大公報、圖書副刊》1935/12/12。

賀昌群（1935）論京都帝大重刊《四譯館則》，《圖書季刊》2（4）：211—217；（2003）《賀昌群文集》3：428—435，北京：商務印書館。

朱士嘉（1936）《明代四裔書目》，《禹貢半月刊》5（3—4）：137—158。

外山軍治（1938）阿波國文庫本華夷譯語に就いて，《東洋史研究》3（5）：453—454。

向達（1940）瀛涯瑣志——記巴黎本王宗載四夷館考，《圖書季刊》新 2（2）：181—186；（1957）《唐代長安與西域文明》，北京：三聯書店；（2009）重慶出版社；（2009）河北教育出版社；（2010）湖南教育出版社。

Wild, N. (1945) Materials for the Study of the Ssu I Kuan 四夷（譯）館 (Bureau of Translators), *Bulletin of the School of Oriental and African Studies* 11(3): 617-640.

石田幹之助（1947）昔 中國で出來た外國語辭書に就いて，《國民の歷史》7：12—20；（1986）《石田幹之助著作集 3 東洋學雜鈔》58—73，東京：六興出版。
神田喜一郎（1947a）遠東博古學院觀書記，《典籍剳記》43—64，東京：高桐書院；（1969）《東洋學文獻叢說》39—60，東京：二玄社；（1984）《神田喜一郎全集》3：48—69【描述華夷譯語清鈔本和刊本】。
神田喜一郎（1947b）ロス文庫について，《典籍剳記》65—74；《東洋學文獻叢說》61—68；《神田喜一郎全集》3：76—87【介紹華夷譯語乙種本 12 册】。
Pelliot, P. (1948) Le Sseu-yi-kouan et le Houei-t'ong-kouan【"Le HōJournal Asiatique et le Sayyid Husain de l' Histoire des Ming" Appendice III】, *T'oung Pao* 38: 207-290.
石田幹之助（1949）江蘩の《四譯館考》とドヴェリアの《四譯館史》，《ビブリア》1：1—17；（1973）《東亞文化史叢考》779—802，東京：東洋文庫。
泉井久之助（1949）《比較言語學研究》，大阪：創元社。
山崎忠（1950）華夷譯語の資料について，《宗教文化研究所報》3（3）：30—32。
無記名（1951）最近に於ける四夷館及び華夷譯語の研究，《東洋學報》33（3—4）：145。
山崎忠（1952）華夷譯語研究小史（1）（2），《朝鮮學會會報》14：4—7；15：8。
山崎忠（1953）我が國における華夷譯語研究史，《朝鮮學報》5：45—58。
山崎忠（1954）我が國における華夷譯語研究史補遺，《朝鮮學報》6：163—165。
石田幹之助（1954）華夷譯語といふ辭書，《圖書》53：3—6。
許雲樵（1954）《華夷譯語》傳本考，《南洋學報》10（2）：11—16。
方國瑜（1956）跋王宗載四夷館考，《東方雜誌》41（13）：50—52；（2001）《方國瑜文集》4：310—314，昆明：雲南教育出版社。
岩村忍（1956）山崎忠君の追憶（附）山崎忠君主要論文目録，《東洋史研究》15（1）：89—90。
石田幹之助（1973）《東亞文化史叢考》（東洋文庫論叢 54），東京：東洋文庫【賈等（1990）收録有關華夷譯語論文漢譯】。
趙令揚（1975）記明代會同館，《明史論集》75—88，香港：史學研究會。
聞宥（1979）華夷譯語在國外，《外國研究中國》2：83—88。
馮蒸（1981）《華夷譯語》調查記，《文物》1981（2）：57—68。
趙雲田（1981）清代北京的“內館”和“外館”，《北京史研究通訊》1981（4）：5—6。
蘇渭昌（1981）關於同文館的若干史實，《南開學報》1981（4）：24—27。
魏英邦（1982）《華夷譯語》研究拾零，《青海社會科學》1982（2）：114—120。
落合守和（1983）《西域同文志》三合切音の性格，《靜岡大學教養部研究報告（人文社會科學篇）》19（2）：85—132。
楊玉良（1985）一部尚未刊行的翻譯詞典——清官方敕纂的《華夷譯語》，《故宮博物院院刊》4：67—69。
聞宥、史有爲（1986）華夷譯語，《中國大百科全書 民族》178，北京：中國大百科全書出版社。
葛治倫（1987）我國最早的一所外文學校——明代的四夷館，《外語教學與研究》1987

（2）：52—53。
王雄（1987）明朝的四夷館及其對譯字生的培養，《民族研究》1987（2）：62—69。
聞宥、史有爲（1988）華夷譯語，《中國大百科全書・語言文字》213，31，北京：中國大百科全書出版社。
楊玉良（1989）清代編纂《華夷譯語》，《紫禁城》1989（6）：46，42，38。
北京圖書館古籍出版編輯組編（1991）《北京圖書館古籍珍本叢刊》6 經部（華夷譯語、高昌館課、回回館雜字、譯語、百譯館譯語、暹羅館譯語、八館館考），北京：書目文獻出版社。
無記名（1994）華夷譯語，《語言文字百科全書》173，北京：中國大百科全書出版社。
聞宥（1996）國外對於《華夷譯語》的收藏和研究——兼介紹西田龙雄的《研究叢書》，《學術集林》7：244—249，上海：上海遠東出版社。
劉迎勝（1996）古代中原與内陸亞洲地區的語言交往，《學術集林》7：167—203，上海：上海遠東出版社；（2013）《華言與蕃音》54—84，上海：上海古籍出版社。
黄明光（1996）明代譯字教育述議，《民族研究》1996（1）：67—74。
蕭啟慶（1996）元代的通事與譯史——多元民族國家中的溝通人物，《元史論叢》6：35—67。
劉迎勝（1998）宋元至清初我國外語教學史研究，《江海學刊》3：112—118；（2013）《華言與蕃音》29—39，上海：上海古籍出版社。
李志躍（1999）明初南京出版的工具書《華夷譯語》述略，《江蘇圖書館學報》1999（3）：37—38。
王靜（1999）北魏四夷館論考，《民族研究》1999（4）：75—82。
西田龍雄（2000）《東アジア諸言語の研究 I》，京都：京都大學學術出版會。
蔣垂東（2000）中國における《華夷譯語》の研究狀況—1979 年以降を中心に—，筑波大學《東西言語文化の類型論》特別プロジェクト研究報告 III：605—622。
張文德（2000）王宗載及其《四夷館考》，《中國边疆史地研究》2000（3）：89—100。
魏華仙（2000）論明代會同館與對外朝貢貿易，《四川師範學院學報（哲學社會科學版）》2000（3）：16—21。
玉質瑛等（2000）會同館，113，明代外交，224，清代前期外交，270，四夷館（明），308，譯學館，401，等等，唐家璇主編《中國外交辭典》，北京：世界知識出版社。
西田龍雄（2001）彝文字，83—91，女真文字，503—511，壯文字，605—609，八百文字，741—745，東アジアの諸文字，782—799，百夷文字，807—811，《言語學大辭典別卷、世界文字辭典》，東京：三省堂。
高田時雄（2001）ジュゼッペ、ロスとロス文庫，《文學》2（3）：2—10。
烏雲高娃（2001）古代東亞“譯語”考—兼論元明、朝鮮“譯語”意義之演變，《元史及民族史研究集刊》14：166—179，海口：南方出版社。
烏雲高娃（2002a）日本學者對明“四夷館”及《華夷譯語》的研究狀況，《中國史研究動態》2002（6）：19—24。
烏雲高娃（2002b）明四夷館和朝鮮司譯院研究狀況及史料介紹—以“蒙古語學”爲中心，

《元史及民族史研究集刊》15：240—249，海口：南方出版社。
王靜（2002a）元代會同館論考，《西北大學學報（哲學社會科學版）》2002（3）：130—133。
王靜（2002b）明朝會同館論考，《中國边疆史地研究》2002（3）：53—62。
王靜（2002c）《中國古代中央客館制度研究》，哈爾濱：黑龍江教育出版社。
蔣垂東（2002）明會同館における外國語教育について—日本語教育の視點から—，筑波大學《東西言語文化の類型論》特別プロジェクト研究成果報告書 V：187—203。
烏雲高娃（2003）14—18 世紀東亞大陸的“譯學”機構，《黑龍江民族叢刊》2003（3）：80—83。
穆鳳良（2004）四夷館與同文館名稱考，《清華大學學報（哲學社會科學版）》2004（S1）：68—71。
高曉芳（2005）元代外語教育說略，《外語教學與研究》2005（2）：106—109。
王建峰（2005）明代會同館管理人員及其職掌考述，《烟臺大學學報（哲學社會科學版）》2005（2）：218—223。
卓玥（2005）清前期的會同四譯館，朱明德、梅寧華主編《薊門集：北京建都 850 週年論文集》322—332，北京：北京燕山出版社。
劉迎勝（2005）明初中國與亞洲中西部地區交往的外交語言問題，《中國學術》23；（2013）《華言與蕃音》353—376，上海：上海古籍出版社。
劉迎勝（2006）明初中國と中央アジア、西アジア地域との間における外交言語の問題，森川哲雄、佐伯弘次編《内陸圈、海域圏交流ネットワークとイスラム》19—46，福岡：櫂歌書房。
宮紀子（2006）四夷館の翻譯，《モンゴル時代の出版文化》221—228，名古屋：名古屋大學出版會。
王靜（2006）清代會同四譯館論考，《西北大學學報（哲學社會科學版）》2006（5）：125—128。
王世仁（2006）北京會同館考略，北京市文物局網站《北京文博》。
王建峰（2006a）明代會同館職能考述，《蘭州大學學報（哲學社會科學版）》2006（5）：100—106。
王建峰（2006b）明朝“提督會同館主事”設置探微，《遼寧大學學報》（哲學社會科學版）2006（6）：79—82。
鄒振環（2006）絲綢之路：文明對話之路上的《華夷譯語》，《“絲綢之路與文明的對話”學術討論會論文集》386—403。
任萍（2007）記我國最早的翻譯學校——明四夷館考察，《上海翻譯》2007（2）：53—56。
高曉芳（2007）《晚清洋務學堂的外語教育研究》，北京：商務印書館。
劉迎勝（2007）中古時代後期東、西亞民族交往的三座語言橋樑——《華夷譯語》與《國王字典》的會聚點，《西域历史語言研究集刊》1：81—102；（2013）《華言與蕃音》325—352，上海：上海古籍出版社。
遠藤光曉（2007）華夷譯語研究の諸課題，福盛貴弘、遠藤光曉編《語學教育フォーラム 13 華夷譯語論文集》1—6，東京：大東文化大學語學教育研究所；漢譯：（2013）

華夷譯語研究的一些課題，《“華夷譯語”與西夏字符國際學術研討會論文集》2—6，北京：中國社會科學院民族學與人類學研究所。

遠藤光曉、竹越孝、更科慎一、馮蒸（2007）華夷譯語關係文獻目録，福盛貴弘、遠藤光曉編《語學教育フォーラム 13 華夷譯語論文集》197—228，東京：大東文化大學語學教育研究所；（2013）華夷譯語關係文獻目録（2013 年版），《“華夷譯語”與西夏字符國際學術研討會論文集》201—229，北京：中國社會科學院民族學與人類學研究所。

遠藤光曉（2007）華夷譯語研究會概要，福盛貴弘、遠藤光曉編《語學教育フォーラム 13 華夷譯語論文集》229—230，東京：大東文化大學語學教育研究所。

胡秋碧（2008）《明清時期的四夷（譯）館》，厦門大學碩士論文。

史金波、黃潤華（2008）《中國歷代民族古文字文獻探幽》，北京：中華書局。

劉红軍、孫伯君（2008）存世“華夷譯語”及其研究，《民族研究》2008（2）：47—55，108。

薛蓮、王小川（2008）滿語、女真語研究者渡部薰太郎著述考，《滿族研究》2008（2）：123—128。

陳福康（2011）《中國譯學史》，上海：上海外語教育出版社。

戴忠沛（2013）柏林本《華夷譯語》版本初探，《“華夷譯語”與西夏字符國際學術研討會論文集》180—200，北京：中國社會科學院民族學與人類學研究所。

2.2 日語

伊波普猷（1932）日本館譯語を紹介す，《方言》2（9）：696—719【含《日本館譯語》所有詞彙】；（1934）《南島方言史考》307—349，東京：樂浪書店；（1974）《伊波普猷全集》4：277—304，東京：平凡社【稻葉本】。

秋山謙藏（1933）明代における支那人の日本語研究，《國語と國文學》10（1）：1—38【日本館譯語、日本寄語、籌海圖編、八紘譯史等】。

淺井惠倫（1940）校本日本譯語，《安藤教授還曆祝賀記念論文集》1—56，東京：三省堂【倫敦本、阿波本、靜嘉堂本、稻葉本】。

濱田敦（1941）國語を記載せる明代支那文獻，《國語・國文》10（7）：7—45；（1986）《國語史の諸問題》385—419，大阪：和泉書院【丙種本日本館譯語】。

渡邊三男（1957）中國古文獻に見える日本語—鶴林玉露と書史會要—，《駒澤大學研究紀要》15：155—163。

渡邊三男（1960）華夷譯語及び日本館譯語について，《駒澤大學研究紀要》18：120—135。

渡邊三男（1961）華夷譯語及び日本館譯語について（承前），《駒澤大學研究紀要》19：15—31。

大友信一（1961）日本館譯語の成立—國語音韻資料としての價值—，《國語學》43：31—42。

福島邦道（1962）日本館譯語の研究，《未定稿》10：45—100。

大友信一（1963）《日本館譯語》による國語音聲の研究，《室町時代の國語音聲の研究

—中國資料による—》269—349，東京：至文堂。
大友信一、木村晟共編（1968）《日本館譯語・本文と索引》，京都：洛文社【靜嘉堂本】。
京都大學文學部國語國文學研究室編（1968）《纂輯日本譯語》，京都：京都大學國文學會【福島邦道解題，シナ資料：濱田敦；濱田敦（1986）《國語史の諸問題》349—367，大阪：和泉書院】。
坂井健一（1970）日本館譯語と日本一鑒にみられる近世方音の研究，《漢學研究》7：1—28。
坂井健一（1971a）《明代日本語資料集成 I》，昭和 45（1970）年度科研費。
坂井健一（1971b）《明代日本語資料集成 II》，昭和 45（1970）年度科研費。
坂井健一、木村晟（1975）《〈日本風土記〉、〈日本寄語〉、〈日本館譯語〉、〈琉球館譯語〉、〈朝鮮館譯語〉、〈日本一鑒〉寄語對照手册》，昭和 49（1974）年度科研費報告書。
大友信一（1981）中國、朝鮮資料の語彙，佐藤喜代治編《中世の語彙》289—310，東京：明治書院。
林慶勳（1992）試論日本館譯語的韻母對音，《高雄師大學報》3：1—30；（1996）《聲韻論叢》4：253—298。
福島邦道（1993）《日本館譯語考》，東京：笠間書房。
林慶勳（1993a）試論日本館譯語的聲母對音，《高雄師大學報》4：67—88。
林慶勳（1993b）日本館譯語的柳崖音注，《第十一屆全國聲韻學學術研討會論文》1—30；（1996）日本館譯語的柳崖音注，《聲韻論叢》5：1—35。
蔣垂東（1994）《日本館譯語》の“漢製和語”について，《森野宗名教授退官記念論集　言語、文學、國語教育》313—330，東京：三省堂。
木村晟（1995）日本館譯語考，《國語學》181：30—37。
蔣垂東（1996a）《日本館譯語》の基礎音系—疑母、微母とゼロ聲母の關係を中心に—，《國語學》184：70—71，80—92。
蔣垂東（1996b）ロンドン大學本《日本館譯語》の識語をめぐって，《筑波日本語研究》1：73—83。
蔣垂東（1997）《日本館譯語》の“エ”をめぐって，《筑波日本語研究》2：133—143。
松本丁俊、丁鋒（1997）《日本館譯語》中日對音考釋，《駒澤大學外國語部論集》45：1—38。
蔣垂東（1998）ロンドン大學本《日本館譯語》に見る獨自の用字法をめぐって，《筑波日本語研究》3：60—75。
蔣垂東（1999）《日本館譯語》と北方近世音—聲類篇—，《駿河臺大學論叢》18：157—176。
蔣垂東（2000）《日本館譯語》と近世北方音—韻類篇—，《文教大學文學部紀要》14（1）：1—22。
蔣垂東（2003a）日本語研究史料としての中國資料，《当代日本語學研究—北原保雄博士業績紀念論文集》138—155，北京：高等教育出版社。
蔣垂東（2003b）明朝の日本語教育について，北京大學日本文化研究所 / 北京大學日本語言文化系編《日本語言文化研究》4：92—107。
任萍（2007）明四夷館中日本館譯語編撰考，《日本學論壇》2007（2）：73—76。
蔣垂東（2007）《日本館譯語》に反映した日本語のウ列母音—ス、ズを中心に—，福盛貴弘、遠藤光曉編《語學教育フォーラム 13 華夷譯語論文集》21—29，東京：大東文化大學語學教育研究所。

池田哲郎（2007）《華夷譯語》にみえる色彩語彙，《日本語日本學研究》6：41—45。

林慶勳（2009）寄語集的華語詞彙探討—以《日本館譯語》與《琉球館譯語》比較爲對象，《國文學報》46：95—129。

蔣垂東（2013）《日本館譯語》的實用性問題，《"華夷譯語"與西夏字符國際學術研討會論文集》89—96，北京：中國社會科學院民族學與人類學研究所。

2.3 琉球語

Ross, E. D. (1908) New Light on the History of the Chinese Oriental College, and 16th Century Vocabulary of the Luchuan Language, *T'oung Pao* 2(9): 689-695.

東條操編（1923）《南島方言資料》，東京：宏德會（宏德會紀要 1）【丙種本】；（1930）東京：刀江書院（言語誌叢刊）【1969 年新版】。

伊波普猷（1931）海東諸國記附載の古琉球語について，《國語と國文學》8（3）：233—242【丙種本琉球館譯語】；（1932）語音翻譯釋義—海東諸國記附載の古琉球語の研究—，《金澤庄三郎博士還曆記念東洋語學の研究》295—402，東京：三省堂【紹介：岩淵悦太郎（1933）《國語と國文學》10（7）：959—960】；（1934）海東諸國記附載の古琉球語の研究—語音翻譯釋義—，《南島方言史考》37—125；（1974）《伊波普猷全集》4：47—122。

服部四郎（1932）琉球語と國語との音韻法則（2）—音韻の比較研究は如何に嚴密に行っても嚴密に過ぎることはない—，《方言》2（3）：580—603；（1959）《日本語の系統》311—333，東京：岩波書店。

伊波普猷（1934）《南島方言史考》，東京：樂浪書店；《伊波普猷全集》4【序文他】。

金城朝永（1934）琉球語資料文獻，《方言》4（10）（琉球語特輯號）：87—103。

金城朝永（1950）沖繩關係圖書目録，《民族學研究》15（2）：207—221。

坂井健一、木村晟（1975）《〈日本風土記〉、〈日本寄語〉、〈日本館譯語〉、〈琉球館譯語〉、〈朝鮮館譯語〉、〈日本一鑒〉寄語對照手册》，昭和 49（1974）年度科研費報告書。

服部四郎（1978—9）日本祖語について（9）（11）（12）（13）（14），《言語》1978（1）1：108—117；1979（1）：97—106；1979（2）：107—116；1979（3）：87—97；1979（4）：106—117。

大友信一、木村晟（1979）《琉球館譯語、本文と索引》，神户：古典刊行會。

比嘉德次（1979）《琉球館譯語》について，《渡邊三男博士古稀記念日中語文交涉史論叢》209—226，東京：櫻楓社。

中本正智（1981）《圖說琉球語辭典》，東京：力富書房金鶏社【隨處論及《琉球館譯語》】。

胤森弘（1993）《琉球館譯語》の成立時期について，《國文學考》140：1—17。

沖繩古語大辭典編集委員會（1995）《沖繩古語大辭典》，東京：角川書店【隨處論及《琉球館譯語》】。

丁鋒（1995）《琉漢對音與明代官話音研究》，北京：中國社會科學出版社【書評：遠藤光曉（1996）待望の《華夷譯語》研究書，《東方》181：31—33；（2001）《漢語方言論稿》307—309，東京：好文出版】。

丁鋒（1996）明清史録所記琉球語言文字，《語苑擷英：慶祝唐作藩教授七十壽辰學術論文集》190—204，北京：北京語言文化大學出版社。

丁鋒（1996）《琉球館譯語》解讀文（1），《琉球の方言》20：86—105。

多和田真一郎（1996）《〈琉球館譯語〉の音譯字（そのいち）》廣島：廣島大學留學生センター。

胤森弘（1996）《〈琉球館譯語〉の音譯字（そのいち）多和田真一郎著からまなぶ（手册）》，私家版。

多和田真一郎（1997a）《〈琉球館譯語〉の音譯字（そのに）》，廣島：廣島大學留學生センター。

多和田真一郎（1997b）《外國資料を中心とする沖繩語の音聲、音韻に關する歷史的研究》，東京：武藏野書院。

胤森弘（1997）《琉球館譯語》の成立は〈15世紀初〉に非ず，《國文學考》156：1—17。

胤森弘（1998）《〈琉球館譯語〉手册》，私家版512頁。

多和田真一郎（1998）《沖繩語漢字資料の研究》，廣島：溪水社。

丁鋒（1998）日漢對音資料及其研究價值，《語言研究增刊（中國音韻學會1998年年會論文集）》381—396。

胤森弘、丁鋒解題（2000）《近世方言辭書第6輯、琉球館譯語/琉球譯》，鎌倉：港の人。

將邑剣平（2001）《琉球館譯語》入聲字管窺，《立教大學ランゲージセンター紀要》3：7—14。

石崎博志（2001）漢語資料による琉球語研究と琉球資料による官話研究について，《外國語による琉球語研究資料》および《琉球における官話》文獻目録，《日本東洋文化論集》7：55—98，99—134。

蔣垂東（2003）北京故宮博物院圖書館所藏の《琉球土語》について，《國語學會平成十五年度秋季大會預稿集》159—166。

丁鋒（2005a）日漢對音漢語音韻研究的理論和方法，《浙江大學漢語史研究中心簡報》2005（2）：19—36。

丁鋒（2005b）琉球土語の解讀試案，《近思學報、史料と研究》2：191—201。

蔣垂東（2005）《中國資料》の資料をめぐって—未報告の資料を中心に—，韓國日本學會《日本學報》65（1）：203—211。

丁鋒（2008）《日漢琉漢對音與明清官話音研究》，北京：中華書局。

林慶勳（2009）寄語集的華語詞彙探討－以《日本館譯語》與《琉球館譯語》比較爲對象，《國文學報》46：95—129。

趙志剛（2010）明清册封使録與“中琉對譯資料”的研究，《學理論》28：153—155。

多和田真一郎（2010）《沖繩語音韻の歷史的研究》，廣島：溪水社【書評：石崎博志（2010）*International Journal of Okinawan Studies* 1(2): 133-138】。

2.4 朝鮮語

Ogura, S. (1926-28) A Corean Vocabulary, *Bulletin of the School of Oriental Studies* 4(1): 1-10; 小倉進平（1975）《小倉進平博士著作集》2：261—270，京都：京都大學國文學會。

辛兌鉉（1940）華夷譯語朝鮮古語略考，《朝光》1940（7）：292—305。

小倉進平（1941）《朝鮮館譯語》語釋（上、下），《東洋學報》28（3）：361—421，28（4）：511—576；（1975）《小倉進平博士著作集》2：133—260，京都：京都大學國文學會【倫敦本、稻葉本、水户彰考館本、阿波本、雞林類事】。

金敏洙（1957）朝鮮館譯語考，《一石李熙昇先生頌壽紀念論叢》95—138，首爾：一潮閣。

李基文（1957）朝鮮館譯語의編纂年代，首爾大學校《文理大學報》5（1）：10—18。

文璇奎（1960）雞林類事와朝鮮館譯語의ㄹ表記法考察，《國語國文學》22：46—49。

文璇奎（1962a）朝鮮館譯語上의中國音韻體系小考，《歷史學報》17、18：5—81。

文璇奎（1962b）朝鮮館譯語考論—編成時期，表記法及音韻에對하여—，《亞細亞研究》5（2）：219—249。

金喆憲（1963）朝鮮館譯語研究—中國語音韻論的角度에서解讀함—，《國語國文學》26：151—176。

方鍾鉉（1963）朝鮮館譯語（그解讀에서），《一簑國語學論集》81—89，首爾：民衆書館。

金明坤（1966）朝鮮館譯語의"餒必"에對하여，《國語國文學》33：51—60。

金敏洙（1967）高麗語의資料—《雞林類事》와《朝鮮館譯語》，《高麗大學校語文論集》10：173—191。

李基文（1968）朝鮮館譯語의 綜合的檢討，《首爾大學校論文集 人文、社會科學》14：43—80。

姜信沆（1971）朝鮮館譯語新釋，《大東文化研究》8：13—102。

玄定海（1971）《朝鮮館譯語의聲母考：國語代充漢字音을中心으로》，高麗大學校大學院國語國文學科國語學專攻碩士學位論文。

姜信沆（1972）朝鮮館譯語의寫音에對하여，首爾大學校《語學研究》8（1）：1—50。

文璇奎（1972）《朝鮮館譯語研究》，首爾：景仁文化社。

姜信沆（1974）《朝鮮館譯語研究》，首爾：光文社。

坂井健一（1975）所謂丙種本《華夷譯語》所收《朝鮮館譯語》にみえる漢語音について，《漢學研究》13、14：23—44；（1995）《中國語學研究》520—537，東京：汲古書院。

Ramsey, S. R. (1978) *Accent and Morphology in Korean Dialects*，首爾：塔出版社【3—7頁討論音譯漢字中的聲調選擇傾向】。

李基文提供（1982）《影印資料》朝鮮館譯語，《國語國文學》87：459—521。

李基文（1982）《影印解題》朝鮮館譯語，《國語國文學》87：522。

黃有福（1984）介紹一種古代朝鮮語資料—《朝鮮館譯語》，《中國民族古文字研究》421—445，北京：中國社會科學出版社。
李敦柱（1991）文璇奎著《朝鮮館譯語研究》解題，《中語中文學》19：393—399。
金經暄（1993）《朝鮮館譯語》에나타난母音表記에關하여，《새國語教育》50：129—145。
藤本幸夫（1994）清朝朝鮮通事小考，高田時雄編《中國語史の資料と方法》255—290，京都：京都大學人文科學研究所。
姜信沆（1994）朝鮮館譯語的漢語字音特徵，《語言研究》1994 增刊號（下）388—393；姜信沆（2003）《韓漢音韻史研究》717—727，首爾：太學社。
楊人從（1994）《朝鮮館譯語》對譯音研究，《華岡外語學報》1：61—100。
姜信沆（1995）《增補朝鮮館譯語研究》，首爾：成均館大學校出版部。
權仁瀚（1995）《朝鮮館譯語의音韻論的研究》，首爾大學校大學院國語國文學科國語學專攻博士學位論文。
李成根（1997）《朝鮮館譯語》의字音聲調體系考—韓吳音聲調와의對比를通한朝鮮館譯語字音聲調의系統論的考察을中心으로—，《日語日文學研究》30：389—409。
李潤東（1997a）朝鮮館譯語漢語寫音字의韻母에對하여，《大東漢文學》9：21—64。
李潤東（1997b）朝鮮館譯語聲母子音에 對한 研究，《語文學》60：141—164。
權仁瀚（1998）《朝鮮館譯語의音韻論的研究》，首爾：太學社（國語學叢書 29）。
李潤東（1998a）朝鮮館譯語漢字韻母音研究，《語文學》62：73—99。
李潤東（1998b）《朝鮮館譯語》韓語初聲寫音에對하여，《語文學》64：63—87。
金東昭（1998）《鷄林類事》와《朝鮮館譯語》의韓國語母音體系研究，《한글》242：7—30。
姜憲圭（1999）《朝鮮館譯語》의‘助盖’（獅子），‘則卜論答’（寅）에對하여，首爾大學校《先清語文》27：495—508。
梁菲（1999）《〈朝鮮館譯語〉對音所反映的明代官話音研究》，梨花女子大學校大學院中語中文學碩士學位論文。
黃有福（2000）《華夷譯語〈朝鮮館譯語〉（初探、釋讀）》，中央民族學院科研處，油印本。
梁菲（2000）《朝鮮館譯語》對音所反映的明代官話音研究，《梨花馨苑》12：61—73。
李潤東（2000）《朝鮮館譯語》國語母音寫音에對하여，《語文學》71：107—128。
李潤東（2002）《朝鮮館譯語》終聲寫音에對하여，《語文學》76：23—45。
白斗炫（2002）《朝鮮館譯語》의未解讀語‘則卜論答’（寅）考察，《第 26 回共同研究會發表論文集》59—73，口訣學會；《國語學》40：43—67。
楊人從（2003）鷄林類事와 朝鮮館譯語의對譯音比較研究，陳泰夏編《鷄林類事 900 週年紀念國際學術大會高麗朝語研究論文集》299—324，首爾：韓國國語教育學會。
更科慎一（2005）《朝鮮館譯語》音譯漢字中的聲調問題，嚴翼相、遠藤光曉編《韓國的中國語言學資料研究》287—300，首爾：學古房。

金泰慶（2007）《朝鮮館譯語》로본 15 世紀中國語音韻特徵，《中國語文學論集》46：129—149。

蔡瑛純（2007）《華夷譯語》의《朝鮮館譯語》에나타난漢語譯音의限界性研究，《中語中文學》41：125—150。

金銀姫（2009）《朝鮮館譯語》と《華語類抄》における對照研究，大東文化大學《外國語學會誌》39：263—277。

更科慎一（2013）論《朝鮮館譯語》音譯漢字的記音特點，嚴翼相、遠藤光曉主編《韓漢語言探討》45—60，首爾：學古房。

2.5 女真語

Grube, W. (1894) Note préliminaire sur la langue et l'écriture Jou-tchen, *T'oung Pao*, 5, 334-340.

Grube, W. (1896) *Die Sprache und Schrift der Jučen,* Leipzig: Kommissions-Verlag von O. Harrassowitz；天津影印本（1941）；臺聯國風出版社（1974）《遼金元語文僅存録》2【柏林本（乙種）】。

内藤虎次郎（1908）日本滿洲交通路說，《叡山講演集》，大阪：大阪朝日新聞社；（1969）《内藤湖南全集》8：194—247，東京：筑摩書房【Grube】。

羅福成（1923）《華夷譯語》中女真語音義，《國立北京大學國學季刊》1（4）：封面背面；于寶林輯（1983）《女真文字研究論文集》153—159，北京：中國民族古文字研究會。

新村出（1928）本邦滿洲語學史料斷片，《東方言語史叢考》93—106，東京：岩波書店；（1944）《新村出選集 3 史傳篇典籍篇》202—212，京都：養德社；（1971）《新村出全集》1：65—73，東京：筑摩書房。

渡部薫太郎（1929）滿洲語、女真語と漢字音との關係，《亞細亞研究》2：19—69【Grube】。

石田幹之助（1931）女真語研究の新資料，《桑原博士還曆記念東洋史論叢》1271—1323，京都：弘文堂；（1973）《東亞文化史叢考》3—69，東京：東洋文庫。【把華夷譯語分類爲甲、乙、丙三種，附有靜嘉堂本女真館譯語】。

今西龍（1931）《滿洲語のはなし》（青丘說叢書卷 2）【女真館譯語乙種本】。

稻葉岩吉（1932）吾妻鏡女真字の新研究，《青丘學叢》9：1—19【稻葉本女真館譯語】。

羅福成編（1933a）《女真譯語》，（1974）《遼金元語文僅存録》2，臺北：臺聯國風出版社。

羅福成編（1933b）《女真譯語二編》，（1974）《遼金元語文僅存録》2，臺北：臺聯國風出版社。

渡部薫太郎（1933）《女真館來文通解》，大阪：大阪東洋學會（亞細亞研究 11）。

渡部薫太郎（1935）《女真語ノ新研究》，大阪：大阪東洋學會（亞細亞研究 12）。

秋山謙藏（1935a）女真船の來航と華夷譯語，《日支交涉史話》494—511，東京：内外書籍。

秋山謙藏（1935b）鎌倉時代に於ける女真船の來航—《吾妻鏡》女真語と《華夷譯語》女真字との比較研究—，《歷史地理》65（1）：65—74【東洋文庫本（乙種)】。

石田幹之助（1940）Jurčica，《池内博士還曆記念東洋史論叢》39—56，東京：座右寶刊行會；（1973）女真語雜俎，《東亞文化史叢考》71—86，東京：東洋文庫【Grube本《華夷譯語》補遺】。

安馬彌一郎（1943）《女真文金石志稿》油印。

山本守（1943a）阿波國文庫本女真譯語，《建國大學研究院各班報告》15（滿蒙文化研究班）【漢譯：賈等（1990：256—323)】。

山本守（1943b）靜嘉堂本女真譯語考異，《書香》16（10）：23—36【阿波本，靜嘉堂本】。

山本守（1951）女真譯語の研究，《神户外大論叢》2（2）：64—79【阿波本，Grube 乙種本】。

山路廣明（1953）グ氏【グルーベ氏】譯語の檢討，《言語集録》5：29—46。

山路廣明（1955）《女真文字の製字に關する研究》，私家版油印本461頁。

池上二良（1955）トゥングース語，《世界言語概說（下)》441—488，東京：研究社【452—453頁】。

李基文（1958）中世女真語音韻論研究，《首爾大學校論文集人文社會科學》7：343—395；黃有福譯《中古女真語的音韻學研究》《民族語文研究情報資料集》2：132—154；3：20—40。

池上二良（1962，64）ヨーロッパにある滿洲語文獻について，《東洋學報》45（3）：105—121；47（3）：144—146；（1999）《滿洲語研究》359—385，東京：汲古書院。

山路廣明（1967）Lexicographyより見たグ氏譯語—女真館來文の檢討の一環，《早稲田大學圖書館紀要》8：31—40。

清瀨義三郎則府（1973）女真音再構成考，《言語研究》64：12—43；（1991）《日本語學とアルタイ語學》313—346，東京：明治書院；邢復禮、劉鳳翥譯（1984）《女真音的構擬》，《民族史譯文集》12：93—114，北京：中國社會科學院民族研究所歷史研究室資料组。

李學智（1976）女真譯語證誤舉隅，《邊政年報》7：131—142。

Kiyose, G. N. (1977) *A Study of Jurchen Language and Script*, Kyoto: Hōritsubunkasha【書評：金東昭（1990）評《女真語言和文字的研究》（清瀬義三郎則府作)，《女真語滿語研究》124—141，北京：新世界出版社】.

金光平、金啟孮（1980）《女真語言文字研究》，北京：文物出版社。

西田龍雄（1980）女真文字—その成立と發展，《言語》1980（1）1：96—103，1980（12）：97—103；（1982）女真文字の成立と發展，西田龍雄《アジアの未解讀文字》127—155，東京：大修館書店；（2002）西田龍雄《アジア古代文字の解讀》151—181，東京：中央公論社。

道爾吉、和希格（1982）女真譯語研究，《内蒙古大學碩士學位研究生論文集》3上下。

和希格（1982）近百年國内外《女真譯語》研究概況，《内蒙古社會科學》1982（3）：104—108。

和希格（1982）《〈女真館雜字、來文〉研究》，呼和浩特：內蒙古大學。
道爾吉、和希格（1983）《女真譯語研究》，內蒙古大學學報增刊（總 43 期）【紹介：李琳犒（1999）《滿族研究》1999（4）：93】。
金啟孮（1984）《女真文詞典》，北京：文物出版社。
蔡美彪（1984）女真字構制初探，《內蒙古大學學報》（哲學社會科學版）1984（2）：4—14；《遼金元史考索》168—183，北京：中華書局。
穆鴻利（1984）《女真館來文》的版本及其研究，《古籍整理研究通訊》1984（3）：17—19。
西田龍雄（1984）《漢字文明圈の思考地圖》，京都：PHP 研究所【142—143 頁包含《女真譯語》的介紹】。
Kane, D. (1989) *The Sino-Jurchen Vocabulary of the Bureau of Interpreters,* Bloomington: Indiana University Press【書評：Jerry Norman (1991) *T'oung Pao* s. II, 77(1)-3: 152-155】.
賈敬顏、朱風（1990）《蒙古譯語女真譯語彙編》，天津：天津古籍出版社。
和希格（1990）評李學智《女真譯語證誤舉隅》，《大陸雜誌》81（4）：190—192。
Yamazaki, M. (1992) On Some Problems of Transliteration of the Jurchen Language by Chinese Characters，《東北大學文學部日本語學科論集》2：123—137。
聶鴻音（1993）女真文中漢語借詞的音韻特點，《固原師專學報》1993（4）：62—66。
金啟孮、烏拉熙春（1994）女真語與滿語關係淺議，《民族語文》1994（1）：11—16。
和希格（1994）日本女真語文研究 50 年述評，《北方文物》1994（3）：58—63。
穆鴻利（1994）女真文研究中不能回避的問題，《北方文物》1994（3）：64—66，41。
汪玉明（1994）《女真館雜字》研究新探，《民族語文》1994（5）：56—58，64。
愛新覺羅・烏拉熙春（1996）會同館《女真譯語》音韻の研究，《大阪產業大學論集》人文科學編 90：13—27。
和希格（1998）永樂《女真譯語》詞彙總論，《滿族研究》1998（2）：23—33。
池上二良（1999）滿洲語史概略，《滿洲語研究》391—406。
愛新覺羅・烏拉熙春（1999）原始アルタイ語の*x—の女真語における表現，《大阪產業大學論集》人文科學編 99：25—36；（2002）《愛新覺羅氏三代阿爾泰學論集》338—349，明善堂。
愛新覺羅・烏拉熙春（2000）12～13 世紀の北京音，《ポリグロシア》3：75—89；（2002）《愛新覺羅氏三代阿爾泰學論集》404—423，明善堂。
愛新覺羅・烏拉熙春（2001）明代女真語的輔音系統，《立命館言語文化研究》13（1）：193—259。
孫伯君（2001）《女真譯語》中的遇攝三等字，《民族語文》2001（4）：50—54。
烏拉熙春（2002）《女真文字書》的體例及其與《女真譯語》的關係，《碑林集刊》8：145—167。
愛新覺羅・烏拉熙春（2002）明代女真語的元音系統，《立命館言語文化研究》14（1）：245—275。
劉浦江（2002）女真語言文字資料總目提要，《文獻》2002（3）：180—199。

孫伯君（2004）《金代女真語》，瀋陽：遼寧民族出版社。

孫伯君（2005）胡漢對音和古代北方漢語，《語言研究》25（1）：66—72。

烏雲高娃（2005）明四夷館“女真館”和朝鮮司譯院“女真語學”，《中國史研究》2005（1）：127—133。

李無未（2005）日本學者漢滿（女真）對音譯音研究，《延边大學學報（社會科學版）》38（2）：13—18；李無未（2011）《日本漢語音韻學史》356—365，北京：商務印書館。

愛心覺羅・烏拉熙春（2009）《明代の女真人 《女真譯語》から《永寧寺記碑》へ》，京都：京都大學學術出版會。

更科慎一（2013）丙種本女真譯語の音譯漢字に反映された女真語の音聲的特徵について—超分節的特徵を中心に—，《太田齋古屋昭弘兩教授還曆記念中國語學論集》141—152，東京：好文出版。

朝克、孫伯君（2013）女真語研究，《中國民族語言文字研究史論》第一卷：354—399，北京：中國社會科學出版社。

2.6 蒙古語

箭內亙、岩井大慧編（1930）《蒙古史研究》，東京：刀江書院【岩井大慧、石田幹之助、和田清編：元史研究資料並に參考書目略】。

石田幹之助（1934）至元譯語に就いて，石田幹之助、石濱純太郎編《東洋學叢編》1：1—26，東京：刀江書院；（1973）《東亞文化史叢考》87—111，東京：東洋文庫。

陳垣（1934）《元秘史譯音用字考》，中央研究院歷史語言研究所，1992 年重印；北京市中國書店影印。

竹內幾之助（1936）至元譯語に表はれたる支那語音，《支那語學報》3。

石田幹之助（1938）盧龍塞略に見えたる漢蒙對譯語彙に就いて，《蒙古語》2：119—144；（1973）《東亞文化史叢考》113—145，東京：東洋文庫【三種華夷譯語】。

石田幹之助（1943）所謂丙種本《華夷譯語》の《韃靼館譯語》，《北亞細亞學報》2：35—87；（1973）《東亞文化史叢考》147—205，東京：東洋文庫。

服部四郎（1946）《元朝秘史の蒙古語を表はす漢字の研究》，東京：文求堂。

Lewicki, M. (1949) *La langue mongole des transcriptions chinoises du XIVe siècle. le Houa-yi yi-yu de 1389. édition critique, précédée des observations philologiques et accompagnée de la reproduction phototypique du texte*, Travaux de la Société des sciences et des lettres de Wrocław.【Review: N. N. Poppe (1951) *Journal of the American Oriental Society* 71: 187-192】

小林高四郎（1950）ヘーニシュ教授譯注《元朝秘史》，《東洋學報》32（4）：77—99。

山本守（1950）漢蒙對譯語彙に就いて，《羽田博士頌壽記念東洋史論叢》977—993，京都：東洋史研究會【討論各種本的成立】。

山崎忠（1951a）甲種本華夷譯語語釋（1），《Azia Gengo Kenkyû》1：30—39。

山崎忠（1951b）甲種本華夷譯語音譯用字について，《宗教文化研究所報》4（2）：32。

山崎忠（1951c）乙種本華夷譯語韃靼館來文の研究—東洋文庫本—，《日本文化》31：61—91。

山崎忠（1951d）甲種本華夷譯語の音譯漢字の研究—語彙の部，《天理大學學報》5：55—80。

Poppe, N. N. (1950) Stand und Aufgaben der Mongolistik, *Zeitschrift der Deutschen Morgenländischen Gesellschaft* 100(1): 52-89【村山七郎譯（1951）蒙古學の狀態と諸課題，《Azia Gengo Kenkyû》2：26—52】。

山崎忠（1952）所謂甲種本華夷譯語の音譯漢字の研究—文例の部，《游牧民族の社會と文化》87—111，東京、京都（ユーラシヤ學會研究報告 1）。

長田夏樹（1952）十二世紀に於ける蒙古諸部族の言語—Mongolo Turcica II—，《東方學》5：42—55；（2001）《長田夏樹論述集（下）》154—171，京都：ナカニシヤ出版；齋藤純男評介（2011）《長田夏樹先生追悼集》177—178，東京：好文出版。

小澤重男（1952）元朝秘史蒙古語に於ける副動詞語尾-run について，《東京外國語大學耕文會會報》2：23—44【甲種本】。

Haenisch, E. (1952) *Sino-Mongolische Dokumente vom Ende des 14. Jahrhunderts.* Berlin: Akademie-Verlag. (Abhandlungen der Deutschen Akademie der Wissenschaften zu Berlin, Klasse für Sprachen, Literatur und Kunst; Jahrg. 1950, Nr. 4)

山崎忠（1953）增訂華夷譯語語釋（1）—いわゆる甲種本の語彙の部，《天理大學學報》10：116—134。

岩井大慧（1953）別乞といふ言葉と巫（シヤマン）に就いて，《關西大學東西學術研究所論叢》11：1—7。

長田夏樹（1953）元代の中、蒙對譯語彙《至元譯語》，《神户外大論叢》4（2—3）：91—118；（2000）《長田夏樹論述集（上）》15—64，京都：ナカニシヤ出版；更科慎一評介（2011）《長田夏樹先生追悼集》136，東京：好文出版。

小林高四郎（1954）《元朝秘史の研究》，東京：日本學術振興會。

小澤重男（1954）《Altan Tobči 研究》1（附：元朝秘史蒙古語に於ける副動詞語尾 -run について），東京外國語大學論集別册 3。

Serruys, H. (1954) The date of the Mongolian documents in the Houa-i i-yu, *Harvard Journal of Asiatic Studies* 17: 419-427.

山崎忠（1955）華夷譯語韃靼館來文の研究、資料編—ベルリン本と東洋文庫本との異同—，《游牧民族の研究：自然と文化別編 II》137—147，京都：自然史學會。

村山七郎（1955）元朝秘史音譯成立年代の問題に寄せて，ユーラシア學會編《内陸アジアの研究》107—121。

Haenisch, E. (1957) *Sinomongolische Glossare I: Das Hua-I ih-yü,* Berlin: Akademie-Verlag (Abhandlungen der Deutschen Akademie der Wissenschaften zu Berlin, Klasse für Sprachen, Literatur und Kunst; Jahrg. 1956, Nr. 5)【Review: Kun Chang (1958), *Language* 34(4): 562-565】.

Lewicki, M. (1959) *La langue mongole des transcriptions chinoises du XIVe siècle le Houa-yi yi-yu de 1389 II Vocabulaire-index*, Travaux de la Société des sciences et des lettres de Wrocław【Reviews: Chmielewski, J. (1959) *Rocznik Orientalistyczny* 23(1): 101-104; Poppe, N. (1959) *Journal of the American Oriental Society* 79:301-303】.

羅布桑巴爾登、包祥（1959-1960）《華夷譯語》詞典片斷（蒙文），《蒙古語言文學歷史》1959（7），1959（12），1960（1）【Qu. Lubsangbaldan, A. Bousiyang, “Quwa i i iui” toli bičig-ün Journal Asiatiquerim keseg, *Mongγul kel-e jokiyal teüke*】。

小澤重男（1960）《Altan Tobči 研究》2（附：元朝秘史蒙古語に於ける副動詞語尾-ruについて），東京外國語大學論集別册 4。

村山七郎（1961）華夷譯語と元朝秘史の成立の先後に關する問題の解决，《東方學》22：115—130。

Miller, R. A. (1966) Qoninči, compiler of the Hua-i i-yü of 1389, *Ural-Altaische Jahrbücher* 38: 112-121.

Надмид, Ж. (1967) *Монгол хэл, түүний бичгийн түүхэн хөгжлийн товч тойм*. Улаанбаатар; Ж. Надмид (2005) *Монгол бичгийн хэл ба авиазүйн онолын асуудлууд*, Улаанбаатар: 9-174.【第二章概觀記録蒙語的華夷譯語，登載甲種本來文中《脱兒豁察兒書》的羅馬字轉寫、詞彙解釋和現代蒙語譯文】

Ligeti, L. (1972) *Pièces de chancellerie en transcription chinoises,* Monumenta linguae Mongolicae collecta III: 129-166. Budapest.

Ligeti, L. (1973) *Pièces de chancellerie en transcription chinoises,* Indices verborum linguae Mongolicae monumentis traditorum III: 113-242. Budapest.

臺聯國風出版社（1974）《至元譯語、韃靼譯語、盧龍塞略譯語、登壇必究譯語、武備志譯語、附武備志北虜譯語》，宋金元語文僅存録 5【韃靼譯語影印東洋文庫所藏本】。

Mostaert, A. (1977) *Le matériel Mongol du Houa I I Iu* 華夷譯語 *de Houng-Ou (1389), I,* Mélanges Chinois et Bouddhiques Vol. XVIII. Bruxelles: Institut Belge des Hautes Études Chinois.

山川英彦（1978）《華夷譯語》の總譯—元明期白話研究の資料として—，《名古屋大學文學部研究論集》73：103—111。

Ba. Baγan（1980）《北夷譯語》，《内蒙古師院學報（哲學社會科學版）》1980（3）：47—192【《至元譯語》、《華夷譯語（甲種本）》、《續增華夷譯語》、《北虜譯語》音譯對照和甲種本《詔敕書狀十二首》排印本】。

道布整理、轉寫、注釋（1983）《回鶻式蒙古文文獻彙編》，北京：民族出版社【包含《高昌館課》的影印】。

張雙福（1983）《華夷譯語》考，呼市語委主辦《文公薩日拉（蒙文版）》1983（2）：23—31。

張雙福（1984a）《續增華夷譯語》析疑，《内蒙古社會科學》1984（6）：125—126【署名：隼鶻爾】。

張雙福（1984b）《華夷譯語》詞彙研究，《蒙古語言文學（蒙文版）》1984（4）：29—41。

張雙福（1985a）《華夷譯語》蒙古語元音系統及其特徵，《内蒙古社會科學（蒙文版）》1985（6）：79—90【Šongqur, “Quwa i i iui bičig”-ün mongγul kelen-ü egesig abiyan-u toɣtalčaɣ-a jiči ončaliɣ, *Öbür Mongɣul-un Neyigem-ün Sinjilekü Uqaɣan*】。

張雙福（1985b）《華夷譯語》蒙古語詞回鶻式蒙文還原，《內蒙古社會科學（蒙文版）》1985（4）：93—110；內蒙古社會科學院蒙古語言研究所《蒙古語言研究文集》1985（1）：401—444【Šongqur, "Quwa i i iui bičig"-deki mongɣul üges-ün uyiɣurjin körbegülge, *Öbür Mongɣul-un Neyigem-ün Sinjilekü Uqaɣan*; *Mongɣul Kele Sinjilegen-ü Ögülel-üüd*】。

Qaserdeni (1985) Quwa i i iui bičig— Qaserdeni-yin "'Quwa i i iui bičig'-ün tuqai" gedeg ögülel-ün daɣalduɣulul, *Öbür Mongɣul-un Baɣsi-yin Yeke Surɣaɣuli-yin Erdem Sinjilegen-ü Sedkül* 1985(1): 2【華夷譯語一哈斯額爾頓《關於華夷譯語》一文附録】。

Qaserdeni (1986) "Qua i i iui"— "kitad mongɣul orčiɣulɣ-a üges"-ün sudulul, *Mongɣul Kele Bičig* 1986(5): 5-14; 1986(6): 6-13; 1986(7): 42-54; 1986(8): 40-57.

Šongqur (1986) "Zhi yuan i iui bičig"-ün sudulul, *Mongɣul Kele Bičig* 1989(8): 32-27【《至元譯語》研究】.

張雙福（1986）《華夷譯語》蒙古語標音漢字考，《蒙古語言文學（蒙文版）》1986（4）：4—11【Šongqur, "Quwa i i iui bičig"-ün mongɣul üge-yi abiyačilaɣsan kitad üsüg-ün tuqai, *Mongɣul Kele Utq-a Jokiyal*】。

張雙福（1987a）中世本部蒙古語輔音系統，《蒙古語言文學（蒙文版）》1987（4）：4—23。

張雙福（1987b）十四世紀文獻《漢蒙往來文書》，呼市語委主辦《文公薩日拉（蒙文版）》1987（1）：1—30。

哈斯額爾敦（1987）《華夷譯語》（漢蒙譯語）研究，《內蒙古師大學報（漢文哲學社會科學版）》1987（1）：65—77。

齋藤純男（1989）中期モンゴル語漢字音譯文獻における子音重複現象，《日本モンゴル學會紀要》20：1—16。

金浩東（1989）《華夷譯語》의《納門駙馬書》에對한再解釋—14 世紀後半모굴汗國史解明의一資料—，《알타이學報》1：15—34。

賈敬顏、朱風（1990）《蒙古譯語女真譯語彙編》，天津：天津古籍出版社。

Ligeti, L. & Kara, G. (1990) Un vocabulaire sino-mongol des Yuan: Le *Tche-yuan Yi-yu*, *Acta Orientalia Hungarica* 44(3): 259-277.

Kara, G. (1990) *Zhiyuan Yiyu*: Index alphabétique des mots mongols, *Acta Orientalia Hungarica* 44(3): 279-344.

方齡貴（1990）元明戲曲中的蒙古語舉隅，《雲南教育學院學報》1990（1）：47—60。

方齡貴（1991）《元明戲曲中的蒙古語》，上海：漢語大詞典出版社。

黄宗鑑（1993）《華夷譯語》的蒙古語詞首 h，《民族語文》1993（4）：19—22。

森田憲司（1993）《事林廣記》の諸版本について—國內所藏の諸本を中心に—，《宋代の知識人—思想・制度・地域社會—》287—316，東京：汲古書院。

佐藤喜之（1994）《元朝秘史》《華夷譯語》總譯の"麼道"について，《早稻田大學大學院文學研究科紀要別册 20 文學、藝術學編》101—110。

小澤重男（1994）《元朝秘史》，東京：岩波書店（岩波新書 346）。

張雙福（1994）《華夷譯語》研究，《內蒙古社會科學》1994（5）：87—92。

Manduqu, Ü. (1995) *Mongγul i iui toli bičig*，北京：民族出版社【烏・滿都夫《蒙古譯語詞典》】。

Mostaert, A. (1995) *Le matériel Mongol du Houa I I Iu* 華夷譯語 *de Houng-Ou (1389), II Comentaires,* Mélanges Chinois et Bouddhiques Vol. XXVII. Bruxelles: Institut Belge des Hautes Études Chinois.

李志躍（1998）明初南京出版的“蒙漢詞典”—《華夷譯語》，《南京史志》1998（3）：24。

Manduqu, Ü. (1998) *Quwa i i iui*，海拉爾：內蒙古文化出版社【烏・滿達夫《華夷譯語》】。

竹越孝（2000）《譯語》の《八思巴字字匯》について，鹿兒島大學《人文學科論集》51：93—115。

更科慎一（2000）甲種本華夷譯語（漢語—モンゴル語對譯語彙集）の音譯漢字の聲調（1），《語學漫步》33：3—7。

方齡貴（2001）《古典戲曲外來語考釋詞典》，上海：漢語大詞典出版社、昆明：雲南大學出版社。

栗林均（2002）《元朝秘史》と《華夷譯語》における與位格接尾辭の書き分け規則について，《言語研究》121：1—18。

烏雲高娃（2002）明四夷館“韃靼館”研究，《中央民族大學學報》2002（4）：62—68。

Apatóczky, Á. B. (2002) Yiyu (Beilu yiyu), A Dengtan Bijiu középmongol szójegyzékének Forrásai [The sources of the Middle-Mongolian glossary of Dengtan Bijiu], *Orientalista nap 2001*: 18-24. Budapest: MTA-ELTE。

更科慎一（2003）漢字音譯によってモンゴル語を記した明代のいくつかの資料について—研究序說—，《中國研究論叢》3：53—68，東京：霞山會同學會。

齋藤純男（2003）漢字文獻，《中期モンゴル語の文字と音聲》27—35，京都：松香堂。

栗林均（2003a）《元朝秘史》と《華夷譯語》における漢字使用の問題，《蒙古學》14：153—171。

栗林均（2003b）《華夷譯語（甲種本）モンゴル語全單語、語尾索引》（東北アジア研究センター叢書 10），仙臺：東北大學東北アジア研究センター。

更科慎一（2003a）所謂甲種本華夷譯語の漢字音譯手法の一端，《人文學報》341：1—18。

更科慎一（2003b）漢字音譯によってモンゴル語を記した明代のいくつかの資料について—研究序說—，《中國研究論叢》3：53—68。

更科慎一（2003c）甲種本《華夷譯語》と《登壇必究》、《薊門防禦考》の音譯漢字の比較，《語學漫步》34：1—8。

中村雅之（2003a）中期蒙古語の音節末［-l］の音譯漢字，《KOTONOHA》6：1—2。

中村雅之（2003b）《華夷譯語凡例》をめぐる覺書，《KOTONOHA》8：1—6。

吉池孝一（2003）韃靼館雜字の h-について，《KOTONOHA》7：1—4。

Жанчив, Ё. Ц. Бямбацэнд (2003) *Нангиад монгол “Хуа-и и-юй” толь*, Улаанбаатар【甲種本的研究著作，包含全文羅馬字轉寫、現代蒙語翻譯和影印】.

栗林均(2004)《華夷譯語》と《元朝秘史》におけるモンゴル語の動詞過去形語尾 =ba/=be，=bi，=bai/=bei を表す漢字について，《東北アジア研究》9：57—87。

越智サユリ（2004）華夷譯語丙種本《韃靼譯語》におけるモンゴル語について，《京都大學言語學研究》23：115—144。

烏雲高娃(2004)明四夷館“韃靼館”來文初探《元史及民族史研究集刊》17：132—143。

策・巴圖（2004）《蒙古譯語詞典》中的某些詞義考釋，《新疆大學學報（社會科學版）》2004（3）：130—131。

Erdenitoγtaqu (2004) Kitad Mongγul «I Iü» bičig-deki qari γarul-tai üge-yin tuqai，《蒙古語言文學》2004（3）.

吉池孝一（2005a）パスパとパクパ，《KOTONOHA》30：8—12。

吉池孝一（2005b）哥葛などの元代音について，《KOTONOHA》36：16—23。

黃宗鑑（2005）關於《盧龍塞略》里蒙古語詞結尾“n”問題，《面向新世紀的蒙古學：回顧與展望》287—303，北京：民族出版社。

烏雲高娃（2005）永樂本《華夷譯語》“韃靼館”來文校釋，《歐亞學刊》5：257—285。

Apatóczky, Á. B.（2005）譯語（北虜譯語）16 世紀的華蒙詞典之分析，《第四屆國際青年學者漢學會議》13. 1—13. 22，花蓮：東華大學。

中村雅之（2006）近世音資料における果攝一等の表記，《KOTONOHA》39：1—4。

吉池孝一（2006）至元譯語の q と γ について，《KOTONOHA》43：13—18。

竹越孝（2006）《至元譯語》校異，《KOTONOHA》43：4—12。

竹越孝（2006）《蒙古譯語》の内閣文庫藏本をめぐって，《KOTONOHA》44：3—9。

竹越孝（2006）《至元譯語》漢語語彙索引，《KOTONOHA》46：8—23。

竹越孝（2006）甲種本《華夷譯語》漢語語彙索引（上、下），《KOTONOHA》47：7—19；48：11—22。

竹越孝（2006）《至元譯語》漢語語彙索引（改訂版），《KOTONOHA》49：9—24。

Rachewiltz, I. de. (2006) Some remarks on the Chih-Yüan I-Yü 至元譯語 alias Meng-Ku I-Yü 蒙古譯語, the first known Sino-Mongol Glossary, *Acta Orientalia Academiae Scientiarum Hungaricae*, 59(1): 11-28.

孟達來、吉田順一（2006）《〈モンゴル秘史〉家畜用語の研究》，早稻田大學モンゴル研究所紀要別册，東京：早稻田大學モンゴル研究所【多處論及《至元譯語》、《華夷譯語》甲種本、《高昌館雜字》、《女真譯語》等】。

更科慎一（2007）甲種本《華夷譯語》音譯漢字の基礎方言の問題，《佐藤進教授還曆記念中國語學論集》186—198，東京：好文出版。

烏雲高娃（2007）朝鮮司譯院の類解書と《華夷譯語》，福盛貴弘、遠藤光曉編《語學教育フォーラム 13 華夷譯語論文集》107—113，東京：大東文化大學語學教育研究所。

竹越孝（2007）《至元譯語》、《蒙古譯語》の諸本について—部門と語彙の名稱と配列を中心に—，福盛貴弘、遠藤光曉編《語學教育フォーラム 13 華夷譯語論文集》115—123，東京：大東文化大學語學教育研究所。

更科慎一（2007）《華夷譯語》の漢字音譯法と東郷語の音韻變化に見られる平行性について，福盛貴弘、遠藤光曉編《語學教育フォーラム 13 華夷譯語論文集》125—137，東京：大東文化大學語學教育研究所。

吉池孝一（2007）元代銅錘蒙古語銘文考，福盛貴弘、遠藤光曉編《語學教育フォーラム 13 華夷譯語論文集》139—142，東京：大東文化大學語學教育研究所。

孟達來（2007）《華夷譯語》（甲種本）モンゴル語音節末子音の漢字音譯について—音譯漢字の聲母、韻母、聲調の觀點から—，福盛貴弘、遠藤光曉編《語學教育フォーラム 13 華夷譯語論文集》143—153，東京：大東文化大學語學教育研究所。

栗林均（2007）《華夷譯語》（甲種本）における同音漢字の書き分けについて，福盛貴弘、遠藤光曉編《語學教育フォーラム 13 華夷譯語論文集》155—166，東京：大東文化大學語學教育研究所。

中村雅之（2007）《華夷譯語（甲種）》漢字音譯の基礎方言，《KOTONOHA》53：1—3。

李麗（2008）《〈登壇必究〉—〈譯語〉中的蒙古語研究》，内蒙古大學碩士論文。

Apatóczky, Á. B. (2009) Dialectal traces in Beilu yiyu. Rybatzki et al. ed. *The Early Mongols. Studies in honor of Igor de Rachewiltz on the occasion of his 80th birthday*, Uralic and Altaic Series, vol. 173, 9-20. Bloomington: Indiana University.

Apatóczky, Á. B. (2009) *Yiyu: An Indexed Critical Edition of a Sixteenth-century Sino-Mongolian Glossary*, Kent: Global Oriental.

布日古德（2012）《華夷譯語》（甲種本）音譯漢字基礎音系研究，《民族語文》2012（6）：26—32。

布日古德（2012）《〈華夷譯語〉（甲種本）音譯漢字研究》，北京：中國社會科學出版社。

中村雅之（2013）《華夷譯語（甲種）》漢字音譯の基礎方言（再論），《KOTONOHA》122：26—30。

國家民族事務委員會全國少數民族古籍整理研究室（2013）《華夷譯語》，《中國少數民族古籍總目提要》蒙古族卷書籍類（綜合），131，上海：中國大百科全書出版社。

陳鑫海（2013）《譯語》本《八思巴字百家姓》反映的一個方言現象，《“華夷譯語”與西夏字符國際學術研討會論文集》97—102，北京：中國社會科學院民族學與人類學研究所。

黄宗鑑（2014）《華夷譯語研究》（東方文化集成），北京：崑崙出版社。

2.7 維吾爾語

石濱純太郎（1940）東洋學書考抄，《東洋史研究》25（4）：85—92【高昌館譯語】。

Ligeti, L. (1966) Un Vocabulaire sino-ouigour des Ming, Le Kao-Tch’ang-Kouan Yi-Chou du Bureau des Traducteurs, *Acta Orientalia Hungarica* 19 (2): 117-199; 19(3): 257-316【單行本（1966）*Dissertationes Sodalium Instituti Asiae Interioris* 11】.

Ligeti, L. (1967-68) Documents sino-ouigours du Bureau des Traducteurs, *Acta Orientalia Hungarica* 20: 253-306; 21: 45-108.

Ligeti, L. (1969) Glossaire supplémentaire au vocabulaire sino-ouigour du Bureau des Traducteurs, *Acta Orientalia Hungarica* 22: 1-49, 191-243.

胡振華、黄潤華（1978）《高昌館課》介紹，《新疆大學學報（社會科學版）》1978（2）：56—60；（2011）《胡振華文集》中卷，399—406，北京：中央民族大學出版社。

胡振華、黄潤華（無年份）《〈高昌館課〉釋讀》，油印本，210 頁，烏魯木齊：新疆维吾爾自治區民族研究所。

胡振華、黄潤華（1980）《明代文獻〈高昌館課〉（回鶻文稿用拉丁字母譯注）》，油印本，183 頁，北京：中央民族學院科研處。

胡振華、黄潤華（1981）《明代文獻高昌館課（拉丁字母轉寫本）》，烏魯木齊：新疆人民出版社。

庄垣内正弘（1982）《畏兀兒館譯語》チュルク語の性格について，《神户外大論叢》33（5）：21—37。

胡振華、黄潤華（1982）明代高昌館來文及其歷史價值，《中央民族學院學報》1982（1）：46—51；（2011）《胡振華文集》中卷，407—417，北京：中央民族大學出版社。

胡振華、黄潤華（1983）明代漢文回鶻文分類詞彙集《高昌館雜字》，《民族語文》1983（3）：59—62；（2011）《胡振華文集》中卷，391—398，北京：中央民族大學出版社。

庄垣内正弘（1984）《畏兀兒館譯語》の研究—明代ウイグル口語の再構—，《内陸アジア語の研究》1：51—172。

傅庭訓（1984）一本明代漢文回鶻文分類詞彙集——評介《高昌館雜字》，《突厥語研究通訊》3、4：52—54。

胡振華、黄潤華（1984）《高昌館雜字》，北京：民族出版社。

胡振華、黄潤華（1985）明代文獻《委兀兒譯語》，油印本，39 頁；（2011）明代文獻《委兀兒譯語》研究，《胡振華文集》中卷，418—451，北京：中央民族大學出版社。

張鐵山（1988）我國所藏回鶻文文獻簡述，《民族古籍》1988（1）：15—19【《高昌館雜字》和《高昌館課》】。

Engkebaγatur (1989) "Tuu čang ordun-u kičiyel-ün bičig"-ün orčiγuluγdaγsan čaγ-un tuqai, *Mongγul Kele Bičig* 1989(6): 44-49【《高昌館課》翻譯年代考】.

胡振華、黄潤華（1990）北圖藏明代文獻《委兀兒譯語》，《中央民族大學學報（哲學社會科學版）》1990（5）：53。

更科慎一（2000a）《高昌館譯語》音譯漢字における聲調選擇の傾向，《人文學報》311：35—51。

更科慎一（2000b）高昌館譯語音譯漢字の聲調體系，《中國語學》247：71—88。

陳宗振（2003）關於《高昌館雜字》標音問題的探討，《民族語文》2003（1）：34—45。

Li, Yong-Sŏng (2006) The Uighur Word Materials in a Manuscript of Hua-yi-yi-yu（華夷譯語）in the Library of Seoul National University，《알타이學報》16：143-176；II (2009) a paper submitted to the Spring Meeting of the Korean Association for Central Asian Studies, on April 18, 2009, in Seoul, Korea；III (2011) 《알타이學報》21：121-138；

IV (2011) a paper submitted to Beşbalıklı Şingko şeli tutung anısına uluslararası Eski Uygurca araştırmaları çalıştayı (International Workshop of Studies on the Old Uyghur Language), on June 6, 2011, in Ankara, Turkey.

西村多惠（2007）明、清代の漢語資料における新ウイグル語について，福盛貴弘、遠藤光曉編《語學教育フォーラム 13 華夷譯語論文集》73—81，東京：大東文化大學語學教育研究所。

宮紀子（2012）Mongol baqši と bičikči たち，窪田順平編《ユーラシアの東西を眺める—歴史學と環境學の間—》37—64. 京都：總合地球環境學研究所.【論及《高昌館驛語》等】

祁宏濤（2013）《〈高昌館雜字〉研究》，中央民族大學博士論文。

2.8 安南語

近藤守重（1796）《安南紀略藁》二卷【國書刊行會（1905）《近藤正齋全集》1 所收（1976 年再版）；丙種本】。

Maspero, H. (1912) Etudes sur la phonétique historique de la langue annamite, *Bulletin de l'Ecole Française d'Extrême-Orient* 12(1): 1-127.

三根谷徹（1943）《〈安南譯語〉の研究》，東京帝國大學文學部畢業論文。

Gaspardone, E. (1953) Le lexique annamite des Ming, *Journal Asiatique* CCXLI: 355-397.

陳荊和（1953-54）安南譯語考釋—華夷譯語中越語部份之研究—（上、下），《臺灣大學文史哲學報》5：149—220；6：161—227。

三根谷徹（1955）安南語，《世界言語概說（下）》833—870，東京：研究社。

陳荊和（1966-68）安南譯語の研究（1-6），《史學》39（3）：23—64；39（4）：37—54；40（1）：25—85；41（1）：1—63；41（2）：33—76；41（3）：71—121。

陳荊和（1969）《安南譯語の研究》，作者自印。

三根谷徹（1972）安南譯語，《越南漢字音の研究》10—12，東京：東洋文庫；（1993）《中古漢語と越南漢字音》230—232，東京：汲古書院。

Davidson, J. H. C. S. (1975) A new version of the Chinese-Vietnamese Vocabulary of the Ming Dynasty I, II, *Bulletin of the School of Oriental and African Studies* 38(2): 296-315; 38(3): 586-608.

和田正彥（1983）安南譯語の內容に關する二、三の問題について，《慶應義塾大學言語文化研究所紀要》15：135—147。

Vương Lộc (1995) *An Nam Dịch ngữ*, Hà Nội-Đà Nẵng: Nhà xuất bản Đà Nẵng, Trung tâm từ điển học.

清水政明（2007）阿波國文庫本系《安南譯語》と《四夷廣記》所收《安南國譯語》の比較，福盛貴弘、遠藤光曉編《語學教育フォーラム 13 華夷譯語論文集》37—46，東京：大東文化大學語學教育研究所。

2.9 馬來語、占語

Edwards, E. D. & Blagden C. O. (1931) A Chinese Vocabulary of Mallaca Malay Words and Phrases collected between A. D. 1403 and 1511(?), *Bulletin of the School of Oriental Studies* 6(3): 715-749.

Edwards, E. D. & Blagden C. O. (1939) A Chinese Vocabulary of Cham Words and Phrases, *Bulletin of the School of Oriental Studies* 10(1): 53-91【介紹：泉井久之助（1940）《言語研究》5：75—77】。

許雲樵譯（1941）滿剌加國譯語注，《南洋學報》2（1）：63—89。

泉井久之助（1943）阿波本靜嘉堂本滿剌加館譯語の數目門について，《言語研究》12：40—47；（1949）《比較言語學研究》105—111，大阪：創元社。

許鈺譯（1950）占城國譯語注，《南洋學報》6（1）：31—55。

崎山理（1968）《滿剌加館譯語》について，《大阪外國語大學學報》20：197—214。

泉井久之助（1975）阿波本靜嘉堂本滿剌加館譯語の數目門とチャム語，《マライ＝ポリネシア諸語—比較と系統—》166—172，東京：弘文堂。

丘進（1985）歷史上的中菲交往與蘇祿東王訪華，《東方世界》1985（1）：41—42。

川本邦衛（1989）《占城國譯語》の成立—明代言語資料の側面についての覺書—，《藝文研究》54：86—104。

孔遠志（1992）“滿剌加國譯語”—華人編纂的第一部馬來語漢語詞典，《東南亞研究》1992（1）：55—56。

林水檺（1998）滿剌加國譯語注音，《馬中文教與思想抉論》吉隆坡：藝青出版。

劉志强（2009）明代《占城譯語》的兩種版本—兼論占婆與馬來之關係，《東南亞纵横》2009（4）：35—40。

劉志强（2013）從語言史的視角看占語與馬來語的關係，《占婆與馬來世界的文化交流》97—103，北京：社會科學文獻出版社。

崔彥（2013）《滿剌加國譯語》之音系研究，崔彥、潘碧絲編《跨越古今—中國語言文字學論文集（古代卷）》（馬來亞大學中文系學術文叢 15）129—182，吉隆坡：馬來亞大學中文系。

2.10 侗臺語

Müller, F. W. K. (1892) Vocabularien der Pa-Yi- und Pah-Poh-Sprachen aus dem Hua-I-Yi-Yü, *T'oung Pao* 3: 1-39.

Müller, F. W. K. (1894) Ein Brief in Pa-yi-Schrift, *T'oung Pao* 5: 329-333.

前嶋信次（1931）南支那蛮族の文化，《南方土俗》1（2）：21—52【百夷譯語】。

山本達郎（1935）華夷譯語に見えたる百夷の文字，《史學雜誌》46（7）：893—894。

山本達郎（1936）華夷譯語に見えたる百夷及び八百の文字—タイ族のアルファベットに關する一研究—，《東方學報（京都）》6：763—787【東洋文庫本，巴黎亞洲協會本】。
聞宥（1936）廣西太平府屬土州縣司譯語考，《中央研究院歷史語言研究所集刊》6（4）：497—552。
泉井久之助（1943）雲南省の干崖，《知性》6（6）：48—52；（1949）《比較言語學研究》145—154，大阪：創元社。【河内法國遠東學院本】
泉井久之助（1945）《百夷》の言語—雲南地方一タイ族の古語—，《學海》2（3）：16—25；（1949）百夷の言語，《比較言語學研究》177—190，大阪：創元社。
泉井久之助（1946）《東洋文庫本華夷譯語，百夷館雜字並に來文の解讀 その釋字、釋語、釋文と言語比較的研究》，京都大學博士論文，京都大學附屬圖書館（舊制||文||80）；（1949）《比較言語學研究》191—304，大阪：創元社；抄録：（1950）文學、哲學、史學學會聯合編《研究論文集》1：33—38。
富田竹次郎（1947）タイ語の話，《中國語學》10：1—4。
泉井久之助（1949）干崖譯語，《比較言語學研究》155—175，大阪：創元社。
長田夏樹（1949）タイ諸語音韻體系に對する一考察—中國語史的比較言語學の一環として—，《神户外大論叢》1（2—3）：16—31；（2001）《長田夏樹論述集（下）》112—127；遠藤光曉評介（2011）《長田夏樹先生追悼集》174，東京：好文出版。
泉井久之助（1951）百夷館譯語における百夷の言語の聲調について，《言語研究》19、20：23—34。
三田村泰助（1952）暹羅館譯語に就いて，《立命館文學》81：14—24。
泉井久之助（1953）パリ本、東洋文庫本華夷譯語、八百館雜字ならびに來文の解讀，《京都大學文學部紀要》2：1—109。
西田龍雄（1960）十六世紀におけるパイ、イ語ー漢語、漢語ーパイ、イ語單語集の研究，《東洋學報》43（3）：1—48【乙種本（東洋文庫本、巴黎亞洲協會本）和丙種本（阿波國文庫本）】。
Yongbunkeat, C. (1968) *Lipi krom thai ciin samai raatchawong Ming,* Bangkok: Thaibaeprian【《明代泰中辭典》】.
Shintani, T. (1974) *Le vocabulaire Sino-Thaï et son arrière-plan*, Thèse de doctorat, Paris: Ecole Pratique des Hautes Etudes.
新谷忠彥（1975）タイ諸語音韻史研究に占める華夷譯語の役割，《中國大陸古文化研究》7：35—40。
方國瑜（1979）四夷館考百夷館概說，《雲南史料叢刊》38：61—82。
西田龍雄（1981）漢字から生まれた文字，《言語》1981（11）：61—72【含北京圖書館藏《慶遠府屬土州縣司譯語》、《太平府屬土州縣司譯語》和《鎮安府屬土州縣司譯語》的介紹】。
羅美珍（1983）《車里譯語考》，油印本，22頁，北京：中國社會科學院民族研究所。
西田龍雄（1984）《漢字文明圈の思考地圖》，京都：PHP研究所【96—106頁包含北京圖書館藏《慶遠府屬土州縣司譯語》、《太平府屬土州縣司譯語》和《鎮安府屬土州縣司譯語》的介紹】。

羅美珍（1993）車里譯語考，《中國民族古文字研究》2：226—244，天津：天津古籍出版社。

Davidson, J. H. C. S. (1987) Another Source for Information on Ayutthayā Thai, J. H. C. S. Davidson(ed.), *Laī Sū' Thai, Essays in honour of E. H. S. Simmonds* 63-72, London: School of Oriental and African Studies.

龔錦文（1991）《德宏古傣文音系初探》，昆明：雲南民族出版社。

ピヤダー、ションラオーン【Chonlaworn Piyada】（2002）アユタヤの對明關係—外交文書からみる—，《史學研究》238：55—70。

更科慎一（2003）《百夷館譯語》音譯漢字聲調初探，南開大學侗臺語及漢藏語言學術討論交流會論文。

ピヤダー、ションラオーン【Chonlaworn Piyada】（2004）《シャムと東アジア諸國との交流史：15 世紀から 17 世紀前半まで》，廣島大學博士論文。

遠藤光曉（2007）《暹羅館譯語》乙種本の聲調，福盛貴弘、遠藤光曉編《語學教育フォーラム 13 華夷譯語論文集》31—36，東京：大東文化大學語學教育研究所。

覃曉航（2007）《廣西太平府屬土州县司譯語考》的壯語方言詞，《民族語文》2007（6）：40—44；（2010）《廣西太平府屬土州县司譯語考》不明字續考，《方块壯字研究》98—108，北京：民族出版社。

Endo, M. (2009) Phonology of Thai in the Ayutthaya Period as reflected in *The Sino-Siamese Vocabulary of the Bureau of Interpreter*, Minegishi, M. et al. eds. *Proceedings of the Chulalongkorn-Journal Asiatiquepan Linguistics Symposium* 75-85, Tokyo: Global COE Program: Corpus-based Linguistics and Language Education (CbLLE), Tokyo University of Foreign Studies.

Tomita, A. (2009) A Brief Study of Che-li-yi-yu: Lexicon of Tai Lue of 18th Century Glossed with Chinese Characters, Minegishi, M. et al. eds. *Proceedings of the Chulalongkorn-Journal Asiatiquepan Linguistics Symposium* 87-101, Tokyo: Global COE Program: Corpus-based Linguistics and Language Education (CbLLE), Tokyo University of Foreign Studies.

富田愛佳（2009）《車里譯語》における音寫漢字子音の特徴，《地球研言語記述論集》1：133—151。

張文德（2009）從暹羅館的設立看明朝後期與暹羅的文化交流，《東南亞之窗》2009（2）：8—16；《東南亞纵横》2009（11）：116—122。

余定邦、陳樹森（2009）明代四夷館中的暹羅館，《中泰關係史》50—54，北京：中華書局。

張公瑾（2013）《華夷譯語》中的傣族文字，《張公瑾文集》卷二，553—562，北京：中央民族大學出版社。

遠藤光曉（2013）丙種本《暹羅館譯語》的混合性質，《“華夷譯語”與西夏字符國際學術研討會論文集》103—113，北京：中國社會科學院民族學與人類學研究所。

曾曉渝（2013）丙種本《百夷譯語》語音現象初探，《“華夷譯語”與西夏字符國際學術研討會論文集》114—126，北京：中國社會科學院民族學與人類學研究所。
更科慎一（2013）關於《八百館譯語》音譯漢字的聲調，《“華夷譯語”與西夏字符國際學術研討會論文集》127—135，北京：中國社會科學院民族學與人類學研究所。
廖漢波、戴忠沛（2013）三本方塊壯字華夷譯語的研究，“華夷譯語”與西夏字符國際學術研討會提交論文，北京：中國社會科學院民族學與人類學研究所。
羅美珍（2013）《東南亞相關民族的歷史淵源和語言文字關係研究》，北京：中國社會科學出版社。【116—128 頁討論《車里譯語》】
蘇小萌（2013）《暹羅館譯語》與今標準泰語語音關係，李無未主編《海洋文明與漢語語言文字書寫》76—96，厦門：厦門大學出版社。

2.11 緬甸語

Miller, R. A. (1964) The Sino-Burmese Vocabulary of the I-Shih Chi-Yü, *Harvard Journal of Asiatic Studies* 17(3)4: 370-393【譯史紀餘】.
荻原弘明（1965a）東洋文庫本華夷譯語、緬甸館雜字—附，譯史紀餘、緬甸國書—についての覺書（緬甸史雜考 III），《鹿大史學》13：1—28。
荻原弘明（1965b）マンナン、ヤーザウィン第七部（II）、附、巴里本華夷譯語緬甸館譯語についての覺書（緬甸史雜考 IV），《鹿兒島大學教養部史學科報告》14：56—90。
荻原弘明（1967）華夷譯語、緬甸館雜字補正（緬甸史雜考 VI），《鹿大史學》15：13—16。
大野徹（1967）華夷譯語緬甸館雜字の解釋—ケンブリッジ大學藏本を中心として—，《大阪外國語大學學報》17：127—173【東洋文庫本、大英博物館本、巴黎亞洲協會本、劍橋本】。
西田龍雄（1972）《緬甸館譯語の研究—ビルマ言語學序說—》，京都：松香堂（華夷譯語研究叢書 II）。
岡野賢二（2007）緬甸館譯語に書かれたビルマ文字の形狀について，福盛貴弘、遠藤光曉編《語學教育フォーラム 13 華夷譯語論文集》47—57，東京：大東文化大學語學教育研究所。
鍾智翔（2010）第五章 近古緬語語音、第六章 近代緬語語音，《緬語語音的歷史語言學研究》121—210，上海：上海交通大學出版社【乙、丙種本的研究】。
蔡向陽（2011）緬語複輔音的演變，蔡向陽主編《緬甸語言問題研究》14—22，廣州：世界圖書出版廣東有限公司。
汪大年（2011）十二世紀初緬語語音初探—以“妙齊提”碑文爲例，蔡向陽主編《緬甸語言問題研究》23—48，廣州：世界圖書出版廣東有限公司。
汪大年（2011）緬甸語中輔音韻尾的歷史演變，蔡向陽主編《緬甸語言問題研究》49—65，廣州：世界圖書出版廣東有限公司。
汪大年（2012）《四夷館譯語》，《緬甸語漢語比較研究》40—48，北京：北京大學出版社【全書包含有關《緬甸館譯語》的記載，特別是“第八章 緬漢同源詞”以“四”表示《緬甸館譯語》的轉寫】。

2.12 藏語及川西語言

西田龍雄（1963）十六世紀における西康省チベット語天全方言について—漢語、チベット語單語集いわゆる丙種本《西番館譯語》の研究，《京都大學文學部研究紀要》7：85—174。

西田龍雄（1970）《西番館譯語の研究—チベット言語學序說—》，京都：松香堂（華夷譯語研究叢書 I）【介紹：房建昌（1983）西田龍雄與《西番館譯語的研究》，《西藏民族學院學報（哲學社會科學版）》1983（2）：20—25】。

西田龍雄（1973）《多續譯語の研究—新言語トス語の構造と系統—》，京都：松香堂（華夷譯語研究叢書 VI）。

太田齋（1980）尖團小論，《人文學報》140：139—154。【討論丙種本】

吳均（1984）從《西番館來文》看明朝對藏區的管理，《藏族學術討論會論文集》103—134，拉薩：西藏人民出版社。

太田齋（1986）〔資料〕丙種本西番館譯語校本（稿），《內陸アジア言語の研究》2：157—215。

孫宏開（1989）西番譯語考辨，《中國民族史研究》2：327—342，北京：中央民族學院出版社。

西田龍雄、孫宏開（1990）《白馬譯語の研究—白馬語の構造と系統—》，京都：松香堂（華夷譯語研究叢書 VII）。

孫伯君（1992）十五世紀漢語官話的輔音韻尾，《潛科學》1992（6）：42—43。

孫伯君（1994）《西番譯語》藏文前加字的對音，《中國民族古文字研究》4：195—201，天津：天津古籍出版社。

張濟川（1994）白馬話與藏語（上、下），《民族語文》1994（2）：11—24；1994（3）：53—67【認爲《白馬譯語》語言是藏語方言】。

孫伯君（1997）從《西番譯語》看藏語安多方言輔音韻尾的演化，《民族語文》1997（6）：58—62。

孫宏開（2002）《西番譯語》再考，《中國語文研究》2002（1）：84—96。

更科慎一（2006）現代アムドチベット語による《（乙種本）西番館雜字》の朗讀に對する音聲的分析，《山口大學文學會志》56：71—100。

任小波（2007）《明代西番館與西番館來文——兼論《四夷館考·西番》在清代的變異》，中央民族大學碩士論文。

鈴木博之（2007）《西番譯語》〈川六〉に記録される 18 世紀木坪チベット語の特徵，《內陸アジア言語の研究》22：157—180。

鈴木博之（2007）清代木坪土司所管地區的藏語方言，《康定民族師範高等專科學校學報》2007（3）：1—5。

鈴木博之（2007）《西番譯語》〈川九〉に記録される 18 世紀末木里チベット語の特徵，福盛貴弘、遠藤光曉編《語學教育フォーラム 13 華夷譯語論文集》83—94，東京：大東文化大學語學教育研究所。

池田巧（2007）《西番譯語》に記録されたリュズ語，福盛貴弘、遠藤光曉編《語學教育フォーラム 13 華夷譯語論文集》95—106，東京：大東文化大學語學教育研究所。

太田齋（2007）丁種西番譯語（川一）校本（稿），《アジア言語論叢》7（神户市外國語大學外國學研究 69）：109—164。

孫宏開、齊卡佳、劉光坤（2007）第五章 文獻，《白馬語研究》138—182，北京：民族出版社【《白馬譯語》的研究】。

鈴木博之（2009）《西番譯語》〈川七〉18 世紀チベット語打箭爐方言の性格について，《京都大學言語學研究》28：33—63。

聶鴻音、孫伯君（2010）《〈西番譯語〉校録及彙編》，北京：社會科學文獻出版社。

任小波（2010）明清《西番譯語》傳本尋踪，《中國藏學》2009（3）：128—132。

王弘治（2010）永樂本《西番館雜字》中所見漢藏語言的性質，《民族語文》2010（2）：31—37。

任小波（2012）明代西番館的設立與職司，《文史知識》2012（8）：69—73。

池田巧（2013）《嘉絨譯語》概說，《太田齋古屋昭弘兩教授還曆記念中國語學論集》153—163，東京：好文出版。

孫宏開（2013）《嘉絨譯語》的調查研究，《“華夷譯語”與西夏字符國際學術研討會論文集》1，北京：中國社會科學院民族學與人類學研究所。

馮蒸（2013）《川番譯語》詞彙在漢藏詞彙比較研究中的作用，《“華夷譯語”與西夏字符國際學術研討會論文集》56—66，北京：中國社會科學院民族學與人類學研究所。

松川節、孫伯君（2013）大谷大學圖書館藏四種《西番譯語》初編本，《“華夷譯語”與西夏字符國際學術研討會論文集》72—83，北京：中國社會科學院民族學與人類學研究所。

池田巧（2013）《嘉絨譯語》研究，《“華夷譯語”與西夏字符國際學術研討會論文集》136—152，北京：中國社會科學院民族學與人類學研究所。

鈴木博之（2013）《天全譯語》及《打箭爐譯語》與當代木雅熱崗藏語之關係，《“華夷譯語”與西夏字符國際學術研討會論文集》167—176，北京：中國社會科學院民族學與人類學研究所。

Miyake, S. and T. Matsukawa (2013) Some Features of Otani University Library's *Xifan Yiyu* 西番譯語 as Seen from its Tibetan Handwriting Scripts, *Paper presented at the International Conference on Huayi Yiyu and Tangut Font*, Beijing: Institute of Ethnology and Anthropology, Chinese Academy of Social Sciences.

2.13 河西譯語

陳乃雄（1982）《河西譯語》中的阿爾泰語言成分，《中國語言學報》1：233—249；（1995）《陳乃雄論文集》458—479，呼和浩特：內蒙古教育出版社。

馮蒸（1986）《河西譯語》初探，黃盛璋主編《亞洲文明論叢》165—198，成都：四川人民出版社。

黄振華（1991）清抄明代《河西譯語》試釋，《固原師專學報》1991（4）：68—71；《新疆文物》1993（4）：92—95。
黄振華（1994）清抄明代《河西譯語》再釋，《中國民族古文字研究》4：143—149，天津：天津古籍出版社。
聶鴻音（2002a）《河西譯語》簡介，《文津流觴》3：18—19。
聶鴻音（2002b）《河西譯語》探析，《寧夏大學學報（人文社會科學版）》2002（1）：24—27。

2.14 梵語

辻直四郎（1947）西天館譯書調查報告（序言），《東洋學報》31（2）：181—187。
副島昭夫（2006）資料としての西天館譯語の位置，華夷譯語研究會資料，於青山學院大學。

2.15 波斯語

津吉孝雄（1936）回回館譯語に就きて，《東洋史研究》2（2）：191—192。
田坂興道（1942）回回館譯語に關する覺書，《回教圈》6（5）：336—348。
田坂興道（1943a）回回館譯語と其の國際性，《東洋史研究》8（1）：32—33。
田坂興道（1943b）《回回館譯語》語釋（1），《東洋學報》30（1）：96—131【東洋文庫本（乙）、阿波本、靜嘉堂本（丙）】。
田坂興道（1943c）《回回館譯語》語釋（2），《東洋學報》30（2）：232—296。
田坂興道（1944）《回回館譯語》語釋（3 完），《東洋學報》30（4）：534—560。
田坂興道（1951）《回回館譯語語釋》補正，《東洋學報》33（3—4）：400—413。
本田實信（1963）《回回館譯語》に就いて，《北海道大學文學部紀要》11：1—74；（1991）《モンゴル時代史研究》457—533，東京：東京大學出版會。
縄田鐵男（1974）MISCELLANEA PERSICA，《Nidaba》3：41—51【包含《譯史紀餘》、《回回國書》影印、轉寫和討論】。
縄田鐵男（1976）所謂丙種本華夷譯語、ロンドン本回回譯語について，《熊本大學法文論叢》37：74—104。
黄振華（無年代）明代《回回譯語》研究—兼論回族族源【油印本】。
劉迎勝（1989—90）《回回館雜字》與《回回館譯語》研究，《元史及北方民族史研究集刊》12：145—179；13：180。
劉迎勝（1991）明代中國官辦波斯語言教學教材源流研究，《南京大學學報（哲學人文社會科學）》1991（3）：104—109；（2013）《華言與蕃音》40—53，上海：上海古籍出版社。
劉迎勝（1992）《回回館雜字》與《回回館譯語》“天文門”至“時令門”校釋與研究，《中國回族研究》2：1—25，銀川：寧夏人民出版社。
劉迎勝（1994）《回回館雜字》，《回回館譯語》，《中國伊斯蘭百科全書》232—234，成都：

四川辭書出版社。

劉迎勝（1994）《回回館雜字》與《回回館譯語》“花木門”校釋，祝賀楊志玖教授八十壽辰論文集《中國史論集》304—328，天津：天津古籍出版社。

胡振華（1995）珍贵的回族文獻《回回館譯語》，《中央民族大學學報》1995（2）：87—91。

李德寬（1997）明代回回譯使考述，《西北第二民族學院學報（哲學社會科學版）》1997（1）：10—15。

劉迎勝（1997）《回回館雜字》與《回回館譯語》“方隅門”“數目門”校釋，《學術集林》11：321—341，上海：上海遠東出版社。

劉迎勝（1999）《回回館課集字詩》回回文研究，《文史》47；（2013）《華言與蕃音》85—109，上海：上海古籍出版社。

劉迎勝（2000）《回回館雜字》與《回回館譯語》校釋舉例（“器用門”至“文史門”），《中亞學刊》5：253—299，烏魯木齊：新疆人民出版社。

更科慎一（2002）《回回館譯語》音譯漢字の聲調體系，《慶谷壽信教授記念中國語學論集》145—155，東京：好文出版。

胡振華、胡軍編（2005）《回回館譯語［複印本］》，北京：中央民大東干學研究所；（2011）《回回館譯語》重印後記，《胡振華文集》中卷，334，北京：中央民族大學出版社；張公瑾（2013）《回回館譯語》序，《張公瑾文集》卷三，411—412，北京：中央民族大學出版社。

劉迎勝（2006）《回回館雜字》“人物門”研究，郝時遠、羅賢佑主編《蒙元史暨民族史論集（紀念翁獨健先生誕辰一百週年）》692—713，北京：社會科學文獻出版社。

劉迎勝（2008）《〈回回館雜字〉與〈回回館譯語〉研究》，北京：中國人民大學出版社【書評：王東平（2009）回族史與中外文化交流史研究的新成果—《〈回回館雜字〉與〈回回館譯語〉研究》評介，《回族研究》2009（2）：177—180】。

宮紀子（2012）カラ・ホト出土文書の對譯語彙集斷片について，窪田順平編《ユーラシアの東西を眺める—歴史學と環境學の間—》27—36，京都：總合地球環境學研究所【研究 Or. 12380/3948 的過程中和《回回館驛語》等進行比較】。

2.16 彝語

聞宥（1940）倮儸譯語考，《華西協合大學中國文化研究所集刊》1（1）：77—97【書評：Stein, R. (1942) Wen Yeou, *Lo-lo yi-yu k'ao* 倮儸譯語考 (On *Lo Lo I Yu-Lolo-Chinese Vocabularies*), *Bulletin de l'Ecole Française d'Extrême-Orient*, XLI (1941) 430-434】。

西田龍雄（1966）《生きている象形文字 モソ族の文化》168—170，東京：中央公論社【談及今西春秋藏《永寧屬水潦猓玀譯語》】。

西田龍雄（1980）《倮儸譯語の研究—ロロ語の構造と系統—》，京都：松香堂（華夷譯語研究叢書 IV）。

西田龍雄（1980）中國西南部のロロ文字，《言語》1980（4）：64—70，1980（5）：90—96，1980（7）：82—88；（1982）ロロ文字のはなし，西田龍雄《アジアの未解讀文字》

27—70，東京：大修館書店；（2002）西田龍雄《アジア古代文字の解讀》39—86，東京：中央公論社。

西田龍雄（1984）《漢字文明圈の思考地圖》，京都：PHP 研究所【213—216 頁包含《猓玀譯語》的介紹】。

松川節、聶鴻音（2013）大谷大學藏《猓玀譯語》述略，《“華夷譯語”與西夏字符國際學術研討會論文集》67—71，北京：中國社會科學院民族學與人類學研究所。

2.17 西洋館

趙雲田（1981）清代北京的“俄羅斯館”，《北京史研究通訊》1981（6）：4，6。

烏雲高娃（2004）清四譯館“西洋館”，《文化雜誌（中文版）》53：131—140，澳門特別行政區政府文化局。

黄興濤（2010）《㖆咭唎國譯語》的編撰與“西洋館”問題，《江海學刊》2010（1）：150—159。

圖書在版編目(CIP)數據

元明漢語文獻目録 / [日] 竹越孝，[日] 遠藤光曉 主編.
-- 上海：中西書局，2016.12
ISBN 978-7-5475-1194-7

Ⅰ. ①元… Ⅱ. ①竹… ②遠… Ⅲ. ①漢語－專題文獻
－專題目録－中國－元代－明代 Ⅳ. ①Z88：H1

中國版本圖書館CIP數據核字(2016)第288963號

元明漢語文獻目録

[日]竹越孝　[日]遠藤光曉 主編

責任編輯	朱　彦
裝幀設計	梁業禮
出　　版	上海世紀出版集團 中西書局 (www.zxpress.com.cn)
地　　址	上海市打浦路443號榮科大厦17F(200023)
發　　行	上海世紀出版股份有限公司發行中心
經　　銷	各地 新華書店
印　　刷	上海天地海設計印刷有限公司
開　　本	787×1092 毫米 1/16
印　　張	37.75
版　　次	2016年12月第1版 2016年12月第1次印刷
書　　號	ISBN 978-7-5475-1194-7/H・060
定　　價	148.00元